唐前中国佛教史论稿

文化中国书系

张雪松

著

中国财富出版社

图书在版编目（CIP）数据

唐前中国佛教史论稿／张雪松著.—北京：中国财富出版社，2013.5

ISBN 978 - 7 - 5047 - 4481 - 4

I.①唐…　II.①张…　III.①佛教史—研究—中国—古代　IV.①B949.2

中国版本图书馆 CIP 数据核字（2012）第 228377 号

策划编辑	白　柠		**责任印制**	方朋远
责任编辑	白　昕　白　柠		**责任校对**	梁　凡

出版发行	中国财富出版社（原中国物资出版社）			
社　　址	北京市丰台区南四环西路 188 号 5 区 20 楼		**邮政编码**	100070
电　　话	010 - 52227568（发行部）		010 - 52227588 转 307（总编室）	
	010 - 68589540（读者服务部）		010 - 52227588 转 305（质检部）	
网　　址	http：//www.cfpress.com.cn			
经　　销	新华书店			
印　　刷	北京京都六环印刷厂			
书　　号	ISBN 978 - 7 - 5047 - 4481 - 4/B · 0343			
开　　本	710mm×1000mm　1/16		**版　次**	2013 年 5 月第 1 版
印　　张	30.5		**印　次**	2013 年 5 月第 1 次印刷
字　　数	484 千字		**定　价**	62.00 元

目 录

唐前中国佛教史论稿

目录

序

论

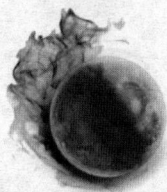

第一章　前人研究汉魏两晋南北朝
佛教史的坐标

　　汉魏两晋南北朝佛教史属断代佛教史，要做好这一断代的佛教史研究，通常须在通史中找好定位，确立坐标。近百年来，中外学者在此方面多有贡献，大体来讲，前人研究汉魏两晋南北朝佛教史有三种坐标：①以中国哲学史、思想史演进为坐标，自汤用彤先生起，中国学人大都按此路径前进；②以隋唐佛教宗派（主要是三论、天台、华严、唯识、禅宗和净土宗）为坐标，以日本学者居多，中国学者、教内人士兼亦有之；③以印度、西域佛教史地为坐标，欧美等西方学者常有采取此种取向者。

第一节　以中国哲学史、思想史演进为坐标

　　魏晋清谈误国之说，唐以后颇为盛行，尤其是明清之际的士大夫感同身受，几成定论；然"自乾嘉学者以至章炳麟、刘师培，为了打破支配学术的宋学程朱经义，大都在汉魏古人中寻求重言，汉学与魏晋学重新在当时提倡起来。汉学重在'由辞以通道'的训诂，魏晋学重在'天人之际'的义理，前者是宋代'心传'之学的死敌，后者是宋代'理学'的祖宗，在反对宋学的人看来，汉魏之学，宋人皆未能或之先也。钱大昕、章炳麟都以为何晏、王弼对于《论语》、《易经》所发挥的义理之玄远，后人莫及。照这样讲来，所谓宋学就成了陈旧不堪的货色，不足以'理学'宗派自豪了。即令说义理之学是新的，它的渊源也发生于魏人，而不能说始自宋人"。①

---

　　①　侯外庐等著：《中国思想史》第三卷，北京：人民出版社，1957 年，第 95 页。

言魏晋玄学为宋明理学之先导，与魏晋南北朝佛学为隋唐佛学之先导，在近代学术史上可谓异曲同工。迄今为止，魏晋南北朝佛教史，无疑以汤用彤先生的研究最为重要。简而言之，汤用彤先生的魏晋南北朝佛教史研究是以中国哲学发展为坐标，即通过汉代经学、魏晋玄学、宋明理学的演进视角而看待中国佛学的贡献。在汤公看来：汉学是复杂而具体之学问，一事一理，不重抽象；玄学则是简单抽象之学问，以为找到一最高原则即可解释诸事。"汉末佛教约分二派：康僧会一派重祭祀、服食、吐纳、升天，掺杂一些禅法，讲小乘法数。支谦一派为大乘空宗之学，扫除一切相数。前一派总结旧汉学，后一派则下启新玄学。""汉魏之际，其时当新旧交替，佛教分为两个系：安世高之佛学为小乘，重禅学，其再传弟子为三国时之康僧会；支谶之佛学则为大乘般若，其弟子为支亮，再传弟子为支谦。前一系为汉朝佛道最重要者，而后一系则为佛玄之开始。"① 在笔者看来，汤用彤先生对魏晋南北朝佛教史，有两大判断：①从佛道到佛玄，即从与中国本土方术杂糅的小乘毗昙禅数，到大乘般若空宗，类似于中国思想史上从汉学到魏晋玄学的进程；②从般若学到涅槃学，即从大乘般若空宗，到大乘涅槃佛性有宗，这一转变过程，以竺道生为关键人物，其倡导"理为佛性"、"顿悟成佛"，实开宋明理学之先河，"自生公以后，超凡入圣，当下即是，不须远求，因而玄远之学乃转一新方向，由禅宗而下接宋明之学，此中虽经过久长，然生公立此新义实此变迁之大关键也"。②

以汤用彤先生的名著《汉魏两晋南北朝佛教史》为代表，魏晋南北朝佛教史研究，可以说彻底突破了佛教宗派法统的陈陈相因，带来了中国佛教史研究的新面貌。正如汤用彤先生在 1937 年 12 月《燕京学报》

① 汤用彤：《汤用彤魏晋玄学讲义》，天津：天津古籍出版社，2009 年，第 92、114 页。
② 汤用彤："谢灵运《辨宗论》书后"，汤一介选编：《汤用彤选集》，天津：天津人民出版社，1995 年，第 313 页。该文原发表于《大公报》文史周刊，1945 年 10 月 23 日。日本学界有一种观点认为：道生之顿悟与南宗禅之顿悟，实有差别。道生倡顿悟并非讲快速成佛，而是强调凡夫与佛之间判然二分，非顿无以成佛——这种观点恐与日本学者关注（或曰反对）中世纪日本佛教主流的"本觉"思想有关，故喜在中国早期"挖掘"非本觉的思想资源。当然日本学者的这一看法并非完全没有道理，但还需进一步论证；特别是不能忽视现存道生材料中，确有涉及快速成佛的内容。

第 22 期发表的 "Notes On The History Of Chinese Buddhism（《中国佛教史零篇》说明)" 一文中所指出的那样："佛教学者习惯于关注唐宋以来佛教十三宗的历史，而忽视南北朝以前之早期历史，对于唐朝已经发展起来的禅宗亦作如是观。本文基于探究佛教原始资料，发现溯自 4 世纪末竺道生已倡导顿悟说。这比通常所知禅宗影响要早 170 年或 180 年。此论与胡适博士主张菩提达摩作为《楞伽经》权威并未提倡顿悟说具有同等意义。"①

汤用彤先生的《汉魏两晋南北朝佛教史》由商务印书馆在 1938 年出版，② 而此前不久汤先生发表论文，强调"佛教学者习惯于关注唐宋以来佛教十三宗的历史，而忽视南北朝以前之早期历史"，体现了汤用彤先生在中国佛教史研究选题中的见识和整体思路，值得我们深入探讨。当然，一般来说写佛教史，总是由佛教传入中国，从头写起，因此先写"汉魏两晋南北朝"，之后再以此写唐宋元明清，并不稀奇。但如果我们结合汤用彤先生晚年发表的《论中国佛教无"十宗"》，以及《中国佛教宗派补论》来看，③ 跳出中国传统佛教的八宗、十宗或十三宗模式，可以说是汤用彤先生始终坚持的主张，其意义至少有两点。第一，中国佛教研究受日本影

---

① 赵建永译，见汤用彤：《隋唐佛教史稿》附录三，南京：江苏教育出版社，2007 年，第277 页。

② 该书首次出版于抗战期间，初版年代尚有异议："台湾商务印书馆曾据此'重庆印本'（由胡适之先生借出）作'台湾景印'初版，然其版权页谓民国二十七年六月初版，1962 年二月台一版，此说误。1999 年 1 月中旬，阅《谢泳逝去的年代——中国自由知识分子的命运》（北京：文化艺术出版社，1999 年版）之《汤用彤的顾虑》（页 58），谓书于'1944 年在重庆印彤'，则此'重庆印本'似系 1944 年印行者。惟谢氏又谓此'重庆翻印'本'所据初版本为 1938 年 6 月商务版'，此说亦误。汤用彤民国二十七年之商务版，在长沙印行（以下简称'长沙印本'），上下册页数相连，'重庆印本'则否；二者每页之行数亦异。北京中华书局 1955 年 9 月据民国二十七年初版重印汤书，1963 年 11 月再印，末附汤先生之'重印再版小记'（写于 1962 年 11 月 1 日），谓其书'初版系一九三八年夏商务印书馆在长沙印行'。然 1983 年 3 月北京中华书局将汤书改成简体字横排印时，末附之汤先生'重印再版小记'，上引一句却作'初版后一九三八年商务印书馆在长沙印行'。若'后'字不误，则 1938 年 6 月之'长沙印本'尚非'初版'，疑 1944 年之'重庆印本'即以'初版'翻印，故'重庆印本'，较'长沙印本'粗拙。"（严耕望著、李启文整理：《魏晋南北朝佛教地理稿》，上海：上海古籍出版社，2007 年，第 7 页）

③ 汤用彤："论中国佛教无'十宗'"，《哲学研究》，1962 年第 3 期；"中国佛教宗派补论"，《北京大学人文科学学报》，1963 年第 5 期。

响很大，当时日本佛教受"宗学"影响很深，① 而汤用彤先生极力避免用日本的十三宗模式来梳理中国佛教史，就使得中国佛教史研究从草创之初，就超越了宗学阶段，而直接采取客观的学术研究立场，实现了中国佛教史研究的跨越式发展。第二，也正因为如此，汤用彤先生等人开创的中国佛教史研究，与民国年间持一家一派观点的讲经僧，或力图八宗兼弘的义理僧，有了根本性的区别，确立了中国佛教史研究的现代学科地位，可谓功莫大焉。

但也正因为汤用彤先生意在打破中国佛教传统八宗、十宗或十三宗模式，着力魏晋南北朝的佛教义理研究，也为日后的中国佛教史研究带来两个瓶颈：第一，魏晋南北朝佛教史之后，如何跟隋唐佛教宗派衔接。汤用彤先生自 1938 年出版《汉魏两晋南北朝佛教史》后，一直没能完成《隋唐佛教史》的写作，虽然有很多客观上的原因，但如何从现代学术的研究路径攻克中国佛教宗派问题，不能不说一直是一大难题。今日佛教宗派的专门史已出多种，但如何避免不开返回"宗学"的"倒车"，确实是值得认真思考的问题。第二，汤用彤先生在研究汉魏两晋南北朝佛教史时，避免了单纯从信仰出发的宗派之见，强调义理研究，以及佛学义理如何被中国本土知识分子接受，佛学同玄学等本土思想的交涉，是其著作的一大优点；但是佛学义理的演进，并不能等同于佛教史的全部。一个时代的佛学义理与这个时代的佛教信仰，两者关系密切，但并不能相互取代。某类经

---

① 近年来，日本佛教研究界出现了许多对早期佛教研究中"宗学"影响的反思。例如日本学者花野充道 2005 年 5 月在北京访问期间，在中国人民大学佛教与宗教学理论研究所演讲时指出：近代日本佛教的学术研究大约可以分为三期：第一，是"宗学"研究，即佛学研究者往往有自己的宗派立场，在不违背祖师的情况下，研究佛教，带有明显的主观性。第二，是纯粹客观的研究，由于受到西方社会科学研究方法的影响，日本佛教学术研究者力图完全不带自己的主观观念；但这样一来，使得日本佛教研究越做越细，失去了研究的"意义"。第三，出现了批判佛教，是对以往纯粹客观研究的一种反动，想赋予研究意义，但又不是简单地回到宗学研究，是一种主—客观相结合的研究方法。（花野本人不大赞同批判佛教，认为批判佛教很难做到主—客观相结合；他个人比较看好"思想史"的研究方法。）伊吹敦教授在 2010 年春季学期于中央民族大学开设日本宗教学研究方面课程时指出：传统的日本"佛教学"研究，其前提是对佛教的信仰，认为佛教虽然传播地域广泛，存在很多表面性的差异，但佛教的根本思想（教理）一直得到维持（也就是说日本佛教虽然跟佛陀时代的佛教表现不尽相同，但日本佛教就是真正的佛教）；根据上述立场，"佛教的历史"就是不变性的"教理"的历史性表现。伊吹敦教授认为，明治时代以后的"佛教学"兴隆的原因：一是日本帝国主义的进展和国家政策的一致，二是面对新时代的僧人对于佛教的危机意识和为了护法的强烈愿望。

典的传入，某项义理主张的提出，可能会对当时信仰者产生重大影响，但也可能并不被世人所重视。我们了解一个时代的佛教史，如果对当时广大信徒最为流行的信仰内容不甚了了，不能不说是一个遗憾。

第二节　以隋唐佛教宗派为坐标

当然，以隋唐佛教宗派为坐标研究汉魏两晋南北朝佛学义理，也并非完全过时。日本佛教以宗派为中心，传统上一直使用成实宗、地论宗、摄论宗等称呼，但近代以来越来越多的学者开始使用论师、学派等术语，认为魏晋南北朝的学派是隋唐宗派的先导，并以此切入三论师、地论师、摄论师等魏晋南北朝佛教学派的研究，取得了不少成果；同时，日本学者尤其重视南北朝末期智顗、吉藏等被后世公认为中国佛教宗派创始人的佛学大师的研究。在中国传统佛教中，三论宗存在时间较短，对后世影响不大，吉藏的著作也大都散佚，而日本三论宗相续不断，保存了众多吉藏的著作，晚清民国以来，吉藏著作大量回流中土。由于吉藏著作中有大量前人注疏，因此依据这批从日本回传的吉藏文献，几乎重构了东晋以来的般若学，"什肇山门义"遂成定论。南北朝各论师的研究，也主要依附于对吉藏、智顗等创宗大师的研究中，并以这些佛学大师的批评性引用为主要材料。①

以中国哲学史、思想史演进为主要坐标，与以后世佛教宗派为主要坐标，所呈现出来的魏晋南北朝佛教史，是大异其趣的。如东晋六家七宗的般若学，若以前者为坐标，比附的是魏晋玄学"贵无"、"崇有"、"独化"等学说；而以后者为坐标，则将其视为三论宗的史前史，中土佛学发展的必然走向。再如前文提到的道生研究，以前者为坐标，重视其通过禅宗而开宋明理学之先河；而以后者为坐标，则重视道生对《法华经》的义疏，重点在中国僧人对《法华经》的理解变迁，旨在天台宗的肇始。②

以隋唐佛教宗派为坐标而探讨汉魏两晋南北朝佛教史，对佛教大师的

---

① 近年来这种情况也发生了许多变化，特别是日本学界"批判佛教"的兴起（如伊藤隆寿），对佛教"生活实践"的重视（如下田正宏），以及敦煌遗书中南北朝论师大量文献的发现与整理。

② 可参考菅野博史：《中国法華思想の研究》，东京：春秋社，1994 年。

思想体系尤为重视。平井俊荣先生《关于法华文句成立之研究》(春秋社，1987 年) 是一部划时代的著作，平井先生论证了灌顶等后人在整理智顗讲经注释时，大量参考了吉藏的思想和文字，原本许多被认为是天台宗首创的内容，实则是三论宗的说法。平井先生此说也引起颇多争议，至今还在日本学术界不断发酵。从这些争议中，我们亦可以看出，许多日本学人在对魏晋南北朝佛教史的研究中，是以隋唐佛教宗派为标准，通过"成熟"的佛教宗派宗学，来判别魏晋南北朝佛教义理的价值与意义。

第三节　以印度、西域佛教史地为坐标

与日本学界非常重视南北朝末期佛学大师不同，欧美等西方学者，涉足汉魏两晋南北朝佛教史时，比较重视早期的译经，这与西方学者常有印度佛学、语言学研究背景有关，他们常常希望借助中国佛教的早期译经，来重塑印度、西域佛教史地。以印度、西域佛教史地为坐标，不少西方学者以及致力于中西交通史的中日学者，常常重视安世高等许多不大为一般中日佛教学者特别重视的早期来华译经僧侣，以及西行求法者 (如法显等)。

当然，佛教毕竟产生于印度，最终传入中国，广义来讲，对中国佛教的研究，都或多或少、自觉不自觉地以印度佛教为坐标，最常见的是印度佛教由小乘到大乘，而中土佛教在汉魏时期也开始经历类似的过程，至东晋南朝而最终完成。但近年来，由于以萧邦 (Gregory Schopen) 为代表的印度佛教研究取得突破性进展，以往印度佛教史上大小乘观等一系列基本观念都遭到颠覆，那么以传统样态的印度佛教为坐标的中国佛教史，特别是魏晋南北朝佛教史，就很值得怀疑。

萧邦认为"现代学者研究印度佛教历史的方法无疑是怪异的 (peculiar)"。这种怪异在于只重视佛教经典文献的研究，而对考古材料极不重视。"考古必须是文献材料的婢女，它必须在'由文献支持'的情况下，才能被'完全理解'；它必须去支持和扩充文献材料，同时也必须被文献材料所支持和扩充；否则它将毫无用处。考古不能成为独立的证据，它不能讲述独立的历史。"而实际上，巴利语经典文献的年代要比众多考古材料晚得多。造成当代学者过于看重经典，注意力集中在观念上 (ideal) 的

而不是现实中的材料的原因，萧邦认为是由于当代学者头脑中有一种"正确宗教"（true religion）的观念，而这种观念来自于基督新教的影响。①

综上所述，上述三种坐标，各有其优势，也都取得了多方面的研究成果；但同时也都有其局限性。那么，随着汉魏两晋南北朝佛教史研究的深入，我们以哪种坐标、哪种研究方法切入汉魏两晋南北朝佛教史研究，尚须进一步的探讨。

---

① Gregory Schopen, *Bones, Stones, and Buddhist Monks*, Honolulu: Hawaii University Press, 1997, pp. 1, 2, 13.

第二章　1949 年以来大陆地区汉魏两晋南北朝佛教史的研究范式

　　笔者认为，1949 年以来汉魏两晋南北朝佛教史研究范式，大体可分为三种："上层建筑"范式（传统唯物史观范式）、"中国化"范式、"知识考古"范式（新社会文化史范式）。

第一节　"上层建筑"范式

　　"上层建筑"范式，将佛教视为一种上层建筑，力图通过社会经济基础加以说明。该范式十分关注社会历史与佛教的互动关系，尤其关注政治史对佛教思想发展的直接影响，以及佛教对其的反作用，力图从社会历史原因出发来探讨佛教思想变迁。"历史唯物主义告诉我们，社会的精神生活所由形成的来源，社会观念，并不是要到观念、理论、观念本身去找，而是要到社会的物质生活条件、阶级斗争中去找。因为理论、观点等，是社会存在的反映。离开了基础，空谈上层建筑，是讲不清楚的。"[①] 这种研究方法，对于以往研究者常常"以经解经"或"六经注我"式的研究方法是有所突破的，正如任继愈先生指出："今人叙述古人，往往有两种毛病，一是站在古人的立场来重述古人的话头，所谓以经解经。这种转手贩运的办法，看起来没有走样，却并不能真正把古人的精神表达出来，使今人看不懂。一是任意发挥，或者把古人所没有的思想说成古已有之，也有人用现代西洋哲学某一学派来比附。这样做，看起来条理清晰，可是由于发挥过多，把不属于古人的思想说成古人的思想，缺少科学性。用这两种办法研究历史都是有害的。"[②]

---

　　① 任继愈：《汉唐佛教思想论集》第三版，北京：人民出版社，1981 年，第 266 页。
　　② 任继愈："佛教与中国思想文化：《中国佛教史》第一卷序"，《汉唐佛教思想论集》第三版，第 16 - 27 页。这是该序的首次发表。

"上层建筑"范式在一定意义上对上述两种缺失，是有所裨益的。"文革"前，"上层建筑"范式，以任继愈先生的《汉唐佛教思想论集》为最典型的代表，该书是新中国出版的第一部佛教史论著，收录了任先生1955年与汤用彤先生合著的《南朝晋宋佛教"般若"、"涅槃"学说的政治作用》，直到1964年撰写的《从佛教经典的翻译看上层建筑与基础的关系》①等近十篇论文。当时还作为青年学者的方立天先生指出："马克思主义经典作家一再强调，包括宗教和哲学在内的上层建筑是以经济为基础的，并且也教导我们不要把世俗问题化为神学问题，而要把神学问题化为世俗问题，不要用迷信来说明历史，而要用历史来说明迷信。可以说，《论集》作者正是遵循这个原则去探索我国佛教哲学思想发展的内在根源和基本线索的。"② 任继愈先生的佛教研究，被毛泽东主席称赞为"凤毛麟角"，得到肯定。③ 此后很长一段历史时期，"上层建筑"范式，是各类中国思想史、哲学史中最为流行的中国佛教研究方法。

　　当时唯一的例外可能是吕澂先生，他在六十年代前期编写的研究生讲稿《中国佛学源流略讲》中，对当时业已出版且颇有影响的任继愈先生的佛学论著只字不提。不过吕先生对同是在"上层建筑"范式指导下编写而成的侯外庐先生主编的《中国思想通史》多有肯定，"《中国思想通史》，采用新的观点方法讲到一些佛学方面的内容，如对汉、魏、晋、隋、唐的佛教都谈到了，作者们是下过一番工夫的，尽管有些议论还可商酌，但总算是开荒了。"将《中国思想通史》和汤用彤先生的《汉魏两晋南北朝佛教史》列为了学习中国佛教史的两部"主要参考书"。④

　　"上层建筑"范式，并非完全是五六十年代政治风气的产物，也是中国学者研究佛教长期经验的总结和理论提升的结果。多年过去，我们可以看到一些比较有趣的现象，当时在大陆遭到批判的胡适，在1953年与铃木

---

① 《汉唐佛教思想论集》1963年初版，1973年再版时增收该文。

② 方立天："读《汉—唐中国佛教思想论集》"，《哲学研究》，1964年第2期，第58页。

③ 毛泽东主席读过任继愈1963年初版的《汉唐佛教思想论集》之后，在当年12月30日一份文件上作了批语："用历史唯物主义的观点写的文章也很少，例如任继愈发表的几篇谈佛学的文章，已如凤毛麟角，谈耶稣教、回教的没有见过。不批判神学就不能写好哲学史，也不能写好文学史或世界史。"（参见龚育之等：《毛泽东的读书生活》，北京：三联书店，1986年，第4页。）

④ 《吕澂佛学论著选集》五，济南：齐鲁书社，1991年，第2462页。

大拙关于禅学研究方法的争论中，很多言论是与"上层建筑"范式旨趣相近的："禅是中国佛教运动的一部分，而中国佛教是中国思想史的一部分，只有把禅宗放在历史的确当地位中，才能确当了解。"① 也是要用历史说明宗教，而不是相反。

客观来讲，"上层建筑"范式在五六十年代佛教研究中，是有历史贡献的。正如哲学史家石峻先生所言，"我国过去一段时期内，由于受到极左思潮的影响，凡是号称马克思主义的哲学家，多不肯深入地研究各种唯心主义体系，特别是所谓'宗教哲学'。其结果是，或陷于背诵教条，致使理论脱离实际，成了'无的放矢'；或则由于缺乏正确理论的指导，难免误入歧途。这两种具体情况虽然很不相同，但在客观上都会妨碍有关佛教思想史的科学研究的健康发展，影响到开创一种实事求是的学术新风尚。"② 而"上层建筑"范式，在"文革"前学术界对佛教研究的推动作用，为日后佛教研究奠定了基础，这是必须肯定的。

第二节 "中国化"范式

"中国化"范式是改革开放以来，逐渐兴盛而渐趋主流的一种研究汉魏两晋南北朝佛教的学术范式。按照方立天先生的界定，"所谓佛教中国化是指，印度佛教在输入过程中，一方面是佛教学者从大量经典文献中精练、筛选出佛教思想的精神、内核，确定出适应国情的礼仪制度和修持方式，一方面使之与固有的文化相融合，并深入中国人民的生活之中，也就是佛教日益与中国社会的政治、经济和文化相适应、结合，形成独具本地区特色的宗教，表现出有别于印度佛教的特殊精神面貌和中华民族传统精神的特征。佛教是一种系统结构，由信仰、哲学、礼仪、制度、修持、信徒等构成，佛教中国化并不只限于佛教信仰思想的中国化，也应包括佛教礼仪制度、修持方式的中国化，以及信徒宗教生活的中国化。"③

---

① 当时铃木批评胡适："胡适知道禅的历史环境，但却不知道禅本身，大致上说，他未能认识到禅有其独立于历史的生命。"参见 *Philosophy East and West*, Vol. III, No. I, Honolulu: Hawaii University Press, 1953, 以及柳田圣山编：《胡适禅学案》，台北：正中书局，1975 年。

② 《石峻文存》，北京：华夏出版社，2006 年，第 141 页。

③ 方立天："佛教中国化的历程"，《魏晋南北朝佛教（方立天文集第 1 卷）》，北京：中国人民大学出版社，2006 年，第 410 页。该文原刊于《世界宗教研究》1989 年第三期。

汉魏两晋南北朝佛教史研究中的中国化范式，关心的核心问题是从印度、中亚传入的佛教，如何一步步融入中国文化之中，佛教在哪些方面发生了变化，而中国人在促使佛教面貌发生重要改变时作出了哪些杰出的贡献。在这一范式指引下，翻译的取舍、格义、般若与玄学的关系、三教关系、学派与中国特色佛教宗派的形成等，成为汉魏两晋南北朝佛教史的重要选题。

笔者使用的"范式"一词，并非库恩所谓范式之间完全不能通约，实际上在"上层建筑"范式中的一些研究，已经可以看到"中国化"范式的影子，如任继愈先生指出"学习历史唯物主义，进一步明确上层建筑与基础的关系。不但可以认识基础决定上层建筑，也可看出上层建筑对基础的反作用。我们从佛教的输入和传播，可以看到光靠外来思想本身不会对当时的社会发生重大的作用，只有当它（思想）与当时社会的历史具体情况相结合，才能引起深刻而广泛的影响。与中国的社会条件相适应的宗派（如天台、华严、禅宗），它就得到发展，生搬硬套的外来学说（如法相宗）即使得到统治者一度大力支持，仍旧生不了根，终归枯萎。"[①] 像方立天先生对庐山慧远的研究，从六十年代撰写的《慧远佛教因果报应说批判》（《新建设》，1964 年第 8 期、第 9 期）和《试论慧远的佛教哲学思想》（《哲学研究》，1965 年第 5 期），到半个世纪后撰写的《慧远与佛教中国化》（《中国人民大学学报》，2005 年第 1 期），研究角度侧重就有所变化；从方先生研究佛教的学术历程，我们可以感觉到我国主流佛教史学界从"上层建筑"到"中国化"范式的自然过渡。

佛教中国化问题，在中西文化交流视野下，是一个非常重大的问题，很早就引起了国际学术界的重视，20 世纪中叶荷兰学者许里荷的《佛教征服中国》和美籍华裔学者陈观胜的《中国改变佛教》，就体现了这方面的思考。我国有佛教信仰背景的一些学者，出于梳理什么是正统佛教等原因，也很早就表现出对佛教中国化问题的关心，如吕澂先生在《中国佛学源流略讲》强调："中国佛学来源于印度，而又不同于印度，这一特点，

---

① 任继愈："汉唐时期佛教哲学思想在中国的传播和发展"，《汉唐佛教思想论集》第三版，第 21 页。

也就规定了它的特殊研究方法。其基本点是，在理解中国佛学时，首先要注意到中国佛学同印度佛学的关系。印度佛学在不断变化，我们就要注意到这些变化给中国佛学以怎样的影响；注意中国佛学在这个过程中，与印度佛学保持了多大的距离。总之，要以印度佛学的发展为尺子，用来衡量中国佛学发展的各阶段，并借以看出两者之间的异同以及中国佛学的实质。"① 主流的佛教"中国化"范式，对佛教的中国化多持赞扬态度；但也有学者对此持批评意见，认为远离乃至歪曲了印度原本的"正统"佛教这把"尺子"，从支那内学院到台湾的印顺法师，以及近年来日本兴起的批评佛教思想，都有这方面的倾向。

第三节 "知识考古"范式

陈寅恪先生在给冯友兰先生《中国哲学史》的审查报告中说："其言论愈有条理统系，则去古人学说之真相愈远。"近年来，随着学术界对传统思想史、佛教史的一些经典学术研究的反思，福科的"知识考古学"（The Archaeology of Knowledge）的影响力也越来越大。一些学者开始尝试利用新社会文化史的研究思路和方法，重视以往常被人忽视的材料与问题，清理传统佛教史中的一些成说（层层叠加的伪史）。笔者在这里姑且将这种努力称之为"知识考古"范式。

"知识考古"范式目前尚不成熟，但已表现出一些不同于以往"上层建筑"范式和"中国化"范式的特点。"上层建筑"范式和"中国化"范式，研究立场常常是从人民大众出发，但在实际研究过程中却更关心统治精英和佛教思想精英；而"知识考古"范式则更偏爱"一般思想史"，乃至边缘人群。"上层建筑"范式和"中国化"范式，都长于宏大叙事，特别关注重大历史事件，或有起承转合意义的思潮、重要人物具有独特贡献的观点；而"知识考古"范式，现阶段所做的工作，则解构多于建构，对于思想史上的"进化论"持强烈的怀疑态度，更倾向于差异、断裂等碎片化特征。

"知识考古"范式，在佛教领域中的应用，最突出的成果在禅宗研究，

---

① 《吕澂佛学论著选集》五，第2454页。

特别是对灯录谱系的研究，但也逐渐对汉魏两晋南北朝佛教史研究产生潜移默化的影响，例如对《高僧传》中高僧形象构建的研究，就是一个明显的例子。[1] 随着魏晋南北朝佛教史的深入研究，大量碑刻、应验记等材料的普遍使用，对各种邑社等佛教团体、各种师说学派、修行团体细节的深入刻画，学术界所呈现的汉魏两晋南北朝佛教很可能在很长一段时间内是一个断裂、碎片化的面貌。当然，当"碎片"足够多的时候，"知识考古"范式或许也可能重建起另外一种形式的魏晋南北朝佛教史的宏大叙事，但这在短期内还是难以完成的。

"知识考古"范式，无疑受到后现代主义的深刻影响，但这一范式应用于汉魏两晋南北佛教史研究，笔者以为却有着一种天然的传统优势。因为自汤用彤先生以来，魏晋南北朝佛教史研究成为中国佛教史研究的重点，这本身就是对教内几大宗派传统叙事的一种解构。汤用彤先生对竺道生顿悟说等课题的重视，虽然不是完全意义上的对"顿悟"进行"知识考古"："发现溯自 4 世纪末竺道生已倡导顿悟说。这比通常所知禅宗影响要早 170 或 180 年。此论与胡适博士主张菩提达摩作为《楞伽经》权威并提倡顿悟说具有同等意义"，这却无疑在客观上有知识考古的意蕴。

"上层建筑"范式、"中国化"范式，在一定程度上，都是对流行已久的教内成说进行突破乃至解构。笔者认为，它们与新兴的"知识考古"范式，将会长期并存，相得益彰，不断繁荣我国的汉魏两晋南北朝佛教研究事业。

---

① 例如 a. 佛尔："禅学研究：走向'行事的'学术"（［法］佛尔著，蒋海怒译：《正统性的意欲》附录一，上海：上海古籍出版社，2010 年）中对达摩传记的解读。b. 陆扬："解读《鸠摩罗什传》：兼谈中国中古早期的佛教文化与史学"（《中国学术》2006 年第 23 辑，北京：商务印书馆，2006 年）中对鸠摩罗什传记的解读；他对道安的解读也属此类，陆扬："中国佛教文学中祖师形象的演变——以道安、慧能和孙悟空为中心"（《文史》2009 年第 4 辑）。c. 宣方："支遁：禅学史肖像的重塑"（方立天、学愚主编：《佛教传统与当代文化》，北京：中华书局，2006 年）中对支道林传记的解读。

第三章　唐前佛教史研究的史料问题及本书的写作思路

前两章，我们粗略陈述了几种重要的汉魏两晋南北朝佛教史研究的定位与范式，具体到本书的取舍，则是一件十分困难的事情。宏大叙事久为人所诟病，但埋头于细碎的考证又常常使得历史被碎片化，流于只见树木而不见森林；当然部分后现代主义者正旨在追求碎片化、充满断裂的历史。

笔者以为，汉魏两晋南北朝佛教史研究，首先应将当时的佛教人物、思想、事件、制度，尽量予以历史化，这是第一步的工作；在历史化的基础上，更高一步的要求是将这个时代和历史再进一步理论化和问题化。理论化和问题化对于研究者来说是十分困难的工作，若不能凝练出这个时代的真问题，很可能就是"一着走错，满盘皆输"，故此以问题为中心的探讨是十分危险的，以往宏大叙事为人诟病很大程度上就是因为没有找到这个时代的真问题。而历史化的工作，若肯下工夫，加之对其他学科已有成果的借鉴，是会有所斩获的。当然仅仅是历史化的工作还是不够的，还应在此基础上有所前进，把握时代的脉搏。

笔者在本书首要的工作还是初步的"历史化"，在力所能及的时候再将部分历史过程予以"问题化"。故此，史料的整理爬梳，以及如何理解和运用，就成为一个重要的问题，这是本章讨论的重点。

第一节　史料的概述与甄别：社会史与思想史之辨

汉魏两晋南北朝佛教史料，大体来讲，可以分为佛教内部史料与佛教外部史料。佛教外部史料为正史①、时人文集、志书、类书、金石等，② 除了道教文献的应用外，与一般史学研究的情况近似。下面就时人文集和新出墓志铭资料略加说明。现存时人文集以南朝为主，而墓志铭则以北朝出土为多，在汉魏两晋南北朝佛教史研究中，这两类史料一南一北，正好配合使用。

唐前文献，最著名者当属清人严可均辑《全上古三代秦汉三国六朝文》③，十五集中《全晋文》、《全宋文》、《全齐文》、《全梁文》、《全陈文》、《全后魏文》、《全北齐文》、《全后周文》、《全隋文》等多有佛教史料内容，《全上古三代秦汉三国六朝文》每集常有外国、释氏、仙道、鬼神等科目，便于检索。此外，明人张溥《汉魏六朝百三家集》也应引起高度重视，《汉魏六朝百三家集》④ 是在张燮《七十二家集》基础上进一步扩编而成，其中不乏六朝佛教史料。就笔者所阅，其中《孙廷尉集》、《何衡阳集》、《谢康乐集》、《颜光禄集》、《萧竟陵集》、《王宁朔集》、《张长史集》、《孔詹事集》、《梁武帝集》、《梁昭明集》、《梁元帝集》、《沈隐侯集》、《王左丞集》、《刘曹户集》、《庾度支集》、《徐仆射集》、《江令君集》、《温侍读集》等，多有涉及佛教的内容。如南朝佛教史中评价颇高的周颙，亦被许多文学史家认定为"四声"的发明人，但在时人文集中却是另一种形象，孔稚珪《北山移文》："世有周子，隽俗之士，既文既博，亦玄亦史。然而学遁东鲁，习隐南郭，偶吹草堂，滥巾北岳。诱我松桂，欺我云壑。虽假容于江皋，乃缨情于好爵。"《北山移文》是入选《古文观止》的名篇，而部分周颙研究者似未寓目，应该说，这是"文、史、哲"

① 可参考杜斗城编：《正史佛教资料类编》，兰州：甘肃文化出版社，2006 年。
② 从《后汉书》至《隋书》，在二十四史中占了十三部（《后汉书》、《三国志》及裴松之注、《晋书》、《宋书》、《南齐书》、《梁书》、《陈书》、《魏书》、《北齐书》、《周书》、《南史》、《北史》、《隋书》），可以说正史资料是非常庞大的。除了正史和《资治通鉴》外，还有《通典》、《通志》、《太平御览》、《册府元龟》、《文苑英华》、《太平广记》、《文献通考》等书中的相关记载；以及《华阳国志》、《世说新语》、《颜氏家训》、《建康实录》、《水经注》、《洛阳伽蓝记》等魏晋南北朝史籍。魏晋南北朝涉及佛教的碑文石刻为数也不少，如《金石粹编》、《汉魏南北朝墓志集释》等。此外，唐长孺主编《中国通史参考资料》（第二册，魏晋南北朝），张泽咸、朱大渭主编《魏晋南北朝农民战争史料汇编》等史料选集，亦可参考。
③ 严可均辑：《全上古三代秦汉三国六朝文》，上海：上海古籍出版社，2009 年。
④ 张溥：《汉魏六朝百三家集》，长春：吉林出版社集团，2005 年。

学科分家的后果，今后六朝佛教研究者应尽量避免对六朝文史资料的忽视。殷孟伦先生著有《汉魏六朝百三家集题辞注》①，可方便读者按图索骥。

墓志铭近年来引起了中古史学界的高度重视，部分佛教研究者对此也有关注。特别是日本东洋大学伊吹敦教授《墓志铭所见之初期禅宗》②，发现唐人墓志铭对佛教、南宗禅记载颇少，与以往我们对唐代佛教鼎盛的印象有较大差距；前文提到的萧邦利用金石资料对印度佛教史的研究，也得出了许多与以往不同的结论。这一方面可以提醒我们从新的视角来考察佛教历史，另一方面也提醒我们墓志铭等这类金石史料本身可能带有一定的特殊性。现存大量六朝墓志铭涉及佛教的内容甚少，与以往我们从传世文献中得出的对六朝佛教社会影响力巨大的结论有较大差距。墓志铭这类史料的特点，还需要进一步的探索。汉魏以来，屡有禁碑令（参见《宋书·礼志二》），不得私自立碑，这不仅限制了碑刻的数量，可能对碑文涉及的内容，亦有较大的影响。

梁元帝萧绎曾经编辑《内典碑铭集林序》收录佛教碑铭，合三十卷，但早已亡佚，仅在《广弘明集》中存有序言一篇。魏晋南北朝墓志铭主要收录在赵万里《汉魏南北朝墓志铭集释》，赵超《汉魏南北朝墓志汇编》，罗新、叶炜《新出魏晋南北朝墓志疏证》之中，③ 特别是后两种书为近年来新出，录文清楚，特别是《疏证》考证颇详，两者配合使用，有事半功倍的效果。

六朝墓志铭中不乏高僧、男女居士传记、修寺塔记录等传统史料，如赵超《汉魏南北朝墓志汇编》中的《孙辽浮屠之铭记（正光五年七月廿五日）》、《魏故昭玄沙门大统僧令法师墓志铭（永熙三年二月三日）》、《大魏比丘净智圆寂塔铭（元象元年四月十一日）》、《居士讳道明墓志（天保三年正月十五日）》、《云门寺法勤禅师墓志（大宁二年正月五日）》、《魏

---

① 张溥著，殷孟伦注：《汉魏六朝百三家集题辞注》，北京：中华书局，2007 年。

② 伊吹敦著，王征译："墓志铭所见之初期禅宗"，中国人民大学佛教与宗教学理论研究所主办：《宗教研究》，2010 年刊，第 191－225 页。

③ 赵万里：《汉魏南北朝墓志铭集释》，北京：科学出版社，1956 年；赵超：《汉魏南北朝墓志汇编》，天津：天津古籍出版社，2008 年（初版 1992 年）；罗新、叶炜：《新出魏晋南北朝墓志疏证》，北京：中华书局，2005 年。

故□玄沙门都维那法师惠猛之墓志铭》，罗新、叶炜《新出魏晋南北朝墓志疏证》中的《刘宾及妻王氏墓志》、《志修塔记》等。

此外，六朝墓志铭中有一类比丘尼的墓志铭，尤其值得关注。这类比丘尼或原为贵族女性幼小出家，或为皇帝或贵胄嫔妃妻妾在丈夫死后出家为尼，如《汉魏南北朝墓志汇编》中的《魏瑶光寺尼慈义墓志铭（神龟元年十月十五日）》、《魏故比丘尼慈庆墓志铭（正光五年五月七日）》、《魏故车骑大将军平舒文定邢公继夫人大觉寺比丘尼墓志铭（永安二年十一月七日）》，《新出魏晋南北朝墓志疏证》中的《高殷妻李难胜墓志》、《陈宣帝夫人施氏墓志》、《李静训墓志》、《丁那提墓志》等。

赵和平教授在《武则天出家寺院考》指出，北周大象二年（580年）北周形成了皇帝去世后立别庙，其旁建尼寺以处先帝嫔妃的制度。[①] 此实际是在儒家的太庙体制（每年冬至等六次祭祀）外，另立了佛道教的家庙（生日忌日、七七等祭祀），影响到唐宋，是皇帝中央集权、政教关系、三教关系史上的大课题。北朝后宫出家甚多，[②] 后形成定制；而南朝从东晋司马道子与比丘尼支妙音到梁元帝后宫"徐娘半老"的典故[③]，都与尼僧

---

① 赵和平："武则天出家寺院考"，2012 年 5 月 31 日在中国人民大学发表的学术报告；同一题目赵教授也在北京大学、北京师范大学等高校进行过讲演。有史可稽的：北周大象二年（580年）立弘圣宫及万善尼寺；隋大业元年（605 年）立仙都宫及胜光寺；唐贞观元年（627 年）立通义宫及兴圣尼寺；唐贞观九年（635 年）立静安宫及证果尼寺；唐贞观二十三年（649 年）立崇圣宫及灵宝尼寺；弘道元年（683 年）立崇敬宫及崇敬尼寺。

② 据夏毅辉统计，从北魏拓跋氏入主中原至隋灭北周，有史料记载的，共有 17 位后妃出家，其中北魏 31 位皇后中 7 位出家为尼，北齐 14 位后妃中 4 位出家为尼，北周 12 位皇后中 6 位出家为尼。（夏毅辉："北朝皇后与佛教"，《学术月刊》，1994 年第 11 期）。亦可参考尚永琪：《3—6 世纪佛教传播背景下的北方社会群体研究》第六章"4—6 世纪佛教传播背景下的北方妇女"，北京：科学出版社，2008 年，第 116 - 139 页；魏晋南北朝比丘尼的一般情况，可参考唐嘉：《东晋宋齐梁陈比丘尼研究》，济南：齐鲁书社，2012 年。

③ 《南史卷十二·列传第二·后妃下》："元帝徐妃讳昭佩……与荆州后堂瑶光寺智远道人私通……帝左右暨季江有姿容，又与淫通。季江每叹曰：'柏直狗虽老犹能猎，萧溧阳马虽老犹骏，徐娘虽老犹尚多情。'时有贺徽者美色，妃要之于普贤尼寺，书白角枕为诗相赠答。既而贞惠世子方诸母王氏宠爱，未几而终，元帝归咎于妃；及方等死，愈见疾。太清三年，遂逼令自杀。妃知不免，乃投井死。帝以尸还徐氏，谓之出妻。葬江陵瓦官寺。帝制《金楼子》述其淫行。"今本《金楼子》无此内容。唐代以后，对后宫出家颇多訾议，常有涉嫌淫乱之讥。北宋僧人文莹《湘山野录》："中国长公主为尼，披廷随出者二十余人。诏两禁送至寺，赐传斋。传旨令多赋诗，唯文僖公彭乔年尚有记者云。"又清人宋长白《柳亭诗话》："李义山诗《碧城》三首，盖咏公主入道事也。唐之公主，多请出家。义山同时，如文安、浔阳、平梁、邵阳、永嘉、永安、义昌、安康（诸公主）先后乞为女道士，筑观于外，颇失防闲。"

有着密切的关系。出家为僧尼或暂居佛门，不仅为皇室嫔妃的一种出路选择，也是官僚妻子救贫或避祸的方法之一。① 墓志铭中贵妇出家的记录不少，辅之传世文献，对于揭示南北朝中后期佛教史不为后人熟知的一面，当大有裨益。

本章主要讨论佛教内部的史料。佛教内部的史料可以分为两大部分：传世史料、近代以来的出土史料。（1）传世史料。佛教传世史料，大体可以分为：①佛教史书；②经录；③文集等著述；④经典注疏；⑤类书等佛教百科；⑥应验记等"释氏辅教之书"。（2）近代以来的出土史料：①造像记、陀罗尼等各地经幢、石窟碑刻；②敦煌遗书。此外佛教图像等非文字材料也须引起研究者的注意。

近几十年来，佛教出土文献的研究是一个热点。以往魏碑、陀罗尼的研究是海外学者的强项，近年来华语学者侯旭东、刘淑芬等人的研究也赶超了国际一流水平②，在下一节我们将对此略有叙述。而近十余年，由一大批日中韩学者带动的敦煌遗书研究，将北朝佛教学派研究引入了新阶段，③ 特别是 2009 年 8 月韩国金刚大校佛教文化研究所召开了"地论思想的形成与嬗变"国际学术研讨会，2010 年编辑出版了研究论文集《地论思想的形成与嬗变》的日文版和韩文版，是汉魏两晋南北朝佛学研究的重要的突破，2012 年日中韩学者联合整理出版了《藏外地论宗文献集成》。④利用敦煌遗书研究南北朝佛教学派问题，在今后若干年内都将是一个重要的学术增长点。

在佛教传世文献中，佛教史书是最为重要的一类，为后世佛教史研究提供了基本的史料乃至于研究的框架。汉魏两晋南北朝佛教史书，以纪传

---

① 如《南史·刘峻传》刘孝标"居贫，不自立，与母并出家为尼僧。既而还俗。"《魏书·刘休宾传》亦提到此事："休宾叔父旋之，其妻许氏，二子法凤、法武（后改名刘峻，字孝标），而旋之早亡。东阳平，许氏携二子入国，孤贫不自立，并疎薄不伦，为时人所弃，母子皆出家为尼，既而还俗。"

② 参见侯旭东：《五六世纪北方民众佛教信仰：以造像记为中心的考察》，北京：中国社会科学出版社，1998 年；刘淑芬：《中古的佛教与社会》，上海：上海古籍出版社，2008 年。

③ 参见石井公成："敦煌发现的地论宗文献研究现状"，中国人民大学佛教与宗教学理论研究所主办：《宗教研究》，2011 年刊。

④ 青木隆、方广锠、池田将则、石井公成、山口弘江整理：《藏外地论宗文献集成》，韩国伦山市：金刚大学校佛教文化研究所，2012 年。

体为主，梁僧皎的《高僧传》、唐道宣的《续高僧传》最为重要，此外存世的还有宝唱的《比丘尼传》①、《名僧传抄》② 等，以及今人的补遗。③ 编年体在汉魏两晋南北朝佛教史籍中虽不发达，但亦存在，最典型的代表是隋代费长房《历代三宝纪》卷一至卷三的"帝年"，自周秦至隋，按照帝王世系年号编写佛、法、僧"三宝"大事记。④《历代三宝纪》属经录，历代学者对其颇多訾议、秽评，⑤ 然毕竟保存许多史实、"传说"以及当时人们对佛教的理解，亦是不可或缺的重要史料。相比《历代三宝纪》，梁僧祐的《出三藏记集》⑥ 是更为严谨的著作。经录除了提供佛教传译方面的重要史料，其收录的译经僧侣传记、佛经序跋，亦是研究当时佛教历史与思想的重要依据，而疑伪经的记录也为民间佛教的研究提示了重要的线索，例如《出三藏记集》中记有"《慧达经》一卷"，慧达即是六朝时著名的神异僧，俗名刘萨诃，被信徒尊称为刘师佛。僧祐说："《大涅槃经》云：'我灭度后，诸比丘辈抄造经典，令法淡薄。'种智所照，验于今矣。自像运浇季，浮竞者多，或凭真以构伪，或饰虚以乱实。昔安法师，摘出伪经二十六部，又指慧达道人以为深戒。古既有之。今亦宜然矣。"⑦ 慧达

----

① 《比丘尼传》是否为宝唱所撰，或者说《比丘尼传》与《名僧传》是否为同一作者，近年来学术界也有不同看法，参见曹仕邦："比丘释宝唱是否《比丘尼传》撰人的疑问"，见释恒清主编：《佛教思想的传承与发展：印顺导师九秩华诞祝寿文集》，台北：东大图书，1995 年，第 455－466 页。

② 《名僧传》久佚，《名僧传抄》是日本竺置寺住侣沙门宗性于文历二年（1235 年）抄自东大寺东南院之经藏本。

③ 例如赵超主编：《新编续补历代高僧传》，北京：社会科学文献出版社，2011 年。

④ 隋开皇十七年（597 年）以后至唐高宗时用干支纪年记事，《房录》成书于开皇十七年，此后记录当系后人所加。

⑤ 对《房录》批判最激烈的当属谭世保：《汉唐佛史探真》上编"《房录》及其所载诸经录考"，广州：中山大学出版社，1991 年。

⑥ 明代以降，多有学者谓《出三藏记集》出自刘勰之手。如明代曹学佺的《文心雕龙》序谓"窃恐祐《高僧传》，乃勰手笔耳"。明徐勃跋引曹氏之说并加按语："今观其《法集目录序》及《释迦谱序》、《世界序》等篇，全类勰作，则能始之论，不诬矣。"（见杨明照：《文心雕龙校注拾遗》附录序跋第七，上海：上海古籍出版社，1982 年）日本学者兴膳宏的长文《文心雕龙》与《出三藏集记》"（彭恩华编译：《兴膳宏〈文心雕龙〉论文集》，济南：齐鲁书社，1984 年，第 5－108 页；日文原刊于福永光司编：《中国中世の宗教と文化》，京都：京都大学人文科学研究所，1982 年）将两书在语体风格的相似性做了非常详细的对比论证。而饶宗颐先生在"论僧祐"（《中国文化研究所学报》第 6 期，1997 年，第 405－416 页）中则认为："我人苟细心咀嚼《祐录》诸书自序，每每自标'祐'之名"，"当由自撰，非他人所能捉刀，断断然也。"

⑦ 《出三藏记集》，第 224 页。

出家前曾假死而游地府,《慧达经》应是出自这段神秘的宗教体验,疑伪经是研究当时民间佛教信仰的重要线索,值得我们充分重视。

魏晋南北朝佛教文集,可以分为合集和个人专集。合集是为某一主题而编辑的诸多佛教僧侣、居士乃至与教外人士的论辩文章,现存合集大都与护教有关,如梁僧祐编辑的《弘明集》,唐初道宣编辑的《广弘明集》、《集古今佛道论衡》,智升《续集古今佛道论衡》等;也有围绕某一佛教领袖人物或某一学派教团的合集,如隋灌顶编辑的《国清百录》。个人专集、僧传等史籍中常称某僧人有文集若干卷,如《出三藏记集》记载,庐山慧远"所著论序铭赞诗书,集为十卷五十余篇,并见重于世",蒋山灵暇寺的余姚人道慧(451—481年)在十四岁时读到《庐山慧远集》,"说明慧远殁后五十年左右,江南已有《慧远文集》流传。"① 但这类专集现今大都散佚;魏晋南北朝现存僧人文集中最为著名的当属僧肇的《肇论》等。《大乘大义章》是东晋名僧庐山慧远与鸠摩罗什之间的问答集,是比较特殊的一类文集。此外,篇幅较长的佛教论文亦有独立成书而流传的,比较重要的如吉藏的《二谛论》等。一般来讲,佛教文集等著述是相比佛教史籍更为第一手的资料,但文集常常晚出,而且许多编撰者的目的在于护教弘法,难免有伪托之作,故反倒常须依僧传等史籍进行考辨。

经典注疏是题材比较特殊的著述,且数量庞大,在汉魏两晋南北朝佛教史料中是篇幅最大的,故单列一类。经典注疏也可以分为集注和个人独立注疏。集注中比较著名的是鸠摩罗什、僧肇、道生的《维摩诘经》"三家注",梁代宝亮编的《大涅槃经集解》亦是研究南朝佛教思想的宝库。个人独立注疏按内容可以分为"玄义"(义疏)与"文句"两类。② "玄义"主要是发挥经文大意,如智顗的《法华玄义》、吉藏的《三论玄义》;"文句"是逐句解释经文,最典型的代表是智顗的《法华文句》。汉魏两晋南北朝佛教经典注疏,尚有多种存世,如鸠摩罗什、僧肇、道生的《维摩诘经》"三家注",道生《法华经疏》,法云《法华经义记》等。汉魏两晋南北朝佛教经典注疏的一些佚文,还保存在天台宗祖师智顗、三论宗祖师

---

① 牧田谛亮著,曹虹译:"关于慧远著作的流传",《古典文献研究》2002年刊,第162页。
② 参见菅野博史著,杨曾文译:"中国佛教早期经典注释书的性格",《世界宗教研究》,2004年增刊,第15-20页。

吉藏等人的注疏中。与智𫖮、吉藏同时、被后世学者并称为"隋代三大师"的净影寺慧远注疏亦甚丰，"所流章疏五十余卷，二千三百余纸，纸别九百四十五言"。① 优秀的汉魏两晋南北朝佛教典籍注疏，保留了注释者诸多重要的思想创新，但亦有不少注疏是沿袭成说，乃至于假后世弟子之手完成。这就为我们辨别佛教人物思想，观点主张出现年代造成了一定的困难。自上世纪 70 年代，日本著名学者平井俊荣指出传统上认为出自智𫖮笔下的许多注疏，是沿袭自吉藏，② 引起了天台学人与三论学人持久的论辩，但这也为我们重新认识佛教典籍注疏这一题材的史料性质，打开了一个新的视角。

早期的佛经常出自经抄，即有佛教类书、佛教百科全书的性质，如《四十二章经》、《六度集经》等；《大智度论》在一定意义上也可以看做是鸠摩罗什编译的大乘佛教百科全书。南朝时，在政府的支持下，佛教编辑了许多大型类书，如《众经要抄》、《经律异相》、《法宝联璧》、《内典博要》等，但大都散佚，现存最为完好的是《经律异相》③。唐初《法苑珠林》等后世佛教类书，亦对研究汉魏两晋南北朝佛教史有重要参考价值。此外，汉魏两晋南北朝僧人的独立撰述，也有类似佛教百科性质的作品，如净影寺慧远的《大乘义章》。

应验记等"释氏辅教之书"，有些出自僧侣之手，如唐初道宣编纂的《集神州三宝感通录》等，但绝大部分是出自居士俗人之手，甚至带有笔记小说性质。"释氏辅教之书"内容非常丰富，对于研究汉魏两晋南北朝佛教史十分重要，但以往佛教史研究对此重视不足，故本章将另辟一节对此进行探讨。

"释氏辅教之书"的辑佚、版本等情况，下节详述，除此之外的上述佛教史料，仅梁《高僧传》（汤用彤点校本）、《出三藏记集》（苏晋仁等点校本）、《牟子理惑论》（周叔迦注释本）、《经律异相》（董志翘点校本）、《法苑珠林》（周叔迦等校注本）等少数经典文献有现代校注本；另

---

① 《大正藏》第 50 卷，第 491 页下。
② 参见平井俊荣：《中国般若思想史研究：吉藏と三论学派》，东京：春秋社，1976 年。
③ 目前最好的整理标点本是董志翘编：《〈经律异相〉整理与研究》，成都：巴蜀书社，2011 年。

序
论

外魏晋南北朝一些重要僧人的作品，日本学者多有集体性研究著作，如塚本善隆主编的《肇论研究》（法藏馆，1955 年）、木村英一主编的《慧远研究》"遗文篇"与"研究篇"（创文社，1962 年）、牧田谛亮主编的《弘明集研究》上中下三册（京都大学人文科学研究所，1974 年、1975 年）等。

汉魏两晋南北朝佛教史料文献，大都可以在《大正藏》与《续藏经》中找到，这为研究者带来极大便利。但须注意的是，有时《大正藏》与《续藏经》所收并非最好版本，如《大正藏》所收《续高僧传》为三十卷本，比明清教内通行的四十卷本内容要少。"金陵刻经处"本、"四部丛刊"本，常优于《大正藏》本；另外近年出版的《中华大藏经》，校对甚为精良，亦足参考。石峻等编《中国佛教思想资料选编》第一卷（中华书局，1981 年）具有汉魏两晋南北朝佛教思想史史料的纲要性质，应引起足够重视。

面对如此杂多的史料，怎样入手，如何运用这些史料，就成为我们所要讨论的重点。

智升《开元释教录》序云："夫目录之兴也，盖所以别真伪，明是非，记人代之古今，标卷部之多少，摭拾遗漏，删夷骈赘，欲使正教纪理，金言有绪，提纲举要，历然可观也。"① 一般来讲，目录学是治学的门径，这一原则适用于佛教研究；但佛教研究有其特殊性，其特殊性就在于佛教目录的特殊性质。首先，佛教经录以记录外域传入的佛典为主（少数未翻译为汉文的佛典也记录在册），本土著述只是第二位的。经录对于研究早期中国佛教有较大的参考价值，但对于研究逐渐发展成熟后的中国佛教，则难以满足需要。其次，经录的编纂常常受到信仰者对佛教理解的影响，"欲使正教纪理，金言有绪"，有构建理想型佛经体系的倾向，不仅夹杂传说和疑伪经，甚至出现"伪录"，因此常常需要借助其他史籍进行考辨。

僧祐在《胡汉译经音义同异记》中说：

夫神理无声，因言辞以写意。言辞无迹，缘文字以图音。故字为

---

① 《大正藏》第 55 卷，第 477 页上。

言蹄，言为理筌，音义合符，不可偏失。是以文字应用，弥纶宇宙，虽迹系翰墨，而理契乎神。昔造书之主，凡有三人：长名曰梵，其书右行；次曰佉楼，其书左行；少者苍颉，其书下行。梵及佉楼，居于天竺；黄史苍颉，在于中夏。梵、佉取法于净天，苍颉因华于鸟迹。文画诚异，传理则同矣。仰寻先觉所说，有六十四书，鹿轮转眼，笔制区分，龙鬼八部，字体殊式。唯梵及佉楼，为世胜文。故天竺诸国，谓之天书。西方写经，虽同祖梵文，然三十六国，往往有异。譬诸中土，犹篆籀之变体乎。案苍颉古文，沿世代变，古移为籀，籀迁至篆，篆改成隶，其转易多矣。①

南北朝时，佛教信徒认为读写佛教的梵语、梵文都具有神圣的宗教意义，前辈学者对佛教的这种"天书"观念多有讨论。② 实则不仅佛教典籍的语言文字具有神圣性质，佛教典籍本身的经典体系也具有宗教意涵。如北朝甄鸾《笑道论》三十一条"道经未出言出"：

> 案玄都道士所上经目，取宋人陆修静所撰者，《目》云：《上清经》一百八十六卷，一百二十七卷已行，《始清》已下四十部六十九卷，未行于世。检今经目，并云见存。乃至《洞玄经》一十五卷，犹隐天宫。今检其目，并注见在。
>
> 臣笑曰：修静宋明人，太始七年，因敕而上经目。既云隐在天宫，尔来一百余年，不闻天人下降，不见道士上升，不知此经从何至此？昔文成书以饭牛，诈言王母之命；而黄庭元阳以道换佛；张陵创造《灵宝》，吴赤乌时始出；《上清》起于葛玄，宋齐之间乃行；鲍静造《三皇》，事露而被诛；文成书饭牛，致戮于汉世。今之学者，又蹈其术，又可悲乎！《汉书》：张鲁祖父陵，桓帝时，造符书以惑众，受道者，出米五斗，俗谓米贼。陵传子衡，衡传子鲁，号曰三师，三人之妻为三夫人，皆云白日升天。初受道，名鬼卒，后号祭酒。妖鄙

---

① 《出三藏记集》，第 12－13 页。

② 参见谢世维："圣典与传译：六朝道教经典中的'翻译'"，中央研究院中央文哲研究所《中国文哲研究集刊》第三十一期，2007 年 9 月，第 196－202 页。

之甚，穿凿滥行，皆此例矣。①

在上述甄鸾抨击中，并未对大批道经隐匿天宫、真人降授这一逻辑模式进行质疑，只是认为"尔来一百余年，不闻天人下降，不见道士上升"，仅对当时部分流行的道经是否为真人所降提出了怀疑，而实际认可了大批道经隐匿天宫、真人降授这一模式。大批道经存于天宫，时人根据自己的信仰理解，而认可一个理想中的道经目录体系，而真人也不断按照这一目录体系而讲授经典。这一思维模式，有汉代谶纬神学的遗迹，亦为普通佛教徒所熟悉：大批大乘佛教经典隐秘龙宫，由龙树择其要而诵出，是中国佛教徒很早就熟悉的传说；元魏李廓的《众经目录》就有"有目未得经目录第七"。而且在六朝，这种模式也确实被运用到经典造作之中，例如《出三藏记集》中记载了二十一种三十五卷"僧法尼所诵出经入疑录"：

> 齐末太学博士江泌处女尼子所出。初尼子年在龆龀，有时闭目静坐，诵出此经。或说上天，或称神授，发言通利，有如宿习。令人写出，俄而还止，经历旬朔，续复如前。京都道俗，咸传其异。今上敕见，面问所以，其依事奉答，不异常人。然笃信正法，少修梵行，父母欲嫁之，誓而弗许。后遂出家，名僧法，住青园寺。祐既收集正典，捡括异闻，事接耳目，就求省视。其家秘隐，不以见示，唯得《妙音师子吼经》三卷，以备疑经之录。此尼以天监四年三月亡。有好事者，得其文疏，前后所出经二十余卷。厥舅孙质以为真经，行疏劝化，收合传写。既染毫牍，必存于世。昔汉建安末，济阴丁氏之妻，忽如中疾，便能胡语，又求纸笔，自为胡书。复有西域胡人，见其此书，云是经莂。推寻往古，不无此事。但义非金口，又无师译，取舍兼怀，故附之疑例。②

一中国女子，口中诵出经典，"或说上天，或称神授"，如道教上清派降真一般，若按现代人的观点，此定非印度传入之佛经，但在南朝当时"京都道俗，咸传其异"，"行疏劝化，收合传写"，广为传颂；甚至还惊动

---

① 《大正藏》第52册，第545页中-下。
② 《出三藏记集》，第230-231页。

了皇帝，著名律师僧祐也亲自访寻。虽然僧祐也知道这些经典"义非金口，又无师译"，但却不敢直接斥为伪经，而只是列入"疑录"，这是值得我们反思的。

又《法显传》载：

> 法显在此国（师子国），闻天竺道人，于高座上诵经云："佛钵本在毗舍离，今在揵陀卫。竟若干百年（法显闻诵时有定岁数。但今忘耳），当复至西月氏国。若干百年，当至于阗国。住若干百年，当至屈茨国。若干百年，当复至师子国。若干百年，当复来到汉地。若干百年，当还中天竺。到中天竺已，当上兜术天上。弥勒菩萨见而叹曰：'释迦文佛钵至。'即共诸天华香供养七日。七日已，还阎浮提，海龙王将入龙宫。至弥勒将成道时，钵还分为四，复本頞那山上。弥勒成道已，四天王当复应念佛如先佛法，贤劫千佛，共用一钵。钵去已，佛法渐灭。佛法灭后，人寿转短，乃至五岁。五岁之时，粳米、酥油，皆悉化灭。人民极恶，捉草木则变成刀杖，共相伤割。其中有福者，逃避入山。恶人相杀尽已，还复来出。共相谓言：'昔人寿极长，但为恶甚，作非法故，我等寿命，遂尔短促，乃至五岁。我今共行诸善，起慈悲心，修行信义。'如是各行信义，展转寿倍，乃至八万岁。弥勒出世，初转法轮时，先度释迦遗法中弟子、出家人及受三归、五戒、斋法，供养三宝者。第二、第三，次度有缘者。"法显尔时欲写此经，其人云："此无经本，我心口诵耳。"[1]

法显若是当时将此"佛钵经"梵文记录下来，传入中国，肯定会被认为是"真经"；而《出三藏记集》卷五"新集疑经伪撰杂录"则列入了"《佛钵经》一卷（或云《佛钵记》，甲申年大水及月光菩萨出事）"，此经融入具有末法信仰因素的月光童子信仰[2]，"甲申年"很可能是444年，北魏太武帝在438年、444年都下诏灭佛，这可能是《佛钵经》出现的时代

---

① 章巽：《法显传校注》，上海：上海古籍出版社，1985年，第162页。
② 月光童子信仰可以参考许里和的名篇，E. Zürcher, "Prince Moonlight: Messianism and Eschatology in Early Medieval Chinese Buddhism", T'oung Pao, Vol. 68, 1982, pp. 1–75.

背景，该经也应被认定为中国撰述的疑伪经了。但实则佛钵信仰一度在中亚、印度广为流行，《佛钵经》并非完全没有外来信仰依据。①

"天竺道人"的诵经程式，其实与中国女子并无实质性差异。在天上的经典经神人降授而传写人间，这套道教或中国本土信仰中常见的模式，在当时是深入中国人心的；而且汉魏以来的佛经翻译在形式上也是与此类似的，当时文献记录的西域某僧"出"某经，并非翻译，而只是口诵出梵文或胡文，人们再依据其口诵而翻译传写出汉文佛典加以流通。例如《高僧传·僧伽跋澄传》记载："跋澄口诵经本，外国沙门昙摩难提笔受为梵文，佛图罗刹宣译，秦沙门敏智笔受为晋本。以伪秦建元十九年译出，自孟夏至仲秋方讫。"②"齐末太学博士江泌处女尼子"、"昔汉建安末济阴丁氏之妻"，实际上就是起到僧伽跋澄"出"经这类角色的作用。而这类"出"经者，类似灵媒，在信徒眼中地位尊崇，实高于真正从事翻译工作的译者；因为正是这种"出"经者才真正起到沟通凡圣，将圣"转译"为凡（普通人能够理解的文献）的作用，而这种转化也是最为困难的，稍不注意，就会走形，而淹没原本的宗教神圣信息。

我们在当时佛教经典的大量序跋中常常看到汉译转繁为简的记载，以魏晋时期影响甚大的般若经为例，当时佛教领袖道安认为"佛泥曰后，外国高士，抄九十章，为《道行品》。桓灵之世，朔佛赍诣京师，译为汉文，因本顺旨，转音如已，敬顺圣言，了不加饰也。然经既抄撮合成章指，音殊俗异，译人口传，自非三达，胡能一一得本缘故乎？由是《道行》颇有首尾隐者，古贤论之，往往有滞。仕行耻此，寻求其本，到于阗乃得，送诣仓垣，出为《放光品》。斥重省删，务令婉便，若其悉文，将过三倍。善出无生，论空特巧，传译如是，难为继矣。二家所出，足令大智焕尔阐幽。支谶全本，其亦应然。何者？抄经删削，所害必多。委本从圣，乃佛之至戒也。"③并认为这种化繁为简，隐匿了佛经的本意，由此成为后世人

---

① 关于佛钵信仰的考察，可以参见李静杰："佛钵信仰与传法思想及其图像"，中国人民大学复印报刊资料《宗教》，2011 年第 5 期，第 51 – 63 页。原刊于《敦煌研究》，2011 年第 2 期，第 41 – 52 页。

② 《高僧传》，第 33 页。

③ 《出三藏记集》，第 263 – 264 页。此类例子甚多，再如鸠摩罗什所译百卷《大智度论》，传说梵文原本有上千卷。

们西出取经求法，乃至构造、追捧伪经的动力。

道安有著名的五失本、三不易之说：

> 译胡为秦，有五失本也：一者，胡语尽倒，而使从秦，一失本也；二者，胡经尚质，而秦人好文，传可众心，非文不合，斯二失本也；三者，胡经委悉，至于叹咏，叮咛反覆，或三或四，不嫌其烦，而今裁斥，三失本也；四者，胡有义说，正似乱辞，寻说向语，文无以异，或千五百，刈而不存，四失本也；五者，事已全成，将更傍及，反腾前辞，已乃后说，而悉除此，五失本也。然般若经三达之心，覆面所演，圣必因时，时俗有易，而删雅古以适今时，一不易也；愚智天隔，圣人叵阶，乃欲以千岁之上微言，传使合百王之下末俗，二不易也；阿难出经去佛未久，尊者大迦叶令五百六通，迭察迭书，今离千年，而以近意量裁，彼阿罗汉乃兢兢若此，此生死人而平平若此，岂将不知法者勇乎？斯三不易也。涉兹五失，经三不易，译胡为秦，讵可不慎乎！①

此说是针对翻译所说，但并非一般意义的翻译技巧与原则，而是强调翻译会将原本的"真经"文句颠倒错乱，乃至删减裁斥。宗教典籍及其目录，相对世俗文献，有其特殊性，强调凡圣之别，努力营造典籍的神圣庄严、不可亵渎的气氛。南北朝对经典的判教，实际上就是对理想化的佛经体系的追求。

当时这种心态可以说是普遍存在的，而非是道安一人对翻译佛典的独特心得。而且就道安传记本身来看，最早提出五失本、三不易原则雏形的，可能是苻秦时支持佛典翻译的重要官员赵政（也作"赵正"）。道安在《鞞婆沙序》中明确说："有秘书郎赵政文业者，好古索隐之士也……赵郎谓译人曰：'《尔雅》有《释古》、《释言》者，明古今不同也。昔来出经者，多嫌胡言方质，而改适今俗，此政所不取也。何者？传胡为秦，以不闲方言，求知辞趣耳，何嫌文质？文质是时，幸勿易之，经之巧质，有自来矣。唯传事不尽，乃译人之咎耳。'众咸称善，斯真实言也。遂案本而

---

① 《出三藏记集》，第290页。

传，不令有损言游字，时改倒句，余尽实录也。"① 赵政的主张，体现的是虔诚信徒对神圣典籍在凡间传译的真实性要求，力图避免在传译过程中，丧失神圣的信息，小心翼翼地杜绝在译梵为汉的过程可能出现的变圣为俗的可能。

由于上述两大原因，若以经目为主要史料框架构建佛教史，很容易固化为一静态的理想佛典教理概论，而难以反映佛教历史的动态变迁。笔者以为，相对来说，僧传是构建汉魏两晋南北朝佛教更为基本的素材。

民国刘咸炘《道教征略》中云："凡考学术源流，尤资传记之书。故考经论宗门者，必读三《高僧传》，而《道藏》传记，则远不如《释藏》之明确，此亦道家衰黜之一因也。……盖其所失乃在以仙为名。既以仙为名，则最近之道流，不敢质定为仙矣。故隐夫玉简，名其书为《疑仙传》也。夫儒家传记，止云儒林，不云圣贤；佛家传记，止云高僧，不云佛菩萨。且佛家传记，高僧、居士、善女人区以别焉。而道家乃以道士及俗间男女之得道者，混为一编，何怪源流授受之不明乎。六朝有《道学传》一书，其名以该俗间男女，不直名仙，甚为稳当。"② 此说颇有道理。单就佛家言，《高僧传》虽有神异，毕竟传写僧侣，故不会全无凭借，如来无影去无踪的大罗神仙；然其毕竟有演绎刻画成分，从其演绎刻画，可以知后世乃至当时的风尚。

《高僧传》在我国有很长的传统，梁代慧皎《高僧传》、唐初道宣《续高僧传》、宋初赞宁《宋高僧传》都是质量很高的僧传，可谓中国佛教的"正史"，其历史地位直到两宋，僧传史学传统才被禅宗的灯录以及天台宗的编年史取代。僧传有秉笔直书的优良传统，但也常掺杂野史传说（这对于宗教史研究未必是坏事），乃至为尊者讳，对僧人的评价多有溢美，兹举二例，略作说明。《高僧传》卷四的支道林传云：

郗超问谢安："林公谈何如嵇中散。"安曰："嵇努力裁得去耳。"又问："何如殷浩。"安曰："亹亹论辩，恐殷制支；超拔直上渊源，

---

① 《出三藏记集》，第 382 页。
② 参见刘咸炘：《道教征略》，上海：上海科学技术文献出版社，2010 年。

浩实有惭德。"①

《世说新语》中有相应的文字：

> 郗嘉宾问谢太傅曰："林公谈何如嵇公？"谢云："嵇公勤著脚，
> 裁可得去耳。"又问："殷何如支？"谢曰："正尔有超拔，支乃过殷；
> 然亹亹论辩，恐□（殷）欲制支。"②

《高僧传》和《世说新语》两段文字相比，谢安对殷浩与支道林的评语，前后语序颠倒，重心显然不同，《世说》实在贬支道林，而《高僧传》则在抬高支道林。《高僧传》晚出，显系僧传有意为之。

再如《出三藏记集》记载：昙无谶"尝告蒙逊云：'有鬼入聚落，必多灾疫。'逊不信，欲躬见为验。谶即以术加逊，逊见而骇怖。谶曰：'宜洁诚斋戒，神咒驱之。'乃读咒三日，谓逊曰：'鬼北去矣。'既而北境之外疫死万数。"③ 而《高僧传》则云："谶尝告蒙逊云：'有鬼入聚落，必多灾疫。'逊不信，欲躬见为验。谶即以术加逊，逊见而骇怖。谶曰：'宜洁诚斋戒，神咒驱之。'乃读咒三日，谓逊曰：'鬼已去矣。'时境首有见鬼者云：'见数百疫鬼奔骤而逝。'境内获安，谶之力也，逊益加敬事。"④ 将"既而北境之外疫死万数"删去，而强调"境内获安"，出于慈悲等佛教正统观念的影响，淡化了昙无谶咒师、巫师形象。此类例子甚多，但多细节问题，属一般史料考据皆须注意的常识，故不再详论。

比较值得关注的是僧传的体例问题，因为僧传属于列传，梁《高僧传》建立"十科"（十类），为历代承续。⑤ 后世作史，须依所能获取的材料说话，唐代以前往往原始史料匮乏，僧传的体例与取舍，无疑极大地局限了后人取得材料的性质与内容，有意无间为后人叙述汉魏两晋南北朝

---

① 《高僧传》，第 161 页。

② 刘义庆著，刘孝标注，余嘉锡笺疏：《世说新语笺疏》中册，北京：中华书局，2007 年，第 633 页。

③ 《出三藏记集》，第 40 页。

④ 《高僧传》，第 78 页。

⑤ 《高僧传》的相关研究甚多，读者可参考柯嘉豪（John H. Kieschnick, *The Eminent Monk: Buddhist Ideals in Medieval Chinese Hagiography*, Honolulu: Hawaii University Press, 1997）等人的研究成果。

031

序
论

佛教史奠定了一个叙述框架，后世佛教史不得不依据高僧传所列人物，加以自己的评判而罗列章节详略，最多再点缀一些《弘明集》、《广弘明集》等护教文献提到的俗人居士。

《高僧传》强调名僧未必高，高僧未必名，实有其一套取舍标准。梁宝唱《名僧传》十八科分类，425 位僧人传记，后梁慧皎《高僧传》进一步提高标准，精简为十科 290 位僧人传记。这些僧传，虽成一家之说，但在佛教史料方面的局限性是比较明显的，如《出三藏记集》中《小乘迷学竺法度造异仪记》提到 "昔慧导拘滞，疑惑《大品》；昙乐偏执，非拨《法华》"，"彭城僧渊，诽谤《涅槃》，舌根销烂"。[1]《喻疑论》："三十六国，小乘人也，此衅流于秦地，慧导之徒，遂复不信《大品》。既蒙什公入关，开托真照，般若之明，复得挥光末俗，朗兹实化。寻出《法华》，开方便门，令一实究竟，广其津途，欣乐之家，景仰沐浴，真复不知老之将至。而昙乐道人，以偏执之，见而复非之，自毕幽途，永不可诲。"[2] 以上所列慧导、昙乐等人，无论就当时的社会影响还是思想史意义，都是十分重要的，但在梁代佛教徒的眼中，他们绝非 "高僧"，故其僧传史料，只能阙如，类似情况可能为数不少。刘知几在《史通·人物第三十》中言："夫人之生也，有贤、不肖焉。若乃其恶可以诫世，其善可以示后，而死之日名无得而闻焉，是谁之过欤？盖史官之责也。"[3]《高僧传》只记载 "高僧"，固然有其维护宗教信仰的益处，但对于真实而完整的宗教历史记录，则不能不说是一个遗憾。

梁《高僧传》按译经、义解、神异等内容分为十科，属列传性质。史学家逯耀东教授指出：

> 肇始于司马迁的《史记》列传，和流行于魏晋间别传，是中国传统史学两种不同的写作形式。虽然列传和别传表面上都以人物为主体，但表现的意义却不同，列传以人系事，和以时系事的编年体本纪

---

① 《出三藏记集》，第 232 – 233 页。
② 《出三藏记集》，第 235 页。
③ 刘知几著，姚松、朱恒夫译注：《史通全译》，贵阳：贵州人民出版社，1997 年，第 470 – 471 页。

相结合，形成中国传统正史纪传体的版型。虽然纪传体的写作还有表、志，但列传却是纪传体的主体结构，并且依附本纪而存在。列传人物的功能，环绕本纪而叙事与阐释，表现这些人物在其生存的历史时期中，对他们生活的社会群体所作的贡献。这个社会群体以儒家的价值结构而成，个人局促在结构之中，除了为这个群体服务或贡献之外，并无独立施展的余地。所以，列传基本上是以人系事。但以人叙事是没有个人独立的个性可言的。[1]

僧传作为纪传体史籍，大体上也符合上述的描述，只是并非以儒家而是以编者对正统佛教的理解作为最终的价值依归。作为列传的僧传，在每科结束之后，会有这一类僧人的总论，体现作者的价值判断；但僧传，特别是早期僧传，毕竟与后世"主题鲜明"的禅宗灯谱、莲宗往生传不同，许多传主都被描绘得个性鲜明。一则，此是魏晋以来社会风气使然；二则，此时的僧传并无"本纪"作为纲要，亦便于自由发挥。当时亦有许多作为"别传"的单篇僧人传记流传，如现存的隋灌顶撰《隋天台智者大师别传》，梁《高僧传》引用过安世高的《别传》[2]。《高僧传》、《续高僧传》这类列传常取材于这些别传，如《续高僧传》记载释明彻"遇客读《释道安传》云，闻安少孤，为外兄所养，便歔欷呜咽，良久乃止。他日借《传》究寻，见安弘法之美，因抚膝叹曰：人生居世，复那可不尔乎。自是专务道学，功不弃日。"[3] 梁《高僧传》道安传有"早失覆荫，为外兄孔氏所养"的记载，与此相合；然释明彻为齐梁间僧人，其早年遇客读《释道安传》，应在梁《高僧传》成书之前。

著名文学史家朱东润先生认为，高僧传之类的传叙文学是史，但是和一般史学有一种重大的差异，其中存在着写作对象由事到人的转移。并且认为，叙一人之始末者，为传之属，叙一事之始末者，为记之属，应将二者分判来看。其中，高僧传又富于人性的描写，因此具有很大的价值。[4]

---

① 逯耀东：《魏晋史学的思想与社会基础》，北京：中华书局，2006年，第6页。
② 《高僧传》，第7页。
③ 《大正藏》第50卷，第473页上 – 中。
④ 参见朱东润：《八代传叙文学论述》，上海：复旦大学出版社，2006年，第1、19、155页。

《高僧传》、《续高僧传》十科列传，为我们提供了一个理解汉魏两晋南北朝佛教史的框架，但我们亦可将这个框架打破，将体系化的"列传"拆散为单篇的"别传"来研究使用，新的解读史料思路值得借鉴和学习。

打破列传的框架，而采取别传的解读方式；甚至再将别传拆散，逐句细细考证，将以往的教内成说，传统观点都历史化，纳入具体而微的社会历史背景之中去，实际上是力图将思想史问题在社会史范畴内予以解答。或隐或显，力图用社会史研究取代思想史研究，中外学者都不乏见；甚至有魏晋南北朝佛教史学者抱有这样的学术理念："一个常识性的企图：佛教社会史的构建能否走出哲学史大厦的阴影。"[1]

汉魏两晋南北朝佛教社会史研究无疑是必要的，对于推动佛教史研究的纵深发展具有不可估量的意义，本书也在此领域多有探求。但笔者以为，思想史的径路实则是不可能完全被社会史抛弃的，即便只是对史料的甄别，下"历史化"的工夫，也不可能完全抛开思想史的视角。李零先生在《中国方术正考》指出：

> 现存史料，只有少数档案性质的东西，勉强可以说是即时性的记录。除此之外，绝大多数都带有追忆的性质。即使再客观不过的历史描述，也会像纯属虚构的小说（如一个人自杀前躲在屋子里想什么，他死时的感觉如何，等等），所以追究起来，"故事"的背后肯定要有个"第三者"，即"说话人"，他的生命又必然很短（通常在100年之内），当他涉及较大的历史跨度时，不可避免会带有"追溯的误差"（环节跳跃、情景误植，甚至倒果为因）。我们在阅读前代的历史时，不仅要注意这种误差，还要注意我们自己与"说话人"和"故事角色"在内心理解上也有很大差异。从这个意义上讲，我们也可以说，任何历史研究同时也都是思想史的研究。（R. H. Collingwood, *The Idea of History*, D. R Hillman & Son. Ltd., Frome, 1962. 该书曾强调过这一点，但与这里所说含义不同。）[2]

---

[1] 参见《3—6世纪佛教传播背景下的北方社会群体研究》，第2—4页。
[2] 李零：《中国方术正考》，北京：中华书局，2006年，第1—2页。

每一代人书写前代的历史，都肯定会带上自己时代的烙印，我们在熟悉前代的思想史，同时也在为后代书写我们这个时代的思想史提供素材。对于汉魏两晋南北朝佛教思想走势的判断，思想史价值大小的评价，自然会受制于我们这个时代的思想；即便是相对外在的历史，对佛教制度的重视，对普通民众信仰的关切，也都受制于我们这个时代的视野。美国佛教学者任博克（Brook Ziporyn）曾言：

> 最后一个问题关涉到"这一切对我们意味着什么"，这是公然的"现在主义者"（presentist），在一定意义上，同样可以对这一全部工作如是而说……这一"现在主义"态度能采取许多方式。我要表明的是，即使是对这样纯粹历史的素材，我们也是从它对我们的影响方面来处理——即作为有案可查的历史事实，它能用于支持或怀疑一些目前我们的交流伙伴接受或反对的历史理论。即便现行学术规范的程序与证据也必须包含于这个"对我们"之中。①

当然，这并非说历史是任人打扮的小姑娘，对前代历史叙述框架的突破，构建我们对汉魏两晋南北朝历史的理解，也都是建立在客观史实基础上的，是必须有史料依据的。当然新的思想、新的视角会让我们对传统史料有新的取舍，以往没有得到重视的史料得到发掘。本章下一节就以"释氏辅教之书"以例，对此加以说明。

第二节 "释氏辅教之书"

魏晋南北朝佛教基本史料，如相关的正史、僧传、经录、佛教著疏等类，学界早有共识，北朝佛教史研究中出土文献也日益得到学者的重视，本节笔者重点想谈一谈研究六朝佛教信仰的"新"史料——"释氏辅教之书"。

（一）挖掘六朝佛教研究"新"史料的重要性与必要性

《骨头、石头与佛教僧侣》一书出版于 1997 年，是美国当前研究印度佛教的重要学者葛瑞高利·萧邦收集了过去十五年间的十二篇论文结集而

035

---

① 任博克著，吴伟忠译：《善与恶：天台佛教思想中的遍中整体论、交互主体性与价值吊诡》，上海：上海古籍出版社，2006 年，第 23 页。

序
论

成。在该书第一章，萧邦使用石刻等考古文物，研究僧侣的财产、业的观念和丧礼。在第二章，通过分析建立石刻的人的身份和祈求内容，得出了许多重要的发现。比如大乘是僧人的运动，回向广泛存在于小乘教派之中，都异于我们的常识，推进了我们对印度佛教实际情况的了解。[1] 在中国佛教研究方面，一些学者也逐渐关注经典之外的考古材料，比较有代表性的研究成果是侯旭东先生的博士论文《五、六世纪北方民众佛教信仰》。我国著名历史学家何兹全先生对此书评价甚高："对造像记的研究和使用造像记的材料来研究佛教思想活动，前人已经有所尝试。日本学者在这方面做了不少工作，欧美学者几十年来也一直希望研究这一时期的民间宗教。但或因资料不够，或因方法有偏差，成果受到限制。可以说侯旭东同志此书是迄今为止，对中国五六世纪北方民众佛教信仰的最新、最系统全面的研究成果。对于佛教思想研究由偏重精英向精英与社会思想、民众思想并重的转化，开辟了新途径、新领域。"[2] 该书收集了 1600 多种造像记，主要利用统计学的方法，注重从造像人的身份、地域，祈求内容的方面入手分析，得出了许多重要的结论。单就净土信仰来讲，该书进一步证明了《北朝造像铭考》的观点：崇奉无量寿佛（或阿弥陀佛）与祈愿西方净土，在北朝佛教信徒中是两种互不相干的观念[3]；此外该书还得出了许多重要的结论，如"弥勒崇拜在官吏、僧尼中的流行程度要大于同期平民中的水平"；"西方净土信仰较早流行于今河北地区，后见于洛阳及北方其他地区"；"西方净土信仰自 5 世纪末开始流传北方，6 世纪 30 年代以后更见盛行……实际先于高僧之倡导，西方净土观念已久行于民间"等[4]。

　　1930 年，陈寅恪在《陈垣〈敦煌劫余录〉序》一文中，即已提出："一时代之学术，必有其新材料与新问题。取用此材料以研求问题，则为时代之

---

① *Bones, Stones, and Buddhist Monks*, p. 32, pp. 36 - 8。
② 《五、六世纪北方民众佛教信仰》，序第 3 页。
③ 佐藤智水："北朝造像铭考"，《史学杂志》86 卷 10 期，1977 年，第 23 页。
④ 参见《五、六世纪北方民众佛教信仰》，第 110、189 - 190 页。

新潮流。治学之士，得预此潮流者，谓之预流。"① 研究方法与研究材料确实是治学最为紧要之事，对于佛教研究、中国佛教研究，都是如此。

魏晋南北朝时期的石刻发现主要集中在北方，南朝发现得比较少，主要集中在四川地区②。与北魏石刻造像同时略早，在南方尚有"释氏辅教之书"值得中国佛教研究者充分重视。鲁迅先生在《中国小说史略》中讲：

> 释氏辅教之书，《隋志》著录九家，在子部及史部，今惟颜之推《冤魂志》存，引经史以证报应，已开混合儒释之端矣，而余则俱佚。遗文之可考见者，有宋刘义庆《宣验记》，齐王琰《冥祥记》，隋颜之推《集灵记》，侯白《旌异记》四种，大抵记经像之显效，明应验之实有，以震聋世俗，使生敬信之心，顾后世则或视为小说。③

"释氏辅教之书"前辈学人多有论及，特别是《冥祥记》的史料价值备受推崇，著名文学史家曹道衡先生认为"此书虽记诞妄迷信之事，但涉及一些历史人物和事件时，对故事发生的时间、地点往往比较准确，不像其他志怪小说那样任意编造，这就对我们考史时有一定的参考意义。"④《冥祥记》被公认为"史料价值较高，其中涉及的历史事件的时代，往往记载得比较精确。"⑤《五、六世纪北方民众佛教信仰》一书，对"释氏辅教之书"的论述，有几个观点很值得重视：

（1）"从写作者主观来看，他们确不是意在创作，而是在记述供传信的事实。故作者常常在叙述某事经过后还特别注明该事的出处来源，以示其不是杜撰。……据小南一郎氏研究，原本《冥祥记》每条后都应注明其来源，类书引用时脱落不少，只有部分传承经过流传至今。"

037

---

① 陈寅恪：《金明馆丛稿二编》，上海：上海古籍出版社，1980年，第236页。另外，陈寅恪先生在《王静安先生遗书序》中，归纳王国维的治学方法有三："一曰取地下之实物与纸上之遗文互相释证"；"二曰取异族之故书与吾国之旧籍互相补证"；"三曰取外来之观念，与固有之材料互相参证。"（《金明馆丛稿二编》，第219页）

② 可参考雷玉华："成都地区南朝佛教造像研究"，其中表二为"成都及其周围地区南朝纪年石刻造像及铭文总计表"，见《少林文化研究论文集》，北京：宗教文化出版社，2001年，第217－221页。

③ 鲁迅：《中国小说史略》，北京：东方出版社，1996年，第37页。

④ 曹道衡："论王琰和他的《冥祥记》"，《文学遗产》，1992年第1期，第26页。

⑤ 刘跃进：《中古文学文献学》，南京：江苏古籍出版社，2000年，第306页。

序
论

（2）"书中所录不少事情的主人、目击者或知情人，根据现存史料看，都是确有其人。"

（3）"现存各种释氏辅教之书之间及其与僧传间中每有内容相同之条目。……关于《冥祥记》（王书）与三种《观世音应验记》记载相合的情况，小南一郎氏做过认真的核对……据他研究，现存《冥祥记》中与傅书同者 5 条、张书同者 2 条、陆书同者 17 条。"[①]

王青《魏晋南北朝时期的佛教信仰与神话》一书第四章第三节 "《冥祥记》研究" 中有四表[②]（其中表 2、表 3 引自小南一郎《六朝隋唐小说史的展开和佛教信仰》[③]）：

表 1

	《冥祥记》	《宣验记》
孙稚	第 25 条	第 20 条
程道慧	第 44 条	第 26 条
郭宣之	第 53 条	第 23 条
郭诠	第 79 条	第 25 条
史隽	第 130 条	第 9 条
陈玄范妻	第 131 条	第 28 条

表 2

	王琰《冥祥记》	傅亮《应验记》
竺长舒	第 12、128 条	第 1 条
窦传	第 27 条	第 4 条
吕竦	第 30 条	第 5 条
徐荣	第 31 条	第 6 条
竺法义	第 32 条	第 7 条

---

① 参见《五、六世纪北方民众佛教信仰》，第 39—41 页。
② 王青：《魏晋南北朝时期的佛教信仰与神话》，北京：中国社会科学出版社，2001 年，第 189—193 页。
③ 见福永光司编：《中国中世的宗教与文化》，京都：京都大学人文科学研究所，1982 年，第 446 页。

表3

	王琰《冥祥记》	陆杲《应验记》
张崇	第 42 条	第 49 条
竺法纯	第 46 条	第 8 条
释道达	第 47 条	第 46 条
潘道秀	第 48 条	第 61 条
乐苟	第 49 条	第 45 条
释法智	第 50 条	第 2、51 条
南宫子敖	第 51 条	第 17 条
刘度	第 52 条	第 43 条
郭宣之	第 53 条	第 24 条
毕览	第 61 条	第 56 条
王球	第 84 条	第 23 条
刑怀明	第 92 条	第 57 条
伏万寿	第 95 条	第 7 条
慧和	第 105 条	第 18 条
韩徽	第 119 条	第 39 条
彭子乔	第 122 条	第 40 条
僧洪	第 129 条	第 22 条

表4

	《冥祥记》	《高僧传》
朱仕行	第 3 条	卷三
僧群	第 6 条	卷十二
耆域	第 7 条	卷九
佛调	第 8 条	卷九
键陀勒	第 9 条	卷十
康法朗	第 12 条	卷四
慧远	第 13 条	卷六
于法兰	第 14 条	卷四

序 论

	《冥祥记》	《高僧传》
竺护	第 14 条	卷一
周闵	第 20 条	卷十
竺法义	第 32 条	卷四
支遁	第 38 条	卷四
法相	第 41 条	卷十二
慧达	第 45 条	卷十二
法纯	第 46 条	卷十二
法安	第 55 条	卷六
单道开	第 59 条	卷九
仇那跋摩	第 63 条	卷三
昙无竭	第 73 条	卷三
道冏	第 75、97 条	卷十一
道温	第 108 条	卷七
僧洪	第 129 条	卷十三

《高僧传》中引用《冥祥记》尚不止表 4 所举，据郑郁卿《高僧传研究》，《高僧传》取材《冥祥记》的有："摄摩腾、康僧会、昙无竭、求那跋摩、朱士行、康法朗、支遁、于法开、竺法义、竺法汰、慧远、法安、慧严、慧义、僧含、道温、单道开、竺佛调、耆域、键陀勒、（齐荆州）慧远、僧群、僧瑜、法相、竺昙盖、竺法纯、道冏、慧进、慧达、僧洪等，凡三十人。"①

笔者在这里还想澄清一下《高僧传》与释氏辅教之书的关系。《高僧传》序录卷第十四：

> 宋临川康王义庆《宣验记》及《幽明录》、太原王琰《冥祥记》、彭城刘俊《益部寺记》、沙门昙宗《京师寺记》、太原王延秀《感应

---

① 郑郁卿：《高僧传研究》，台北：文津出版社，1987 年，第 21 页。

传》、朱君台《征应传》、陶渊明《搜神录》，并傍出诸僧，叙其风素，而皆是附见，亟多疏阙。①

从"亟多疏阙"来看，慧皎似乎对释氏辅教之书评价不高，但若细读原文，慧皎仅从僧传的角度来评价这些释氏辅教之书，这些书只是"附见"僧人事迹，故对僧人事迹来说是"亟多疏阙"，非是对释氏辅教之书的全盘否定。而且"据牧田谛亮统计：《高僧传》出于《宣验记》一条、《幽明录》三条、《冥祥记》二十九条。""《高僧传》即有采自《观世音应验记》六条、《光世音应验记》一条。"② 据郑郁卿，《高僧传》取材《幽明录》二十条。③

由上面的分析可见，"释氏辅教之书"多为晋宋梁时佛教信徒实际体验的实录，是信而有征的，且为后世僧传史家所采信；甚至"释氏辅教之书"与正史也多能相互验证④。今日学术研究《高僧传》已近乎信史而采用，其年代更早，且未被史家加工的传本尤为值得重视。人或谓"释氏辅教之书"故事多虚妄，但若我们将其作为一千五六百年前，佛教徒宗教体验的真实记录，却是难得的"访谈"记录，可作样本研究之用。现存此类佛教记录数百，且年代集中在晋宋梁之间（4 世纪中叶到 5 世纪中叶），大有统计利用的价值。这样由东晋南朝的"释氏辅教之书"所勾勒出的当时的中国佛教面貌，可以在一定程度上改观现在六朝佛教研究多局限于精英佛教的局面。

（二）六朝辅教之书的性质与分类

唐释法琳《破邪论》卷下谓："宋临川康王义庆撰《宣验纪》一部，又撰《幽明录》一部，太原王琰撰《冥祥记》一部……太原王延秀撰《感应传》，吴兴朱君台撰《征应传》，晋中书侍郎干宝撰《搜神录》、彭泽令陶元亮撰《搜神录》……右古来博通君子、识量王公，尊敬三宝，撰

① 《高僧传》，第 523 - 524 页。
② 李丰楙：《魏晋南北朝文士与道教之关系》，台北：国立政治大学博士论文，1978 年，第 666、669 页。其所据为牧田谛亮《高僧传の成立》、《高僧传目录对照表》。
③ 《高僧传研究》，第 17 页。
④ 参见王青："《冥祥记》与正史的关系"，《魏晋南北朝时期的佛教信仰与神话》，第 196 - 201 页；曹道衡："论王琰和他的《冥祥记》"，《文学遗产》，1992 年第 1 期，第 31 - 32 页。

序
论

沙门记传者。"

释法琳作为佛教内部中人,将释氏辅教之书,不是定位为"小说"这样的文艺作品,而是与唐代以来许多教外正史作者那样视为(杂)史看来,是有眼光的。但认为六朝佛教志怪只是"沙门记传",如上文已述,实不确切。六朝佛教志怪,涉及面很广,若将其史料价值仅仅局限于僧侣传记,则贬低了它对六朝佛教全面立体描述的史料价值。

释法琳认为这些佛教志怪的撰人是"博通君子、识量王公",而实际上他们都只是记录者而已。六朝佛教志怪的记录者,未必是"尊敬三宝"的佛教徒;但记录者是否是佛教徒,是否只记录佛教内容,却在很大程度上左右了佛教志怪小说的面貌,因此六朝佛教志怪小说有进一步分类的必要。

张庆民《魏晋南北朝志怪小说通论》中有"魏晋南北朝佛教志怪一览表"(见表5)[①]:

表5　　　　　　　　　魏晋南北朝佛教志怪一览表

志怪小说作品	产生时代	作者及身份	备注
甄异传	晋	西戎主簿戴祚	《隋志》录三卷
感应传	晋	王延秀	《隋志》作八卷
冥祥记	大约齐梁间	王琰	《隋志》作十卷
灵鬼志		荀氏	《隋志》录三卷
搜神后记	晋	陶潜	《隋志》录三卷
阴德传	宋	光禄大夫范晏	《隋志》作二卷
宣验记	宋	刘义庆	《隋志》作十三卷
金楼子	梁	梁元帝萧绎	《隋志》录二十卷,其《鬼怪篇》多记善恶报应之事
继齐谐记	梁	吴均	《隋志》录一卷
还冤记		颜之推	《隋志》作三卷
旌异记		侯君素	《隋志》作十五卷
补续冥祥记	梁	王曼颖	《隋志》录一卷

---

① 张庆民:《魏晋南北朝志怪小说通论》,北京:首都师范大学出版社,2000年,第227页。

志怪小说作品	产生时代	作者及身份	备注
因果记			《隋志》录十卷
观世音应验记三种	晋宋齐	傅亮、张演、陆杲	《隋志》录一卷，题宋光禄大夫傅亮撰。今所见乃从日本抄入
舍利感应记		王劭	《隋志》录三卷

薛惠琪认为："六朝佛教志怪约可分为两种类型：（一）释氏辅教之书。如南朝·宋·刘义庆《宣验记》、晋·谢敷《观世音应验记》、齐·萧子良《冥验记》、梁·王琰《冥祥记》、梁·王曼颖《补续冥祥记》、晋·王延秀《感应传》、晋·朱君台《征应传》、齐·陆杲《系应验记》、北魏·昙永《搜神论》、隋·侯白《旌异记》、隋·颜之推《还冤志》等，专记'经像之显效，明应验之实有，以震聋世俗，使生敬信'的志怪书。……（二）佛、道、古来迷信传说杂糅，但仍以佛法为胜者。另一类如：东晋·陶渊明并不奉佛，但他的《搜神后记》中颇多佛教故事、齐·祖冲之的《述异记》中因果报应事亦多有记叙、南朝·宋·刘义庆《幽明录》、荀氏《灵鬼志》、曹毗《志怪》等，其中涉及佛事的也不少，但并非单纯宣扬佛理……这类混有较多传统迷信传说和道教、巫术的佛教志怪，其思想内容复杂，宗教背景也不易确定，但在主体意识上，仍将佛教置于其他宗教之上，表现出对佛教的肯定，所以我们仍然认为应该把它们归入佛教志怪。"①

薛惠琪的分类有一定道理。笔者认为，第一类释氏辅教之书，纳入条件应该严格控制，必须是全书皆为佛教内容，以"做见证"为记录目的，其结构大体都为三部分，第一是点明时间、地点、人物；第二是人物（佛教信徒、僧侣）具体的宗教活动或宗教体验内容；第三是这类事迹的记录流传情况，哪些人可做证明。故以此为标准，颜之推《冤魂志》不能入

043

---

① 薛惠琪：《六朝佛教志怪小说研究》，台北：文津出版社，1995年，第6-7页。

选。首先，从内容上来看《冤魂志》主要是从佛教的角度来看待以往历史和现实中所发生的事情，而不是记录佛教内容。书中所记，有许多先秦两汉事，实与六朝佛教无太大关系；其次，作者颜之推的思想，还是以儒家为主；再者，《冤魂志》的写作目的在于让后世子孙多做善事，非为在佛教信徒内部流通。

这类释氏辅教之书，可信度比较高，集中体现了当时佛教信徒的行为、思想和宗教体验，是我们研究的重点。

而第二类，纳入条件则可放宽。因为我们的研究目的是为了了解晋宋梁时期的具体佛教情形，而非是如薛惠琪那样专门做"佛教志怪"研究，故此不必拘泥于"以佛法为胜者"，凡是有关当时佛教实际情况的记录都不放过；再者薛氏所举第二类之书，从现存条目佛教与非佛教内容的比例上来看，也很难说是"以佛法为胜"。此类作为研究的辅助材料。

另外还需说明的是，我们研究的目的是想尽可能挖掘六朝佛教存世而尚未被学人充分利用之资料，故取材并不局限在传统意义上的志怪小说，一些"志人小说"也会适当收入。六朝志人小说，首推《世说新语》，不过该书已被近现代学者充分利用，故不必笔者再做重复工作。而未被佛教学者重视的志人小说，则是笔者收集利用的重点，如北齐阳松玠《谈薮》比较值得重视。

（三）六朝辅教之书存世、辑本与样本的编辑整理

许淑芬《"搜神记"之故事类型探讨》分析了六朝小说存世情况。

（一）传抄仅存

应验记、续观世音应验记、系观世音应验记三种，在中土已经亡佚了，但是日本京都天台宗青莲院藏有镰仓时代中期《手抄卷子本》。除此之外，还冤记（本名：冤魂志）一书，有敦煌出土的晚唐手抄卷子本，尚残存十五则，今藏在法国巴黎国家图书馆。

（二）雕印传世

南北宋期间所刊行者，有：博物志、拾遗记、神异经、十洲记、汉武故事、汉武内传、汉武洞冥记、续齐谐记、还冤记等九种，内容大概都与原著作相差不远。但是到了明末清初时，还冤记与汉武故事

两本书，又相继失传。因此现在尚保存着宋、元旧刻面貌的，就只剩其余的七种而已。至于明万历以后所印行的，计有搜神记、搜神后记、异苑、还冤志四种，都是明代人辑录重编的。为其内容既不够完整，所收资料也真假难辨，不可轻信。

（三）后人辑佚

明万历年间，胡震亨、沈士龙等人，辑刻秘册汇函，其中所收搜神记、搜神后记、异苑三种，原系辑佚重编。明末，陶珽辑校重编说郛，载有甄异传、祖氏志怪、灵鬼志、宣验记、冥祥记、旌异记六种。每本书辑刻数则，有的误题作者的姓名，有的误题时代，内容也真假参半，最不足信。清末、民初，周豫才氏辑古小说钩沉，所录魏晋南北朝志怪达二十七种之多。其中，杂鬼神志怪一种，乃丛抄性质，实非专书；祥异记所收二则，原为冥祥记文字，因太平广记注明出处有误，辑者不慎，遂别立一书。删除以上两种，则剩二十五种书。其数约达魏晋南北朝志怪小说之半，而这也是目前研究六朝志怪不可缺少的基本资料。

（四）完全散失

古书毁损散佚，只言片字无存，天灾人祸固为主要原因，然古注类书未加转引，遂至遗文不可复见，实在可惜。例：集异传、征应传、近异录、续异苑、补续冥祥记、研神记、因果记、续洞冥记、验善知识传、灵异记、真应记等十一种，未见类书古注摘引，只字不存。阴德传之遗文，太平御览卷五五六引用一则，辑佚家失收。①

上说基本上是对王国良《六朝志怪小说考篇》② 中观点的沿袭。六朝佛教志怪，散失颇多，日人《隋书经籍志详考》③ 中所标辑本，最晚只到鲁迅《古小说钩沉》，对现当代最新研究成果吸取不多。

---

① 许淑芬：《"搜神记"之故事类型探讨》，台南：国立台南大学语文教育学系专题研究论文，2005年，第15、16页。

② 王国良：《六朝志怪小说考篇》，台北：文史哲出版社，1988年，第11－12页。

③ 兴膳宏、川合康三：《隋书经籍志详考》，东京：汲古书院，1995年，第403－409页，第566－569页。

六朝志怪小说辑本，鲁迅《古小说钩沉》① 是最为重要的基本参考资料。另外当代大陆学者李剑国《唐前志怪小说辑释》② 的相关研究也值得重视，台湾学者王国良的许多辑本也比较全面，再有就是近年来中华书局陆续出版的"古小说丛刊"今人校注本值得重视。就笔者所见，现将东晋六朝释氏辅教之书列于下：

（1）晋·王延秀《感应传》，今存《太平广记》二条（卷111"齐建安王条"和卷114"张逸"条），《辨正论》卷六卷七陈子良注引《感应传》四事（《广记》所存两条也在其中），《续高僧传》卷一一"慧海传"有"见《感应传》"。然所记事件与作者年代有不相符的情况，李剑国认为以上五条可能出自隋释净辩《感应传》③。不过所记依旧为六朝事，保留。计五条。

晋·谢敷《光世音应验记》，董志翘《〈观世音应验记三种〉译注》④七条。

宋·刘义庆《宣验记》，《古小说钩沉》三十五条。

宋·张演《续光世音应验记》，《〈观世音应验记三种〉译注》十条。

齐·陆杲《系观世音应验记》，《〈观世音应验记三种〉译注》六十九条。

梁·王琰《冥祥记》，《古小说钩沉》序一条，一百三十一条，其中有两条"竺长舒"内容雷同，实得一百三十条。《法苑珠林》载《冥祥记》一百四十一条，十九条鲁迅未录，此十九条王国良断为《冤魂志》，今从其说。⑤ 另据《释门自镜录》中可补入一条"宋龙华寺法宗不勤修造得病（事出《冥祥记》）"，该条《法苑珠林》误记为出自《唐高僧传》（即《续高僧传》），今据《佛祖统纪》卷三十三等资料，知其出自《冥祥记》

① 鲁迅：《古小说钩沉》，《鲁迅全集》第八卷，北京：人民文学出版社，1973 年。《古小说钩沉》是鲁迅的未定稿，虽还有些疏失和不完善的地方，但不失为一善本，周次吉《六朝志怪小说研究》（台北：文津出版社，1986 年）列该书六条优点（21 - 22 页），所论比较公允。

② 李剑国：《唐前志怪小说辑释》，台北：文史哲出版社，1987 年。

③ 李剑国：《唐前志怪小说史》，天津：天津教育出版社，2005 年，第 480 页。

④ 董志翘：《〈观世音应验记三种〉译注》，南昌：江西古籍出版社，2002 年。较早的版本还有：牧田谛亮：《六朝古逸觀世音應驗記の研究》，京都：平樂書店印行，1970 年；孙昌武：《观世音应验记三种》，北京：中华书局，1994 年。然董本是较新的研究成果。

⑤ 王国良：《颜之推冤魂志研究》，台北：文史哲出版社，1995 年，第 16 页。

无疑。① 故《冥祥记》仍共计一百三十一条。

隋·侯白《旌异记》，《古小说钩沉》十条。

（2）至于第二类六朝佛教志怪，或说六朝志怪小说中所见佛教内容者，据笔者统计：

鲁迅《古小说钩沉》：《裴子语林》与佛教有关者七条；《郭子》二条；《俗说》四条；《小说》二条；《述异记》二条；《荀氏灵鬼志》六条；《曹毗志怪》一条；《杂鬼神志怪》二条；《幽明录》十九条，《唐前志怪小说辑释》所补与佛教相关的有二条，总计二十一条。在第二类中《幽明录》条目最多，内容也最长，须充分重视。

《拾遗记》，齐治平校注本②，与佛教相关一条。

《续齐谐记》，王国良《续齐谐记研究》③ 所辑最多，收二十二条，《续齐谐记》与佛教关系并不明确，但含有因果报应等外来佛教思想影响。

《异苑》，范宁校点本④，与佛教相关的有十八条。

《搜神后记》，汪绍楹校注《搜神后记》⑤ 和王国良《搜神后记研究》⑥ 两本可参看，与佛教相关的有十条。

北魏·昙永《搜神论》。范宁先生认为，在明万历年间出现在商濬《稗海》的八卷本干宝《搜神后记》，可能是赵宋以后人据北魏昙永《搜神论》残卷增补而成的，⑦ 今从其说。《稗海》八卷本《搜神后记》，汪绍楹校注《搜神后记》有收录，其中卷七"僧志亥"一条与佛教有关。

北齐·阳松玠《谈薮》，程毅中、程有庆辑校本⑧，与佛教相关九条。

隋·颜之推《冤魂志》，王国良《颜之推冤魂志研究》六十五条。罗国威《〈冤魂志〉校注》⑨ 六十条。经笔者核对，两书相重者五十九条，

---

① 参见郑勇："《冥祥记》补辑"，《文献》，2007 年第 3 期。
② 齐治平校注：《拾遗记》，北京：中华书局，1981 年。
③ 王国良：《续齐谐记研究》，台北：文史哲出版社，1987 年。
④ 范宁校点：《异苑》，北京：中华书局，1996 年。
⑤ 汪绍楹校注：《搜神后记》，北京：中华书局，1981 年。
⑥ 王国良：《搜神后记研究》，台北：文史哲出版社，1978 年。
⑦ 范宁："关于《搜神记》"，《文学评论》，1964 年第 1 期。
⑧ 程毅中、程有庆辑校：《谈薮》，北京：中华书局，1996 年。
⑨ 罗国威：《〈冤魂志〉校注》，成都：巴蜀书社，2001 年。

唯罗书"庚申"条（出《太平广记》卷383）为王书所无。罗书附录一①认为,《法苑珠林》卷73引《弘明杂传》六条,当出《冤魂志》,现从其说。以上共七十二条。

(3) 另外:

隋·王劭《舍利感应记》,《广弘明集》卷十七全文有录,然其体例与志怪小说"丛残小语"不类,从略。

齐·萧子良《冥验记》,亡。"北宋吴淑《事类赋》卷一九《燕赋》注、卷二三《鹿赋》注引有《冥验记》二事。……此二事《太平御览》卷九二二、卷九零六引作《宣验记》。'宣'、'冥'形似,必有一讹,但无法判定属于《宣验记》还是《冥验记》。鲁迅辑为《宣验记》佚文。"②《燕赋》注为"沛国周氏"条,亦见于宋《碧岩录》卷十,引为"冥验记",笔者以为属《冥验记》的可能性更大一些,但已难详考。

《阴德传》,《太平广记》卷117"唐彭城刘弘敬"条注出《阴德传》,但为唐朝事,"唐"字或误题,存疑。

晋·朱君台《征应传》,亡。《高僧传》或有采用,但已不可辨。

梁·王曼颖《补续冥祥记》,亡。

(四) 小结

本书以晋宋为断代,上述对六朝"释氏辅教之书"意义的说明与相应的考订,意在指出这部分材料非常重要,且内容丰富,迄今虽有不少专门性研究③,但大都是文学史方面的研究成果,可以说"释氏辅教之书"对于佛教史研究者还是尚待开发的"新"材料。

不重视笔记小说,认为笔记小说不过是稗官野史、不足为凭的看法,已经被学界普遍抛弃。康儒博（Robert Company）对中古早期志怪小说史料,有过精辟的论述,已为国际学界所公认。④ 韩森（Valerie Hansen）利

---

① 罗国威:《〈冤魂志〉校注》,第107－109页。

② 《唐前志怪小说史》,第481页。

③ 例如王国良:《冥祥记研究》,台北:文史哲出版社,1999年。

④ Robert F. Company, *Strange Writing : Anomaly Accounts in Early Medieval China*. Albany: State University of New York Press, 1996.

用宋代笔记小说《夷坚志》所写的《变迁之神：南宋时期的民间信仰》①，为宋代民间信仰研究开拓了一片新天地。在很多学者看来，《夷坚志》这类笔记小说，并非是虚构的故事，而是一种"与传记、墓表和墓志铭等公开文件相反的主观经验记录、私人生活文件。"②

笔者认为，上面这段对宋代笔记小说《夷坚志》的评价，也是适用于《冥祥记》等六朝释氏辅教之书的。两汉时代，史学只附于经学"春秋"之下；魏晋时期，史学勃兴，开始成为经学之外的一个独立科目。在史学这个独立科目之下，《史记》、《汉书》等纪传体为"正史"第一，而原本是春秋经学正宗的编年体，则降为"古史"第二。在正史、古史之外，第三类则是"杂史"，逯耀东先生"据《隋书·经籍志》的《史部·杂传》类与刘知几《史通·杂述》的分类方法，并核以《隋志·史部·杂传》所著录传记的性质，稍予调整，可划分为：一、郡书，二、家史，三、类传，四、别传，五、佛道，六、志异。"③

"释氏辅教之书"面世之初，与《高僧传》等，实为杂史中的一类，并非演绎虚构，而是当时采访见闻所录。故鲁迅先生尝言："中国本信巫，秦汉以来，神仙之说盛行，汉末又大畅巫风，而鬼道愈炽；会小乘佛教亦入中土，渐见流传。凡此，皆张皇鬼神，称道灵异，故自晋讫隋，特多鬼神志怪之书。其书有出于文人者，有出于教徒者。文人之作，虽非如释道二家，意在自神其教，然亦非有意为小说，盖当时以为幽明虽殊途，而人鬼乃皆实有，故其叙述异事，与记载人间常事，自视无诚妄之别矣。"④

言笔记小说、"释氏辅教之书"可信，并非说其内容真实不虚，而是说这些故事确实在当时社会中流传，反映了当时人们的普遍心态和信仰心理、习俗，故可作当时佛教信仰研究之用。

---

① 韩森著，包伟民译：《变迁之神：南宋时期的民间信仰》，杭州：浙江人民出版社，1999年。

② Edward L. Davis, *Society and Supernatural in Song China*, Honolulu: University of Hawaii Press, 2000, p. 19.

③ 《魏晋史学的思想与社会基础》，第 63 页。

④ 《中国小说史略》，第 28 页。

第三节　本书的结构与章节安排

本书除了序论三章、每章三节，总结前人研究成果、交代本书依据史料以及写作思路之外；主体部分分为五编，每编五章，每章下设若干节，由笔者多年来研究习作汇编而成，大体按照时间顺序探讨佛教入华以至唐代之前的佛教历史与思想。

佛教入华初传编第一。汉代以来佛教在中国的初传，是典型的侨民佛教，后渐为国人所知，但在当时中国人的眼中，"佛道"不过是中国的方技在印度西域的流传而已。中国人用自己熟悉的方式来理解佛教，产生了"老子化胡说"。化胡说虽难免有老子、释迦高下之判，但它背后毕竟隐含了潜在的一元真理观，即认为真理是唯一的，无论中外，所探讨的是这一元的真理，对于打破华裔偏见有历史贡献，是一种阶段性的用本土思想理解比附外来思想的广义"格义"，本编前三章即主要讨论这一话题。但是印度佛教毕竟与中华固有文化，存在着很大差异，中国本土文化的喜好，固然会对印度佛教有选择性的吸收，例如魏晋玄学兴起后促进了佛教般若学的兴盛；但是佛教毕竟是自成体系的系统，单纯的格义方法不能为日益追求佛教独立性的中国信徒所满足，本编最后两章即探讨般若学的传入与格义佛教的问题。

魏晋佛学思想编第二。佛教在中国社会和思想史上产生较大的影响，始于东晋般若学的勃兴，本编第一章即详细讨论六家七宗等东晋主要般若学流派。佛教般若学的兴趣显然是受到魏晋玄学的刺激，但随着佛教思想在中国传播和研习的深入，中国佛学也开始彰显自身的独立性。本编第二、第三章以"不顺化以求宗"的庐山慧远、"孤明先发"的道生为代表，展现中国义学僧侣在这方面的探索。本编最后两章，则探讨了受魏晋玄风影响的魏晋僧人学风在晋宋之际开始发生转变；在小乘毗昙学、大乘中观等多元佛教传统，以及本土各种信仰思潮影响下，魏晋般若学开始向涅槃学转变。

佛教制度编第三。佛教义理的发展，佛教信仰的繁荣，都离不开制度性的保障。本编第一、第二章，探讨了六朝佛教僧侣书信与论辩制度的特点，两者都对佛教义理的发展、社会公共空间的拓展起到了极其重要的作用。随着佛教社会影响力的日益增大，统治者将如何处理各自政权与佛教的关系。第三、第四章略述了崇佛与灭佛之间多种处理方式，以及其在佛教发展中的决定性作用。本编最后一章，比较详细地讨论了魏晋南北朝时期的讲经制度，并力图展现其在佛教社会史与思想史上的意义。讲经制度是当时佛教制度中最为重要的内容之一，有着对外弘法、护教、争取信徒布施等重要意义；同时讲经制度的安排，直接或间接地影响了当时佛教义理作品的形式与内容。

民间佛教编第四。以往魏晋南北朝佛教史研究，比较偏重义理性研究，本编第一章首先强调了信仰性研究，特别是六朝民间佛教研究的重要意义。在汉魏两晋南北朝民众佛教信仰中，地府信仰起到了十分关键的作用，本编第二章的研究表明，民间佛教的地府信仰，从中国固有信仰传统切入，同时整合了新传入的各种佛教信仰元素，是当时最为重要的民间佛教信仰形态。第三、第四章，则分别探讨了北方与南方不同地域的民间佛教信仰。六世纪初北朝均田制崩溃，流民大量涌入佛门，僧侣数目由数万人暴增至二三百万人，广大下层僧侣是北朝民间佛教信仰的主体；而在南朝，笔者主要讨论了当时的神僧信仰。本编最后一章，以地府与净土为代表，分析了中国人死后世界信仰的重新构建，力图展现佛教是如何改变中国广大民众的信仰与实践。

南北朝佛学思想编第五。南北朝时期，随着佛教势力的增强，"经教道教"的确立，儒教在上层建筑领域一统天下的局面被打破，本编在三教关系的视角下，探讨南北朝佛学思想。本编第一章探索了易学与佛教的潜在关系，虽然我们不能说魏晋南北朝时期精研"事数"的小乘僧侣与追求"圆教"的大乘论师，分别拥有易学象术派或义理派的世界观，但他们确实分享了众多的术语与思维模式。第二章则力图揭示在南北朝激烈的佛、道论衡背后，两教在思想与信仰上的交互影响。第三、第四章则从儒教保守者的角度定位范缜的神灭论，并分析了佛教神不灭主张在当时的重要理论意义，以期对神不灭这场南朝著名的争论有一个新的认识，并由此出发进一步加深对南朝中后期佛学的理解。本编也是本书的最后一章，带有总结全书的性质，在汉唐中国学术变迁的视野下，重新审视这一时期的佛学思想与历史的发展。

第一编 华夷之辨：佛教与中华文明的相遇

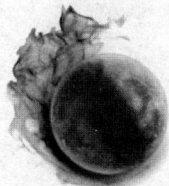

第一章　佛教入华早期史料阐微

第一节　佛与帝王师

1935 年，郭沫若先生写作了《先秦天道观之进展》①，认为殷商已有以"帝"或"上帝"为至上神的观念，这是一种有意志的人格神。周人因袭了殷人的文化，并加以改造，"事鬼敬神而远之"（《礼记·表记》），周人在"帝"之外又补充了"天"的观念，并将两者融合起来。到了春秋，老子取消了殷周以来人格神的天或天帝、上帝这一至上权威，而建立了一个超绝时空的形而上学的本体"道"。老子提出了一个解释宇宙的新根元，但尚不能完全突破商周以来的宇宙观，故此老子只能说宇宙的本原是"道"，但"道"又是不可言说的。老子之后，包括儒家在内的先秦诸子，都是在"天（帝）"与"道"这新、旧两种宇宙观中排比综合。

刘屹先生进一步指出，秦汉帝国的大一统，也使人们的思想趋于一统，特别是"天"的理论经过董仲舒站在儒家立场上的重新修饰，再度被统治阶级认可；而先秦诸子乃至汉代知识分子对"道"的探索，基本停留在哲学思想层面，没有宗教化、神格化的"道"，自然不能吸引民众，更无法与强大的国家意识形态对抗。只有到了南北朝时，当哲学概念上的"道"完全转化成宗教神学概念上的"道"，"道"被人格化为宗教信徒所崇拜的主神（大道真君、太上老君、元始天尊等），道家才真正转化为道教，真正意义上的道教（或说"经教道教"）才真正产生。②

汉末佛教的传入，正是中国思想史、宗教史上，从"敬天"向"崇道"转化的大背景下发生的。两汉无论民间还是帝王，都以天帝为至高的

---

① 《先秦天道观之进展》，日文原为《天之思想》，稍后作者自译为中文，出版单行本，并收入《青铜时代》。

② 参见刘屹：《敬天与崇道：中古经教道教形成的思想史背景》，北京：中华书局，2005 年。

崇拜对象，为道者最高的成就，不过是辅佐天帝，成人间帝王之师，向历代圣王传授治国与养生之道；而历代圣王，无不有帝王师。《吕氏春秋·尊师》："神农师悉诸，黄帝师大挠，帝颛顼师伯夷父，帝喾师伯招，帝尧师子州支父，帝舜师许由，禹师大成贽，汤师小臣，文王、武王师吕望、周公旦，齐桓公师管夷吾，晋文公师咎犯、随会，秦穆公师百里奚、公孙枝，楚庄王师孙叔敖、沈尹巫，吴王阖闾师伍子胥、文之仪，越王句践师范蠡、大夫种。此十圣人六贤者，未有不尊师者也。今尊不至于帝，智不至于圣，而欲无尊师，奚由至哉？此五帝之所以绝，三代之所以灭。"此外，《韩诗外传》、纬书《论语比考》、王符《潜夫论·赞学》等文献中，都有类似的历代圣王的帝师名单。出于这种观念，如果有真正的帝师出现，也可反证君主为一代圣王。后汉桓帝"延熹八年（公元165年）八月甲子，皇上尚德弘道，含阆光大，存神养性，意在凌云。是以潜心黄轩，同符高宗，梦见老子，尊而祀之。"（洪适《隶释》本《老子铭》）汉桓帝祭祀老子，显然是将自己梦见老子，比附殷高宗武丁梦得傅说的典故（"同符高宗，梦见老子"），通过祭祀老子，汉桓帝可自比武丁，而老子的地位，则是傅说之类带有一定神秘色彩、业已得道的帝王师。

汉桓帝在祭祀老子的同时，也祭祀浮屠（佛陀），《后汉书·襄楷传》记载，延熹九年（166年），襄楷上书汉桓帝："又闻宫中立黄老浮屠之祠。此道清虚，贵尚无为，好生恶杀，省欲去奢。今陛下嗜欲不去，杀罚过理，既乖其道，岂获其祚。"同书《桓帝·本纪》也提到"饰芳林而考濯龙之宫，设华盖以祠浮图老子。"汤用彤先生对上述材料的解读是，汉代"佛道未分，浮屠且自附于老子"，并进一步提出魏晋以来佛教徒对汉代这段历史进行了有意的回避，谓"安公（道安）博洽精审，知之甚悉，而为佛教讳之耳"。不过今日，随着道教等其他相关学科研究的进展，我们可以对上述材料换一个思路，重新考查。汉桓帝将老子作为帝王师进行祭祀（汉代老子一直未能代替天帝而取得至上神的地位），而将佛陀与老子并列祭祀，是有可能也将佛陀同样视为帝王师的。古代圣王都有其师，而汉末时局动荡，汉桓帝也急于寻找自己的帝王师，否则正如《吕氏春秋》所言："今尊不至于帝，智不至于圣，而欲无尊师，奚由至哉？此五帝之所以绝，三代之所以灭。"汉桓帝选中新的帝王师，很可能就是老子与浮屠，而要向他们学习的，正是"清虚，贵尚无为，好生恶杀，省欲去奢"之道，老子与浮屠所传之道，既可以用来治国，也可以用来修身养性，与中国两汉传统观念非常契合。汉桓帝祭祀帝王师形象的老子、浮屠，目的是"获其祚"，稳固自己帝王的地位。襄楷反对的也不是作为帝王师的老子、浮屠向桓帝传授的清虚无为之道，而是反对桓帝对此道不认真执行。从现有材料来看，老子与浮屠并列，或前或后（"黄老浮屠"、"浮图老子"），似无谁依附谁的意思。我们应该把老子、浮屠的祭祀，放到汉代大的时代背景中去理解，才可能得到较为贴近历史史实的结论。

如果汉代宫中是以帝王师的形象来祭祀浮屠，那么在后世非常有影响的汉明帝夜梦神人（金人）而遣使求法的传说，其产生的文化背景应该也是"同符高宗，梦见老子，尊而祀之"之类，敷衍而成；即皇帝梦见辅佐他的帝王师，而加以寻访祭祀，这与桓帝梦老子，而派使者前往老子故里苦县祭祀相仿佛。只是由于后代佛道论衡，故事重心转入佛教传入时间，而将其原本的祭祀文化意义隐而不彰了。

不过，这里需要强调的是，直到汉末，帝王师也只是得道之人、有道之士，而非道本身或道的人格化，在一定意义上说他们也是神，但绝非至上神，远非天神天帝可比。《后汉书·陈愍王宠传》："熹平二年（173年），国相师迁追奏前相魏愔与宠共祭天神，希幸非冀，罪至不道。有司奏遣使者案验。是时，新诛勃海王悝，灵帝不忍复加法……愔辞与王共祭黄老君，求长生福而已，无他冀幸。醻等奏愔，职在匡正，而所为不端，迁诬靠其王，罔以不道，皆诛死。有诏赦宠不案。"陈愍王刘宠与魏愔共祭天神，遭到弹劾；这里的"天神"应为至上神，只能由皇帝祭祀，故陈愍王刘宠僭越而"罪至不道"，魏愔争辩说他与陈愍王刘宠祭祀的只是"黄老君"，由此可见"黄老君"与"天神"尚有本质区别。老子虽非至上神，但他还是能够扮演"帝王师"的角色，故陈愍王祭祀黄老君还是有忌讳，所以杀魏愔而免陈愍王刘宠之罪。佛教史上有名的楚王英祭祀黄老浮屠，应该也可以按这个模式来理解：

> 英少时好游侠，交通宾客，晚节更喜黄老，学为浮屠，斋戒祭祀。八年（公元 65 年），诏令天下死罪入缣赎。英遣郎中令奉黄缣白

纨三十四诣国相曰:"托在蕃辅,过恶累积,欢喜大恩,奉送缣帛,以赎愆罪。"国相以闻,诏报曰:"楚王诵黄老之微言,尚浮屠之仁祠,洁斋三月,与神为誓,何嫌何疑,当有悔吝?其还赎,以助伊蒲塞桑门之盛馔。"因以班示诸国中傅。英后遂大交通方士,作金龟玉鹤,刻文字以为符瑞。十三年(公元70年),男子燕广告英与渔阳王平、颜忠等造作图书,有逆谋,事下案验。有司奏英招聚奸猾,造作图谶,擅相官秩,置诸侯王公将军二千石,大逆不道,请诛之。……明年,英至丹阳,自杀。立三十三年,国除。

永平八年(公元65年),楚王英遣郎中令奉黄缣白纨三十四谢罪,而汉明帝认为楚王英"诵黄老之微言,尚浮屠之仁祠",并无什么谋逆的嫌疑,下诏予以安慰。从中我们可以看出,首先,黄老、浮屠都不是至上神,所以祭祀老子、浮屠并非皇帝的特权;同时,由前文所述,老子、浮屠带有帝王师的色彩,祭祀他们与祭祀一般神明还是有所不同的,因此是有忌讳的,否则楚王英不会将此作为"死罪"而来谢罪的,而且数年后楚王英最终还是落得自杀国除的下场。

这种矛盾张力,说明在汉代后期,有道之人,虽位不及天帝,然亦具有特别微妙的地位。特别是老子,被认为"自羲农以来,世为圣者作师。"(《老子铭》)而老子可以为历代圣人师,最质朴的解释是他已得道,故寿命绵长,可以在不同时代"变易姓名",历代帝王师的真实身份都是老子。这种观念,在汉末并不罕见,如东汉末《风俗通义》:"俗言:东方朔,太白星精,黄帝时为风后,尧时为务成子,周时为老聃,在越为范蠡,在齐为鸱夷子皮,言其神圣能兴王霸之业,变化无常。"再如东汉前期纬书《诗纬·含神雾》:"风后,黄帝师,又化为老子,以书授张良。"在人们的观念中,有道之人,实际上已经逐渐与道为一,成为道的化身。至南北朝时,老子逐渐成为道之化身,"老子者,道也"这类观念的出现,也是水到渠成之事。而在这个文化背景下,我们可以重新理解"老子化胡"的问题了。老子世世为帝王师,而佛陀在汉末也被认为是可以为帝王提供治国养生之道的帝王师,故此老子自然可以化为浮屠(佛陀),故此最早的老子化胡版本,应该是老子化身为浮屠;而后世争论最为集中的老子为浮屠师，则是佛道争先，是另一个文化背景下的问题了。

老子世世为帝王师，不少前辈学人认为是受佛教轮回观和变化思想影响，但把老子这种"道成身化，蝉蜕渡世"（《老子铭》）看做是道教神仙尸解的滥觞，更具说服力。反观之，老子世世为帝王师，成为道的人格化，应该对佛教"法身"观念在中国的流行，有着重要的启示作用。刘屹先生以公元 433 年徐副墓券（原本敕令群神的"天帝"被"无极大道、太上道君、地下女青"代替）等材料，作为部分民间信仰从"敬天"向"崇道"转变的体现；而略早于此的《大道家令集》（取唐长孺先生符秦、姚秦、北魏初成书之说）也指出："道乃世世为帝王师，而王者不能遵奉……汉世既定，未嗣从横，民人趣利，强弱忿争。道伤民命，一去难还，故使天授气治民，曰：新出老君。言鬼者何？人但畏鬼，不信道，故老君授张道陵为天师，至尊至神，而乃为人之师。"道本世世为帝王师，但王者不能奉道，故此道"使天授气治民"，在这里"道"已经完全人格化，而且可以驱使"天"，应该说已经彻底完成了从敬天到崇道的转化，道已经取代了天，而成为至上神。道（或其化身老子）也不仅仅是帝王师，帝王不听话，道或其化身老君，就会亲自授权"天师"（张道陵），替天行道。约与此同时，刘宋初年产生的《三天内解经》，称刘宋皇室继承汉室而兴，该经也基本上采取了与《大道家令集》相同的叙述方式。

天的地位下降，与汉末以来大一统分崩离析有直接的关系，但也应该看到佛教带来对"天"的重新思考。佛教中"天"虽为神明，但只是六道轮回中的一道，地位并不高，佛教带来关于"天"的新概念，对于以道代天的思想史新走向，是会有促进作用的（或者说印度佛教等沙门思想，对印度固有婆罗门梵天至上观念的冲击，对中国类似情况的发生，产生了直接的示范作用）。道教的主神，道的人格化至上神（上清经中的"道君"），也同时取得了类似于佛陀"世尊"的"天尊"称号（灵宝经中）。

佛教在这场中国思想史、宗教史的大革新中，应该说是道教的同盟军，并引为同道。"老君因冲和气化为九国，置九人，三男六女。至伏羲、女娲时，各作姓名，因出三道以教天民：中国阳气纯正，使奉无为大道；外胡国八十一域，阴气强盛，使奉佛道，禁戒甚严，以抑阴气；楚越阴阳气薄，使奉清约大道。"（《三天内解经》）老君以"三教"教天民，即北方（中国）的"无为大道"，西域的"佛道"，南方（楚越）的"清约大道"。由此看来，佛教史传统看法认为汉魏"佛道未分"也有一定道理，但很大程度上并非佛教主动依附道教，而是道教在确立"道"的至高无上地位时，一种必然的反映，倒不一定是要贬低佛教。而佛教在这种思潮的影响下，也开始将佛陀视为像世为帝王师的老子那样变得"佛寿无量"，晋宋之际中国僧人僧肇、慧远等，都对此有所思考。

晋宋之际，对于经教道教的形成，确实意义重大；而此时中国佛教也经历了从般若学向涅槃学的重大转变。东晋末年还半遮半掩的佛寿无量，以刘宋初年北本《涅槃经》传入为契机，最终确立了法身常住的思想，在"神灭神不灭"思想史大辩论的外围背景中，法性佛身的理论也日趋成熟。汤用彤先生与吕澂先生，在理解东晋名僧道安思想上，有重要差异，前者认为道安思想是"本无宗"代表人物，后者则认为是"性空之宗"，这实际上牵扯到了如何理解汉晋佛教般若学的重大问题。翻译于汉末，在般若学初传中影响最大的《道行般若经》，确实有很明显的"本无"思想，但这并非是以无为本，无中生有的宇宙生成论模式，而是说"本"（"底"）无所得，般若波罗蜜本无所底，底无所底，故无无底。般若波罗蜜的核心思想是"无所得"，故此般若波罗蜜才是诸佛母。"无所得"破除了对以天帝为代表的旧式宇宙观的一切执著，而其所彰显的般若波罗蜜，本就是成佛的根据，故此般若学向涅槃学转变，并非由"空"入"有"那样突兀，而是有佛学自身发展的逻辑，也契合了中国思想史、宗教史发展的大潮流。

老子与佛陀，由载道者、得道者，或觉悟者，而一跃成为宗教化、人格化的道本身，佛法本身；从传授治国、养生之道的圣人、帝王师，而一跃成为教主，最终的崇拜对象。中国佛教与道教，在同一历史时期内，大体经历了一个近似的历史进程。与道教"道"的人格化、宗教化进程相似，佛教的"法"也在与佛陀崇拜的相互结合中，完成了其神格化的进程。方立天教授曾经把佛教初传时期，《牟子理惑论》、《大明度无极经》等佛教文献中体现出来的佛陀观，概括为"体道者是佛"；而到了晋宋之际，竺道生等人的佛陀观则变成"法即佛"、"理者是佛"。竺道生在《注维摩诘经》卷八中说："以体法者为佛，不可离法有佛也。若不离法，有佛是法也。然则佛亦法矣。"《大般涅槃经集解》卷五十四："体法为佛，法即佛矣。"

　　当然我们并不是说，佛教与道教完成了从"敬天"到"崇道"或崇尚佛法的过程，中国本土"敬天"的信仰就消失了，恰恰相反，最为政治主流意识形态的"敬天"观念贯穿了中国封建社会的始终。对内，佛教的佛陀或道教的老君，是佛法或道的人格化身，具有崇高的地位，是无上的教主，在这个意义上说，是西方语境下完全意义的"宗教"；而对外，佛教、道教，则还是被视为一种教化，与儒教一起，为帝王提供治国、修身、养生之道，并惠及百姓，神道设教，因此在中国传统语境下，"三教"还是"教化"之教，虽有变化，但依旧大体延续着帝王师的传统角色。正是这种差异，中国传统"三教"的内涵极其丰富而复杂，今天从西方学术背景下产生的"宗教学"的角度来研究三教、研究佛教，更为我们带来了许多困扰，有很多似是而非的概念需要我们去梳理清楚。

　　由帝王"师"而出三种圣人"教"化，中国自南北朝而出现的儒释道"三教"概念，逻辑上是顺理成章的；但三教内部，各自对这一格局都不甚满意，虽在政治上不能撼动"天"这一主流意识形态，但在三教各自思想和信仰内部体系中，早已用佛法、道等观念，用佛陀、老君突破了敬"天"信仰的樊篱。这一潜在的矛盾，到唐宋转变时期，再度彰显出来，取代"敬天"而提倡"崇道"的中国传统宗教，使之再变为注重"性理"之学，试图将外在作为世界秩序本原之天，内化为内在之心性（正心诚意），从而符合于道或符合于佛法，试图以此解决以往之矛盾。中晚唐韩愈提出的"师说"与"道统说"，颇有象征意味，"仁与义为定名，道与德为虚位"，天道之传承，最终依靠的是历代圣人排除异端、正心诚意而有作为。晚唐以来佛教中直指人心的南宗禅，道教中的内丹运动，特别是全真教的勃兴，而最终集大成的宋明理学，都是新时期"三教"发展的集中体现。

　　当然，中国宗教史的发展，绝非仅仅是哲学史、思想史的演进。上层统治者、知识分子、宗教高层的宗教观念，也与普通百姓有不少差异。帝王师变为天师，在上层精英中，有从敬天转向崇道的重要意义；而在普通老百姓的墓券中，"天帝使者"、"天帝神师"的本意不过是天帝手下的使臣或者巫师。"师"有多种含义，既可以为教化他人的老师之师，也可以是掌握某项技艺的人，如巫师。这样道教、佛教中的宗教职业者，天师、法师，在不同人心目中就有了不同的含义，这也使中国的三"教"观念越发复杂。

汉魏时期，宗教职业者，很多都是为帝王、大族服务的家巫类型的角色，一般儒生的角色也往往如同方士，"可怜夜半虚前席，不问苍生问鬼神。"张修、张鲁原本的角色，很似刘焉倚重的随军巫师；所谓的北方天师道世家常有信赖的灵媒，而南方上清派在这方面表现得最为明显。佛教初传，《高僧传》中记载的这类以佛图澄为代表的帝王大族家巫类型的僧人极多。佛教这些家巫类型的宗教职业者，其组织形态，可能与汉魏时期的方仙道类似，如1991年新出土的《肥致碑》记载的那样，也有少数师徒技艺相传的小团体，类似于私学，受热衷此道的大族供养。早期僧人有为数不多的弟子，受到周围少数较为富裕的世俗大族供养，这一情形可以从现存一些汉魏时期翻译传抄经典的后记中，得到不同程度的印证。但这种小团体还不是后世有组织的教团。

东晋道安以来，中国僧团渐成规模，虽然道安曾经讲过："今遭凶年，不依国主，则法事难立"，但这种情况只是凶年的特例，从反面说明从此僧团在平日已经有不依附当权者而独立生存的可能性，道安的弟子庐山慧远便强烈主张"沙门不敬王者"。南北朝时期，许多僧团规模庞大，俨然是一方割据势力，甚至可以被封王封地，调数县赋税，如南燕主慕容德授予僧朗东齐王的称号，并赐予奉高、山茌两县的封禄。当时汰拣沙门的政策出台，往往是配合"断乔"等加强中央集权的措施，由此可见僧团的势力很大。应该说，中国佛教在晋唐间，利用印度原有戒律制度，结合中国固有门阀士族庄园管理模式，在教团组织、吸引流民等方面，比道教成功，这也是僧团在人数与影响力方面，长期领先于道教的重要原因之一。北朝僧侣人数，动辄上百万，就可见一斑。

第二节　"永平求法"的再讨论

一、汉明梦佛与永平求法之不同

佛教至迟在公元1世纪后，逐渐被国人所知，先时佛教主要依附黄老神仙方术，有老子入夷狄为浮屠之说。上层贵族多有立"浮屠之祠"，斋戒、设宴馈僧，士人对佛教的了解主要在于节欲戒色。东汉佛教主要集中在作为政治、经济中心的大城市，如洛阳、彭城（徐州）等地。

关于佛教何时传入中国，从古至今争论颇多。佛教内部长期流行的说法，是东汉明帝夜梦金人，派人西域求法，得《四十二章经》，为佛教入华之始。近代学人对此事颇有疑义，与此相关，附带争论《四十二章经》及最早记录此事的《牟子理惑论》之真伪。《理惑论》第二十章：

> 昔孝明皇帝，梦见神人，身有日光，飞在殿前，欣然悦之。明日，博问群臣，此为何神。臣闻天竺有得道者，号之曰佛，飞行虚空，身有日光，殆将其神也。于是上悟，遣使者张骞、羽林郎中秦景、博士弟子王遵等十二人，于大月氏写佛经四十二章。藏在兰台石室第十四间。时于洛阳城西雍门外起佛寺。于其壁画千乘万骑绕塔三匝。又于南宫清凉台及开阳城门上作佛像。明帝存时，预修造寿陵，陵曰显节，亦于其上作佛图像，时国丰民宁，远夷慕义，学者由此而滋。

《四十二章经》序及《牟子理惑论》都未言永平求法的具体年份，后来的文献则说法不一，如西晋道士王浮所作《老子化胡经》说，明帝于永平七年感梦遣使，十八年始还；《法本内传》说是永平三年感梦遣使；隋费长房《历代三宝记》又说是七年感梦，十年还汉，此说后世最为流行。选择永平七年，笔者以为很可能是因为永平七年为"甲子"年，甄鸾《笑道论》将"汉明永平七年甲子，岁星昼现，西方夜明"描述成汉明帝感梦的背景。后汉以来，从太平道的"岁在甲子，天下大吉"，到上清派女仙魏夫人第一次降真给灵媒杨曦的时间有意定在东晋哀帝兴宁二年"甲子"，① 都喜将"甲子"作为重要事件的开端。

《后汉纪》孝明皇帝纪下卷第十：

> 浮屠者，佛也，西域天竺（国）有佛道焉。佛者，汉言觉，将

---

① 参见程乐松：《即神即心：真人之诰与陶弘景的信仰世界》，北京：中国人民大学出版社，2010年，第112–114页。

（以觉）悟群生也。其教以修善慈心为主，不杀生，专务清净。其精者好为沙门。沙门者，汉言息心，盖息意去欲而归于无为也。又以为人死精神不灭，随复受形，生时所行，善恶皆有报应。故所贵行善修道，以炼精神而不已，以至无为，而得为佛也。佛身长一丈六尺，黄金色，项中佩日月光，变化无方，无所不入，故能化通万物而大济群生。

初，帝梦见金人长大，项有日月光，以问群臣。或曰："西方有神，其名曰佛，其形长大。（陛下所梦，得无是乎？）"（于是遣使天竺，）而问其道术，遂于中国而图其形象焉。有经数千万（言），以虚无为宗，苞罗精粗，无所不统，善为宏阔胜大之言，所求在一体之内，而所明在视听之外。世俗之人，以为虚诞。然归于玄微深远，难得而测。故王公大人观死生报应之际，莫不瞿然自失。①

括号中文字为《后汉纪》原书所无，用后世书补；用后世书补，难免掺杂后人的观念，即便是引用，由于古人引用并不如今人规范，亦常用己意增消，因为我们除去用他书所补的文字，《后汉纪》上述引文意思也是连贯的，故笔者以为还是以不增补为宜。从现存《后汉纪》本身的文字来看，有两点非常值得注意：①汉明帝梦佛后，问起道术，随图其（所梦）形象，而未言西去求法之事。②没有西去求法取经之事，《四十二章经》自属无稽。

占梦盛行于先秦，"《左传》对于王侯将相之梦，完全作为一种重要史实或史料来看待。凡是前文记梦，后文必述其验。"② 秦汉之后，占梦地位衰落，主要在民间广泛流传，一般已难登大雅之堂，官制中也无占梦之职；况且梦境只是作为一种预兆，史官还要事后记录是否灵验。汉唐以来，僧人亦多参与占梦，但见于佛教史籍的还是传统的预示吉凶和祈求好梦，前者如"元嘉将末，谯王屡有怪梦，跋陀答云：'京都将有祸乱。'未

---

① 袁宏撰，周天游校注：《后汉纪校注》，天津：天津古籍出版社，1987 年，第 276 – 277 页。

② 刘文英：《梦的迷信与梦的探索》，北京：中国社会科学出版社，2000 年，第 19 页。《左传》中亦有记载统治者梦见神明的例子，例如昭公四年，穆子"梦天压己，弗胜"，穆子之梦似吉，"梦天压己，君临宠也"，但"天不可胜，胜天不祥"，最终被牛助余所饿死。

及一年，元凶构逆"；再如昙摩蜜多"周历诸国，遂适龟兹。未至一日，王梦神告王曰：'有大福德人，明当入国，汝应供养。'明旦，即敕外司，若有异人入境，必驰奏闻。俄而蜜多果至，王自出郊迎，延请入宫，遂从禀戒，尽四事之礼。蜜多安而能迁，不拘利养。居数载，密有去心。神又降梦曰：'福德人舍王去矣。'王惕然惊觉，既而君臣固留，莫之能止。"① 后者如"子良启进沙门于殿户前诵经，世祖为感梦，见优昙钵花"（《南齐书·竟陵王传》）。而永平求法传说中由梦佛而遣人西行求法，并不符合传统占梦的惯例。

笔者以为，《后汉纪》可能呈现了永平求法传说的雏形即汉明梦佛，原本的记载或传说，只是汉明帝梦佛而图写其所梦之佛的形象，而未涉及西行求法；后来逐渐演变出了西行取经的故事，但没有涉及《四十二章经》，例如《笑道论》引西晋道士王浮《老子化胡经》："至汉明永平七年甲子岁，星昼现西方夜，明帝梦神人长一丈六尺，项有日光，旦问群臣。傅毅曰：'西方胡王太子成道佛号佛。'明帝即遣张骞等，穷河源，经三十六国，至舍卫。佛已涅槃，写经六十万五千言，至永平十八年乃还。"② 《三洞珠囊》卷九《老子化西胡品》亦引《老子化胡经》："六十四万言经，无上正真之道"，也没有涉及《四十二章经》。此外《后汉书》、《冥祥记》（《法苑珠林》卷十三引）、《水经注》、《洛阳伽蓝记》等书都是如此。

南朝刘宋天师道士徐氏撰《三天内解经》卷上讲：道气在不同时代化身为不同的天真圣人，"今世人上章书太清，正谓此诸天真也。从此之后，幽冥之中，生乎空洞。空洞之中，生乎太无。太无变化玄气、元气、始气，三气混沌相因，而化生玄妙玉女。玉女生后，混气凝结，化生老子……至周幽王时，老子知周祚当衰，被发佯狂，辞周而去。至关，乘青牛车与尹喜相遇，授喜上下中经一卷，五千文二卷，合三卷。尹喜受此书，其道得成。道眼见西国胡人强梁难化，因与尹喜共西入罽宾国，神变弥加大人，化伏胡王，为作佛经六千四万言。王举国皆共奉事。此国去汉

① 《高僧传》，第132、121页。
② 《大正藏》第52卷，第147页下。参见日本六朝隋唐时代的佛道论证研究班："《笑道论》译注"，《东方学报》，60卷，1988年，第575–576页。

第一编 华夷之辨：佛教与中华文明的相遇

国四万里。罽宾国土并顺从大法。老子又西入天竺国，去罽宾国又四万里。国王妃名清妙，昼寝，老子遂令尹喜乘白象化为黄雀，飞入清妙口中，状如流星。后年四月八日，剖右胁而生，堕地而行七步，举右手指天而吟：天上天下，唯我为尊。三界皆苦，何可乐焉。生便精苦，即为佛身。佛道于此而更兴焉。"① 与上文将"浮屠"与"佛"分为两人类似，此处则分为罽宾国"弥加大人"（恐指释迦，老子化身）与天竺国的"佛"（尹喜化身），而且这里的道气化生的意味更为浓重；同时值得注意的是，《三天内解经》的这一叙述，也未提到《四十二章经》，而依旧是"为作佛经六千四万言"。

甚至晚至法显西行求法，在北天竺陀历国听闻"其国昔有罗汉，以神足力，将一巧匠上兜率天，观弥勒菩萨长短、色貌，还下，刻木作像。前后三上观，然后乃成。像长八丈，足跌八尺，斋日常有光明，诸国王竞兴供养，今故现在于此……众僧问法显：'佛法东过，其始可知耶？'显云：'访问彼土人，皆云古老相传，自立弥勒菩萨像后，便有天竺沙门赍经、律，过此河者。像立在佛泥洹后三百许年，计于周氏平王时。由兹而言，大教宣流，始自此像，非夫弥勒大士继轨释迦，孰能令三宝宣通，边人识法。固知冥运之开，本非人事，则汉明帝之梦，有由而然矣。"② 在这里法显将汉明之梦的背景，认定为感于"弥勒大士继轨释迦"，可能还有中国传统"化胡说"中道气化生、世世为帝王师模式（"浮屠"与"佛"）的部分遗迹。至少我们可以明确的是，在这里法显最强调的还是佛像，虽然提到一句"有天竺沙门赍经、律，过此河"，但未涉及《四十二章经》。

由此，笔者推测最初只有汉明帝梦佛画像的记载或传说；至迟到西晋，在汉明梦佛的基础上，增加了西行求法的情节，但并未涉及《四十二章经》；晋宋之后，《四十二章经》方才加入这一传说，构成后世定型的汉明求法传说，东晋道安制定经录可能尚不知道该传说，直到刘宋最终问世的《四十二章经》序、《牟子理惑论》才将汉明求法故事定型下来。而后齐梁间道士陶弘景亦在《真诰》卷九中采用了定型后的说法。

---

① 汤一介主编：《道书集成》第四册，北京：九洲图书出版社，1999 年，第 291 页中 - 292 页上。

② 《法显传校注》，第 26 - 27 页。

《四十二章经》是古抄经，后汉襄楷所上书、三国时的《法句经》序、郗超的《奉法要》等汉晋文献都有部分内容与现行《四十二章经》类似；但这不等于说当时《四十二章经》已经定型。东晋道安并未见《四十二章经》，最早著录该经的是"《旧录》"，《出三藏记集》还提到："《五十二章经》一卷（《旧录》所载，有别于《孝明四十二章》)"，① 实则在《四十二章经》定型前，至少还有《孝明四十二章》、《五十二章经》等数种抄本。

二、楚王英好佛

汉明帝时中国已有佛教，本不成问题，汉明帝的异母弟楚王英即好佛教，最早提到此事的文献，一是袁宏（328—376 年）的《后汉纪》："英好游侠，交通宾客，晚节喜黄老，修浮屠祠"；二是范晔（？—445 年）的《后汉书·光武十王列传》：

> 英少时好游侠，交通宾客，晚节更喜黄老，学为浮屠斋戒祭祀。八年，诏令天下死罪入缣赎。英遣郎中令奉黄缣白纨三十四诣国相曰："托在蕃辅，过恶累积，欢喜大恩，奉送缣帛，以赎愆罪。"国相以闻，诏报曰："楚王诵黄老之微言，尚浮屠之仁祠，洁斋三月，与神为誓，何嫌何疑，当有悔吝？其还赎，以助伊蒲塞桑门之盛馔。"因以班示诸国中傅。英后遂大交通方士，作金龟玉鹤，刻文字以为符瑞。

《后汉书·西域传》已将永平求法与楚王英好佛联系起来，认为永平求法后楚王英始信："世传明帝梦见金人，长大，项有光明，以问群臣。或曰：'西方有神，名曰佛，其形长丈六尺而黄金色。'帝于是遣使天竺问佛道法，遂于中国图画形象焉。楚王英始信其术，中国因此颇有奉其道者。后桓帝好神，数祀浮图老子，百姓稍有奉者，后遂转盛。"周叔迦先生则认为："如若将汉明帝求法与楚王英奉佛二事联系起来看，便可了解故事的原委。汉明帝夜梦金人，正是日有所思而夜有所梦。可见当时由于

---

① 《出三藏记集》，208 页。

楚王交结豪侠，崇奉佛教，得到群众的拥护，声势浩大，有凌逼帝位之势，引起明帝的深刻忧虑，以致夜梦金人，也就不得不遣使求法，借此以与楚王争取群众。毕竟这种办法缓不济急。所以在永平十三年（公元70年）便以谋反的罪名贬迁了楚王，结果楚王自杀。同时还兴起大狱，楚王门下宾客和亲戚被杀和判刑的千余人，系狱的有三千余人，楚王门下的桑门、伊蒲塞当也在其中。明帝的政敌既除，求法之举便无必要，因此译出的经典也就缄之兰台石室而不向社会流传，并且有鉴于楚王的利用佛教，因而禁止汉人出家奉佛（《高僧传·佛图澄传》王度语）。佛教受此打击，所以此后八十年中寂然无闻。"（《中国佛教史》第一章"斋忏祭祀时期"）周先生此说颇近情理，然须进一步的证据。

其实，"永平求法"之说，是真是假，已经跟佛教何时传入中国关系不大；若楚王英好佛之事不是捏造，[1] 则明帝时国人已知佛法当属无疑。南朝以来，之所以教内一度热衷于佛教的讨论，实与华夷之辨、佛道争先等问题相关，利用各种似是而非的史料，提出：周、战国、秦、西汉等时，中国已知佛教。"汉明何德，而独昭灵彩？"将佛教入华事件从汉明帝时向前推，这样做固然可以在某种意义上抬高佛教的身价，但若将佛教入华时间提前太多，则会出现为何中国人长期以来没有接受佛教等种种疑问。佛即周孔之说，是基于华夷之辨提出，佛在老子之前是针对老子化胡之说，但这样做也会带来疑问："或问曰：自三五以来，暨于孔、老。洗心佛法，要将有人。而献酬之迹，曾不乍闻者，何哉？"刘宋宗炳在《明佛论》中对此的答复是：

> 答曰：余前论之旨已明，俗儒而编专在治迹。言有出于世表，或散没于史策，或绝灭于坑焚。今又重数所怀。夫三皇之书，谓之《三坟》，言大道也。尔时也，孝慈天足，岂复训以仁义？纯朴弗离，若老、庄者复何所扇？若不明神本于无生，空众性以照极者，复以何为

---

① 不过也有日本学者提出怀疑，但并没有提出有力的反驳证据。无非是说曹冲称象、华佗开刀，本出印度故事，范晔作为信史编入《后汉书》，楚王英好佛之事或许也是取材于后世佛教传说，况且，楚王信佛是后汉初期佛教入华唯一有力事例，孤证不举。但我们认为楚王英好佛之事，伪造的可能性很小，佛教界编造并传播一个谋反的楚王好佛，实在没有什么必要，若要以此证明永平求法，还不如编造一个明帝派人求法的诏书更为直接。

大道乎？斯文没矣，世孰识哉！史迁之述五帝也，皆云生而神灵，或弱而能言，或自言其名。嶷渊疏通，其知如神。既以类夫大乘菩萨，化见而生者矣。居轩辕之丘，登崆峒，陟凡岱，幽陵蟠木之游，逸迹超浪，何以知其不由从如来之道哉？以五帝之长世，尧治百年，舜则七十。广成大隗鸿崖，巢、许、夸父、北人姑射四子之流，玄风畜积，洋溢于时。而《五典》余类，唯唐、虞二篇，而至寡阙。子长之记，又谓："百家之言黄帝，文不雅训，搢绅难言。唯采杀伐治迹，犹万不记一。"岂至道之盛，不见于残缺之篇，便当皆虚妄哉？今以神明之君，游浩然之世，携七圣于具茨，见神人于姑射，一化之生，复何足多谈。微言所精，安知非穷神亿劫之表哉？

广成之言曰："至道之精，窈窈冥冥。"即《首楞严》三昧矣。"得吾道者，上为皇，下为王。"即亦随化升降，为飞行皇帝、转轮圣王之类也。"失吾道者，上见光，下为土。"亦生死于天人之界者矣。"感大隗之风，称天师而退"者，亦十号之称矣。自恐无生之化，皆道深于若时，业流于玄胜。而事没振古，理随文翳，故百家所撝，若晓而昧，又搢绅之儒，不谓雅训。遂令殉世而不深于道者，仗史籍而抑至理，从近情而忽远化，困精神于永劫，岂不痛哉！

伯益述《山海》："天毒之国，偎人而爱人。"郭璞传："古谓天毒，即天竺，浮屠所兴。偎爱之义，亦如来大慈之训矣。"固亦既闻于三五之世也。国典弗传，不足疑矣。凡三代之下，及孔、老之际，史策之外竟何可量？孔之问礼，老为言之；关尹之求，复为明道。设使二篇或没，其言独存于《礼记》，后世何得不谓柱下翁，直是知礼老儒？岂不体于玄风乎？今百代众书，飘荡于存亡之后，理无备在。岂可断以所见，绝献酬于孔、老哉！东方朔对汉武劫烧之说，刘向《列仙》叙"七十四人在佛经"，学者之管窥于斯，又非汉明而始也。但驰神越世者众而显，结诚幽微者寡而隐，故潜感之实，不扬于物耳。

道人澄公，仁圣于石勒、虎之世，谓虎曰："临淄城中，有古阿育王寺处，犹有形像、承露盘，在深林巨树之下，入地二十丈。"虎使者依图搜求，皆如言得。近姚略叔父为晋王，于河东蒲坂，古老所谓阿育王寺处，见有光明。凿求得佛遗骨，于石函银匣之中，光曜殊常，随略迎睹于霸上比丘，今见在辛寺。由此观之，有佛事于齐、晋之地久矣哉！所以不说于三传者，亦犹干宝、孙盛之史，无语称佛，而妙化实彰有晋，而盛于江左也。

佛教在先秦西汉传入中国的种种传说，多是在佛道论衡或三教论衡这种背景下提出，皆难成立，实与佛教初传无涉，而是南朝以来世人思想的反映。而永平求法之说，最终被大多数人接受，一方面固然与其带有较多神话色彩，可以自神其教，另一方面也在于明帝时佛教传入比较接近事实，可以减少许多三教论辩中的破绽。

《四十二章经》和《牟子理惑论》的最终定型大体也是在南朝初期，当以上述这些争论为背景。我们并不否认，两者包含了许多东汉以来的佛教早期史料，但后人掺入者亦甚多。《牟子理惑论》恐非出自东汉苍梧太守之笔，其序应是汉人手笔，似本与正文无涉。笔者以为，《四十二章经》原本可能是东汉以来佛教研习者的入门之书，由初学之经逐渐"变为"初传之经。由于被认定为初传之经，《四十二章经》在后世颇受重视，不断被"修订"，甚至直到"唐以后宗门教下之佞人"还在增修该经。总而言之，《四十二章经》和《牟子理惑论》确有可作为早期佛教史料的内容，但其中关于永平求法的部分，则真伪参半，下节将略辨之。

现今学术界一般接受"伊存授经"之说，进而认为佛教初传中国的时间是公元前2年，即西汉哀帝元寿元年。该说最早出自《三国志·魏志》卷三十裴松之注，引鱼豢《魏略·西戎传》："昔汉哀帝元寿元年，博士弟子景庐受大月氏王使伊存口授《浮屠经》。……《浮屠》所载临蒲塞、桑门、佰闻、疏问、败疏问、比丘、晨门，皆弟子号。"该段材料《魏书·释老志》即已采信，并与永平求法说并列，综合立论：

> 哀帝元寿元年，博士弟子秦景宪受大月氏王使伊存口授浮屠经。中土闻之，未之信了也。后孝明帝夜梦金人，项有日光，飞行殿庭，乃访群臣，傅毅始以佛对。帝遣郎中祭愔、博士弟子秦景等使于天竺，写浮屠遗范。愔仍与沙门摄摩腾、竺法兰东还洛阳。中国有沙门及跪拜之法，自此始也。

"伊存授经"之说，也并非全无异议，特别是授经的地点各种记载不一，法国汉学家马伯乐认为在西域，而汤用彤先生则定在"中国"；另外当时月支是否已经信佛，尚有争论①。况"中土闻之，未之信了"，也很难将"伊存授经"视为佛教传入中国的证据，但至少后汉时期中国内地已经存在佛教，当无疑问。

三、老子化胡与西行求法

汉代关于佛教的记录，最为可信的材料有两条"无心史料"，一是张衡（78—139 年）的名篇《西京赋》："眳藐流眄，一顾倾城；展季桑门，谁能不营？"展季即柳下惠，桑门即沙门，赋中用典，意在说明戒色欲，且沙门与柳下惠两者并列，说明当时人们已经比较熟悉沙门不近女色的特点。

二是《后汉书·襄楷传》襄楷延熹九年（166 年）上书：

> 又闻宫中立黄老、浮屠之祠。此道清虚，贵尚无为，好生恶杀，省欲去奢。今陛下嗜欲不去，杀罚过理，既乖其道，岂获其祚哉！或言老子入夷狄为浮屠。浮屠不三宿桑下，不欲久生恩爱，精之至也。天神遗以好女，浮屠曰："此但革囊盛血。"遂不眄之。其守一如此，乃能成道。今陛下淫女艳妇，极天下之丽，甘肥饮美，单天下之味，奈何欲如黄、老乎？

上述两条史料可相互印证，可信性较高，说明佛陀苦行、天神遣美女试探的故事已经为人熟知，也反映了东汉佛教给人留下的大体印象。至于"或言老子入夷狄为浮屠"，则是历代争议颇多的老子化胡说的滥觞。《高僧传》帛法祖传记载："昔祖平素之日，与浮（祭酒王浮）每争邪正，浮屡屈，既嗔不自忍，乃作《老子化胡经》，以诬谤佛法。"② 系统的《老子化胡经》可能成书于西晋，但老子化胡之说，起源甚早，我们在本编第三

---

① 如有学者认为西域在班勇时尚不信佛，甚至进而认为佛教在内地传播先于西域，只是西域"后来居上"。笔者认为这种看法还有待商榷，班勇未记西域佛教之事，恐与当时贵霜帝国排佛有关，参见古正美的相关著作（《贵霜佛教政治传统与大乘佛教》，台北：允晨丛刊，1993 年）。

② 《高僧传》，第 27 页。

章还会详细讨论这个问题。本章，笔者想要强调的是，汉明梦佛传说中首次加入西行求法情节的很可能是，《老子化胡经》，而添加这一西行求法情节的目的或背后的思想背景，恐与老子化胡说有着密切的关系。我们还是先看《笑道论》对《老子化胡经》的引用：

> 《化胡经》曰：迦叶菩萨云：如来灭后五百岁，吾来东游，以道授韩平子，白日升天；又二百年，以道授张陵；又二百年，以道授建平子；又二百年，以授午室；尔后汉末陵迟，不奉吾道。至汉明永平七年甲子，岁星昼现西方，夜明帝梦神人长一丈六尺，项有日光，旦问群臣。傅毅曰："西方胡王太子成道佛号佛。"明帝即遣张骞等，穷河源，经三十六国，至舍卫。佛已涅槃，写经六十万五千言，至永平十八年乃还。[①]

引文中迦叶菩萨即为老子。值得注意的是，《化胡经》中，"如来"与"佛"分为二人，"如来"在前，"佛"是"西方胡王太子"，成道后被称为佛。季羡林先生通过语言学考证，认为佛教从印度经大夏（大月支）传入中国，使用"浮屠"一词；经中亚新疆小国传入中国称"佛"。[②] 早期关于老子化胡的史料，都使用"浮屠"一词，如《后汉书》记载的襄楷上书："老子入夷狄为浮屠"；三国时魏郎中鱼豢《魏略·西戎传》："临儿国《浮屠经》云：其国王生浮屠。浮屠，太子也。"而《笑道论》所引《老子化胡经》将如来、韩平子、张陵、午室、佛（西方胡王太子）并举，是我们在上一节已经讨论过的道气化成，世世为帝王师的一种体现；也是通过多种途径，佛教经西域不同种族、不同语言传入中国后，中国人整合佛教的一种方式。而道气流行中外，老子西去道化胡人，中国人再从胡人那里将道取回，在一元世界观下，也顺理成章，故汉明梦佛转变为永平求法，这一神话传说的改变，具有思想史的文化意义。

　　5 世纪早期的《晋世杂录》和裴子野（467—528 年）的《高僧传》

---

　　① 《大正藏》第 52 卷，第 147 页下。
　　② 参见季羡林："再谈'浮屠'与'佛'"，《季羡林文集》第七卷，南昌：江西教育出版社，1998 年，第 357 页。

分别提到王浮"遂改换《西域传》为《化胡经》","乃托《西域传》为《化胡经》"。① 可见《西域传》与原始的《化胡经》关系密切。这里的《西域传》应指《魏略·西域传》，原书亡佚，但陈子良注法琳《辩证论》有轶文：

> 《魏略·西域传》云："临倪国王无子，因在浮图，其妃莫耶梦白象而孕。及太子生，亦从右胁而出，自然有髻，堕地能行七步，其形相似佛。以祀浮图得儿，故名太子为浮图也。国有神人，名曰沙律，年老发白状似老子，常教民为浮图。"近世黄巾，见其头白，改彼沙律题此老聃，曲能安隐，诳惑天下。前汉哀帝时秦景至月氏国，其王令太子口授《浮图经》。还汉，《浮图》所载，略与道经相出入也。皇甫之言，未究其本。《化胡经》云："罽宾国王，疑老子妖魅，以火焚之，安然不死。王知神人，举国悔过。老子云：'我师名佛，若能出家，当免汝罪。'其国奉教，昔为沙门也。"佛若先无，老聃岂知变身为佛。良以罽宾旧来信佛，老氏因推佛以化之。非起尹、聃，始有佛也。隋仆射杨素，从驾至竹林宫。经过楼观，见老庙壁上画，作老子化罽宾国度人剃发出家之状。问道士云："道若大佛，老子化胡，应为道士。何故乃为沙门？将知佛力大能化得胡，道力小不能化胡。此是佛化胡，何关道化胡？"于时道士无言以对也。②

从上面的引文可以看出，所为《化胡经》的《西域传》显然也是将浮屠（浮图）与佛作为两人；后世佛道论衡，佛教徒还抓住这一点，"发挥"出：老子化浮屠，是在佛的启发下而为之，所以究竟而言还是"佛化胡"（佛通过老子化浮屠而化胡），而非"老子化胡"。由此，我们可以进一步印证老子化胡实与世世为帝王师的思维模式有关。

陈观胜先生曾尝试探讨永明求法的历史背景，他推测汉代中国已经有了几个佛教中心，洛阳显然是其中一个，洛阳佛教中心的信徒为了增加本

第一编 华夷之辨：佛教与中华文明的相遇

---

① 参见许理和著，李四龙等译：《佛教征服中国：佛教在中国中古早期的传播与适应》，南京：江苏人民出版社，1998年，第379页。
② 《大正藏》第52卷，第522页中。

地的权威性，彰显其优越地位，在 2 世纪后半期构建了汉明帝梦佛的故事；但他同时也不敢肯定自己的假设，因为最早传入永平求法故事的却是南方的佛教文献《牟子理惑论》。[①] 笔者以为，永平求法故事中的某些情节，确实有可能是为了彰显洛阳白马寺，白马驮经，确立了白马寺中国佛教第一寺的地位。不过白马驮经的故事晚出（白马原本可能是莲花 padma 的音译，而后梵文原名逐渐被遗忘，民间误传为白马），[②] 则可进一步旁证刘宋时《四十二章经》的情节才最终进入永平求法的传说。

[①] Kenneth K. S. Chen, *Buddhism in China: A Historical Survey*, Princeton: Princeton University Press, 1972, p. 31.

[②] 近年来关于该问题值得一提的是王士元先生的《白马非马：一个俗语源的考察》（见《上海佛教》，2002 年第 6 期）一文，《佛经音义与汉语词汇研究》（梁晓虹等著，北京：商务印书馆，2005 年）一书在王先生研究的基础上，有进一步的分析。

第二章　侨民佛教

宋代大文豪欧阳修喜爱收集金石，他在评论汉晋北朝碑刻时，尝指出："碑文鄙俚而镌刻讹缪，时时字有完者，笔画清婉可喜，故录之。又其前列题名甚多，而名特奇怪，如冯戤郎、冯贵买之类，皆莫晓其义。若名野义伽耶者，盖出于浮图尔。自胡夷乱华以来，中国人名如此者多矣。最后有冯黑太者，予谓太亦音挞，意隋末有刘黑闼、吴黑闼，皆以此为名者，太、闼转写不同尔。然隋去北齐不远，不知黑闼为何等语也。"（《北齐石浮图记》）[1] 在欧阳修看来隋唐之前"胡夷乱华"，连人们所取名字都颇为奇怪，为隋唐之后人所不识。对两晋六朝，吕叔湘先生归纳出 40 个中国人所用的梵名。[2]

欧阳修排佛，但于金石之中，不可能完全不录佛教碑刻铭文，故每每言此。这也反映出，自汉末以来，"胡夷"对中国影响之深广，而在"胡夷"文化的影响中，佛教无疑是最引人注目的。在当时，佛教作为"洋教"，与中国传统文化方方面面都有冲突与磨合。

《四库全书总目提要》卷七十一，在法显《佛国记》条中说："其书以天竺为中国，以中国为边地，盖释氏自尊其教，其诞谬不足与争。"将印度视为"中国"，而将中国视为"边地"，不能被后世儒者所容忍，但在佛教传入中国的晋唐间很长一段时期里，佛教徒普遍持有这种看法，反映出中外文化认同的差异，甚至许多高僧还利用天文学知识，因印度更为接近赤道，日中无影，来为印度才是真正的"中国"做理论论证。梁《高僧传·慧严传》："东海何承天以博物著名，乃问严：佛国将用何历？严云：天竺夏至之日，方中无影，所谓天中。于五行土德色尚黄，数尚五，八寸

---

① 李逸安点校：《欧阳修全集》第五册，北京：中华书局，2001 年，第 2177－2178 页。
② 吕叔湘："南北朝人名与佛教"，《中国语文》，1988 年第 4 期。

为一尺，十两当此土十二两。建辰之月为岁首。及讨核分至，推校薄蚀，顾步光影，其法甚详，宿度年纪，咸有条例。承天无所厝难。后婆利国人来，果同严说。"① 唐道宣《释迦方志》"中遍篇第三"，对此有更为详细的叙述（但文中是智严而非慧严），并认为"已前儒道两说，虽形量差异，莫越昆仑"，而佛教才具有更加开阔的宇宙图景视野。

华夷中边之争，带有强烈的政治文化色彩；但文化心理认同是一个十分复杂的问题，不能简单地用华夷来截然二分，中国佛教徒论证印度为中国的逻辑，很可能受到中国传统天文学的影响。《吕氏春秋》："白民之南，建木之下，日中无影，呼而无响，盖天地之中也。"（《淮南子》记载与此相近）"日中无影，呼而无响"其实是中国古人判断地中标志特征的重要天文学、物理学依据。

汤用彤先生认为："南朝人士所持可以根本推翻佛法之学说有二：一为神灭，一为夷夏。因二者均可根本倾覆释教，故双方均辩之至急，而论之至多也。"② 以反佛著称的天文历算学家何承天（370—447 年）折服于"天竺夏至无影为天地之中"的故事，历代版本甚多，"通过考察不同的故事版本，有理由相信《高僧传》记载有误，故事中僧人的原型并非慧严，而是智严，后者曾赴罽宾求法。另一方面，佛国历术故事的出现、流行、隐没及其宣扬的'天竺中心论'从一个侧面反映了六朝唐宋佛教中土化过程中的冲突与融合。而唐代开元年间建造的'周公测景台'（俗称'没影台'）以独特的方式体现了这则中土佛教故事的影响。"③ 这一考证是可信的，智严死于罽宾，其弟子返回中国报告了他老师死时瑞相后，"俱还外国"，也体现了智严师徒，对边地、中国的心理认同。

华夷之辨，直到宋代，仍是排佛者重要的口实，但佛教徒如果一旦成功地论证出，印度才是真正的"中国"，那么这对于以夷乱华式的攻击，无疑是釜底抽薪。法琳在《辨正论》中便说："李耳诞形，居东周之苦县；能仁降迹，出中夏之神州……诸佛出世，皆在中州，不生边邑。边邑若

---

① 《高僧传》，第 262 页。
② 汤用彤：《魏晋南北朝佛教史》，北京：北京大学出版社，1998 年，第 328 页。
③ 参见郑诚、江晓原："何承天问佛国历术故事的源流及影响"，《中国文化》2007 年秋季号，据该文检索考证，该段何承天问佛国历术故事在《大正藏》十三种文献中出现了十三次。

生，地为之倾。"① 中国的中原地区只是区域性的"别中"，本质上说还是边地；而印度佛国才是真正的世界中心："谟据神州一域，以此为中国也。佛则通据阎浮一洲，以此为边地也……天竺，地之中心，夏至北行，方中无影，则天地之正国也，故佛生焉……中原嵩洛土圭，测景以为中也，乃是神州之别中耳。"佛教传入之初，实际上便有一种自恃天竺为正统，相对中华文化的优越感，像《牟子理惑论》说：佛陀"所以生天竺者，天地之中，处其中和也。"

"夏至无影，所谓天中"的矛头实际上直接指向了《周礼》。《周礼·大司徒》："日至之影，尺有五寸，谓之地中。"为此唐代甚至人为制造出"没影台"，每逢夏至正午，让当地（洛阳）太阳高度角恰与石台北面倾角相等，故而石台无影。义净（635—713 年）《南海寄归内法传》卷三"旋右观时"有："赡部洲中，影多不定，随其方处，量有参差。即如洛州无影，与余不同。"王邦维先生将"洛州无影"与"周公测景台"联系起来，认为《寄归传》成书之前，洛阳应存在测影台，是"洛州无影"的出处。②

边地、中国之争，实际上是正朔之争，佛教传入中国，这样的夷夏之辨的例子很多，如服侍、胡跪、尚左、丧礼等，在佛教彻底中国化之前，这是中国佛教史前半期三教关系的主要方面，本章即从华夷之辨的角度，探析中国人最初是如何理解和接受作为异域文化的佛教。

第一节　梵僧来华与佛教初传

一、梵僧来华

外国佛教僧侣是中国人接触佛法的重要媒介，外国僧侣主要是通过陆路和海路来华。陆路主要是经过中亚，我国新疆地区，进入中原腹地，进而再向其他地方辐射；海路主要是经南海，过越南到达我国岭南地区，甚至由山东等沿海地区登陆。海路要晚于陆路，"就海路佛僧的传法活动而论，见诸文献者始于魏晋。第一个沿海路入华传教的梵僧，为东吴孙亮五

---

① 《大正藏》第 52 卷，第 525 页中。
② 参见王邦维：《南海寄归内法传校注》，北京：中华书局，1995 年。

凤二年（255年）入华的支疆梁接；第一个从海路求法归来的是东晋义熙八年（412年）归国的法显。"①

梵僧来华，不少人的传教目的十分明确，如昙摩难提"少而观方，遍历诸国，常谓：弘法之体，宜宣布未闻。故远冒流沙，怀宝东入。以符氏建元中，至于长安。"再如昙摩蜜多前往刘宋，是其"常以江左王畿，志欲传法。"昙摩耶舍来华前，梦见博叉天王语之曰："沙门弘化，旷济为怀，何守小节，独善而已。"而求那跋摩来华，是在元嘉元年（424年）先收到慧观、慧聪等中国僧侣的邀请信，求那跋摩本人也认为"以圣化宜广，不惮游方。先已随商人竺难提舶，欲向一小国。会值便风，遂至广州。故其遗文云：业行风所吹，遂至于宋境。此之谓也。"鸠摩罗什母亲前往印度之前，也嘱咐罗什："方等深教，不可思议，传之东土，惟尔之力。但于汝无利，其可如何？"什曰："必使大化流传，虽苦而无恨。"② 有些梵僧来华，主要目的就是传戒，例如西域船主难提，前后两次，元嘉六年（429年）和十年（433年）载狮子国比丘尼铁萨罗等至刘宋，便主要是为了在中国传比丘尼戒。

到了隋唐，随着中国佛教的兴盛，以及中国国力的大增，也有僧人，如著名的密宗大师金刚智"闻脂那佛法崇盛，泛舶而来"。许多梵僧在中国圆寂，但也有不少梵僧，最后返国，所以我国僧传常记莫之所终，如僧伽跋摩"游化为志，不滞一方。既传经事讫，辞还本国。众咸祈止，莫之能留。以元嘉十九年（442年），随西域贾人舶还外国，不详其终。"③

重要的梵僧，在"五胡乱华"时期，还有重要的影响力，是各个政权争夺的目标，像鸠摩罗什传记中，便明确写道："沙勒国有三藏沙门名喜见，谓其王曰：此沙弥（鸠摩罗什）不可轻。王宜请令初开法门，凡有二益：一、国内沙门耻其不逮必见勉强；二、龟兹王必谓什出我国，而彼尊之是尊我也，必来交好。王许焉。即设大会，请什升座说《转法轮经》。龟兹王果遣重使，酬其亲好。"④ 礼敬一僧而获一国乃至多国敬重通好，而

---

① 何方耀：《晋唐时期南海求法高僧群体研究》，北京：宗教文化出版社，2008年，第5页。
② 《高僧传》，第34、121、41、107、48页。
③ 《高僧传》，第119页。
④ 《高僧传》，第47页。

杀一僧也可能引来极大的风波,如帛法祖被张衡之后秦州刺史张辅所杀,"初祖道化之声,被于关陇,崤函之右,奉之若神。戎晋嗟恸,行路流涕。陇上羌胡,率精骑五千,将欲迎祖西归。中路闻其遇害,悲恨不及。众咸愤激,欲复祖之仇。辅遣军上陇,羌胡率轻骑逆战。时天水故浜下督富整,遂因忿斩辅。群胡既雪怨耻,称善而还,共分祖尸,各起塔庙。"①

南海许多国家向南朝上表称臣,也极力赞扬佛教,如元嘉五年,师子国国王刹利摩诃南奉表曰:"欲与天子共弘正法,以度难化。故托四道人遣二白衣送牙台像以为信誓,信还,愿垂音告。"元嘉十年,呵罗单国王毗沙跋摩奉表曰:"常胜天子陛下:诸佛世尊,常乐安隐,三达六通,为世间道,是名如来、应供、正觉,遗形舍利,造诸塔像,庄严国土,如须弥山,村邑聚落,次第罗匝,城郭馆宇,如忉利天宫……一切众生,咸得受用。于诸国土,殊胜第一,是名震旦,大宋扬都,承嗣常胜大王之业,德合天心,仁荫四海,圣智周备,化无不顺,虽人是天,护世降生,功德宝藏,大悲救世,为我尊主常胜天子。是故至诚五体敬礼。"元嘉十二年,阇婆婆达国国王师黎婆达驼阿罗跋摩遣使奉表曰:"王有四海,阎浮提内,莫不来服。"(《宋书·夷蛮传》)在魏晋南北朝,除了短暂的灭佛时期,帝王一般都对外来的重要梵僧礼遇有加;到了盛唐,随着中国国力的兴旺,依靠梵僧担当外交流通的作用逐渐下降,朝廷对此也不如以往热心,甚至在唐玄宗时期,"于时帝留心玄牝,未重空门,所司希旨,奏外国蕃僧遣令归国,行有日矣。侍者闻智,智曰:吾是梵僧,且非蕃胡,不干明敕,吾终不去。"(《宋高僧传·金刚智传》)

在政治上得到优厚待遇的主要是上层僧侣,而地位一般的梵僧,则主要依靠普通信徒,特别是商人的支持。虽然有学者认为:"佛教初入中国,不是在人民群众中扎根,而是得到皇帝和王公的垂青。这同佛教在印度最初受到商人的支持是完全不同的。在中国,佛教与商人风马牛不相及。因此,要谈中国古代商人与佛教的关系,实在无从谈起,因为二者根本没有关系。"② 但是梵僧与商人的关系却是不容忽视的,许多来华僧侣本身就是

---

① 《高僧传》,第47、26-27页。
② 参见季羡林:"商人与佛教",《季羡林文集》第七卷,南昌:江西教育出版社,1998年,第197-205页。

商人的后代。在我国众多笔记小说等文献记载中，我们可以看到汉魏两晋南北朝有许多做生意的僧人，更不要说对佛教有重大贡献的在家居士，例如"安玄，安息国人"，"为优婆塞，秉持法戒"，"汉灵帝末，游贾洛阳"，"性虚静温恭，常以法事为己务。"无论是陆路还是水路，梵僧来华，都是跟随商队，商人也借助梵僧的"法力"来化险为夷。而在商队或商船中，僧人一般有其主要的供养人"主檀越"，例如法显《佛国记》中记载，其返国时，商船遇险，"诸婆罗门"认为"坐载此沙门，使我不利，遭此大苦"，这时法显的主檀越挺身而出："若下此比丘，亦并下我！不尔，便当杀我；汝其下此沙门，吾到汉地，当向国王言汝也。汉地王亦敬信佛法，重比丘僧。"可见"主檀越"对中外往来僧侣的保护作用是十分重要的。

梵僧来华，佛教初传，对中国固有社会的影响，有以下几个层面值得关注：

（1）"佛是大神"

佛教初传，一般人还是将佛陀视为一种神明，但却是比一般地方神法力更大的神，故在许多传说中，梵僧一般都能降服中国各地的地方神明鬼怪。汤用彤等前辈学者，比较重视佛教初期在宫廷中，依附黄老道教传播；而佛教进入广大民间社会，则无时无刻都与各种民间神明信仰打交道。

孙吴时期，康僧会立建初寺，"时寺侧有淫祀者。（张）昱曰：玄化既孚，此辈何故近而不革？会曰：雷霆破山，聋者不闻，非音之细，苟在理通，则万里悬应；如其阻塞，则肝胆楚越。昱还，叹会才明，非臣所测，愿天鉴察之。"① 康僧会这番言论，反映出佛教初传与各种地方神明信仰杂处的情形，而在杂处中，佛教还是希望突出佛教的优胜地位，强调其比一般神明信仰要高超得多。

《出三藏记集》卷十三记载，四月八日吴主孙皓在佛像上便溺，云"灌佛"，"未暮，阴囊肿痛，叫呼不可堪忍。太史占言：犯大神所为，群臣祷祀诸庙，无所不至，而苦痛弥剧，求死不得。彩女先有奉法者，闻皓

① 《高僧传》，第17页。

病，因问讯云：陛下就佛图中求福不？皓举头问：佛神大耶？彩女答：佛为大圣。天神所尊。"① 这从佛教信仰者的角度，说明了佛比一般神明法力高超，是"大神"；在印度佛教中，"天（神）"尚在六道之中，尚属"凡"的范畴，而佛是"大圣"，自然不可同日而语。梵僧来华，应该向中国信众灌注了中国各种神明不过是"天"，远不及"大圣"佛陀的思想；进而掌握佛法的梵僧，也可以降服中国各地的神明鬼怪，如《高僧传》中记录安世高降服并超拔"宫亭湖庙"蛇精；昙摩蜜多"乃于鄮县之山，建立塔寺，东境旧俗，多趣巫祝。及妙化所移，比屋归正，自西徂东，无思不服"；求那跋陀罗"后于秣陵界凤凰楼西起寺，每至夜半，辄有推户而唤，视不见人，众屡厌梦。跋陀烧香咒愿曰：汝宿缘在此，我今起寺，行道礼忏，常为汝等，若住者为护寺善神，若不能住各随所安。既而道俗十余人，同夕梦见鬼神千数，皆荷担移去，寺众遂安。"②《高僧传》以及当时的许多应验记中记录的此类传说很多，反映了佛教入华初期，强调自己信仰对象法力超群，"佛是大神"，僧侣可以降服鬼怪，这是当时信徒的重要信仰内容，也是佛教能够成功进入中国各地方社会的一个重要原因。正如慧皎在《高僧传》卷三所发议论："振丹之与迦维，虽路绝葱河，里踰数万……及其缘运将感，名教潜洽，或称为浮图之主，或号为西域大神。故汉明帝诏楚王英云：王诵黄老之微言，尚浮图之仁祀。及通梦金人，遣使西域，乃有摄摩腾、竺法兰，怀道来化……传法宣经，初化东土，后学而闻，盖其力也。"作为大神的佛陀崇拜，是佛教最初吸引中国人的重要缘由。

（2）宿命思想

佛教传入中国之汉末两晋南北朝，中国局势动荡，人命朝夕不保，视仇杀枉死为宿命的观念，成为中国人理解佛教业报轮回的最常见方式，由此演化出的说教灵异传说颇多，如相传安世高晚年前往会稽，"至，便入市，正直市有斗者，乱相殴击，误中世高，应时命终。"据说这是安世高"明三世之有征"，事前意识到"吾犹有余报，今当往会稽毕对。"帛法祖

---

① 《出三藏集记》，第514页。
② 《高僧传》，第133页。

被张辅所杀，传说也是帛法祖事先觉知，"我来此毕对，此宿命久结，非今事也"，乃呼："十方佛祖，前身罪缘，欢喜毕对，愿从此以后，与辅为善知识，无令受杀人之罪。"又如彭城比丘怀度闻鸠摩罗什在长安，乃叹曰："吾与此子戏别三百岁，杳然未期，迟有遇于来生耳。"我们以往比较重视佛教因果报应思想传入，结合"积善之家，必有余庆"等中国传统思想，劝善止恶；但同时我们更应该看到，佛教因果报应思想，更重要的一方面是宣传宿命思想，在门阀士族等级森严的社会中，解释人的命运好坏、性情贤愚，产生这些差异的缘由，日后影响很大的东晋庐山慧远《明三报论》，很大程度上用意也在于此。

与此同时的道教承负说，主要以家族为单位："夫先人但为小小误失道，行有之耳，不足以罪也。后生人者承负之，蓄积为过也。"（《太平经·灾病症书欲藏诀》），甚至人们还要为帝王，乃至自然界承负，"本由先王治，小小失其纲纪，灾害不绝，更相承负，稍积为多，因生大奸，为害甚深。"（《太平经·来善集三道文书诀》）"天地生凡物，无德而伤之，天下云乱，家贫不足，老弱饥寒，县官无收，仓库更空，此过乃本在地伤物，而人反承负之。"（《太平经·五事解承负法》）

两汉谶纬重要主题之一"三命说"，认为人有受命、遭命和随命，"命有三科，有受命以保庆，有遭命以谪暴，有随命以督行。受命谓年寿也；遭命谓行善遇凶也，随命谓随善恶而报之。"（《援神契》）善恶报应相符，属于中国传统上说的"随命"；而善恶报应不符，则归之为"遭命"。道教承负说，实际上主要是在用外力（家族祖先，社会帝王，乃至自然界）来解释遭命；而外来佛教引入的因果报应观念，引入前生后世的"三世"观念，力图将其转化为"内因"来解释飞来横祸，更加让人面对灾祸不公，心安理得而安之若命。

二、侨民佛教

汉代丝绸之路开通，西域各国商人、使节、质子纷纷来到中国，甚至还有因避难等原因，合族迁入汉境的。这些西域胡人也将自己的宗教信仰带入中国，中国境内最早出现佛教信仰，便是在这些西域侨民中传布。佛教在初入中国时，是典型的侨民宗教，初期著名佛教人物、译经师几乎都是西域胡人及其后代，一般民众则称之为"胡道人"。即便后来汉人允许出家，在东晋道安统一"释"姓之前，也都随各自师父，多姓支（月支）、安（安息）、竺（天竺）、于（于阗）、康（康居）、帛（龟兹）等。

西域侨民佛教不仅是佛教传入中国的重要媒介，而且在整个汉唐沙门义学中都占有重要地位，如三论宗创始人吉藏是生于建康（南京）的安息人，华严宗创始人法藏是生于长安的康居人。西域侨民佛教对中国佛教乃至世界佛教的发展贡献很大。

关于西域侨民佛教的记录不多，但我们仍可看出许多蛛丝马迹。胡僧许多是来自外国，后来更多的是侨民子弟，虽然已经汉化，但在外貌特征上仍旧保留着"胡"的特征，而且这种情况并不只存在于佛教初传中国的时候。如敦煌写本隋代侯白《启颜录》记载："隋有三藏法师，父本胡商，法师生于中夏，仪容面目，犹作胡人"，这位三藏法师在辩论佛法时，被一个小孩问难："法师以弟子声高而身小，何不以声而补身；法师既眼深而鼻长，何不截鼻而补眼。"可见隋代这位三藏法师是"眼深而鼻长"的胡人模样。另《幽冥录》载：

> 晋元帝世，有甲者，衣冠族姓，暴病亡，见人将上天，诣司命，司命更推校，算历未尽，不应枉召。主者发遣令还。甲尤脚痛，不能行，无缘得归。主者数人共愁，相谓曰："甲若卒以脚痛不能归，我等坐枉人之罪。"遂相率具白司命。司命思之良久，曰："适新召胡人康乙者，在西门外。此人当遂死，其脚甚健，易之，彼此无损。"主者承敕出，将易之。胡形体甚丑，脚殊可恶，甲终不肯。主者曰："君若不易，便长决留此耳。"不获已，遂听之。主者令二并闭目，倏忽，二人脚已各易矣。仍即遣之，豁然复生。具为家人说，发视果是胡脚，丛毛连结，且胡臭。甲本士，爱玩手足。而忽得此，了不欲见，虽获更活，每惆怅殆欲如死。……终身憎秽，未尝悟视；虽三伏盛暑，必复重衣，无暂露也。（见《太平广记》三百七十六卷）

上例说明魏晋时，胡人模样并不被一般汉人，特别是喜欢品评人物、"爱玩手足"的上流人物（"衣冠姓"、"士"）所喜，"胡话胡说"时的侨民佛教，在汉人社会上传播还是有一定障碍的。再如东晋名僧"康僧渊目深而鼻高，王丞相每调之。"（《世说新语·排调》）胡僧的衣着、习俗与汉人不同，往往也会带来麻烦。如《冥祥记》载："晋沙门耆域者，天竺人也。自西域浮海而来，将游关雒，达旧襄阳，欲寄载船北渡。船人见梵沙门衣服弊陋，轻而不载。"（见《法苑珠林》卷二十八）这是由于"梵沙门衣服"与汉人有异而遭到拒载的歧视，更有甚者，由于胡人面貌而引来杀身之祸，在日本发现的刘宋傅亮《光（观）世音应验记》载："石虎死后，冉闵杀胡。无少长，悉坑灭之。晋人之类胡者，往往滥死。"

在西晋以前，可以说中国佛教的主体是胡人佛教、侨民佛教，那时汉人是不允许出家的。而且中国原本也没有"出家"这个概念，据季羡林先生考证："后汉没有'出家'这个词儿。曹魏时期，这个词第一次出现，也仅仅在一些经里。其余都用'舍家'、'去家'。后秦时期，'出家'这个词儿再一次出现。……吴时'出家'根本没有出现。东晋'出家'与'舍家'并存。到了宋代，则全部变成了'出家'。""'出家'这个词儿……的渊源……说明了，古代居住在我国境内的各民族是相互学习的。"①

在法律上许可汉人出家，在南方始于东晋明帝太宁年间（323—325年），北方开始于后赵石虎建武元年（335年）。北方在讨论是否允许汉人出家时，有过一段十分著名的争论。汉人王度曾经奏议全面禁止信仰佛教，其云："佛是外国之神，非天子诸华所可宜奉。"石虎答道："朕生自边壤，忝当期运，君临诸夏。至于飨祀，应兼从本俗。佛是戎神，正所应奉。"（《高僧传·佛图澄传》）

类似的例子很多。汉人早有因佛是胡神而反对佛教的，如"孙浩时，有王正辩上书言：佛法宜灭，中国不利胡神。"（《辨正论》八注云出《吴录》及《宣验记》）而胡人中也有因佛是胡神，而亲近或利用佛教的，如"佛佛虏……仍自言曰：'佛佛是人中之佛，堪受礼拜。'便画作佛像，背上佩之，当殿而坐。令国内沙门：'向背礼佛，即为拜我。'"（《辨正论》八注引《宣验记》，又云见萧子显《齐书》）

---

① 季羡林："说出家"，《佛教与中印文化交流》，南昌：江西教育出版社，1990年，第76页。

作为佛教对手的道教，也往往抓住佛教是胡教的"弱点"予以攻击，前辈学人就学理层面的华夷之辨多有讨论，笔者在这里只想举几个下层信众间，以道攻击佛的例子。据《宣验记》记载：

> "晋程道惠，字文和，武昌人也。世奉五斗米道，不信有佛。常云：古来正道，莫逾老李。何乃信惑胡言，以为胜教。"（见《法苑珠林》卷五十五）

> 宋刘龄者，不知何许人也。居晋陵东路城村，颇奉法，于宅中立精舍一间，时设斋集。元嘉九年三月二十七日父暴病亡。巫祝并云："家当更有三人丧亡。"邻家有事道祭酒，姓魏名叵，常为章符，诳化村里。语龄曰："君家衰祸未已，由奉胡神故也。若事大道，必蒙福佑。不改意者，将来灭门。"龄遂揭延祭酒，罢不奉法。叵云："宜焚去经像，灾乃当除耳。"……叵等师徒，犹盛意不止。被发禹步，执持刀索，云斥佛还胡国，不得留中夏为民害也。（见《法苑珠林》卷六十二）

佛是"外国之神"、"戎神"、"胡神"，可见当时人们心目中，不论胡人、汉人，反对佛教的，还是支持佛教的，都认为佛教是典型的"胡教"（"洋教"）。甚至在5世纪北魏太武帝时，中国历史上第一次大规模的灭佛活动，还与当时政府的推行汉化政策有关。"宋元嘉中，伪太子晃与大臣崔氏、寇氏不睦"。（《南齐书·魏虏传》）推行汉化政策的太武帝，最终倒向了支持道教的以崔浩为首的汉族士族集团，而抛弃了支持佛教的以太子拓跋晃为首的鲜卑贵族。太武帝灭佛所下诏书，名义上的原因就是要荡涤"胡妖"：

> 昔后汉荒君，信惑邪伪，妄假睡梦，事胡妖鬼，以乱天常，自古九州之中无此也。夸诞大言，不本人情。叔季之世暗君乱主，莫不眩焉。由是政教不行，礼义大坏，鬼道炽盛，视王者之法，蔑如也。自此以来，代经乱祸，天罚亟行，生民死尽，五服之内，鞠为丘墟，千里萧条，不见人迹，皆由于此。朕承天绪，属当穷运之弊，欲除伪定真，复羲农之治。其一切荡除胡神，灭其踪迹，庶无谢于风氏矣。自

今以后，敢有事胡神及造形像泥人、铜人者，门诛。虽言胡神，问今胡人，共云无有。皆是前世汉人无赖子弟刘元真、吕伯强之徒，乞胡之诞言，用老庄之虚假，附而益之，皆非真实。至使王法废而不行，盖大奸之魁也。有非常之人，然后能行非常之事。非朕孰能去此历代之伪物！有司宣告征镇诸军、刺史，诸有佛图形像及胡经，尽皆击破焚烧，沙门无少长悉坑之。（《魏书·释老志》）

诏书中把佛说成是"胡妖"，佛经是"胡经"，佛教是胡教，是与"羲农之治"、"王法"这些正统汉族文化对立的。可以说，在佛教初传的几个世纪里，在一个相当长的历史时期中，都没有能完全摆脱被视为"胡教"的地位。这就如同基督教入华多年，但至今仍旧被许多国人看做是"洋教"。

西域胡人的侨民佛教，若只封闭在胡人自己的小圈子里，还不能说是完全意义上的中国佛教。佛教传入中国，能够成为中国历史，乃至世界文化交流史上的一件大事，必须待佛教在中国社会中产生实际作用和影响。

佛教早期在中国是典型的胡教、侨民宗教，还不能说是完全意义上的中国佛教。作为侨民宗教，最初自然是要说"胡话"、用"胡文"（当然这种胡话不是一种，而是各种外族语言）。《小说》："中华佛法，虽始于汉明帝，然经偈故是胡音。"（出《异苑续》谈助四）佛教法事活动也用"梵呗"、"梵咒"，如前文提到的那个天竺僧人耆域："下病人于地，卧单席上，以应器置腹上，绐布覆之。梵呗三偈讫，为梵咒可数千语。寻有臭气满屋。病人曰：'活矣。'（耆）域令人举布，见应器中如污泥苦。病人遂差。"（见《法苑珠林》卷二十八）胡人初来汉地，大都是讲胡语，以致人们见到能讲汉语的胡僧都很惊奇，《幽明录》中记载一少年见到安世高时赞叹："此远国异人而能作吾国言，受害无难色，将是神人乎？"（《太平广记》二百九十五）

"胡语"甚至影响到了汉人。《冥祥记》中有这样一件事情：

晋济阴丁承，字德慎，建安（按，晋无"建安"年号，应为"建元"，343—345年）中为凝阴令。时北界居民妇，诣外井汲水。有胡人长鼻深目，左过井上，从妇乞饮。饮讫，忽然不见。妇则腹痛，遂加转剧，啼呼。有顷，卒然起坐，胡语指麾。邑中有数十家，悉共观视。妇呼索纸笔来，欲作书。得笔便作胡书，横行，或如乙、或如己。满五纸，投著地，教人读此书。邑中无能读者，有一小儿，十余岁，妇即指此小儿能读。小儿得书，便胡语读之，观者惊愕，不知何谓。妇教小儿起舞，小儿既起，翘足，以手弄相和，须臾各休。即以白德慎，德慎召见妇及儿问之，云当时忽忽，不自觉知。德慎欲验其事，即遣吏赍书诣许下寺，以示旧胡。胡大惊，言佛经中间亡失，道远忧不能得，虽口诵，不具足。此乃本书，遂留写之。（见《法苑珠林》卷十八）

以往前辈学人研究中国早期佛教，重视译经，这是十分正确的。但若认为文献中凡是佛经，必指汉译本；汉译本未出，佛教徒则对其内容一无所知，由此指导辨伪、考证年代工作，有时难免过于偏颇。其实佛教初来，实赖口传。外国僧侣来华不愿说华语的记载，在《高僧传》中并不罕见。当时社会上有不少同声翻译，且如上例所见，东晋时佛教寺院中不少僧人也是懂胡语的，而且"胡经"是有胡语写本的。中国人对尚未有完整定型译文的佛经，未必一无所知。

《冥祥记》记载，在刘宋时依旧有汉人用胡语念经的例子："宋仑氏二女，东官曾城人也，是时祖姊妹。元嘉九年（按《法苑珠林》卷二十二引为：元嘉元年），姊年十岁，妹年九岁，里越愚蒙，未知经法。忽以二月八日，并失所在，三日而归，粗说见佛。九月十五日又失，一旬还，作外国语，诵经及梵书，见西域沙门便相开解。"（见《法苑珠林》卷五）引文中，女子一"见佛"，"还作外国语"，可见在当时人们心中，"佛"应该也是说"胡语"的！

侨民后代，在中国日久，甚或就生于中土，特别是随着魏晋南北朝时期胡人大规模的汉化，胡人对汉语的掌握逐渐超过胡语，于是出现了翻译胡语佛经的需要，这就像希腊化的犹太人需要希腊语的"七十子本"才能读懂圣经一样。比如前面提到的康僧渊，"本西域人，生于长安，貌虽梵人，语实中国。"（《高僧传·康僧渊传》）这样作为侨民佛教的经典，也必须依赖汉语，才能让第二、第三代之后、长期汉化的胡人明白；我国最早期的佛经译文，语言质讷，语法结构怪异，可能其最初的使用对象就是说汉语的胡人侨民后代。

第二节　侨民佛教的"胡话胡说"

彭永捷教授在《关于中国哲学史学科的几点思考》[①] 一文中，将当今学术界用西方术语解说中国哲学称之"汉话胡说"模式；笔者在本章中则想把佛教传入中国，并逐渐中国化，称为"胡话汉说"模式。"胡话汉说"可能比迂而乖本的"格义"更为通俗，也更为中性一些。从上节的讨论中，我们可以看出，东晋时佛教寺院中有的僧人是懂胡语的，而且胡经是有胡语写本的。中国佛教早期，应该存在一个"胡话胡说"的阶段。

作为异域文化的佛教传入中国，并逐渐流行，佛教制度文物，也成为一时士人追逐的风尚。如《世说新语·政事》记载："王丞相拜扬州，宾客数百人并加沾接，人人有说色。唯有临海一客姓任及数胡人为未洽。公因便还到过任边云：'君出，临海便无复人。'任大喜说。因过胡人前弹指云：'兰阇，兰阇。'群胡同笑，四坐并欢。"作为世族风尚风向标的王导，也将说胡言、行胡礼，作为时髦。

此风至盛唐尤不衰减。《全唐诗》载：苑舍人咸能书梵字，兼达梵音，曲尽其妙。王摩诘戏为之赠诗曰："名儒待制满公车，才子为郎典石渠。莲花法藏心悬悟，贝叶经文手自书。楚词共许胜扬马，梵字何人辩鲁鱼？故旧相望在三事，顾君莫压承明庐。"舍人谓王当代诗匠，又精禅理，辄走笔以酬，且久未迁，因而嘲及，诗曰："莲花梵字本从天，华省仙郎早悟禅。三点成伊犹有想，一观如幻自忘筌。为文已变当时体，入用还推间气贤。应同罗汉无名欲，故作冯唐老岁年。"

梵文在我国汉魏南北朝早期文献中常被称为胡文，后为显示尊贵，用"梵"字代替"胡"字。20 世纪，有一些欧美学者提出中国早期汉译佛经不是来自印度的梵文（或"混合梵文"），而是翻译自吐火罗语、犍陀罗语或印度古代某种方言，法国学者列维在 1913 年《吐火罗语 B 即龟兹语》一文中最先提出这一观点，而后我国著名学者季羡林先启在《浮屠与佛》

---

① 《中国社会科学院院报》，2003 年 6 月 5 日。

（1947 年）、《再谈"浮屠"与"佛"》中亦主张早期汉译佛经经典的原文并非梵文，而是西域小国语言。但是近年来，这一观点，乃至于其研究方法，即以个别汉语音译词的语音为根据来判断原文语言的方法，受到越来越多的质疑。[①]

佛教义学勃兴于东晋般若学的高度发达，而般若经典的原文出自梵文当无异议，朱士行于甘露五年（260 年）前往西域求取《放光般若经》（大品般若）的原文，《高僧传》记载，当时有西域小乘学僧谓："汉地沙门欲以婆罗门书，惑乱正典。"[②]《隋书·经籍志》经部小学类："自后汉佛法行于中国，又得西域胡书，能以十四字贯一切音，文省而义广，谓之婆罗门书。"婆罗门书显然是指"能以十四字贯一切音"的梵文，中国古无梵字，[③] 汉魏时期，"梵"亦被称作"胡"。般若经原文是婆罗门书，显系梵文；而《涅槃经》中有"文字品"详释梵文，原文亦是梵文无疑。本书将详细讨论的中国早期佛教义理的发展、般若学向涅槃学的发展，般若类经典、涅槃类经典等重要典籍均为梵文（当时被称为胡文）。特别是《涅槃经》的传译，受其文字品等内容的影响，在南朝士大夫中还掀起了梵文的热潮，开启了中国人学习梵文的历史。

从王导、谢灵运到盛唐诸公，士大夫标榜能略识梵字、梵音者，代不乏人。梵僧入华，有积极学习汉语者，中天竺僧人求那跋陀罗的传记中记载："谯王欲请讲《华严》等经，而跋陀自忖，未善宋言，有怀愧叹。即旦夕礼忏，请观世音，乞求冥应。遂梦有人白服持剑，擎一人首，来至其前曰：何故忧耶？跋陀具以事对。答曰：无所多忧。即以剑易首，更安新头。语令回转，曰：得无痛耶？答曰。不痛。豁然便觉心神喜悦，旦起，道义皆备领宋言，于是就讲。"这则传说反映出梵僧学习汉语的热情。不过，大多数来华的僧侣，汉语不好，讲话时都需要翻译（"虽因译交言，而欣弱倾盖"），甚至僧叡《大智释论序》中谓：著名翻译家"（鸠摩罗什）法师于秦语大格。"（《出三藏记集》卷十）特别是习密法的僧侣更是

第一编 华夷之辨：佛教与中华文明的相遇

---

① 参见李炜：《早期汉译佛经的来源与翻译方法初探》，北京：中华书局，2011 年。
② 《高僧传》，第 145 页。
③ 《说文解字》中本无梵字，赵宋徐铉校订注释时方补上梵字，并云"出自西域释书"（许慎：《说文解字》，北京：中华书局，1979 年，第 126 页）。

不屑学习汉语，如帛尸梨密多罗"性高简不学晋语，诸公与之语言，密虽因传译，而神领意得，顿尽言前。莫不叹其自然天拔，悟得非常。密善持咒术，所向皆验。"盛唐士大夫学习梵文，也多少受到密宗影响。①

《胡汉译经音义同异记》："字为言蹄，言为理筌。音义合符，不可偏失。是以文字应用，弥纶宇宙。虽迹系翰墨，而理契乎神。昔造书之主，凡有三人：长名曰梵，其书右行；次曰佉楼，其书左行；少者苍颉，其书下行。梵及佉楼，居于天竺，黄史苍颉，在于中夏。梵、佉取法于净天，苍颉因华于鸟迹。文画诚异，传理则同矣。"（《出三藏记集》卷一）在佛教徒看来，梵文是取法梵天，故为天书，②而苍颉造字取法鸟迹，高下已判。梵文被佛教信徒视为"常住"，历劫而不坏，"言常住者，梵字独得其称；诸国文字，不同此例。何者？如东夷、南蛮、西戎、北狄，及诸胡国所有文字，并是小圣睿才，随方语言演说文字。后遇劫尽，三灾起时，悉皆磨灭，不得常存。唯有此梵文随梵王上下，前劫、后劫，皆用一梵王所说。设经百劫，亦不差别，故云常住。"（法琳《一切经音义》）而像汉语这样的语言，属于世俗文字，远不能与梵文媲美，"汉时许慎方出《说文》，字止九千，以类而序。今渐被世，文言三万，此则随人随代，会意出生，不比五天（竺），书语一定。"（道宣《释迦方志》）"而中印度特为详正，辞调和雅，与天同音，气韵清亮，为人轨则。"（玄奘《大唐西域记》）可见，即便到了盛唐，梵文及其发音，仍被认为具有神圣性，非东土俗文俗语可比。

《周易·系辞》："古者包羲氏之王天下也，仰则观象于天，俯则观法于地，观鸟兽之文与地之宜，近取诸身，远取诸物，于是始作八卦，以通神明之德，以类万物之情。"儒家圣人，能考察天地自然变化，而发觉出形象背后的意义，洞察天意，预知未来。汉代谶纬认为："上古变文为字，变气为易，画卦为象，象成设位。"（《乾坤凿度》）梵僧来华，口述传出

---

① 参见周一良："中国的梵文研究"，《魏晋南北朝史论集》，北京：中华书局，1963年，第323－324页。

② 也有认为梵文由佛所造，谢灵运注释《涅槃经·文字品》的著作《十四音训叙》："胡书者，梵书，道俗共用之也，而本由佛造。故经云：'异论、咒术、言语、文字皆是佛说，非外道说'外道因此以通文字，胡字谓之佉楼书。佉楼书者，是佉楼仙人抄梵文以备要用。"

（译）经典，转梵（天书）为汉（凡书），实际上起到的正是原本儒家圣人的作用。随着传译（乃至伪经），不断壮大的佛教三藏经典系统，也"启发"了道教典籍的创制与整理。

唐初彦琮提出"废译学梵"："梵有可学之理，何因不学……应五天正语，充布阎浮；三转妙音，普流震旦；人人共解，省翻译之劳。"（《续高僧传·彦琮传》）义净在《南海寄归内法传》卷四对此也表示赞同："今望总习梵文，无劳翻译之重……然而骨仑（昆仑）速利（粟特），尚能总读梵经。岂况天府神州，而不谈其本说。"但这种"废译学梵"的主张，其实反倒削弱了梵文的神秘感，破坏了原有神圣的佛教典籍传译结构，也并没有推行开来。

刘勰《文心雕龙》提出"原道"、"征圣"、"宗经"，"道沿圣以垂文，圣因文而明道"。佛教大量的经典"由圣降凡"式的翻译，庞大的三藏体系，对上清、灵宝等道教派别，经典的创制方式、经典体系的构建，都产生了直接的影响。"当道教面临（佛教）这种强势而具宗教权威的神圣文字与经典大批翻译传入中国时，即意识到宗教经典的神圣性质，并反省进而将道教经典的神圣性提升，宣称其经典文字并非世俗文字，而是源自天界的文字。这种神秘的天文起源于宇宙生成之时，是先天之气与道的化现，经过漫长的时间，才由诸神仙真转写，层层转译传授，最后翻译成世俗文字而成为经书。"[①] 在上清派中，担负这种"翻译"工作的是灵媒，如著名灵媒杨羲所做的工作就是将三元八会之书，转化为隶书，"此题（上清经书）本应是三元八会之书，杨君既究识真字，今作隶书显出耳"（陶弘景编《真诰》卷二）。在诸真通过灵媒所降《真诰》中，也承认梵文是天界文字，但地位低于"三元八会"、"八龙云篆明光之章"和"龙凤之章"。天书这种概念，也促进了道教书法、符箓的进一步发展。在灵宝派中，也认为灵宝经是天书真文所写，"灵宝上序及撰出服御之文，皆科斗古书，字不可解，（乐）子常并受，集而显出之。寻其波流，皆出乎五符之上也。"（《太上灵宝五符序》）灵宝类经典中最为重要的《度人经》，其"转译"解说者是天真皇人，"今所注者，一依天真皇人内音训释，或删繁取要，或加字益明，回互经文，不

---

① 参见谢世维："圣典与传译：六朝道教经典中的'翻译'"。

依轮次者，务使人远见其意也。"（陈景元集注《元始无量度人上品妙经四注》）而《度人经》中"大梵隐语"这一核心概念，明显也是受到佛教影响而形成的具有神秘性质的天界文字观念。

佛法教导是"胡话"，但要汉人广泛接受佛教，理解佛教，就必然存在一个"胡话汉说"的问题。近年来颇有影响的中国佛教研究专家罗伯特·沙夫教授认为，以往中国佛教的研究模式，不论是"佛教征服中国"，还是"中国转化佛教"，总是局限在印度佛教与中国文化之间。但实际上，中国人总是向汉译佛典询问中国人自己特有的问题。"自从汉代佛教传入中国，经历整个中世纪，汉语一直是中国佛教唯一的宗教语言。有鉴于神职人员不足，无论是何种'对话'都主要是在中国自己之间进行的。"[1] 甚至可以说：中印之间存在对话交流，那只不过是一种"误解"。"就像黑夜航船一样，印度佛教最根本的特质，并没有引起中国人的注意，至少是没有激发中国人的想象力。"[2]

沙夫实际上认为中国佛教没有真正的"胡语"或梵语（印度佛教思想），其目的是从正面强调中国人的创造，强调中国佛教的合法性。近年来日本批判佛教认为中国佛教基于老庄等外道思想，没有"胡语"，是出于批判中国传统佛教是伪佛教。而早在南宋，朱熹认为："释氏书其初只有《四十二章经》，所言甚鄙俚。后来日添月益，皆是中华文士相助撰集。如晋宋间自立讲师，孰为释迦，孰为阿难，孰为迦叶，各相问难，笔之于书，转相欺诳。大抵多是剽窃老子、列子意思，变换推衍以文其说。"（《朱子语类》卷第一百二十六）此是儒者从正统华夷之辨来看待佛教，认为佛教不过是中土思想一个流派（道家）的变种而已。

本章只是意在针对沙夫等人中国没有真正"胡语"的观点，提出中国佛教初期是存在（甚至主要是）胡语的，佛教传入中国是中外文化深入交流的结果。在更早的时候，中国还有"老子化胡说"，它似乎更是对"胡语"存在的直接否定，但其具体情形是否果真如此，下章详细讨论。

---

① 罗伯·特沙夫著，夏志前、夏少伟译：《走进中国佛教：〈宝性论〉解读》，上海：上海古籍出版社，2009年，第18页。

② Cf. Robert H. Sharf, *Coming to Terms with Chinese Buddhism*, Honolulu: Hawaii University Press, 2001, p. 19. 夏氏中译本译为"未能引起中国人的幻想"略有不确。

第三章　化胡与师夷：老子化胡的历史钩沉

第一节　引言：由沙夫引发的佛教史研究方法与视角的话题

中国佛教研究专家罗伯特·沙夫在《走进中国佛教》中认为：研究中国佛教，问题在于，不是中国是否"正确地接受了佛教"，而是中国佛教的这些特征到底意味着什么。但是，人们若把印度佛教看成是标准化的、规范化的佛教，而以此来要求中国佛教，沙夫认为这也是不对的。况且随着印度佛教研究的深入，"印度佛教也开始越来越像是一个'宗教'，而不是像有些卫道士在经典中所揭示的那样一个无神论的、理性的、人本主义的信条"。这种标准化，规范化则源自西方基督新教思想的潜在影响，带着新教神学对宗教看法的有色眼镜来观察佛教。19 世纪和 20 世纪初，"佛教一直被某些人看成是人本的教义，消除了仪式崇拜，信仰神秘的超越体验"。①

沙夫指出"佛教是佛教徒的产物"，中国佛教是中国佛教信徒的产物，这种看法无疑赋予中国佛教以合法性，有独立存在的价值，使得中国佛教免于"正确的佛教"的质疑（如日本的批判佛教对中国佛教的攻击）。但沙夫似乎有些矫枉过正，民众信仰不可能完全脱离规范化的精英教义，中国佛教也不是完全脱离印度佛教而自发产生。

沙夫批判将印度佛教精英化，但在中印交流的问题上，似乎自己也犯了精英化的毛病。若只从佛教上层知识分子的角度来考察，中国是没有太多地接触到印度"纯正"文化。② 即便如此，笔者还是觉得，沙夫把"对话"、"交流"的标准定得太高，即便是今日的中国，国人也不是时常能与

---

① *Coming to Terms with Chinese Buddhism*, pp. 13, 5.

② 不可否认，中印文化交流也是十分广泛的，概要性的介绍，如季羡林"中印文化交流简论"，见《佛教与中印文化交流》。

外国人直接交流，许多翻译著作也存在这样、那样的问题，但不能就此说中外文化没有交流和对话。

而且更为重要的是，从东汉末年到南北朝结束，几百年间，汉族和胡人有着空前广泛的接触和融合。当然这些胡人中印度人是很少的一部分，但若是我们把眼光放大，佛教传入中华，可以说是中华文化与诸多外族文化空前的一次大交融，不仅是上层人物，而且在下层民众间也有着广泛的民族融合。佛教与中国本土文化的碰撞，既是思想上，更是生活行为方式上的。

在西晋以前，可以说是以"胡话胡说"的西域佛教、侨民佛教为主流的；4世纪初中华统治者开始允许汉人出家，佛教在社会上层和底层都取得了空前发展，东晋以来"义学沙门"兴起，逐渐形成了汉人对佛教的认识理解，进而开始对佛教进行评判（判教），形成"师说"，创立汉地佛教学派（宗派），这可以说是"胡话汉说"的阶段；到了禅宗"不立文字、教外别传"，禅净合一，这才真正变成了"汉话汉说"的佛教。

第二节　化胡说："胡话胡说"与"胡话汉说"
之间的一个过渡形态

值得注意的是，就在"胡话胡说"转变为"胡话汉说"的关键时刻，西晋时也出现了《老子化胡经》。若"老子化胡"一说成立，则佛教本就是"汉话"，就不存在"胡话"的问题。《佛祖统纪》卷三十六："六年（咸康六年，340年）……沙门白法祖与道士王符议论，符屡屈，乃伪作《老子化胡经》。"日本学者桑原骘藏指出，据《高僧传》，帛远（白法祖）被秦州刺史张辅所杀，而《资治通鉴》载张辅于永兴二年（305年）战死，从而推断《化胡经》至迟作于300年前后，也就是说为西晋时期作品。[①]

我们在上一章已经讨论过化胡与永明求法传统可能存在的联系，在本节笔者不想详细讨论《化胡经》的真伪、年代、沿革等考证问题，只想从文化层面上来看待"化胡"。

---

① 参见《桑原骘藏全集》第一卷，东京：岩波书店，1976年，第258页。

（1）"化胡"是道教气化一元世界观的一个体现。

"化胡"在东汉末年已经出现，公元166年襄楷上疏汉桓帝："又闻宫中立黄老、浮屠之祠。此道清虚，贵尚无为，好生恶杀，省欲去奢。今陛下嗜欲不去，杀罚过理，既乖其道，岂获其祚哉！或言老子人夷狄为浮屠。"（《后汉书·襄楷传》）

三国时魏郎中鱼豢《魏略·西戎传》："罽宾国、大夏国、高附国、天竺国皆并属大月氏，临儿国《浮屠经》云：其国王生浮屠。浮屠，太子也。父曰屑头邪，母曰莫邪。浮屠身服色黄，发青如青丝，乳青毛蛉，赤如铜。始莫邪梦白象而孕，及生，从母左肋出。生而有结，堕地能行七步。此国在天竺城中，天竺又有神人名沙律，昔汉哀帝元寿元年博士弟子景卢，受大月氏王使伊存口授《浮屠经》，曰：复立者，其人也。《浮屠》所载临蒲塞、桑门、伯闻、疏问、白疏闻、比丘、晨门，皆弟子号也。《浮屠》所载，与中国《老子经》相出入，盖以为老子西出关，过西域，之天竺，教胡。"（原书不存，《三国志》裴松之注有引）

上面两处引文，是我们现在可以见到的最早的关于老子化胡的记载。虽然都是"化胡"，但其内涵有很大不同。汉末襄楷所言的"化胡"是"老子人夷狄为浮屠"，这里的"化"是变化的化，是讲老子化为浮屠。而《魏略·西戎传》中的"化胡"，是"教胡"，是教化的化。

作变化解，老子、佛陀本一，不存在任何高下之分；若作教化解，则作为老师的"汉"人老子地位自然要高于"胡"了。不过总的来讲，最初这两个"化胡"的例子，或说"化胡"的模式，重点都是在强调老子与浮屠的相似性，"此道清虚，贵尚无为，好生恶杀，省欲去奢"，"《浮屠》所载，与中国《老子经》相出入"。正如许理和所言："化胡说起初并非被用来作为一种排佛的策略。至少有一例（襄楷奏书）能明确说明这个故事并未被用来显示佛教的卑劣和荒谬，而是把它与中国古代圣人的名字相联系，借此强调佛法清净而又慈悲为怀的特点。"①

笔者在这里暂时不想从佛教依附道教人华传播这一传统的思路上来讨论这一问题，而是想从道教自身来考察这个问题。

---

① 《佛教征服中国》，第497页。

"化"自始至终都是道教中非常重要的概念。汉代以来，老子被看成是道的化身，道要不断变化，老子也出现大量"化身"。与襄楷同时的边韶在《老子铭》中写到："以老子离合于混沌之气，与三光为终始，观天作谶，升降斗星，随日九变，与时消息……道成身化，蝉蜕渡世。自羲农以来，世为圣者作师。"老子是道气的化身，可以"随日九变"，"自羲农以来，世为圣者作师"。《笑道论》中引《文始传》云"老子从三皇已来，代代为国师化胡"，又云："汤时为锡寿子，周初郭叔子。"敦煌写本《老子变化经》（S.2295）演绎得更为详细："随世沉浮，退则养精，进则帝王师：皇苞羲时号曰温爽子；皇神农时号曰春成子，一名陈豫；皇祝融时号曰广成子……秦时号曰塞叔子，大（人）胡时号曰浮庆（屠）君；汉时号曰王方平……"后世道教有老子八十一化之说，乃至说真武大帝是老子第八十二个化身等。

老子的"化"，并不仅仅是为了佛道争先才产生，实与道教本身信仰有关。而且"化"有一个很大的好处，就是可以把不同时代、各个地方信仰融为一体。我们应该从新的角度看化胡经的意义。化胡是道教哲学气一元论的反映，从其本性来看，是在宣扬道的无处不在、无所不化，其融合统一的意义十分明显。

化胡说，至少说明了道教对佛教存在的承认，认为佛教的存在也是道化的体现。承认异于自身的佛教的存在，就给有道一元论观念的道教人士提出了一个理论课题，即如何去容受这业已存在的佛教。化胡说在一定意义上已超越了"胡"、"汉"之分，在道的根本意义上去追求统一的境界，虽然其追求方式（"化胡"）在理论上显得十分粗糙。

（2）化胡说是把浮屠"格义"为老子，把佛陀之教"格义"为老子之教。

北周甄鸾《笑道论》保留了早期历史上多种版本的老子化胡说，作者还总结了五条："一是尹喜号儒童者。二是老子化罽宾者。三老子之妻愤陀王号释迦者。四老子在维卫作佛，亦号释迦。五白净王子悉达作佛，复号释迦。"（《广弘明集》卷九）

用老子、尹喜等汉人等价于佛陀，或用老子、尹喜等汉人之教等价于佛教，实际上是对佛陀、佛教是胡神、胡教的直接否定，是胡话汉说的一种特殊形式，或者说是由胡话胡说到胡话汉说的一种过渡形式。老子化胡，实带有格义色彩，是将佛陀格义为老子，好叫汉人便于理解佛陀这个概念。《化胡经》中这种潜在的格义思想还反映在，它对"南无"、"忧婆塞"、"忧婆夷"等术语的理解上，《笑道论》：

> "十二，称南无佛者"，《化胡经》云：老化胡，王不受其教。老子曰："王若不信，吾南入天竺化诸国，其道大兴，自此已南无尊于佛者。"胡王犹不信受曰："若南化天竺，吾当稽首称南无佛。"又流沙塞有加夷国，常为劫盗。胡王患之，使男子守塞常忧，因号男为忧婆塞。女子又畏加夷所掠，兼忧其夫为夷所困，乃因号忧婆夷。（《广弘明集》卷九）

我们可以看到这种形式的格义、"胡话汉说"实在是不甚高明。但是，正如前辈学人多有指出的那样，化胡之说，在佛教传入中国时是起过积极作用的，佛教信徒在初期也并不反对这种说法，甚至他们就是这种说法的第一作者。[①] 而且这种不甚高明的做法在中国历史上还在不断运用，如摩尼教在唐代也利用化胡说，敦煌本《老子化胡经》残卷中，发现了摩尼教因素，老子化为"末摩尼"，"三教混齐，同归于我"。

《化胡经》加入摩尼教因素，出于何人手笔，至今学术界尚有争论。从总体来看《化胡经》还是在歌颂老子，摩尼教因素只是极小一部分，即便"末摩尼"混齐的"三教"指的是儒释道[②]，"末摩尼"终归还是老子的化身。笔者以为林悟珠先生的说法比较平实，"《化胡经》之出现摩尼教的内容，原来并非为了宣传或依托摩尼教，而是像道家窃取他家材料一样，只是为了增加自己经典的力量，玄化自己的教义，抬高自身的地位……然而，由于《化胡经》有了老子化摩尼之说，这就为后来摩尼教依托道教大开了方便之门，这点倒是《化胡经》造作者所始料不及的。"[③] 林先生这番话，道出了"化胡"这种特殊形态的"胡话汉说"模式的一般演

---

① 可参考王维诚："老子化胡说考证"，《国学季刊》4卷2号，1934年。
② 王利川：《从摩尼到明教》，台北：新文丰出版公司，1992年，第227页。
③ 林悟珠：《摩尼教及其东渐》，北京：中华书局，1987年，第81页。

097
第一编　华夷之辨：佛教与中华文明的相遇

化过程。

以汉"化胡"说，是一种十分常见的模式，宋贾善翔《犹龙传》卷四记载，老君传道于阗，九十六种外道听法，这些外道中便有"弥施珂"（景教）。甚至明清之际天主教来华时，汉族知识分子提出"西学中源"说。① 近代严复还认为进化论很大程度上是《老子》西传的产物。②

我们可以说，"化胡说"是将外国宗教"格义"为中国宗教，这种特殊形态的"胡话汉说"是外国宗教传入中土时的一种常见现象。从本土宗教来看，"化胡说"的提出，实际是对胡话的认同，引为同道，壮大自己；从外来宗教来看，"化胡说"的提出，减免了自身作为异质文化所带来的歧视，有利于自身的传播。

因此，"化胡说"并非乍看上去的那样，是妄图用汉话取代胡话，是对胡话的彻底否定。恰恰相反，"化胡说"是对胡语一定程度上的积极肯定，是在"胡话胡说"与真正意义上的"胡语汉说"之间的一种过渡形态。

但"化胡说"毕竟是一种权宜之计，一种"过渡形态"，还不是真正意义上的"胡话汉说"，最终被佛教所抛弃。从"化身"的角度来看，佛教与中土文化毕竟不是一回事，不可等同，这种"化胡说"迟早要被人们发现是张冠李戴。再从"教化"的角度来看"化胡说"，老师教学生，自然有高下之分。采用谁化谁的方式来争论高下，这种方式不仅存在于汉胡（佛道）之间，在汉人内部，儒教与道教也存在着孔子是否向老子请教的问题。③ 而佛教针对化胡说，也造作出佛陀是老子、孔子老师的传言，如南北朝时伪经《清净法行经》（今已不存）把老子比为摩诃迦叶，孔子为儒童菩萨、颜回为光净菩萨等。以谁化谁的方式来争论高下，在理论上没有太大意义，往往流于意气之争。

在初期，化胡说可以帮助佛教依附于中国固有的一些传统观念进行传

---

① 参考刘钝："从'老子化胡'到'西学中源'"，《法国汉学》第 6 辑，北京：商务印书馆，2002 年。

② 参考本杰明·史华兹著，叶凤美译：《寻求富强：严复与西方》，南京：江苏人民出版社，1995 年，第 4、10 章。

③ 孔子问老子礼，本无争论，但到了宋代，儒教正统意识觉醒，遂又成为辩论焦点。

播，减少自己的异域气息。但随着佛教传播的深入，化胡说的弊病就逐渐显现出来了。化胡说虽然给佛教开辟了地盘，但所给的空间太小，只允许佛教作为道家的支流存在；更为重要的是，佛教本身并不能等同于道家、道教。

化胡说，这种过渡形态的"胡话汉说"，让胡话完全隐退到了幕后，带有用汉话取代胡话的倾向和危险。因此，佛教要在中国广泛传播，必须要抛弃"化胡说"——这种并不十分成功的、带有权宜性质的"胡话汉说"。

第三节　师夷长技以自强

佛教传入中国，佛教文化与中国固有文化的相互影响，往往是潜移默化的，我们已经很难再严格区分出纯粹的华夷之辨，甚至许多高标华夏正统，儒、道正脉的内容，都是"师夷长技以自强"而已，在很大程度上，已经不是"化胡"而是"师夷"了。

东晋以来，传自西域的佛教在中国勃兴，是有其坚实的社会基础和经济后盾的。除了帝王、世族的支持外，僧团本身的经济实力也颇为雄厚，拥有大量庄园，从事贸易等经济活动。不少人口对寺院有人身依附关系，大型寺院俨然为一方封建领主。帝王在利用佛教维护国内统治、从事外交的同时，也开始注意限制佛教的膨胀，汰拣沙门甚至有灭佛的行动。僧团内部，也注重自身内部管理，从东晋道安开始便注意全国僧人戒律规范的统一和推广，5世纪以来律藏逐渐翻译完善，南北朝的帝王也积极约束僧团，对戒律在僧团内部的普遍实行起到了推动作用，僧官制度在南北朝也不断完善。

佛教在魏晋南北朝的流行，并不仅仅以佛学为唯一表现形式。高僧禅定神通、梵呗唱诵、"降妖除魔"者，大有人在。诵经持咒、念神佛名号，以求应验；造像功德、祈求来世，各类净土、观音信仰都盛行于民间。坞、邑民众定期聚会斋戒，讲说《提谓波利经》等通俗佛教文献，是重要的基层组织方式，遍布全国的义邑、法社具有重要的教化功能，因果报应思想深入民心。

鸠摩罗什门下高足、曾得秦主姚兴赏识的道恒，义熙年间（405—418

年）著《释驳论》，文中提到江左士人对佛教的负面看法：

> 沙门既出家离俗，高尚其志，违天属之亲，舍荣华之重，毁形好之饰，守清节之禁，研心唯理，属己唯法，投足而安，蔬食而已。使德行卓然，为时宗仰；仪容邕肃，为物轨则。然触事蔑然无一可采，何栖托之高远，而业尚之鄙近。至于营求孜汲，无暂宁息。或垦殖田圃与农夫齐流，或商旅博易与众人竞利，或矜恃医道轻作寒暑，或机巧异端以济生业，或占相孤虚妄论吉凶，或诡道假权要射时意，或聚畜委积颐养有余，或抵掌空谈坐食百姓。斯皆德不称服，行多违法，虽暂有一善亦何足以标高胜之美哉。……且世有五横，而沙门处其一焉。何以明之？乃大设方便，鼓动愚俗，一则诱喻，一则迫胁。云：行恶必有累劫之殃，修善便有无穷之庆，论罪则有幽冥之伺，语福则有神明之佑，敦励引导，劝行人所不能行，强逼切勒，勉为人所不能为，上减父母之养，下损妻孥之分，会同尽肴膳之甘，寺庙极壮丽之美，割生民之珍羞，崇无用之虚费，罄私家之年储，阙军国之资实，张空声于将来，图无像于未兆。

这段写于 5 世纪初的材料值得我们重视，虽然当时僧人的理想形象已是潜心佛理、安于蔬食（比梁武帝断酒肉文早百余年），但实际情况是僧人从事农业、商业、工匠、医卜、谋士等各种行业。另外，僧人的方便劝导，已经使得因果报应之说深入民间（不必等庐山慧远《三报论》出，"累劫之殃"、"无穷之庆"早已为人熟知），并且因果之说已与对佛教的布施捐献紧密，甚至是强制性地联系起来，对寺院经济的蓬勃发展起到了极大的推动作用。

从 4 世纪末开始，佛教与王权的冲突渐渐浮出水面，中国南北方政府开始间断性出台限制乃至打击佛教的措施。这需要从不同时期政权断侨、限制地方世族大姓、扩大税收、增加武备的整体国策中去考虑，同时也纠葛于当时儒释道的思想论辩。

东晋以来，沙门义学的兴起，对佛教在中国的发展影响至大，甚至可以说，佛教没有像摩尼教等夷教完全归入道教和民俗信仰而默默无闻，而是与儒家、道教并立，在日后的中国传统文化中鼎足而三，汉末以来义学之兴，居功至伟。故此，不少人下意识当中，认为"纯正"佛教的传入应以汉末安世高、支谶来华算起。吕澂先生历陈《四十二章经》与《牟子理惑论》之伪，而谓佛学入华（安世高、支谶来华）比佛教入华（伊存授经）晚二百年，此一说法似不愿承认汤用彤先生东汉"佛道"之说，[①] 而为佛教来华留一纯正法脉，可谓用心良苦。东晋道安不录《四十二章经》，尝云：中土译经"自孝灵光和（172—184 年）"始，不欲龙蛇混杂；吕澂先生以性空之宗最得其实，不将安公列入六家，可谓深知安公者。

教内人士做中国佛学史，常以桓、灵二帝，即安世高、支谶入华后，方为中国佛教的真正开始，如蒋维乔、黄忏华、吕澂诸先生，其心中自有一个对佛教或佛学的"标准"在；乃至东晋道安，恐亦如此。然学者治史，则应力求客观描述，汤用彤先生极陈东汉佛教依附道家方技的历史，实意不在东汉，而在魏晋玄学兴起，好让"佛道"为一变，"吾之视汉代佛教自成一时期者，其理由在此。"故《四十二章经》不伪，则"取其所言，与汉代流行之道术比较，则均可相通"，是汉代"佛道"的铁证；而《理惑论》不伪，则"佛家玄风已见其端倪"，是汉代佛教向下一期演化的证明。由此可加，汤公心中亦非没有"成见"。

然带有方技巫术色彩的佛教，不仅在汉代存在，在沙门义学兴起后也并没有消失。甚至，般若学的各种哲学术语，还是降妖除魔的工具，如在元魏昙法师《破魔露布文》中，道安法师为"高座大将军南阎浮提道绥抚大使佛尚书安法师"，般若为"拟使持节仪同三司领十二住大将军唯识道行军元帅上柱国晋国公臣般若"，心为"广缘将军流荡校尉都督六根诸军事新除恶建善王"，六度（施、戒、忍、进、禅、智）分别为"赈惠将军善散子都督广济诸军事监军"、"缮性将军克欲界都督摄志诸军事司马"、"平忿将军荡恚侯都督洪裕诸军事司空公"、"勇猛将军勤习伯都督六度诸军事行台"、"安静将军志念都尉都观累诸军事摄散侯"、"博通将军周物大夫都督调达诸军事监照王"，以及各种佛教名相、诸佛菩萨名号，多有官制，舍利弗之类的还是"黄门"，他们共同伐魔，大获全胜。

---

① 汤公谓"《牟子》称释教为'佛道'，《四十二章》自称佛教为释道，为道法。而学佛则曰为道，行道，学道。盖汉代佛教道家本可相通，而时人则往往并为一谈也"。

这类文书，《弘明集》、《广弘明集》中都有收录，且《广弘明集》卷二十九，谓"晋宋已来，诸集数百余家"，当时数量相当不少，从其内容来看，如《弘明集》卷十四所收竺道爽《檄太山文》等，确实原为法事降魔文告；后这类法事文书有固定格式，广为流通成为"露布文"。《文心雕龙·檄移篇》：露布者，盖露板不封，布诸视听。佛教露布文不仅为法事所用，也有一般佛教宣传品的作用。这类檄魔文，并非皆出自无名之辈手笔，像祖述道生的龙光寺宝林"余以讲业之暇，聊复永日寓言假事，庶明大道，冀好径之流不远而复。经云：涅槃无生而无不生，至智无照而无不照。其唯如来乎？战胜不以干戈之功，略地不以兵强天下，皇王非处一之尊，霸臣非桓文之贵，丘旦之教，于斯远矣。聃周之言似而非当，故知宗极存乎俗见之表。至尊王于真鉴之里，中人蹰蹰于无有之间，下愚惊笑于常迷之境。今庶览者，舍河伯秋水之自多，远游于海若之渊门，不束情于近教，而骇神手荒唐之说也。"

历代以来，佛教中巫术的层面，总是难登大雅之堂，但却因为"凡夫"（既有百姓，也有帝王）的"喜闻乐见"，民间佛教各类仪式专家（如香花和尚、瑜伽僧、火头僧等），于今不绝。杂密或许是传统社会对此类佛教的最高评价，处于"非佛教与非非佛教"之间的尴尬地位。但它毕竟是佛教历史在我国发展中一种实实在在的独特存在方式，而且这种存在方式，并非中国佛教堕落之表现，而是西域梵僧来华便即如此；甚至佛教传来的梵天饿鬼、三世因果等瑰丽复杂的世界观，刺激儒、道二教更进一步强化和精细化了本身神道设教的内容，可谓"师夷长技以自强"。

佛道论争背景下继续存在并不断发展演化的"老子化胡"说，将佛教的内容视为老子的传授，佛法再厉害，也是道教所传，其实也演变成了一种"师夷长技以自强"，甚至是"师夷长技以制夷"了。然而随着佛教传译的全面深入展开，佛教自身的特点不断彰显，佛教必然要突破"佛道"的框架，掘取更大的生存空间。

第四章　般若思想的传译：以早期汉译
经典《道行》为中心的考察

从公元 2 世纪后半期开始，般若类经典开始系统汉译，这是世界现存最早版本的大乘典籍之一，对于研究初期大乘思想具有不可替代的意义。以往我们对般若思想的理解，单纯强调"空"，而忽视了般若是诸佛之母，具有世界本原的意义，众生通过般若波罗蜜成佛，诸佛通过般若波罗蜜照明五蕴，普度众生。般若波罗蜜信仰在初期大乘中具有核心地位，是佛法的根本；普通信众通过般若信仰来度一切苦厄，乃至赖此成佛。而传统上认为般若思想的核心概念，如中观、缘起、假有，乃至于"空"等观念，在早期般若类经典中并不具有重要地位。对般若思想的再认识，有助于我们重新认识大乘佛教兴起，以及魏晋时期中国佛教思想的根本取向，纠正以往佛学研究的偏差。

第一节　《道行般若经》的译本、讲颂方式及核心思想

佛教在中国思想界的兴盛，始于佛教般若学的流行。在鸠摩罗什来华以前，佛教大乘般若类经典的翻译就已经初具规模。我们今人对般若思想的把握主要依据四五世纪之交鸠摩罗什，乃至 7 世纪玄奘的经典翻译，以此理解魏晋时期（4 世纪）的佛教般若学，往往批判较多，很难同情的理解，同历史的真实也常常造成许多隔膜。对早期汉译般若经典的研究，对于我们研究魏晋时期佛学的义理和史实，都有正本清源的作用。

就世界范围来说，早期汉译般若类经典，在公元 2 世纪即已产生，是现存有明确年代记载最早的大乘般若类典籍，而梵文写本、藏文译本均晚于此至少数百年以上。早期汉译般若类经典，保存了大量大乘兴起初期的史实、教义雏形。但由于早期汉译般若类经典，往往晦涩艰深，很难全部读懂、理解。应该说汉语中保存最为丰富的佛教般若类文献，中国学者应

该凭借自身语言和材料优势，在国际学术界占有一席之地。

支娄迦谶译《道行般若经》（十卷三十品），鸠摩罗什重译为《小品般若经》，即"八千颂般若"，学术界公认："八千般若颂无疑是最根本、最古老的般若经版本，后出的般若经都仅是本经的增饰删减而已。"① 一般认为《道行般若经》是支娄迦谶在后汉光和二年（179 年）于洛阳译出。梁代僧祐所著《出三藏记集》卷二："《般若道行品经》十卷（或云《摩诃般若波罗经》，或八卷，光和二年十月八日出）……《般舟三昧经》一卷（旧录云《大般舟三昧经》，光和二年十月初八日出）……右十四部，凡二十七卷。汉桓帝灵帝时，月支国沙门支谶所译出。"② 但《道行》、《般舟》两经同时于"光和二年十月（初）八日"译出，实不可解。比较现存最早的关于两经的记述，《出三藏记集》卷七所载《道行经后记》第二、《般舟三昧经记》第八，内容基本雷同，特别是日期都一样，恐是原为一经之记，而错划为二。《般舟三昧经记》关于支娄迦谶前有"时传言者"语气并不肯定，又《出三藏记集》竺朔佛传记中也明确说竺朔佛在光和二年传出的是《般舟》（梁《高僧传》与此同）。而且我们见到的《道行经后记》中没有提到《道行》之名，而《般舟三昧经记》正文中提到了《般舟》之名。笔者推测，《出三藏记集》中的《道行经后记》恐非"道行经后记"，而是《般舟三昧经记》，被后人误为"道行经后记"而错入。从竺朔佛传记来看，应是先出《道行》，而后《般舟》，这样支娄迦谶《道行》翻译的年代应该还略早于光和二年（179 年）译出《般舟》之时。总之，《道行般若经》中译本出自公元 2 世纪后半期，是我国首译的重要大乘典籍，在世界范围来看，对于研究早期般若类佛经，也具有不可替代的意义。

《道行般若经》是早期佛教般若思想的集中体现，并广泛在出家僧侣与在家信众（在家菩萨教团）中传播，《道行经》本身也透露出早期般若思想在信徒中传播的一些情况。日本著名印度佛教史专家平川彰先生指出"大乘的说法者似被称为'法师'，即使是在家菩萨也得以成为法师，根据

---

① T. R. V. Murti 著，郭忠生译：《中观哲学》，台北：华宇出版社，1984 年，第 139 页。
② 《出三藏记集》，第 26 - 27 页。

碑文，女性的法师也存在过。"① 平川彰先生主要根据考古发现提出的这一观点，实际上这在《道行经》中是有明确经文记载的："若善男子善女人为法师者，月八日、十四日、十五日，说法时得功德不可复计"（《道行》卷四"叹品第七"）。确实存在"善女人"为法师，而且法师讲经每月有固定时间，似与比丘布萨日有关。讲经的传统可能在大乘般若兴起之前就已兴起，因为《道行》中说法师讲经每月按时讲经的功德，不如守般若波罗蜜者多。般若类经典出现后，"法师"也对此进行讲授，《道行》卷四"觉品第七"结尾讨论了"受经之人"（学般若经之人）向"法师"学习时，可能遇到的各种不和谐的情况，从"法师意欲有所得，若衣服财利，受经之人亦无与心，两不和合不得学成般若波罗蜜"，说明"法师"是可以收取报酬的；法师"闻异国中谷贵，语受经人言：善男子知不？能与我俱至彼间不？"则说明有些佛教般若学的"法师"还有世俗的商人身份，讲经是兼职，同时可以带徒弟进行倒卖谷物的长途贩运。

早期大乘般若思想的兴起，比较有特色的是，在六度之中强调深般若波罗蜜，般若是其余波罗蜜之"导"，是它们的眼目，没有般若就没有其余波罗蜜，"般若波罗蜜其受者，为悉受六波罗蜜"（《道行》卷二"功德品第三"）。除了"有宿命之罪不可请"之外，诵"般若波罗蜜"可以祛病消灾。甚至将般若波罗蜜提到诸佛之母的地位，平川彰认为"视般若波罗蜜为'佛母'的思想，在古译的《般若经》里似乎找不到。"② 这种看法显然不符合《道行》的实际情况，十方诸佛从般若波罗蜜中出生，这种字句在《道行》中随处可见，甚至可以看到"般若波罗蜜者，是菩萨摩诃萨母"（《道行》卷三"泥犁品第五"）、"般若波罗蜜是怛萨阿竭呵罗诃三耶三佛母"（《道行》卷十"嘱累品第三十"）等明确提法。

般若思想的提出，从根本上说，目标在于成佛，即得般若波罗蜜，行巧善方便，即可成佛，"若未成佛，甫当成佛，皆从般若波罗蜜，自致成阿惟三佛。"（《道行》卷五"照明品"）般若波罗蜜显然已成为早期大乘信仰者的信仰核心。我们可以考虑，般若波罗蜜信仰是真正意义上大乘信

---

① 平川彰著，庄崑木译：《印度佛教史》，台北：商周出版社，2002 年，第 259 页。
② 平川彰：《印度佛教史》，第 303 页。

仰的关键；而被一般人所熟知的中道、幻有、缘起等概念，至少在《道行》中论述是很少的，并非早期般若波罗蜜信仰必然的组成成分，这对我们研究般若思想的起源，抓住其思想实质，有着至关重要的意义；同时，追求般若意在成佛，也对我们理解公元 5 世纪后我国佛学界发生般若学向涅槃学的重大转变，有很重要的启发意义。

第二节　《道行般若经》中反映出的大、小乘差别

作为成系统早期大乘般若类经典，《道行经》对大、小乘的看法，是值得佛教史、思想史研究者深入挖掘的。在《道行》中，般若波罗蜜是大乘般若信仰的核心，因为行般若波罗蜜可以成佛，而佛通过般若波罗蜜可以照明五蕴（《道行》卷四"照明品第十"）。这样在《道行》中勾勒的大乘图景中，众生通过般若波罗蜜成佛，诸佛通过般若波罗蜜照明五蕴，普度众生，般若波罗蜜信仰在初期大乘中具有核心地位。

大乘追求成佛，在信仰追求上与小乘追求阿罗汉果，有很大不同，《道行》中反复强调不能"中道厌却，堕阿罗汉、辟支佛道中。"小乘罗汉果追求寂灭，而《道行》中强调菩萨不能"去想"，"佛言：菩萨求般若波罗蜜为求何等？须菩提言：为求空。佛言：设不空为求何等？须菩提言：为求想。佛言：云何去想不？不也，是菩萨为不去想。须菩提言：不作是求忘想，何以故？求想尽者，设想灭者，即可灭也，便得阿罗汉；是为菩萨沤和拘舍罗，不灭想得证，向无想随是教。"菩萨可以去空，但不能去想，这是颇值得注意的表述方式，去想便寂灭，为阿罗汉；而菩萨"不灭想得证"，这些可以看出大乘涅槃经思想的一些端倪。

早期《道行》等经典，涉及缘起、幻有的地方很少，若过早地用缘起性空或者性空幻有来理解早期般若类经典是有一定问题的。如吕澂先生认为最早的般若经典为论述"性空幻有"的《金刚经》，尽管从形式上《金刚经》篇幅较小，类似于早期"方广"的问答体。吕说有一定依据[1]，但是《金刚经》"性空幻有"等思想，是比较成熟时期的般若思想（篇幅虽小，但内容复杂）。我们从《道行》等最早中译的般若思想中看不到对

---

[1]　吕澂：《印度佛学源流略讲》，济南：齐鲁书社，1991 年，第 2038 – 2440 页。

"幻有"或者"假有"的强调，论述重点都是般若波罗蜜。它强调的是般若与五蕴的不可分，实际上是用般若或本无来照明五蕴（甚至说菩萨所度之人本身也是空无的）；而几乎看不到对假有、幻有的论述。一种新思想的提出，很可能首先论述其最有特色的部分，折中调和或全面概括（将大小乘会通）则是进一步完善的工作。况且藏传佛教[①]、南传佛教研究者[②]也都将八千颂般若视为最早的般若类经典。因此在没有有力证据的前提下，似不宜打破中国译经史的顺序来重组般若经典发展历程。

总之，在《道行》等早期经典中，大小乘的区别是十分鲜明的（这既包括经文的内容，也包括形式），大乘强调的是般若波罗蜜对成佛的作用，而几乎不涉及缘起、幻有等今人眼中用小乘可以"推衍"般若思想的内容；而是反过来强调般若波罗蜜返回头来照明五蕴，五蕴与般若波罗蜜一样，是"本清净"（参见《道行》卷三"清净品第六"）。但既不是因为般若波罗蜜清净，生出或推出五蕴清净；更不是由五蕴的幻有，通过缘起推衍出般若波罗蜜的性空，其中并不存在推衍关系（非造作的，无生无起，有僧肇所谓"当体即空"的意味），都是"本清净"。这也是为什么大乘佛教最终成就也不坏色、也不寂灭的根本原因，除了要普度众生外，更有教义理解上与小乘的根本不同。

从大乘的基本教义来看，当今受台湾印顺法师影响，认为大小乘的区别不在教理、唯在行愿的观点，确有值得商榷之处。《道行》中非常强调的一点，即是不坏色，梦幻与现实实际上也不能虚妄分别，诸法"本无无异"，五蕴与般若波罗蜜都是本清净的。也正是在这一点上，大乘佛教追求的最高宗教境界，能住世而般泥洹，不同于小乘寂灭。既住世而同时解脱，在大乘教理产生之前，是存在理论困难的，而并非仅仅靠发愿就能解决问题。但小乘阿罗汉果旧有的观念被去除，并非要安立一个新的东西（更究极的本体）。实际上般若波罗蜜照明五蕴，也是没有处所（位置）的。《道行》强调的是本无，不存在任何本体，"摩诃波罗蜜，无有边波罗蜜，无有底波罗蜜，摩诃波罗蜜了不可得，无有边波罗蜜了不可见，无有

---

① 多罗那它著，张建木译：《印度佛教史》，成都：四川民族出版社，1988年，第69-70页。

② 渥德尔著，王世安译：《印度佛教史》，北京：商务印书馆，1987年，第338页。

第一编 华夷之辨：佛教与中华文明的相遇

底波罗蜜了不可得底。人无底,复无无底;无底,复无无底;波罗蜜等无底,复无无底;波罗蜜无底,复无无底,亦无有中边,亦无有本端,了不可量,了不可逮知。"(《道行》卷一"道行品第一")如果非要说般若波罗蜜的基础是什么,那么般若性空是建立在无所得基础上的。在《道行》中想抓住一个类似本原或本体的"底波罗蜜",是徒劳的,底无所底,无无底,这也是《道行》中反复出现"本无"的真正用意,即从根本上说就是无所得的。甚至对大乘行愿普度众生的理解,也必须建立在大乘教义"无所得"的基础上。"譬如幻师于旷大处化作二大城,作化人满其中,悉断化人头,于须菩提意云何,宁有所中伤死者无?须菩提言:无。菩萨摩诃萨,度不可计阿僧祇人,悉令般泥洹,无不般泥洹一人也。菩萨闻是,不恐不畏不悉不舍,去就余道,知是则为摩诃僧那僧涅。"(《道行》卷一"道行品第一")《妙法华莲华经》中有著名的"化城喻",但这里所引《道行》中的"化城喻"与之颇为不同,甚至可以说是"化人喻"。大乘菩萨当普度众生,"当度不可计阿僧祇人悉令般泥洹",但从般若根本教义上看"悉令般泥洹,无不般泥洹一人也"!如幻人被杀,实无所杀;佛教度人也是如此,实无所度。

第三节　《道行般若经》中的本无思想兼及东晋般若学

《道行》中反复强调般若波罗蜜即是本无,由于受到玄学影响,现在许多人一见到"本无"就会联想到末有,乃至于无中生有,以为魏晋僧人谈本无就是受到玄学的错误影响,背离了原本的般若经义,或者认为原本的翻译就是错误的。但如果我们仔细阅读《道行》,就会发现其"本无"思想阐释得非常清楚,《道行》讲的本无,一点也未涉及末有,更丝毫没有无中生有的观念。

《道行》中的"本无"绝非以无为本,而是本无无本,不要执著,无所得。不仅般若波罗蜜本无,无所得;色也本无,无所得,五蕴皆本无,无所得,根本不存在所谓的末有、生有的问题,也不涉及缘起,是当体即空。"安公本无者,一切诸法,本性空寂,故云本无。此与《方等》经论,什肇山门义无异也。"(吉藏《中论疏·因缘品》)道安对《道行》、《放光》、《光赞》等早期般若经典非常熟悉,将本无理解为"一切诸法,本性空寂"是符合《道行》等般若经典本意的。陈时慧达《肇论疏》："第三解本无者，弥天释道安法师《本无论》云：明本无者，称如来兴世，以本无弘教。故《方等》深经，皆云五阴本无，本无之论，由来尚矣。须得彼义，为是本无。明如来兴世，只以本无化物，若能苟解本无，即思异息矣。但不能悟诸法本来是无，所以名本无为真，末有为俗耳。"如来"以本无弘教"，"五阴本无"，都是《道行》中常见经义，特别是道安强调不能"名本无为真，末有为俗"，也体现了《道行》中对二者两分的反对。如《道行》卷三"清净品第六"：

> 舍利弗言：清净无所有，天中天。佛言：甚清净。舍利弗言：于欲而无欲清净，天中天。佛言：甚清净。舍利弗言：于色而无色清净，天中天。佛言：甚清净。舍利弗言：无所生为无色甚清净，天中天。佛言：甚清净。舍利弗言：于有智而无智甚清净，天中天。佛言：甚清净……须菩提白佛言：我者清净，色亦清净，天中天。佛言：本清净。须菩提言：故曰我清净，痛痒思想生死识亦清净，天中天。佛言：本清净。须菩提言：我者清净，道亦清净，天中天。佛言：本清净。须菩提言：我者清净，萨芸若亦清净，天中天。佛言：本清净。

佛在回答舍利弗的问话，先用的是"甚清净"，后用"本清净"，佛前后态度是有变化的，"甚清净"是对舍利弗言论的肯定，而"本清净"则有对舍利弗言论否定的意思。在前一部分，舍利弗讲"清净无所有"，即本如虚空无所有，故清净。就色上说，无所得，故无色，所以清净；就智上说，无所得，故无智，所以清净……对于这些，佛都附和认可，"甚清净"。在后一部分，舍利弗讲"我者清净，色亦清净"，"我者清净，道亦清净"，佛说"本清净"，实际上是否定因为"我者清净"所以"色亦清净"、因为"我者清净"所以"道亦清净"这些推理。因为，其本来就是清净的！无所有、无所取、无所得，故曰清净，"于色而无色清净"，就色上说本来无色故清净，故不必外假他求而得色清净。

支道林即色本无、即色游玄，恐出于此，其《大小品对比要抄》谓"夫般若波罗蜜者，众妙之渊府，群智之玄宗，神王之所由，如来之照功……是以诸佛因般若之无始，明万物之自然；众生之丧道，溺精神乎欲渊。悟群俗以妙道，渐积损至无。设玄德以广教，守谷神以存虚，齐众首于玄同，还群灵乎本无。"支道林倡即色本无，目的恐系"还群灵乎本无"，即《道行》中明色本清净、五蕴本清净，皆无所得故之意，"众生之丧道，溺精神乎欲渊"即是没有理解到色本清净这层道理，明白即色本无的道理即是"还群灵乎本无"。即色游玄，恐系从《道行》等般若经典中般若波罗蜜照明五蕴衍生而出，即所谓"如来之照功"。而支道林这些主张，重点意在获得至人之境，《道行》卷四"持品第八"："萨芸若慧者，是般若波罗蜜之所照明，于般若波罗蜜中住者无不解慧。"而其反复强调"即色"，则在于如《道行》"持品"中强调的色、五蕴"甚深不住"，"甚深不随"，皆"不可计"，"难得见边幅"，而且这些只能对已不退转的"阿惟越致菩萨前说之，闻是慧法不疑亦不痴之"。

道安之前，讲经有"唯叙大意，转读而已"[1] 的风气，受到当时玄学风气影响，加之翻译难通等原因，佛经讲述，发挥较多，并不完全依据文字，这应该是东晋六家七宗产生的背景。支道林在《大小品对比要抄》中说："至于说者，或以专句推事，而不寻况旨，或多以意裁，不依经本。故使文流相背，义致同乖，群仪偏狭，丧其玄旨。或失其引统，错征其事，巧辞辩伪，以为经体，虽文藻清逸，而理统乖宗。是以先哲出经，以胡为本。《小品》虽抄，以大为宗，推胡可以明理，征大可以验小。若苟任胸怀之所得，背圣教之本旨，徒竞于新声，苟竞于异常。异常未足以征本，新声不可以经宗。"[2] 由此可见，当时般若学争议，多由对《道行》等早期般若译经理解诠释不同而产生，研究早期汉译般若经典对于早期佛教史研究是至关重要的。六家七宗等早期佛教人物，所遗材料多是只言片语，学界长期研究难得突破。结合早期汉译般若经典，综合讨论之，应该是今后一个可行的研究方向。

第四节　般若学的转向

汤用彤先生尝言："两晋《老》《庄》教行，《般若》、《方等》与之兼

---

① 《出三藏记集》，第 561 页，梁《高僧传》记录与此同。
② 《出三藏记集》，第 302 页。

忘相似，亦最见重于世。及至罗什传授三论，僧肇解空第一，《般若》之学，已登峰造极。夫圣人体无，然无不足以训，乃渐以之有。肇公以后，《涅槃》巨典，恰来中国。于是学者渐群趋于妙有之途，而真空之论几乎渐息。"①

般若学向涅槃学的转变在一定意义上不是"渐"变的过程，可以说是来势迅猛而突然，"自僧肇去世（公元414年）至道生入灭（公元434年），在这短短的20年间，中国佛学思潮由'般若性空'之论向'涅槃妙有'之说的转向，何以会如此急剧迅猛呢？对于这个问题，我们不能不做认真的思考。"张风雷教授认为："正是由于慧远及深受其影响的道生等一批中土佛教学者早在《大般泥洹经》译出之前即对从法身法性实有的角度对般若性空学说作过深刻的反思，才有道生、慧叡、慧严、慧观等人在《大般泥洹经》译出之后迅即由般若学转向涅槃学，成为了最早的涅槃师。"②

"《涅槃》大经译自北凉之昙无谶，而最初光大之者，反多由罗什南方之弟子"③，确实是一个值得反思的问题。引领中国佛学思潮从般若学向涅槃学转变的一个关键性人物是竺道生，汤用彤先生认为："生公悟发天真，能深体会《般若》实相之义。《般若》扫相，谓相不可得。《般若》绝言，谓言不可执……盖扫相即以显体，绝言乃所以表性。""《般若》、《涅槃》，经虽非一，理无二致。（《涅槃》北本卷八，卷十四，均明言《涅槃》源出《般若》。）《般若》破斥执相，《涅槃》扫除八倒。《般若》之遮诠，即所以表《涅槃》之真际。"④

汤公用道生连类王弼，谓道生以《般若》扫相，遮诠以表"《涅槃》之真际"。说"《般若》扫相"，若按玄学意义上的"扫相"来理解，则是违背《道行》等早期汉译般若经典原意的，不是很妥当，因为《道行》是非常强调不能"坏色"的。按照《道行》的说法，"行般若波罗蜜者，不坏色无常视，不坏痛痒思想生死识无常视，何以故？本无故。"（《道行》

---

① 汤用彤：《汉魏两晋南北朝佛教史》下册，北京：中华书局，1983年，第485页。

② 张风雷："慧远、鸠摩罗什之争与晋宋之际中国佛学思潮的转向"，《第三届中日佛学会议论文集》，北京：中国人民大学佛教与宗教理论研究所，2008年，第32、35页。

③ 《汉魏两晋南北朝佛教史》下册，第450页。

④ 《汉魏两晋南北朝佛教史》下册，第453－454、451页。

卷二"功德品第三")即视（观）无常而不坏色，视无常而不坏五蕴，这样才是真正的般若波罗蜜。为何能视无常而不坏色，如何能做到这一点呢？"本无故"，本无所有、无所得，故能不坏色而视（观）无常。而在色中住（行色）而得色无常，在识中住（行识）而得识无常，只能是枝叶般若波罗蜜，而非根本（深）般若波罗蜜。

般若学与涅槃学，确实有内在的联系，但并非扫相—显实的关系，下面我们仅就《道行》来探讨这一问题。我们研究中国早期般若学的兴起，一般认为与当时的玄学关系密切，这无疑是有道理的。但《道行》等早期般若类经典毕竟不是为了探讨宇宙世间现象的，佛教信仰者探讨般若波罗蜜的目的是在成佛，我们前文已明，一切诸佛皆从般若波罗蜜中出生成就，般若波罗蜜是诸佛母，这才是问题的关键所在。只有明确《道行》等般若经典的主旨，才能明白为何佛教信徒对般若经典如此重视，而后向涅槃学转变的关键也在于此，即人们关注的兴奋点其实始终如一，并未发生改变，即都是如何成佛的问题。

僧叡《法华经后序》谓："至如般若诸经，深无不极，故道者以之而归；大无不该，故乘者以之而济。然其大略，皆以适化为本，应务之门，不得不以善权为用。权之为化，悟物虽弘，于实体不足。"① 僧叡所言般若诸经主要是因为"善权为用"、"权之为化"，故"于实体不足"，绝非扫相而显实体不足；但他明言"般若诸经，深无不极"，深、权看似矛盾，若我们放到《道行》经文中看，则确有所指，就比较好理解了。《道行》反复强调，"行般若波罗蜜，学沤和拘舍罗"，般若波罗蜜"甚深、难了、难知"，而"沤和拘舍罗"即是巧善方便。"行般若波罗蜜，学沤和拘舍罗"是大乘与小乘的根本区别，"不得深般若波罗蜜，不学沤和拘舍罗，是菩萨便堕阿罗汉辟支佛道中，菩萨有信乐有定行有精进欲逮阿耨多罗三耶三菩得深般若波罗蜜，学沤和拘舍罗，是菩萨终不中道懈惰，过出阿罗汉辟支佛道去，正在阿耨多罗三耶三菩中住"（《道行》卷五"譬喻品第十二"）不得般若，不行巧善方便，便最多只能得阿罗汉果，而不能作佛。

在《道行》等般若经典中，防止菩萨中途入灭、堕入小乘的办法就是

---

① 《出三藏记集》，第 306－307 页。

沤和拘舍罗，不断利用各种巧善方便，"譬若工射人射空中，其箭住于空中，后箭中前箭，各各复射，后箭各各中前箭，其人射欲令前箭堕尔乃堕，菩萨行般若波罗蜜，为沤和拘舍罗所护，自于其地，不中道取证，堕阿罗汉辟支佛地，持是功德逮得阿耨多罗三耶三菩，功德盛满便得佛。"（《道行》卷七"守空品第十七"）沤和拘舍罗在《道行》中的地位和作用相当重要，是体现大小乘的区别，不堕阿罗汉辟支佛地的关键。但什么是沤和拘舍罗？虽然有"沤和拘舍罗劝助品第四"，但对沤和拘舍罗的具体论述语焉不详。僧叡所云"悟物虽弘，于实体不足"，句子主语是"权之为化"，实际上就是沤和拘舍罗，但这种"后箭中前箭，各各复射"的描述，尚有未尽，故僧叡不满意的是"应务之门不得不以善权为用"，而非现代许多人理解的空（进而用有取代之），我们上文已经谈过，般若波罗蜜是可以"去空"的（但不"去想"）。

我们在前文已经讨论过大小乘的区别，大乘最终追求并不入灭，实际上这就隐含了一个佛寿无量的问题，但未展开论述佛身佛性的问题。应该说对于成佛及成佛状态的关注，是般若学向涅槃学转变的关键之一，而对于般若学向涅槃学转变更深入的探讨，将在本书第二编第五章展开。

第一编　华夷之辨：佛教与中华文明的相遇

第五章　对格义佛教的重新认识

第一节　反向格义与广义格义

由汤用彤、陈寅恪等前辈学者开启的格义佛教研究，早已蔚为大观；[①]"格义"这一术语也逐渐被人们熟悉，甚至灵活使用。刘笑敢教授在《南京大学学报》2006年第2期发表《"反向格义"与中国哲学研究的困境》一文，提出"反向格义"的概念：

> 北朝时期中土僧人曾以老庄的术语模拟和解释佛教教义，帮助一般人了解佛教的基本内容，故有所谓"格义"、"连类"等方法。这种方法的特点是以本土固有的经典解释外来的教义。据《高僧传》说："（竺）法雅，河间人……少善外学，长通佛义。衣冠仕子，咸附咨禀。时依雅门徒，并世典有功，未善佛理。雅乃与康法朗等，以经中事数，拟配外书，为生解之例，谓之'格义'。及毗浮、昙相等亦辩'格义'，以训门徒。"陈寅恪认为这是关于格义的正确解释……简单

①　伊藤隆寿：《佛教中国化的批判性研究》（萧平、杨金萍译，香港：经世文化出版有限公司，2004年）第二篇《正论》第一章《格义佛教考》，以及唐秀连：《僧肇的佛学理解与格义佛教》（北京：宗教文化出版社，2010年）第二章《格义佛教新探》中对中、日学者关于格义的研究，有比较详细的综述。在西方学术界，就笔者所见，比较有特色的格义研究有：芮沃寿（Authur Wright F.，中译本，常蕾译《中国历史中的佛教》，北京：北京大学出版社，2009年，第38页，认为格义是一种有意的思想改造）、许理和（Erik Zürcher，中译本《佛教征服中国》，1998年，第310-311页，认为格义不是翻译的"等式"，虽然格义也被用来指称用老庄易"三玄"理解佛教，成为一种义学研究方式；但就本意来说，格义是为了阐述"名数"概念）、黎惠伦（Whalen W. Lai, Limits and Failure of Ko-I（Concept-Matching）Buddhism, *History of Religions*, Vol. 18 (3), pp. 238-257，认为格义是佛教中国化的重要阶段性标志，用《高、明二法师答李交州淼难佛不见形事》等材料彰显用格义方式让中国人理解印度佛理的困难，说明格义的局限和最终被抛弃的原因）、罗伯特·沙夫（Robert H. Sharf，中译本《走进中国佛教：〈宝藏论〉解读》，第93-96页，认为格义是中国古有的宇宙论思维方式在佛教中国化过程中所发挥的全面而持久的作用）等。

地说，传统的格义是以固有的、大家熟知的文化经典中的概念解释尚未普及的外来文化的基本概念的一种权宜之计。

以上对格义的解释主要依据的是陈寅恪、汤用彤以来的从思想史或学术史的角度所作的一般性解释。然而，按照古正美关于佛教政治的最新研究，"格义"之所以重要，实与北朝时期后赵政权石虎在位时（335—349 年）推动建立佛教王国的运动有直接关系。据此，"格义"其实是为了快速普及佛教以便建立佛教王国的政治运动所需要的产物（古正美：《从天王传统到佛王传统》，台北：商周出版 2003 年版，第 87 – 91 页。）因而主要不是文化交流现象或思想学术研究中出现的现象，当然，这不妨碍后人从思想文化交流的角度来考察、分析这一现象。上文所引竺法雅生于河间，恰为后赵之人，他推行格义之法以教导众多门徒，不可能与当朝的佛教王国运动无关，这也可说明为什么那么多"衣冠仕子，咸附谘禀"，为什么速成教学法成为必要并一时蔚成风气，也可说明那么多"衣冠仕子，咸附谘禀"不是自发的文化交流现象。

类似于古代佛教的格义在中国近代似乎也出现过……但是，与西方哲学和基督教传入中国的情况不同，对中国哲学研究的情况相当特殊。"中国哲学"作为 20 世纪开创的在现代大学中讲授的新科目不是简单地引入和传播西方文化产品，而是要"自觉地"以西方哲学的概念体系以及理论框架来研究中国本土的经典和思想。这是近代以来中国哲学或哲学史研究的主流，恰与传统的格义方向相反。所以，可以称近代自觉以西方哲学概念和术语来研究、诠释中国哲学的方法为"反向格义"。反向格义或许是一个新的说法，但却不是笔者的创见。很多人有过类似的观察。林安梧曾提出"逆格义"的说法。本文则希望有更多人认真思考和讨论"反向格义"与中国哲学研究基本方法的关系，总结过去何得何失，探索未来何去何从。故本文的目的不在于批评和否定，而在于反思、提示或警醒，希望借此提高学术界在方法论方面的自觉性和严肃性。①

反向格义在中国哲学史研究界引起了极大的反响,至今仍是人们热议的话题。反向格义的热烈讨论也刺激了人们对格义的进一步思考。刘笑敢教授提出反向格义有广、狭二义,"广义可以泛指任何自觉地借用西方哲学理论解释、分析、研究中国哲学的做法,涉及面可能非常宽,相当于陈荣捷所说的'以西释中'。狭义的反向格义则是专指以西方哲学的某些具体的、现成的概念来对应、解释中国哲学的思想、观念或概念的做法。"② 与此类似张风雷教授在研究格义佛教时,依据诸多汉魏两晋南北朝佛教关于格义的史料,也提出了广、狭二义③:

> 所以"格义",似可分为广、狭二义:广义的"格义",起于汉末魏初之"讲次",虽亦"以经中事数,拟配外书",然未著成例;狭义的"格义",则始于竺法雅、康法朗等,乃以经中事数与外书"逐条拟配立例",成为模式化的拟配。④

狭义的格义,如吕澂先生所言:"即把佛书的名相同中国书籍内的概念进行比较,把相同的固定下来,以后就作为历届佛学名相的规范。换句话说,就是把佛学的概念规定成为中国固有的类似的概念。因此,这一方法不同于以前对于名相所作的说明,而是经过刊定的统一格式。"⑤ 最典型的例子如魏初安世高一系康僧会、陈慧合撰的《大安般若意经注》,对"安般守意"的解释:"安为清,般为净,守为无,意为名,是清净无

---

① 刘笑敢:"'反向格义'与中国哲学研究的困境:以老子之道的诠释为例",《南京大学学报》,2006 年第 2 期,第 76 – 78 页。

② 刘笑敢:《"反向格义"与中国哲学研究的困境:以老子之道的诠释为例》,第 78 页。

③ 在此之前,已经有学者使用广义格义的概念,如蜂屋邦夫《中国佛教的思考:儒教·佛教·老庄的世界》(东京:讲谈社,2001 年,第 196 – 197 页);唐秀连的《僧肇的佛学理解与格义佛教》也是在广义格义的基础上使用格义概念的,该书虽然已经出现广、狭二义的格义,但其狭义格义在行文中更常被称为"原始格义"。笔者以为狭义格义的概念比原始格义为优,因为就时间先后顺序来看,广义格义并不晚于狭义格式,将后者称为原始格义,略显不妥。

④ 张风雷:"论'格义'之广狭二义及其在佛教中国化进程中的历史地位",李四龙主编:《佛学与国学:楼宇烈教授七秩晋五颂寿文集》,北京:九州出版社,2009 年,第 39 页。

⑤ 《中国佛学源流略讲》,第 2504 页。

为也。"①

而广义的格义，是与讲次同时而起的，如《喻疑论》："汉末魏初，广陵彭城二相出家，并能任持大照，寻味之贤，始有讲次，而恢之以格义，迁之以配说"；② 并且可能与"译讲同施"的早期译唱与讲经制度有关。③ 张风雷教授在汤用彤等人研究的基础上，指出用佛教的五戒来拟配五行、五常等中国固有概念，是广义格义的典型代表，例如北朝著名的伪经《提谓波利经》："提谓波利等问佛：何不为我说四、六戒？佛答：五者，天下之大数：在天为五星，在地为五岳，在人为五脏，在阴阳为五行，在王为五帝，在世为五德，在色为五色，在法为五戒。以不杀配东方，东方是木，木主于仁。仁以养生为义，不盗配北方，北方是水，水主于智，智者不盗为义。不邪淫配西方，西方是金，金主于义，有义者，不邪淫。不饮酒配南方，南方是火，火主于礼，礼防于失也。以不妄语配中央，中央是土，土主于信，妄语之人，乖角两头，不契中正，中正以不偏乖为义也。"④ 智顗《法界次第初门》："五戒者，天下大禁忌。若犯五戒，在天则违五星，在地则违五岳，在方则违五帝，在身则违五脏。"⑤ 此外，智顗在《摩诃止观》卷六上论"世间施法"、颜之推《颜氏家训》"归心篇"、初唐法琳《辩证论》卷一，都有类似的说法。

狭义的格义在东晋之后已经弃之不用，而广义格义的影响则贯穿整个魏晋南北朝，"《提谓波利经》乃出于北魏昙靖之伪撰，此事虽早经僧祐、费长房、道宣等所指出，但隋唐名僧如智顗、法琳等，仍将之视为真经而加以征引并予以发挥，名儒如颜之推等亦完全认同佛教五戒与儒家五常的比配，可见该经以佛教五戒拟配汉儒的五行、五常、五方等观念所作的解说，是何等地深入人心。这种比配，或许亦可视为旧时'格义'方法的遗韵；而其旨趣，仍在致力于外来的佛教思想与中国本土固有理念之间的相互融通。"⑥

---

① 《大正藏》第 15 卷，第 164 页上。
② 《出三藏记集》，第 234 页。
③ 曹仕邦：《中国佛教译经史论集》，台北：东初出版社，1992 年，第 10 页。
④ 智顗《仁王护国般若波罗蜜经疏》卷二引，《大正藏》第 33 卷，第 260 页下。
⑤ 《大正藏》第 46 卷，第 670 页下。
⑥ 《佛学与国学：楼宇烈教授七秩晋五颂寿文集》，第 48－49 页。

广义格义无疑将以往的格义佛教研究向纵深推进，给我们许多启示，同时也带来许多新的问题与思考：

（1）以往我们常将"格义"的背景，定位在魏晋般若学思潮勃兴之中，认为格义是佛教般若学与老庄玄学连类；但如果广义格义贯穿了整个汉魏两晋南北朝，则格义的背景显然不能仅限于魏晋般若学。况且就现有研究来看，狭义格义的"事数"多为小乘毗昙学概念，而广义格义则多与汉代阴阳五行、谶纬模式有关，两者都与般若玄学差距很大。

（2）广、狭二义的格义，皆多发生在北方，狭义的格义盛行于后赵，广义格义的重要代表《提谓波利经》在北朝民众中影响甚巨；但在荆楚、江南，确实存在着般若学与老庄玄学连类的众多事例，由此是否可以说格义佛教存在地域性差异。北方类型的格义佛教与汉代谶纬神学关联紧密，而南方类型的格义佛教与魏晋玄学关联紧密；前者由于汉学在北方的持续影响及深厚的民众基础而长期存在，后者虽受玄风论辩风气所染，但随着玄学、般若学的进一步深化发展，被认为"迂而乖本"而逐渐被人们抛弃。北方类型的格义佛教是原初的或者说原本的格义，而南方类型的格义亦被称为"连类"。庐山慧远"年二十四，便就讲说……乃引《庄子》义为连类，于是惑者晓然。是后，安公特听慧远不废俗书。"[①] 据《高僧传·道安传》："至年四十五，复还冀部，住受都寺，徒众数百常宣法化。"道安四十五岁时，慧远即二十四五的年纪，慧远连类老庄应该就发生在后赵首都邺，但从道安"特听慧远不废俗书"来看，与当时已经在后赵广为流行、道安也参与其中的格义方法，应有所区别，否则不必让道安特批。故笔者推测"连类"这种沾染了老庄玄风的新型格义，与原本意义上的格义可能已有较大区别。连类这种新型格义方法，由于日后庐山慧远僧团影响日大，在东晋中后期于南方可能颇为流行。这种沾染了老庄玄风的新型格义，与原初的格义已有较大区别。

（3）"经中事数，拟配外书"被认为是格义的经典定义。就《出三藏记集》等现有资料来看，几乎在道安这一代高僧放弃格义方法的同时，出现了将同一或近似经典的不同译本合本的做法，如道安《合放光、光赞随

---

① 《高僧传》，第212页。

略解序》、支道林《大、小品对比要钞序》、《合维摩诘经》五卷（合支谦、竺法护、竺叔兰所出《维摩》三本合为一部）、支敏度《合首楞严经》八卷（合支识、支谦、竺法护、竺叔兰所出《首楞严》四本合为一部，或为五卷）等。若格义的做法是以外解内，则合经的做法是以内解内。但这种"内"、"外"的解释，还需要进一步探讨。传统上，我们一般将"内"理解为内典佛经，特别是般若类经典，"外"理解为老庄玄学等俗书，前者为外来文化，后者为中土固有思想，故格义有被认为是一种汇通中外思想文化的方法。但就新近的研究来看，"外"是否为老庄玄学是有疑问的，而"内"也并非是佛经般若类典籍这样简单。而且内、外书，在汉魏两晋南北朝其实有固定的用法，"内"是秘不示人的，从家传谱牒①到方术秘籍都可以称为内书；而"外"是相对公开流通的，从正史外传到儒、道通俗文献都可以称为外书。"经中事数，拟配外书"中的内经和外书，必须进一步追求其含义，才能更好地为今后格义研究指明方向；若内外并非特指印度西域与中国文献，则将其视为汇通中外文化方法就成为无稽之谈，这不得不引起我们高度的重视，下一节我们将详细探讨这一话题。

第二节　何为外书：中外问题还是新旧问题

现代学术意义上的"格义"研究，始于汤用彤先生。汤先生在格义研究上，用功多年，前后观点侧重不断发展变化，为今人留下了非常丰富的资源，至今尚未完全挖掘。汤用彤先生对格义的系统论述，笔者以为有三大类，每类之间既有衔接关系，但亦有发展差异。

第一类是汤公在其名著《汉魏两晋南北朝佛教史》相关章节中对格义的论述，认为格义始竺法雅，大体相当于我们上节所说的"狭义格义"，汤公这一论述最为人们熟知。但此时汤公已经指出格义与讲经可能存在的密切关系，并提出格义或许与汉代都讲（主讲之外，事先安排的按一定程式提问的负责人）制度有关。

---

① 例如，陶弘景在《真诰》中说："张、傅二人，外书不显，或应在家谱中。"（吉川忠夫、麦谷邦夫编，朱越利译：《真诰校注》，北京：中国社会科学出版社，2006年，第410页）张、傅是张微子、傅礼和两位女真，"外书"与"家谱"相对，显然家谱属"内"。

第二类文献是汤用彤先生 1948 年在美国讲学期间用英文写成的《论"格义"：最早一种融合印度佛教和中国思想的方法》，该文在 1990 年由石峻先生翻译为中文，逐渐为学界所知，张风雷教授就是在该文基础上，凝练出"广义格义"概念。

第三类文献，是从汉学与魏晋玄学新旧学风的转变之视角，来看待格义的历史意义的。这类文献，汤公并未亲自整理成文，而是散见于他在抗战时期开设"魏晋玄学"课程的讲稿之中，现存的讲课笔记主要有两种，一是华东师范大学冯契教授的听课笔记，二是一万姓同学的听课笔记。笔者认为汤公的这一视角极其重要，故在此加以阐释。本书导论中已经提到过，在《魏晋玄学讲义》中，汤公以为汉学为旧学，一事一理，尚复杂而不尚抽象；玄学为新学，喜抽象玄远，以为找到一最高原理即可解释诸事。由汉学到玄学的过渡，不仅是社会环境的变化，更重要的是须出现思想史上的新方法，才能完成这一变革。而这一新方法即言意之辨（得意忘言）。——同样，佛学发展也是如此。传毗昙学的安世高、传般若学的支娄迦谶两系在汤公看来实即旧、新二学。毗昙等事数，等同于汉代阴阳五行，均为元素论；般若则堪比玄学。汉代佛教是佛道，魏晋佛学是佛玄，佛道过渡到佛玄，也需新方法，这一新方法也是得意忘言，即抛弃格义语言学这套，格义专在五蕴、十八科等上下工夫，太支离，是旧学；所以道安等受般若（新学）影响的僧人均反对格义。

汤公以为后汉自王充以来，荀悦、王符、仲长统等，都有反对汉学烦琐比附、谶纬迷信的倾向，自言意之辨后，有了新方法，才彻底清算了汉学，玄学为之诞生，佛学也是如此，从汉代的佛道"净化"为魏晋的佛玄。

总之，汤公是从汉学、魏晋玄学这新旧两系更替来看格义的，认为格义属旧学、旧方法，这种支离比附，势必要如王弼扫象一般地被崇尚玄远本体之新风气所排斥。汤公以为南朝佛教，新学为主，北方则属旧学，隋唐统一是北方打破南方（南北朝佛教注疏有文句、玄义之分，玄义是魏晋之风，文句末流即属汉代旧学烦琐章疏，隋唐亦如此），汤公以为禅宗不立文字、教外别传的新方法出现后，才使新学彻底发扬光大，宋明理学也秉承魏晋玄学精神。——如此看汤公对魏晋玄学的理解还须重视，他的一些理解并没有完全反映在《汉魏两晋南北朝佛教史》里，这大概也是他30年代末出版《汉魏两晋南北朝佛教史》后，没有立刻写隋唐佛教史，反而在40年代初去写魏晋玄学（部分内容成为50年代出版的《魏晋玄学论稿》）的原因，应是有了新的认识。

汤公上述观点，在我们所谓的第二类文献中，其实也有体现：

> 论到"格义"方法的起源，首先，它的踪迹可以从汉代思想看出它的模式。那些学者是非常喜欢将概念与概念相比配。这时儒家学派的人（如董仲舒、约公元前179—104年）和道家学派思想家（如淮南王［刘安］，卒于公元前122年）都任意地借用古代哲学阴阳家的思想，他们应用二元原理的阴阳，五行，四季（时），五音，十二月，十二律，十天干，十二地支等，使它们成对地相配合。甚至到西晋，这种方式的学问连同它的（思想）方法，被用来讲授，而且对于学者们是很熟悉的。竺法雅和他的同事们生活的年代，虽然已是一个新的历史时期，他们仍然没有放弃（过去）汉代思想的模式。例如道安在黄河以北地区（公元312—365年）所写的著作，我认为是深深地带上了汉代学术的色彩。[1]

在第二类文献中，汤公所举大量事数为毗昙、五戒拟配五行的例子，实际就是从汉学的视角将格义视为旧"语言学"（实为谶纬比附）的方法。如果汤公上述观点成立，则如今于中外交流史上广受重视的"格义"，其实并非是讲述中外交流问题，而是新旧学术转换问题，而且格义不过是旧学方法的一个代表而已。那么通常对格义的理解真的是张冠李戴吗？这是一个必须加以辨识的问题，而我们不得不回到问题的起点，"经中事数，拟配外书"的"外书"，到底指的是什么？

我国古籍常分内外篇，[2] 在汉魏两晋南北朝时，外书相对于内书，是一对有相对固定意义的概念，例如陶弘景《真诰》中数十次出现"外

---

① 《汤用彤选集》，第414页。

② 参见余嘉锡："古书之分内外篇"，《目录学发微（含《古书通例》）》，北京：中国人民大学出版社，2004年，第262－268页。

书"。① "内"相当于隐;"外"相当于显。例如《汉书》卷四四"淮南王安传":"招致宾客方术之士数千人,作为内书二十一篇,外书甚众,又有中篇八卷。"魏晋南北朝道教常使用"内"来表示秘传,如"内解"(《三天内解经》)、内传(《汉武帝内传》)、内法等。然内书并不单指道教秘籍,亦可用于指称任何密传的方术,如《三国志·魏志·胡昭传》"尺牍之迹,动见模楷焉。"裴松之注引《魏略》:"(扈累)昼日潜思,夜则仰视星宿,吟咏内书,人或问之,闭口不肯言","(石德林)初不治产业,不畜妻孥,常读《老子》五千文及诸内书,昼夜吟咏。"佛教初入华时,亦常被世人视为一种方技,故也被视为"内"。"内法"亦逐渐成为佛教的代名词,如《北齐书·高元海传》:"文宣天保末年,敬信内法,乃至宗庙不血食,皆元海所谋。"唐代义净作有《南海寄归内法传》(四卷)。佛教戒律被称为"内戒",如《魏书·释老志》"释氏之糟糠,法中之社鼠,内戒所不容";佛教典籍也常被后世称为"内典"。

由此可见,"内"绝非特指佛教,可以泛指任何密传的文献或方技;而且佛道教的文献也并不一定都属于"内",若是公开传播的文献,即便属于佛道教,也可以称为"外"。因此外书要比内书多得多,如《太平广记》卷二〇二引《谈薮·陶弘景》:"先生尝曰:'我读外书未满万卷,以内书兼之,乃当小出耳。'"可见内书相对外书的比例是百不及一的。若道书只限于内书,则陶弘景所读道书过少,与其公认博览道书矛盾,显然"外书"中也应包括大量佛道教等宗教文献。

我们回到"以经中事数,拟配外书"的格义,《世说新语》刘孝标注:"事数:谓若五阴、十二入、四谛、十二因缘,五根、五力、七觉之属。"② 狭义格义对象即毗昙概念,显然是佛教的内传;而广义格义的对象,如常出现的五戒话题,也属教内戒律("内戒")范畴。而格义拟配的"外",只要非教内隐秘内容,汉学的阴阳五行,魏晋的老庄玄学,甚至是为善去恶等通俗佛理,应该都是可以的,如智𫖮在《摩诃止观》卷六上论"世间施法"中,用"五戒"拟配"五常"、"五行"之前,先说:"束于十善,

---

① 参见《真诰校注》书后的索引"外书"条,第616页。
② 《世说新语笺疏》上册,第284页。

即是五戒"①，用"十善"连类"五戒"，"十善"无疑是佛教内通俗概念，由此可见格义拟配之"外"是可以包括今天所谓的教内文献内容的。

综上所述，历史上的"格义"，在最初的目的上，并非有意识地进行中外不同思想的交流汇通或相互理解。而之所以没有产生自觉意识，笔者以为是在于如我们前文所讨论的"老子化胡说"那样，有潜意识的一元真理观，即认为真理是唯一的，无论中外，所探讨的是这一元的真理。故此格义的目的就是对这一元真理的追求，而非中外不同思想体系的对话沟通。而格义的被抛弃，正如"化胡说"被抛弃一样，在于佛教势力的增长，源于对其理论与信仰排他性的优越感；这就如今天中国哲学史界对用西方哲学术语诠释中国固有思想这一"反向格义"的反思和不满，很大程度上也是源于中国思想界对自身传统特色的自信。当然，这种区分，可能更符合实际情况，也便于学术的进一步分疏和细致化：古代佛教学者在东晋时基本抛弃格义的做法之后，佛教义理在南北朝得到长足发展；今天在反思"反向格义"之后，中国学术想必也会有更加"贴切"的进步。不过，这也不一定意味着分疏一定就好，格义式的追求中外合璧的一元真理就不好：中国古代在经历三教长期论衡之后，又出现了三教合一的思潮；中国固有思想优越性得到彰显之后，未必不会再度对普世真理发生理论兴趣。这种分与合，需要视不同时代的不同需要而定。

格义是晋代影响非常大的佛教诠释方式，东晋以来开始受到人们的质疑，有案可稽最早对格义提出系统理论批评的当属东晋僧团著名领袖道安。道安早年亦使用格义方法，后在飞龙山遇到僧先时，已经开始公开批评格义：

> （僧先）值石氏之乱，隐于飞龙山。游想岩壑，得志禅慧。道安后复从之，相会欣喜，谓昔誓始从，因共披文属思，新悟尤多。安曰："先旧格义，于理多违。"先曰："且当分折逍遥，何容是非先达。"安曰："弘赞理教，宜令允惬，法鼓竞鸣，何先何后。"②

---

① 《大正藏》第 46 卷，第 77 页中。
② 《高僧传》，第 195 页。

据此台湾学者涂艳秋教授认为，道安对格义态度的转变，发生在他离开邺之后、进入飞龙山之前，即是道安潜隐于濩泽这段时间。道安在濩泽时主要受到竺法济、支昙讲、竺僧辅等人的影响，学习注释《阴持入经》、《道地经》、《人生欲本经》，由于《阴持入经注》、《道地经传》都已亡佚，涂艳秋教授主要从道安现存的《人生欲本经注》入手，指出道安诠释经典的方式为"寻章察句"，不用外典，与格义风格迥异，诠释时着意于句倒、省文、乱文等问题。① 但笔者以为道安这一时期"寻章察句"的方法，还不能同"五失本、三不易"的翻译原则直接对接起来；"五失本、三不易"的翻译原则可能并非"寻章察句"释经方法在翻译领域中的进一步延伸，而是一种让步。

我们在本书序论中已经指出"五失本、三不易"的翻译原则并非道安的首创，可能受当时地方官吏、功德主赵政的影响更大；在翻译实践中，道安常常是被迫或经过说服才接受"五失本、三不易"的翻译原则。如道安《比丘大戒序》：

> 昔从武遂法潜得一部戒，其言烦直，意常恨之。而今侍戒规矩与同，犹如合符，出门应辙也。然后乃知淡乎无味，乃真道味也。而嫌其丁宁，文多反复，称即命慧常，令斥重去复。常乃避席谓："大不宜尔。戒犹礼也，礼执而不诵，重先制也，慎举止也。戒乃逐广长舌相，三达心制，八辈圣士珍之宝之，师师相付，一言乖本，有逐无赦。外国持律，其事实尔。此土《尚书》及与《河洛》，其文朴质，无敢措手，明祇先王之法言而慎神命也。何至佛戒，圣贤所贵，而可改之以从方言乎？恐失四依不严之教也。与其巧便，宁守雅正。译胡为秦，东教之士犹或非之，愿不刊削以从饰也。"众咸称善。于是案胡文书，唯有言倒，时从顺耳。②

道安为了理解方便，原本是主张"斥重去复"的，但由于慧常等人反

---

① 参见涂艳秋："论道安从格义到寻章察句的转变"，《台大中文学报》第三十二期，2010年6月，第119–166页。

② 《出三藏记集》，第413页。

对，故作罢，但还是坚持按照中文习惯来"言倒"，方便中文读者理解。由此可见，在道安看来若要坚持完全避免"五失本"，就会干扰经意理解，故在一定意义上，道安是赞同翻译上为了方便理解，是应该允许"五失本"的，文意晓畅比字面直译更为重要，否则才是"迁而乖本"。而对文意的重视与发挥，正是魏晋佛教义学兴起的前提之一。

第一编　华夷之辨：佛教与中华文明的相遇

第二编　魏晋佛教思想论纲

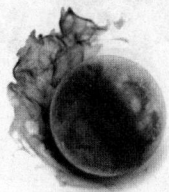

第一章　六家七宗：东晋般若学的兴盛

六家七宗，本指鸠摩罗什来华以前，在中国佛教般若学中存在"偏而不即"的六家，再加一个"最得其实"的性空之宗，从而构成"六家七宗"。僧肇所批判的"心无"、"即色"和"本无"三家，代表人物分别是：心无家的支愍度、道恒、竺法温（蕴），即色家的支道林及其末学，本无家的竺法汰、竺法深。

般若"六家"的主要代表人物，4世纪中叶基本都在江南。按照地域和思想内容等因素来划分，可以分为两大类。第一类是心无家流行在荆地，受桓氏支持；其余五家流行于建康、会稽等地，受王谢家族支持，是第二类，他们都反对万物未尝无的心无家。而在后一大类之中，又有两种倾向，一是即色家，一是识含家。即色家虽反对万物未尝无，但偏重讲色（物质），即色是空，色复异空，缘会家思想与此接近；而识含家则不大重视谈现实世界，更强调三界皆空，比较注重心识（神）的作用。另外几家，从思想倾向上应该说，都是倾向于识含家的，道安的性空宗大体上也可归入此类。

六家七宗对于让中土知识分子接触和了解佛教，是有贡献的；他们将般若学与宗教修行联系起来，重视心识，对后来中国佛教确立神不灭、法性、佛性等思想，都有启发，其历史功绩不应该抹杀。

朱熹说："后汉明帝时，佛始入中国。当时楚王英最好之，然都不晓其说。直至晋宋间，其教渐盛，然当时文字亦只是将庄老之说来铺张，如远师诸论，皆成片尽是老庄意思。"在朱熹看来："释氏书其初只有四十二章经，所言甚鄙俚。后来日添月益，皆是中华文士相助撰集。如晋宋间自立讲师……各相问难，笔之于书，转相欺诳。大抵多是剽窃老子、列子意思，变换推衍以文其说。""佛氏乘虚入中国。广大自胜之说，幻妄寂灭之论，自斋戒变为义学，如远法师、支道林皆义学，然又只是盗袭庄子之

说。"(《朱子语类》卷第一百二十六)

朱熹站在儒教立场上批判佛教，认为佛教经典"皆是中华文士相助撰集"，其观点显失公允。实际上，"影响总是相互的，在这个交涉过程中，玄学也会受到佛学一定的影响，这从两者的流传年代看，可以得到证明"①。但朱熹认为义学沙门连类老庄，影响日大，佛教在中国始盛于晋宋，却是颇有见地的。"斋戒变为义学"，在晋宋间"各相问难"的沙门讲师，在今天来看，东晋佛教般若学"六家七宗"是其中非常重要的代表。

在鸠摩罗什来华以前，佛教大乘般若类经典的翻译就已经初具规模，小品类般若经有：东汉支谶译《道行般若经》、吴支谦译《大明度无极经》；大品类般若经有：西晋竺叔兰、无罗叉译《放光般若经》、西晋竺法护译《光赞般若经》。东晋"六家七宗"的时代，佛教界学僧，受当时社会上玄谈风气影响，对经典理解各异，思维活跃，新义层出。六家七宗的义学沙门讲法，往往是"黑白观听，士女成群"，极大地扩大了佛教在中国传统文化中的影响力。

近代以来，学术界对东晋时期的佛教般若学"六家七宗"争论颇多，笔者尝试就此谈一些自己的想法。

第一节 六家七宗的代表人物探析

(1)"六家"的说法，最早见于僧叡的《毗摩罗诘提经义疏序》：

> 自慧风东扇，法言流咏已来，虽曰讲肆，格义迂而乖本，六家偏而不即。性空之宗，以今验之，最得其实，然炉火之功，微恨不尽，当是无法可寻，非寻之不得也。

从引文中，可以看出，"性空之宗"显然是在"六家"之外。"性空之宗"，僧叡是指道安的学说。僧叡《大品经序》：

> 亡师安和上，凿荒涂以开辙，标玄指于性空，落乖从而直达，殆不以谬文为阂也，叠叠之功，思过其半，迈之远矣。

---

① 吕澂：《中国佛学源流略讲》，北京：中华书局，1979 年，第 34 页。

但日人安澄在《中论疏记》卷三末，表达了不同看法，今从安澄说：

> 言"师云安和上"等者，有人传云：有本云"师云"者。此非当
> 也。今案《破空品疏》末云："叡师叹释道安：鉴荒涂以开辙，标玄
> 指于性空。唯性空之宗，最得其实。"准之可悉。

从以上引文来看，固然僧叡认为道安的学说有些瑕疵，但其功绩是主
要的；《诗经·大雅·文王》有"亹亹文王，令闻不已"，可见僧叡对道安
的赞誉。而且，僧叡文中"以今验之"显然是指鸠摩罗什的经文翻译。也
就是说，在鸠摩罗什来华之前，中土佛学有"格义"、有"六家"，在
"六家"之外，还有道安的"性空之宗"；鸠摩罗什来华后，大量翻译了佛
教经典，在"经义大明"的情况下，来判别中土原有的佛教学派，"格义
迂而乖本，六家偏而不即。性空之宗，以今验之，最得其实，然炉火之
功，微恨不尽"。

道安的性空之宗，虽然有瑕疵，但是当时人们公认，还是比较接近大
乘空宗学说的，"义不远宗，言不乖实，起之于亡师（指道安——引者
注）"（慧叡《喻疑论》）因此，东晋南北朝时，人们往往将道安与鸠摩罗
什并称。僧祐《弘明集后序》：

> 晋武之初，机缘渐深。……既而安上弘经于山东，什公宣法于关
> 右，精义既敷，实象弥照。英才硕智，并验理而伏膺矣。

梁慧皎《高僧传·道安》：

> 安先闻罗什在西国，思共讲析，每劝坚取之。什亦远闻安风，谓
> 是东方圣人，恒遥而礼之。……安终后十六年，什公方至，什恨不相
> 见，悲恨无极。

《魏书·释老志》：

> 时西域有胡沙门鸠摩罗什，思通法门，道安思与讲释，每劝致罗
> 什。什亦承安令问，谓之东方圣人，或时遥拜致敬。道安卒后二十余
> 载罗什至长安，恨不及安，以为深慨。道安所正经义，与罗什译出，

符会如一，初无乖舛。于是法旨大著中原。

即使是陈时慧达的《肇论序》和唐时元康的《肇论疏》也是道安与鸠摩罗什并称。慧达《肇论序》：

> 至如弥天大德，童寿桑门，并创始命宗，图辩格致，播扬宣述。

元康《肇论疏》：

> 安法师立义以性空为宗，作性空论；什法师以实相为宗，作实相论，是谓命宗也。

由此可见，六家七宗，本指"偏而不即"的六家，再加一个"最得其实"的性空之宗，从而构成"六家七宗"。

（2）六家具体何指，僧叡并未明言。而与僧叡同时的僧肇在《不真空论》中提到了三家，并进行了简要的分析批判。

> 故顷尔谈论，至于虚宗，每有不同。夫以不同而适同，有何物而可同哉！故众论竞作，而性莫同焉。何则？心无者，无心于万物，万物未尝无。此得在于神静，失在于物虚。即色者，明色不自色，故虽色而非色也。夫言色者，但当色即色，岂待色色而后为色哉！此直语色不自色，未领色之非色也。本无者，情尚于无，多触言以宾无。故非有，有即无；非无，无亦无。寻夫立文之本旨者，直以非有，非真有；非无，非真无耳。何必非有无此有，非无无彼无。此直好无之谈，岂谓顺通事实，即物之情哉！

唐代元康《肇论疏》对此有十分详细的解说：

> 心无者，破晋朝支愍度心无义也。《世说》注（"注"字为衍文——引者注）云：愍度欲过江，与一伧道人为侣。谋曰："若用旧义往江东，恐不办得食。"便立心无义。既此道人不成渡江，愍果讲此义。后有伧人来，先道人语云："为我致意愍度，心无义那可立，此法权教饥耳。无为遂负如来也。"从是以后，此义大行。《高僧传》

云：沙门道恒颇有才力，常执心无义。大行荆土。竺法汰曰："此是邪说，应须破之。"乃大集名僧，令弟子昙一难之，据经引理，折驳纷纭。恒杖其口辩，不肯受屈。日色既暮，明旦更集。慧远就席，攻数番，问责锋起。恒自觉义途差异，神色渐动，麈尾扣案，未即有答。远曰："不疾而速，杼轴何为？"坐者皆笑。心无之义，于是而息。今肇法师亦破此义，先叙其宗，然后破也。"无心万物，万物未尝无"，谓经中言空者，但于物上不起执心，故言其空，然物是有不曾无也。"此得在于神静，失在于物虚"者，正破也。能于法上无执，故名为得；不知物性是空，故名为失也。

即色者，明色不自色，下第二破晋朝支道林《即色游玄义》也。今寻林法师《即色论》，无有此语。然《林法师集》，别有《妙观章》云："夫色之性也，不自有色。色不自色。虽色而空。"今之所引，正此引文也。"夫言色者，当色色即色，岂待色色而后为色哉"者，此犹是林法师语意也。若当色自是色，可名有色；若待缘色成果色者，是则色非定色也。亦可云若待细色成粗色，是则色非定色也。"此直语色不自色，未领色之非色"者，正破也。有本作悟，有本作语，皆得也。此林法师但知言色非自色，因缘而成；而不知色本是空，犹存假有也。

本无者，下第三破晋朝竺法汰本无义也。"情尚于无，多触言而宾无"者，情多贵尚此无也，触言皆向无也。宾者，客也，客皆向主。今本无宗，言皆向无也。尔雅云：宾，服也。言服无，故云宾无耳也。"故非有，有即无，非无，无即无"者，谓经中言非有者，无有此有也，言非无者，无有彼无也。"寻夫立文之本旨"者，有本作"文"，有本作"无"。今用"文"也，谓寻经文本意也。"直以非有，非真有，非无，非真无"者，真，实也，非实定是有，故言非有，非实定是无，故言非无耳。"何必非有，无此有，非无，无彼无"者，不言非有无却此有，非无无却彼无也。"此直好无之谈"者，直是好尚于无，故触言向无耳。"岂所谓顺通事实，即物之情哉"者，不顺万事之实性，不得即物之实性也。

133

第二编　魏晋佛教思想论纲

僧肇在《不真空论》中提到"心无"、"即色"和"本无"三家，是迄今见到的对"六家"最早的较详细论述。元康的疏，基本可信，另可据现有其他材料检验，《不真空论》"心无"、"即色"和"本无"三句，"心无者，无心于万物，万物未尝无"，"即色者，明色不自色，故虽色而非色也"，"本无者，情尚于无，多触言以宾无"，都确有所指。心无的那句指的是"温法师用心无义。心无者，无心于万物，万物未尝无。"（《大正藏》卷四二吉藏《中论论疏》）① 即色那句指，"支道林著《即色游玄论》云：'夫色之性，色不自色，不自，虽色而空。'"（《大正藏》卷六五安澄《中论疏记》）② 故此说本无那句，也当有所指。张春波认为，僧肇的这段议论是针对竺法汰，宋净源《肇论集解令模钞·释不真空论》谓：汰尝著书与郗超曰："非有者，无却此有；非无者，无却彼无。""很显然，僧肇所批评的本无宗的观点跟《令模钞》所引述的竺法汰的话完全一致。"③

由此我们知道，僧肇所批判的"心无"、"即色"和"本无"三家，代表人物分别是：心无家的支愍度、道恒、竺法温（蕴），即色家的支道林和本无家的竺法汰。

（3）对六家七宗代表人物的进一步考察。

吉藏《中论疏·因缘品》：

> 什师未至，长安本有三家义。一者释道安明本无义，谓无在万化之前，空为众形之始。夫人之所滞，滞在未有，若诧心本无，则异想便息。睿法师云："格义迂而乖本，六家偏而未即。"师云："安和上凿荒途以开辙，标玄旨于性空，以炉冶之功验之，唯性空之宗最得其实。"详此意安公明本无者，一切诸法本性空寂，故云"本无"。此与方等经论、什肇山门义无异也。次琛法师云："本无者，未有色法，先有于无，故从无出有。即无在有先，有在无后。故称本无。"此释为肇公不真空论之所破，亦经论之所未明也。若无在有前，则非有本

---

① 石峻等编：《中国佛教思想资料选编》第一卷，北京：中华书局，1981 年，第 77 页。

② 石峻等编：《中国佛教思想资料选编》第一卷，第 64 页。

③ 张春波："论发现《肇论集解令模钞》的意义"，《哲学研究》1980 年第 3 期。读者还可参考（日）伊藤隆寿：《肇论集解令模抄校释》，上海：上海古籍出版社，2008 年；张春波：《肇论校释》，北京：中华书局，2010 年。

性是无，即前无后有，从有还无。经云：若法前有后无，即诸佛菩萨便有过罪；若前无后有，亦有过罪。故不同此义也。

第二即色义。但即色有二家。一者关内即色义，明即色是空者。此明色无自性，故言即色是空，不言即色是本性空也，此义为肇公所呵。肇公云："此乃悟色而不自色，未领色非色也。"次支道林著《即色游玄论》，明即色是空，故言"即色游玄论"。此犹是不坏假名，而说实相，与安师本性空，故无异也。

第三温法师用心无义。心无者无心于万物，万物未尝无。此释意云：经中说"诸法空者，欲令心体虚妄不执，"故言无耳。不空外物，即万物之境不空。肇师详云："此得在于神静，而失在于物虚。"破意云："乃知心空而犹存物有，此计有得有失也。"

此四师即晋世所立矣。爰至宗大庄严寺昙济法师著《七宗论》，还述前四以为四宗。

第五于法开立识含义，三界为长夜之宅，心识为大梦之主，今之所见群有，皆于梦中所见，其于大梦既觉长夜，获晓即倒惑识灭三界都空，是时无所从生，而靡所不生。难曰：若尔，大觉之时便不见万物，即失世谛，如来五眼何所见耶？

第六壹法师云：世谛之法皆如幻化，是故经云：从本已来，未始有也。难曰：经称幻化所作，无有罪福，若一切法，全同幻化者，实人化人竟何异耶？又经借虚以破实，实去而封虚，未得经意也。

第七于道邃明缘会，故有名为世谛，缘散故即无称第一义谛。难云：经不坏假名而说实相，岂待推散方是真无。推散方无，盖是俗中之事无耳。

吉藏认为，本无宗有两家，一是道安，按照大乘中观来看，是正确的；二是琛法师（竺法深），认为无在有先，有生于无，这是僧肇在《不真空论》中所批判的。即色宗也有两家，一是"关内即色"，这是僧肇在《不真空论》中所批判的；二是支道林法师的即色宗，这种观点是"不坏假名，而说实相，与安师本性空，故无异也"。

也就说，吉藏实际上认为，僧肇在《不真空论》中所批判的"本无"

家代表人物是竺法深，而"即色"家代表人物是"关内即色"一系。下分别论之。

①竺法深与竺法汰同是东晋本无家的代表，吉藏所说他是本无宗代表人物，与元康所讲并无实质矛盾。

这里需要指出的是，现在学术界一般将道安作为本无宗的代表人物。但从僧叡到吉藏，都否定了道安属于"偏而不即"的六家，是僧肇的批判对象；元康《肇论疏》进一步明确指出本无宗代表人物是竺法汰。日人安澄《中论疏记》征引虽多，但在判教上基本沿袭并解释了三论宗祖师吉藏说法。从现有所有能见到的材料来看，僧肇《不真空论》、陈代慧达《肇论序》、《名僧传抄·昙济传》中引《（六家）七宗论》，元康《肇论疏》中引宝唱《继法轮论》所转引的僧镜《实相六家论》，这些书籍中都没有提到道安属于受批判的本无宗。

实际上，只有在日本保存的《肇论疏》讲道安和慧远是受批判的本无宗，它的具体论述大体沿袭《名僧传抄·昙济传》中的语句，只是冠以道安之名。日本保存的《肇论疏》认为道安是受批判的本无宗，这与由大量证据支持的道安是性空宗的传统说法相左，实为孤证；这部相传为慧达所作的《肇论疏》也很可疑。这部书曾被题名东晋慧达，按《高僧传》卷十三中记载有一个以寻找阿育王塔和佛指舍利出名的东晋名僧慧达，但其年代尚早于僧肇，显然不可能是《肇论疏》的作者，后人又将题名由东晋慧达改为陈代作《肇论序》的那个慧达，但此亦不可信，笔者比较赞同吕澂先生的说法：

> 说日本保存的《肇论疏》为慧达作，这不可信，因为慧达在《序》中明白地表示："聊寄一序，托悟在中"，并没有说自己作过疏；再说，元康也只看到此序，并未看到疏，可见疏是后出的；又疏文中自称招提意云云，也不似作者本人的口吻。①

日人安澄所作《中论疏记》提到了慧达《疏》，但引用时总是放在元康疏之后，并有"康达"这种连称，如"然康达二师，并云破支道林即色

---

① 《中国佛学源流略讲》，第46－47页。

义，此言误矣"（安澄是日本三论宗大师，其对六家七宗的看法，完全沿袭了三论宗祖师吉藏的说法）。元康疏引用了《肇论序》，而不引慧达《疏》，可见作《疏》之慧达当生活在元康（贞观年间人）之后、安澄（763—814年）之前，为初唐后期到盛唐时人，此时中土三论宗宗势尚未衰落，与时代背景亦合。可见，《疏》的作者绝不可能是作《肇论序》的那个陈代慧达。

故此，笔者以为当以年代较早的元康的说法为是，本无宗代表人物不是道安，而是竺法汰。

②吉藏认为僧肇在《不真空论》中所批判的"即色"家是"关内即色"而非支道林，这与元康的说法在表达上有冲突。

"关内即色"何所指谓，已无案可稽。"关内即色"，笔者怀疑其出处在于吉藏"什师未至长安本有三家义"。这句话可以有两种句读，"什师未至长安，（中土）本有三家义"，日人安澄是如此理解的，他在概括吉藏此句时说"初中言什师未至长安等者"（《中论疏记·第三末》）；不过该句还有一种句读，"什师未至（中土），长安本有三家义"。吉藏的原意，笔者以为可能是后者。吉藏有理由认为僧肇作《不真空论》所破三家，当在长安有所影响。而竺法深、释道安、竺法汰、支愍度等人，都是成年以后才南渡的。唯独支道林幼年便已经在江南，若"长安本有三家义"，则必然存在"关内即色"，这是僧肇所破。

支道林名士气质很浓，弟子似很难传习。"三乘佛家滞义，支道林分判，使三乘炳然。诸人在下坐听，皆云可通。支下坐，自共说，正当得两，入三便乱。今义弟子虽传，犹不尽可。"（《世说新语·文学》）可能支道林末流弟子及其应和者并未能理解支道林真意，在江北歪曲了支道林的思想。但是，总的来说，即色（即便是关内末流）是出于支道林，这并没有疑义。道安标举性空，自己不讲本无；而支道林自己标举即色，他与即色的关系，同道安与本无的关系，是不能类比的。因此从广义上说，僧肇所批判的即色是出于支道林的。

吉藏是一代宗师，他的评判不仅是学术史研究，而且带有判教性质。他认为道安、支道林不是僧肇所破，是对道安、支道林所持教义的肯定，所以将他们划入了什肇山门义之中。在判教方面，应该说吉藏是很有见地的；但具体到实际的学术史，则笔者以为，道安不是僧肇所破的本无家，而支道林则是广义上僧肇所破的即色家。

第二节　六家七宗的分类

本无家代表人物：琛法师（竺法深）、竺僧敷、竺法汰。竺法深等人是老一辈的法师，笔者推测，是他们先在东晋提倡本无义，4 世纪 50 年代，30 来岁的竺法汰南渡后，可能思想上接近本无宗，故此被划入本无家。竺法深和竺法汰虽然都同意无在有先，但在"虚豁之中，能生万有"的问题上，东晋本无的旧义可能与法汰观点相左（竺法深等人赞同，竺法汰等人则反对），故有本宗、异宗之分。法汰多次写信给道安高度赞扬竺僧敷的观点（《高僧传·竺僧敷》），竺僧敷应该是本无新义的支持者。笔者以为，按早期情况来看，将竺法深旧义判为本宗，法汰新义判为异宗，可能更为合理一些；而后来法汰声望越来越大，认为"有生于无"的本无旧义，反倒成了异端。

心无家代表人物：支愍度、竺法温（蕴）、道恒、刘遗民、王谧（以及桓玄）。刘遗民著有《释心无义》，应为心无家的信奉者。桓玄难，王谧答《心无义问难》，此书现已失传，王谧答疑自然属于心无一家，而桓玄问难，是否被心无义说服不得而知，但按当时成书的风气如《牟子理惑论》、《辩宗论》，都是答疑一方占优势，这可能是当时一种解说教义的问答体例。如《辩宗论》反对顿悟一方的法纲、慧琳，似后来与道生关系融洽。道生被赶出建康后，便是寄居在苏州虎丘法纲处；而道生死后，慧琳为其撰写诔文。故此推测，在《心无义问难》中问难的桓玄，或许也是心无家。

竺法蕴本是本无家竺法深的弟子，后来持心无义。有学者认为"法深的弟子竺法蕴放弃了老师的论点，转而支持心无义，'有生于无'的命题受到历史的淘汰，本无异宗（这里的本无异宗指竺法深等人本无旧义——引者注）后继无人，失去影响。"[①] 进而还认为，只有道安的"本无宗"最有影响，才值得批判。笔者则认为，正因为竺法蕴受到了"有生于无"

---

① 任继愈主编：《中国佛教史》第二卷，中国社会科学出版社，1985 年，第 226 页。

这种本无旧义的影响，才会赞同"万物未尝无"的心无义观点。竺法深旧义尚且认为"有生于无"，而后法汰等人新义则完全本"无"，否定"有生于无"。竺法蕴此时出走，说明随着理论的进一步发展，本无家理论进一步净化，本无与心无的分歧也因此越来越大。

即色家代表人物：支道林、郗超。《高僧传·于法开传》载："每与支道林争即色空义。庐江何默申明开难。高平郗超宣述林解。并传于世。"郗超是大力支持支道林的即色义。又支道林将法虔视为知己（《世说新语·伤逝》），学术观点当接近。支道林一生交往名士颇多，戴逵、王珣、孙绰都对支道林评价颇高，对其理论，应该膺服。孙绰在一次支道林同他人的辩论中，挑逗本无家的竺法深，"上人当是逆风家，向来何以都不言。"法深依旧笑而不答，而支道林则说："白旃檀非不馥，焉能逆风。"（《世说新语·文学》）孙绰与支道林，一唱一和，当关系十分密切。

识含家代表人物：于法开。据《高僧传·于法开传》记载：庐山何默支持于法开的观点，而反对支道林的即色义；于法开又有弟子于法威，"清悟有枢辩"。

幻化家代表人物：壹法师（道壹）。据《高僧传·道壹传》，道壹有好友帛道猷，弟子道宝。

缘会家代表人物：于道邃。《高僧传·于道邃传》记载谢庆绪对于道邃十分推重。

性空宗代表人物：道安（以及慧远）。365年，道安南来襄阳，学术重点逐渐由北禅转向南义，后人评价他的学说为"性空之宗"。慧远在去庐山之前，跟随道安多年，是道安的得意门生，就学于道安时，应该对性空宗十分熟悉。

后人所谓的般若六家七宗的主要代表人物，4世纪40到70年代，基本都在江南。按照地域和思想内容等因素来划分，可以分为两大类。

（1）第一类是以建康（——会稽）为中心，有五家。

本无家竺法汰。"（佛图）澄卒后，中国纷乱，道安乃率门徒，南游新野。"（《魏书·释老志》）法汰与道安只是同学关系，"或有言曰：汰是安公弟子，非也"（《高僧传·竺法汰》），没有必要总待在一起。竺法汰大约是在4世纪50年代初与道安于新野分别，道安后北去河北山西，法汰则带领弟子南下。竺法汰在南下途中染病，得到了当时荆州的实际统治者桓温的供养照顾，道安可能也派人探望。石虎死（349 年）后，桓温的策略是静观持重，坐大于荆、梁。法汰此时在荆州见到桓温，在时间上是符合的。当时法汰年纪尚轻，只有三十来岁，似乎并未必引起桓温太多重视，"温欲共汰久语，先对诸宾，未及前汰"，僧传上说因为桓温想跟法汰"久语"，所以先没有跟他说话，恐是后人溢美；当时法汰恐是名声不大，没有引起桓温重视，自己为此也颇为气恼，因此托病而提前离席。法汰在荆州没有引起桓温重视，应不久就南下京师，并得到了桓温政敌王、谢的大力支持，并逐渐获得大名。《世说新语·赏誉》："初，法汰北来，未知名，王领军供养之，每与周旋行来……因此名遂重。"对法汰，"领军王洽、东亭王珣、太傅谢安，并钦敬无极"王领军即王洽，是王导的第三子，在诸兄弟中最为出名，历任吴国内史、中领军等职，卒于 358 年。因此竺法汰是 4 世纪 50 年代初与道安分别，后南下，先到了荆州，并没有赢得当地统治者桓温的重视（期间或有小病），于是不久前往东晋首都建康。他至迟在 50 年代中期，就应当已经在建康，并得到王洽的大力支持，声名鹊起。①

本无家其他代表人物，如竺法深等人先时已经在江南。即色家支道林，自幼在南方，晋哀帝即位（362 年）后不断征召他来建康，在东安寺讲《道行》。识含家于法开，曾在升平五年（361 年）被请去为孝宗看病（《高僧传·于法开》），《世说新语·文学》中有关于他及其弟子与支道林争辩的记载。幻化家道壹，吴人，少出家，"琅琊王珣兄弟深加敬事"，晋太和年间（366—371 年）随法汰于瓦官寺学习（《高僧传·道壹》）。缘会家于道邃，与于法兰同时过江，"谢庆绪大相推重"（《高僧传·于道邃》）。以上五家受到会稽王及王、谢家族物质上的资助，舆论上的支持。

（2）另一类主要是在荆州（——襄阳）流行的心无家。

心无家支敏度在"晋成之世"（326—342 年）过江（《高僧传·康僧渊》），且根据《世说新语·假谲》中的说法，"心无义"是在渡江后才确立，并在荆州大行其道。心无家理论观点明显与其他五家不同，且受到桓

---

① 笔者此处说法与汤用彤先生异，故略加论证。

温的支持。桓温很早就与会稽王有间，350 年"（桓）温灭蜀，威名大振，朝廷惮之。会稽王昱以扬州刺史殷浩有盛名，朝野推服，乃引心膂，与参综朝权，欲以抗温；有时与温浸相疑贰。"（《资治通鉴·永和四年》）桓氏与王、谢更是势不两立。《世说新语·文学》中说习凿齿早年受到桓温赏识，习凿齿对此知遇之恩深为感谢，"后见简文，返命，宣武（桓温）问：'见相王何如?'答云：'一生不曾见此人。'从此忤旨。"这个故事的可靠程度有多大，尚难确定，但桓温与简文（当时实为会稽王）势不两立，显然已是人所共知的事情了。道安应习凿齿之邀南来襄阳，后又派弟子慧远协助本无家，去攻击桓温支持的心无义，恐也有为友人"帮忙"的意思。

　　心无家不断受到来自建康各家的辩难，不可避免会有政治方面的角力。《世说新语·文学》："桓宣武集诸名胜讲《易》，日说一卦，简文欲听，闻此便还，曰：'义自当有难易，其以一卦为限耶?'"简文不屑听讲，言语间透露出对桓温的看不起。很明显，玄谈在当时已经成为政治人物制造舆论、相互较量的一个场所。佛教般若学各派之间的争论，也难例外。

　　以上我们就可以知道，所谓"六家"本是指东晋各般若学派，他们同当时永和玄谈关系密切（其代表人物也多被写进《世说》[①] 之中），各家均各自得到了当时世族的支持，是特定时间地点的产物。就他们具体所持的观点来看，心无家认为心无，而万物未尝无；而其他五家则强调万物是虚无的。两者差别也非常大。而第七宗，性空宗道安先是在北，基本身处局外；后居襄阳，此时才开始专注研究般若学，建立所谓"性空之宗"。道安与法汰有同学关系，对荆州心无宗持批评态度，道安弟子慧远也参与了与心无家的辩论；而且道安托靠的习凿齿与桓氏交恶，因此若要归类，道安的性空宗可以归入这第一大类之中，对主张万物未尝无的心无宗持批评态度。

　　而在第一大类之中，又有两种倾向，一是即色家，一是识含家。从现存史料的记叙来看，即色家和识含家的争论是很多的。《高僧传·于法开》：于法开"每与支道林争即色宗义，庐山何默申明开难，高平郗超宣

141

第二编　魏晋佛教思想论纲

---

　　① 《世说新语》对南京五家多有褒扬，而对荆州一家批判甚切，其倾向性非常明显。

述林解。"即色家虽然反对万物未尝无的心无家，但也偏重讲色（物质），即色是空，色复异空；而识含家则不大重视谈现实世界，更强调三界皆空，比较注重心识（神）的作用。另外几家，从思想倾向上应该说，都是倾向于识含家，而批评即色家的。从现存史料来看，幻化家主张"心有物幻"，与识含家十分接近，甚至可以说观点几乎一致，只是表达方式（譬喻）上有所不同。而幻化家代表人物道壹的老师是本无家的竺法汰，竺法汰曾写信同即色家的郗超辩论。本无家的竺法深尝言："君自见其朱门，贫道如游蓬户"（《世说新语·言语》），亦是不重外物色相之人。竺法深还讽刺过支道林计划买沃洲小岭隐居（《高僧传·竺道潜传》、《世说新语·排调》）。在这点上，道安的气质也与此近似，道安曾经批评即色家的郗超"损米"，《世说新语·雅量》："郗嘉宾钦崇道安德问，饷米千斛，修书累纸，意寄殷勤。道安答直云：'损米'，愈觉有待之为烦。"

这里需要讨论的是缘会家。缘会家代表人物于道邃与识含家代表人物于法开是同门，都是于法兰的弟子。但从思想倾向上来，缘会家与识含家差异比较大，而跟即色家更接近。缘会家认为"有名为世谛，缘散故即无称第一义谛"，多少还是给予"有"一定地位的，这个立场与即色家相同。故此于道邃逝世后，即色家的"郗超图写其形，支遁著铭赞曰：'英英上人，识通理清。朗质玉莹，德音兰馨。'孙绰以邃比阮咸。"（《高僧传·于道邃》）于道邃英年早逝，生前终身不离于法兰左右。支道林对于法兰立像赞叹，孙绰对于法兰的评价很高，可见于法兰、于道邃师徒，都得到了即色家的认可。而于法开自己别立识含家，观点与即色家大异，当是意见与老师于法兰观点相左的缘故，其情况大约与竺法蕴不满意法汰本无新义，而转持即色义相似。

按照思想内容，六家七宗大体的分类：

（1）心无家，主张"无心于万物，万物未尝无"。认为"有生于无"的本无旧义，有与此相通的地方，本无旧义代表人物竺法深的弟子竺法蕴，转而支持心无义，便是两者近似的表现之一。这种在一定程度上承认实"有"的观点，同佛教正统般若学差距比较大。

（2）第二大类：六家七宗其余各学派都反对"万物未尝无"的观点，它们可再分为两类。

①即色家、缘会家。即色家认为万物没有自己恒久不变的本性（色无自性），因此即色是空；缘会家认为万物可以"推散"（缘散）故是"真无"。这两家从本质上来说，都是从事物都可以生灭变化，不能固定恒常的角度来解说性空，两者可以相互发明补充，思想十分接近。他们这样解说的一个重要推论是，"色"、"有"同"空"、"无"之间，还是有一定差别的，"色复异空"，"有名为世谛，缘散故即无称第一义谛"，在这点上同印度大乘空宗是有一定距离的。

②识含家、幻化家、本无家、性空宗。这几家，从根本上否定"有"的存在，"从本已来，未始有也"，所谓的"有"只是虚幻，实际并不存在真实的"有"。但识含家、幻化家、本无家，"偏而不即"，有破假名而谈实相之嫌，让凡夫亦有报应为虚幻的错觉。而性空宗的道安，"最得其实"。从现存材料来看，道安的般若思想在《合放光光赞隋略解序》中保存的比较全面：

> 凡论般若，推诸病之疆服者，理辙者也。寻众药之封域者，断迹者也。高谈其辙迹者，失其所以指南也。其所以指者，若假号章之不住，五通品之不贡高，是其涉百辟而不失午者也。宜精理其辙迹，又思存其所指，则始可与言智已矣。何者？诸五阴至萨云若，则是菩萨来往所现法慧，可道之道也。诸一相无相，则是菩萨来往所现真慧，明乎常道也。可道，故后章或曰世俗，或曰说已也。常道，则或曰无为，或曰复说也。此两者同谓之智，而不可相无也。斯乃转法轮之目要，般若波罗蜜之常例也。

"宜精理其辙迹，又思存其所指，则始可与言智已矣"，"此两者同谓之智而不可相无也"，道安虽然坚决反对实"有"，但显然也并不是"情尚于无（多）"。在道安看来，俗谛（可道）与真谛（常道），是"同谓之智"，既要"假号章"，又要"不住"；既要"涉百辟"，又要"不失午"；既要"精理其辙迹"，又要"思存其所指"，可见道安并不是僧肇所批评的"此直好无之谈"。当然行文中，道安难免有些格义的痕迹，"然炉火之功，微恨不尽"这个评价，笔者认为是公道的。

第三节　六家七宗的思想史地位

永和年间（345—356年）北方时局动荡，缓解了南方的外部压力。东晋利用这个时机，于永和七年收复洛阳，八年得传国玉玺，给人一种"升平"（357—361年）在望的表象。偏安江南的东晋外部压力缓解，而内部各种势力又势均力敌。故此时东晋社会局面短暂安定，出现了"永和人物"崇尚玄谈的社会风气。与此相伴随，佛教界般若思想在东晋也逐渐活跃起来。

中国固有的学术传统是重家学师承，而沙门易服换姓，在魏晋时期是新出现的事物，受到传统束缚较少，早期僧侣往往不重师传，以致僧传中对其师承关系往往失载，一个僧人师从几人的现象也很普遍。"六朝时期，'道家'指的是道士——'道人'则指的是僧侣。"[①] 我们仅从当时对僧侣的称呼上，就可以看出当时的义学沙门个人相对比较独立。

六家七宗的代表人物之间，也多有同学、师徒关系。可见，"六家七宗"是学派而非教派，虽然各家之间相互有所攻击，但总的来说还是学术义理争论，合则同不合则散，来去自由。因此"六家七宗"的划分，实际是人们对当时的各种学术观点、思潮的分类。

到了东晋末年（特别是简文帝死后），门阀士族社会逐渐走向衰落，玄谈的风气也逐渐失去了社会基础。371年一切有部僧伽提婆在庐山译经说法，经过数年努力，隆安元年（397年）提婆终于可以跻身东晋首都佛教界。提婆入京，恐是东晋佛教风气转折的开始，此后六家般若学基本上就告一段落。[②] 401年，鸠摩罗什到长安，此后十余年，翻译出大量高质量的佛教经典，经义大明。北方及南方此后方才逐渐开始出现对六家七宗之评判总结。

僧叡最早提到"六家"时，是与"格义"对举。陈寅恪在《支愍度

[①] ［法］索安，吕鹏志、陈平等译：《西方道教研究编年史》，北京：中华书局，2002年，第5页。

[②] 有部的僧伽提婆及后来佛陀跋多罗僧团，在东晋大受欢迎，小乘有部实际上起到了从般若学到涅槃学过渡的桥梁作用。

学说考》①　中，论述了心无义与拟配外书（老庄易"三玄"等俗书）的格义方法之间的关系。其实不仅是心无家，六家七宗中除了道安的性空宗外，都大量采用了玄学术语，支道林善《庄子·逍遥游》，以此阐发即色义。本无家所标举以无为本，便直接出自玄学，"魏正始中，何晏、王弼等祖述老庄，立论以为：天地万物皆以无为本。无也者，开物成务，无往不存者也。阴阳恃以化生，万物恃以成形，贤者恃以成德，不肖恃以免身。"②　于法开、于道邃等人也都有名士风度。实际上，当时义学沙门讲法的听众，僧俗皆有，不可能完全不用俗书、俗语来讲解。

魏晋时期，"北人学问渊宗广博，南人学问清通简要"（《世说新语·文学》），"南人简约，得其英华；北学深芜，穷其枝叶"（《隋书·儒林传》）。北方儒学大体还是汉儒的经说，力求综合会通，后来末流难免芜杂；南方则以玄解儒，探求新义，清楚明白。这一学术风气，也影响到佛学上来。北方格义，用外书而配佛教事数；南方则流行六家七宗，玄佛互解，新义迭出。

六家用老庄玄学解剖佛教般若学，也用般若学阐发玄学。用玄学解说般若，其理论未必错，而且不少人还有很独到的见解。但在鸠摩罗什来华后，这种办法就行不通了。首先，鸠摩罗什翻译的质量很高，直接阅读佛典就可以让人明白大意，不必像初传时期那样用玄学向人解释。另外，也是更为重要的是，佛教作为宗教，不仅是哲学思想，其信仰体系需要与玄学、道教等相互区别，需要抬高佛教自身的地位，像《牟子理惑论》那样用老子与佛教比附说明的方法就失去了功效。随着佛道斗争的深入，这种趋势越发明显。即便是平等对话，也必须以正统佛教信徒的身份与其他思想体系进行对话。因此南北朝以来，对六家七宗的批判，一方面在于判教，在于去伪存真。但如果说东晋末年僧肇等人批评还有去伪存真的意思，则南朝以来，人们对大乘空宗的解释逐渐明确，去伪存真的意义就不大了，更为重要的是对以玄解佛这种方法的否定，对玄学术语在佛学中进

---

①　见《金明馆丛稿初编》，北京：三联书店，2001 年。
②　如要深究，有生于无的思想渊源，至少可以在两汉经学，特别是《易纬》中发现端倪。今本《老子·第四十章》"天下万物生于有，有生于无"，然郭店出土《老子》，此段文字只有一个"有"字，意即天下万物生于有，生于亡（无），此与"无名天地之始，有名万物之母"意合。

第二编　魏晋佛教思想论纲

行清除。本来,"无"于老庄玄学,如"中(庸)"于正统儒学,含义极其丰富,关键看人如何阐发。但东晋末年以来,佛教界普遍反感以玄解佛,因此道安标举性空,得到了高度的赞扬,将其与什公并列。道安虽然特许慧远用《庄子》连类佛学,但禁止以玄解佛则是惯例,甚至不惜"是非先达"来明确反对格义(《高僧传·僧先传》)。后世对道安及其般若思想非常认可,道安突出佛教的独特性,是一个很重要的原因。

从道教历史来看,道教在东晋时期出现了大量高质量的上清派道书,而后不到一代,在公元五世纪,大量借用佛教大乘经典的灵宝类道书也相继问世。若没有高度中国化的佛教在东晋盛行,这一切将是不可想象的。但也正因为如此,佛教此后也逐渐注意自身与其他信仰的区别。南朝以来,带有玄学色彩的术语,如本无、心无、即色等一概被佛教扫地出门;而多少带有儒学色彩的称谓,如"中"观、"中"论则予以保留,这实际上反映了佛教思想潮流的倾向,即对于正统儒学、官方意识形态尽力融合,而对老庄玄学、道教,则极力贬斥。这与明代天主教入华,极力同儒学融合,而打击佛道教,有类似之处。

但如果从比较公正的角度来看,"六家七宗"游走于王公大族,以玄解佛的方法,并非一无是处;应该说在东晋一朝,为让中土上层认识接触佛教,了解佛教,"六家七宗"作出了重要的历史贡献。而且尤其值得注意的是,越是注重外物,对外物不完全否定的学派,越受到士族的欢迎。如心无家、即色家在士族中的影响即十分广泛。如何让世俗名士理解并认同佛教,成为当时六家讲说中最为关注的核心,因此采用譬喻等方便说。而真、俗二谛也成为当时争论的一个焦点,是后世评判六家七宗的一个重要标准。尤其值得重视的是,从心无家到识含家,尽管观点差异很大,但都强调心识(神)的作用;从现有材料来看,六家七宗都将般若思想与宗教修行结合起来,道安在这点上尤为明显。这对后来佛教的发展产生了十分重要的影响。道安的弟子慧远主张神不灭,倡法性思想,竺法汰弟子道生倡佛性思想,不能不说都带有六家七宗的影响。以今天的眼光来看,六家七宗大体说来,是以外界客观世界为空,以内心主观世界为智,重视心识(神)的修为,力图修凡为智(圣);应当说体现出了从真空到妙有、从般若学到涅槃学转变的历史大趋势,为日后轮回、净土、涅槃成佛等佛教教理在中国的全面展开，在理论上做了准备。

以玄解佛，使得中国知识分子逐渐接触并了解佛教，为佛教在中国的大发展奠定了基础。但东晋末年以来，佛教作为一独立宗教，开始注重自己的个性，因此以玄解佛的方法逐渐受到排斥，佛教开始批判道家思想。僧肇的《肇论·物不迁论》，实际上就是意在批判"生死交谢，寒暑迭迁，有物流动，人之常情"这种自然之化的思想。只有批判了"化"的思想，僧肇在"物不迁论"之后，才建立起空论、般若论、涅槃说等思想。稍后庐山慧远通过《沙门不敬王者》对"不顺化以求宗"观点的系统阐释，为中国人在自然之化以外，打开了一个新世界，使中国学术思想上了一个新境界。对道家自然之化思想的批判，可以说显示出了东晋以来佛教界开始摆脱依附黄老方技、老庄玄谈的局面，开始在汲取中国本土文化的基础上，批判性地建设中国佛学思想。佛学因其超越中国固有文化，才得以融入中国文化，从而也使得中国传统文化愈加丰富而深邃，异彩纷呈。中国佛学对魏晋玄学，先和合后出离（超越），六家七宗正是其中十分重要的一环。①

蒙文通先生《晋唐〈老子〉古注四十家辑本》中有鸠摩罗什的注和僧肇的注，② 汤用彤先生尝谓僧肇的老子注是伪书，但对鸠摩罗什注老子未置一词。我们在后文将会详细讨论晋宋之际般若学向涅槃学转变的问题，但并非说般若学在南北朝时期已经衰微。般若学自南朝中后期至三论而再兴，唐初又因道教重玄而颇光大一时，《海空经》、《本际经》等当时新出道经亦与般若学甚多交涉。此时的重玄并非完全重复般若老庄玄学，亦有

---

① 南京大学杨维中教授曾经提出：六家七宗中本无宗、即色宗、心无宗属于受玄学影响的早期般若学，而识含宗、幻化宗、缘会宗则是受小乘影响的思想流派，不属于般若学范畴。其理由除了对识含宗、幻化宗、缘会宗进行思想分析的内证外，外证主要是《肇论》只批判了本无、即色、心无三家；吉藏《中论疏·因缘品》中说"什公未至长安，本有三家义"即指本无、即色、心无三家，而识含宗、幻化宗、缘会宗，吉藏列入"同异门"，应与前三家有异（杨维中："六家七宗新论"，人大复印报刊资料《宗教》，2002年第3期，第73-77页。原刊于《陕西师范大学学报（哲社版）》，2002年第1期，第24-29页）。但就笔者以上分析来看，六家七宗基本上讨论的都是处于相同论域的问题，《道行般若经》等般若类经典是各家共享的经典资源，六家七宗代表人物之间关系亦十分密切，且多有交互辩难，六家七宗属于广义的般若学派，应无问题。

② 黄崑威：《敦煌本〈太玄真一本际经〉思想研究》，成都：巴蜀书局，2011年，第311-313页，已经把《晋唐〈老子〉古注四十家辑本》中鸠摩罗什和僧肇的老子注辑出。

涅槃学道体道性论的影响。托名鸠摩罗什、僧肇注老子或出此背景。托名鸠摩罗什、僧肇的老子注，或与老子化胡传统有关，但联系具体历史情势，唐初玄奘翻译《老子》为梵文未果，可能更接近其产生的具体时空背景——在吉藏重构了什肇山门义之后，道教在此基础上再讨论重玄，终于招致玄奘的双重不满。直到唐代托名僧肇的《宝藏论》出现，① 可以说佛教般若学与道教重玄学交互影响，一直是隋唐佛教思想史发展的一大伏流。

① 《宝性论》中亦涉“本际”问题，本际这一概念在龙树那里即出现，被认为是冥初外道；关于冥初外道，张风雷教授利用吉藏《中论疏》等材料讨论天台本觉（性觉）的问题，颇有见地（张风雷：“天台智者大师对‘生法论’的批判”，人大宗教所编《宗教研究》2008 年刊；天台、华严，性具、性起，大体来说即在因果与自然之间纵横捭阖），本际被道士们理解为“无本”，与早前六家七宗的本无颇有“遥承”，应当说，六朝到唐初是相续而非断裂，可以连着东晋佛教般若学看唐初道教重玄，应有新的体会，如今学术界因学科划分二藏，遮蔽了很多问题意识，例如“本际”就是一个连接空、有的概念，让般若学有了本体论的意蕴，也属于广义的般若学向涅槃学转变的概念范畴。

第二章 不顺化以求宗的庐山慧远

4 世纪开始中国人出家逐渐合法化，僧团与王权的矛盾亦日益凸显，本章要讨论的沙门是否要跪拜帝王的问题，便是一个集中的体现。

六朝以来，历代统治者都力图将僧团纳入王朝统治之中，即便是极端崇佛的梁武帝也自欲"白衣僧正"管理僧团（后未果）。南北朝后期逐渐形成了一套以国家为主导的官寺系统，每座官寺有朝廷供养的僧侣配额，国家统一掌管和调配各官寺僧侣；同时在官寺之外还有庞大的私寺，特别是在南北朝时，大的僧团领袖有时势力巨大，俨然有一方诸侯领主之势，庐山慧远能够在沙门不敬王者问题上与当朝统治者抗衡，也是这一时代背景的产物。隋唐以来，随着国家统一和高度的中央集权，六朝僧团的独立地位进一步下降，隋代即不再设立全国统一的僧正、僧统，而是代之以荣誉性质的十大德、众主，唐代在安史之乱前也沿袭了隋代不设全国最高僧官的做法，各州县设置官寺，但在首都长安至少在名义上不设立官寺，避免强大的中央化佛教机构的出现，对僧团势力可谓严加防范。①

东晋末年，庐山慧远沙门不敬王者的努力并没有成功。刘宋武帝时僧人在帝王面前虽不跪拜，但已开始称名："时畅与献二僧，皆少习律检，不竞当世。与武帝共语，每称名而不坐。后中兴僧钟，于乾和殿见帝，帝问钟如宜。钟答：贫道比苦气。帝嫌之，乃问尚书王俭：先辈沙门与帝王共语，何所称？正殿坐不？俭答：汉魏佛法未兴，不见其记传；自伪国稍盛，皆称贫道亦预坐，及晋初亦然；中代有庾冰、桓玄等，皆欲使沙门尽

---

① 道端良秀、塚本善隆等日本学者关于唐代官寺都有经典性研究，新近的研究可以参考意大利学者富安敦（Antonino Forte）的论文 "Chinese State Monasteries in the Seventh and Eighth Centuries"（见桑山正进编：《慧超往五天竺国传研究》，京都：京都大学人文科学研究所研究报告，1992 年）。关于长安是否有官寺的问题，参见聂顺新："影子官寺：长安兴唐寺与唐玄宗开元官寺制度中的都城运作"，人大复印报刊资料《宗教》，2012 年第 1 期，第 23 - 29 页（原刊于《史林》，2011 年第 4 期，第 47 - 54 页）。

敬，朝议纷纭，事皆休寝；宋之中朝，亦颇令致礼，而寻竟不行。自尔迄今，多预坐，而称贫道。帝曰：畅、献二僧道业如此，尚自称名，况复余者？抟拜则太甚，称名亦无嫌。自尔沙门皆称名于帝王，自畅献始也。"① 唐代以降僧人逐渐开始致敬王者。虽然如此，庐山慧远的《沙门不敬王者论》还是值得六朝佛教史研究者高度重视，不仅这一政教关系话题是此后几百年的一个焦点议题，同时也是由于该论文中所蕴涵的重要思想内容。

东晋著名政治人物桓玄征引老子语录，指出王者与天地并立，滋养万物生化，沙门亦在其内受惠，从而提出沙门应"尽敬王者"的主张。而当时江南著名佛教领袖庐山慧远却认为，出家之人修行旨在超离自然之化，"不顺化以求宗"，故此沙门不应尽敬王者。慧远在《沙门不敬王者论》中系统阐释了"不顺化以求宗"的思想。沙门敬与不敬王者，是佛教与名教之争，但在其背后更为深刻的思想冲突中，又与道家有着千丝万缕的关系。本章通过对《沙门不敬王者论》写作背景和思想内容的考察，力图展现出东晋当时思想界中，佛学思想对中国本土思想文化的融会与超越，希望能比较全面地展示《沙门不敬王者论》的重要思想意义。

第一节　庐山慧远创作《沙门不敬王者论》的具体背景

在庐山慧远（334—416 年）生活的东晋时代，关于沙门应不应该敬拜王者的争论主要有两次。庐山慧远在《沙门不敬王者论》的序言中明确提到了这两次争论。

（1）第一次争论是："晋咸康六年（340 年），成帝幼冲，庾冰辅政，谓沙门应尽敬王者，尚书令何充等议不应尽敬。"② 当时庾冰提出沙门应尽敬王者的理由主要有两点。第一，对佛教本身的可信性提出怀疑，不能因为虚无缥缈、莫须有的东西破坏了纲常名教、社会秩序。第二，"方外之事，岂方内所体？"③ 即使佛教是实有其事，那它也是方外之事，纲常名教则是方内之事，方内之事就要按照礼法来办，"王教不得不一，二之则乱。"不能让作为方外之事的沙门在方内有所体现，影响到名教。由以上

---

① 《高僧传》，第 489 页。
② 《弘明集、广弘明集》，上海：上海古籍出版社，1994 年，第 80 页下。
③ 《弘明集、广弘明集》，第 80 页下。

两点，所以沙门应遵守礼法，尽敬王者。

当时反对沙门应尽敬王者的意见也主要有两条。第一，以往皇帝都没有要求沙门应尽敬王者，所以现在也"宜遵承先帝故事"①，维持现状比较好。第二，不论佛教所传是否真实可信，佛教在社会起到了良好的作用，"实助王化"，"今一令其拜，遂坏其法"。②

这一次争论，反对沙门应尽敬王者的意见多从佛教的社会功能出发，"每见烧香咒愿，必先国家"，"奉上崇顺，出于自然，礼仪之简，盖是专一守法，是以先圣御世，因而弗革也。"③ 佛教有良好的社会功用，所以不应去伤害沙门，强迫他们尽敬王者。这实际上是将允许沙门不敬王者，当成了出于王者利益的一种权变策略，"以为不令致拜，于法无亏，因其所利而惠之"④；而在理论上，沙门到底应不应该敬王者，则没有说明。

（2）第二次争论则是由东晋著名政治人物桓温之子桓玄挑起的，庐山慧远直接参与了这次争论。

①公元403年，桓玄发兵入京师，三月改元大亨，自封太尉，同时开始汰洗沙门。桓玄还为此致书慧远征求意见，慧远作《与桓太尉论料简沙门书》答复。

桓玄汰洗沙门的原因，由他自己讲出的理由主要有两点。第一，本来佛教是教导人们节制，"佛所贵无为，殷勤在于绝欲"，但现在沙门却争相淫奢，使国家经济空虚。而且大量人口为了逃避徭役，也都纷纷躲入寺庙，"乃至一县数千"，不事生产。⑤ 第二，佛教的教理深奥，"岂是悠悠常徒所能习求？"绝大多数人，虽然采取了沙门的服饰外貌，内心还是与俗人无异。与其这样去追求虚无缥缈的东西，不如安心于今世，"迷而知反，去道不远"。⑥ 为此，桓玄提出，凡非"能伸述经诰，畅说义理者；或禁行修整，奉戒无亏，恒为阿练若者；或山居养志，不营流俗者"⑦，都在汰洗

---

① 何充等："奏沙门不应尽敬表"，《中国佛教思想资料选编》第一卷，第101页。
② 何充等："沙门不应尽敬表"，《中国佛教思想资料选编》第一卷，第102页。
③ 何充等："重奏沙门不应尽敬表"，《中国佛教思想资料选编》第一卷，第103页。
④ 何充等："三奏沙门不应尽敬表"，《弘明集·广弘明集》，第80页下。
⑤ 何充等："三奏沙门不应尽敬表"，《弘明集·广弘明集》，第80页下。
⑥ 桓玄："与慧远法师劝罢道书"，《中国佛教思想资料选编》第一卷，第117－118页。
⑦ 桓玄："与僚属沙汰僧众教"，《中国佛教思想资料选编》第一卷，第117页。

之列。

慧远在《与桓太尉论料简沙门书》中对于汰洗提出了几点疑虑。第一，佛教的宗教实践活动很多，在都遵守戒律的情况下，有修习禅定，有钻研佛理，有兴建福田。有些人做到这点，做不到那点，有些人做到那点，却做不到这点。对此，不应只因某人做不到某一点，就将其汰洗。第二，"都邑沙门"比较容易得到甄别，而边局远司，"执法之官，意所未详，又时无宿望沙门可以求中"，这样由于执法水平不高，"或因符命，滥及善人，此最其深忧!"① 第三，"若有族姓子弟，本非役门"，他们出家不会影响到国家经济活动，应该不在汰洗范围。

以上可以看出，虽然庐山慧远对汰洗沙门颇多疑虑，但实际上向桓玄表达的是反对意见。

②就在汰洗沙门的命令刚刚下达一月之后，桓玄开始又倡议沙门应尽敬拜王者，并与众人讨论此事，也致书慧远，慧远作《答桓太尉书》直接表示反对。

桓玄提出沙门应尽敬王者的理由是，天地之大德曰生，而王者通生理物，赞育滋养万物生长，故此《老子》将王与天、地并列为三大。而"沙门之所以生生资存"，也在于王者的赞育滋养，既然佛教以敬为本，归根结底则不能不敬王者，"岂有受其德而遣其礼，沾其惠而废其敬哉？既理所不容，亦情所不安。"②

桓玄利用《老子》经文来论证沙门应尽敬王者，并非是仰道抑佛。桓氏家族对道教并无好感。当年桓玄之父桓温废海西公而立简文帝，道教徒卢悚率信众三百人，诈称海西公还，攻入建康殿廷，此事震动朝野，影响很大，在客观上帮助了王、谢抗拒桓氏。与桓玄相比庐山慧远倒是更与道教有些渊源。据当代历史学家田余庆先生推测"与卢氏父子（卢勖、卢嘏）同行过江者可能有卢氏族人，如卢悚。"③ 而《高僧传》载，慧远早年在北，曾与卢嘏"同为书生"；而卢嘏就是卢循的父亲，孙恩、卢循道教大起义后，义熙四年（410年）卢循带兵北上路过庐山，还拜见过慧远，

---

① 桓玄："与僚属沙汰僧众教"，《中国佛教思想资料选编》第一卷，第116页。
② 桓玄："与八座论沙门敬事书"，《中国佛教思想资料选编》第一卷，第103页。
③ 田余庆：《东晋门阀政治》，北京：北京大学出版社，2000年，第318页。

"欢然道旧"。不过慧远与卢循等人，亦无过深交往，据说，慧远在卢循少时，就预言他"志存不轨"；又，后来有人向刘裕告发慧远"与循交厚"，刘裕则认为"远公世表之人，必无彼此，"还给慧远送去了粮米。①

总之在现实层面，桓玄并没有仰道抑佛的打算；而且道教徒也不会认同桓玄对《老子》这段经文的理解。稍早，葛洪在《神仙传》卷三"河上公传"中"记录"了一段汉文帝与河上公的对话，可以作为道教信徒对于政教关系的看法。

> 帝使人谓之曰："溥天之下，莫非王土；率土之滨，莫非王民。域中四大，而王居其一。子虽有道，犹朕民也，不能自屈，何乃高乎？朕能使民贵贱。"须臾，公即拊掌常坐跃，冉冉在虚空中，去地百余尺，而止于虚空。良久，俛而答曰："余上不至天，中不累人，下不居地，何民臣之有焉？君宜能令余贵贱乎？"②

可见道教对此的看法是，神仙道士法力高强，在人间权贵限制的领域之内，王者根本没有资化他们，不可能有使他们"贵贱"的能力。

桓玄利用老子之言，其实不过是为其主张找经典依据而已。但桓玄这一质问却是具有相当的理论深度。它是建立在魏晋玄学发展多年后的理论成果"名教即自然"的基础上的。"天地氤氲，万物化醇，男女媾精，万物化生"（《易传·系辞下》），名教即自然几乎成了那个时代儒道的理论共识。公允地说，要反驳"名教即自然"这一潜在的前提，在当时几乎是不可能的，也悖于时代思想发展的进程。但是要在承认"名教即自然"的前提下，说明沙门不应敬王者，这是十分困难的。可以说桓玄为当时佛教界提出了一个生死攸关、不能回避的难题。要在理论上彻底驳倒桓玄，不能单单靠可以离地"百余丈"的法术来离开王者的管辖。

庐山慧远在《答桓太尉书》中对此作出的应对是："佛经所明，凡有两科：一者处俗弘教；二者出家修道。"对于处俗弘教的佛教信徒，桓玄

---

① 以上参见"慧远传"，《中国佛教思想资料选编》第一卷，第126页。
② 邱鹤亭注译：《列仙传今译·神仙传今译》，北京：中国社会科学出版社，1996年，第328页。

所讲完全是正确的；但"出家则是方外之宾，迹绝于物。其为教也，达患累缘于有身，不存身以息患，知生生由于禀化，不顺化以求宗。求宗不由于顺化，故不重运通之资；息患不由于存身，故不贵厚生之益。此理之与世乖，道之与俗反者也。"① 王者虽然确实对沙门之"身"有滋养之功，但出家之人不求存身，反而将有身作为累赘祸患，所以滋养出家沙门之身的王者，实际是在帮倒忙，沙门根本没有礼敬王者的理由。

在理论上，慧远提出沙门"求宗不由于顺化，故不重运通之资；息患不由于存身，故不贵厚生之益"，有相当的说服力。慧远反驳的思路，我们可以理解为，实际上承认了"名教即自然"的前提，但佛教却不仅是自然，而是超于自然，故此也就超于名教，所以沙门不敬王者。

③也就在这一年（402年）的七月二十八日，庐山慧远与刘遗民等百二十三人在庐山般若精舍阿弥陀前，"建斋立誓，共期西方。"② 笔者以为，桓玄先是汰洗沙门，后又要求沙门尽敬王者，使得慧远等沙门僧人更加觉得中土对于佛教来说是"边国"，而感慨"昔外国诸王，多参怀圣典，亦有因时，助弘大化"③，这些更加增强了他们对于西方的向往。慧远执笔反对沙门尽敬王者，在给桓玄复信的结尾处写道，"佛教长沦，如来大法，于滋泯灭，天人感叹，道俗革心矣！……执笔悲懑，不觉涕泗横流！"而这次著名的庐山建斋立誓，便可视为慧远当时"悲懑"情绪的一个"积极"的反抗。

此后一年，公元403年，桓玄废晋安帝而自立"楚"，建都建康。但又过了不到一年（404年），其手下刘裕等人起兵，桓玄战败而亡。根据田余庆考证④，桓氏家族渡江之初，本来族单势孤，不为时人所重，后经几起几落，到桓玄之父桓温之时，竟然形成"政由桓氏，祭则寡人"的局势，晋简文帝竟遗诏桓温"少子可辅者辅之，如不可，君自取之"。后桓温之子桓玄果代晋自立，但终落得兵败被杀。而此前同样要求沙门尽敬王者的庾冰，属颍川庾氏，其家族势力也是积累多年，但却急遽衰落。相传，

---

① 慧远："答桓太尉"，第99页。
② 《出三藏记集》，第567页。
③ 慧远："与桓太尉论料简沙门书"，《中国佛教思想资料选编》第一卷，第116页。
④ 参见田余庆："桓温的先世和桓温北伐问题"，《东晋门阀政治》，第140－198页。

"初，郭璞筮（庾）冰子孙必有大祸，唯固三阳，可以有后。故希求镇山阳，弟友为东阳，希自家暨阳"，正所谓"再世之后，三阳仅存"（《晋书》卷七史臣语）。这些要求沙门尽敬王者的政局人物家族的命运变化，在庐山慧远看来，不能不具有一种因果报应的必然。"三界流动，以罪为道场"，"其生不绝，则其化弥广而行弥积，情弥滞而累弥深，其为患也，焉可胜言哉！"① 感怀前事，慧远就在桓玄被杀的当年写下了《沙门不敬王者论》五篇并序。

另外，慧远创作《沙门不敬王者论》更为重要的原因是要系统阐述自己在此问题上的观点。"深惧大法之将沦，感前事之不忘，故著论五篇，究叙微意"②，这也提示我们应该将《沙门不敬王者论》五篇并序，当做一篇有机结合的整体来研究。慧远在桓玄死后，争论基本完结的时候还做此文，意在"究叙微意"，总结前事，启发后人。

这里还要说明一点，学界一般认为桓玄要求沙门尽敬王者，是与其政治利益息息相关的。"桓玄反佛也是有见于僧尼参政，削弱王权，僧尼的活动是和他窥视帝位的愿望和野心不相符合的；同时，桓玄的反佛也含有铲除佞佛的政敌司马道子的图谋。"③ 而根据日本学者木全德雄的考据，慧远的庐山僧团在经济生活中也确实受惠于政治上层人物的供养。④ 由于本章主旨在于思想层面的分析，至于对其他社会因素的考察，它们在当时的争论中起到多大作用，不在本章的讨论之列。

第二节　《沙门不敬王者论》的佛学思想分析

慧远在《沙门不敬王者论》的序言中，用了很大的篇幅，几乎是全文引用了桓玄《与八座论沙门敬事书》的主要内容。

当时流行的河上公注《老子》，其中"象元第二十五"有言："故道大、天大、地大、王亦大。道大者，包罗天地，无所不容也；天大者，无所不盖也；地大者，无所不载也；王大者，无所不制也。域中有四大，而

---

① 慧远："沙门不敬王者论"，《中国佛教思想资料选编》第一卷，第83页。
② 慧远："沙门不敬王者论"，《中国佛教思想资料选编》第一卷，第81页。
③ 方立天：《慧远及其佛学》，北京：中国人民大学出版社，1984年，第146页。
④ 参见曹虹：《慧远评传》，南京：南京大学出版社，2002年，第133－139页。

王居其一焉。八极之内有四大，王居其一也。"① 桓玄利用此段经文，来说明王是与天、地并列的；而言下之意，佛至多是圣人，"岂独以圣人在位，而比称二仪哉？"圣人不得与天、地二仪并列，自然也就比不上王者。

魏晋玄学经过多年发展，实际上已经成为东晋当时最具活力也最为深刻的中国本土思想，佛教要想在中国思想界占有一席之地，就必须应对老庄玄谈的挑战。在《沙门不敬王者论·求宗不顺化三》中，慧远首先批判了道家的一个核心观念"化"，由此论证了佛教为何超于自然，从而进一步阐释了为什么"求宗"必须"不顺化"。而这正是我们理解《沙门不敬王者论》的关键所在。

"人法地，地法天，天法道，道法自然"，"自然"不是我们现在所说的自然界，也不是一个高于"道"的实在，自然只是道的一个状态描述，是道自然而然的样子。当时东晋通行的郭象注《庄子·逍遥游》："若夫乘天地之正而御六气之辩，以游无穷者，彼且恶乎待哉！天地者，万物之总名也。天地以万物为体，而万物必以自然为正。自然者，不为而自然者也。……不为而自能，所以为正也。"②

两汉魏晋以来的道家，一般都主张精气一元论，"天道与人道同，天人相通，精气相贯"（河上公注《老子》鉴远第四十七③），"通天下一气耳"（《庄子·知北游》），世间万物不过气聚气散，所以包括福祸、死生在内的万事万物并无本质差别。所应当做的事情，唯有无为，"乘天地之正而御六气之辩"，顺乎道的自然，即唯独顺天地流行之大化，方能求宗。用《沙门不敬王者论》中问难的话说，"寻夫老氏之意，天地以得一为大，王侯以体顺为尊。得一，故为万化之本；体顺，故有运通之功。然则明宗必存乎体极，体极必由于顺化。"④

"王侯以体顺为尊"，若沙门也"顺化"，则沙门必须敬王者。慧远在给桓玄的信中明确讲到，在家人"顺化"所以必须敬王者；出家人不顺

---

① 王卡点校：《老子道德经河上公章句》，北京：中华书局，1997年，第102页。因东晋当时通行河上公所注《老子》，故本文所引老子，皆以河上本为据。

② ［晋］郭象注，［唐］成玄英疏，曹础基等点校：《南华真经注疏》上册，北京：中华书局，1998年，第9页。因东晋当时通行郭象所注《庄子》，故本文所引庄子，皆以郭象注本为据。

③ 《老子道德经河上公章句》，第184页。

④ 慧远："沙门不敬王者论"，《中国佛教思想资料选编》第一卷，第83页。

化，所以不敬王者。但出家人为什么必须不顺化呢？慧远在《沙门不敬王者论》中，正面回答了这个问题。

首先，慧远将万物分为"有灵"与"无灵"两类。"有灵则有情于化，无灵则无情于化。无情于化，化毕而生尽，生不由情，故形朽而化灭。有情于化，感物而动，动必以情，故其生不绝。"① 山石草木只有形质，是"无灵"的一类，它们参与天地间的大化流行，形质腐朽了，它们也消亡了。而包括人在内的生物是"有灵"的一类，他们有"情"，情感是他们不停运动的动力，他们不会因形质消灭而消灭，而会一直流转运行下去，"故其生不绝。"但正因为"其生不绝"，有灵者要永远参与天地的大化，则就要永远受苦。因此说来，这不是"长寿"，而是"长受罪"。

"天地虽以生生为大，而未能令生者不死；王侯虽以存存为功，而未能令存者无患。"出家修道的沙门，就是要摆脱这种"长受罪"的局面，所以慧远再次重申了自己以往"不顺化以求宗"的观念，"是故前论云：达患累缘于有身，不存身以息患，知生生由于禀化，不顺化以求宗，义存于此。"②

到此可以说慧远比较完满地解释了"求宗"为何必须"不顺化"的原因，但这个解释有一个前提，就是将万物分有灵、无灵两类，而且有灵这一类的"化"，还不是"形朽而化灭"，而是"其生不绝"。这实际上是将中国本土道家的自然而然的"化"，变成了佛教讲的"轮回"。为此，慧远还必须解决一个更加深层次的理论问题，为什么万物要划分为有灵、无灵两类，有灵这一类的"化"为什么不是"形朽而化灭"。慧远是在《沙门不敬王者论·形尽神不灭五》中回答这个问题的。

郭象注《庄子·知北游》："生也死之徒，知变化之道者，不以〔死生〕为异。死也生之始，孰知其纪！更相为始，则未知孰死孰生也。人之生，气之聚也。聚则为生，散则为死。俱是聚也。若死生为徒，吾又何患！患生于异。故万物一也。"③ 在道教看来，生死一也，将生死看做为异，方是祸患的根本。《沙门不敬王者论·形尽神不灭五》篇首的质问，

---

① 慧远："沙门不敬王者论"，《中国佛教思想资料选编》第一卷，第83页。
② 慧远："沙门不敬王者论"，《中国佛教思想资料选编》第一卷，第83页。
③ 《南华真经注疏》下册，第421页。

就是根据庄子的思想，向慧远发问："夫禀气极于一生，生尽则消液而同无，神虽妙物，故是阴阳之所化耳。既化而为生，又化而为死；既聚而为始，又散而为终。由此而推，固知神形俱化，原无异统，精粗一气，始终同宅。"① 神虽然精细，是妙物，但也是由阴阳二气化合而生，神也会因气聚气散而生灭，同形没有本质分别。有灵者固然有神，比较精细，但与无灵者都是"精粗一气"，没有区别，言下之意，有灵者也会像无灵者那样"形朽而化灭"，根本不存在慧远所谓的有灵者"故其生不绝"，受苦无尽云云，故此修道之人也根本不应该不顺化以求宗（虚妄区别生死，才是祸患的根源），所以沙门应该尽敬赞育万物生化的王者。

慧远在"形尽神不灭"中对此的答复，主要是从正反两方面来论证，神不同于形，"夫神者何耶？精极而为灵者也。……神也者，圆应无生，妙尽无名，感物而动，假数而行。感物而非物，故物化而不灭；假数而非数，故数尽而不穷。有情则可以物感，有识则可以数求。数有精粗，故其性各异；智有明暗，故其照不同。"② 从这里来看，慧远反复强调的还是神乃极端精细微妙、圆满无缺的，与一般由气化生的物质是根本不同的，如果勉强将形神两者混淆，"多同自乱，其为诬也。"但这里更应引起我们注意的是"数有精粗，故其性各异；智有明暗，故其照不同"。同将神、形不区分相比，做区分之后便能解释为什么都是天地一化，而产生出的人与草木有高下之分，世家与寒门有贵贱之别。这是慧远的佛学理论比以往中国传统思想高明的地方。

"数"这里是指毗昙学的"心数"，即"心所法"，是对人的各种心理活动的分类。人的心理活动善恶精粗差别很大。在万物中区分出"神"，而神"假数而非数"，用我们今天的话来理解，神不是一个固定不变的实体，而是一团或一束流动不居的心理感受。各人的"数有精粗"，各人在不同因缘、不同处境中的感受不同，心理各异，故此各人的神也便有了高

---

① 慧远："沙门不敬王者论"，《中国佛教思想资料选编》第一卷，第85页。
② 慧远："沙门不敬王者论"，《中国佛教思想资料选编》第一卷，第85–86页。

下，所以世间的人便因各人业报因缘禀赋之神不同，而有了高低贵贱之分。①

河上公注《老子》成象第六："谷神不死，谷，养也。人能养神则不死，神谓五藏之神：肝藏魂，肺藏魄，心藏神，肾藏精，脾藏志。五藏尽伤，则五神去矣。"② 在道家看来"常道当以无为养神"③，人无为，而"使五藏空虚，神乃归之"④。但归之于人身之上的"神"又是从何而来的呢？道家往往言之不详，一般只笼统地说是从天所降，"治身则天降神明，往来于己也。"⑤ 而儒家也只是笼统地说，受命于天，天命之谓性。

由此，慧远便提出了质问："假令神形俱化，始自天本，愚智资生，同禀所受。问所受者，为受之于形邪？为受之于神邪？"⑥ 在慧远看来，按照当时道家的说法，若人与万物同样都是由精气所化，那么若上天给人受于"形"，按照庄子"臭腐复化为神奇，神奇复化为臭腐"（《庄子·知北游》）的讲法，则"凡在有形，皆化而为神矣"，这样就没有人与山石草木的区别，这与事实明显不符。若受之于神，慧远认为"则丹朱与帝尧齐圣，重华与瞽叟等灵"，同样"天降神明"，则应该人人都一样，没有高下贤愚之分；但事实远非如此。慧远认为这些矛盾是中国传统思维无法解释的。后世范缜用花瓣随风而落在厅堂、庭院、厕所，来比喻人生贵贱高下；但用偶然性做解释，在一定意义上等于没有解释。

阐明了为什么万物应该划分为有灵、无灵两类之后，慧远进一步指出，正因为有了这种区分，有灵者有情，则永远要落入无尽轮回流转之中，"化以情感，神以化传，情为神之母，神为情之根，情有会物之道，神有冥移之功。"这段话，不仅说明了大化流行的动因在于神（道家对于大化流行的原因，只是认为是自然而然的事情，在一定意义上回避了这个

---

① 在这一点上，佛教比中国传统思想，更能解释为什么在现实之中往往看不到德福相配。"受之无主，必由于心；心无定司，感事而应；应有迟速，故报有先后；先后虽异，咸随所遇而为对；对有强弱，故轻重不同，斯乃自然之赏罚，三报大略也。"（慧远："三报论"，《中国佛教思想资料选编》第一卷，第87页）

② 《老子道德经河上公章句》，第21页。

③ 河上公注：《老子》体道第一，《老子道德经河上公章句》，第1页。

④ 河上公注：《老子》无用第十一，《老子道德经河上公章句》，第41页。

⑤ 河上公注：《老子》仁德第三十五，《老子道德经河上公章句》，第139页。

⑥ 慧远："沙门不敬王者论"，《中国佛教思想资料选编》第一卷，第86页。

问题），而且更加突出了人要解脱，逃离无尽流转的紧迫性——而这正是慧远作"形尽神不灭"所要最终阐明的道理。

慧远为了说明"形尽神不灭"、人若顺化则永远在流转轮回之苦中的道理，打一个十分著名的比喻："火之传于薪，犹神之传于形；火之传异薪，犹神之传异形。"① 薪火之喻，《庄子·养生主》中就出现过："指穷于为薪，火传也，穷，尽也。为薪，犹前薪也。前薪以指，指尽前薪之理，故火传而不灭；心得纳养之中，故命续而不绝。明夫养生乃生之所以生也，不知其尽也。夫时不再来，今不一停，故人之生也，一息一得耳。向息非今息，故纳养而命续；前火非后火，故为薪而火传，火而命续，由夫养得其极也，世岂知其尽而更生哉！"②

慧远指出庄子的这种薪火之喻，是"惑者见形朽于一生，便以为神情俱丧，犹睹火穷于一木，谓终期都尽耳"，"此由从养生之谈，非远寻其类者也"。③ 慧远的薪火之喻旨在说明，人在各世轮回流传，虽然每一世的身体不同，但"神"却总是不灭，总在受因果报应，不尽的轮回之苦。

以往的学界，对慧远的薪火之喻，有一个流行的批评，"慧远在这里是搞了一个逻辑上的诡辩，因为他所讲的木柴或形体都是指的某一块具体的木柴或某一个具体的形体，而当他讲到火由这块木柴转到另一块木柴，或神由这个形体转到另一个形体时，他就不讲某一具体木柴的火或某一具体形体的神，而是讲的一般的火或神。因此这样的比喻在逻辑上是根本错误的。"④ 其实在郭象"前火非后火"的注释中，将这种意思已经基本表达出来了，应当说这种批评是有一定道理的。慧远所强调的因果轮回报应，重点在于自作自受。好人歹人、各色人等的神是各自不同的，勉强用现代通行的术语来说，各人的"神"都是具有自我同一性和位格的。若将神说成"一般"，很容易导向泛灵论，这与慧远的佛学思想是格格不入的。

不过，在慧远当时的语境之中，这种批判并非是致命的；因为慧远在

---

① 慧远："沙门不敬王者论"，《中国佛教思想资料选编》第一卷，第86页。
② 《南华真经注疏》上册，第72页。
③ 慧远："沙门不敬王者论"，《中国佛教思想资料选编》第一卷，第86页。
④ 北京大学哲学系中国哲学教研室：《中国哲学史》，北京：北京大学出版社，2002年，第232页。

他的佛学体系中，完全可以自圆其说，并不一定由此就造成矛盾。即问题是"前火非后火"（即使将具体不同的火说成一般相同的火），在慧远的佛学体系中是否是错误的，是否能够造成矛盾。我们前文已经说明，慧远所谓的神是"假数而非数"，是一团或一束流动不居的心理感受。所以"前火非后火"在这里并不造成矛盾，而且"神"正因为是这样不断应感而发，所以才没有穷尽，形尽而神不灭，受苦无穷。在近代的哲学语境中，我们还可以发问，是什么使这些心理感受连接到一起，为什么它们构成了这个人而不是那个人，如何保证人格的同一性，西方的学术传统一般都是用"记忆"来维护人格同一性；但慧远的佛学中，这些都不构成问题，因为人的概念本身就是虚妄，终极的真理是"无我"，摆脱轮回，进入泥洹。而且慧远仅仅是打个比方，在他的一般论述中，也不存在将各人个别之神混同于普遍统一之神的情况，所以我们不应纠缠于这一点不放。

综上所述，慧远比较圆满地阐明了顺化则神永远不灭，人受苦不尽；所以出家人必须不顺化以求宗。只有明白了形神区别，神与一般的形质不同，不在自然之化中，才能让世人在认识上超越于自然之"化"，为"不顺化以求宗"赢得地盘，这正是慧远论证的目的。但出家人所求的那个宗是哪一个宗，"历观前史，上皇已来，在位居宗者，未始异其原本。本不可二，是故百代同典，咸一其统，所谓'唯天为大，唯尧则之'。"① 在当时人们普遍接受天下宗一的观念，如此佛教的宗，与儒、道的宗，到底是个什么关系？此前慧远给桓玄的信中，尚未谈清这个问题；在《沙门不敬王者论·体极不兼应四》中，慧远详细阐述了这个问题。

慧远在"体极不兼应"中，主要说明的是，佛教的真理精深，不能拿一般的世俗常见去衡量；而古代的先王，所说的只是世俗的道理而已。但从最根本的意义上说，"内外之道可合而明矣"，"常以为道法之与名教，如来之与尧、孔，发致虽殊，潜相影响；出处诚异，终期则同。"如来之与尧、孔，为什么可以"合而明矣"呢？慧远在这里利用了佛教"化身"的观念，"经云：佛有自然神妙之法，化物以权，广随所入。"佛为了教化众生，显现各种化身，开各种方便法门来教化世人，"自合而求其乖，则

---

① 慧远："沙门不敬王者论"，《中国佛教思想资料选编》第一卷，第83－84页。

悟体极之多方"，因此说如来是"先合而后乖"。至于历代君王圣贤，建功立业、修身立德，虽然各人成就有所不同，但最终都会殊途同归，与佛法不谋而合，体悟到佛教的真谛，这是"先乖而后合"，"是故自乖而求其合，则知理会之必同。"① 但慧远的这种"合明论"，最终是要合于至高的佛理，因为道家的宗"天地之道，功尽于运化"，儒教的宗"帝王之德，理极于顺通"，两者都是在"化"之内的；而佛教的宗，是超越"化"的，拔除三界轮回之苦，最终解脱的；这是道、儒都无法比拟的，"若以对夫独绝之教、不变之宗，固不得同年而语其优劣，亦已明矣。"②

"论成后"，慧远又补充了一个比喻来说明：沙门为什么不敬王者而王者却又要供养沙门，特别是没有得道的沙门（这实际也涉及了为什么不能汰洗沙门的原因）。"有人于此，奉宣时命，远通殊方九译之俗，问王者当资以糇粮，锡之以辇服不？答曰：然。"慧远的意思是说，有人奉命出使非常遥远的国家，君主应当给他准备干粮、衣物和交通工具。出使外国的人，一步还没有走，君主就应该给他物质上的资助；同样道理，刚刚开始出家修行的人，虽然还远没有成正果，同样也应该得到君主物质上的资助。慧远这个比喻有一点美中不足，就是出使者"奉宣时命"，是替王者办事，但出家修道者是"不顺化以求宗"，不敬王者。但毕竟慧远的这个比喻还是有一定说服力的，即不一定非要事成之后，才有供养——而这正是问题的关键所在；意即沙门不必像道教河上公那样修炼到"上不至天，中不累人，下不居地"的水平，才有资格不敬王者。而且慧远认为"夫四事之供，若蟭蚊之过乎其前者耳。濡沫之惠，复焉足语哉。"③ 世俗社会区区一点供养，是微不足道的。

魏晋以来"三礼"成为显学，《丧服》的注疏更是车载斗量，世族大家正是需要通过从丧服等差中体现亲属贵贱、尊卑之别；而慧远在庐山讲《丧服经》，深谙中国本土文化之精髓，强调沙门特异的礼仪服饰，沙门不敬王者，名正言顺，其事方立，慧远可谓在更深层次上认同了中国本土文化的精髓——这也必然得到中土有识之士的认同。

---

① 慧远："沙门不敬王者论"，《中国佛教思想资料选编》第一卷，第84页。
② 慧远："沙门不敬王者论"，《中国佛教思想资料选编》第一卷，第85页。
③ 慧远："沙门不敬王者论"，《中国佛教思想资料选编》第一卷，第87页。

慧远通过对"不顺化以求宗"观点的系统阐释，为中国人在自然之化以外，打开了一个新世界，使中国学术思想上了一个新境界。东晋以来，佛教界对老庄玄学自然而然、体顺运通这一核心思想的批判，不只慧远一人，如僧肇的《肇论·物不迁论》，实际上就是意在批判"生死交谢，寒暑迭迁，有物流动，人之常情"① 这种自然之化的思想。只有批判了"化"的思想，僧肇在"物不迁论"之后，明确了"谈真有不迁之称，导俗有流动之说，虽复千途异唱，会归同致矣"② 的基础上，才建立起空论、般若论、涅槃说等思想。

对道家自然之化思想的批判，可以说显示出了东晋以来，佛教界开始摆脱依附神仙方术和老庄玄谈的局面，开始在汲取中国本土文化的基础上，批判性地建设中国佛学思想。佛学因其超越中国固有文化，才得以融入中国文化，从而也使得中国传统文化愈加丰富深邃、异彩纷呈。

沙门是否需要礼敬王者，南北朝时亦颇多争论，单从义理来看，提倡沙门需要礼拜王者的人，亦不再从道教等外学中寻找论据，而是努力在佛教内部找到沙门礼拜的依据，如慧远去世后约半个世纪：

> 大明六年（公元四六二年）九月，有司奏曰："臣闻邃拱凝居，非期宏峻，拳跪槃伏，岂止敬恭？将欲昭张四维，缔制八宇，故虽儒法枝派，名墨条流。至于崇亲严，厥繇靡爽，唯浮图为教，邈自龙裔，宗旨缅邈，微言沦远，拘文蔽道，在末弥扇。遂乃凌越典度，偃居尊戚，失随方之妙迹，迷制化之渊美。夫佛法以谦俭自牧，惠虔为道，不轻比丘，遭人必拜，目连桑门，遇长则礼。宁有屈膝四辈，而间礼二亲；稽颡耆腊，而直骸万乘者哉？故咸康创议，元兴载述，而事屈偏党，道挫余分。今鸿源遥洗，群流仰镜，九仙昭宝，百神从职。而黻黻之内，含弗臣之氓；阶席之间，延抗礼之客。惧非所以澄一风范，详示景则者也。臣等参议，以为沙门接见，皆当尽虔礼敬之容。依其本俗，则朝徽有序，乘方兼远矣。"帝虽颇信法，而久自骄纵，故奏上之日，诏即可焉。（僧）远时叹曰："我剃头沙门，本出家

---

① 僧肇："肇论·物不迁论第一"，《中国佛教思想资料选编》第一卷，第142 页。
② 僧肇："肇论·物不迁论第一"，《中国佛教思想资料选编》第一卷，第143 页。

求道，何关于帝王？"即日谢病，仍隐迹上定林山。及景和之中，此制又寝，还遵旧章。①

大明六年（462 年）有司提出沙门应该礼敬王者的理由是"夫佛法以谦俭自牧，惠虔为道，不轻比丘，遭人必拜，目连桑门，遇长则礼。宁有屈膝四辈，而间礼二亲；稽颡耆腊，而直骸万乘者哉？"利用《妙华莲花经》中常不轻菩萨礼敬一切众生等佛教典故，来论证僧人应该礼拜帝王。从中亦可见南朝佛教在思想界地位的进一步巩固。

僧传记载，慧远在庐山中深居简出，"影不出山，迹不入俗，故送客游履，常以虎溪为界焉。"② 东晋庐山慧远在佛教与世俗社会中间树立了一个边界；当然这个边界的形成，可能有庐山慧远身体不好等客观因素存在，"年始四十，而衰同耳顺"，这可能与慧远曾服用寒食散有关，《高僧传》载，慧远"以晋义熙十二年八月初动散，至六日困笃，大德耆年，皆稽颡请饮豉酒，不许。又请饮米汁不许，又请以蜜和水为浆。乃命律师，令披卷寻文，得饮与不，卷未半而终"。余嘉锡先生早已指出"动散"，即寒食散发，豉酒即解散发之物，然慧远受戒不饮酒，最终散发而亡。③

虽然在主观意识和客观身体条件等多方面因素作用下，庐山慧远强化了世俗与方外的界线，但佛教与世俗社会不可避免地还会出现交集，共处在一个领域之内，这从我们上文讨论他"远通特方九译之俗"的比喻中也可以看出，这就难免有佛教与王权共同争夺市场的嫌疑。而唐宋以来，逐渐确立的儒、释、道三教分工，儒教治国、佛教治心、道教治身，则进一步避免佛、道教与以儒家为主导思想的王权之间的竞争。这种思想史的发展变化，也反衬出在中国古代历史上儒、释、道三教势力之间的此消彼长。

---

① 《高僧传》，第 318－319 页。
② 《出三藏记集》，第 570 页。
③ 参见余嘉锡："寒食散考"，《余嘉锡文史论集》，长沙：岳麓书社，1997 年，第 176－177 页。

第三章　孤明先发的竺道生

竺道生是晋宋之际的名僧。他在东晋般若思想最为活跃的时期，跟随法汰出家；中年游学，涉猎广泛，"罗什大乘之趣，提婆小道之要，咸畅斯旨"，而且善于独立思考阐发，主张人人皆有佛性，顿悟成佛，顺应了日后时代思潮发展的大潮流。但就当时来看，道生既不同于东晋六家般若旧传统，又区别于自提婆、佛驮跋陀罗以来兼涉有宗的南朝新传统；道生晚年被排斥在主流佛教界之外，生前甚为萧索；临终前宣讲《法华》，恐有抒愤之意。

关于竺道生的生平，汤用彤先生已经进行过详细的考证，1932 年《国学季刊》（三卷一号）上发表了《竺道生与涅槃学》①；1938 年出版的学术名著《汉魏两晋南北朝佛教史》② 中专设了"竺道生"一章，除个别地方有所变动外，内容基本上沿袭了《竺道生与涅槃学》一文。而后世学者，关于道生生平的研究，多援用汤先生的观点。汤文甚详，但尚有几处须待辨正。

第一节　竺道生的生年

竺道生卒于刘宋元嘉十一年（434 年），并没有疑问，但他的生年却无明确记载。宋本觉《释氏通鉴》中认为道生享年 80 岁，若以此推，道生生于东晋穆帝永和十一年（355 年）。现今不少学者认为："从各种相关文献考查，这种说法的可能性不大，其实际出生年代应该晚些。"③ 但笔者认为《释氏通鉴》中的说法并非完全没有可能，汤先生将道生生年定在 375年，谓"道生寿六十岁"，恐误，下详论之。

---

① 收入《汤用彤选集》，第 68 – 131 页。
② 此书新版由北京大学出版社出版，1997 年 9 月第一版。本节引用以此书为准。
③ 苏军：《道生法师传》，北京：宗教文化出版社，2000 年，第 1 页。

根据《出三藏记集》和《高僧传》中关于竺道生的记载①，竺道生早年跟随竺法汰在建康出家，聪颖好学，"是以年在志学，便登讲座"②，到了受具足戒的年龄（20 岁），就已经在江南小有名气了。孔子说过吾十之有五而志于学，也就是说竺道生至迟在十几岁"年在志学"的时候就已经出家了。因此要大体定下竺道生的生年，就必须首先知道竺道生大约是何时出家的。从僧传中我们得知，竺道生是从小跟随竺法汰在建康出家，③并因此姓"竺"。进而要知道道生出家的大体时间，就必须知道竺法汰南下建康的时间。我们前文已述，竺法汰原在江北，"少与道安同学"，共同师佛图澄，"（佛图）澄卒后，中国纷乱，道安乃率门徒，南游新野。"（《魏书·释老志》）竺法汰大约是在 4 世纪 50 年代初与道安于新野分别，带领弟子南下。竺法汰在南下途中染病，得到了当时荆州的实际统治者桓温的供养照顾，但法汰在荆州没有引起桓温重视，应不久就南下京师，并得到了桓温政敌王、谢的大力支持，并逐渐获得大名。《世说新语·赏誉》："初，法汰北来，未知名，王领军供养之，每与周旋行来……因此名遂重。"对法汰，"领军王洽、东亭王珣、太傅谢安，并钦敬无极"④。王领军即王洽，卒于 358 年。因此法汰至迟在 50 年代中期，就应当已经到达建康。

汤用彤先生本在《竺道生与涅槃学》一文中对《世说新语》中的记录没有怀疑，但在《汉魏两晋南北朝佛教史》中却改变了看法："查王洽卒于升平二年（公元 358 年），其时法汰尚未共道安南来。《世说》所载，应为另一王氏子弟。"⑤ 笔者认为汤先生的这一推测理据不足。《高僧传》中也明确说到"领军王洽"对法汰"钦敬无极"。汤先生之所以认为在年代上有问题，是由于误认为法汰"共道安南来"与道安在襄阳分手，实际上法汰与道安在此前十多年就已经在新野分别了，道安北上山西太行一带，法汰则南下，根本不存在"共道安南来"的事情。汤先生怀疑年代有错，

---

① 关于道生传记，《高僧传》基本沿袭《出三藏记集》。
② 《出三藏记集》，第 570 页。《宋书·蛮夷传》谓道生"年十五，便能讲经"。
③ 《宋书·蛮夷传》谓道生"出家为沙门法大弟子"，此处法"大"当为法"汰"之误。
④ 《高僧传》，第 193 页。
⑤ 《汤用彤选集》，第 432 页。

可能是由于《高僧传》中说，在法汰于荆州时，"安公又遣弟子慧远下荆问疾"。因为慧远是在道安在山西太行时收的徒弟，所以若派慧远去探病，则时代必晚。但笔者认为《高僧传》中的这段记录有误，以此推断年代不妥。晋哀帝兴宁三年（365 年）道安带慧远等弟子南下襄阳，时值道恒等人在荆州一带宣扬"心无义"，法汰派弟子昙壹前去辩难，道安也派慧远去荆州破心无义。由于这次辩难十分出名，慧远在荆州也就广为人知，很可能后世就因此误会："当时慧远正奉道安之命前往慰问患病的竺法汰，也就席攻难道恒"①，因此僧传中说："安公又遣弟子慧远下荆问疾"，此记恐系将两次地点相同而时间不同的事情（法汰在荆州生病，慧远在荆州辩难）弄混，是误记。

汤先生认为："竺法汰于兴宁三年随道安达襄阳，后经荆州东下至京都，居瓦官寺。简文帝敬重之，请讲《放光经》。简文帝在位仅二年。（公元371—372 年）其时瓦官寺创立未久。及汰居之，乃拓房宇，修立众业。（《高僧传·法汰传》）是汰之来都，在兴宁年后，简文帝之世也。"② 汤先生的这个推断过晚，反驳理由如下：

（1）"简文帝"司马昱在位时间实际上不过一年，"自桓温废海西公而立简文帝，到简文帝临终遗诏，到桓温之死，其间一共只有一年半的时间。这是激烈的权力之争的一年半，是朝野鼎沸的一年半，是晋室不绝如线的一年半。"③ 在这一年半中东晋政局最为动荡，皇权降低到最低点，桓温欲自立，而王、谢两大家族则极力抵抗，道教卢悚起义攻入建康殿庭。而简文帝病重，继承人问题尤其突出，"简文帝遗昭"数次反复。在这样的时局下，简文帝司马昱恐没有精力，带领众多王宫贵族去听法汰讲《放光经》。即便当时确有听讲之事，也不能由此否认法汰在此前不在建康。

（2）司马昱带人去听讲经的时间，最有可能的是在 4 世纪五六十年代，当他还是会稽王时。永和年间（345—356 年）北方时局动荡，缓解了南方的外部压力。东晋利用这个时机，于永和七年收复洛阳，八年得传国玉玺，给人一种"升平"（357—361 年）在望的表象。南方获得了自永和

---

① 方立天：《魏晋南北朝佛教论丛》，北京：中华书局，1982 年，第 56 页。
② 《汉魏两晋南北朝佛教史》，第 432 页。
③ 《东晋门阀政治》，第 193 - 194 页。

以来的较长时间安定局面，使得在会稽王身边聚集了一大批士族名士，所谓的"永和名士"他们品评人物，辨析玄谈，留下了许多佚闻佚事，多见于《晋书》及《世说新语》。此时的法汰业已南下，也混迹其间，逐渐获得名望，司马昱带人在此时去听他讲经，则是十分可能的。

（3）僧传为后人记录，以一生最高地位职务称呼人，是十分常见之事。至于瓦官寺，早在364年顾恺之为该寺作壁画"维摩诘像"时，就已名声大振。瓦官寺在建立之初就是重要寺院，当是法汰在建康有不小名望后才迁居于此；瓦官寺绝非草创小庙。

至此，我们可以得出结论，法汰在佛图澄死后不久，就与道安分别，自己带领弟子南下，4世纪50年代初时，先到荆州，未受桓温重视，旋即南下建康。在建康受到桓温政敌王、谢家族人士支持，名声逐渐扩大，大约在60年代即受到会稽王司马昱的青睐，听其讲经。而大约也就在此时，道生便随渐得大名的法汰出家。故此，我们可以合理地推论出，道生大约生于355年，在60年代随法汰在建康出家，在370年左右便可以同人讲法，大约70年代中期受具足戒。

通过确定法汰南来时间，以及道生出生的大约时间，我们还可以获得下面一些启发。

法汰南来时间在50年代初，时间很早，这说明法汰与道安共同相处的时间并不很长。道安与法汰为同学关系而非师徒，也无理由长期在一起漂泊。后人多误认为法汰是道安弟子，或法汰受到道安很大影响，恐是臆测。特别是后世流行"六家七宗"说，多以为道安是本无宗创始人，而法汰从其中分离出来创立"本无异宗"。其实法汰50年代就已南下，五六十年代便与六家中其他各家代表人物共在江南，而道安关心般若学说，是在365年到襄阳后才由"北禅"转向"南义"，时间尚在法汰之后。

我们在本编第一章已经详细讨论过，所谓"六家"本是指东晋（主要是建康和荆州）各般若学派，他们同当时永和玄谈关系密切（其代表人物也多被写进《世说》之中），各家均各自得到了当时世族的支持，是特定时间地点的产物。而道安先是在北，后居襄阳，基本身处局外，在襄阳研究般若学，建立的所谓"性空之宗"，本也无所谓六家中的哪一家。但道安本人名气甚大，又与法汰尚有一段渊源，且对荆州心无宗持批评态度。

后人便逐渐将法汰的本无宗归入道安名下，而法汰反而成为本无异宗，后遂有六家七宗之说。

由此，我们看到道生出家的 60 年代，正是建康地区佛教界般若思想最为活跃的时期，新观点新思想层出不穷，这对于少年聪颖，"年在志学，便登讲座"的道生，在今后不断独立思考，大胆创新，无疑有着促进作用。

而道生出生的 50 年代，东晋收复洛阳，获得玉玺，使江左免于"白板天子"之羞，这些虽只是些表面现象，但无疑会对当时汉人在政治和心理上，以正面积极刺激，增加其民族自信心。这对于道生日后作为"边国"之人，敢于"孤明先发"，也是有正面影响的。

第二节　道生第一次去庐山的时间

各种记载表明，道生是"中年游学"，若根据汤先生所确定道生生年 375 年，则"隆安中"（397—401 年）道生云游到庐山只有二十岁出头，显然不能说是"中年"，汤先生所定生年显然太晚。况且汤先生还认为道生去庐山尚比"隆安"早，认为"道安应在太元之末数年至庐，得见提婆，从习一切有部义"[1]（按太元是 376—396 年），而汤先生此说，笔者认为恐难以成立。

《出三藏记集》中已经明确记载，道生"隆安中，移入庐山精舍，幽栖七年，以求其志。"[2] 而汤先生却提出道生应早于 397 年（隆安元年）去庐山的原因主要有两个：

（1）汤先生认为道生应得见僧伽提婆，而提婆则在隆安元年离开庐山慧远去了建康，因此道生要跟随提婆学习，必须得在隆安元年之前来到庐山。

笔者以为，即便道生一定见过提婆，庐山与建康距离不远，道生与提婆在隆安元年，或于建康（提婆已来建康，而道生尚未从建康出发去庐山），或于庐山（提婆尚未离开庐山去建康，而道生已经来到庐山），相见

---

① 《汉魏两晋南北朝佛教史》，第 432 页。
② 《出三藏记集》，第 571 页。

参访几个月，也不是不可能的事情；更何况我们没有有力的证据来说明他们一定见过面。汤先生提出的理由是《名僧传抄》中载《名僧传》目录"及至第十传，则为竺道生。其中乃载有慧远庐山习有宗事。依此推之，竺道生或与远公同从提婆习一切有部之学。"① "不然者，则《名僧传》何以于道生传中，载远习有宗事耶？"②

汤先生仅凭《名僧传》中两条相连的目录"庐山西寺竺道生事"、"慧远庐山习有宗事"，便断定"竺道生或与远公同从提婆习一切有部之学"，恐怕有些草率。既然是在"道生传"中，若道生果真在庐山从提婆学习，也应标为"竺道生庐山习有宗事"或"竺道生、慧远庐山共习有宗事"才合理。而且更为重要的是，题目中说的是"庐山西寺竺道生"，这说明竺道生在庐山住在"西寺"，而庐山慧远则住在"东林寺"，两人并不住在一处，共同学习之说恐难成立。

根据《高僧传·慧远传》记载，373 年慧远与道安分别南下，在庐山"时有沙门慧永，居在西林，与远同门旧好，遂要远同止。"不久应慧永之请，刺史桓伊"乃为远复于山东更立房殿，即东林是也。"由此看来，道生来庐山当是住在慧永的"西林"，而并不与慧远同住，道生、慧远两人很可能有过接触交往，但共同向提婆学习有宗，则恐不成立。道生临终前几年确系住在庐山东林寺，但那时距离道生第一次到庐山已有三十多年，慧远已死，时过境迁，以三十多年后的居所来推定三十多年前的居所，谓定然住在一处，汤先生此说于情于理都很难说通。

（2）汤先生提出的另一个理由是："又如生果于隆安中到匡山，并居彼七年。则其至关中，必远在什公入关数年之后。夫道生闻什之来，当急欲相见，必不若是迟滞也。"③ 若道生于隆安元年或一年，即 397 年或 398 年来庐山，经七年当于 403 年或 404 年前往长安。汤先生以为若是如此，道生去见鸠摩罗什则太迟，笔者则以为并不很晚。

鸠摩罗什实际上是在弘始三年（401 年）十二月底④才到长安，古时

---

① 《汉魏两晋南北朝佛教史》，第 433 页。
② 《汤用彤选集》，第 77 页。
③ 《汉魏两晋南北朝佛教史》，第 433 页。
④ 按公历推算已是 402 年年初。

信息、交通不便利，经过一两年后道生方从庐山到长安并不算很迟缓。另外，虽然鸠摩罗什在当时已有大名，但姚秦时"四夷宾服，凑集关中，四方种人，皆奇貌异色。"（《太平御览》卷三六三引车频《秦书》）当时西域来的法师并不罕见，只有做出些成绩，才会吸引人前往就学。根据《出三藏记集》和《高僧传》对鸠摩罗什的记叙来看，似是罗什在长安讲说新经，翻译出一些经后，"于时，四方义士，万里必集"，道生"入关请决"，慧远"封以咨什"。又道生在义熙五年（409 年）就已经回到建康，其离开鸠摩罗什可能更早在 408 年，而鸠摩罗什在 413 年去世。道生并未像僧肇等人那样始终伴随鸠摩罗什，似未如汤先生所测，道生时刻都想伴随鸠摩罗什左右，有一刻不可离的心境。

汤先生谓慧睿、慧严、慧观等"当亦曾与远、生二公同习提婆小乘之学，后又共道生入关。"① 《出三藏记集》载：道生"遂与始兴慧睿、道场慧观，同往长安。"《高僧传》则将"同往"改为"同游"，"后与慧睿、慧严同游长安。"根据《高僧传》慧睿"后还憩庐山，俄又入关从什公咨禀"、慧观"晚适庐山又咨禀慧远，闻什公入关，乃自南徂北"，他们确系从庐山出发前往长安。道生与他们同行或确有其事，但慧睿、慧观等人离开庐山前往长安的确切时间，我们也不得而知。而且从僧传来看，他们去长安是在听说鸠摩罗什入关后才动身的，鸠摩罗什 402 年年初进入长安，消息传到庐山，道生等人决定同行，再筹备一下，403 年后去长安也不为太过迟缓。

汤先生曾下断语："般若家与谈玄者，其方法态度实际系一致。故什公弟子宗奉空理，而仍未离于中国当时之风尚也。"② 此论甚当，慧睿、慧观等人原来之学应不出般若玄谈，否则不会对大乘空宗兴趣甚大，而远赴长安；提婆乃一切有部之学，两者差异比较大。慧睿似在庐山日短，而慧观只提向慧远学习，而未涉及提婆，因此若慧睿、慧观等人习有宗，则最大可能是在隆安中，多向慧远请教，道生情况也与此大体类似。汤先生推断他们跟随提婆本人学习，则完全没有证据可以支持这一点。

① 《汉魏两晋南北朝佛教史》，第 433 页。
② 《汉魏两晋南北朝佛教史》，第 231 页。

171

第二编 魏晋佛教思想论纲

总之，如果道生是同慧睿、慧观等人同去长安，也大约是在鸠摩罗什入关，声名传至江南之后。而此刻东晋局势也相对安定，适宜北上出行。道生在建康多年，中年游学，"隆安中"到庐山，恐也有避乱的意思。"自隆安以来，中外之人，厌于祸乱。"（《资治通鉴·元兴元年》）隆安二年，镇守京口的王恭和荆州的殷仲堪、桓玄等人起兵反对当权的司马道子。三年，孙恩、卢循起义，后几年时局因此而持续动荡。元兴元年（402 年）桓玄攻下建康，403 年自立为帝，改国号楚。桓玄掌权期间又开始汰洗沙门（桓玄为此致书慧远征求意见，慧远作《与桓太尉论料简沙门书》答复），倡议沙门应尽敬王者（也致书慧远，慧远作《答桓太尉书》直接表示反对）。建楚后不到一年，桓玄便被其手下刘裕等人战败而亡，至此局势才逐渐稳定。

道生在东晋首都多年，值政局动荡之时，在庐山静观其变，待政局明朗后再离开的可能性比较大。而且在汰洗沙门时，唯庐山因慧远的关系而成为例外，"唯庐山道德所居，不在搜简之例"（桓玄《与僚属沙汰僧众教》[①]），因此暂时居住庐山而不乱动是一个比较好的选择。

因此道生中年游学，居庐山的时间应从 397 年或 398 年开始，到 403 年或 404 年止。在这期间，一般认为在 402 年庐山发生了一件后世颇瞩目的事情，即当年七月二十八日，慧远与刘遗民等百二十三人在庐山般若精舍阿弥陀前，"建斋立誓，共期西方。"而道生 408 年之前并没有见过刘遗民，排除 402 年共事西方的可能。道生从长安回到南京（义熙五年，409 年），其间路过庐山时将僧肇的《般若无知论》转交刘遗民，是道生与刘遗民两人的第一次见面。《肇论》载刘遗民给僧肇的回信，其中提到："去年夏末（义熙四年或义熙五年夏），始见生上人，示《无知论》。"可见 402 年道生在庐山而未参见此项活动，恐是因参见者多为居士，且净土思想与道生不尽相和，又别居住东西两寺的缘故。

明确了道生第一次去庐山的时间是 397 年或 398 年，"幽棲七年"。这样可以直接帮助我们弄清道生是在 403 年或 404 年才到鸠摩罗什那里去的，由此我们可以得出下面一些看法：

---

① 《中国佛教思想资料选编》第一卷，第 117 页。

（1）慧琳《龙光寺竺道生法师诔》中说：道生"中年游学，广搜异闻，自杨徂秦，登庐涉霍，罗什大乘之趣，提婆小道之要，咸畅斯旨"，将道生前往鸠摩罗什处列入游学之列。现在我们已经知道，道生于 403 年或 404 年到长安，而 409 年就已经回到建康，而期间又取道庐山。至此我们可以知道，道生在鸠摩罗什身边的时间并不很长，至多四、五年时间，是游学性质的参访。

道生参访鸠摩罗什是在中年，因此与僧肇等二十来岁的青年不同，虽尊罗什为师长，但多少是作为访问学者的身份，因而与鸠摩罗什的弟子还是有一定的差别。《续高僧传·僧旻传》："昔道生入长安，姚兴于逍遥园见之，使难道融义，往复百翻，言无不切，众皆睹其风神，服其英秀。"可见道生在长安是比较有声望的僧人，并非一般学僧。后人所谓鸠摩罗什门下几大弟子，如何如何，多是后人评论，且语气多近江南品评人物，恐非罗什原意。

（2）我们已经断定，道生于 404 年至 407 年肯定是在鸠摩罗什身边，而 406 年夏，鸠摩罗什在大寺译《法华经》八卷，是年并在大寺出《维摩经》。这两部经，现都有道生的注疏存世。①

《高僧传·道融传》：道融长于《法华经》，并有经《疏》留世，鸠摩罗什曾"命融令讲新《法华》，什自听之，乃叹曰：'佛法之兴，融其人也。'"《续高僧传·僧旻传》中提到的道生与道融之辩难，"昔竺道生入长安，姚兴于逍遥园见之，使难道融义，往复百翻，言无不切"，恐即与《法华经》有关。而道生随法汰出家，法汰长期居住在建康瓦官寺。而瓦官寺又以顾恺之的维摩壁画闻名，道生与《维摩经》亦是有缘。

笔者以为，道生在鸠摩罗什处参访，一方面是研究大乘空宗般若学经典，而另一方面其最大的收获，当是研究了《维摩经》和《法华经》。《维摩经》般若思想对道生总结和提升以往江南般若学争论无疑有着重要作用，甚至对其顿悟学说有重要启示，而"佛国品"对于其思考净土问题也有重要影响。《法华经》"会三归一，开权显实"的思想，对于道生日后

---

① 道生《妙法莲花经疏》见《卍续藏经》第 27 册。道生《维摩经》注，见于鸠摩罗什、僧肇、道生"三家注"中，《大正藏》38 卷。

融合大小乘，敢于突破以往旧说，孤明先发，提供了精神动力和智力支持。

（3）道生在鸠摩罗什身边日短，407年或408年便离开，而智严和佛驮跋陀罗是在408年后才到长安见鸠摩罗什，因此道生在长安没有见过一切有部的佛驮跋陀罗，两人在北方时应没有来往。

在长安，佛驮跋陀罗僧团和鸠摩罗什僧团关系很快恶化，佛驮跋陀罗僧团被赶出长安。而庐山慧远则居中调停，并将佛驮跋陀罗僧团请到江南。

东晋佛教在四世纪后半叶，以般若学六家七宗为主流。391年一切有部提婆，被刚刚南下安身庐山的慧远请去译经说法，慧远也跟随学习，由此有部逐渐在江南传播。经过数年努力，隆安元年（397年）提婆终于可以跻身东晋首都佛教界，成为王珣的座上宾，"晋王公及风流名士，莫不造席致敬。"（《高僧传·僧伽提婆》）而在此之前提婆恐是在东晋声名不显。提婆入京，恐是东晋佛教的一大转折的开始，此后六家般若学基本上就告一段落，不久，北方才逐渐开始出现对"六家"之批评（僧睿《毗摩罗诘提经义疏序》、僧肇《不真空论》），刘宋后又出现"六家七宗"之说（庄严寺僧昙济《六家七宗论》），到陈时更有"或六家七宗，爰延十二"（小招提寺慧达作《肇论序》）。

提婆"谓《无生》、《方等》之经，皆是魔书。"（《弘明集》范泰《致生、观二法师书》）道生作为本无宗法汰得意弟子，贸然去跟尚未成名的有部人学习，汤先生之推测恐非。道生学习有宗事，恐是在隆安中才开始的。

提婆虽在京师"道化声隆，莫不闻焉"，但恐受到的传统势力阻挠亦大，提婆若一直炙手可热，则僧传不会"后不知所终。"而佛驮跋陀罗僧团南来，无疑对江南有宗思潮是一个推动。汤先生对佛驮跋陀罗（汉名"觉贤"）入华后经历有详尽叙述：佛驮跋陀罗在长安"教授禅法，门徒数百。名僧智严、宝云（据《僧传》）、慧睿（据《达疏》）从之进业。乃因弟子中颇有浇伪之徒，致起流言，大被谤黩。秦国旧僧僧䂮、道恒谓其违律，摈之使去。贤乃与弟子慧观等四十余南下到庐山，依慧远（事详《僧传》）。觉贤约于秦弘始十二年（公元410年）至长安，当不久即被摈。停庐山岁许，慧远为致书姚主及秦众僧，解其摈事。晋义熙八年（公元412年）乃与慧远至江陵，得见刘裕（《通鉴》裕是年十一月到江陵）。其后（公元415年）复下都，译事甚盛。"① 在翻译诸经中，尤其值得特别注意的是417到418年，法显请佛驮跋陀罗共同翻译了六卷本的《大般泥洹经》。412年法显在江陵也曾受到刘裕召见，或在那时，法显便与佛驮跋陀罗见过面，共同商议过日后译经之事。

由上面我们可以发现，与道生"同游长安"的慧睿、慧观都加入了佛驮跋陀罗僧团，可见他们北上求学，并非冲着鸠摩罗什一人而去。见鸠摩罗什一入关，就在庐山坐不住，这种猜测恐难成立。慧睿、慧观于"隆安"中在庐山跟慧远很可能接触过一切有部，在长安时又随一切有部大师佛驮跋陀罗学习。佛驮跋陀罗僧团被赶出长安后，恐是因为慧观等人与慧远的关系，而先暂时前往庐山，而慧远对他们的到来也持欢迎态度。《高僧传·慧观》谓慧观"什亡后，乃南适荆州"，应是误记，去荆州恐是慧观跟随佛驮跋陀罗僧团之后的事情，"以义熙八年（412年），遂适荆州。"（《出三藏记集》卷十四"佛驮跋陀传"）。

第三节　道生的"善不受报"义

《出三藏记集》卷十五"道生法师传"载道生：

> 义熙五年还都，因停京师，游学积年，备总经论。妙贯龙树大乘之源，兼综提婆小道之要，博以异闻，约以一致。乃喟然而叹曰："夫象以尽意，得意则象忘。言以寄理，入理则言息。自经典东流，译人重阻。多守滞文，鲜见圆义。若忘筌取鱼，则可与言道矣。"于是校练空有，研思因果，乃立善不受报及顿悟义，笼罩旧说，妙有渊旨。而守文之徒，多生嫌嫉，与夺之声，纷然互起。②

梁《高僧传》记叙基本与此相同：

> 生既潜思日久，彻悟言外，乃喟然叹言："夫象以尽意，得意则

---

① 《汉魏两晋南北朝佛教史》，第216页。
② 《出三藏记集》，第571页。

象忘，言以诠理，入理则言息。自经典东流，译人重阻，多守滞文，鲜见圆义。若忘筌取鱼，始可与言道矣。"于是校阅真俗，研思因果，乃立善不受报、顿悟成佛。又著《二谛论》、《佛性当有论》、《法身无色论》、《佛无净土论》、《应有缘论》等，笼罩旧说，妙有渊旨。而守文之徒，多生嫌嫉，与夺之声，纷然竟起。①

汤用彤先生在 1932 年《国学季刊》三卷一号上发表《竺道生与涅槃学》，将"佛无净土义与善不受报义"作为一个小标题，将两者综合论述②；数年后汤公出版名著《汉魏两晋南北朝佛教史》，将"法身无色、佛无净土、善不受报义"作为一小节，补充了一些材料，但基本观点未有太大改变，大体意思是说："佛本无土，借事通玄，而曰净土。皆引人令其向善（不自足则向善）非实义也。据此则所谓善受报，亦为方便也。……按慧远《释三报论》，谓凡人必有业报。而得道之宾则不受报。……（道生）谓沙门为无为法。无为法中，无利益，无功德。其意与远公略相同。但真理常存，无生无灭，美恶斯外，罪福并舍，故无福报之可言。生公言无为是表理之法，乃就理体立说。慧远则从圣贤而论，其说又似不同。而且生公谓凡人无人天果，（只可谓有人天业）报应并乏明征。则二公之说，似更相异。"③ 汤公早年认为慧远"此（《释三报论》）言恶不受报。生公所言，或可与此相比拟。"④ 前后观点，有所变化，但对道生"善不受报义"的研究路径与基本观点都没有变化，即都将"善不受报义"与"佛无净土"综合考虑，从道生注解《维摩》中的"无为是表理之法，故无实功德利也"⑤ 出发，认为善受报是俗谛方便说，善不受报是究竟义。

道生的传记，都是将"善不受报"与"顿悟成佛"并举，在道生倡一阐提人也可成佛之前，此二义引发争议最多，笔者以为宜将两者综合考虑。道生顿悟成佛义明，善不受报义则可迎刃而解。道生对后世重要影响

---

① 《高僧传》，第 256 页。
② 参见《汤用彤选集》，第 106 – 108 页。
③ 《汉魏两晋南北朝佛教史》下册，第 461 – 463 页。
④ 《汤用彤选集》，第 108 页。
⑤ 《大正藏》第 38 卷，第 357 页下。该句是注解经文"夫出家者，为无为法，无为法中，无利无功德"。

之一，就是提出顿悟义，现今学者多从《涅槃》、《维摩》、《庄子》等入手，而较少论及《法华》。笔者想就《法华》入手，简单谈一些看法。

现行道生《妙法莲花经疏》分上下两卷，前四品为一卷，第五至二十七品为一卷。自序"具成一卷"，可能是"二卷"传抄时发生错误，但也可能是后人誊写成为上下两卷。今本《妙法莲花经疏》没有"提婆达多品"，据传日本新近发现了道生"提婆达多品"疏，很有可能道生原疏本作一卷，传世时被人删去"提婆达多品"疏，又抄录为上下卷。据隋代《添品妙法莲华经》序中称"什所阙者……提婆达多品"[1]。现行法云的《法华义记》也无提婆达多品，南北朝流行的鸠摩罗什译本应是缺提婆达多品。天台智者大师说，鸠摩罗什译完《法华经》后"命僧睿讲之，睿开为九辙。当时二十八品，长安宫人请此品，淹留在内，江东所传止得二十七品。"[2]（《法华文句》卷八下）智者大师此说，笔者认为很有可能。观"提婆达多品"内容，主要是讲国王如何抛国舍家，供养僧人，求得《法华经》。"长安宫人请此品"，或为供养，但更可能的是因为经文将僧侣凌驾王者之上而被变相查禁。现在经中此品是梁代真谛时加入，梁武帝信佛，再出此品已无大碍。

鸠摩罗什翻译《法华经》时，道生正好在场。若当时鸠摩罗什翻译过此品，则道生一定能够见到。如果现今日本发现的"提婆达多品"疏，果为道生所作，则会对研究道生顿悟义有很大帮助。因为"提婆达多品"中提到龙女因为听《法华经》而急速成佛的事情。"提婆达多品"对此还有一段形象的描述。舍利弗对龙女迅速成佛事表示怀疑，他对龙女言："汝谓不久得无上道，是事难信，所以者何？女身垢秽，非是法器，云何能得无上菩提。佛道悬旷，经无量劫，勤苦积行，具修诸度，然后乃成。又女人身犹有五障……云何女身速得成佛？"龙女回答说："我献宝珠，世尊纳受，是事疾不？"答言："甚疾。"女言："以汝神力观我成佛，复速于此。"[3]龙女成佛，速度比交接一件礼物还快，道生若真读过此文，势必会产生不必累世修行，可以立地成佛的想法。

---

① 《大正藏》第9卷，第134页下。
② 《大正藏》第34卷，第114页下。
③ 《大正藏》第9卷，第35页下。

第二编 魏晋佛教思想论纲

《法华经》核心思想是站在大乘角度来"会三归一，开权显实"，实则将以往小乘各种传统说法，都理解成一种"权"，一种"方便"，而非"究竟"。《法华经》谓众生都是"佛子"，最终目的都是要成佛。"法华七喻"中的"化城喻"，将以往小乘各个果位阶次，都理解为佛陀为防止在成佛之路上，众生疲劳懈怠，半途而废，所以在半路上幻化出一个城市，让人们暂时休息；但这个"化城"毕竟是假的，不是众生最终要追求的，众生最终要追求的是成佛，除了成佛之外，一切都不究竟。这种想法，笔者认为奠定了道生对以往传统佛教的态度，也直接鼓励了道生挑战佛教传统旧说。佛以"化城"等手段开种种方便说法，就是为了启发那些顽愚不化的人去亲近佛法，"如来于时观是众生根利钝、精进懈怠，随其所堪，而为说法，种种无量，皆令欢喜，快得善利。"① 说有人根本无法成佛，就等于说佛陀没有办法将其引入正道。但佛法力智慧无边，总会有办法接众生的。因此按照这个逻辑推下去，人人最终都当成佛。

道生对"系衣喻"的理解，可以看做是他佛性思想的滥觞。"譬如贫穷人，往至亲友家。其家甚大富，具设诸肴膳。以无价宝珠，系著内衣里。默与而舍去，时卧不觉知。是人既已起，游行诣他国。求衣食自济，资生甚艰难，得少便为足，更不愿好者。"② 道生对此的理解是，穷人比喻众生，在富人家喝酒醉卧不醒，"惑意情炽，醉于五欲生死，若醉卧也。"不知亲友在衣内缝无价宝珠，"为惑蔽之，如在内衣里。由友而来，则为友与。理固无失，亦友所系，密系无差，视莫过焉。大乘言旨潜己，己昧言旨，为不觉知，末后可化。"通过道生的诠释，我们俨然可以将"无价宝珠"当佛性来看。愚蛮恶人"为惑蔽之"，不知有宝，终日受穷，困顿于六道轮回；而实际上"无价宝珠"就在衣里，"为不觉知，末后可化"。

从外部看，佛陀慈悲，哀悯众生，又能力无限，总会有办法将人引入正路；而从内部看，人人都有"无价宝珠"在身。因此无论从哪方面讲，人人都可成佛。龙女本是兽类，又是女身，尚可迅速成佛，何况于人。笔者以为，人人皆可迅速成佛，是道生思想的核心。"顿悟成佛"、"佛性当

---

① 《大正藏》第 9 卷，第 19 页中。
② 《大正藏》第 9 卷，第 29 页中。

有论"、"应有缘论"都是围绕这个问题直接展开。道生强调究竟解脱，速得佛果，"二谛论"当是分析"权"、"实"关系，"佛无净土论"、"法身无色论"、"善不受报"则是从"究竟"角度来总结批判以往传统佛教中的种种方便说。

仅以"善不受报"来说，道生绝非否定因果报应，相反道生认为"因果相召，信若影响"（"分别功德品"疏）。道生所谓"善不受报"是说人做善事，可立即成佛，成佛后自然不再受报。道生在解释《法华经·方便品》里，被后世称为"十如是"中"本"、"末"的地方时称："万善之始为末，佛慧之终为本。"在"譬喻品"疏中又说："众生于过去佛，殖诸善根，一毫一善，皆积之成道。"两者联系来看，其意甚明。现征引吉藏《法华玄论》（卷四）为证："问：低头举手善，云何成佛？答：昔者竺道生著《善不受报论》，明一毫之善业，皆可成佛，不受生死之报。今见《璎珞经》亦有此意。一念善有习、报两因，报因则感于人天，习因牵性相生作佛。"[1] 竺道生所谓"善不受报"，当是指一念善不受"报"因，不感于人天；但应该还有习因，顿悟成佛。

晋宋之际，般若学向涅槃学转变的一个关键，是《法华》的中介作用，这值得我们高度重视，[2] 道生临终前宣讲《法华》（而非《涅槃》），修订经疏，可见《法华》对其影响，因此我们从道生《法华》注入手，可能比汤用彤先生主要从《维摩》注入手，更为贴切一些。应该说顿悟成佛义与善不受报义都是依《法华》而立，此二义也是道生不久后提出人人皆有佛性的前期理论准备。曹魏创立九品中正制，西晋确立"二品系资"制度，看重"家门阀阅"，即父祖为官的功劳资历（"系资"），到东晋几乎全凭"以贵悉贵，以贱悉贱"，道生依《法华》立顿悟成佛和善不受报

----

① 《大正藏》第 34 卷，第 505 页上。
② 张风雷教授指出："僧叡也正是看到《法华》开权显实、言佛寿无量之后，才开始反思到《般若》'悟物虽弘，于实体不足'的。可见《法华经》'开佛知见'、'佛寿无量'等观念曾给当时的般若学者以强烈的思想刺激，促使他们反省般若学自身的问题，这为后来大乘般若学向涅槃学的迅速转向起到了很好的思想铺垫作用。"（张风雷："慧远、鸠摩罗什之争与晋宋之际中国佛学思潮的转向"）徐清祥博士从晋末慧持入都讲《法华》而非大小品，得出建康佛教风气改变的重要结论，也是持《法华》为般若学和涅槃学中介的看法。（徐清祥：《东晋士族与佛教》，中国人民大学博士论文，2004 年，第 116 页）

（"明一毫之善业，皆可成佛"），实有打破等级的意义，开人人皆可成佛之先声。关注《法华》影响道生提出顿悟成佛义与善不受报义，对于我们研究道生本人的思想，乃至般若学向涅槃学转变都是十分重要的线索。

第四节　道生的"身前身后名"

道生在法汰、庐山慧远、鸠摩罗什等当时中国佛教界第一流的大师门下学习，又得到士族大家、著名文豪谢灵运的器重，身前本应是尽得风流；然因其佛学思想过于标新立异，以致曲高和寡，甚至被同侪不容，最后被摈出建康佛教界，终老庐山，亦可谓甚为萧索。然道生死后，却又为刘宋朝廷所推崇，可谓"留得身前身后名"。道生的声誉的反复，是他所在时代急速发展变迁的一个缩影，故本章最后一节，对此略加评述。

东晋佛教本是般若玄谈，六家为思想主流；从提婆开始，续而佛驮跋陀罗僧团到来，风气渐变，戒律与禅学思想也逐渐得到重视。尤其是《大般泥洹经》的翻译，更是东晋佛教原来闻所未闻。故此刘宋初不少旧义沙门对此攻击不遗余力，而围绕《大般泥洹经》传说故事甚多，多是自神其教的产物，汤用彤先生对此分析甚当，此处不再详引。不过总体来看，是旧义沙门逐渐走了下坡路。

道生与佛驮跋陀罗僧团的关系十分微妙。按理道生应熟悉提婆的有宗思想，其与慧远、慧睿、慧观都似有旧交，对《大般泥洹经》又持欢迎态度，应与逐渐在南朝居主流地位的佛驮跋陀罗一系关系良好。但道生般若学出身，在长安从鸠摩罗什游学数年，在北时又未从佛驮跋陀罗参访，加之道生本人思维活跃，诸多思想观点与有宗差异很大，道生顿悟义与有部的禅学思想大相径庭，戒律方面道生也主张"中国化"，因此说道生与当时日趋主流的佛驮跋陀罗一系关系并不好，甚至可以说同慧观等人交恶。特别是道生提出六卷本的《大般泥洹经》不完备，自是对佛驮跋陀罗一系的公然挑衅，甚至有帮旧学沙门，诋毁《大般泥洹经》的嫌疑。道生被驱逐出僧团，就现有文献来看，很可能就是由于该系僧徒向宋文帝要求的结果。

道生"中年游学，广搜异闻，自杨徂秦，登庐涉霍"，然其游学足迹亦多不可详考，大约道生是在庐山与长安往返沿途进行了云游参访。道生游学结束后（409 年），便长期居住建康，由此开始道生阐发佛教义理的重要时期，"乃立善不受报，顿悟成佛，又著《二谛论》、《佛性当有论》、《法身无色论》、《佛无净土论》、《应有缘论》等"。后道生由于诸多观点（特别是"一切众生皆有佛性"的主张）与建康主流僧团不合，受排挤被开除僧籍（时间大约在元嘉五六年，428 年或 429 年），在苏州虎丘隐居。北本《涅槃经》南来，其中有支持道生人人皆有佛性观点的经文，道生可能因此获得庐山僧人的同情和支持，于是在元嘉七年（430 年）往庐山定居，开讲大《涅槃经》，并修订《法华经疏》，十一年（434 年）冬卒于庐山。

道生在自长安回到建康后，事多不可考。大约在元嘉三年至五年时（428—429 年），关于"踞食"问题，道生与慧观等人就有过激烈争论。道生于戒律问题一向比较关心，曾于 423—424 年参与协助翻译"五分律"。道生一贯主张戒律中国化，改变印度穿衣吃饭习惯，这与慧远、慧观等人所持观点正好相反。而道生提出的"不容阶级"顿悟成佛义，是关系到禅定修行的大问题，慧观等人在此更是不能让步。

佛驮跋陀罗翻译的六卷本《大般泥洹经》，实际上昙无谶译"北本"《涅槃经》初分（前十卷）的同本异译，"北本"南来后，后面部分，确实有支持道生观点的经文；但"北本"前面部分与佛驮跋陀罗所译实际上大同小异，并不能由此而否定六卷本《大般泥洹经》。而且"北本"南来后，人们又根据六卷本《大般泥洹经》篇目，将"北本"做了文字上的润色工作，形成了在江南流行的"南本"。"（北本）《大涅槃经》初至宋土，文言致善，而品数疏简，初学难以厝怀。（慧）严乃共慧观、谢灵运等依《泥洹》本加之品目；文有过质，颇亦治改，始有数本流行。"（《高僧传·慧严》）

谢灵运支持道生的顿悟义，而慧观则持渐悟义。他们共同斟酌经文，其间争论恐多，而慧严则居中为难。《高僧传·慧严》载堪定"南北"时，"（慧）严乃梦见一人，形状极伟，厉声谓严："涅槃尊经，何以轻加斟酌。"严觉已惕然，乃更集僧，欲收前本。"[1]

就道生逝世前后来看，《涅槃经》"数本流行"，经文本身前后就似有

① 《高僧传》，第 263 页。

冲突，加之人人理解各异；顿悟、渐悟争论牵扯问题既多又复杂，不大可能因为一两句话就使得辩论局势根本改观。就现有材料来看，道生生前支持他的人很少，谢灵运最为支持道生顿悟义，"究寻谢永嘉论，都无间然"（道生《答王卫军书》）；僧人慧琳、法纲对道生观点也很感兴趣，曾为此与谢灵运进行过辩论（见谢灵运《辨宗论》）。道生被赶出建康后，便是寄居在苏州虎丘法纲处；而道生死后，慧琳为其撰写诔文。然谢灵运元嘉十年被杀于广州，道生卒于元嘉十一年十月，法纲卒于元嘉十一年十一月，而慧琳元嘉十年作《白黑论》虽得宋文帝赏识，但遭到当时佛教界强烈反对，最终被赶到广州。

尤其值得注意的是，《高僧传》和《出三藏记集》中对大本《涅槃经》后分的记叙差异。《高僧传·昙无谶传》："谶以《涅槃》经本品数未足，还外国究寻。值其母亡，遂留岁余，后于于阗更得经本中分，复还姑臧译之。后又遣使于阗，寻得后分，于是续译为三十三卷。以伪玄始三年初就翻译，至玄始十年十月二十三日三袠方竟，即宋武永初二年也。"[1] 而《出三藏记集》则称：

> 谶以《涅槃经》本品数未足，还国寻求。值其母亡，遂留岁馀。后于于阗更得经本，复还姑臧译之，续为三十六卷焉……会魏虏主托跋焘闻其道术，遣使迎请，且告逊曰："若不遣谶，便即加兵。"逊自揆国弱，难以拒命，兼虏谶多术，或为魏谋己，进退惶惑，乃密计除之。初谶译出《涅槃》，卷数已定，而外国沙门昙无发云："此经品未尽。"谶尝慨然，誓必重寻。蒙逊因其行志，乃伪资发遣，厚赠宝货。未发数日，乃流涕告众曰："谶业对将至，众圣不能救矣。"以本有心誓，义不容停，行四十里，逊密遣刺客害之，时年四十九，众咸恸惜焉。
>
> 后道场寺慧观志欲重求后品，以高昌沙门道普尝游外国，善能胡书，解六国语。宋元嘉中，启文帝资遣道普，将书吏十人，西行寻经。至长广郡，舶破伤足，因疾遂卒。普临终叹曰："《涅槃》后分与

---

[1] 《高僧传》，第77页。

宋地无缘矣!"①

按照《出三藏记集》的记载,昙无谶死在寻找《涅槃》后分的途中,显然他没能翻译《涅槃》后分,即北本《涅槃》不包括后分,而南朝慧观还派道普寻找《涅槃》后分,但未果。439 年北魏灭北凉,北凉余部奔高昌,亦自称凉王,道普为"高昌沙门"应与北凉政权有一定关系,慧观派其寻找《涅槃》后分是可信的。由此可见,北本《涅槃》传来南朝,未必一开始就具有权威地位,甚至被认为不是全本、足本,与道生辩论的对手慧观还积极寻找《涅槃》后分,很可能是在继续寻找经证批判道生。总之,北本传来之初未必立刻取得不可动摇的地位,顿悟之说获《涅槃》北本支持而在道生晚年流行,可能更成问题。

道生逝世前后,可谓甚为萧索,道生逝世前一直追随左右的弟子道猷,日后"见新出《胜鬘经》,披卷而叹曰:先师昔义,闇与经同。但岁不待人,经集义后,良可悲哉!"② 似可反映出一点道生死时之惨淡景况。道生临终前在改定的《妙法莲花经疏》前小序中提到"不以人微废道也。"此时"北本"《涅槃经》业已传来,按照传统说法道生当已声名大振;但实际情况并非如此,道生自谓"人微"而有"废道"之忧,不似虚言。

宋文帝(424—453 年在位)对道生的顿悟义颇感兴趣,但苦于当时建康佛教界无人持此观点,而需要到外地寻访。"宋太祖尝述生顿悟义,沙门僧弼等皆设巨难,帝曰:若使逝者可兴,岂为诸君所屈。"(《高僧传·道生》)"后文帝访觅述生公顿悟义者,乃敕下都,使顿悟之旨,重申宋代。"(《高僧传·法瑗》)宋文帝曾问慧观,"顿悟之义,谁复习之?"(《高僧传·道猷》)由此可见,不仅道生生前,即便是死后一个时期,他的顿悟成佛等观点,都没有被当时佛教界接受。

道生之所以能够在佛教内部提出如此标新立异、不被认同的观点,是同当时的社会整体思潮以及他个人经历密不可分的。充满自信、非常乐观的人人皆有佛性的思想能够产生于刘宋初年,与当时南朝刘宋时期国力短暂强盛有关。刘宋武帝、文帝父子在位期间,"兵车勿用,民不外劳,役

第二编 魏晋佛教思想论纲

---

① 《出三藏记集》,第 540 页。
② 《高僧传》,第 299 页。

宽务简，氓庶繁息，至于余粮栖亩，户不夜扃。"（《宋书》卷五四史臣语）这种评价可能有些夸张，但相比以往的动乱，当是盛世了。

更为重要的是，道生中晚年，门阀制度实已走到尽头，社会上反对门阀制度的意识形态逐渐浮出水面。从东晋"六家"般若以来，南朝佛教就与门阀士族关系密切，对于道生主张各种姓皆可成佛的新说，自然持怀疑态度。而刘宋皇帝对此说抱有好感，实是与刘氏家族出身低微有关。

4世纪末5世纪初，丹阳葛氏家族出灵宝类道经，在社会上广泛流传。特别是"度人无量，为万道之宗"的《度人经》，尤其强调"普度无穷，一切天人，莫不受庆"，男女老幼都可得到长生，皆可被度。道生去过的霍山，在当时被看做是炼丹极佳的场所，道生又"广搜异闻"，对灵宝类道经应有所耳闻。以往学者多注意《庄子》道体说对道生的影响，其实玄谈之风一过，社会上非庄思潮逐渐抬头，在这时道教比道家更能反映出社会思潮的动向。

同时儒教影响亦不可忽视。谢灵运认为道生顿悟义，融合儒释两家，取儒教之顿悟而去不可致，取佛教之可致而去渐悟。给道生写诔文的慧琳曾为《孝经》作注，更在《黑白论》中，力图调和儒释两家。魏晋南北朝时，儒教虽前所未有地受到冲击，但实际上还是在意识形态中居于优势地位，当时去郑玄这样的儒学大家不远，其后也名家辈出，而仅从现在存世的杜预《春秋左氏传集解》、范宁《春秋谷梁传集解》、何晏《论语集解》来看，就已经蔚为大观了。佛教中有识之士也一直力图调和儒释两家，如慧远[1]："合内外之道以弘教之情，则知理会之必同。"（《三报论》）在永和以来，关于圣人的问题就受到世人关注。"僧意在瓦官寺中，王苟子[2]来，与共语，便使其唱理。意谓王曰：'圣人有情不？'王曰：'无。'重问曰：'圣人如柱耶？'王曰：'如筹算。虽无情，运之者有情。'僧意云：'谁运圣人耶？'苟子不得答而去。"（《世说新语·文学》）这个对话约是发生在永和时，道生自幼在瓦官寺出家，而该庙中可能常讨论有关圣人问题。此外《世说新语·文学》还载有简文语，认为圣人虽可致，"然陶练

---

[1] 慧远《沙门不敬王者论》似乎矛头指向儒家名教，但实际上更深层理论则在批判道教大化流行的世界观，本书已专章论述。

[2] 王苟子即王脩，生卒年约为335—358年。

之功，尚不可诬。"在慧远与鸠摩罗什的问答集《大乘大义章》中，我们可以清楚地看到，慧远所关心的问题很多都是诸如佛的三十二相是依变化身还是依法身而修得①，法身的寿命是否是无限的②，"佛于法身中为菩萨说法"是否有四大五根身体器官③，感应神通，是否"必先假器"，即是否需要借助四大五根这些身体器官才能感应④，等等。解脱、成圣，可以说是当时中国人普遍关心的问题。而前人对此方面的探讨，不论是儒、释、道哪一教，都会对道生的思考有所启发。

总之，道生此时提出人人皆有佛性，都可成佛，正是切中那个时代人们最为迫切关心的问题，顺应了彼时社会思想大趋势。又道生提出顿悟义，自然与其个人学历密不可分，现今学者多从《涅槃》、《维摩》、《庄子》等入手，而较少论及《法华》。上节笔者即从《法华》入手，略论其对道生思想创新的启发作用，《法华》在道生的思想形成发展中的作用不应被忽视。

罗什译《法华经》时，道生正在长安；《妙法莲花经疏》自序"余少预讲末"，可能即指此事；但"讲末"若非谦辞而是实指的话，以道生当日的声望，应不至于"预讲末"，而道生接触《法华》（旧译《正法华》）更早，也可能是在建康出家后，于法汰门下即研习此经。序中道生又云："于讲日疏录所闻，述记先言，其犹鼓生。又以元嘉九年（432年）春之三月，于庐山东林精舍又治定之。加探访众本，具成一卷。"⑤ 可见道生终生对《法华经》都十分重视。

《法华经》为小乘流行时，新出现的大乘经典。经文中反复强调《法华经》甚深难信，甚至"新发意菩萨"都会诋毁此经；但后世若有人宣讲此经功德无量，诋毁此经罪孽深重。甚至说骂佛尚可，骂讲授《法华经》的法师，则罪无可恕。道生疏曰："佛是人天中胜，嫉而骂之，是则骂人，非骂法也。受《法花》人，若骂之者，是则骂人辱法，则毁法身。毁法身

① "问修三十二相并答"，《大正藏》第45卷，第127页上。
② "问真法身寿量并答"，《大正藏》第45卷，第126页中。
③ "初问答真法身"，《大正藏》第45卷，第122页下。
④ "次问住寿义并答"，《大正藏》第45卷，第142页中–下。
⑤ 《卍续藏经》第27册，第1页中。

者，其罪甚重。"（"法师品"疏）道生当年遭到非议，被开除僧团时，发誓说："若我所说反于经义者，请于现身表疾；若与实相不相违者，愿舍寿之时，居狮子座。"道生晚年，和者甚寡，去世前一年，曾经支持他的谢灵运亦因谋逆被诛。道生临终前宣讲《法华》，修订经疏，似亦有寄托悲愤之情。

唐代道暹在《涅槃经玄义文句》中提到道生晚年受刘宋皇帝邀请，前往京都讲经，并卒于建康，此段文字常被日本学者征引，但所述内容多不可信，须加辨别：

> 东晋大德沙门道生法师，即什公学徒上首，时属晋末宋，初传化江左，讲诸经论，未见《涅槃》大部，悬说众生悉有佛性。时有智胜法师，讲显公所译六卷《泥洹经》，说一阐提定不成佛。宋朝大德盛宗此义，闻生所说咸有佛性，众共嗔嫌。智与生公数论此义，智屡被屈。进状奏闻，彻于宋主。表云：后生小僧，全无学识，辄事胸臆，乖越经宗，若流传误后学者。今以表奏，请摈入山。宋主依奏，谪居苏州唐丘寺。时有五十硕学名僧，从生入山，谘受深要。其后有清河沙门雀（崔）慧观，豫州沙门华（范）慧严，俱什公学徒上首，当时在京。已逢大经，从彼北凉流入。咸奏幸得见闻，如贫获宝，遂罄衣钵，缮写此经。赍往江东，志在传化。宋朝道俗，众共披寻，乃云众生悉有佛性。咸叹生公妙释幽旨，善会圆宗。即以表陈请生通锡。宋主惊叹，发使迎生，旋至都城，披经本，略叙疏义五十余纸。其义宏深，其文精邃，唯释盘根错节难解之文，于此经大宗开奥藏。自后讲者，称为关中疏。撰既毕，众请宣扬。开经之朝，宋城道俗，五千余人，咸集讲会。生升座已，便令都讲，遍唱经文四十余段，说一阐提悉有佛性。于是便立一切众生至一阐提有佛性义。教令众论议意，无一人申论场者。便辞众曰：良以此经大本至，道生由斯忍死来久。今事得符契，言无谬误，不惑众僧，即奉辞愿善流布。言讫于高座奄从物化。时人号生为忍死菩萨矣。①

---

① 《卍续藏经》第36册，第40页上－中。

此段文字颇具戏剧化，"宋主"先准奏驱逐道生，后北凉《涅槃》大本传来"宋主惊叹，发使迎生，旋至都城"；道生到京后，先研读大本，撰写注疏，然后开讲，并坐化于高座之上。上述记叙颇多疑点，道生注疏被称为"关中疏"颇奇怪；而且道生死于庐山，是比较确定的事情，绝非建康。道暹距离道生时代久远，许多内容应是后代演绎的结果，说道生临终前去过建康，应不可信。道生生前应未获建康教界普通认可；而身后则被不断神化，成为"忍死菩萨"。

第四章 论东晋南朝的僧人学风的转变

竺道生"孤明先发"、"孤情绝照",倡一阐提可以成佛,在中国思想史研究中颇受重视,然东晋六朝僧人标新立异,多发"珍怪之辞",并非完全是因为他们的天才,实为一时的社会风气推动。东晋南朝僧人的这种学风,受到魏晋清谈的深刻影响;晋宋之后,这种学风又逐渐发生了根本性的转变,南朝涅槃佛性说在社会上的兴盛,一定程度上是竺道生标新立异的产物;但它最终的结果却走到了自己的反面,最终终结了"独明先发"、任意讲说的风气。本章即是对东晋南朝僧人学风的研究,以此管窥当时佛学思潮的变迁。

《出三藏记集》卷十五记载:"六卷《泥洹》先至京都,生(竺道生)剖析佛性,洞入幽微,乃说:阿阐提人,皆得成佛。于时《大涅槃经》未至此土,孤明先发,独见迕众。于是旧学僧党,以为背经邪说,讥忿滋甚,遂显于大众,摈而遣之。"① 梁《高僧传》也持此说,对道生"孤明先发"颇多赞誉。

然观东晋六朝僧人,"孤明先发"者,并不乏人,如《出三藏记集》卷十五记载鸠摩罗什对庐山慧远的《法性论》,未见经而与理合,给予充分赞扬,《高僧传》记此事更详:"先是中土未有泥洹常住之说,但言寿命长远而已。远(慧远)乃叹曰:佛是至极,至极则无变,无变之理,岂有穷耶。因著《法性论》曰:至极以不变为性,得性以体极为宗。罗什见《论》而叹曰:边国人未有经,便闇与理合,岂不妙哉。"②

"孤明先发"也并非仅限于僧人探讨涅槃佛性一事,如东晋名僧支道林,"年二十五出家,每至讲肆,善标宗会;而章句或有所遗,时为守文

---

① 《出三藏记集》,第571页。
② 《高僧传》,第218页。

者所陋。谢安闻而善之曰：此乃九方堙之相马也。略其玄黄，而取其骏逸。"① 支道林"卓焉独拔，得自天心"，常发先人所未发，特别是他对《庄子·逍遥游》的理解，"卓然标新理于二家之表，立异义于众贤之外，皆是诸名贤寻味之所不得。后遂用支理。"②

《续高僧传》记载梁代名僧僧旻尝言："宋世贵道生，顿悟以通经；齐时重僧柔，影毗昙以讲论。贫道谨依经文，文玄则玄，文儒则儒耳。"③ 孤明先发，标新立异，在东晋六朝，特别是晋宋之际的高僧中，颇为常见，与当时佛教乃至整个社会的风气相关，是一个值得关注的话题。

唐长孺先生曾指出："三国时期，以洛阳为中心的河南地区，玄学兴起，学术上形成排除汉代章句烦琐及谶纬迷信的新学风。当时大河之北和长江以南大体仍遵循汉代治学轨辙，学风偏于保守。西晋统一后，江南人士开始接触这种新风尚，入洛人士或试加研习，也有人大声斥责，但还看不出有巨大影响。永嘉乱后，大批名士南渡，本来盛行于京洛的玄学和一些新的理论，从此随着这些渡江名士传播到江南……正当所谓正始之音复闻于江左，即玄学清谈在江南风靡之时，北方玄学却几乎绝响。南北学风呈现出显著的差异。《隋书》卷75《儒林传》序称：'大抵南人简约，得其英华；北学深芜，穷其枝叶。' 即是对这种差异的典型概括。"④ 以洛阳为中心的玄学，永嘉之后传入江南，清谈论辩之风遂于东晋大盛，名僧皆染此风，孤明先发、标新立异者甚多，佛教借般若学于中国思想史大潮中"预流"；然发轫于晋宋之际的般若学向涅槃学的转变，又使佛教学风为之大变。本章即力图梳理东晋南朝僧人之学风。清人赵绍祖谓："李延寿作《南、北史》，于《南史》不列东晋于前，而于《北史》殿隋于后，斯为赘耳。"⑤ 此言甚是，东晋与南朝，佛教一脉相承，故本章合而论之。

---

① 《高僧传》，第159页。
② 《世说新语笺疏》上册，第260页。
③ 《高僧传二集》四册之一，台北：佛陀教育基金会，2003年，第151页。
④ 唐长孺：《魏晋南北朝隋唐史三论：中国封建社会的形成和前期的变化》，武汉：武汉大学出版社，1992年，第212－213页。亦可参见唐长孺："读《抱朴子》推论南北学风的异同"，《魏晋南北朝史论丛》，北京：三联书店，1955年。
⑤ 赵绍祖撰，赵英明、王懋明点校：《读书偶记》，北京：中华书局，1997年，第68页。

第一节　格义与六家的玄风

中国佛学自东晋勃兴，僧叡《毗摩罗诘提经义疏序》："自慧风东扇，法言流咏已来，虽曰讲肆，格义迂而乖本，六家偏而不即。"① 从《出三藏记集》等早期经录来看，西晋太康年间（公元 3 世纪末）之前所译各种经典，每经皆为一卷或二卷，除了三国时康僧会在东吴所译汇集九十一则本生谭故事的《六度集经》为九卷外，只有般若类经典篇幅最多，特别是汉末所译《道行般若经》，有十卷之多，可以说最早比较系统地介绍入中国的佛学思想当推佛教的般若思想。东晋时，中国人对般若思想的讲习，主要分为"格义"与"六家"。

（1）格义，最常见的解释是依据《高僧传》卷四竺法雅传："以经中事数，拟配外书，为生解之例，谓之格义。"② 即认为，竺法雅等人用老庄等中国典籍术语，去比附佛经中的术语概念（事数），并固定下来，"并随条注之为例"③，有"经过刊定的统一格式"④，作为教授学徒的范例。后汤用彤先生又提出，格义可能与汉代讲经制度，特别是"都讲"制度有关。⑤ 而陈寅恪先生则认为，格义是一种"合本子注"的形式。⑥

笔者认为，汤、陈两位先生的看法，都有一定道理，格义的形成，显然是受到中土多种文化制度的影响。但就僧叡的引文来看，格义是属于"讲肆"的一种形式，而非直接文本的翻译注疏等写作工作，故说格义是合本子注的一种形式，恐难完全成立，当然我们也不排除讲论之后形成文

---

① 僧叡："毗摩罗诘提经义疏序"，《出三藏记集》，第 311 页。

② 《高僧传》，第 152 页。

③ 《汉魏两晋南北朝佛教史》上册，第 169 页。

④ 《中国佛学源流略讲》，第 2504 页。

⑤ 汤用彤先生 1948 年在美国讲学期间用英文写成的《论"格义"：最早一种融合印度佛教和中国思想的方法》，至今仍为佛教研究者这方面最为重要的论文，1990 年石峻先生将该文翻译为中文，刊于汤用彤《理学·佛学·玄学》（北京：北京大学出版社，1991 年）一书中。

⑥ 参见万绳楠整理：《魏晋南北朝史演讲录》，合肥：黄山书社，1987 年，第 61 页。早在1933 年陈寅恪先生便于《支愍度学说考》中提出"合本子注"的概念，值得关注的是，不仅佛典如此，陈先生在读史札记中也将三国志注、水经注、世说新语注，都视为广义的合本子注，这对我们理解"格义"的意义和背景，颇有启发作用。陈先生治史"广搜群籍，考订解释"，合本子注是其一个重要研究方法，读者可参考卢向前：《敦煌吐鲁番文书论稿》，南昌：江西人民出版社，1992 年，第 272 – 273 页。

本。而就佛教本身成熟的都讲制度来说，发问的"都讲"人，地位较低，似只是起过渡引导作用，并不能充分参与辩论，齐代僧人释僧慧，"性强记，不烦都讲"①；再如《高僧传》卷七记载，僧导年十八，"僧叡见而奇之。问曰：君于佛法，且欲何愿？导曰：且愿为法师作都讲。叡曰：君方当为万人法主，岂肯对扬小师乎！"② 当然，在东晋，都讲有时地位也很高，如《世说新语》文学第40条："支道林、许掾诸人共在会稽王斋头。支为法师，许为都讲。支通一义，四坐莫不厌心。许送一难，众人莫不抃舞。但共嗟咏二家之美，不辩其理之所在。"③ 不过这已近于清谈辩论了，我们在前文讨论过南方类型的新格义（"连类"）。

就格义本身的操作施行来看，笔者认为可能跟清谈的关系更为密切，即便在狭义的格义中，也呈现了这一特点。格义从本质上说，是一种对某个佛教义理主题的清谈，竺法雅与康法朗等人在清谈过程中，用中土的概念义理讨论佛教的概念义理，取得的结论，即作为清谈中的"胜理"固定下来，以训门徒，成为后人、门徒效法的典范，这在清谈中也是十分常见的。僧传中说"（竺法）雅风采洒落，善于枢机，外典佛理，递互讲说，与道安、法汰每披释凑疑，共尽经要。"④ 应该说颇有清谈的风雅，而并非拘泥的对译手册。

（2）六家，《高僧传·道安传》提到："初，经出已久，而旧译时谬，致使深藏，隐没未通；每至讲说，唯叙大意，转读而已。安穷览经典，钩深致远。其所注《般若》、《道行》、《密迹》、《安般》诸经，并寻文比句，为起尽之义，乃析疑甄解，凡二十二卷，序致渊富，妙尽深旨，条贯既叙，文理会通。经义克明，自安始也。"⑤ 早期佛教讲经，"唯叙大意"，讲经法师常可根据自己的理解而进行发挥，而并不完全拘泥文字，"寻文比句"。如《高僧传》卷四西晋支孝龙传："时竺叔兰初译《放光经》。龙既素乐无相，得即披阅，旬有余日，便就开讲。"⑥《放光般若经》

---

① 《高僧传》，第321页。
② 《高僧传》，第280－281页。
③ 《世说新语笺疏》上册，第268－269页。
④ 《高僧传》，第152－153页。
⑤ 《高僧传》，第179页。
⑥ 《高僧传》，第149页。

元康元年译出，二十卷九十品，支孝龙阅读十几天便可开讲，恐主要是根据自己往昔对"无相"理解基础上的发挥新义。

《世说新语》记载："郗嘉宾问谢太傅曰：林公谈何如嵇公？谢云：嵇公勤著脚，裁可得去耳。又问：殷何如支？谢曰：正尔有超拔，支乃过殷；然亹亹论辩，恐□（殷）欲制支。"① 支道林喜观其大略，故这也是他"时为守文者所陋"的原因。但这恰好从另一个侧面说明了"大抵南人简约，得其英华"："褚季野语孙安国云：北人学问，渊综广博。孙答曰：南人学问，清通简要。支道林闻之曰：圣贤故所忘言。自中人以还，北人看书，如显处视月，南人学问，如牖中窥日。（支所言，但譬孙、褚之理也。然则学广则难周，难周则识闇，故如显处视月；学寡则易覈，易覈，则智明，故如牖中窥日也。）"②

支道林是"六家"中"即色"的代表人物，六家各义，皆彼此不同，标新立异，为时人所羡。清通简要、孤明先发、标新立异，可博得世人瞩目，赢得声望，这是魏晋崇尚玄风的社会风气所致。如当时与支道林争名的识含义创立者于法开，僧传说他"深思孤发，独见言表"③；而最典型的"独发"就是六家中的"心无"家，为谋食而标新立异。④

《高僧传》卷四康僧渊传中提到，支敏度（愍度道人）"聪哲有誉"⑤。立新义，有声望，可得食，说明社会风尚崇尚新义；故东晋时般若各家新说迭出，虽然彼此攻讦不已，但被时人并列为"六家"。就当时的社会风气来看，笔者认为"六家"人物是被视为"相辈"（即列为同品）⑥，如七贤、八俊、八达一样，恐有褒奖之意，直到鸠摩罗什译经时（五世纪初），"六家偏而不即"才逐渐转为贬意。

---

① 《世说新语笺疏》中册，第633页。
② 《世说新语笺疏》上册，第255页。
③ 《高僧传》，第167页。
④ 《世说新语笺疏》下册，第1009页。"晋成之世，（康僧渊）与康法畅、支敏度等俱过江。"（《高僧传》，第151页。）
⑤ 《高僧传》，第151页。
⑥ 相辈一词的解释，可参见周一良："相辈与清谈"，《魏晋南北朝读史札记》第2版，北京：中华书局，2007年，第51－53页。

第二节　玄谈风气的影响

东晋南朝僧人能够标新立异、孤明先发，与其浸染玄谈风气，在辩论中技高一筹，机智反应，克敌制胜，博取名望，关系密切。如庐山慧远与心无家的辩论："时沙门道恒，颇有才力，常执心无义，大行荆土。汰（竺法汰）曰：此是邪说，应须破之。乃大集名僧，令弟子昙一难之。据经引理，析驳纷纭。恒仗其口辩，不肯受屈。日色既暮，明旦更集。慧远就席，设难数番，关责锋起。恒自觉义途差异，神色微动。麈尾扣案，未即有答。远曰：不疾而速，杼轴何为？座者皆笑矣。心无之义，于此而息。"① 这场辩论"大集名僧"，且连续两日，"设难数番"、"麈尾扣案"这些都是玄谈常见的情景；而最后庐山慧远用一句"不疾而速，杼轴何为"，其实并非完全从说理上攻破心无义，而是带有一定的论辩智慧的胜利。

这种机智对答，在东晋南朝士人中十分常见，如《世说新语》记载"王文度、范荣期俱为简文所要。范年大而位小，王年小而位大。将前，更相推在前，既移久，王遂在范后。王因谓曰：簸之扬之，糠秕在前。范曰：洮之汰之，沙砾在后。"余嘉锡笺疏："释慧琳《一切音义》二十八引《通俗文》云：渐米谓之洮汰。荣期因文度比之为糠秕，故亦取义于渐米。米经洮汰，则沙砾留于最后也。"② 然《晋书》记此对话，双方是孙绰与习凿齿。③

习凿齿与道安法师对谈时，"四海习凿齿"、"弥天释道安"亦当属此类对答，梁元帝萧绎《金楼子》卷五"捷对篇十一"记此事甚详："习凿齿诣释道安，值持钵趋堂，凿齿乃翔往众僧之斋也，众皆舍钵敛衽，唯道安食不辍，不之礼也。习甚恚之，乃厉声曰：四海习凿齿，故故来看尔。道安应曰：弥天释道安，无暇得相看。习愈忿，曰：头有钵上色，钵无头

---

① 《高僧传》，第 192－193 页。
② 《世说新语笺疏》下册，第 954 页。
③ 《晋书》卷五六孙绰传："绰性通率，好讥调。尝与习凿齿共行，绰在前，顾谓凿齿曰：沙之汰之，瓦石在后。凿齿曰：簸之扬之，糠秕在前。"此为正史所记，且孙、习两人年代略早，习凿齿有腿疾，行路落于后，似更可信。

上毛。道安曰：面有匙上色，匙无面上坳。习又曰：大鹏从南来，众鸟皆戢翼。何物冻老鸱，腩腩低头食。道安曰：微风入幽谷，安能动大材。猛虎当道食，不觉蚤虻来。于是习无以对。"①《金楼子》所记恐有演绎，但当时"笑人齿缺，曰：狗窦大开"② 这样的所谓"名答"很多，当时名僧也多所涉及，如支道林就因相貌丑陋遭人揶揄，再如"康僧渊目深而鼻高，王丞相每调之。僧渊曰：鼻者，面之山；目者，面之渊。山不高则不灵，渊不深则不清。"③《高僧传》称"时人以为名答。"④

另《高僧传》卷七："（慧）严弟子法智幼有神理，年二十四往江陵，值雅公讲，便论议数番，雅厝通无地。雅顾眄四众曰：小子斐然成章。智笑曰：乃变风变雅作矣。于是声布楚郢，誉洽京吴。"⑤ 法智的回答，"变风变雅"，即用《诗经》风雅颂的典故，也暗含"雅公"的名字，可谓名答，受人推崇。这类问答并非一定完全是挑衅攻击，也常有"知其不常，故戏之曰"的意味，知对方出类拔萃，有惺惺相惜、提携后进或视为知己同类，引发注意的意思。又如"竺法义，未详何许人，年十三，遇深公便问：仁利是君子所行，孔丘何故罕言？深曰：物鲜能行，是故罕言。深见其幼而颖悟，劝令出家。"⑥

西晋僧人支孝龙即被列为"八达"之一，东晋孙绰《道贤论》以当时七位名僧比竹林七贤⑦，太原王蒙更谓支道林是缁门王、何。而东晋时僧团领袖道安、慧远，也都是懂得玄谈的。甚至有学者称庐山慧远服散："魏晋时期，统治阶级内部矛盾十分尖锐，有些人为了逃避政治旋涡，往往诈称寒食散症状发作……又据《高僧传》，桓玄征讨殷仲堪时，大军经

---

① 周一良先生认为"四海习凿齿"有语义双关，暗指道家扣齿辟邪的修炼方法，参见"习凿齿与释道安之对话"，《魏晋南北朝读史札记》，第96－98页。

② "张吴兴年八岁，亏齿，先达知其不常，故戏之曰：君口中何为开狗窦？张应声答曰：正使君辈从此出入！"（《世说新语笺疏》下册，第943页。）

③ 《世说新语笺疏》下册，第939页。

④ 《高僧传》，第151页。

⑤ 《高僧传》，第263页。此处雅公，可能是竺法雅；法威少年时，在江陵见老年竺法雅（雅公）或有可能。

⑥ 《高僧传》，第172页；《名僧传抄》也有相似记述（《卍续藏经》第77册，第353页上）。

⑦ 据严可均《全晋文》卷六二所辑《道贤论》：竺法护—山涛，帛法祖—嵇康，竺法乘—王戎，竺法深—刘伶，支道林—向秀，于法兰—阮籍，于道邃—阮咸。

过庐山，桓玄邀名僧慧远出虎溪见面，慧远称疾不堪，桓玄只好入山去见慧远。晋安帝自江陵凯旋回京师，路经庐山，辅国何无忌劝慧远候迎，慧远仍然称疾不行，晋安帝只好派人劳问。慧远在给晋安帝的信中说：'贫道先婴重疾，年衰益甚，猥蒙慈诏，曲垂光慰，感惧之深，实百于怀。自远卜居庐阜，三十余年，影不出山，迹不入俗。每送客游履，常以虎溪为界焉。'在晋义熙十二年（416年）八月因寒食散药发作而病倒，六天后就奄奄一息了。临终前，弟子耆德等人劝他引用豉酒解毒（《医心方》引秦承祖《疗散豉酒方》：散发不解，或噤寒，或心痛心噤，皆宜服之，方用美豉二升，以清酒三升一沸，炉取温服。又见《全晋文》卷二七王羲之《杂贴》），慧远却不肯违反佛教不许饮酒的戒律。"① 庐山慧远出家后仍服散，似不可能；但他二十一岁之后遇道安才接触佛法，始出家，故其出家前服散，而留有后遗症是有可能的，② 庐山慧远也确实未老先衰，司徒王谧说他"年始四十，而衰同耳顺"。③

东晋南朝僧人"孤明先发"，与名僧擅长玄谈，浸染玄风，有密切关系。竺道生"常以入道之要，慧解为本"④，有一个自己悟出的原创性想法（新义），是慧解得道的关键。道生在《法华经疏》中说：

> 夫未见理时，必须言津。既见乎理，何用言为。其犹筌蹄，以求鱼菟。鱼菟既获，筌蹄何施。若一闻经，顿至一生补处，或无生法忍，理固无然。本苟无解，言何加乎。⑤

道生反对"若一闻经，顿至一生补处，或无生法忍"，并非贬低佛教

---

① 宁稼雨：《魏晋风度：中古文人生活行为的文化意蕴》，北京：东方出版社，1992年，第251—252页。

② 服散不当，多有长期后遗症，有时甚至长达"数十岁"，皇甫谧谈到服散的副作用时说："或暴发不常，夭害年命。是以族弟长互，舌缩入喉；东海王良夫，痈疮陷背；陇西辛长绪，脊肉溃烂；蜀郡赵公烈，中表六散，悉寒石散之所为也。远者数十岁，近者五六岁。"（巢元方《诸病源候总论》卷六引）

③ 《高僧传》，第215页。《出三藏记集》，第568页，记为"年始四十七，而衰同耳顺"。

④ 《出三藏记集》，第571页。道生强调悟理成佛，他在解释《大涅槃经》时说："智解十二因缘，是因佛性也。今分为二：以理由解得，从理故成佛果，理为佛因也；解既得理，解为理因，是谓因之因也。"（《大般涅槃经集解》卷第五十四，《大正藏》第37卷，第547页下。）

⑤ 《卍续藏经》第27册，第15页中。

的重要性或否定顿悟的可能性，而是强调听经者必须有慧解，有自己的心得体会，才能顿悟成佛。

齐周颙作《三宗论》，理与智林合，智林致书："贫道年二十时，便忝得此义，常谓藉此微悟，可以得道。窃每欢喜，无与共之……贫道捉麈尾以来，四十余年。东西讲说，谬重一时，其余义统，颇见宗录，唯有此途，白黑无一人得者。"① 可见，甚至到了宋齐时，有一与众不同的立义，还是十分令人得意的，"藉此微悟，可以得道"。

玄谈内容固然是一方面，但言谈者自身的修养素质，表现出来的风度，有时更加重要。如前引，作为法师的支道林与作为都讲的许询，反复问难，"众人莫不抃舞。但共嗟咏二家之美，不辩其理之所在。"若是一味追究，丧失风度，即便内容上占上风，也不被看好，如支道林在会稽西寺评论许询与王脩的玄谈时，对许询言："君语佳则佳矣，何至相苦邪？岂是求理中之谈哉？"② 佛教论辩亦是如此，"于法开始与支公争名，后精渐归支，意甚不忿，遂遁迹剡下。遣弟子出都，语使过会稽，于时支公正讲《小品》。开戒弟子：道林讲，比汝至，当在某品中。因示语攻难数十番，云：旧此中不可复通。弟子如言诣支公，正值讲，因谨述开意。往反多时，林公遂屈。厉声曰：君何足复受人寄载来！"③ 这虽然是支道林理屈词穷的表现，但也表达出他对并非出于己意、而是经人授意的不屑。

第三节 佛学风气的改变

东晋南朝佛教受到玄谈的深刻影响，东晋末年以来，僧团戒律对此多有节制，④ 但到齐梁间，还有很多名僧带有名士风度，如《高僧传》卷八释道慧传，"慧以齐建元三年（481年）卒，春秋三十有一。临终呼取麈尾授友人智顺，顺恸曰：如此之人，年不至四十，惜矣！因以麈尾内棺中

---

① 《高僧传》，第310页。
② 《世说新语笺疏》上册，第266页。
③ 《世说新语笺疏》上册，第271页。另可参见《高僧传》，第168页。
④ 如长啸是魏晋名士抒发情感，表达个性的重要方式，僧人也有长啸，但后遭到庐山慧远僧团劝阻。释僧彻"尝至山南，攀松而啸，于是清风远集，众鸟和鸣，超然有胜气。退还咨远：'律制管弦，戒绝歌舞。一吟一啸，可得为乎？'远曰：'以散乱言之，皆为违法。'由是乃止。"（《高僧传》，第277页。）

而敛焉。"① 此说颇似清谈领袖王濛，"王长史病笃，寝卧灯下，转麈尾视之，叹曰：如此人，曾不得四十！及亡，刘尹临殡，以犀柄麈尾着柩中，因恸绝。"②

但佛教毕竟不同于个人思辨的哲学，基本教义不能违背，故东晋以来，虽名僧常自由讲说，然不能超越底线，违背基本佛教教义，便会遭受指责，如心无义因与印度佛教般若思想差距太大，而遭到教内围攻；而各种新说，也皆以能够找到经证，与经暗合，作为最后判断标准，否则只能是"偏而不即"、"迂而乖本"，遭到教内摒弃，如"以义学显誉"的刘宋时僧人僧嵩"末年僻执，谓佛不应常住。临终之日，舌本先烂焉。"③

庐山慧远在评论弟子释僧彻讲经时称："向者勍敌，并无遗力，汝城隍严固，攻者丧师。反轸能尔，良为未易。"④ 东晋时讲经，重在辩论攻防，我们在前文也多次提到如支道林等人讲经时遭人发难，与后世南朝讲经差异较大。东晋以后，玄谈逐渐淡出，佛教讲经也不再是"唯叙大意"，自由发挥，更多的是寻文比句，"谨依经文，文玄则玄，文儒则儒耳。"《续高僧传》卷五记载：梁代三大师之一的法云，"曾观长乐寺法调讲论，出而顾曰：震旦天子之都，衣冠之富，动静威仪，勿易为也。前后法师，或有词无义，或有义无词，或俱有词义，而过无威仪。今日法坐，俱已阙矣！皆由习学不优，未应讲也。"⑤ 可见，到梁代法师讲经，需有义理、文词、威仪多种要求，与东晋时自由讲说、辩论攻防，已不可同日而语。

严耕望先生指出："早期义解诸僧讲经，大抵皆为私人领徒讲学性质；大规模公开讲经，僧传所见，似亦以法汰至建康，应简文邀讲《放光经》为早。自后法会讲经为义解僧徒弘法活动业绩表现之最主要场所。《续》三十杂科立身传云：'江左文士多兴法会，每集名僧，连宵法集。'观两《传》所记，不但文士多兴法会，而上自帝王贵胄乃至士大夫多建法会，征请名僧公开讲经，僧徒亦多自行举办者。"⑥ 虽然诚如严先生指出，公开讲经以

① 《高僧传》，第 305 页。
② 《世说新语笺疏》中册，第 755 页。
③ 《高僧传》，第 289 页。
④ 《高僧传》，第 278 页。
⑤ 《高僧传二集》，第 157 页。
⑥ 《魏晋南北朝佛教地理稿》，第 208－209 页。

竺法汰在建康为始，但直到东晋末年，僧伽提婆在建康讲经，听众尚有观其大略的风气，《世说新语·文学》："提婆初至，为东亭第讲《阿毗昙》。始发讲，坐裁半，僧弥便云：都已晓。即于坐分数四有意道人，更就余屋自讲。提婆讲竟，东亭问法冈道人曰：弟子都未解，阿弥那得已解？所得云何？曰：大略全是，故当小未精覈耳。"①

佛学风气的改变，大约发生在晋宋之际，尤其以竺道生"孤明先发"，提倡一阐提可以成佛，引发般若学向涅槃学转变为标志。这一转变，很大程度上说，是竺道生标新立异的产物；但它最终的结果却走到了自己的反面，最终终结了"独明先发"、任意讲说的风气。涅槃学的许多内容，从一开始就遭到很多人的质疑，而且不久也失去了刘宋王朝的鼎力支持，《高僧传》卷七释僧瑾传载，刘宋"明帝末年，颇多忌讳，故涅槃灭度之翻，于此暂息。凡诸死亡凶祸衰白等语，皆不得以对，因之犯忤而致戮者，十有七八。瑾每以匡谏，恩礼遂薄。"② 就佛学发展本身的内容来说，涅槃学兴起的固有意义，自很重要，但它之所以如此势不可挡，更大程度上是它所体现出的佛学风气的改变，这对中国佛教日后的发展，影响甚巨。

除去讲经，僧人著述亦可看出循规蹈矩者渐多，汤用彤先生将佛教注疏分为释章句的"文疏"和出大意的"义疏"，东晋南朝早期，僧人多谈义而文略，据陆澄《法论》，东晋南朝初期支道林的《本业略例》、《道行旨归》卷数无多。道生《法华经疏》不过二卷，而原经尚有七卷；南朝之后，科分经文，详疏广解，释文遂多而繁，如梁代三大师之一的光宅寺法云，他的《法华经疏》，"文句繁杂，章段重叠"。③ 宋初道生孤明先发一阐提可成佛义，到梁武帝敕命释宝亮所作《大涅槃经集解》，已卷帙浩繁。

伴随着晋宋之际般若学逐渐向涅槃学的转变，南朝佛教教风、僧人学风也发生巨大的变革，其背后有深刻的社会因素。④ 本章单就当时社会思

---

① 《世说新语笺疏》上册，第 286－287 页。
② 《高僧传》，第 295 页。
③ 读者可参见《汉魏两晋南北朝佛教史》第十五章"南北朝释教撰述"。
④ 读者可参见，汤用彤、任继愈："南朝晋宋间佛教'般若'、'涅槃'学说的政治作用"，见《汉唐佛教思想论集》。

想发展脉络本身，谈两点看法。

（1）魏晋以来关于性情才的辩论。性与情，性与才都是魏晋清谈的重要话题，当时僧人也颇多参与其间，如东晋名僧康僧渊"遇陈郡殷浩，浩始问佛经深远之理，却辩俗书性情之义，自昼至曛，浩不能屈，由是改观。"[1] 再如"僧意在瓦官寺中，王苟子来，与共语，便使其唱理。意谓王曰：圣人有情不？王曰：无。重问曰：圣人如柱邪？王曰：如筹算，虽无情，运之者有情。僧意云：谁运圣人邪？苟子不得答而去。"[2]

圣人无情原本是汉魏时主流看法，但王弼标新立异，倡圣人有情之说，汤用彤先生对此有过精准的分析："圣人象天本汉代之旧义，纯以自然释天泽汉魏间益形著名之新义，合此二义而推得圣人无情之说。此说既为当世显学应有之结论，故名士多述之。何劭《传》云：何晏主圣人无情，钟会等述之，弼与不同。"[3] 大体说，何晏等人认为圣人纯理任性而无情，而王弼则认为圣人有情，但"性其情"，以情从理，"应物而不累于物"（凡人则违理任情，为物所累）。钟泰先生认为："是弼虽主于无，而亦不废有。以视晏之专于无者，说尤圆矣。"[4]

在中国思想史研究上，我们一般把王弼划归于"贵无派"，且认为东晋般若学的本无家与之等同，但王弼的思想，并非完全如僧肇批判本无家那样"直好无之谈"，"情尚于无多，触言以宾无"，[5] 王弼认为圣人不累于物，但同时也强调圣人"应物"。现在一般被认为是本无家的代表人物释道安主"崇本以动末"，从《安般注序》来看，实际上是指禅定的一种境界，从凡人的境界，达到无欲无为无不为的境界。达到这种"彼我双废"、"守于唯守"境界也不完全是"无"，而且还有无所不能为的大神

① 《高僧传》，第151页。
② 《世说新语笺疏》上册，第282页。
③ 汤用彤："王弼圣人有情义释"，《汤用彤选集》，第255页。该文原载《学术季刊》第一卷第三期，1945年。《三国志》卷28《魏书·钟会传》裴松之注引何劭《王弼传》："何晏以为圣人无喜怒哀乐，其论甚精，钟会等述之，弼不同，以为：圣人茂于人者神明也，同于人者五情也。神明茂，故能体冲和以通无；五情同，故不能无哀乐以应物。然则圣人之情，应物而无累于物者也。今以其无累，便谓不复应物，失之多矣。"
④ 钟泰：《中国哲学史》（一），沈阳：辽宁教育出版社，1998年，第140页。该书初版于1929年商务印书馆。
⑤ 石峻等编：《中国佛教思想资料选编》第一卷，第144页。

通，能够"举足而大千震，挥手而日月扪，疾吹而铁围飞，微嘘而须弥舞"。①

《庄子》逍遥的境界是"无待"，不累于物，但"以其无累，便谓不复应物"，是王弼不能同意的，故他要反对圣人无情的说法。东晋时，最为流行的看法是适性逍遥，支道林"尝在白马寺，与刘系之等谈《庄子·逍遥篇》云：各适性以为逍遥。遁曰：不然，夫桀跖以残害为性，若适性为得者，从亦逍遥矣。于是退而注《逍遥篇》。"②《世说新语》刘孝标注对此有解释："支道林注《逍遥论》曰：夫逍遥者，明至人之心也。庄生建言大道，而寄指鹏鷃。鹏以营生之路旷，故失适于体外。鷃以在近而笑远，有矜伐于心内。至人乘天正而高兴，游无穷于放浪，物物而不物于物，则遥然不我得。玄感不为，不疾而速，则道然靡不适。此所以逍遥也。若夫有欲当其所足，快然有似天真，犹饥者一饱，渴者一盈，岂忘烝尝于糗粮，绝觞爵于醪醴哉？苟非至足，岂所以逍遥乎？"③

从"无待"入手，可以解释"物物而不物于物"、"不我待"或"不我得"，即王弼所说的不累于物；但支道林更强调的是"玄感不为，不疾而速"、"靡所不为"。而后一半意思，在当时颇为世人所重视，庐山慧远即是用此来破心无义，这实即王弼所说的"应物"。如何将两者结合起来，是当时佛学界颇为关心的问题，支道林在《阿弥陀佛像赞》序中说："佛经记西方有国，国名安养，回辽迥邈，路逾恒沙。非无待者，不能游其疆；非不疾者，焉能致其速？"④ 不疾与无待，是对举的概念，非常重要，不可偏废一端。

---

① 《中国佛教思想资料选编》第一卷，第34页。均正《四论玄义》卷六："安肇二师与摇（瑶）法师云：圣人无心而应"，即道安、僧肇和法瑶，主张圣人最高境界是"无心而应"，即将"无心"与"应"（物）结合起来，即体一用不离。据慧达《肇论疏》，道生主张"有心而应"，但笔者以为道生不是强调圣人（佛）要起心动念，而是强调"感应有缘"，圣人感应是感同身受，"生法师云：感应有缘。或因生苦处，共于悲愍；或因爱欲，共于结缚；或因善法，还于开道。故有心而应也"，实则亦是强调体一用不离。

② 《高僧传》，第160页。

③ 《世说新语笺疏》上册，第260页。此与成玄英《庄子疏序》中的引文略异，"第二支道林云：物物而不物于物，故遥然不我得；玄感不急而速，故逍然靡所不为。以斯而游天下，故曰逍遥游。"成玄英疏文与支道林注文，对"逍""遥"两字的解释颠倒，当有一误（似以成玄英疏为是，先释"逍"后释"遥"）。

④ 《中国佛教思想资料选编》第一卷，第68页。

为了解决不累物和应物这对矛盾，当时的佛学家，实际上已经开始使用体—用这一对哲学概念，特别是在讨论神灭神不灭时，大量使用这一对范畴。特别是法身佛性概念的引入，实有助于不累物和应物这对矛盾的最终解决。王弼说："圣人茂于人者神明也"，"神明茂，故能体冲和以通无"，在当时的佛学家中，将神与形相对，视为无形，本，佛性。梁武帝在《立神明成佛义记》中说："惑者闻识神不断而全谓之常，闻心念不常而全谓之断。云断则迷其性常，云常则惑其用断。因用疑本，谓在本可灭；因本疑用，谓在用弗移。"① 沈绩在为该文作注时提到："既有其体，便有其用。语用非体，论体非用。用有兴废，体无生灭。"②

　　从王弼的所谓"贵无"，到东晋般若学，其实都并非只偏重于虚无为本，涅槃佛性思想随后大兴也并非毫无根据，且体—用这种模式，在般若经中讲述般若与方便（沤和拘舍罗）的关系时，亦露端倪，以下论之。

　　（2）佛学自身的发展。以往我们对般若思想的理解，比较强调"空"，而忽视了般若是诸佛之母，众生通过般若波罗蜜成佛，诸佛通过般若波罗蜜照明五蕴，普度众生等诸多含义。般若波罗蜜信仰在初期大乘中具有核心地位，是佛法的根本；而普通信众则通过般若信仰来度一切苦厄，乃至赖此成佛。日本学者平川彰认为"视般若波罗蜜为'佛母'的思想，在古译的《般若经》里似乎找不到。"③ 这种看法并不符合实际，十方诸佛从般若波罗蜜中出生，这种字句在《道行般若经》中随处可见，甚至可以看到"般若波罗蜜者，是菩萨摩诃萨母"（《道行》卷三"泥犁品第五"）、"般若波罗蜜是怛萨阿竭呵罗诃三耶三佛母"（《道行》卷十"嘱累品第三十"）等明确提法。④

　　僧叡《法华经后序》："至如般若诸经，深无不极，故道者以之而归；大无不该，故乘者以之而济。然其大略，皆以适化为本，应务之门，不得不以善权为用。权之为化，悟物虽弘，于实体不足。"⑤ 这番话其实道出了

　　①《中国佛教思想资料选编》第一卷，第298页。
　　②《中国佛教思想资料选编》第一卷，第299页。
　　③《印度佛教史》，第303页。
　　④ 读者可参见拙作："对般若思想的再认识：以早期汉译经典《道行》为中心的考察"，《佛学研究》2010年刊。
　　⑤《出三藏记集》，第306－307页。

般若经的要害，般若经以般若波罗蜜为根本，但具体到应化万物上，却不得不借助方便（"善权"），即所谓般若为母，方便为父。虽然东晋以来佛学家多用体用等类似模式加以言说，但总显支离，如何将两者统一起来，便成了当时佛学的大问题，僧肇在《不真空论》末尾说："是以圣人乘千化而不变，履万惑而常通者，以其即万物之自虚，不假虚而虚物也。故经云：'甚奇，世尊！不动真际，为诸法立处。'非离真而立处，立处即真也。然则道远乎哉？触事而真。圣远乎哉？体之即神！"① 实际上只有涅槃佛性概念的出现，才能真正解决这一问题，即用涅槃佛性的概念来统合本体与妙用、般若与方便、"逍然不我待"与"遥然靡所不为"等一系列问题。

南朝以来，佛学界的热点问题由般若学转入涅槃佛性，孤明先发者日少，而学问僧日多。"性"这一概念，魏晋以来除与"情"相对，在很多情况下是与"才"相对的；才性之辨是魏晋时一个非常重要的话题，钟会才性四本论名重一时，东晋僧人也有涉及才性之辨的，如"支道林、殷渊源俱在相王许。相王谓二人：可试一交言；而《才性》殆是渊源，崤、函之固，君其慎焉！支初作，改辄远之；数四交，不觉入其玄中。相王抚肩笑曰：此自是其胜场，安可争锋！"② "性"主要是指德性操守，"才"主要指才能，本来分别是孝廉与秀才的选拔标准。才性之辨，魏晋以来与当时政治关系密切，先贤多有论述；③ 南朝以来佛教重视佛性概念，倡涅槃四德（常乐我净），"唯才是举"式的孤明先发市场缩小，佛教学风走向亦可窥见。

---

① 《中国佛教思想资料选编》第一卷，第 146 页。
② 《世说新语笺疏》上册，第 277 页。
③ 例如，唐长孺："魏晋才性论的政治意义"见《魏晋南北朝史论丛》。陈寅恪："书世说新语文学类钟会撰四本论始毕后条"，《中山大学学报》1956 年第 3 期。

第五章 晋宋之际般若学向涅槃学发展的多元化径路

晋宋之际，般若学向涅槃学转变是当时佛教史上的一件大事，不同的思想家都卷入其中，般若学向涅槃学的转变过程，呈现了多元化的途径。以往研究者比较强调孤明先发的道生模式，但在此外，至少还存在《肇论》四篇从"般若无知"到"涅槃无名"的模式。而且在道生转变模式的讨论中，毗昙学起到了十分重要的作用，不应被忽视。从更加广阔的宗教信仰背景来看，中国固有的仙化等宗教观念，对于佛教义理对涅槃学的拣择也发挥着重要作用。六朝时佛教相比道教，更流行立像崇拜，晋宋之际开始流行般若学者、义理僧人死后留下肉身或部分舍利，被人立像崇拜，从中亦可窥见般若学向涅槃学转变的信仰实践形式。

第一节 毗昙学与《法华经》在般若学向涅槃学转变中的作用

论及晋宋之际佛学思潮变革，有两则材料值得我们重视，一是僧叡法师的《喻疑论》（《出三藏记集》卷五），认为佛教自汉末魏初"始有讲次"，至西晋时粗具规模，到"亡师"道安之后，特别是鸠摩罗什来华，"洋洋十数年中，当是大法后兴之盛也。"然后作者借鸠摩罗什之口说道："大圣随宜而进，进之不以一途，三乘杂化由之而起。三藏祛其染滞，《般若》除其虚妄，《法华》开一究竟，《泥洹》阐其事化，此三津开照，照无遗矣。"[1] 这段话向我们梳理了大乘佛学发展，由《般若》，经《法华》而趋向《涅槃》（泥洹）的路径。此一路径的影响十分深远，可以说直接影响了后世对《法华经》的解读，即从《涅槃》佛性的角度来理解和判别《法华经》。

---

[1] 《出三藏记集》，北京：中华书局，2003年，第234页。

另一则史料是《范伯伦与生、观二法师书》（《弘明集》卷十二）："外国风俗，还自不同。提婆始来，义观之徒，莫不沐浴鐥仰。此盖小乘法耳，便谓理之所极，谓无生方等之经，皆是魔书。提婆末后说经，乃不登高座。法显后至，泥洹始唱，便谓常住之言，众理之最，般若宗极，皆出其下。以此推之，便是无主于内，有闻辄变。譬之于射，后破夺先，则知外国之律，非定法也。"① 这里则勾勒出中国佛学先是提婆小乘毗昙学取代大乘般若思想，而后涅槃学又将小乘毗昙取而代之，即由般若一变为毗昙，再变为涅槃；而且这些转变是突然的，"无主于内，有闻辄变"，彼此转变没有内在理路可循。

僧叡《喻疑论》中，三藏（阿含）、般若、法华、涅槃的发展线索，从文意来看，是对佛陀（大圣）讲经次第的一种总结，已经有判教的雏形。竺道生《妙法莲花经疏》题解部分即同此说："大圣示有分流之疏，显以参差之教，始于道树，终于泥曰。凡说四种法轮，一者善净法轮……二者方便法轮……三者真实法轮……四者无余法轮"，即以《阿含》、《般若》、《法华》、《涅槃》为次第，而以《涅槃》为最高。② 后世天台宗人多持此说，如隋灌顶《天台八教大意》：《般若》经思过半，而未达最高境界，《法华》、《涅槃》"二经同醍醐味"。

由此可见，僧叡《喻疑论》中般若、法华、涅槃的发展线索，只是一种判教学说，或者是当时人们对印度佛学演进的一种理解，而不一定完全是中国佛学思潮发展的实际情况。相比较而言，范泰（范伯伦）所说的情况，可能更接近中国佛学发展的实际情况。一则，范泰写作的背景，是争

---

① 《大正藏》第 52 卷，第 78 页中。

② 美籍华裔学者黎惠伦教授认为"真实法轮"、"无余法轮"分别是指《法华经》的第二品"方便品"和第六品"授记品"。此说有一定道理，"四者无余法轮，斯则会归之谈，乃说常住妙意，谓无余也。"此处"会归之谈"确实符合《法华经》的文意，但也提到"常住"，这显然是《涅槃经》的思想。道生写作《法华疏》的时间不明，很可能从长安接触到鸠摩罗什的《法华经》新译文就开始了，并经历了很长的写作修改时间，黎惠伦教授认为"这里'常住'之理很可能是道生在 429 年以后所加进去的，以使该疏可与《涅槃经》中佛性常住思想相一致。"（黎惠伦著，龚隽译："再论道生之顿悟论"，格里高瑞编：《顿与渐：中国思想中通往觉悟的不同法门》，上海：上海古籍出版社，2010 年，第 154 页。）道生在《法华经疏》序中说，"元嘉九年（432 年）春之三月于庐山东林精舍又治定之"，可见黎教授的看法是有可能的；不过，即便如此，我们也有理由相信，道生最后定论的"无余法轮"是包含《涅槃经》的，至多是将《法华》与《涅槃》并列，同为"醍醐味"，这在后世天台宗的判教中是常见的模式。

论中国僧人采用何种礼仪的问题，范泰以佛学来华多变来说明不必拘泥外国法，因此他对佛学来华的情况只是客观陈述，而非自己的理解阐发。二则，范泰以佛学来华多变为喻，当是时人普遍公认的情况，否则不可能拿它来比喻论证；而且范泰写信的对象是道生、慧观，他们都是极熟悉中国佛学发展动向之人，范泰与他们辩论，显然不能信口开河，而应持之有据。当然，笔者不是否定《法华经》对于晋宋之际佛教思想家的重要影响，而只是要强调，在当时佛学思潮中，毗昙学作为一种思潮，在社会上和信徒中产生了很大的影响，不应忽视。

由此而言，僧伽提婆所传的小乘毗昙学，在历史上曾是般若学与涅槃学之间存在的一个重要的中间环节。美籍华裔学者黎惠伦教授认为："395年，慧远写作了《三报论》，在该论中他按照阿毗达磨的现报、生报和后报的三层报应结构来组织因果报应说。我相信，这也包含了道生两个最为基本的主题，即'善不受报'和'顿悟成佛'。"[1] 黎教授的观点是值得我们重视的，因为以往传统上都认为，道生的顿悟说是建立在涅槃佛性思想基础上的，[2] 而黎先生则提出顿悟说是鸠摩罗什来华之前，受小乘阿毗达磨影响的产物。

391 年僧伽提婆"共慧远于庐山译"出《阿毗昙心论》，慧远《三报论》的确如黎惠伦教授所说，受到《阿毗昙心论》较大的影响。有学者认为，慧远的"三报论"（现报、生报、后报）是源于《阿毗昙心论》的"四报论"（现报、生报、后报、不定报），例如张敬川博士认为："慧远的三报理论显然是源于僧伽提婆所传之《阿毗昙心论》，但《阿毗昙心论》中提出的是'四报'说，即现报、生报、后报和不定报。而慧远之《三报论》是'因俗人疑善恶无现验'而作，并非要解决佛教的义理问题，而是要以佛教之教义，解答俗人对善恶无现验的疑惑。若夹杂不定之说，则必然造成理论的不严谨。而且，毗昙学中的不定报，是靠持戒来维护，这是对修行人而言的，世俗人士并未受戒，即无戒体所护，自不可伏住业种子不使显现。故慧远只取其中必然受报的'三报论'，而回避了'不定报'

① 《顿与渐：中国思想中通往觉悟的不同法门》，第 148 页。
② 任继愈主编：《中国哲学史》第四版第二册，北京：人民出版社，1996 年，第 276 页。

第二编 魏晋佛教思想论纲

之说。"① 笔者认为这一看法尚有进一步讨论的余地。《阿毗昙心论》中说："若业现法报，次受于生报，后报亦复然，余则说不定。谓业能成现法果，时则不定。"② 从偈言来看，最后一句"余则说不定"是否能构成第四报，尚不明确，因为从后面解释的话来看，这一偈颂是讲造业得报，但"时则不定"；只是强调了得报时间不定，而未涉及是否得报、修行是否能免于得报等问题。

由于《阿毗昙心论》此段论述不是很详尽明确，我们再看与其大约同时译出且关系密切的《杂阿毗昙心论》，与上面引文对应的部分是："谓现法果业，次受于生果，后果亦复然，当知分各定。三业现受、生受、后受。现法受业者，若业此生作，即此生熟，名为现受；若第二生熟者，名为生受；第二生后熟者，名为后受。或有欲令四业前三及不定受，前三者不转，不定者转，转者谓持戒等护故。譬喻者说：一切业转……彼有说现法业，不必现报熟；若熟者，现法受非余。如是说者，说八业现法报，或定或不定，乃至不定受业亦如是。是故彼说，分定、熟不定，应作四句：或分定熟不定，或熟定分不定，或分定熟亦定，或非分定亦非熟定。"③ 从这段引文，我们可以比较清楚地看出，"不定"说主要是譬喻者的主张，即使赞成这一主张，也应看出"不定"与现、生、后报并非是并列的关系，现、生、后报是讲受报的时间迟速问题，这三报是"分定"的，"当知分各定"；而"不定"是针对"熟"定与不定的。故将"不定"视为与现、生、后报并列的一报是不妥当的。《阿毗昙心论》主要强调的是三业定分，故庐山慧远作《三报论》应该说是直接继承了毗昙学思想，并没有作擅自改动。

《三报论》中一段有关顿渐的话："夫善恶之兴，由其有渐，渐以之极，则有九品之论。凡在九品，非其现报之所摄。然则现报绝夫常类可知，类非九品，则非三报之所摄。"这段话还有一种常见的句读："然则现报绝夫常类，可知类非九品，则非三报之所摄。"④ 笔者认为这种句读是有

---

① 张敬川：《庐山慧远与毗昙学》，北京师范大学博士学位论文，2011 年，第 37 - 38 页。
② 《大正藏》第 28 卷，第 814 页中。
③ 《大正藏》第 28 卷，第 895 页下。
④ 《中国佛教思想资料选编》第一卷，第 88 页。

问题的。若为"现报绝夫常类可知",则跟《三报论》开头所讲三报大略"非夫通才达识,入要之明,罕得其门"意思保持一致;若为"现报绝夫常类",则现报既"绝夫常类",又"绝夫九品",常类与九品混同,其实是不符合慧远的文意的。因此,我们必须先梳理一下"常类"与"九品"这一组相对待的概念。

有一种传统观点,把慧远所说的"九品"同魏晋门阀士族"九品中正制"联系起来,[①] 这种看法或许有益于挖掘慧远思想的社会根源,但从思想脉络的梳理来看,慧远所谓的"九品",应该是直接来自于毗昙学。僧伽提婆所译《阿毗昙心论》第二卷中说:"欲界烦恼九种,微微、微中、微上上(后一'上'字,疑为衍字),中微、中中、中上,上微、上中、上上。彼若凡夫时,已离六种,彼于后若趣证,是俱趣第二果……若已离九种是俱趣阿那含果。"[②] 由此可见"非九品"是与凡夫相对,已经脱离欲界九种烦恼,取向阿那含果的人,"已曾离六品俱斯陀含,尽离九品俱阿那含"。[③] 所以说:"九灭尽不还,已出欲污泥","'九灭尽不还'者,若一切九品尽是阿那含,彼不复来欲界,故说阿那含。所以者何?已出欲污泥。"[④] 所以在这个意义上,慧远才会说"类非九品,则非三报之所摄",因其已出欲污泥,故不受现报,即"善不受报";而凡夫常类,不可能不受现报,而只是受报而不明佛理,不知三报因果。由此也可以推知,道生原本的顿悟,主要是从断除一切烦恼出发,断除烦恼这一过程是"顿",顿之后即不再受三报。

慧远在《三报论》中还进一步指出:"则知有方外之宾,服膺妙法,洗心玄门,一诣之感,超登上位。如斯伦匹,宿殃虽积,功不在治,理自安消,非三报之所及。"黎惠伦教授认为:"这已蕴涵了道生早期顿悟思想的种子","道生早期顿悟思想并非出于大乘的启发,而他的'顿悟成佛'因为总是与'善不受报'说结合在一起,这些都恰恰是对慧远报应论思想

207

第二编 魏晋佛教思想论纲

---

① 方立天:《魏晋南北朝佛教(方立天文集第1卷)》,北京:中国人民大学出版社,2006年,第113页。

② 《大正藏》第28卷,第819页上。

③ 《大正藏》第28卷,第819页上。

④ 《大正藏》第28卷,第819页中。

的提炼。经由顿超因果，无论染净，才能够获得开悟，而且这也不会招致进一步的业报。"① 笔者以为这种看法是有见地的，"道生早期顿悟思想的种子"最初可能还是源于《阿毗昙心论》，"已尽为解脱，得摄于一果。不秽污第九，灭尽应当说"，"'已尽为解脱，得摄于一果'者，无碍道至解脱道，于其中间得烦恼尽。但得果时，一切烦恼尽，得一解脱果。'不秽污第九，灭尽应当说'者，说诸烦恼九种道所灭，但不秽污第九，无碍道一时断，不渐渐。"② 在得果时，九种烦恼灭尽，"一时断，不渐渐"；"金刚喻定，名非想非非想处离欲时，第九无碍道最后学心，于中一切诸烦恼永尽无余，一切圣行毕竟故。"③ 我们可以理解为这是一个顿悟的过程，故此"一诣之感，超登上位"，顿悟后永断诸烦恼，"非三报之所及"，故此"善不受报"。由此我们看出"顿悟成佛"与"善不受报"是有密切关系的两种学说，且与毗昙学有着极深的渊源。④

按照《高僧传》中对道生的记述，道生是先立"善不受报，顿悟成佛"，"又著《二谛论》、《佛性当有论》"等论文，由此引发"守文之徒"的诸多争议。最后"又六卷《泥洹》先至京师，（道）生剖析经理，洞入幽微，乃说阐提人皆得成佛"，此说被"旧学"认为是邪说，道生也被摈出僧团。⑤《高僧传》虽然没有列出具体时间，但所列事件的先后顺序是值得重视的。道生是先提出顿悟说，后阐述佛性当有，最后才提出人人皆有佛性，道生这一思想发展理路，与一般认为的先确立佛性学说，再在此基础上提出顿悟说，恰恰相反。

由此，我们可以进一步推定，道生的顿悟说，最初很可能是在庐山跟从慧远学习时，受到毗昙学影响的产物，而与法显六卷本《泥洹经》没有

---

① 《顿与渐：中国思想中通往觉悟的不同法门》，第149、150页。

② 《大正藏》第28卷，第820页上。《杂阿毗昙心论》卷四也有类似的表述，如"'一时断烦恼，正智之所说'者，此诸烦恼顿断，不渐渐"云云（《大正藏》第28卷，第905页下）。

③ 《大正藏》第28卷，第819页下。

④ 《阿毗昙心论》中曾经讨论过，在善业白报、恶业黑报、善恶业混黑白报之外，还有"第四业"，"若思能舍离，是尽无有余，彼在无碍道，谓是第四业。谓道能灭此三业，是无碍道。"（《大正藏》第28卷，第814页下）《杂阿毗昙心论》解说更为详细："若有思能坏，彼诸业无余，此说无阂道，谓是第四业。若道能彼三业，彼道相应思是第四业。此业不染污故，不黑不可乐故，不白不堕界故，无报。"（《大正藏》第28卷，第896页中）。

⑤ 《高僧传》，第256页。

直接关系。谢灵运《辨宗论》的时间，是在永嘉三年七月至景平元年秋（422—423 年），此时法显六卷本《泥洹经》已经译出五六年，但论中仍称："释氏之论，圣道虽远，积学能至，累尽鉴生，方应渐悟"[①]，由此可见，当时人们可能仍未将涅槃佛性说与顿悟渐悟的争论联系起来，否则谢灵运讲述顿悟时，不会认为顿悟于佛典无出处。

僧叡《喻疑论》不知具体作于何时，但必定是法显六卷本《泥洹经》译出之后，北本《涅槃经》南来之前。《喻疑论》中说："今《大般泥洹经》，法显道人远寻真本，于天竺得之，持至扬都，大集京师义学之僧百有余人，禅师执本，参而译之，详而出之。此经云：泥洹不灭，佛有真我。一切众生，皆有佛性。皆有佛性，学得成佛。"[②] 从"皆有佛性，学得成佛"来看，当时人们也没有直接将佛性与顿悟联系起来，而且可能更偏向于渐悟，"学得成佛"。

我们再从法显所译六卷本《佛说大般泥洹经》来看，其整体倾向是次第渐进的，而很少顿悟的痕迹。因为《泥洹经》主要宣扬的是"乐常我净"，因此不得不对佛教以往大力宣扬"无常、苦、空、非我"这种情况进行解释；《泥洹经》的主要思路是安排出一个修学次第，解释先讲"无常、苦、空、非我"，后讲"乐常我净"的原因。"牛乳五味"等十分著名的比喻，至少从字面意思上讲是强调渐教次第的。"众生闻已，如来之性，皆悉萌芽，能长养大义，是故名为大般泥洹。"[③] 从总体上看，《泥洹经》有众生的佛性是渐次生长发育的意思。

晋宋之际关于顿悟、渐悟的讨论中，法显六卷本《泥洹经》对当时的佛学家来说，确实很少思想资源可以挖掘。当时引起顿渐热议的重要原因，笔者认为，若从学理上来看，则是《法华经》的会三归一思想。因为单从上文所讨论的小乘毗昙学，《阿毗昙心论》中透露出来的"顿"，即诸烦恼"一时断"，顿时获得阿罗汉果或佛教最高境界，这本身并不会引起

---

① 《四部丛刊》本"方应渐悟"为"不应渐悟"，《中国佛教思想资料选编》第一卷（第220 页）亦取四部丛刊本"不"字；但"不应渐悟"，显然与"积学能至"文意不符，且与后文"今去释氏之渐悟，而取其能至"矛盾，当为"方应渐悟"，故本文取《大正藏》本，第52 卷，第224 页下－225 页上。

② 《出三藏记集》，第235 页。

③ 《大正藏》第12 卷，第886 页下－887 页上。

太多争议。从道安晚年开始组织大量翻译毗昙学著作，此后这方面的译著即不断出现，庐山慧远、道生、慧观等人对毗昙学的基本观点应该都是熟悉的，甚至僧肇在《答刘遗民书》中论及自己学术经历时也提到："毗婆沙法师于石羊出《舍利弗阿毗昙》胡本，虽未及译出，时间中事，发言新奇。"① 而在顿渐上引起争论的内容，并不在于是否一时得果，最终到达的那个彼岸（"能至"的"至"），因为顿悟后的境界彼此都承认是最究竟的；但顿悟本身是否存在高下之分，由于《法华经》的"三乘"思想，当时中国佛教思想家对此产生了分歧，这才是引起当时顿悟之争的问题关键所在。

僧肇在《涅槃无名论》中借"有名"之口发问："《放光》云：三乘之道，皆因无为而有差别。……若涅槃一也，则不应有三。如其有三，则非究竟。究竟之道，而有升降之殊，众经异说，何以取中耶？"僧肇对此的回答是："《法华经》云：第一大道，无有两正。……以俱出生死，故同称无为；所乘不一，故有三名。统其会归，一而已矣。而难云三乘之道皆因无为而有差别，此以人三，三于无为，非无为有三也。"② 也就是说，涅槃（无为）没有差别，差别在于通往涅槃的道路方法有浅深，"三乘众生，俱越妄想之樊，同适无为之境，无为虽同而乘乘各异。""经曰：三箭中的，三兽渡河，中渡无异而有浅深之殊者，为力不同故也。三乘众生俱济缘起之津，同鉴四谛之的，绝伪即真，同升无为。然其所乘不一者，亦以智力不同故也。"③

汤用彤先生认为："《名僧传钞》载《三乘渐解实相》一文，审其次序，当即（慧）观作。或并出《渐悟论》中"④，从《名僧传钞》中的引文看，慧观的思路与《涅槃无名论》类似，在解释"实相理有三耶"、"悟三而果三耶"等疑问时说："实相乃无一可得，而有三缘，行者悟空有浅深，因行者而有三。"

---

① 《中国佛教思想资料选编》第一卷，第 152 页。
② 《中国佛教思想资料选编》第一卷，第 163 页。《涅槃无名论》是否为僧肇所作，后文讨论。
③ 《中国佛教思想资料选编》第一卷，第 164 页。
④ 汤用彤：《汉魏两晋南北朝佛教史（增订本）》，北京：昆仑出版社，2006 年，第 576 页。

相比较而言，与僧肇、慧观坚持《法华经》三乘思想不同，道生更强调三乘归一，"夫真理自然，悟亦冥符。真则无差，悟岂容易。"① 道生以理为佛性，与庐山慧远《法性论》"至极以不变为性，得性以体极为宗"② 的思想是相一致的，并进一步认为："真则无差，悟岂容易"，法身佛性既自然不变，那么对法身佛性的觉悟也不容变异，因此否定三乘渐教。"譬如三千，乖理为惑，惑必万殊。返则悟理，理必无二。如来道一，物乖谓三。三出物情，理则常一。如云雨是一，而药木万殊，万殊在乎药木，岂云雨然乎？"③

至此，可以看出道生的佛学思想发展历程是，首先受到毗昙学的启发，产生了他最初的顿悟思想；而后受到《法华经》会三归一、《维摩经》不二等思想影响，认为"真则无差，悟岂容易"，进一步坚定了顿悟成佛学说，否定三乘渐教。开始道生的佛性思想还相对柔和，只是强调众生"当有佛性"，而后其理论发展得更为彻底，提出人人皆有佛性，断善性的一阐提也可成佛。法显六卷本《泥洹经》虽然多次强调一阐提不能成佛，但经文中也时常说一切众生，皆有佛性，佛陀视众生当作"一子想"，"及一阐提辈，恶心潜伏，如王大臣，执犯法者，随罪治之，佛亦如是。有坏法人，以理惩罚，令犯恶者，自见罪报。虽有众生不蒙光明，而至死者，如来于彼，不舍大悲。"④《泥洹经》对众生佛性的一些解说，可能也刺激了道生孤明先发，提出一阐提也可成佛的理念。

晋宋之际，从般若学向涅槃学转变，不同思想家有着不同的理路。庐山慧远受毗昙学影响较深，经《法性论》而导向神不灭。道生受慧远影响，在毗昙学启发下提出顿悟成佛和善不受报，后又在《法华经》启发下强调会三归一，否定三乘渐教，坚持一元论思想，而倡人人皆有佛性。在道生之外，还有一批佛教思想家，坚持《法华经》三乘思想，他们虽然与道生在一些观点上有不同见解，但同样代表了般若学向涅槃学转变的不同路径，下一节我们将以《涅槃无名论》为例，探讨道生之外，另一种般若

---

① 《大正藏》第37卷，第377页中。
② 《高僧传》，第218页。
③ 《卍续藏经》第27册，第10页中。
④ 《大正藏》第12卷，第864页中。

学向涅槃学转变的模式。

第二节 《肇论》中所体现的般若学向涅槃学转变路径

现存《肇论》主体部分由《物不迁论》、《不真空论》、《般若无知论》和《涅槃无名论》组成。汤用彤先生在《汉魏两晋南北朝佛教史》中对《涅槃无名论》的真伪提出怀疑，此后许多学者对《涅槃无名论》的真伪问题发表了看法。李润生先生在 1989 年出版的《僧肇》一书，以及许抗生 1998 年出版的《僧肇评传》，对早期学者讨论该问题进行了学术总结。[①]大体来说，石峻先生进一步论证了汤用彤先生的观点，认为《涅槃无名论》是伪作；而中国其他学者则对此多持保留意见，如侯外庐先生的《中国思想史》、吕澂先生的《中国佛学源流略讲》，李润生和许抗生两位先生也都倾向于认为《涅槃无名论》为真或部分内容真实可信，出自僧肇之手；而日本学者对汤先生的意见多持批评态度，认为《涅槃无名论》为僧肇所作。[②]石峻先生晚年为纪念汤用彤先生诞辰一百周年而撰写的《〈肇论〉思想研究》[③]，进一步论证了自己的观点，值得重视；而方立天先生在后期则修正了自己早年的看法，开始认为《涅槃无名论》至少部分反映了僧肇的思想："僧肇撰的《注维摩诘经》中有关涅槃思想也与《涅槃无名论》颇有相似之处，而且对后来影响很大。由此可以说，《涅槃无名论》即使不是僧肇所作，也含有他的思想观点。"[④]

笔者在本节并非要详细讨论《涅槃无名论》是否为僧肇所作，而只是想强调，《肇论》成书很早，《涅槃无名论》在刘宋年间就有著录，是研究晋宋间佛教思想的重要材料，讨论《涅槃无名论》的真伪问题，应该促进对《涅槃无名论》的深入研究，而不是像现在许多论著、翻译那样，对

---

① 李润生：《僧肇》，台北：东大图书公司，1988 年，第 47－62 页。许抗生：《僧肇评传》，南京：南京大学出版社，1998 年，第 26－40 页。

② 参见塚本善隆编：《肇论研究》，京都：法藏馆，1955 年。此书由中国人民大学宣方老师处借得，特此感谢。

③ 《石峻文存》，第 72－88 页。

④ 方立天：《中国佛教哲学要义》上卷，北京：中国人民大学出版社，2002 年，第 156 页。早年间，方立天先生倾向于《涅槃无名论》非僧肇所作，参见方立天："僧肇"，见《中国古代著名哲学家评传》第二卷，济南：齐鲁书社，1980 年，第 389－390 页。

《涅槃无名论》存而不论。因本章旨在讨论晋宋之际的佛学思想流变，而《涅槃无名论》刘宋时已经流行，故对本章来说《涅槃无名论》显然是"真史料"。本节将把包括《涅槃无名论》在内的《肇论》视为一个整体，以此观察晋宋之际般若学向涅槃学转变的一种途径。

据《出三藏记集》卷十二所载刘宋陆澄《法论目录》，《物不迁论》、《不真空论》、《般若无知论》和《涅槃无名论》这几篇论文，刘宋时都已流行，但并未合成《肇论》一书，而是分别以单篇的形式流传。按照《高僧传》的记叙，《般若无知论》最先写出，"肇后又著《不真空论》、《物不迁论》等，并注《维摩》及制诸经论序，并传于世。及（鸠摩罗）什之亡后，追悼永往，翘思弥厉，乃著《涅槃无名论》。"①

《肇论》中四篇论文，最早写作的是《般若无知论》，"因出《大品》之后，肇便著《波若无知论》，凡二千余言，竟以呈（鸠摩罗）什，什读之称善。"② 鸠摩罗什是在404年翻译完《大品般若经》的，僧肇《般若无知论》写于此后。408年夏，道生"中途南返"经庐山，将《般若无知论》带给刘遗民和慧远；刘遗民对《般若无知论》中某些观点有看法，在409年给僧肇写信质询，信中提到："论（《般若无知论》）至日，即与远法师详省之，法师亦好相领得意，但标位似各有本，或当不必理尽同矣。"③ 即庐山慧远也对僧肇《般若无知论》有异议。僧肇在次年回信答复。也就在此时，鸠摩罗什在409年译出《中论》，因《不真空论》、《物不迁论》多次引用《中论》，故汤用彤等老一辈学者认为此二论作于此年后。鸠摩罗什413年卒，僧肇次年卒，《涅槃无名论》若为僧肇所作，当写于此时，或为伪作则更在此后。

由此，我们可以看出《肇论》四篇的写作线索。受《大品般若经》直接影响，僧肇最先创作了《般若无知论》，僧肇在日，此论最有影响，受到鸠摩罗什肯定，而南方佛教界对此有所訾议，并引发辩论。僧肇在总结论敌（刘遗民）的观点时提到："谈者似谓无相与变，其旨不一，睹变则异乎无相，照无相则失于抚会"，"恐谈者脱谓空有两心，静躁殊用，故睹

---

① 《高僧传》，第250页。

② 《高僧传》，第249页。

③ 《中国佛教思想资料选编》第一卷，第156页。

变之知，不可谓之不有耳。"① 这实际上已经涉及迁与不迁，空与不空的问题，僧肇的《不真空论》和《物不迁论》应是在与南方佛教界论辩中，对《般若无知论》补充论证的产物。故僧肇在《不真空论》中，对南方佛教界流行的六家七宗中有代表性的心无、即色、本无三家进行批判，也就比较容易理解其写作背景和意图了。而最后出现的《涅槃无名论》，在后世南朝佛教中应该是影响最大的，这从《高僧传》僧肇传记中有一半的篇幅来引用《涅槃无名论》及与该论有关的《上秦王表》，便可看出。

笔者认为，《般若无知论》、《不真空论》、《物不迁论》、《涅槃无名论》这四论，虽然侧重不同，但其理论思维模式是有高度一致性的。从四论的标题来看，僧肇强调的似乎是无知、不真空、不迁，无名，但实际上僧肇要阐述的是无知即知，空即不空，迁即不迁，名即无名，只是由于世人往往只强调般若有知、真空、迁变、涅槃有名的一个方面，因此僧肇反其道而行，强调无知、不真空、不迁、无名的另一个方面。从中可以看出，龙树中观学说对僧肇的深刻影响，《肇论》各篇都多次引用《中论》来论证每篇的核心思想。②

《肇论》中所反映的中观思想，对于当时中国思想界是非常新颖的一种看法，与中国固有思想有较大差异。虽然刘遗民读完《般若无知论》后说："不意方袍，复有平叔（何晏）"，但僧肇的思想，与魏晋玄学是有所不同的。魏晋玄学重要代表人物王弼曾经说："一阴一阳者，或谓之阴，或谓之阳，不可定名也。夫为阴则不能为阳，为柔则不能为刚。唯不阴不阳，然后为阴阳之宗；不柔不刚，然后为刚柔之主。故无方无体，非阴非

---

① 《中国佛教思想资料选编》第一卷，第154页。

② 《不真空论》中引用最多，有三处："《中观》云：诸法不有不无者，第一真谛也。""《中观》云：物从缘故不有，缘起故不无。""《中观》云：物无彼此。"《物不迁论》引用"《中观》云：观方知彼去，去者不至方。"《涅槃无名论》中"《论》曰：涅槃非有亦复非无，言语道断，心行处灭"，一般认为是出自《中论》"观涅槃品"："如佛经中说，断有断非有，是故知涅槃，非有亦非无"，以及"观法品"："诸法实相，心行言语断，无生亦无灭，寂灭如涅槃"。而最早成篇的《般若无知论》虽然先于鸠摩罗什译出的《中论》，但《般若无知论》中也对《中论》有所引用："故《中观》云：物从因缘故不真，不从因缘故即真。"僧肇在《中论》没有译出之前，当从鸠摩罗什处已了解到中观思想。

阳，始得谓之道，始得谓之神。"① 也就是说王弼认为阴、阳皆不可为道，道是阴阳之先不可定名的本体，故"非阴非阳，始得谓之道，始得谓之神"。但若用魏晋玄学的这套术语来诠释《肇论》的思想，则僧肇实际上认为，即阴即阳就是道，阴阳之外不存在一个不可定名的"阴阳之宗"，这在《不真空论》中对心无、即色和本无的批判中就表现得十分清楚了。"夫为阴则不能为阳，为柔则不能为刚"，这显然是僧肇不能接受的观点，与其一贯的中观旨趣不符。

简言之，《肇论》中体现出来的诸多思想是特立于中国思想界的，因此也招致了南方佛教界庐山慧远一系的批评。庐山慧远的思想与中国传统思想更为接近，倾向于有一个类似于"阴阳之宗"的宗极存在，他作《法性论》强调："至极以不变为性，得性以体极为宗"，慧远的这一思想也在毗昙学中找到部分支持，他在《阿毗昙心论》的序言中说："发中之道，要有三焉：一谓显法相以明本，二谓定己性于自然，三谓心法之生，必俱游而同感。俱游必同于感，则照数会之相因；己性定于自然，则达至当之有极；法相显于真境，则知迷情之可反。"② 慧远认为首先必须强调有作为本体的法相真境存在，然后修行者"定己性于自然"、"达至当之有极"，然后便可心法同感而生，俱游法界。因此在慧远这里是不承认法真性是空的，唐代元康《肇论疏》中所引慧远的一段话就很清楚地表明了这一点："自问云：性空是法性乎？答曰：非。性空者，即所空而为名，法性是法真性，非空名也。"③ 这也是庐山慧远僧团与鸠摩罗什僧团在理论上的根本分歧所在。

庐山慧远在 416 年去世，未及见到法显六卷本《泥洹经》，他的法性思想因此也没有以涅槃学的形式表现出来，而是采用了"神不灭"的表述框架，晚年受鸠摩罗什传译般若学（特别是《大智度论》等）的影响，也开始使用"法身"等概念。受慧远影响很深的道生，则将法性思想进一步

---

① 楼宇烈校释：《王弼集校释》，北京：中华书局，2009 年，第 649 页。此段话是王葆玹先生发现的佚文，参见王葆玹："《谷梁传疏》所引王弼《周易大演论》考释"，《中国哲学史研究》，1983 年第 4 期，以及杨鉴生："王弼注《易》若干佚文考论"，《中华文化论坛》，2010 年第 4 期。

② 《出三藏记集》，第 378—379 页。

③ 《大正藏》第 45 卷，第 165 页上。

强化为理为佛性，强调顿悟说（"夫称顿者，明理不可分，悟语极照"）和人人皆可成佛（"理一万殊"）。而《肇论》四篇体现出来的中观思想，则旨趣与此截然不同。如果借用现代学术话语，慧远、道生强调的是本体，而僧肇则强调本体与现象的完全同一。①

今本《肇论》四篇之前，有一概要性质的《宗本义》。《宗本义》在南朝末期陈代慧达时才开始被认为是僧肇的作品，且其内容与《肇论》四篇多有抵触，故很多学者怀疑其真实性。《宗本义》论证"本无、实相、法性、性空、缘会，一义耳。"元康疏认为这是在汇通竺法汰《本无论》、鸠摩罗什《实相论》、慧远《法性论》、道安《性空论》和于道邃《缘会二谛论》。从《宗本论》所汇通的内容看，"本无、实相、法性、性空、缘会"这些概念，都仅属于"本体"范畴，更似庐山慧远一系的思想，而与强调中观思维方式的《肇论》四篇差距较大。石峻先生指出，慧达《肇论疏》在注解《不真空论》时引用了庐山慧远的一段话，其中有"本无与法性同实而异名"，"'本无'与'法性'同实而异名，则正是《宗本义》一篇的核心思想，因此《宗本义》目前虽没有确证是慧远所作，但是两者的思路非常接近，那应该不成问题，大可值得注意的。"② 石峻先生此说有一定道理，僧肇《般若无知论》等著作南来，首先是经庐山，后世将庐山慧远一系《宗本义》混入僧肇作品，并非完全没有可能。《涅槃无名论》作于鸠摩罗什去世之后，僧肇本人在鸠摩罗什去世后次年也去世，《涅槃无名论》可能尚未最后定稿，南传时被后人增补也并非完全没有可能，但从《涅槃无名论》的基本思想倾向来看，还是符合僧肇立场的，且被较早著录；《宗本义》的情况则与《涅槃无名论》不尽相同，其基本思想倾向与僧肇其他作品有很大出入乃至抵触，故本章只讨论作为《肇论》主体部分的四篇论文。

《肇论》主体部分的四篇论文，从《般若无知论》到《涅槃无名论》，早期《般若无知论》最为热议，而后《涅槃无名论》最受人们重视，这些

---

① 如果我们用当时人们的用语，可以借助庐山慧远俗家弟子宗炳《明佛论》中"由心与物绝，唯神而已"与"今心与物交，不一于神"来表达，而这一问题在理论上比较圆满的阐释，则需等到《大乘起信论》一心开二门的理论框架出现。

② 《石峻文存》，第78页。

都反映出晋宋之际般若学向涅槃学转变的思想史大趋势。"夫涅槃之为道也，寂寥虚旷，不可以形名得；微妙无相，不可以有心知"①，从《般若无知论》到《涅槃无名论》的内在理路，简言之，是："法身无象，应物而形；般若无知，对缘而照。"② 即认为无知而无不知的般若是在照见非有非无的法身，由此般若学的讨论开始涉及涅槃学。由于僧肇在时，宣扬常乐我净、佛性实有的《涅槃经》尚未被中国人所知，僧肇这一模式受般若中观影响较深，因此他们从般若学到涅槃学的讨论，并不像庐山慧远那样明确强调神不灭，也不像道生那样力争佛性实有，人人皆备，而是从中观思想出发，强调"法无有无之相，圣无有无之知。圣无有无之知，则无心于内；法无有无之相，则无数于外。于外无数，于内无心，彼此寂灭，物我冥一，怕尔无朕，乃曰涅槃。"③

　　梁代宝亮《大般涅槃经集解》中收入道生以来南朝宋、齐、梁间重要的《涅槃经》著述，《集解》中除道生外，其后诸师都认为"般若"、"法身"、"解脱"是涅槃最重要的三种德性。如僧亮认为："谈般若，则三达之功显；论法身，则应化之理同；言解脱，则众德所以备也。"④ 昙济认为："语般若，明智周万境；辨法身，明备应万形；称解脱，明众累不生。"⑤ 昙准认为："取其洞照虚明，目之般若；应不摇寂，字曰法身；结惑都亡，谓之解脱"。⑥ 这三种德性的顺序，原本般若在最前，后来多将法身列为第一。如宝亮认为："无感不应，称曰法身；嘱境皆明，谓之般若，即体无累，便名解脱。"⑦ 智秀认为："圆极之体，有可轨之义，名为法身；有静照之功，号为般若，有无累之德，称之解脱。"⑧ 法安认为："寄言三德，以其唯法为体，号曰法身；惑累斯亡，称为解脱；所照靡遗，谓之般若。法身一名，标其妙体；智断两称，举其盛德。"⑨

---

① 《中国佛教思想资料选编》第一卷，第158页。
② 《中国佛教思想资料选编》第一卷，第160页。
③ 《中国佛教思想资料选编》第一卷，第162页。
④ 《大正藏》第37卷，第377页下。
⑤ 《大正藏》第37卷，第378页上。
⑥ 《大正藏》第37卷，第380页上。
⑦ 《大正藏》第37卷，第378页下－379页上。
⑧ 《大正藏》第37卷，第379页上。
⑨ 《大正藏》第37卷，第380页上。

以上关于涅槃三种重要德性的论述，其思路与僧肇《涅槃无名论》中："法身无象，应物而形；般若无知，对缘而照"是近似的，将般若、法身等都作为涅槃的诸多德性之一，实则是将以往的般若学纳入了新兴的涅槃学，将之作为涅槃学的重要组成部分。般若、法身、解脱，转换成法身、般若、解脱，突出了法身的地位，"法身一名，标其妙体；智（般若）断（解脱）两称，举其盛德"，即将法身作为本体，般若、解脱作为德性，体用相即不二，以此来衔接般若学与涅槃学，使之成为一个有机的理论体系。

第三节 般若学向涅槃学转变的广泛信仰背景

在本章以上两节，我们讨论了庐山慧远、道生，以及《肇论》四篇，在晋宋之间般若学向涅槃学转变中表现出来的两种不同过渡方式。般若学向涅槃学转变的过程是十分复杂的，受到了诸多流派佛教经论的影响，我们上文涉及的有《阿毗昙心论》、《法华经》、《中论》、《涅槃经》等，此外《十地经》（鸠摩罗什译为《十住经》）也是现在学者讨论当时顿渐之争的一个热点，[①] 美国学者柏夷在讨论灵宝经时，还发现佛教菩萨十地思想的影响，道教的十转明显受到佛教的启发，而且十转不是逐次发生，而是可一起而成。[②]

除了佛教义理思想的演进，佛教信仰的诸多因素，例如对佛陀的崇拜等，显然也对涅槃学的兴起产生了直接的影响。本节笔者力图在一个更加广泛的信仰背景上，进一步讨论般若学向涅槃学转变的问题。实际上，般若学的目的也旨在成佛，佛教般若学与涅槃学作为佛教信仰理论，并不截

---

① 菩萨十地，是学者研究晋宋之际大、小顿悟的一个焦点，然所依资料多是后世追述，晋宋之际留下的直接资料很少，当时人们是否真的完全依据菩萨十地或《华严经》框架来讨论顿渐问题，尚有讨论空间；而且依法显六卷本《泥洹经》卷五讲到："菩萨摩诃萨，净治道地，成就十住，于自身中观察如来真实之性，犹为无我轮之所惑"，"十地菩萨，亦复如是，于自身中观如来性，亦生惑想。"（《大正藏》第 12 卷，第 887 页上）若此处采用的是鸠摩罗什的译法，则十住菩萨就是十地菩萨。晋宋时人是否能以此十地框架讨论涅槃问题，笔者尚有疑问。因诸多问题现在尚不能解决，故本文在讨论晋宋之际佛学思想变迁时，未涉及菩萨十地问题。

② 参见 Stephen R. Bokenkamp，"*Stages of Transcendence：The Bhūmi Concept in Taoist Scriptures*"，in R. Buswell, Jr. ed.，*Chinese Buddhist Apocrypha*，Honolulu：Hawaii University Press，1990，pp. 119 – 47.

然冲突。前文已述，早期汉译般若经典《道行般若经》就已开始反复强调般若是诸佛母，得般若波罗蜜即成佛。

南朝佛道论衡有一个值得注意的现象，就是人们常常将佛教的涅槃与道教的仙化对举。如刘宋时人顾欢①就认为："道教执本以领末，佛教救末以存本"，从佛道教追求的最终目标来看，"泥洹、仙化，各是一术。佛号正真，道称正一，一归无死，真会无生。在名则反，在实则合。"（引自《南史》卷七十五）对于涅槃与仙化，佛教信徒是极力反对将两者等量齐观的，顾欢的观点在南朝引起了佛教徒的群起攻之（《弘明集》卷六、卷七），北朝名僧道安《二教论》也专门有一章"仙异涅槃"（《广弘明集》卷八）来比较成仙与涅槃之不同。

在当时南朝佛教徒看来，佛道两教的终极追求（涅槃与仙化）是有根本性差别的。《谢镇之书与顾道士》："佛法以有形为空幻，故忘身以济众。道法以吾我为真实，故服食以养生。且生而可养，则及日可与千松比霜，朝菌可与万椿齐雪耶？必不可也！若深体三界为长夜之宅，有生为大梦之主，则思觉寤之道，何贵于形骸。假使形之可练，生而不死，此则宗本异，非佛理所同。何以言之？夫神之寓形，犹于逆旅，苟趣舍有宜，何恋恋于檐宇哉！夫有知之知，可形之形，非圣之体。虽复尧孔之生，寿不盈百；大圣泥洹，同于知命。是以永劫以来，澄练神明。神明既澄，照绝有无，名超四句。此则正真，终始不易之道也。又刻船者，祈心于金质；守株者，期情于羽化。故封有而行六度，凝滞而茹灵芝。有封虽乖六度之体，为之或能济物；凝滞必不羽化，即事何足兼人。"② 从佛教的角度看，仙化是执著于有我③。道教执著于有我、有身，则与佛教有根本性分歧。

---

① 顾欢，《南史》有传。陈国符先生辑佚陈代马枢《道学传》卷八，记顾欢符篆驱鬼治病之事数条。（陈国符：《道藏源流考》下册，北京：中华书局，1992 年，第 469 页。）《正统道藏》中收录《道德真经注疏》和《道德真经取善集》中各有顾欢注轶文三十余条。敦煌文献 S.4430 残卷存《老子》经文与注文 132 行（从第 70 章至 80 章），一般认为是《新唐书·艺文志》著录的顾欢《老子义疏治纲》残本。（参见王卡：《敦煌道教文献研究》，北京：中国社会科学出版社，2004 年，第 172–173 页。）由现在有限的文献，我们可以得知，顾欢擅长道术，同时研习《老子》。

② 《大正藏》52 册，第 42 页上。

③ 早期译经，常将"我"翻译成"吾我"，"无我"翻译成"无吾我"，译词选择恐受庄子"吾丧我"的影响。

佛教认为生死交谢，身体是无常的，周孔圣人生年亦不满百，求长生无异于刻舟求剑。佛教涅槃（泥洹），是"照绝有无，名超四句"，而道教追求的只是"无死"，且长生不死也难真的到达，所以刘宋司徒袁粲说"仙化以变形为上，泥洹以陶神为先。变形者白首还缁，而未能无死；陶神者使尘惑日损，湛然常存。泥洹之道，无死之地，乖诡若此，何谓其同？"（引自《南史》卷七十五）

在理论论辩上，佛道双方各自是非，站在道教立场，会认为仙化优胜；而站在佛教立场上，则认为道教主张的仙化不及泥洹（涅槃）。南朝佛道的论衡，提示我们涅槃学的兴起，与当时人们的宗教最高理想追求有着密切的联系，很可能在普通信徒中，高深的涅槃学义理，是被当做中国传统思想的成仙来理解的。现今佛教思想史研究者，常谓僧肇之后，佛教思想已经摆脱了本土思想（特别是魏晋玄学）的束缚，而走上独立发展的道路；对于精英佛教可能如此，但在一个更宽广的视野来看，中国固有的宗教观念（如仙化），可能对于佛教义理的拣择（涅槃学的兴起）更发挥着重要作用。

晋宋之际，很多神异僧人形象，都显示出中国本土神仙的特点，如《冥祥记》记载，"晋庐山七岭……其崖穷绝，莫有升者……晋太元中，豫章太守范宁，将起学馆，遣人伐材其山。见人著沙门服，凌虚直上。既至，则回身距其峰；良久，乃与云气俱灭。时有采药数人，皆共瞻睹。能文之士，咸为之兴。沙门释昙谛《庐山赋》曰：'应真凌云以距峰，眇翳景而入冥者也。'"[①] "晋王懿，字仲德，太原人也。守车骑将军，世信奉法。"后南归晋帝，为徐州刺史，设斋洒扫，"见五沙门在佛坐前，威容伟异，神仪秀出。懿知非凡僧，心甚欢敬。沙门回相瞻眄，意若依然。音旨未交，忽而竦身飞空而去。"[②] 这些僧人很像白日飞升的神仙。佛教信仰对死后往生天界的追求，应有道教升仙的信仰心理基础，甚至往生净土的佛

---

① 《古小说钩沉》，第 298–299 页。
② 《古小说钩沉》，第 300 页。

典亦被称为"大仙方"。① 也有将佛教的成就称为"长生之道"。"宋程德度，武昌人。父道惠，广州刺史。度为卫军临川王行参军"，在浔阳时，忽有一小儿，长可尺余，对程德度说："君却后二年，当得长生之道"，"元嘉十七年，随王镇广陵，遇禅师释道恭，因就学禅，甚有解分。到十九年春，其家武昌空斋，忽有殊香芬馥，达于衢路。阖境往观，三日乃歇。"②

在佛道论衡者，佛教信徒显然不愿意承认涅槃与仙化的直接关联，在反复强调两者区别中，我们发现一个重要的理由就是"佛法以有形为空幻"，"道法以吾我为真实"，简单来说，佛教的涅槃不用于一般肉身成仙的有形，"有知之知，可形之形，非圣之体"。涅槃在精英佛教中的有无双潜，我们在前两节精英佛教义理、《涅槃无名论》等部分多有涉及，本节主要从当时宗教信仰具体的实践状况对此进行考察。

佛教徒常言道教成仙是有形或变形（羽化成仙），佛教则"以有形为空幻"，但有趣的是，在六朝的宗教实践中，道教中并不流行神像崇拜，而佛教徒则是广泛供奉神像的。陈国符先生对此有详细考证："唐释法琳《辩正论》卷六自注：考梁、陈、齐、魏之前，唯以瓠庐盛经，本无天尊形像。按任子《道论》及杜氏《幽求》云：道无形质，盖阴阳之精也。《陶隐居内传》云：在茅山中立佛道二堂，隔日朝礼。佛堂有像，道堂无像。王淳《三教论》：近世导师，取活无方，欲人归信，乃学佛家制作形像，假号天尊，及左右二真人，置之道堂，以凭衣食。宋陆修静亦为此形。是宋代道教，已有形像。梁陶弘景所立道堂无像，是梁时道馆立像，尚未通行也。"③ 由此可知，六朝时佛教的神像（佛像）远比道教的神像普遍，道教立像是因"取活无方，欲人归信，乃学佛家制作形像"，由此亦可见神像（佛像）崇拜在南朝是深受信徒欢迎的。而且尤其值得注意的是六朝许多高僧死后，也被信徒立像崇拜。

① 相传净土高僧昙鸾曾从南朝陶弘景处得《仙经》十卷，后遇菩提流支，传《无量寿经》，"此大仙方。依之修行，当得解脱生死"（《续高僧传·昙鸾传》）。南北朝佛教中人的长生仙术思想，与龙树之学有一定关系，陈寅恪先生对此有独到之见解，参见"南岳大师《立誓愿文》跋"，见《金明馆丛稿二编》。
② 《古小说钩沉》，第325页。
③ 《道藏源流考》下册，第268页。

在梁《高僧传》中，记录了很多僧侣死后被人图写影像的例子，如康僧会、竺法护、于道邃、于法兰等。① 而且这些高僧图像，不仅出于悼念的目的，有些是被明确记载用于崇拜供奉。如晋中山康法郎弟子令韶为其师刻木为像，"朝夕礼事"；道安的弟子释昙澂，"图写安形，存念礼拜"。② 更有甚者，有些高僧死后肉体不坏，受人供奉，例如帛僧光，太元（376—397年）末年"以衣蒙头，安坐而卒"，死后肉体不坏，刘宋孝建二年（455年）地方官郭鸿"入山礼拜"，可能出于好奇的原因，用如意敲打，导致"衣服销散，唯白骨在焉"，于是郭鸿将其收入室中，"外而泥之，画其形像，于今尚存。"③ 也是太元末年，竺昙猷在赤城山去世，"尸犹平坐，而举体绿色"，隐士神世标在义熙末年见其尸体仍然不朽；到齐建元（479—482年）中，释慧明入山见竺昙猷尸骸不朽，"乃雇人开剪，更立堂室，造卧佛并猷公像。"④ 俗人也有立像崇拜僧侣的，如《冥祥记》记载："晋南阳滕普，累世敬信"，见一沙门显示神通，"普即刻木作其形像，朝夕拜礼。普家将有凶祸，则此像必先踣倒云。普子含，以苏峻之功封东兴者也。"⑤ 在平息苏峻叛乱中有军功的滕含，其父滕晋常拜一沙门偶像；而且家有祸事，其像必先倒。

僧人死后被立像供奉，乃至身体不朽，被人崇拜，这在一些应验记中也可以找到一些例子，如现在学术界讨论比较多的晋宋时神僧慧达（刘萨荷）等。死后被立像供奉或直接崇拜不朽的肉身，很容易让人联想到这些高僧是涅槃，而非一般的死亡。释慧明"造卧佛并猷公像"，卧佛是佛陀的涅槃像，似也有此意。上述高僧去世，肉身不坏，甚至发生很多离奇的变异，如"尸犹平坐，而举体绿色"，其信仰确实与中国本土信仰中的尸变羽化有近似之处。中国人的信仰实践，在潜意识中通过仙化来接受涅槃，成为涅槃学豁然勃兴的信仰基础，是很有可能的。

现今的六朝佛教高僧写真研究，一般都集中于禅僧；但从《高僧传》

---

① 《高僧传》，第18、170、166页。
② 《高僧传》，第154、202页。
③ 《高僧传》，第402页。
④ 《高僧传》，第404、425–426页。
⑤ 《古小说钩沉》，第288页。

来看，义理僧死后被立像崇拜的例子也很多，如上面所举的于道邃、于法兰、道安等，都是当时有名的般若学者。而且当时逐渐形成了一种宗教观念，即义理僧人死后舌头等肉身不坏，是其义理成就的一种标志，如相传鸠摩罗什"今于众前发诚实誓，若所传无谬者，当使焚身之后，舌不焦烂"，后"即于逍遥园，依外国法，以火焚尸，薪灭形碎，唯舌不灰。"① 晋宋之际开始流行般若学者、义理僧人死后留下肉身或部分舍利，被人立像崇拜，从中亦可窥见般若学向涅槃学转变的信仰实践形式。

第四节 小结：历史与时代的问题化、理论化

本章认为道生的佛学发展思想历程是，首先受到毗昙学的启发，产生了他最初的顿悟思想；而其理为佛性的一元论思想形成后，进一步坚定了顿悟成佛学说，否定三乘渐教；开始道生的佛性思想还相对柔和，只是强调众生"当有佛性"，而后其理论发展得更为彻底，提出人人皆有佛性，一阐提也可成佛。庐山慧远因去世较早，未及见到法显六卷本《泥洹经》，他的法性思想因此也没有以涅槃学的形式表现出来，采用了"神不灭"表述框架。庐山慧远的这种情况，可能具有一定代表性，如支道林"深思《道行》之品，委曲《慧印》之经。"② 梁代王僧孺《慧印三昧及济方等二经序赞》中说：《慧印三昧经》"经旨以至极法身无相为体。"③ 支道林似乎也预见到了般若学向涅槃学的转变，只是没有使用《涅槃经》中的术语。虽然，现存《慧印三昧经》也未提及"法身"概念，而是用的"佛身"；但慧远等东晋六家七宗的讨论已经达到了《法性论》："至极以不变为性，得性以体极为宗"的水准。因此，从总体来看，慧远等东晋名僧与道生向涅槃学转变的路径有近似的地方。

《肇论》四篇，受到中观思想影响很大，从《般若无知论》到《涅槃无名论》，其般若学向涅槃学过渡的路径与慧远、道生迥异。《涅槃无名论》"法身无象，应物而形；般若无知，对缘而照"的模式，同样是般若学向涅槃学转变的路径。南朝《涅槃经》注释者多将般若、法身等都作为

---

① 《高僧传》，第54页。
② 《高僧传》，第159页。
③ 《出三藏记集》，第276页。

涅槃的诸多德性之一，实则是将以往的般若学乃入到新兴的涅槃学之中，将之作为涅槃学的重要组成部分，这可以说是沿袭和发展了《涅槃无名论》的某些衔接方式。

从更加广阔的宗教信仰背景来看，中国固有的仙化等宗教观念，对于佛教义理对涅槃学的拣择也发挥着重要作用。六朝时佛教相比道教，更流行立像崇拜，晋宋之际开始流行般若学者、义理僧人，死后留下肉身或部分舍利，被人立像崇拜，从中亦可窥见般若学向涅槃学转变的信仰实践形式。

综上所述，晋宋之际无论从精英佛教到民众佛教，无论是中国的思想史还是宗教史，都发生了非常复杂的变化，面对如此复杂的历史局面，般若学向涅槃学转变是否可以相对准确的予以把握，还有赖于今后更加深入的研究，不过前辈学者提出般若学向涅槃学转变这一命题，笔者相信是有助于将这一段历史理论化、问题化的，当然这场变革是多层面、多元化发展的，抽象的概况并不能掩盖内容的异常丰富。

第三编 魏晋南北朝佛教制度与政策举隅

第一章　六朝佛教尺牍

本章以六朝佛教书信为研究对象，首先概述僧侣、佛教居士、朝廷权贵之间私人通信往来的礼节、惯例，随信附带经论、礼品，以及信使等诸问题；接着探讨六朝佛教两类公开信对于清谈论辩、重大佛教政策决议的重要意义；最后总结六朝佛教书信在当时发挥的四种主要功能，在构建中国中世佛教共同体方面发挥的重要作用。

梁启超先生云："清儒既不喜效宋明人聚徒讲学，又非如今之欧美有种种学会学校为聚集讲习之所，则其交换知识之机会，自不免缺乏。其赖以补之者，则函札也。"[①] 梁先生虽然专论清代学术，然在中国古代文人社会，同样具有普遍意义。六朝佛教人物，在讲经论辩、注疏立说之外，书信往来也是一种极其重要的佛学观点表达、争论的方式，从中我们可以看出当时佛教共同体的许多特点。六朝佛教书信，尚缺乏专门的研究，故本章对此加以探讨。

第一节　六朝佛教书信概述

木简厚重，缣帛昂贵，六朝时纸张工艺取得了长足发展，"古无纸，故用简，非主于敬也。今诸用简者，皆以黄纸代之。"（《太平御览》卷六百五引《桓玄伪事》），东晋末年桓玄时，纸张已经全面代替简帛，无疑为六朝书信往返带来极大便利。从现存原始史料来看，梁代僧祐编辑的《弘明集》、唐代道宣编辑的《广弘明集》，收入涉及佛教内容的书信甚多，僧祐《出三藏集记》、梁代慧皎《高僧传》也常常提及僧人间书信往来。此外，佛教史上一些著名的文献，如东晋僧肇《肇论》中收入的书信、依据慧远与鸠摩罗什书信往返问答而编成的《大乘大义章》等，都是研究六朝

---

① 梁启超：《清代学术概论》，上海：复旦大学出版社，1998年，第52页。

佛教书信的重要材料。

现存史料中，有如此多的佛教书信得以保留，这从一个侧面也说明至少当时部分僧人是有意保留、收集，甚至是展示书信的。例如据《出三藏记集》卷十四载，刘宋时来华的著名僧人求那跋陀罗，受到谯王宠信，后谯王谋反失败，"初跋陀在荆州十载，每与谯王书疏，无不记录。及军败检简，无片言及军事者。孝武明其纯谨，益加礼遇。"① 求那跋陀罗与谯王同处一地，"谯王镇荆州，请（跋陀）与俱行，安止辛寺，更创殿房"②，但文书往来仍是重要的沟通手段。由此我们可以推测，书信是当时僧人与当权者交往的重要媒介，信件文书常得以妥善保存。

书信往返，不仅用于高级僧侣回答当权者咨询，也是结交权贵的一种重要方式。权贵之间，也有替僧侣写介绍信、推荐信的情形。如习凿齿与谢安书曰："来此见释道安，故是远胜，非常道士。师徒数百，斋讲不倦。无变化伎术可以惑常人之耳目，无重威大势可以整群小之参差，而师徒肃肃，自相尊敬，洋洋济济，乃是吾由来所未见。其人理怀简衷，多所博涉，内外群书，略皆遍观，阴阳算数，亦皆能通。佛经故最是所长，作义乃似法兰、法祖辈，统以大无，不肯稍齐物等智，在方中驰骋也。恨不使足下见之！其亦每言思得一见足下。"③ 从该信最后一句，我们可以看出，这封信当是东晋高僧释道安想拜见南朝宰相谢安，而由习凿齿写的介绍信。再如"吴郡张融与周颙书曰：古人遗族故留儿女，法宠法师绝尘如弃唾，若斯之志大矣远矣。"④ 盛赞了梁代高僧法宠。从这些介绍信、推荐信评语的流行，我们可以明白为何当时不少高僧"其为时贤所重如此"的原因。

六朝佛教书信往返，常常附带新近的译经或论著。附带义理论著若篇幅较长，则与问候信函分开，如僧肇答刘遗民的信，"书有二幅，前短札，后长幅"，⑤ 问候信件一般较短，是"尺寸小缘"式的短札，而牵扯义理论

① 《出三藏记集》，第 549 页。
② 《出三藏记集》，第 548 页。
③ 《出三藏记集》，第 562 – 563 页。
④ 《大正藏》50 卷，第 461 页上。
⑤ 《中国佛教思想资料选编》第一卷，第 151 页。

辩的长篇大论则为"长幅"。随信附带经论，有时是为了唱和结交，如鸠摩罗什翻译完《大智度论》后，北朝姚秦皇帝姚兴给慧远写信，请慧远作序，并随信寄去了刚刚翻译完成的《大智度论》译稿，"《释论》（《大智度论》）新出，兴送论并遗书曰：'《大智论》新译迄，此既龙树所作，又是方等旨归，宜为一序，以申作者之意。然此诸道士，咸相推谢，无敢动手，法师可为作序，以贻后之学者。'"① 随信附带经论，有时则是为了论辩博弈，如刘宋时佛教界因慧琳所作《白黑论》（又称《均善论》）而发生辩论，支持慧琳的何承天随信将《白黑论》送与庐山慧远弟子宗炳，宗炳回信表示不能赞同慧琳的观点："所送琳道人《白黑论》，辞情致美，但吾闇于照理，犹未达其意。"② 而从何承天的复信中，我们也可以看出他将《白黑论》寄与宗炳的意图，即是要宗炳表明立场观点："前送《均善论》，并咨求雅旨"。③

僧人书信往返结交，信末常附有诗文唱和，有时还会随书信附带赠送礼品。庐山慧远听说鸠摩罗什来华，去信结交，书信末尾提到："今往比量衣裁，愿登高座为著之，并天漉之器，此既法物，聊以示怀。"鸠摩罗什回信说："损所致比量衣裁，欲令登法座时著，当如来意，但人不称物，以为愧耳。今往常所用鍮石双口澡灌，可备法物之数也，并遗偈一章曰：既已舍染乐，心得善摄不？若得不驰散，深入实相不？毕竟空相中，其心无所乐。若悦禅智慧，是法性无照。虚诳等无实，亦非停心处。仁者所得法，幸愿示其要。"④ 庐山慧远与鸠摩罗什，随书信用日常贴身之物"礼尚往来"，拉近了彼此的关系。信中附带的诗偈唱和，也是僧侣间交流感情的常见手法。对于鸠摩罗什的诗偈，慧远也作了应和："并报偈一章曰：本端竟何从，起灭有无际。一微涉动境，成此颓山势。惑想更相乘，触理自生滞。因缘虽无主，开途非一世。时无悟宗匠，谁将握玄契？来问尚悠悠，相与期暮岁。"⑤

① 《高僧传》，第218页。
② 《大正藏》52卷，第18页上。
③ 《大正藏》52卷，第19页上。
④ 《高僧传》，第217页。
⑤ 《高僧传》，第217页。

帝王权贵与僧人结交，随信更是常常附带礼品，如泰山僧朗，"晋孝武致书遗，魏主拓跋珪亦送书致物，其为时人所敬如此。"① 《广弘明集》卷二十八收入六位帝王致僧朗书，《北代魏天子招拔圭书》："今遣使者，送素二十端，白毡五十领，银钵二枚，到愿纳受"；《晋天子司马昌明书》："今遣使者，送五色珠像一驱，明光锦五十匹，象牙簟五领，金钵五枚，到愿纳受"；《秦天子符坚书》："今并送紫金数斤，供镀形像，绮绫三十匹，奴子三人，可备洒扫。至人无违，幸望纳受，想必玄鉴见朕意焉"；《燕天子慕容垂书》："今遣使者，送官绢百匹，袈裟三领，绵五十斤，幸为咒愿"；《南燕天子慕容德书》："使者送绢百匹，并假东齐王，奉高、山茌二县封给。书不尽意，称朕心焉"；《秦天子姚兴书》："今遣使者，送金浮图三级，经一部，宝台一区。庶望玄鉴，照朕意焉"。②

有时帝王不仅自己馈赠礼品，还直接要求臣下也向高僧馈赠礼品。如前面提到的秦主姚兴，与庐山慧远"致书殷勤，信饷连接，赠以龟兹国细缕杂变像，以申欵心，又令姚嵩献其殊像"③；再如北齐文宣帝优崇僧稠，"诏书手敕，月别频至；尺寸小缘，必亲言及。又敕侍御徐之词崔思和等，送诸药饵，观僧疾苦。"④ 有时馈赠的数量是很大的，可接济僧团日用之需，如"高平郗超遣使遗米千斛，修书累纸，深致殷勤。安（道安）答书云：'损米弥觉有待之为烦。'"⑤ 宋武帝向庐山慧远"遣使赍书致敬，并遗钱米。"⑥ 对于帝王权贵的大量馈赠，僧团领袖一般要与僧团大众供享，有时也婉言谢绝，如僧稠"以佛法要务志在修心，财利动俗事乖道化，乃致书返之。"

古时交通不便，远距离的通信一般时间较长。庐山与长安僧团通信，常常要往返经年，如庐山慧远弟子刘遗民给长安僧肇去信问候僧肇"岁末寒严，体种如何？"又信中提到"去年夏末，始见生上人示《无知论》"，僧肇回信说："慧明道人至，得去年十二月疏，并问……八月十五释僧肇

---

① 《高僧传》，第 190 页。
② 《大正藏》52 卷，第 322 页上 – 322 页下。
③ 《高僧传》，第 218 页。
④ 《大正藏》50 卷，第 554 页下。
⑤ 《高僧传》，第 180 页。
⑥ 《高僧传》，第 216 页。

疏答。"① 由此则可知，刘遗民在庐山于去岁夏得到道生从长安带回的僧肇书信论著，并于岁末严冬十二月回信，转过年来，慧明道人北上带信，僧肇于八月十五才给刘遗民写信。可见，庐山与长安，信件往返一次至少需半年以上的时间。

远距离书信往返，常常需要游僧作为信使，但游僧带信不能保证时间，因此有时由于双方书信往来非常频繁，也出现了专职的僧人作为信使，其中最具代表性的僧人信使就是昙邑。昙邑"关中人，少仕伪秦至卫将军，形长八尺，雄武过人。太元八年（公元 383 年），随苻坚南征，为晋军所败，远至长安，因从安公出家。安公既往，乃南投庐山，事远公为师……后为远入关，致书罗什，凡为使命，十有余年，鼓击风流，摇动峰岫，强悍果敢，专对不辱。"② 昙邑身体强壮，熟悉南北方情况，作为南北方僧团的信使，是非常合适的人选。另外，值得注意的是，昙邑在庐山慧远僧团中的资历地位很高，"远（慧远）神足高抚者其类不少，恐后不相推谢，因以小缘托摈邑出"，③ 从信使地位之高，亦可反衬出当时僧侣之间书信往来之重要性。

第二节　两类公开信

六朝佛教信函，写作目的常常出于应酬、弘法或辩论，因此往往并不具备私密性质，甚至可以称之为公开信。本节主要讨论六朝佛教书信中的两类公开信，一类是私人朋友同道之间为探讨某一问题而产生的公开信；另一类则是具有政府公函性质的公开信。

私人朋友同道之间，为某一话题产生争论，就会写信相互交流，有时论辩对手不止一人，因此会出现一封信同时写与数人的情况，如《弘明集》收入的刘宋时范泰《与生、观二法师书》、《与王司徒诸公论沙门踞食书》，李淼《与高、明二法师难佛不见形书》，后秦主姚略《与恒、标二公劝罢道书》、《与僧迁等书》，刘宋时谢灵运的《辩宗论诸道人王卫军问答》等。

---

① 《中国佛教思想资料选编》第一卷，第 155、151 页。
② 《高僧传》，第 236－237 页。
③ 《高僧传》，第 237 页。

除了私人的公开信函，有些六朝佛教公开信函还具有公函性质，这些公函一般由帝王等当权者发出，敕令高僧、臣下作答。六朝帝王写给僧人的书信并非都是敕令诏书，如前文提到北齐文宣帝写给僧稠的书信即分不同类型，"诏书手敕，月别频至；尺寸小缘，必亲言及。"不过，不可否认，六朝帝王等当权者的部分书信具有公函性质，并盖有印信，如陈代高僧智顗受到陈主礼遇，"因降玺书，重沓征入"。①

具有公函性质的六朝佛教公开信，常常是讨论决策诸如是否沙汰沙门、僧尼礼仪等涉及佛教的重大事件，比较有名的如桓玄的《与八座论沙门敬事书》。祝总斌先生从六朝政治制度方面入手，对此事有比较深入的分析：从东晋开始，门下已经被视为"喉舌机要"，责任在于"出纳王命"，即诏书必须经过门下下达，才有效力。皇帝"诏令经过门下下达的主要指导思想……在其创立之时很可能是晋元帝为了用以限制王导的权力，但这是一个时期内统治集团内部矛盾尖锐所诱发的特殊动机，就整个东晋南朝（以及北朝）的一般情况说，主要目的恐怕还是为了通过门下的把关，保证所下诏令能更符合整个统治阶级的利益。""《弘明集》卷十二：桓玄篡晋称帝，颁下'许沙门不致敬礼诏'。诏书经过门下，侍中卞嗣之、给事黄门侍郎袁恪之、门下通事令史马范不同意，启请桓玄重新考虑，桓玄坚持己见，最后门下方才通过。卞嗣之表示：'臣闇短不达，追用愧悚，辄奉诏付外，宣摄遵承。'卞嗣之等原启请不同意诏书的理由是为了维护皇帝至高无上尊严，不许存在任何例外，所谓'率土之民，莫非王臣，而以向化法服，便抗礼万乘之主，愚凭所未安。拜起之礼，岂亏其道，尊卑大伦，不宜都废。'同样是从整个统治阶级利益着眼的。"② 作为公函的佛教公开信，往往是当权者在作出涉及佛教的重大决策前，表明自己立场，制造舆论的一种方式，如果反对意见并不激烈，则政策就得以推行；若反弹较大，则暂缓实行。南北朝数次沙汰沙门之前，都有类似举动，此类公开信已经纳入统治决策机制，值得重视。

再如，梁武帝因反对范缜《神灭论》，作《敕答臣下审神灭论》，并由

---

① 《大正藏》50 卷，第 565 页下。

② 祝总斌：《两汉魏晋南北朝宰相制度研究》第 2 版，北京：中国社会科学出版社，1998 年，第 284 – 285 页。

梁代高僧法云以及王公朝贵等六十二人作答，也属于公函性质的六朝佛教公开信，从中我们可以看出此类公开信的运作模式。首先是帝王等当权者做出本论，梁武帝作《敕答臣下审神灭论》，然后下发给相关高僧及王公权贵，如《庄严寺法云法师与公王朝贵书》所云："主上《答臣下审神灭论》，今遣相呈"。① 相关人员收到当权者的本论后，即着手做出应答。因对于梁武帝批判《神灭论》，梁代高僧与各权贵并无异议，故回信都加以附和，大都依惯例成文，即以辱告惠示或伏览《敕答臣下审神灭论》为开头，接着顺承梁武帝本论之意，并对范缜《神灭论》加以批驳，最后以某某"和南"或某某"呈"、"白答"等落款。

第三节　小结：六朝佛教书信的功能

六朝佛教书信在当时具有诸多功能，现小结如下：

（1）攀援结交，相互推介，品评人物。通过书信互致问候，联络感情，增进友谊，是书信的基本功能。初次结交，通过书信，也有自我介绍，馈赠礼品，进行攀援的效果，或通过他人书信进行推介。六朝书信往返间，也常常评论人品学问，从客观上也有形成公开学术评价机制的作用，如"时远（慧远）讲《丧服经》，雷次宗、宗炳等，并执卷承旨。次宗后别著义疏，首称雷氏，宗炳因寄书嘲之曰：'昔与足下共于释和上间，面受此义，今便题卷首称雷氏乎？'其化兼道俗，斯类非一。"② 除了介绍信，有些书信还有辩护调解、周旋人事的重要作用，如佛驮跋陀罗被长安僧团驱逐，庐山慧远"以贤之被摈，过由门人，若悬记五舶，止说在同意，亦于律无犯，乃遣弟子昙邕，致书姚主及关中众僧，解其摈事。"③

（2）回答咨询，交流学问，互通信息。六朝高僧常常通过书信回答权贵释梦占卜乃至军政上的咨询，上文提到的求那跋陀罗，虽然谯王军败"检简，无片言及军事者"，但实际上求那跋陀罗在政治上是给予谯王参谋意见的，如"元嘉将末，谯王屡有怪梦，跋陀答以京都将有祸乱。未及一

① 《大正藏》52卷，第60页中。
② 《高僧传》，第221页。
③ 《高僧传》，第72页。

年，而二凶构逆。"① 僧侣之间书信，交流译经信息，探讨佛学义理，更为常见，最具代表性的是庐山慧远与鸠摩罗什的通信，极大地促进了南北朝佛教义理的交流与发展，慧远写信询问鸠摩罗什佛教义理，并非礼节性的虚应故事，而是带有很强的系统性，如慧远在听说鸠摩罗什计划回国后，去信："日有凉气，比复何如？去月法识道人至，闻君欲还本国，情以怅然。先闻君方当大出诸经，故来欲便相谘求，若此传不虚，众恨可言。今辄略问数十条事，冀有余暇，一二为释。此虽非经中之大难，欲取决于君耳。"② 慧远一次去信就询问数十条事，可见僧侣间通过书信交流学问分量之重。除了请教义理，也有汉地僧人通过书信请求胡僧诵出经典流通中国的事例，如现在《出三藏记集》中保存的一封庐山慧远写给昙摩流支，请出《十诵律》的信："佛教之兴，先行上国，自分流已来，近四百年，至于沙门德式，所阙犹多。顷西域道士弗若多罗者，是罽宾持律，其人诵《十诵》胡本。有鸠摩耆婆者，通才博见，为之传译。《十诵》之中，始备其二，多罗早丧，中涂而废。不得究竟大业，慨恨良深。传闻仁者斋此经自随，甚欣所遇，冥运之来，岂人事而已耶！想弘道为物，感时而动，叩之有人，必情无所吝。若能为律学之众留此经本，开示梵行，洗其耳目，使始涉之流，不失无上之津；参怀胜业者，日月弥朗。此则惠深德厚，人神同感矣！幸望垂怀，不孤往心。一二悉诸道人所具，不复多白。"③

（3）往复辩论，探求义理，佛道论衡。现存六朝佛教书信，数量最多的是就某一个问题往复论辩而产生的多通书信。南朝以来，最为引人注目的就是大量关于佛道论衡的书信，通信各方包括僧侣、佛教居士、道士、王公朝贵。在南朝，最先在思想界引发佛道教激烈辩论的是刘宋时人顾欢，顾欢是南朝著名道士，《南史》本传载"初，欢以佛道二家教异，学者互相非毁，乃著《夷夏论》……欢虽同二法，而意党道教。宋司徒袁粲托为道人通公驳之。"《南史》并录顾欢《夷夏论》，并节略收录袁粲驳文，顾欢答文，以及明僧绍《正二教论》、司徒从事中郎张融《门律》，太子仆周颙难张融文。《弘明集》卷六收录的明僧绍《正二教论》、张融

---

① 《出三藏记集》，第548页。
② 《高僧传》，第217页。
③ 《出三藏记集》，第117页。

《门律》、周顒《难张长史门律（并问答三首）》、张融《答周顒书》、周顒《重答张长史书》、谢镇之《与顾道士书》、《重与顾道士书（并颂）》，以及卷七收录的朱昭之《难顾道士夷夏论（并书）》、朱广之《咨顾道士夷夏论（并书）》、释慧通《驳顾道士夷夏论（并书）》、释僧愍《戎华论折顾道士夷夏论》。后又有"道士假称张融"[1]作《三破论》，《弘明集》卷八收入刘勰《灭惑论》、释僧顺《释三破论》（答道士假称张融三破论十九条），反驳《三破论》。书信往复是六朝佛教义理辩论最重要的展示舞台，也是佛道论衡最引人注目的"战场"。

（4）征集意见，表明立场，左右决策。六朝当权者在做出涉及佛教的重大决策前，常常以公开信的形式表明立场，并以敕答的形式征集僧侣、权贵意见。重要僧侣做出的答辩，常常有左右决策的效果，最为著名的是庐山慧远的《沙门不敬王者论》、《与桓太尉论料简沙门书》等，直接阻止了统治者严格管控佛教僧侣的政策出台。再如上文提及的刘宋时围绕慧琳《白黑论》朝廷权贵书信往复辩论，其背景实则"元嘉十二年五月五日，有司奏，丹阳尹萧暮之上言称：佛化被中国已历四代，塔寺形像所在千计……而自顷世以来，情敬浮末，不以精诚为至，更以奢竞为重。旧宇颓阤，曾莫之修，而各造新构，以相夸尚。甲地显宅，于兹殆尽，林竹铜彩，靡损无极。违中越制，宜加检裁，不为之防，流遁未已。请自今以后，有欲铸铜像者，悉诣台自闻，兴造塔寺精舍，皆先诣所在二千石，通发本末，依事列言本州，必须报许，然后就功。其有辄铸铜制、辄造寺舍者，皆以不承用诏书律论，铜宅材瓦，悉没入官。奏可。"[2]而元嘉中，慧琳权倾一时，有"黑衣宰相"之称。《宋书》卷九十七载：慧琳"元嘉中，遂参权要，朝廷大事，皆与议焉。宾客辐凑，门车常有数十两；四方赠赂相系，势倾一时。"其所作《白黑论》，认为儒释道三教均善，各有长处，得到宋文帝赏识，而引起佛教界不满，并在朝廷权贵中引发争议：慧琳"著《白黑论》，乖于佛理。衡阳太守何承天，与琳比狎，雅相击扬，著《达性论》，并拘滞一方，诋呵释教。颜延之及宗炳捡驳二论，各万余

---

① 《大正藏》52卷，第51页下。
② 《大正藏》52卷，第69页上。

言。"① 宋文帝高度关注这场辩论，谓侍中何尚之曰："吾少不读经，比复无暇。三世因果，未辨致怀。而复不敢立异者，正以前达及卿辈时秀，率皆敬信故也。范泰、谢灵运每云：六经典文，本在济俗为治耳。必求性灵真奥，岂得不以佛经为指南耶！颜延年之折《达性》，宗少文之难《白黑》，明佛汪汪，尤为名理。并足开奖人意。若使率土之滨，皆纯此化，则吾坐致太平，夫复何事？近萧摹之请制，未全经通，即已相示，委卿增损。必有以式遏浮淫，无伤弘奖者，乃当著令耳。"② 宋文帝关心《白黑论》的争议，并非完全出于理论上的兴趣，"近萧摹之请制"显然是一个重要原因，与其制定佛教政策密切相关。永嘉太守颜延之、太子中舍人宗炳，动辄万言的书信反复争辩，显然意在左右朝廷政策。

　　通过上面的分析，我们可以看出，六朝佛教书信往来，不仅在一定程度上构建了类似艾尔曼所谓的清代"学者社会"、"学者共同体"，③ 而且通过书信往来，佛教僧团与朝廷权贵建立密切的关系，甚至可以说是部分构成了类似于谷川道雄意义上的"豪族共同体"④ 或说佛教共同体，及其对外交际。这是因为，六朝佛教高级僧侣不仅是一般的知识分子，而且更是僧团领袖，甚至重要的僧团领袖如庐山慧远，"素王庐山"⑤，实是一方割据诸侯；又如前文提到的东晋泰山僧朗，"燕主慕容德钦朗名行，假号东齐王，给以二县租税，朗让王而取租税"⑥；再如"陈宣帝下诏曰：禅师（智顗）佛法雄杰，时匠所宗，训兼道俗，国之望也。宜割始丰县调以充众费，蠲两户民用供薪水。"⑦ 这类僧团领袖，通过书信往来与各方势力建立起沟通渠道，对于我们理解中古佛教，乃至中古社会，都极有研究价值。

---

① 《高僧传》，第 268 页。
② 《大正藏》52 卷，第 69 页中。
③ 这方面详尽的讨论，读者可以参考张瑞龙："书信往来与清代学术：以清中叶学者书信往来为中心的考察"，香港《九州学林》2009 年夏季七卷二期，第 140－204 页。
④ 参见谷川道雄著，马彪译：《中国中世社会与共同体》，北京：中华书局，2002 年。
⑤ 《高僧传》，第 216 页。
⑥ 《高僧传》，第 190 页。
⑦ 《大正藏》50 卷，第 565 页上－565 页中。

第二章 玄谈与辩论：谢灵运
《辨宗论》发微

甘怀真教授在《皇权、礼仪与经典诠释：中国古代政治史》中曾经指出，魏晋士族有两种截然不同的生活方式，一种是"群居终日"的生活方式，"权贵、名士之家的厅堂终日聚集了许多士人，客人可以自由来去，甚至主人不识之客人，亦可透过某种管道，加入这种聚会，即使是敬陪末座。士人依身份或者与主人的关系而被决定坐在何种位子。在坐中，众人彼此交谈，或做其他的事情。我们可以进一步推想，清谈的内容是透过这种渠道而为当时人所传诵的……群居的生活造成人物评品的盛行，士人的名声也是在这类场合所建立起来的。"① 另一种是"安静"的离群索居的生活方式，"从社会史的角度而言，安静的生活型态的出现是配合汉末以来士大夫社会的形成。相对于士大夫社交圈所建构的世界，另一个世界是由处士、逸民所组成的。这二个世界的划分反映出二种生活方式，士大夫社会充斥着社交活动，人们群居终日；处士的世界则重视独处，强调安静。这二个世界的划分，为当代士人共通的感受。"②

这两种生活方式在魏晋高僧中也是通行的，《世说新语》中有大量高僧参与清谈辩论的记载。而同时离群索居、移情山水，更是作为方外之人的僧侣们所熟悉的。魏晋以来士族游走于这两种生活方式之间，高僧们也游走于这两种生活方式之间。谢灵运的辨宗论希望调和两者，逐渐完善的"均圣"理念，对于自由出入于这两种生活方式之间的士族、高僧，是再

---

① 甘怀真：《皇权、礼仪与经典诠释：中国古代政治史研究》，台北：喜马拉雅基金会，2003年，第132–133页。
② 《皇权、礼仪与经典诠释：中国古代政治史研究》，第137页。在笔者看来，佛道教在魏晋士族中获得众多信仰者，与后者的关系尤其密切；而由隐逸而发展出来的关于道教地仙、佛教净土信仰思潮，我们在下一编第五章相关部分再行讨论。

自然不过的了。本章将要描述的谢灵运与文士、僧侣们的游艺活动，也是在这种群居终日的背景下表达的对隐居山水的向往，两者有一种十分巧妙的结合。

笔者力图综合现有学术界从文学史角度和从佛教史角度对谢灵运的研究成果，从清谈和格义的角度重新审视谢灵运的《辨宗论》①，以此作为切入点，探讨谢灵运山水诗创作在思想史和文论史上的意义，指出由佛教引入的"境"，成为"象"与"意"的关节点，在诗歌创作实践和古代文论上，很好地解决了魏晋以来"言不尽意"、求象外之意的难题。

第一节 引言：庄老告退，而山水方滋

宋齐时代的山水诗取代东晋玄言诗，是南朝诗歌发展史上的重要变化；与此同时，晋宋之际，南朝佛学思潮也经历了一场突变，"自僧肇去世（公元414年）至道生入灭（公元434年），在这短短的20年间，中国佛学思潮由'般若性空'之论向'涅槃妙有'之说的转向，何以会如此急剧迅猛呢？对于这个问题，我们不能不做认真的思考。"② 谢灵运无疑是文学与佛学这两大变革的重要当事人。谢灵运最终确立了山水诗在南朝诗坛中的优势地位，甚至被尊为山水诗的"始祖"，这在文学史上早有公论；而佛教般若学向涅槃学的转变，他亦是重要的当事人。谢灵运学习过梵文，参与南本《涅槃经》译文的改定，大力支持"孤明先发"倡人人皆有佛性的竺道生。

晋宋间，文学与佛学的两场大变革，在时间、地点、人物上，有如此多的重叠，是否仅仅是历史的巧合，还是两者有着某种内在的关联？一般认为谢灵运的山水诗主要受老庄影响，"读庄子熟，则知康乐所发，全是庄理。"（方东树《昭昧詹言》卷五）王玫教授在《六朝山水诗史》中认为："考察大谢山水诗主要受佛还是受道影响有助于我们了解东晋玄学自然观向山水审美观转化的思想依据。""灵运山水诗因山水游览不时泛起人

---

① 纪志昌在"谢灵运《辨宗论》'顿悟'义'折衷孔释'的玄学诠释初探"一文中对中日学界关于谢灵运《辨宗论》研究略有总结，见《台大中文学报》第三十二期，2010年6月，第175－178页。

② 参见张风雷："慧远、鸠摩罗什之争与晋宋之际中国佛学思潮的转向"。

生感慨显然不属于佛教，诗歌表现方式也未具备更为透脱空灵的效果，这不仅是思想认识与艺术表现尚未统一协调的缘故，更是认识方式上未曾透彻究竟的结果，这是'道'而不是'佛'。"①

不可否认，谢灵运山水诗所发之幽思，多有庄子意味，但纵观其整体谋篇布局，却有佛教顿悟式思维方式的影子，正如胡大雷教授指出的："与王弼在《周易略例》中提出'得意忘象'一样，谢灵运《辨宗论》中提倡的顿悟带有一般的思维方式的意义。这种思维方式在其山水诗中的运用，就是一变玄言诗领悟玄理的步骤化，即改变了由具体的、特殊的山水自然景物到一般的、概括的山水自然景物，再由一般的、概括化的山水自然景物到领悟玄理的方式，而是由具体的、特殊的山水自然景物一步跨至对玄理的领悟。""诗歌在理论上还可用'得意忘象'的思维方法来创作，即无论什么'象'，只要顿悟出'意'即可'忘象'，但在创作实践中，'象'的特殊性与具体性被突出出来了，成为不可'忘'的了。玄言诗随着玄理的没落而没落，玄言诗改制成为山水诗的原因是多方面的，顿悟思维方式在诗歌中的运用也可说是其中之一，这就是谢灵运提倡顿悟说在诗歌史上的意义。"② 笔者认为，顿悟式的思维，对山水诗的产生，影响很大，不过关键并非是顿悟出玄理，而是顿悟思维的出发点是具体的山水，这样就一改以往诗歌中仅仅作为玄言点缀的空泛的普通景致，而具体真切起来。谢灵运的十世孙诗僧皎然在《诗式》中说："康乐公早岁能文，性颖神澈，及通内典，心地更精，发皆造极，得非空王之道助耶？"空王之道即指佛教，此言当不虚。

得意忘象，到大乘的顿悟，再到只留"象"（意象）而不言"意"（玄言），六朝至唐代诗歌的发展，乃至佛教发展至唐代"不立文字，教外别传"的南宗禅，似乎两者一直都经历着同样的过程。而顿悟说的兴起，无疑是这些转变的关键。顿悟观念是与佛教关系极为密切的，而当时道家与此关系并不是很大，略举两例：①署名僧肇所做的《涅槃无名论》"明渐第十三"中说："重玄之域，其道无涯，欲之顿尽耶？书不云乎：为学

---

① 王玫：《六朝山水诗史》，天津：天津人民出版社，1996 年，第 220、219 页。

② 胡大雷：《玄言诗研究》，北京：中华书局，2007 年，第 292、295 - 296 页。

者日益，为道者日损。为道者为于无为者也。为于无为而曰日损，此岂顿得之谓？要损之又损之，以至于无损耳。"《涅槃无名论》引老子之言，用以证明渐悟而反对顿悟，说明道家在时人心目中是主张渐悟的。由此也反映出顿悟说之兴起，本与道家无涉。②再如《庄子·天下》有言："指不至，至不绝"（此处是阐释先秦名家惠施的观点，指事不能达到事物的实际，即便到达了也不能穷尽），这也是魏晋清谈的一个重要话题，《世说新语·文学》记载与王衍齐名的乐广与客辩论"旨不至"，乐广问："至不？"客曰："至。"乐广说："若至者，那得去？"于是客乃悟服。这虽然不是专门讨论圣人的问题，但"不至"应该视为当时人们理解庄子的一条普遍规律。由上述两个例子可见，梁代刘勰在《文心雕龙·明诗第六》中称："宋初文咏，体有因革；庄老告退，而山水方滋"，也是事出有因。本章以谢灵运《辨宗论》为切入点，对上述文学与佛学变革的交织关系展开探讨。

第二节　山水不足以娱其情，名理不足以解其忧

自汤用彤先生在 1945 年 10 月 23 日在《大公报·文史周刊》上发表《谢灵运〈辨宗论〉书后》一文，谢灵运的《辨宗论》一直受到佛学研究者的高度重视。而《辨宗论》与文学关系的探讨，近年来也得到重视，特别是钱志熙教授在《北京大学学报》1989 年第 5 期发表《谢灵运〈辨宗论〉与山水诗》一文，对此有较为深入的探讨。

汤先生认为《辨宗论》写于永初三年（422 年）至景平元年（423 年），即谢灵运任永嘉太守期间；钱志熙教授根据《辨宗论》中"余枕疾务寡，颇多暇日"，认定此论作于谢灵运初到永嘉卧病时，时间在其康复后大肆游览山水之前。另外，道生提到谢灵运《辨宗论》时说："究寻谢永嘉论，都无间然"，亦可知道生见到《辨宗论》时，谢灵运还是永嘉太守（谢为永嘉太守仅一年）。因此，我们可以说，《辨宗论》创作的时间点，恰是在谢灵运大量书写山水诗之前，这是特别值得关注的。

前辈学人对《辨宗论》的讨论，主要集中在谢灵运"不及二百字"的本论上，特别是："释氏之论，圣道虽远，积学能至，累尽鉴生，方应渐悟。孔氏之论，圣道既妙，虽颜殆庶，体无鉴周，理归一极。有新论道士

（竺道生）以为，寂鉴微妙，不容阶级，积学无限，何为自绝？今去释氏之渐悟，而取其能至。去孔氏之殆庶，而取其一极。一极异渐悟，能至非殆庶。故理之所去，虽合各取，然其离孔释矣……窃谓新论为然。"而本章则想先以清谈为视角通篇考虑《辩宗论》的整体结构，再进行较为深入的分析。

唐翼明教授在《魏晋清谈》一书中，主要通过梳理《世说新语》，总结出清谈的三种基本形式："①一人主讲式；②二人论辩式；③多人讨论式。"[①] 笔者以为，《辨宗论》从广义上说，可以认为是对谢灵运主持的一次与"同游诸道人"清谈的记录。这次清谈，大约可以说是①、③两种清谈形式的结合。

根据唐代道宣《广弘明集》[②] 卷十八所录谢灵运《辩宗论诸道人王卫军问答》，我们可以大体推测，这次清谈的过程是：谢灵运是清谈的主方，同游诸道人是客方，其一，作为谈主的谢灵运写出本论，即清谈中所谓的"通"：提出道生"顿悟说"是取儒家圣人"一极"而去其"殆庶"（不能至），取佛家圣人"能至"而去其"渐悟"，并对道生的顿悟新说表示赞同。其二，这一本论在同游诸道人中传阅，①法勖先与谢灵运论辩三"番"（一问一答称为清谈中的一番或一出），②之后僧维与谢灵运论辩三番，③"慧驎演僧维问"继续与谢灵运论辩三番，④僧维再与谢灵运论辩三番。其三，以上清谈告一段落，论辩内容得以记录，并寄送四方同好。①竺法纲、释慧琳各自写信给谢灵运进行问难，②谢灵运分别回信答复。其四，谢灵运组织的这次关于"辨宗"的清谈，影响持续扩大，王卫军、竺道生等人也参与书信讨论，大家彼此致书，并不全找谢灵运为辩论对象，已经不分主客了。

梁代僧祐《出三藏记集》杂录卷第十二，收录了"宋明帝敕中书侍郎陆澄撰《法论》目录"，《法论》原书已佚，从目录看，"第九帙（《慧藏集》七卷）"记载："辩宗论（谢灵运），法勖问往反六首，僧维问往反六首，慧驎述僧维问往反六首，驎杂问往反六首，竺法纲释慧林问往反十一

---

① 唐翼明：《魏晋清谈》，北京：人民文学出版社，2002年，第37页，唐教授将此比拟为现代西方学术活动中的 lecture, dialogue 和 seminar。

② 本章主要依大正藏本，参考四部丛刊本。

首，王休元问往反十四首，竺道生答王问一首，渐悟论（释慧观），沙门竺道生执顿悟，谢康乐灵运辩宗述顿悟，沙门释慧观执渐悟，明渐论（释昙无成）。"① 这应该是现存关于辩宗论最早的记录，可见辩宗论在当时参与的人员是很广泛的，是当时思想界比较关注的一个问题。

顿悟说，一般人常将其与人人皆有佛性联系起来考虑，这并没有问题，但顿悟与人人皆有佛性，两者并不能等同。谢灵运在回答法勖时说："况至精之理，岂可逐接至粗之人。是故傍渐悟者，所以密造顿解。倚礼教者，所以潜成学圣。学圣不出六经，而六经得顿解；不见三藏，而以三藏果。笙蹄历然，何疑纷错？鱼兔既获，群黎以济。" 在谢灵运看来，儒家、佛家之所以教法不同，在于华夷根器不同，"华人易于见理，难于受教，故闭其累学，而开其一极。夷人易于受教，难于见理，故闭其顿了，而开其渐悟。" 所以佛教教导人要渐学，但实际上暗含了顿悟的意思，言下之意"孤明先发"的道生看出了佛教中的这个秘密；儒教教导人要顿悟，而实际上暗含圣人可以学成的意思。这便是"学圣不出六经，而六经得顿解；不见三藏，而以三藏果"的意思。

这样一来，实际上不用看佛经三藏，仅学儒家六经也可以得"三藏果"了。这显然是一般僧侣不愿意接受的，故纷纷问难，特别强调印度的殊胜性，暗含的意思是作为边地的汉地儒家学说是无法同佛教相提并论的，佛教可以教化三世，三千大千世界共尊，而儒教只能教化中土一域，"此亦方有小大，故化有远近，得不谓之然乎？"谢灵运对此的回答是"不可以精粗国土，而言圣有优劣。"这里谢灵运实际上是用《维摩诘所说经》予以反驳。《维摩经》中也有人疑问释迦牟尼佛所在的我们这个娑婆世界为何也如此不净："若菩萨心净则佛土净者，我世尊本为菩萨时意岂不净？而是佛土不净若此。"维摩诘对此的回答是："日月岂不净耶？而盲者不见……众生罪故不见如来佛土严净，非如来咎。……我佛国土常净若此，为欲度斯下劣人故，示是众恶不净土耳。譬如诸天共宝器食，随其福德饭色有异。"② 释迦牟尼佛土本来清净，只是凡夫见不到罢了。向凡夫示现秽

---

① 《出三藏记集》，第 440－441 页。

② 参见李翊灼校辑：《维摩诘经集注》，台北：新文丰出版公司，1979 年，第 107－119 页。

土的原因是为了不让凡夫产生贪爱之心，早日得度。谢灵运用此佛经典故说明，我们不能因为秽土而苛责释迦牟尼佛，当然也不能因此贬低儒教圣人的价值。

对此，谢灵运的论辩对手也不得不承认："今不可以事之小大，而格道之粗妙。诚哉斯言！"这里"格道"中的"格"字，本意法则、准则，这里活用为动词，有衡量的意思。在六朝，除了格道，还有格义和格言等说法，特别是"格义"在魏晋佛教史上讨论颇多①，《高僧传·竺法雅传》："雅乃与康法朗等，以经中事数，拟配外书，为生解之例，谓之格义。乃毗浮、相昙等，亦辩格义，以训门徒。"佛教史研究者一般认为狭义的格义，即竺法雅这种用老庄等中国典籍术语去比附佛经中的术语概念（事数），作出一本类似中印专业术语的翻译词典或对应手册，作为教授学徒的范例。

不过在笔者个人看来，格义的含义可能与上述引文中"格道"的含义类似，是一种对某个佛教义理主题的清谈，即引文中说的"辩"格义。竺法雅与康法朗等人在清谈过程中，用中土的概念义理讨论佛教的概念义理，取得的结论，即作为清谈中的"胜理"固定下来，成为后人、门徒效法的典范，以训门徒，这在清谈中也是十分常见的。僧传中说"（竺法）雅风采洒落，善于枢机，外典佛理，递互讲说，与道安、法汰每披释凑疑，共尽经要。"应该说颇有清谈的风雅，而并非拘泥的对译手册。汤用彤先生将格义中的"义"理解为"名称"、"项目"、"概念"，这在先秦至六朝都是十分罕见的用法，"义"字一般都是意义、义理的含义。陈寅恪先生在1947年清华大学讲课时说：

> 所谓"生解"者，六朝经典注疏中有"子注"之名，疑与之有关。因为"生"与"子"，"解"与"注"，都是可以互训的字。所谓"子注"是取别本义同文异之文，列入小注之中，与大字正文互相配

243

---

① 汤用彤先生1948年在美国讲学期间用英文写成的《论"格义"：最早一种融合印度佛教和中国思想的方法》，至今仍为佛教研究者这方面最为重要的论文，1990年石峻先生将该文翻译为中文，刊于汤用彤《理学·佛学·玄学》一书中。然历史学家陈寅恪先生对格义亦有许多精彩的见解，尚未引起充分重视。

拟。这叫做"以子从母","事类相对"。这样的本子叫"合本"。"格义"的比较，是以内典与外书相配拟；"合本"的比较，是以同本异译的经典相参校。二者不同，但形式颇有近似之处，所以说"以经中事数拟配外书，为生解（子注）之例"。例者，格义的形式如同合本子注之例也。①

陈寅恪先生的这段议论是颇有见地的②，东晋道安、支道林等人将他们认定的同一种佛经不同译本会译的做法，正是"合本"，即不再用"外书"，而是用不同译本的内典来"格义"，反映了佛教义理研究水平的发展。陈先生此说若成立，"以子从母"则是强调外书还需服从佛教本经说法，这便与今日学者理解的格义，大相径庭；当然不可否认，用清谈方式讨论义理，局限很大，很多时候主要在于展示辩论技巧，《世说新语·文学》中对此多有反映，如王弼在清谈中"自为主客数番"（一会站在正方立场，一会站在反方立场），再如许掾与王苟子在西寺辩论，王大屈后"许复执王理，王执许理，更相覆疏，王复屈"。支道林批评许掾："岂是求理中之谈哉？"格义等而下之者，恐多染此风，用老庄玄言牵强附会，逞一时口舌之快，遂被时人批评为"格义迁而乖本"，即用子注破了母本。慧琳所做《龙光寺竺道生法师诔》（《广弘明集》卷二三）中引道生对当时佛教界的批评："求心应事，芒昧格言"，应该也是指格义中此等不良作风。

皮锡瑞说："如皇侃之《论语义疏》，名物制度，略而弗讲，多以老庄之旨，发为骈丽之文，与汉人说经，相去悬绝，此南朝经疏之仅存于今者，即此可见一时风尚。"（《经学历史·经学分立时代》）从经解到义疏是我国经学发展历史上的一大转变，魏晋玄风是此转变的一大动力，此亦为当日学界普遍风气，佛家格义自不能免。然格义最终被六朝佛教徒抛

①　《魏晋南北朝史演讲录》，第 61 页。
②　早在 1933 年陈寅恪先生便于《支愍度学说考》中提出"合本子注"的概念，值得关注的是，不仅佛典如此，陈先生在读史札记中也将三国志注、水经注、世说新语注，都视为广义的合本子注，这对我们理解"格义"的意义和背景，颇有启发作用。陈先生治史"广搜群籍，考订解释"，合本子注是其一个重要研究方法，读者可参考卢向前《敦煌吐鲁番文书论稿》，第 272－273 页。

弃，很大程度上在于其"迂而乖本"，用中土典籍比附连类时，不能彰显佛教义理的独特性价值。谢灵运在《辨宗论》中表现出来的立场，之所以遭到当时大多数佛教徒的反对，原因也在于此。为道生写诔文，支持顿悟说的慧琳作《黑白论》（又名均圣论），便是沿着这一路径发展下去，主张"六度（佛教大乘的六种修行方法）与五教（儒家的五常）并行，信顺（道家）与慈悲（佛家）齐立"（见《宋书》列传第五十七"蛮夷"），"旧僧谓其贬黜释氏，欲加摈斥。太祖见论赏之，元嘉中，遂参权要，朝廷大事，皆与议焉"，有所谓"黑衣宰相"之称。谢灵运《辨宗论》中云"既以释昌为是，何以孔昌为非耶"，实开《均圣论》之先河。

顿悟说，一般认为与《涅槃经》关系密切，陈寅恪先生曾经关注《华严经》与顿悟说的关系①，然当时人们常引《华严经·十地品》诸早期异译本，为渐悟之论据；在笔者看来《法华经》当对道生倡顿悟有重要的启示，道生临终前也是开讲《法华》而非《涅槃》。而从实用功能来看，陈寅恪先生认为，魏末西晋时代的清谈，与当时政治关系紧密，如钟会的《四本论》与曹操的求才三令一样，赞成与否成为政治党派划分的标准（赞成才性离异的为曹党，赞成才性同合的为司马党）；东晋以来的玄谈则是名士身份的点缀。笔者基本赞同陈先生的看法，不过东晋以降，清谈并非全无政治意义，如《世说新语·文学》记载东晋"张凭举孝廉，出都"，特地找名士刘尹等人清谈，清谈中表现出众，被刘尹推荐给尚未登基的简文帝，成为"太常博士妙选"。谢灵运落魄在永嘉太守位上，"辨宗论"清谈应该说有向中央正统示好的意味，不久后，崇信"黑衣宰相"的刘宋太祖登基，并在元嘉三年（426年）杀徐羡之、傅亮、谢晦，政由己出。刘宋寒族出身，宋太祖提倡顿悟说，谢灵运也风光一时，被征召为秘书监，指定撰修晋史。不久两人分道扬镳，则是后话。作为永嘉太守的谢灵运，清谈"辨宗论"，倡顿悟说，实则有自然即名教的意味。

① 陈寅恪先生有一篇未完稿《论禅宗与三论宗之关系》，认为"至顿悟之说，则与印度人轮回之说根本冲突"，《华严经》"具有甚深之中央亚细亚民族色彩，故甚标与轮回观念根本冲突之顿悟说。如《宋高僧传》卷四顺璟传云（文稿于此中断）"。疑陈先生所指为僧传中"见《华严经》中始从发心便成佛已"等语。该文稿见《陈寅恪集·讲义及杂稿》，北京：三联书店，2002年，第431－439页。

第三编　魏晋南北朝佛教制度与政策举隅

《宋书》列传二十七谢灵运本传载其"性奢豪，车服鲜丽，衣裳器物，多改旧制，世共宗之，咸称谢康乐也。"《世说新语·言语》中记载"谢灵运好戴曲柄笠"，孔隐士嘲笑他说："卿欲希心高远，何不能遗曲盖之貌？"野人高士所戴曲柄笠，酷似高官所用曲柄伞，暗示谢灵运仍有官场名利心，谢灵运用《庄子·渔父》的典故回答说："将不畏影者未能忘怀？"这个问答与《辨宗论》中谢灵运表现出来的"灭累之体，物我同忘，有无壹观"是相合的。但话虽如此，谢灵运对于世俗政治并未完全释怀，其山水诗中总要"顿悟"出玄理，其游山玩水间总不忘清谈。或者正如黄节先生在《读谢康乐诗札记》（萧涤非先生记录）中所言："山水不足以娱其情，名理不足以解其忧"① 吧。

第三节　禅道惟在妙悟，诗道亦在妙悟

我们在上一小节，实际上讨论了文学史上常常说起的谢灵运山水诗的玄学尾巴，除生平机遇抱负外，实与其顿悟的思维模式有关。另外，谢灵运诗歌常被人批评的是"有句无篇"。不可否认，"有句无篇"确实是当时文坛上的一种弊病，刘勰《文心雕龙·明诗》中说："宋初文咏，体有因革。庄老告退，而山水方滋。俪采百字之偶，争价一句之奇，情必极貌以写物，辞必穷力而追新，此近世之所竞也。"不过这主要是当时诗歌之流弊，并非特指谢灵运"争价一句之奇"。

山水诗注重一句一景象之佳，也有其文艺理论发展上的意义，与日后逐渐受到人们重视的"取境"有关。正如萧驰教授所指出，意境理论受佛教影响，最终成熟于中唐，只是"阶段性的艺术和理论现象"。"势"才是关乎作品全局的问题，"'境'是与'奇句'、'佳句'或'奇联'、'佳联'有关的诗的局部问题而非全局问题，绝非某些论者所谓全诗之形象'总和'或'意象结构'之类。"② 刘宋以来，对佳句的追求，已经为意境理论的孕育作出了创作实践上的探索。

① 见葛晓音编选：《谢灵运研究论集》，桂林：广西师范大学出版社，2001年，第20页。
② 萧驰：《佛法与诗境》，北京：中华书局，2005年，第141页。

仅有佳句，并不等同于好诗，这在中西文论史上讨论颇多①；然好诗必有佳句，朱熹在《清邃阁论诗》中谓："古人有句，今人诗更无句，只是一直说将去。这般，一日作百首也得。"谢灵运诗歌善于取境，乃至许多佳句如"林壑敛冥色，云霞收夕霏"确实富艳难踪；但从他山水诗歌总体来看，还是情理交融的，并不两橛突兀，正如王夫之所言："唯康乐为能取势，宛转屈伸，以求尽其意；意已尽则止，殆无剩语。夭折连蜷，烟云缭绕，乃真龙非画龙也。"(《古诗评选》卷五)。

意境说，不少人从老庄道家角度理解，如叶朗教授在《中国美学史大纲》中说："意境说是以老子美学（以及庄子美学）为基础的。离开老、庄美学，不可能把握'意境'的美学本质。"②但"意境"实则是发端于佛教的一个概念，唐中叶以后再逐渐流行，六朝时绝非中国文艺美学的"核心概念"。"意境说"最早也主要是用来说明诗句局部"取境"，直到中唐谢灵运的十世孙诗僧皎然，才开始注意论述局部的意境格调选取对诗篇整体的影响，"夫诗人之思初发，取境偏高，则一首举体偏高；取境偏逸，则一首举体便逸。"(《诗式》卷一) 他在具体论述取境时，实际上还是从局部诗句出发来探讨其对通篇的影响，"取境之时，须至难至险，始见奇句。成篇之后，观其气貌，有似等闲，不思而得，此高手也。有时意静神王，佳句纵横，若不可遏，宛若神助。不然，该由先积精思，因神王而得乎？"

另外值得一提的是，皎然十分推崇他十世祖谢灵运的诗，认为是"诗中之日月"。《秋日遥和卢使君游何山寺宿敥上人房论涅槃经义》："诗情缘境发，法性寄筌空。翻译推南本，何人继谢公。"应该说谢灵运的山水诗创作，对后人"诗情缘境发"的文艺理论认识，产生过直接的

---

① 如美国著名哲学家、美学家桑塔亚那："诗歌本质上是简短的，富有诗意的东西必然是诗人作品中的断断续续的部分，只有飞逝的瞬间、心境、插曲，才能被人销魂蚀骨地感受到，或令人销魂蚀骨地表现出。而生活作为整体，历史、人物和命运都是不适合想象力停留的对象，并与诗歌艺术相排斥吗？我不这么认为……若在诗句创作和在史诗创作中做一比较，如果认为只有善于诗句创作的才算是更好的诗人，那么不过是由于我们自己本身缺乏应有的能力，缺乏想象力和记忆力，最根本的是缺乏训练。"（桑塔亚那著，华明译：《诗与哲学：三位哲学诗人卢克莱修、但丁及歌德》，桂林：广西师范大学出版社，2002年，第7页。）

② 叶朗：《中国美学史大纲》，上海：上海人民出版社，1985年，第276页。

影响。像"池塘生春草"看似无奇，但却颇有意境。六朝人认为言不尽意，讲求得意忘象，后世论诗也讲求象外之意；而从佛教进入"境"的概念，由象—意的两难，而一变为象—境—意，由意象而生意境，在文艺理论上比较好地解决了这个问题。池塘、春草看似平淡无奇的景象，但却颇有意境，从而不可言说之意味全出。由此来看，诗之好坏，在取境、造境；而境之高下，则在诗人对"象"的慧眼独具。僧皎然在《诗式》中说："池塘句情在言外，其辞似淡而无味，常手览之，何异文侯听古乐哉……灵运多苦思深索，此却率然信口，故自谓奇。"从谢灵运至王维、孟浩然的山水诗创作来看，山水诗的眼目即在象之选取，从而境界全出。"象"由是经"境"显"意"，"象"从而成为诗歌创作的重中之重。金人元好问《论诗绝句》云："池塘春草谢家春，万古千秋五字新。传语闭门陈正字，可怜无补费精神。"这便是从顿悟角度来理解池塘春草句，我们可以说"境"是连接象、意的桥梁，而顿悟则是取境、造境的关键。梁代钟嵘《诗品》卷中引《谢氏家录》云："康乐每对惠连，辄得佳语。后在永嘉西堂，霞（思）诗竟日不就。寤寐间忽见惠连，即成'池塘生春草'。故尝云：'此语有神助，非吾语也。'"可见池塘春草句，象外之象，言外之意，非是"传语闭门陈正字"之积学渐悟，所能传达，而是如有"神助"的顿悟。《辨宗论》尝言："今欲以崇高之相而令迷蒙所知，未之有也。"顿悟的基础，并非高妙玄言，而是"日用不知"的平常之"象"，所谓真佛爱说家常话。

王国维先生在《人间词话》中说："'池塘生春草'、'空梁落燕泥'等句，妙处唯在不隔。"20世纪初英美诗坛"意象派"勃兴，1915年庞德的《汉诗译卷》，西方诗坛从中国古典文学中吸取"意象"，这确实是中西文论交流历史上的重要事件。[①] 西方文论虽然没有意象的概念，但"隐喻"与之颇为近似："亚里士多德说：酒杯之于狄俄尼索斯，有如盾牌之于阿瑞斯。这样，酒杯可以叫做'狄俄尼索斯的盾牌'，盾牌也可以叫做'阿瑞斯的酒杯'。又如晚年之于生命，有如黄昏之于白天；因此可以把黄昏称为'白昼的晚年'，可以把晚年称为'生命的黄昏'。伯里克利说：年轻

---

① 参见赵毅衡："意象派与中国古典诗歌"，《外国文学研究》，1979 年第 4 期。

人在战乱中丧生，'就好像四季被夺走了春天'，他实际就是在运用'对应式'的隐喻。的确，要追求生动的效果，最好就去使用这一类型的隐喻。"① 不过六朝以降，为营造意境而选取的意象，比较忌讳用典，崇尚自然风物，强调"不隔"。如王国维先生所说：

> 词最忌用替代字。美成《解语花》之"桂华流瓦"，境界极妙，惜以"桂华"二字代"月"耳。梦窗以下则用代字更多。其所以然者，非意不足，则语不妙也。盖语妙则不必代，意足则不暇代。此少游之"小楼连苑"、"绣毂雕鞍"所以为东坡所讥也。

> 沈伯时《乐府指迷》云："说桃不可直说桃，须用'红雨'、'刘郎'等字，说柳不可直说破柳，须用'章台'、'灞岸'等事。"若惟恐人不用替代字者。果以是为工，则古今类书具在，又安用词为耶？宜其为《提要》所讥也。②

这两段文字虽然是指词而言，但对诗歌创作也是适用的。而且比较值得关注的是，佛教抛弃对应比附式的格义，至中唐以马祖道一为代表的禅宗崇尚"平常心是道"，其发展脉络也与文论相仿佛。吴文治先生在评论《诗式》时说："皎然认为好的诗句是'情在言外'，'意冥句中'，具有'文外之旨'。赏者则'但见性情，不睹文字'，此为'诗道之极也。'这些说法，明显地受到了佛学和玄学的影响，带有很浓重的禅意。这些理论对后世影响极大。司空图论诗所谓'羚羊挂角，无迹可求'，所谓'诗道在妙悟'等，都明显地可以看出它们与皎然理论之间的联系。"③

宋代严羽《沧浪诗话·诗辨》用佛教各派、禅宗各家比附诗品高下，虽难免生硬，但亦颇有可取之处："大抵禅道惟在妙悟，诗道亦在妙悟……汉魏尚矣，不假悟也。谢灵运至盛唐诸公，透彻之悟也……诗道如是也，若以为不然，则是见诗不广，参诗之不熟也。"谢灵运《辨

249

第三编　魏晋南北朝佛教制度与政策举隅

---

① 泰伦斯·霍克斯著，穆南译：《隐喻》，太原：北岳文艺出版社，1990年，第13—14页。
② 干春松、孟彦弘编：《王国维学术经典集》上卷，南昌：江西人民出版社，1997年，第318页。
③ 吴文治主编：《中国古代文学理论名著题解》，合肥：黄山书社，1987年，第75页。

宗论》认为圣人可学，顿悟成佛，到宋明理学希圣希贤，彻底罢黜印度佛教种姓说而倡"变化气质"，最终开花结果，在理论上解决这一大难题；而对于山水诗歌创作的影响来看，抛却渐学阶级，让诗人与读者可以在具体风物景象中就直接体会美学最高境界，开境界之先河，可谓功莫大焉。

第三章　辨宗、均圣与灭佛

第一节　佛教势力的增长

鸠摩罗什的著名弟子竺道生，在大本《涅槃经》传入之前，孤明先发，提出顿悟说，主张人人皆有佛性，一阐提也可成佛；谢灵运在《辨宗论》中认为道生这一观点的提出是融合儒释两家思想的结果："释氏之论，圣道虽远，积学能至，累尽鉴生，方应渐悟。孔氏之论，圣道既妙，虽颜殆庶，体无鉴周，理归一极。有新论道士（竺道生）以为，寂鉴微妙，不容阶级，积学无限，何为自绝？今去释氏之渐悟，而取其能至。去孔氏之殆庶，而取其一极。一极异渐悟，能至非殆庶。故理之所去，虽合各取，然其离孔释矣……窃谓新论为然。"这场辩论的具体过程，我们在上一章已经详细讨论过了，可以肯定辨宗论在当时参与的人员是很广泛的，是当时思想界比较关注的一个问题。

传统上一般认为谢灵运对道生顿悟说的阐发，大体上是一种复述性工作；然正如龚隽教授指出，谢灵运对道生顿悟说的转述是有"出入"的。[①]作为永嘉太守的谢灵运，清谈"辨宗论"，汇合入世之儒与出世之释，实则有自然即名教的意味。然而在南朝已经日益壮大的佛教教团，已经不满意于类似名教即自然，儒释均圣的平衡说法，认为这样实际上是贬低了佛教的独尊地位，慧琳《均圣论》指出，"旧僧谓其贬黜释氏，欲加摈斥。"随着南朝佛教越来越兴盛，帝王对佛教也表现出越来越大的尊崇。梁武帝三次舍身同泰寺被后人讥为佞佛，但帝位舍身佛寺，在南朝并不仅见于此，陈武帝、陈后主都有相同的举动："永定二年（558 年）……五月辛

---

① 龚隽：《禅史钩沉：以问题为中心的思想史论述》，北京：三联书店，2006 年，第 139 - 142 页。

酉，帝幸大庄严寺，舍身。壬戌，王公已下奉表请还宫。"（《建康实录》卷十九"高祖武皇帝"）"太建十四年（582 年）九月，设无碍大会于太极前殿，舍身及乘舆御服，又大赦天下。"（《建康实录》卷二十"后主长城公叔宝"）

帝王对佛教的礼遇，是佛教自身势力的一种体现。东晋名僧"买山"隐居的记载不少，与谢灵运这样"山居"的世族似无太大区别，都是进行农林经营的，梁武帝大同七年（541 年）的一份诏书中便提到："又复公私传、屯、邸、冶，爰至僧尼，当其地界，止应依限守规，乃至广加封固，越界分断水陆采捕及以樵苏，遂致细民措手无所。"（《梁书·武帝纪》）北朝的僧祇户制度最为出名，僧祇户不在国家编户，由僧曹统一管理，需交纳僧祇粟和服杂役，实属农奴性质。

1936 年何兹全先生在《食货》半月刊（第 3 卷第 4 期）发表了《中古大族寺院领户研究》一文，总结三国至中唐大族寺院领户的方式主要有：依附、招引侵夺、赐予、庇荫制和度僧五种形式。晋唐大型寺院拥有大量劳动人口和土地，组织生产和开发，建立了庞大的寺院经济。

南北朝时，不少僧团的势力已经相当大，著名的如庐山慧远僧团，北齐僧稠僧团①。十六国时南燕主慕容德要封泰山僧朗（善讲《放光般若经》，与僧睿有"濠上之契"；同当时南北方政权都有交往）为东齐王，封奉高、山茌二县，僧朗"且领民户，兴造灵刹"。南朝萧齐建元元年，玄朗建齐兴寺，高帝"敕蠲百户，以充俸给"（《高僧传·玄畅传》），陈宣帝割一县的户调给天台智者大师，也属此类情况。

谢重光教授指出晋唐"寺院地主对于寺领人户绝不只是经济上的奴役、剥削关系，还有严格意义上的统治与被统治关系。各级僧官系统确实起到管辖僧侣和寺院领民的地方政府的作用，寺院则是佛教社会中兼具政治的、经济的、社会的诸种职能的基层单位。寺院地主不仅是具有经济职能的一半地主，而且是对寺属领民，实行全面统治的封建领主。"②

魏晋南北朝时，从后赵开始，统治者一般都倚重佛教。南朝宋齐梁陈

---

① 甚至有传说齐文宣帝曾率兵数万讨之，僧稠拒应于谷口，最终"敕禅师度人造寺，无得禁止"，事见《朝野佥载》卷二。

② 参见谢重光：《汉唐佛教社会史论》，台北：国际文化事业有限公司，1990 年。

四代崇佛。北朝从四世纪开始，后赵、苻秦、姚秦都自称"天王"，试图以佛教立国；六世纪末北魏孝文帝大兴佛教；而后北齐文帝、隋文帝都与月光童子信仰发生密切关系，可以说北朝统治者，大都希望依靠佛教加强统治。[①] 但期间在六世纪上半叶和六世纪下半叶，也穿插北魏武帝和北周武帝两次大规模灭佛运动，对后世影响深远，在此加以分析。

第二节 略述北朝两次法难

佛教势力的增长，固然可能引起当权者的重视，进而倚重佛教，辅佐统治。但佛教的财富和政治势力的过度膨胀，也会引起时人的不满和猜疑，在理论上引起排佛论，[②] 在实践上导致极端的灭佛事件发生。

在我国古代，有著名的"三武一宗"（北魏太武帝、北周武帝、唐武宗，以及后周世宗）灭佛；而唐前比较重要的灭佛运动，唐人一般认为有三次："自佛法东流已来，震旦已三度为诸恶王废损佛法。第一，赫连勃勃号为夏国，被（似应为"初"）破长安，遇僧皆杀。第二，魏太武用崔皓言，夷灭三宝，后悔，皓加五刑。第三，周武帝但令还俗。此之三君为灭佛法，皆不得久。身患癞疮，死入地狱。有人暴死，见入地狱，受大极苦。具如别传唐临《冥报记》述。"[③] 赫连勃勃凶残杀戮，史有明文，但是否刻意毁佛，学术界尚有争议，有学者认为这是"唐初三教论衡的产物。佛教徒为了回应道教的攻击，借用夷夏之辨的方法，将赫连勃勃、拓跋焘、宇文邕等三人归入北方边鄙难化而又诛焚佛法的民族之列，以之与中原华夏文化构成对照。"[④]

北魏太武帝时期，我国历史上发生了第一次大规模灭佛事件，开三武一宗灭佛的先河，其具体过程现略加叙述：

（1）北魏太武帝灭佛，看似有一个渐进的过程，即从罢沙门年五十以

① 参见古正美：《从天王传统到佛王传统：中国中世佛教治国意识形态研究》，台北：商周出版，2003 年。
② 参见吉川忠夫著，王启发译：《六朝精神史研究》，南京：江苏人民出版社，2010 年，第 391-418 页。
③ 释道世撰，周叔迦、苏晋仁校注：《法苑珠林校注》第三册，北京：中华书局，2003 年，第 2838 页。
④ 参见刘林魁："赫连勃勃诛焚佛法说证伪"，《宁夏社会科学》，2010 年第 6 期。

下者、禁止私养沙门，到贬斥著名佛教人物，最终毁寺庙经卷、坑僧人；但实际上，太武帝灭佛，往往是事到临头才作出的应急决定，并没有太多的前瞻性。其灭佛的各种行为，大都是矛盾激化的结果，几乎没有事先计划，由此带来了许多教训。

①438年，北魏太武帝罢沙门年五十以下者，是当年北魏正与柔然战争需要的结果，而且明年又计划消灭北凉，极需兵源辎重，故想到了从僧侣中"开发"劳动力和兵源。

②444年，太武帝禁止私养沙门。很大程度上，是由于北凉僧人大量进入北魏，北凉上层僧侣与贵族来往频繁，特别是玄高与太子的暧昧关系引起了太武帝的震怒，在一怒之下禁止王公以下私养沙门。当然这个诏书的下发，结合同时下发的禁止私人讲学的诏书来看，太武帝有维护统治秩序，让上下阶层各安本分，推行汉化政策、儒家等级秩序的目的，带有一定的积极因素。随后杀名僧、迁名僧之坟，都是为了推行这一政策而采取的杀一儆百的措施。但杀王公贵族的沙门之师、迁坟这些措施，似乎效果并不好，在社会上还引起了很大反弹，如迁慧始之坟，"送葬者六千馀人，莫不感恸。"不但没有打击反而鼓舞了佛教的士气。

③447年，太武帝正式灭佛，更是发现沙门可能通敌，而采取断然杀戮的手段。当时盖吴并未完全消灭，加之柔然、刘宋等处的威胁，北魏在战争时期，为了维护自身的统治安全，采取一些非常手段，也是可以理解的。但太武帝把这种非常时期的非常手段，在时间和空间上都无限扩大，在此后的统治期间内，在其统治地区内都采取毁灭寺院经卷、坑杀僧侣的政策，而且手法十分残酷，《南齐书·魏虏传》载："初，佛狸讨羯胡于长安，杀道人且尽。及元嘉南寇，获道人，以铁笼盛之。"太武帝自以为"有非常之人，然后能行非常之事"，实在是野蛮的表现。

（2）北凉佛教、沙门做贼与太武帝灭佛的关系。

太武帝本来对佛教并无太多的厌恶，真正开始反感佛教，应该说是从灭北凉时发现大量僧兵开始的。

北凉虽是少数民族政权，但其文化程度明显高于周边地区；陈寅恪先生在《隋唐制度渊源略论稿》中已经指出了北凉对汉文化多有保存。而且北凉的建立者沮渠氏，与月支人同族，月支人在汉地受到匈奴人威胁西迁，而同族的沮渠氏依旧留在当地。因此沮渠氏接受中亚月支佛教，在语言文化心理上都比较有优势。北凉崇尚佛法，组织过大规模的译场，昙无谶、浮陀跋摩、道泰、沮渠京声等著名译师翻译了大量经典，尤其值得注意的是这些经典主要介绍了佛教中"护法思想"、"转轮王思想"和"末法思想"等，对日后的中国佛教产生了极其深远的影响。而且佛教"护法思想"、"转轮王思想"也成为北凉国家的主流意识形态。

就在太武帝灭佛前，在北方，北凉已成为北魏最主要的对手。北凉以佛教"护法思想"、"转轮王思想"为意识形态，而北魏逐渐将道教奉为国教。北魏与北凉之争，在文化意识形态方面，主要体现在道教与佛教之争上。杜斗城先生认为：面对强大的北魏，"北凉这个'护法之国'，已面临着灭亡的危险。这样的事实，昙无谶是难以接受的，更令其担忧的是：魏主拓跋焘在改元'太平真君'的同时，重用儒士崔浩和道士寇谦之，在平城建立同佛教'转轮王'思想对立的'静轮宫'，以大力推行道教。同时，又向北凉多次索要昙无谶本人。如果北魏太武帝拓跋焘是一个'护法皇帝'倒也罢了，然而这一切都与昙无谶所希望的相反。很显然，昙无谶已感到他本人乃至整个佛教的前途是不妙的。或者说，他感到真正的'末法时代'到来了。于是，他一方面不遗余力地翻译佛经，介绍佛教'护法思想'，同时又策划沮渠蒙逊在凉州大规模开凿石窟，以此作为'像教'不灭的标志。另一方面，以返回西域寻《涅槃》为借口，为自己寻找退路。"[1]

杜先生这段议论，年代稍有错乱，太武帝改元太平真君、建静轮宫都是在灭北凉后不久，那时昙无谶早已去世。不过，太武帝在灭凉后的第二年就改元太平真君，不久又至道坛受符箓，建静轮宫，几乎给予道教国教的地位，似乎有将灭北凉看成是静轮王（道教）对法轮王（佛教）的胜利，有道教比佛教更加灵验的意味。

寇谦之是北魏复兴天师道的领袖人物，[2] 他早年生活在关中、嵩、洛地区，被崇佛的姚秦统治。姚兴（393—416 年）去世后不久，姚秦被南朝

255

①　参见杜斗城：《北凉佛教研究》，台北：新文丰出版股份有限公司，1998 年。
②　关于寇谦之的研究综述，参见庄宏谊："立志为帝王师：寇谦之的宗教理想与实践"，《辅仁宗教研究》第二十一期（2010 年秋），第 23 - 26 页。

第三编　魏晋南北朝佛教制度与政策举隅

刘裕所灭，宋武帝刘裕 422 年去世，同年嵩洛一带落入北魏明元帝手中，423 年明元帝去世，北魏太武帝即位。此时，已经年逾花甲的寇谦之（365—448 年）才接受天命，要辅佐北方泰平真宗，于次年（424 年）带神书前往北魏的首都平城。寇谦之在平城受到司徒崔浩（381—450 年）的礼遇，并极力向北魏太武帝推荐。北魏鲜卑皇室自称是黄帝的后代，寇谦之推行的新天师道恰好迎合了这一点。440 年寇谦之为太武帝在中岳嵩山祈福，据称太上老君冥授太武帝"太平真君"号，太武帝亲自登坛受箓。寇谦之享寿八十三岁，辅佐太武帝二十四年，新天师道取得了北魏国教的地位，是最为鼎盛的时期。

然而，就在太武帝扶植道教为主流意识形态的时候，社会上却出现了许多不和谐的声音。尤其是灭北凉后，北凉僧侣一部分随故主入西域，一部分下南朝，而绝大部分则进入北魏，在北魏各阶层都产生了很大的影响，这让太武帝很恼火。上层贵胄宠信北凉高僧，而下层民众中，又常常有借佛教之名，聚众闹事的情况出现。周叔迦指出："自道武帝（拓跋珪）到宣武帝（元恪）时一百年间，由僧徒倡导的农民起义有七次，而且一次比一次声势浩大。如《魏书》所记道武帝天兴五年（402 年）沙门张翘自号无上王，与丁零鲜于次保聚党于常山郡行唐县，为太守楼伏连所破灭。"① 这些都使得魏武帝逐渐认为佛教"假西戎虚诞，妄生妖孽，非所以一齐政化，布淳德于万天下。"

就在此时，与北凉同族的卢水胡盖吴谋反，声势浩大，且与刘宋勾结，对北魏政权的稳定造成了很大的威胁。北魏太武帝在长安寺庙中发现大量兵器，联想到以往北凉存在过的僧兵，怀疑沙门与盖吴同谋，恐非是空穴来风。

（3）崔浩、汉化政策与灭佛。

崔浩是北魏灭佛的关键人物，陈寅恪先生《崔浩与寇谦之》一文分析甚详，不必多论。笔者在这里只想指出一点，即崔浩虽然是借助道教来打击佛教，但其真正用意还是在推行儒教汉化政策。

崔浩为首的汉族世族高门与以太子晃为首的鲜卑贵族之间的矛盾，前

---

① 更为详细的论述可参考塚本善隆《北魏的佛教匪》，见《支那佛教史研究北魏篇》。

人早已论及。崔浩主张灭佛，很大程度上是站在儒学立场上，意在消灭"胡神"对中华的影响，净化华夏文化，整齐人伦，确立等级秩序。崔浩并非对道教人物言听计从，而且他支持寇谦之道教改革，其改革的内在精神也是要引入儒家伦理规范，来清除以往道教的"三张违法"、危害国家统治的一面。

崔浩视佛教为异己，认为是汉化政策的障碍，"昔后汉荒君，信惑邪伪，妄假睡梦，事胡妖鬼，以乱天常，自古九州之中无此也。……由是政教不行，礼义大坏，鬼道炽盛，视王者之法，蔑如也。"要推行王化，就必须消灭佛教，"欲除伪定真，复羲农之治，其一切荡除胡神，灭其踪迹，庶无谢于风氏矣。"崔浩这种看法，未免狭隘，其实佛教当时进入中国已经数百年，业已逐渐汉化。对北魏影响极大的是北凉佛教，北凉的汉化程度比北魏鲜卑要高得多。而且当时许多汉人知识分子、大儒也是佛教的信奉者，如给慧始迁坟写颂的高允，就是政府中仅次于崔浩的二号儒臣。

从后来的历史发展来看，北魏最为重要的汉化过程，是在太子晃子孙手中开始的，而且也伴随着佛教在北魏逐渐走向鼎盛。由此来看，佛教是与胡人同时在汉化，而且佛教并不阻碍，甚至推进了胡人的汉化过程。崔浩采取原教旨主义、种族主义的态度，来推行汉化政策和宗教政策其实是行不通的。而佛教从整体来看，是北魏政局的一种稳定力量，即便是在灭佛时，尚"于泥像中得玉玺二"，表明佛教徒在向北魏统治者示好；北魏统治者实不应将其推向自己的对立面。

公允地说，崔浩确实是北魏时期难得的儒家人才，文治武功，非常全面。而且他本人也十分谨慎。《魏书·崔浩传》："浩既工书，人多托写《急就章》。从少至老，初不惮劳，所书盖以百数，必称'冯代强'，以示不敢犯国，其谨也如此。"崔浩将"汉"字改为"代"，足见其在民族问题、政治问题上的谨慎。但最终因国史案身死，不得不说是其狭隘种族观念的牺牲品。

《南齐书·魏虏传》："魏虏，匈奴种也，姓拓跋氏。……初，匈奴女名拓跋，妻李陵，胡俗以母名为姓，故虏为李陵之后。虏甚讳之，有言其是陵后者，辄见杀。"崔浩也并没有侮蔑北魏鲜卑人，只是说其为李陵后人，后世人甚至说崔浩有谄媚主子的意思，《史通·外篇·杂说中》"后魏书条"："又崔浩谄事狄君，曲为邪说，称拓跋之祖本李陵之胄。当时众议抵斥，事遂不行。"崔浩将鲜卑人说成是李陵后裔，意在"齐整人伦，分明姓族"，推行其儒学等级门第制度；同时说鲜卑人本姓李，多少有跟道教挂钩的意味。当年崔浩、寇谦之说"老君之玄孙，昔居代郡桑干，以汉武世得道，为牧土宫主，领治三十六土人鬼之政"（《释老志》），似暗示少数民族鲜卑与老子玄孙多少有些瓜葛。但将鲜卑人说成是汉人后裔，这种"老子化胡"式的做法，激怒了鲜卑人，最终崔浩灭门，不得不说是一个悲剧。

北魏太武帝灭佛，政策主要出于太武帝本人和汉族大臣崔浩。太武帝本人，武夫的成分多一些，在灭佛的事情上，缺乏计划性，往往事到临头，头脑一热，便将佛教认定是对自己统治政权的威胁，做出极端的决定。而崔浩作为儒士，头脑中儒家原教旨主义的成分比较多，往往是对正统华夏意识形态的追求，压倒了对实际情况的了解，无视当时佛教已经高度中国化的现实，盲目认为佛教是外族夷狄的产物，是对推行儒家汉化工作的阻碍。因此，可以说北魏灭佛政策的制定存在重大失误，从整体来说，北魏太武帝的灭佛是不成功的。452 年北魏太武帝被弑后，文成帝即位随即宣布复兴佛教；实际上佛教的再度复兴不仅是官方的再度提倡，佛教在民间也具有强大的生命力，如现存唯一一件北朝民间佛教传帖原件《大慈如来告疏》，即写于兴国三年（554 年），体现出民间对于复兴佛教的巨大热情。① 从中亦可以看出北魏太武帝激烈的灭佛政策，在当时是不合时宜的。

相比而言，6 世纪 70 年代北周灭佛，准备充分，酝酿多时，特别是由于一百多年来，佛教的急剧膨胀，确实给社会带来许多负面的影响。在周武帝之前，统治者就已经开始有排佛的谋划了。到了周武帝时，他先利用道教与佛教的矛盾，多次开展三教论衡，力图做到出师有名，最后佛、道

---

① 《大慈如来告疏》是 1947 年 7 月敦煌艺术研究所从中寺（土地庙）佛像肚中发现的 117 件文书之一，今藏敦煌研究所，发表号 007。书法界对该《疏》颇为重视。佛教学界对《大慈如来告疏》的研究，参见王惠民："北魏佛教传帖原件《大慈如来告疏》研究"，《敦煌研究》，1998 年第 1 期；温玉成："《大慈如来告疏》研究"，《佛学研究》，2003 年刊；古正美："从《大慈如来告疏》说起：北魏孝文帝的云冈弥勒佛王造像"，《2005 年云冈国际学术研讨会论文集（研究卷）》，2005 年。

二教一并铲灭。灭佛时，手段也并不是像北魏太武帝那样残忍，对还俗的僧人在政策上还给予一定优待，鼓励其参加生产劳动。北周灭佛，可以说基本上达到了北周统治者富国强民的目的，为其统一比自身强大得多的北齐，奠定了良好的基础。唐人姚崇评价："齐跨山东，周据关右，周则多除佛法而修缮兵威，齐则广置僧徒而依凭佛力。及至交战，齐氏灭亡，国既不存"（《旧唐书·姚崇传》），这种说法是有一定道理的。

当然为了灭佛，北周皇帝寻找灭佛原因多为"借口"，但也刺激佛教进行思考，对思想史的发展也有一定意义上的促进。周武帝提出的灭佛借口主要有：①佛教无像，佛教徒建寺造塔，是对佛教教义公然的违背。修建寺院耗费巨大，加重无知百姓的负担。②僧人绝弃在家生活，与孝道不容。净影寺慧远对此都在理论上进行了答复：

> 对曰："陛下统临大域，得一居尊，随俗致词，宪章三教。诏云'真佛无像'，诚如天旨。但耳目生灵，赖经闻佛，藉像表真。今若废之，无以兴敬。"帝曰："虚空真佛，咸自知之，未假经像。"远曰："汉明已前，经像未至，此土含生，何故不知虚空真佛?"帝时无答……远曰："若以形像无情，事之无福，故须废者，国家七庙之像，岂是有情，而妄相尊事?"帝不答此难。……远曰："若以外国之经，非此用者。仲尼所说，出自鲁国，秦晋之地，亦应废而不行。又以七庙为非，将欲废者，则是不尊祖考。祖考不尊，则昭穆失序。昭穆失序，则五经无用。前存儒教，其义安在? 若尔，则三教同废，将何治国?"……远曰："若以秦鲁同遵一化，经教通行者，震旦之与天竺，国界虽殊，莫不同在阎浮四海之内，轮王一化，何不同遵佛经，而今独废?"帝又无答。
>
> 远曰："诏云'退僧还家崇孝养'者，孔经亦云'立身行道，以显父母，即是孝行'，何必还家?"帝曰："父母恩重，交资色养，弃亲向疏，未成至孝。"远曰："若如是言，陛下左右，皆有二亲，何不放之? 乃使长役五年，不见父母。"帝曰："朕亦依番上下，得归侍奉。"远曰："佛亦听僧冬夏随缘修道，春秋归家侍养。故目连乞食饷母，如来担棺临葬。此理大通，未可独废。"帝又无答。远抗声曰：

"陛下今恃王力自在，破灭三宝，是邪见人。阿鼻地狱，不简贵贱，陛下何得不怖！"帝勃然作色大怒，直视于远曰："但令百姓得乐，朕亦不辞地狱诸苦。"远曰："陛下以邪法化人，现种苦业，当共陛下同趣阿鼻，何处有乐可得？"帝理屈，言前所图意盛，更无所答。但云："僧等且还，有司录取，论僧姓字。"①

具体的历史详情，已经无法全部还原，但上述记录应该说还是具有可信度的。北周武帝灭佛的另一关键人物，卫元嵩的上表，能够在一定程度上印证上述记录，可以相互参照。余嘉锡先生曾对卫元嵩的生平事迹进行过详细考证，根据《续高僧传》等文献记载，卫元嵩是四川什邡人，早年出家为僧，是沙门释亡名弟子。元嵩自负其才，欲得大名于当世，其师亡名云："汝欲名声，若不佯狂，不可得也。"嵩心然之，遂佯狂漫走，人逐成群，触物擒咏。汤用彤先生在其名著《汉魏两晋南北朝佛教史》中提出：《广弘明集》中记载"张宾定霸，元嵩赋诗，重道疑佛，将行废立"，则卫元嵩触物摘咏，其所咏诗，当即谶记。汤公推测，此恐与北周流行黑衣（僧侣着黑衣）做天子有关。②

卫元嵩又以"蜀地狭小，不足展怀，欲游上京"，并上书北周武帝言灭佛事，后俗服入关。余嘉锡先生以道宣《广弘明集》卷七中所载卫元嵩上书（严氏《全后周文》亦本于此）为底本，并参以王明广对卫元嵩的辩驳，以及《辅行记》中对卫元嵩言论的略引等相关记载，详辨卫元嵩上书中混入的道宣评语，并补充其所节略。本书即依据余嘉锡先生的考订文字。卫元嵩在天和二年（567年）上书：

> 嵩请造"平延大寺"，容贮四海万姓，不劝立曲见伽蓝，偏安二乘五部。夫平延寺者，无间道俗，罔择冤亲，以城隍为寺塔，即周主是如来；用郭邑作僧坊，和夫妻为圣众；推令德作三纲，遵者老为上

---

① 《大正藏》第50卷，第490页中 – 下。
② 然余嘉锡先生则认为北周武帝之废佛"端在强国富民，不关黑衣之谶也"（余嘉锡："卫元嵩事迹考"，《余嘉锡文史论集》，第225页。）笔者认为余嘉锡先生的看法是正确的。一则卫元嵩上书北周武帝，未言黑衣之谶；二则当时僧衣已改黄服；三则这则谶纬原本为黑衣亡高，北周武帝即利用这则谶纬，用水德，衣服尚黑，以应谶，故不可能因忌讳黑衣者而灭佛。

座；选仁智充执事，求勇略作法师；行十善以伏未宁，示无贪以断偷劫。是则六合无怨纣之声，八荒有歌周之咏，永沈安其巢穴，水陆任其长生。

不劝立曲见伽蓝者，以损伤人畜故也；若作则乖诸佛大慈。昔育王造塔，一日而役万神；今造浮图，累年而损财命。况复和土作泥，砖瓦见日；为草虫而作火劫，助蝼蚁而起天灾。仰度仁慈，未应垂许。①

卫元嵩所谓的"平延大寺"并非是一座一般意义上的佛寺，而是将北周武帝治下的世俗社会美化为"平延大寺"，北周武帝为"如来"，遵纪守法的世俗男女为僧侣，仁智勇猛者为法师执事，城郭民宅为僧坊，城隍为寺塔。卫元嵩所设计的蓝图，实则消解了真正的意义上的佛寺、僧侣，认为其没有存在的价值。建造寺院经像，反倒是劳民伤财，损伤人畜。卫元嵩上表后，即还俗入京，践行了他的理论，并与当时著名的道士张宾合作，反对传统意义上的寺塔僧侣式佛教。在一定意义上卫元嵩是为了博得大名而提出这些惊世骇俗的主张，而这些主张恰好符合北周武帝希望限制佛教发展、没收佛教财力以充实国库的政治需要，故一拍即合。而前引净影寺慧远则力图在理论上论证寺院经像存在对于佛法的意义，对卫元嵩等人的主张进行回应和反驳。

当时攻击佛教的种种理由，佛教在理论上应该说都可以回答，甚至可以说"真佛无像"为何广修寺塔这类问题，还进一步刺激了佛教界对法身、化身等问题的思考。不过灭佛，归根结底不是一个理论问题，而是一个重大的社会政治问题，统治者的决策不会仅仅根据一两次辩论而做出决定。

就佛教自身的角度来看，北朝灭佛也有许多启示。虽然"不依国主，则法事难立"，但与政治关系过于暧昧，往往会城门失火、殃及池鱼，如北魏灭佛。同时，佛教自身发展，也要在社会经济生活允许的范围内进行，若糜耗太多，自然会招来社会其他成员不满，如北周灭佛。

---

① 《余嘉锡文史论集》，第226－227页。

第四章　皇帝的菩萨戒：略论佛教在南朝国家政策的定位

唐宋之际，逐步确立了儒教治世、佛教治心、道教治身的三教鼎立模式。而在此之前，魏晋南北朝，日益崛起的佛教的社会地位和功能，在统治阶层眼中尚不十分明确，有着各种不同的看法。上一章我们略述了北朝统治者与佛教之间的激烈冲突，本章则主要讨论南朝佛教在国家政策中的定位。刘宋文帝是中国历史上有据可查第一位说出"若使率土之滨皆纯此（佛）化，则吾坐致太平"的皇帝，而梁武帝以佛教为国教在中国历史上更可谓空前绝后，故本章从思想史的脉络出发，选择刘宋文帝和梁武帝两个时期进行讨论。

第一节　刘宋文帝时关于佛教社会作用的辩论

《弘明集》卷十一、《高僧传》卷七"慧严传"都记录了刘宋文帝的一段话："若使率土之滨，皆纯此化，则吾坐致太平，夫复何事！"这番言论一直被佛教徒所称道。然细观宋文帝的佛教政策主张，并非是无条件崇佛，我们需要仔细分辨。

宋文帝说这番话的直接原因，是元嘉十二年（435 年）五月五日，丹阳尹萧暮之上书，认为佛教虽然有助于世道人心，但"塔寺形象，所在千计"，过于靡费，"甲地显宅，于兹殆尽；林竹铜彩，靡损无极；违中越制，宜加检裁。"因此萧摩之建议："请自今以后，有欲铸铜像者，悉诣台自闻，兴造塔寺精舍，皆先诣所在二千石，通发本末，依事列言，本州必须报许，然后就功。其有辄铸铜制、辄造寺舍者，皆以不承用诏书律论，铜宅材瓦，悉没入官。"① 而从实际结果看，宋文帝对这一提议是"奏可"

---

① 《弘明集》卷十一，《大正藏》52 册，第 69 页上。

的。而按照《宋书》卷九十七"蛮夷传"的记载，宋文帝不仅对萧摩之的建议"诏可"，而且还"又沙汰沙门，罢道者数百人。"由此可见，宋文帝并非佛教的积极拥护者，相反是限制佛教过度膨胀的。

禁止用铜铸佛像，在宋文帝之前，国家即有此政策，如《冥祥记》载："晋世沙门僧洪住京师瓦官寺，当义熙十二年（416年）时，官禁熔铸，洪既发心铸丈六金像：'像若圆满，我死无恨。'便即偷铸。铸竟，像犹有模。所司收洪，禁在相府，锁械甚严。"① 《高僧传》亦记此事，谓"时晋末铜禁甚严，犯者必死。宋武于时为相国，洪坐罪系于相府。"② 铜可铸钱，佛像用铜过多，会影响国家经济。③ 从史料来看，禁止佛寺用铜等措施，并非虚应故事，而是得到了严格执行，对佛教发展影响较大，故《冥祥记》等释氏辅教之书，对此多有记录。

东晋末年，实则宋武帝刘裕已经掌握实权，416年他将私铸铜像的瓦官寺僧洪下狱，当时应该说社会影响颇大；435年刘裕之子，宋文帝与侍中何承天、吏部郎中羊玄保等人，再度议论禁铸铜像之事，"朕少来读经不多，比日弥复无暇。三世因果，未辩厝怀，而复不敢立异者。正以卿辈时秀，率所敬信故也。范泰、谢灵运常言：'六经典文，本在济俗为治；必求灵性真奥，岂得不以佛经为指南耶。'近见颜延之推《达性论》、宗炳难《白黑论》，《明佛》汪汪，尤为名理，并足开奖人意。若使率土之滨，皆敦此化，则朕坐致太平，夫复何事！近萧摹之请制，未全经通，即以相示，委卿增损，必有以遏戒浮淫，无伤弘奖者，乃当著令耳。"④

宋文帝先谦虚自己并不懂佛理，而世人尽信，故自己也不敢立异。而宋文帝引用范泰、谢灵运的观点："六经典文，本在济俗为治；必求灵性真奥，岂得不以佛经为指南耶"，实际上为儒佛定了调，即儒家治世，而佛教是个人修真的指南。在这个前提下，刘宋帝在宏观上肯定了佛教的巨

---

① 《古小说钩沉》，第342页。
② 《高僧传》，第484页。
③ 《冥祥记》记有一则刘宋大明末年，毁佛像铸钱的反例："时山阳诸寺，小形铜像甚众，僧覆与其乡里数人，积渐窃取，遂囊箧数四悉满焉。因将还家，共铸为钱。事既发觉，执送出都。"（《古小说钩沉》，第332页。）
④ 《弘明集》卷十一，《大正藏》52册，第69页中。大正藏本作此处"萧摹"（前为"萧摹之"），四部丛刊本作"萧摹之"，《高僧传》中亦作"萧摹之"，故本文校改。

大教化功能，可以"坐致太平"；但话锋一转，具体到萧摹之建议禁铸铜像的政策上，实际上还是要予以执行的。

何承天等人实际上也揣摩到了宋文帝的意思，在后面的对答中盛赞了一番东晋渡江以来众多名士高僧奉佛的盛举，一方面在"论理"上，引用了庐山慧远的一番言论："释氏之化，无所不可适。道固自教源，济俗亦为要务。世主若能剪其讹伪，奖其验实，与皇之政，并行四海，幽显协力，共敦黎庶，何成康文景，独可奇哉。使周汉之初，复兼此化，颂作形清，倍当速耳。"何承天"窃谓此说有契理奥"。另一方面在"征事"上，西域大小奉佛诸国"终不相兼"；而五胡乱华后的中国，也蒙佛法护佑，"故佛图澄入邺，而石虎杀戮减半；渑池宝塔放光，而符健椎锯用息；蒙逊反噬，无亲虐如豺虎，末节感悟，遂成善人。"① 虽然佛教有如此种种好处，但具体到限制佛教靡费上，又表示赞同宋文帝禁铸铜像的主张，"萧谟启制，臣亦不谓全非。但伤蠹道俗，最在无行僧尼，而情貌难分。未可轻去金铜土木。虽糜费滋深，必福业所寄，复难顿绝。臣比思为斟酌，进退难安，今日亲奉德音，实用夷泰。"对于何承天的表现，宋文帝甚为满意，"释门有卿，亦犹孔氏之有季路，所谓恶言不入于耳。"②

现在一般哲学史都将何承天视为唯物主义哲学家，是无神论者；但为何宋文帝说他"释门有卿，亦犹孔氏之有季路"呢？显然，何承天是反对佛教过分发展的，但在宋文帝面前并未对佛法有任何恶评，故宋文帝将他比喻成虽常不听孔子的话、但对孔子忠心耿耿的子路。这次君臣义理，很明显宋文帝是持调和折中的立场，既要限制佛教的过分发展，但又不想得罪佛教，因此在名义上对佛教的教化作用进行了充分的肯定；何承天等原本对佛教有异议的人，也充分理解了宋文帝的意思，故在言辞上也颇给佛教"面子"。

而实际上，宋初关于佛教的争论，还是比较激烈的，宋文帝采取折中的立场，也是针对当时"近见颜迎之推《达性论》、宗炳难《白黑论》，《明佛》汪汪，尤为名理，并足开奖人意"的情况，而调和众人的矛盾。

---

① 《弘明集》卷十一，《大正藏》52 册，第 69 页下。
② 《弘明集》卷十一，《大正藏》52 册，第 70 页上。

元嘉十年（432 年）前后，宋文帝非常赏识的"黑衣宰相"僧人慧琳作《白黑论》，又名《均善论》或《均圣论》，认为"六度与五教并行，信顺与慈悲齐立"，主张儒、佛均圣，但在具体调和论证过程中，从儒家思想观念出发，对佛教的轮回等教义持有异议，这就遭到了佛教信徒的围攻。颜延之《达性论》、宗炳《明佛论》，都是维护佛教之作，而何承天则赞同慧琳的观点，写有《释均善难》。

慧琳本即沙门，而何承天也绝非激烈的反佛者，何承天认为："以为佛经者，善九流之别家，杂以道墨，慈悲爱施，与中国不异。大人君子，仁为己任，心无忆念，且以形像彩饰将谐常人耳目，其为糜损尚微，其所引益或著，是以兼而存之。至于好事者，遂以为超孔越老，唯此为贵，斯未能求立言之本，而眩惑于末说者也。知其言者，当俟忘言之人。若唯取信天堂、地狱之应，因缘不灭之验……所以大谲也。"① 佛教慈悲仁爱，并不违背中国传统教化，且神像装饰也有助教化，但好事者舍本逐末，唯以佛教为贵，认为"超孔越老"，这是何承天反对的。也就是说佛教可以作为诸子百家之一而存在，但不可超越孔老，而且在何承天看来，佛教虽好，未必完全适合中国人，"中国之人，禀气清和，含仁抱义，故周孔明性习之教。外国之徒，受性刚强，贪欲忿戾，故释氏严五戒之科。来论所谓'圣无常心，就之物性'者也。惩暴之戒，莫若乎地狱；诱善之欢，莫美乎天堂。将尽残害之根，非中庸之谓。"② 何承天跟宋文帝应对，所举"征事"的例子，无论是地处西域还是中土，实际上都是佛教教化胡人的例子，所持的还是夷夏之论。

在由《白黑论》引起的论辩中，宋文帝实际上是支持慧琳的，《白黑论》"论行于世。旧僧谓其贬黜释氏，欲加摈斥。太祖见论赏之。元嘉中，遂参权要，朝廷大事，皆与议焉。宾客辐凑，门车常有数十两，四方赠赂相系，势倾一时。"（《宋书》卷九十七"蛮夷传"）

第二节　梁武帝与智者国师

一般人熟悉的"智者"，都是指南朝末年至隋初的天台宗实际创始人

---

① 《弘明集》卷三，《大正藏》52 册，第 19 页上。个别词句参校四部丛刊本。
② 《弘明集》卷三，《大正藏》52 册，第 19 页下 - 20 页上。

"智者大师"智顗。智顗，在给杨广授菩萨戒时，被封为"智者大师"。据《天台国清寺智者碑》："以开皇十一年岁次辛亥月旅黄钟二十三日辛丑，于扬州大听寺设无碍大斋，禀受菩萨戒法。……法事云毕，七珍备舍。出居于城外禅众之精林，四事供养。睿情犹疑未满，以为师氏礼极，必有嘉名，如伊尹之曰'阿衡'，吕望之称'尚父'。检《地持经》'智者'师目，谨依金口，虔表玉裕。便克良辰，躬出顶礼。虽有熊之登具茨，汉文之适河上，方之蔑如也。"（《国清百录》卷四）①

据此，"智者"一词出自《菩萨地持经》。"智者"这一称号，至迟在梁武帝受菩萨戒时即已流行。梁武帝所撰《在家出家受菩萨戒法》已佚，敦煌写经 P.2169 是其残卷（出家人受菩萨戒法卷第一）。② 梁武帝的《菩萨戒法》依据《菩萨地持经》、《梵网经》等十多种佛典，并参考了当时流行的六家《菩萨戒法》。"今所撰次，不定一经。随经所出，采以为证。于其中间，或有未具，参以所闻，不无因缘。不敢执己怀抱，妄有所作。唯有撰次，是自身力集，为《在家出家受菩萨戒法》。"梁武帝受菩萨戒时，已将主持授菩萨戒者奉为"智者"，当时被尊为"智者"的是慧约。

按照《续高僧传》慧约传的记载："帝（梁武帝）乃博采经教，撰立戒品，条章毕举，仪式具陈。制造圆坛，用明果极。以为道资人弘，理无虚授，事藉躬亲，民信乃立。且帝皇师臣，大圣师友，遂古以来，斯道无坠。农轩周孔，宪章仁义，况理越天人之外，义超名器之表。以约（慧约）德高人世，道被幽冥，允膺阇梨之尊，属当智者之号。逡巡退让，情在固执，殷勤劝请，辞不获命。"③ 又同书，法云传："帝抄诸方等经，撰受菩萨法，构等觉道场，请草堂寺慧约法师，以为智者，躬受大戒，以自庄严。自兹厥后，王侯朝士法俗倾都，或有年腊过于智者，皆望风奄附，启受戒法。云曰：戒终是一，先已同禀；今重受者，诚非所异。有若趣

① 《大正藏》46 册，第 817 页上。
② 该卷子，《敦煌宝藏》116 册有收。日本学者土桥秀高在 1968 年对该文献进行过校读标点，见龙谷大学佛教学会编：《佛教文献的研究》，1968 年，第 93－148 页。以下引文，笔者参考的是颜尚文《梁武帝》（台北：东大图书公司，1999 年），以及他的"梁武帝受菩萨戒及舍身同泰寺与'皇帝菩萨'地位的建立"（《东方宗教研究》新一期，1990 年 10 月）一文。
③ 《高僧传二集》四册之一，第 179－180 页。（《大正藏》50 册，第 469 页中）

时，于是固执。"①

《大正藏》版《续高僧传》（30 卷本）中的智藏传载："帝将受菩萨戒，敕僧正牒老宿德望，时超正略牒法深、慧约、智藏三人，而帝意在于智者，仍取之矣。"② 台湾学者颜尚文认为此处"智者"指慧约，并认为梁武帝不选智藏为智者，是因为他是"沙门不敬王者"一类的人物，而其余两位"梁代三大士"没有入选，是因为法云、僧旻的年纪比梁武帝还小，不足以为帝王师。③ 然观上下文意，此处智者应为智藏，才能文意贯通，上下衔接。且笔者查明清通行本《续高僧传》（40 卷本）中的智藏传，"帝意在于智者"为"帝意在于智藏"。④ 然智者在梁代为慧约，有多处史料可以证明，当无问题，王筠《国师草堂寺智者约法师碑》（《艺文类聚》卷七十六）亦存。那么上述矛盾如何解释呢？

在智藏传中，如果"智者"是"智藏"之误，那么其实该传并没有提到要遴选"智者"的问题；梁武帝只是想找一位"老宿德望"者，僧正推荐三人，梁武帝选择了智藏。当然此事也并非与授菩萨戒毫无关系。

从慧约传来看，"允膺阇梨之尊，属当智者之号"，也就是智者相当于阿阇黎；按照梁武帝《菩萨戒法》的规定"智者，是教师"，智者所做的工作是讲授戒律⑤，并引领发愿，兼做证人。⑥ 署名慧思的《受菩萨戒仪》："奉请释迦牟尼佛，作和尚；奉请文殊师利龙种上尊王佛，作羯磨阿阇梨；奉请当来弥勒尊佛，作教授阿阇梨；奉请十方现在诸佛，作证戒

---

① 《高僧传二集》四册之一，第 159 – 160 页。（《大正藏》50 册，第 464 页下）
② 《大正藏》50 册，第 467 页上。
③ 《梁武帝》，第 192 – 199 页。
④ 《高僧传二集》四册之一，第 169 页。
⑤ "菩萨欲学菩萨律仪戒、摄善法戒、摄众生戒。若在家若落发，发无上菩提愿已。于同法菩萨，已发愿者，有智有力、善语善义、能诵能持，至如是菩萨所请戒。临接受戒律应问戒相，若问者，智者应为说；若不问，智者亦应说。经言：欲受菩萨戒时，智者应先为说菩萨摩得勒伽藏。"（敦煌写经 P. 2169，第 117 – 123 行。）
⑥ "智者起，立佛像边，白言：某甲善男子（受菩萨戒者），有识神以来至于今生，浪心流动，客尘所染。无明厚重，志力浅弱，无弘誓愿，无旷济意。所可受持声闻律仪，不能远大，止尽形寿。以诸佛本愿力，大地菩萨慈悲力，以善知识因缘力，今日自始觉悟。已自惭愧、忏悔、发菩提心，如法清净，堪入律行。今日为某甲善男子，求哀诸佛，乞次第受授大威仪戒。仰愿十方一切诸佛，以大慈心，乞善男子某甲摄授大威仪戒，十方大地菩萨，同为劝请，同为证作。某头等（此某甲是智者）今日，承佛威神，亦为人证。"（敦煌写经 P. 2169，第 372 – 388 行。）

师。"① 奉请文殊作羯磨阿阇梨，由于天台宗流行后世，这种做法多有沿袭。文殊智慧第一，也可以旁证"智者"应相当于羯磨阿阇梨一职。

虽然梁武帝受菩萨戒时，"智者"所起的作用很大，但除了智者，菩萨受戒仪式中当还有其他职务。《续高僧传》智藏传提到的推举"老宿德望"，可能并非是为了遴选智者，因为慧约已担任"智者"，故梁武帝选择了智藏为"老宿德望"，可能充任类似威仪阿阇梨师之类的职务，所以梁武帝太子对智藏礼敬有加，"从遵戒范，永为师傅"。②

梁武帝受菩萨戒在当时不仅是佛教界的大事，也是非常重要的政治事件。《辩正论》、《广弘明集》收录梁武帝舍道入佛诏书的时间是天监三年（504 年）四月初八，此事真伪及舍道时间，学术界多有不同看法。③ 笔者认为，即便在天监初年梁武帝有舍道入佛之事，其政治意义也不能同梁武帝在天监十八年（519 年）四月初八受菩萨戒相比。梁武帝先是完成了对《神灭论》的批判（详见第五编第三章），用了近十年的时间编纂《在家出家受菩萨戒法》，并设计了戒坛，皇宫大臣数以万计的人（《续高僧传·惠约传》说有四万八千人）同时受戒，同时宣布大赦。年号也从出自儒家经典《诗经》的"天监"改为佛教术语"普通"。此后太子萧统亦起慧义殿讨论佛理，梁武帝又多次公开舍身同泰寺。可以说在 519 年梁武帝受菩萨戒之后，佛教几乎取得了国教的地位。

---

① 《卍续藏经》第 59 册，第 351 页上。
② 《大正藏》第 50 卷，第 467 页上。
③ 参见太田悌藏："梁武帝の捨道奉仏について疑う"，《結城教授頌寿記念：仏教思想史論集》，东京：大藏出版株式会社，1964 年，第 417－432 页；熊清元："梁武帝天监三年'舍事李老道法'事证伪"，《黄冈师专学报》，1998 年第 2 期，第 67－70 页；谭洁："梁武帝天监三年发菩提心'舍道'真伪考辨"，《世界宗教研究》，2010 年第 3 期，第 46－53 页。

第五章　魏晋南北朝佛教讲经制度探析

　　本章主要依据《高僧传》、《续高僧传》和《广弘明集》的记载，对魏晋南北朝佛教讲经制度进行初步的梳理。笔者认为魏晋南北朝讲经法会，大体可以分为僧讲、尼讲和俗讲（斋讲）；本章重点分析讲经法会的主要程式仪轨，并尝试探讨其在佛教社会史、思想史上的作用。

　　佛教讲经制度，近几十年来，中外学者多有关注，尤以唐代佛教讲经制度研究成果最为丰富。唐代讲经制度传世资料较多，如日僧圆仁《入唐求法巡礼行记》，以及敦煌遗书等，唐前讲经制度相关资料则较为零散，汤用彤、孙楷第等前辈学人有所整理。① 魏晋南北朝佛教讲经制度，不仅是佛教仪式研究的重要组成部分，且与魏晋清谈、都讲制度、格义等诸思想史问题有密切关系，更是民众佛教、佛教社会史研究的领域。笔者将魏晋南北朝讲经法会分为僧讲、尼讲、俗讲（或称"斋讲"）加以论述。

　　俗讲是或僧或俗的导师（"唱导"）在斋会上用说唱形式针对普通世俗信众讲法。讲者可以即兴发挥，也可依据较为固定的说唱内容和曲调套路，但不必拘泥于佛经原文文句。尼讲是尼僧讲法，其讲经制度与男僧类似，只是规模一般较小；而僧讲在魏晋南北朝影响巨大，是寺院僧侣的重要收入来源之一，对佛学义理发展也有重要影响。魏晋南北朝的讲经法会制度，大体定型于东晋道安、庐山慧远之后。讲经之前先行香赞颂；主讲僧人登上"经座"（高座）；宣布所要讲解的题目（开题）；都讲僧人用某种固定的声调唱诵（转读）出所要宣讲的佛经原文，有时亦应信众要求，唱诵流行经典，收取布施。转读之后，主讲僧人开始讲解经文。

　　主讲僧人讲经前需要先"竖义"，即根据所讲经文提炼出所要讲解的

---

　　① 如《汉魏两晋南北朝佛教史》上册，第80－83页；孙楷第先生所撰"唐代俗讲规范与其文之题材"（见《俗讲、说话与白话小说》，北京：作家出版社，1956年，第42－98页），亦多涉及魏晋南北朝的情况。

主要观点或内容；竖义之后，听众可以自由提问发难。① 主讲回答问难时，需要举起麈尾，麈尾若长时间叩案，则说明主讲无法回答所提问题。若无问题，或者主讲人能够圆满回答听众的各种问题，主讲人则可以"入文"，进入具体经文的详细解说。学僧听经，可以"试听"，自由选择，但学僧听经须持有或抄写所讲经论，而听讲的笔记（"私记"），则常常成为流行于世的经文注疏。长期追随的固定学僧，可以担任"分讲"等角色，成为主讲僧人的入室弟子，传承学派。

第一节　唱导与斋讲

要探讨魏晋南北朝佛教讲经制度，首先要明确几个概念。梁代慧皎的《高僧传》是我们研究魏晋南北朝佛教史的重要史料，"昔草创高僧，本以八科成传。却寻经、导二技，虽于道为末，而悟俗可崇。故加此二条，足成十数。"② 也就是说，慧皎原本撰写《高僧传》时，仅有八科，后加入"经师"、"唱导"两类高僧，凑成十数。

僧人"唱导"之法，是庐山慧远时才最终确立的。"昔佛法初传，于时齐集，止宣唱佛名，依文致礼。至中宵疲极，事资启悟，乃别请宿德，升座说法。或杂序因缘，或傍引譬喻。其后庐山释慧远，道业贞华，风才秀发，每至斋集，辄自升高座，躬为导首。先明三世因果，却辩一斋大意。后代传受，遂成永则。"③ 唱导是与八关斋之类的斋会密切相关的，"唱导"（导师）实则是斋会的核心人物，如"宋衡阳文王义季镇荆州……每设斋会，无有导师。王谓光（释昙光）曰：'奖导群生，唯德之本，上人何得为辞？愿必自力。'光乃回心习唱，制造忏文，每执炉处众，辄道俗倾仰。"④ 以唱导闻名的僧人，"每赴斋会，常为大众说法。"北周僧人僧涯焚身供佛，阿迦腻吒寺僧慧胜常以此题材唱导，"有时在于外村，为崖设会。胜自唱导曰：'潼州福重，道俗见瑞，我等障厚，都无所见。'因即

---

① 侯冲教授利用敦煌遗书，结合日僧圆仁《入唐求法巡礼行记》，对唐代佛教论义有比较细致的分析，读者可以参考侯冲："汉地佛教的论义：以敦煌遗书为中心"，《世界宗教研究》，2012年第1期。

② 《高僧传》，第521页，该书"却寻经、导二技"，漏一"导"字，据《大正藏》本补。

③ 《高僧传》，第521页。

④ 《高僧传》，第514页。

应声，二百许人，悉见天花如雪，纷纷满天，映日而下，至中食竟，花形渐大，如七寸盘，皆作金色，明净耀日。四众竞接，都不可得，或缘树登高，望欲取之，皆飞上去。"① 从这则唱导的应验故事中，我们可以得知，慧胜这次设会唱导，是在村邑中进行，有 200 多人参加，演唱题材是近期发生的佛教僧侣焚身供佛事迹。可见"唱导"的内容是十分灵活的，题材不仅限于佛经，甚至可以加入近期轰动性的佛教事迹，以招感信徒。

另外，值得注意的是，也有以俗人为"唱导"的，如释慧重未出家时，"已长斋菜食。每率众斋会，常自为唱导，如此累时，乃上闻于宋孝武。大明六年敕为新安寺出家，于是专当唱说。"② 释慧重是宋武帝时人，与庐山慧远同时稍晚，此时尚有俗人为"唱导"。笔者推测，"唱导"可能起于民间，在晋宋之际逐渐被僧人规范化、仪式化。僧人主动争取主导"唱导"一职，一方面是有斋会上传播佛教教义、扩大影响的需要，因为"唱导"是一种民众喜闻乐见的弘法形式，"至如八关初夕，旋绕行周，烟盖停氛，灯惟靖耀，四众专心，又指缄默。尔时导师则擎炉慷慨，含吐抑扬，辩出不穷，言应无尽。谈无常，则令心形战栗；语地狱，则使怖泪交零。征昔因，则如见往业；核当果，则已示来报。谈怡乐，则情抱畅悦；叙哀戚，则洒泪含酸。于是阖众倾心，举堂恻怆，五体输席，碎首陈哀。各各弹指，人人唱佛。"③ 另一方面，可能也与经济收入有关，赴斋会不计贵贱报酬的"唱导"，是僧传颂扬的美德，如刘宋释昙颖"性恭俭，唯以善诱为先。故属意宣唱，天然独绝。凡要请者，皆贵贱均赴，贫富一揆"④；南齐著名"唱导"释法镜"誓心弘道，不拘贵贱，有请必行，无避寒暑。财不蓄私，常兴福业。"⑤ 此亦可反证供养"唱导"是僧人主持斋会收入的重要组成部分。唱导是八关斋等斋会的重要内容，是"导师"讲说佛法的重要方式，故笔者将"唱导"视为魏晋南北朝斋讲的最典型代表加以讨论：

---

① 《大正藏》50 卷，第 680 页上 – 680 页中。
② 《高僧传》，第 516 页。
③ 《高僧传》，第 521 – 522 页。
④ 《高僧传》，第 511 页。
⑤ 《高僧传》，第 520 页。

原则上，八关斋戒需要持"一日一夜不失"。在魏晋南北朝的实践中，八关斋等佛教仪式通常通宵达旦。《八琼室金石补正》卷十五《马鸣寺根法师碑》记载北魏根法师："八关之夜，立论之际，法师渊□后发，风机独远。判冲微于百氏之中，裁疑滞于一揽之内，理与妙共长，辞与玄同远。兴难则众席丧气，复问则道俗雷解，音清调逸，雅有义宗。"① 又北周保定二年（562 年）《张操造像记》："四部大众一百人等，体别心同，建八关邑，半月忏悔，行筹布萨，夙宵不眠，惭愧自责。"② 再如《广弘明集》中所录"《八关斋诗序》：间与何骠骑，期当为合八关斋，以十月二十二日，集同意者，在吴县土山墓下，三日清晨为斋，始道士白衣凡二十四人，清和肃穆，莫不静畅。至四日朝，众贤各去。"③ 又"《八关斋夜赋四城门更作四首》（梁皇太子同作）"，亦同此类。④ 可见无论是民间八关斋还是上层贵胄参与的八关斋，都是通宵达旦，昼夜进行。而夜晚举行仪式，参与者容易犯困，如梁简文《八关斋制序》中多次提到仪式中睡眠将会受罚："睡眠，筹至不觉，罚礼二十拜"；"邻座睡眠，维那至而不语者，罚礼十拜四"；"邻座睡眠，私相容隐，不语维那者，罚礼十拜五"。⑤

唱导在斋会中出现的时间，一般是夜半时分，此时参加仪式的信众容易疲惫，因此"宣唱法理，开导众心"的"唱导"出场。"唱导"具有说唱曲艺性质，故可振奋情绪，是通宵达旦的斋会仪式中，不可缺少的环节。"爰及中宵后夜，钟漏将罢，则言星河易转，胜集难留。又使人迫怀抱，载盈恋慕。当尔之时，导师之为用也。其间经师转读，事见前章。皆以赏悟适时，拔邪立信。其有一分可称，故编高僧之末。若夫综习未广，谙究不长，既无临时捷辩，必应遵用旧本。"⑥ 从引文中提到的"其间经师转读"，我们可以得知，《高僧传》第十科"唱导"之前的另一类高僧"经师"，也是在斋会夜半中宵出场的，对于"转读"我们下节再讨论。"唱

---

① 《新编续补历代高僧传》，第 2 页。
② 北京鲁迅博物馆、上海鲁迅博物馆：《鲁迅辑校石刻手稿》2 函 5 册，上海：上海书画出版社，1987 年，第 939 页。
③ 《大正藏》52 卷，第 350 页上。
④ 《大正藏》52 卷，第 354 页下。
⑤ 《大正藏》52 卷，第 324 页下。
⑥ 《高僧传》，第 522 页。

导"可以即兴发挥，但一般情况下，都有词曲"旧本"依据，"既无临时捷辩，必应遵用旧本"。按照庐山慧远的规定，则主要是宣讲佛教因果报应思想，说明举行斋会的意义。

《广弘明集》卷十五"佛德篇"目录中有"梁简文《唱导佛德文》（十首）"、"梁王僧孺《唱导佛文》"、"梁《唱导文》萧纲在蕃作"，而现存《大正藏》本《广弘明集》，实际只收有"梁简文《唱导文》"和王僧孺的"《初夜文》"，是现存两篇唱导"旧本"。值得注意的是，梁简文《唱导文》除了佛教内容外，还有不少篇幅是赞颂当今圣上、国泰民安的内容："当今皇化之基，格天网地，扇仁风于万古，改世季于百王，覆载苍生，慈育黎首，天涯海外，奉义餐风，抱嚏吹唇，含仁饮德，民无贤肖，爱均一子。众等宜各克己丹诚，澄心慊到。"① 我们知道，五世纪初，自明元帝开始北魏就"又崇佛法，京邑四方，建立图像，仍令沙门敷导民俗。"（《魏书·释老志》）期间虽经北魏太武帝灭佛，但不久到文成帝时佛教又得以复兴，而唱导显系僧侣"敷导民俗"的重要手段。从上引这篇《唱导文》来看，不仅在北朝，南朝的唱导也有辅助王化的作用。

《初夜文》是一篇较为完整的唱导文，由于出自上层人物之手，应较一般民间唱导文辞优雅，但亦可见其叹咏生死轮回，动人心弦之魅力："夫远自无始，至于有身……曾不知禀此形骸，所由而至。将斯心识，竟欲何归？唯以势位相高，争娇华于一旦；车徒自盛，竞驰骛于当年。莫不恃其雄心壮齿，红颜缁发，口恣肥醲，身安轻靡。繁弦促柱，极滔漂而不厌；玉床象席，穷靡曼而无已。谓蒙泉若木出没，曾不关人；蹲乌顾兔升落，常自在彼。殊不知命均脆草，身为苦器，何异犬羊之趣屠肆，麋鹿之入膳厨。秋蛾拂焰而不疑，春蚕萦丝而靡悟。"② 另外，文末有两处为南平王祈福的段落："制之日夜，称为八关。以八正钥，为法关捷。斯实出世之妙津，在家之雄行。众等相与运诚，奉逮南平王殿下礼，云云。愿大王殿下，叡业清晖，与南岳而相固；贞心峻节，等东溟而共广。万累烟消，百灾雾灭。巧幻所不惑，强魔莫能娆。逐惨舒而适体，随暄凉而得性。自

---

① 《大正藏》52 卷，第 205 页上。
② 《大正藏》52 卷，第 207 页中 – 207 页下。

禀仪天之气，永固缮卫之道。得六神通力，具四无碍智。"① "愿大王殿下，入不二门，登一相道。德阶不动，智超远行。洋溢惠声，与八风而共远；优游玉体，等六律而相调。餐雪山之良药，挹露城之甘味。衮服桓珪，与四时而永久；朱轮缇帏，贯千祀而常然。"② 这说明此次是南平王出资办八关斋，故在唱导佛理之后。唱导文末为办斋施主祈福。此当是唱导的惯例。

第二节　转读与都讲、麈尾

《高僧传》中的"经师"科，是专门负责"转读"佛经的一类僧人。"转读"一词，《高僧传》中的定义十分明确，"天竺方俗，凡是歌咏法言，皆称为呗。至于此土，咏经则称为转读，歌赞则号为梵呗。"③ 也就是说，"转读"是用歌咏的方式唱诵佛经。④ 从内容上说，"唱导"与"转读"是截然不同的，"唱导"是即兴或依据"旧本"，用民众通俗易懂、喜闻乐见的形式宣扬佛教教义；而"转读"是用特定的曲调来唱诵佛经经文，贵在"声文两得"，而决不允许因唱诵曲调优美，而随意变动佛教原文，"但转读之为懿，贵在声文两得，若唯声而不文，则道心无以得生；若唯文而不声，则俗情无以得入……而顷世学者，裁得首尾余声，便言擅名当世，经文起尽，曾不措怀。或破句以合声，或分文以足韵。岂唯声之不足，亦乃文不成诠。听者唯增恍忽，闻之但益睡眠。"⑤

"转读"与"唱导"的另一重要区别是，转读不仅应用于一般信徒参与的斋会，可以成为相对独立的修行实践活动、宗教仪式。如周武帝废佛时，同寺僧人慧恭与慧远，一去荆杨，一去长安，三十年后相见，互道所学，慧恭惟习诵《观音经》一卷，"乃于庭前结坛，坛中安高座，绕坛数

---

① 《大正藏》52 卷，第 207 页下。

② 《大正藏》52 卷，第 208 页上。

③ 《高僧传》，第 508 页。

④ 陈寅恪先生在其名篇《四声三问》(《清华学报》第九卷第二期，1934 年；后收入《金明馆丛稿初编》)中提出，在中国诗歌史上影响甚巨的永明声律说的产生是受佛经转读影响。此后数十年在文学史界争讼不已。读者可参考吴相洲："永明体的产生与佛经转读关系再探讨"，《文艺研究》，2005 年第 3 期，第 62 - 69 页；戴燕：《魏晋南北朝史研究入门》，上海：复旦大学出版社，2009 年，第 32 - 40 页。

⑤ 《高僧传》，第 508 页。

匝，顶礼升高座。远不得已，于是下据胡床，坐听。恭始发声，唱经题，异香氛氲，遍满房宇。及入文，天上作乐，雨四种花。乐则寥亮振空，花则雾霏满地。经讫下座，自为解座梵，讫，花乐方歇。慧远接足顶礼，泪下交连。"① 从中可以得知，独立的转经仪式，需结坛，转读者"绕坛数匝"后顶礼，坐坛中高座中，听众于下坐胡床上听经。转读，先唱经题，然后"入文"。转读经典结束后，还有"解座梵"，梵呗结束后，方才散席。

更为重要的是，转读在南北朝，逐渐成为僧人讲经仪式中的重要组成部分。三论宗创始人吉藏讲《法华经》，"都讲才唱，倾耳词句，拟定经文，藏既阐扬"②，在吉藏讲经之前，须由都讲以转读形式，唱出经文。再如东晋著名"经师"支昙籥的弟子释法平、法等兄弟二人，"弟貌小丑，而声踰于兄。宋大将军于东府设斋，一往以貌轻之。及闻披卷三契，便扼腕神服，乃叹曰：'以貌取人，失之子羽，信矣。'后东安严公发讲，等作三契经竟，严徐动麈尾曰：'如此读经，亦不减发讲。'遂散席。明更开题，议者以为相成之道也。"③ 法等作为"经师"，既在宋大将军于东府所设斋会上"转读"，后又于东安严公讲经法会上"转读"。

从上面引文，我们可以得知，在一般情况下，讲经法会上应由主讲法师先"开题"确定所讲经文，然后由"经师"转读佛经，最后主讲法师才"发讲"。因法等转读佛经过于优美感人，"如此读经，亦不减发讲"，所以严公不再发讲而散席，第二日另选题目开讲，此是特例，即转读经文十分精彩感人，已经起到讲经的作用，故不必再讲，第二日转换题目。这些都表达对法等这位转读者的尊重。④

此外，值得注意的是严公说"如此读经，亦不减发讲"时，手中"徐动麈尾"。麈尾是魏晋名士清谈时，常持之物，后僧侣也常应用，如梁代

---

① 《大正藏》50 卷，第 687 页上。
② 《大正藏》50 卷，第 688 页中。
③ 《高僧传》，第 499 页。
④ 经典唱呗，有摄人心魄的魅力，僧传多有记叙。如南朝末年，鄂州僧朗"素乏声呗，清靡不丰，乃洁誓诵之，一坐七遍。如是不久，声如雷动，知福力之可阶也……声韵谐畅，任纵而起，其类筝笛，随бы明了。故所诵经时，旁人观者，视听皆失，朗唇吻不动，而呗起咽喉，远近亮澈，因以著名"。（《大正藏》50 卷，第 650 页下）后入隋，"官人惧以惑众，遂幽而杀之"。

智林在《与汝南周颙書》中提到："贫道捉麈尾以来，四十余年东西讲说，谬至一时。"①《续高僧传》中记载一则传说，梁代高僧释慧韶圆寂，"当终夕，有安浦寺尼，久病闷绝，及后醒云：送韶法师及五百僧，登七宝梯，到天宫殿讲堂中，其地如水精。床席华整，亦有麈尾几案，莲华满地，韶就座谈说，少时便起。"② 从中我们可以看出，麈尾是讲堂必备之物，故人们设想天宫中讲堂亦当如此。再如相传陈代僧人智文，其母"怀文之始，梦睹梵僧，把松枝而授曰：尔后诞男，与为麈尾。及文生也，卓异恒伦。"③ 此亦可见麈尾为义学高僧必备之物。

据《入唐求法巡礼行记》的记载，唐代僧人讲经，都讲发问时，主讲右手举麈尾，都讲发问完毕，主讲将麈尾放下，然后又立即举起麈尾，对发问致谢并回答问题。讲经时，不断将麈尾举起、放下、再举起，往返问答。④ 就现存史料来看，魏晋南北朝时僧人讲经问难，已经采取这种形式。如《高僧传》竺法汰传载，东晋"时沙门道恒，颇有才力，常执心无义，大行荆土。汰曰：'此是邪说，应须破之。'乃大集名僧，令弟子昙一难之。据经引理，析驳纷纭。恒仗其口辩，不肯受屈。日色既暮，明旦更集。慧远就席，设难数番，关责锋起。恒自觉义途差异，神色微动，麈尾扣案，未即有答。远曰：'不疾而速，杼轴何为。'座者皆笑矣。心无之义，于此而息。"⑤

在讲经论辩过程中，麈尾不能长时间放下，"麈尾扣案，未即有答"就等同于论辩失败。再如《续高僧传》记载，梁时依旧保持此风，释宝琼"乃为学侣复请还都，发《成实》题。僧正慧令，切难联环。琼乃徐拂麈尾，从容而对。令乃引远公旧责曰：'不疾而速，杼轴何为。'答曰：'不思造业，安得精固。'令闲举止，雅音调。宾主相悦，殊加称尝。"⑥ 可见，发言时必举扬（或"拂"）麈尾，亦为僧侣讲说之程式；尚未拿起麈尾，

① 《大正藏》52 卷，第 274 页下。
② 《大正藏》50 卷，第 471 页中。
③ 《大正藏》50 卷，第 609 页中。
④ 参见福井文雅著，徐水生、张谷译：《汉字文化圈的思想与宗教》，武汉：武汉大学出版社，2010 年，第 84 页。
⑤ 《高僧传》，第 192 - 193 页。
⑥ 《大正藏》50 卷，第 478 页下 - 479 页上。

则表示还在思考，不能作答，再看一例，"文宣尝请柔次二法师，于普弘寺共讲《成实》。大致通胜，冠盖成阴。旻（释僧旻）于末席论议，词旨清新，致言宏邈，往复神应，听者倾属。次公乃放麈尾而叹曰：'老子受业于彭城，精思此之五聚，有十五番以为难窟。每恨不逢勍敌，必欲研尽。自至金陵累年，始见竭于今日矣。且试思之，晚讲当答。"① 梁代高僧释僧旻少年时，才思敏捷，听《成实论》时，与主讲者往复论辩，最后迫使主讲者放下麈尾，"且试思之，晚讲当答。"

魏晋南北朝佛教讲经过程中，已存在都讲制度，即在主讲僧人之外，另设一都讲，不断向主讲发问，主要作用在于引导主讲人深入讲法，便于信众听讲理解。在魏晋清谈、热衷辩论的社会风气下，都讲与主讲，可能会成为辩论的对立双方，例如《世说新语》记载："支道林、许掾诸人共在会稽王斋头，支为法师，许为都讲。（《高逸沙门传》曰：'道林时讲《维摩诘经》。'）支通一义，四坐莫不厌心。许送一难，众人莫不抃舞。但共嗟咏二家之美，不辩其理之所在。"② 都讲制度，我国汉代即已存在，按照汤用彤先生的观点："至于儒家都讲诵读经文，则见于《魏书·祖莹传》。汉代都讲是否诵经，实无明文。而据上述之《安般序》及《明度经》，佛家在汉魏间已有都讲，则都讲诵经发问之制，疑始于佛徒也。"③ 从现存魏晋南北朝早期的文献记载来看，在魏晋前期，都讲主要任务是向主讲经文者发问，而诵读经典似不是其主要任务，主讲与都讲更似问难对手，地位相对平等，而不强调都讲为主讲执役诵读。在讲经法会上，都讲以"转读"方式诵经，似流行于晋宋之后。如梁武帝讲《般若经》，"《发般若经

---

① 《大正藏》50 卷，第 462 页上。

② 《世说新语笺疏》上册，第 268 – 269 页。

③ 《汉魏两晋南北朝佛教史》上册，第 83 页。儒家的都讲制度，前人研究成果可参看古胜隆一的研究，他总结了余嘉锡、汤用彤、孙楷第、牟润孙、福井文雅、荒牧典俊数家说法（古胜隆一：《中国中古の学术》，东京：研文出版社，2006，第 169 – 195 页）。中国教育史研究专家丁钢先生则认为，佛教与儒教虽然都有"都讲"，但名同实异。佛教的都讲与讲法师相对平等，而儒教的都讲则是"都讲生"，仍为弟子身份，但在魏晋南北朝时期佛教对儒教的都讲制度有影响，如《魏书·祖莹传》记载中书博士张天龙讲《尚书》，即选弟子祖莹为都讲，在讲解前先由祖莹诵读经文。（参见丁钢：《中国佛教教育：儒佛道教育比较研究》，成都：四川教育出版社，1988，第 79 – 84 页。）但就笔者所见，魏晋南北朝佛教史料中，也有都讲地位较低的记载，如将都讲说成是"对扬小师"，而与"万人法主"相对。佛教都讲制度与儒教都讲制度应该是相互影响的，是否可以截然分开，尚有进一步探讨的余地。

题》":"都讲枳园寺法彪唱曰:'《摩诃般若波罗蜜经》。'"然后是梁武帝的讲解"制曰……"以及"六人论义:中寺僧怀、冶城寺法喜、大僧正灵根寺慧令、龙光寺僧绰、外国僧伽陀娑、宣武寺慧巨"。① 唱诵转读经题、经文,已经成为都讲的主要职责。

转读一法晚出,都讲一职转读经文,出现亦不会太早。"自大教东流,乃译文者众,而传声盖寡。良由梵音重复,汉语单奇。若用梵音以咏汉语,则声繁而偈迫;若用汉曲以咏梵文,则韵短而辞长。是故金言有译,梵响无授。始有魏陈思王曹植,深爱声律,属意经音。既通般遮之瑞响,又感鱼山之神制。于是删治《瑞应本起》,以为学者之宗。传声则三千有余,在契则四十有二。其后帛桥、支籥亦云祖述陈思,而爱好通灵,别感神制,裁变古声,所存止一十而已。至石勒建平中,有天神降于安邑厅事,讽咏经音,七日乃绝。时有传者,并皆讹废。逮宋齐之间,有昙迁、僧辩、太傅、文宣等,并殷勤嗟咏,曲意音律,撰集异同,斟酌科例。存仿旧法,正可三百余声。自兹厥后,声多散落。人人致意,补缀不同。所以师师异法,家家各制,皆由昧乎声旨,莫以裁正。"② 歌咏梵呗,虽然远可追溯到传说中曹植所制鱼山梵呗,但从上面引文中可以推知,各家"转读"法,实则流行于五世纪"宋齐之间"。此时的都讲由主讲的辩论对手,已降格为执役诵读者,虽有法等之流受讲师敬重,毕竟为少数,都讲地位已大不如前。刘宋时的僧导,"至年十八,博读转多,气干雄勇,神机秀发,形止方雅,举动无忤。僧叡见而奇之,问曰:'君于佛法且欲何愿。'导曰:'且愿为法师作都讲。'睿曰:'君方当为万人法主。岂肯对扬小师乎。'"③ 梁慧皎所撰《高僧传》将以转读为业的"经师",以及主要在斋会上教化俗人的"唱导"列为最后二科,唐初道宣《续高僧传》则进一步归并为最末一科"杂科声德",不为时人所尚。梁代僧旻"年十三,随回(僧回)出都,住白马寺。寺僧多以转读、唱导为业,旻风韵清远,了不厝意。"④ 都讲在讲经法会上,日益以转读为业,故不为人所重。

---

① 《大正藏》52 卷,第 238 页上。
② 《高僧传》,第 507 – 508 页。
③ 《高僧传》,第 280 – 281 页。
④ 《大正藏》50 卷,第 462 页上。

第三节　上讲与问难

汤用彤先生曾暗示魏晋时期的"格义"，可能与都讲制度有关，张风雷教授对此也多有发明。[①] 若确如汤用彤先生所言："后代之子注会译，同由最初所采讲经方式演进。即格义亦此有关。"[②] 那么与格义相对应的是魏晋早期主要以问难答疑为主的都讲制度；而非后期以转读诵经，提示讲解者经文脉络为主要任务的都讲制度。

当然，说魏晋早期都讲制度中不强调转读的作用，并非是说早期佛教讲经制度中没有诵经这一程序。梁僧祐《出三藏记集》中说东晋道安之前，"初，经出已久，而旧译时谬，致使深义未通，每至讲说，唯叙大意，转读而已。"[③] 从中我们可以得知，大体来说，东晋之前讲经"唯叙大意，转读而已"，也就是说当时在讲经制度中，讲经与诵经，同后世相比，区分不是十分清晰，而道安之后，这种情况逐渐改变。《高僧传》载道安曾制定"条为三例：一曰行香定座上讲经上讲之法；二曰常日六时行道饮食唱时法；三曰布萨差使悔过等法。"[④] 第一条应为道安制定的讲经制度。关于"行香定座上（讲）经上讲之法"的句读，中外学者多有争议，[⑤] 而笔者认为应断为"行香、定座、上经、上讲之法"，原文衍一"讲"字，即讲经之前，先行香赞颂，主讲人上"经座"（高座），都讲转读经文，主讲人开始讲解经文。唐初编辑的《法苑珠林》载："关内关外吴蜀呗辞，各随所好。呗赞多种，但汉梵既殊，音韵不可互用。至于宋朝有康僧会法师，本康居国人，博学辩才，译出经典。又善梵音，传《泥洹》呗，声制哀雅，擅美于世。音声之学，咸取则焉。又昔晋时，有道安法师，集制三

---

① 张风雷："论格义之广狭二义及其在佛教中国化进程中的历史地位"，《佛学与国学：楼宇烈教授七秩晋五颂寿文集》，第36－49页。

② 《汉魏两晋南北朝佛教史》上册，第81页。

③ 《出三藏记集》，第561页。

④ 《高僧传》，第183页，该书以《大正藏》为底部，然其所校《弘教藏》、《碛砂藏》、《金藏》及《金陵刻经处》诸本，均为"一曰行香定座上经上讲之法"。

⑤ 参见湛如：《敦煌佛教律仪制度研究》，北京：中华书局，2003年，第34－35页，特别是福井文雅指出道安的"行香、定座、上经、上讲之法"与唐代的俗讲程序上有相似之处（福井文雅："唐代俗讲仪式的成立及相关问题"，见《大正大学研究纪要》第54辑）。湛如教授断句为"行香、定座上、讲经上讲"，恐有值得商榷之处，笔者观点详见下文。

科，上经、上讲、布萨等。先贤立制，不坠于地，天下法则，人皆习行。"① 说明东晋道安法师是在前人各种讲经梵呗基础上，制定的上经、上讲诸程式。

"上讲"为讲经说法，含义较为明确，《续高僧传》中有多处可证，如"释智欣……曾入栖静寺，正值上讲，闻十二因缘义，云：'生死轮转无有穷已。'便慨然有离俗之志。"② 再如前引文提到在听讲《成实论》时，僧旻与主讲人次公论辩，次公要求晚讲作答，"及晚上讲，裁复数交，词义遂拥。次公动容顾四坐曰：'后生可畏，斯言信矣。'"③ 前一例中"上讲"是讲经者自陈演法，后一例中"上讲"为讲经时的论辩。"上讲"是讲经法会的主体部分，如果主讲者水平高超，"上讲"可以起到打动人心、吸引信徒的作用，如北齐"有儒生冯衮"不信佛法，"试往候光（释惠光），欲论名理，正值上讲，因而就听，瞩其威容，聆其清辩，文句所指，遣滞为先，即坐尽虔，伤闻其晚，顿足稽颡，毕命归依。"④ 总之，将"上讲"理解为讲经说法，当无疑问。

"上讲"之前，一般还要转读经典。《续高僧传》载，梁代僧旻"尝于讲日谓众曰：'昔弥天释道安，每讲于定坐后，常使都讲等，为含灵转经三契。此事久废，既是前修胜业，欲屈大众各诵《观世音经》一遍。'于是合坐欣然，远近相习。尔后道俗舍物乞讲前诵经，由此始也。"⑤ 按照这一说法，道安在"定座"之后，讲经说法（"上讲"）之前，"常使都讲等，为含灵转经三契"，即让都讲等人转读经文；僧旻进一步加强了这部分的宗教仪式内容，在讲经之前让大众诵读在信众中流行的经典（不一定是后面"上讲"所要讲解的经文），并以此寻求布施，作为讲经法会的一项收入来源。如与僧旻同时略晚的法云，"每于讲次，有送钱物乞诵经者，多获征应。"⑥

都讲的功能主要变为转读经文之后，南北朝讲经并非不再有问难辩

---

① 《法苑珠林校注》第三册，第 1170－1171 页。康僧会是三国时吴国僧侣，非刘宋时人。
② 《大正藏》50 卷，第 460 页下。
③ 《大正藏》50 卷，第 462 页上。
④ 《大正藏》50 卷，第 608 页中。
⑤ 《大正藏》50 卷，第 463 页中。
⑥ 《大正藏》50 卷，第 465 页上。

论，辩论的形式主要是由讲法者先"竖义"，然后由听经者提问。如《续高僧传》昙鸾传载："鸾至殿前，顾望无承对者，见有施张高座，上安几拂，正在殿中，傍无余座。径往升之，竖佛性义。三命帝曰：'大檀越，佛性义深，略已标叙，有疑赐问。'"① 再如慧荣传载："本邑道俗，欲光其价，而忌其言令也。大集诸众，令其竖义。荣曰：'余学广矣，辄竖恐致余词，任众举其义门，然后标据。'众以其博达矜尚，乃令竖八十种好，谓必不能诵持。荣曰：'举众无人也。斯乃文繁，义可知耳。'即部分上下，以法绳持。须臾牒数，列名出体。金虽难激，盖无成济。"② 慧荣所遇情况，较为特殊，是因众人要发难，令其竖"八十种好"义，在一般情况下，主讲者应自己竖义，所竖义应与其讲经内容相关或为其独特心得；"辄竖恐致余词"，随意竖义会招人异议。如果竖义得当，会博得很大声望，如兴皇法朗"竖诸师假名义"后，"东朝于长春殿义集，副君亲摇玉柄，述朗所竖诸师假名义，以此荣称。岂惟释氏宗匠，抑亦天人仪表。"③ 有时信徒还将"竖义"神圣化，如《续高僧传》法聪传载，梁湘东王"立为宝光寺，请聪居之，王述般若义，每明日将竖义，殿则夜放光明，照数里不假灯烛，议者以般若大慧智光幽烛所致，及宣帝末，临亦同前。"④

主讲人所竖之义，必须经过听众各种问难考验。讲经中的这种提问，并非像都讲一样须事先礼请、安排，而是由听经者任意发问，坐于末席者也可发问。僧传中不乏处听讲末席的少年才俊，对居高座的主讲成功问难，骤然博得大名的事例，如北朝著名佛教领袖法上，少年时善于发问，"故时人谚曰：黑沙弥若来，高座逢灾也。"⑤ 再如《南齐安乐寺律师智称法师行状》："齐竟陵文宣王，顾轻千乘，虚心八解，尝请法师讲于邸寺。既许以降德，或谓宜修宾主。法师笑而答曰：'我则未暇。'及正位函丈，始交凉燠。时法筵广置，髦士如林，主誉既驰，客容多猛，发题命篇，疑

---

① 《大正藏》50 卷，第 470 页中。
② 《大正藏》50 卷，第 487 页下。
③ 《大正藏》50 卷，第 477 页下 – 478 页上。
④ 此段文字，《大正藏》三十卷本缺，此据四十卷本第二十卷，《高僧传二集》，第 537 – 538 页。
⑤ 《大正藏》50 卷，第 485 页上。

难锋出。法师应变如响，若不留听。围辩者土崩，负强者折角，莫不迁延徙靡，亡本失支。观听之流，称为盛集。法师性本刚克，而能悦以待问，发言盈庭，曾无怍色。虚己博约，咸竭厥才，依止疏附，训之如一。"① 有人劝智称法师，讲经前"宜修宾主"，智称则以"我则未暇"加以婉拒，不事前做应对准备，临场发挥，博得好评。

当然智称这类主讲人毕竟是少数，有时辩论是十分激烈的，甚至出现主讲人因害怕问难，事先请托他人不要提问的情况，"潞州上邑，思弘《法华》，乃往岩州林虑县洪谷寺请僧，忘其名，往讲。琛（释明琛）素与知识，闻便往造。其人闻至，中心战灼，知琛论道，不可相抗。乃以情告曰：'此邑初信，事须归伏，诸士俗等，已有倾心，愿法师不遗故旧，共相成赞。今有少衣裁，辄用相奉。'琛体此怀，乃投绢十四。琛曰：'本来于此，可有陵架意耶？幸息此心。'然不肯去。欲听一上。此僧弥怖，事不获已，如常上讲。琛最后入堂，赍绢束掇在众中曰：高座法师昨夜以绢相遗，请不须论议。然佛法宏旷，是非须分，脱以邪法化人，几许误诸士俗。'高座闻此，慑怖无聊，依常唱文，如疏所解。琛即唤住，欲论至理。高座尔时，神意奔勇，泰然待问。琛便设问，随问便解，重迭虽多，无不通义。琛精神扰攘，思难无从，即从座起曰：'高座法师，犹来闇塞。如何今日，顿解若斯。当是山中神鬼，助其念力，不尔何能至耶。'高座合堂，一时大笑。"② 洪谷寺僧应邀往潞州上邑讲《法华经》，因怕释明琛提问，讲经前送他十四匹绢；该僧上座后，讲经法会如常进行，"依常唱文，如疏所解"，但明琛却依旧前往问难，不过主讲僧人应对自如，法会有惊无险。从这则故事中，我们可以体会到南北朝讲经法会，问难有时甚为激烈。敦煌写本《启颜录》亦记录了几则儒、释竖义辩难的例子，虽然是笑话性质，未必全为事实，但对于我们了解南北朝时的竖义辩难也有一定的参考价值，现举一例：

> 高祖又尝作内道场，时有一大德法师，先立"无一无二，无是无非"义。高祖乃令法师升高座讲，还令立其旧义。当时儒生学士、大

---

① 《大正藏》52 卷，第 269 页中。
② 《大正藏》50 卷，第 656 页上－656 页中。

德名僧，义理百端，无难得者。动箭即请难此僧，必令结舌无语。高祖大悦，即令动箭往难。动箭即于高座前褰衣阔立，问僧曰："看弟子有几个脚？"僧曰："两脚。"动箭又翘一脚向后，一脚独立，问僧曰："更看弟子有几个脚？"僧曰："一脚。"动箭云："向有两脚，今有一脚，若为得无一无二？"僧即答云："若其二是真，不应有一脚，脚既得有一，明二即非真。"动箭既以僧义不穷，无难得之理，乃谓僧曰："向者剧问法师，未是好义，法师既云：'无一无二，无是无非'，今问法师此义，不得不答。弟子闻'天无二日，土无二王'，今者天子一人，临御四海，法师岂更得云无一？卦有乾坤，天有日月，皇后配于天子，即是二人，法师岂更得云无二？今者帝德广临，无幽不照，昆虫草木，皆得其生，法师岂更得云无是？今既四海为家，万方归顺，唯有宇文黑獭独阻皇风，法师岂更得云无非？"于是僧遂嘿然以应，高祖抚掌大咲。①

此段引文是说有僧人在北齐高祖高欢所立内道场中登高座，先竖义"无一无二，无是无非"，而后王公大臣，乃至俳优，各色人等争相问难。而问难的依据不限于佛法，亦有世俗常情，此处即是动箭"天无二日，土无二王"来逼问讲经僧就范。

主讲人竖义后，若无问题，或问题答复完毕，讲法者便进入具体讲解的经文（"入文"或"解文"）。《续高僧传》法开传载："沙门智藏，后游禹穴讲化《成论》。开往观之，鲠难累日，宾僚餐悦。藏曰：'开法师语论已多，自可去矣。吾欲入文。'开曰：释迦说法，多宝踊现。法师指南命众，而遣客何耶？藏有惭色。"②法开引用《法华经》释迦说法，多宝佛从地涌现的典故，讥讽智藏急于"入文"，不欲让其再兴问难。从这则事例中可以看出，照例主讲应该圆满回答完所有问难，才可以"入文"的。再如北周道安，"曾于一日，安公正讲《涅槃》，俊（慧俊）命章设问，遂往还迄暮，竟不消文。明旦又问，讲难精拔。安虽随言即遣，而听者谓无

---

① 董志翘："敦煌写本《启颜录》笺注（选）"，《西南民族大学学报（人文社会科学版）》，2012年第3期，第193页。

② 《大正藏》50卷，第474页上。

继难。俊终援引文理，征并相譸。遂连三日，止论一义。后两舍其致，方事解文。"① 由于同学慧俊的问难，道安费时三日，才开始"解文"。

　　总之，讲经法会有时存在问难过于激烈的情况，这难免有出风头、心存彼我之讥，招人非议。《洛阳伽蓝记》载："崇真寺比丘慧嶷，死一七日还活，经阎罗王检阅，以错召放免。惠凝具说过去之时，有五比丘同阅。一比丘云是宝明寺智圣，以坐禅苦行得升天堂。有一比丘是般若寺道品，以诵四十卷《涅槃》，亦升天堂。有一比丘云是融觉寺昙谟最，讲《涅槃》《华严》，领众千人。阎罗王曰：'讲经者心怀彼我，以骄凌物，比丘中第一粗行。今唯试坐禅、诵经，不问讲经。'其昙谟最曰：'贫道立身以来，唯好讲经，实不谙诵。'阎罗王敕付司，即有青衣十人送昙谟最向西北门。屋舍皆黑，似非好处……时太后闻之，遣黄门侍郎徐纥依惠凝所说即访宝明等寺……皆实有之……自此以后，京邑比丘皆事禅诵，不复以讲经为意。"② 后来，佛门为此找到了经典依据，《法苑珠林》"说听篇第十六"，引《佛藏经》卷中法净品："如是凡夫无有智慧，心无决定，但求名闻，疑悔在心，而为人说。是故舍利弗，身未证法而在高座，身自不知而教人者，法堕地狱。"③

　　总之，问难过多，出风头，就会破坏讲经法会的神圣性，给信众的宗教情感带来负面影响。故魏晋南北朝讲经法会，日渐呈现程式化、仪式化的发展趋势。

第四节　讲经法会的程式化

　　魏晋南北朝中后期，讲经制度不断完备，变得日益繁复。《续高僧传》记载一则传说，北魏勒那摩提"帝每令讲《华严经》，披释开悟，精义每发。一日正处高座，忽有持笏执名者，形如大官，云：'奉天帝命，来请法师讲《华严经》。'意曰：'今此法席尚未停止，待讫经文，当从来命。虽然，法事所资，独不能建。都讲、香火、维那、梵呗，咸亦须之。可请令定。'使者即如所请，见讲诸僧。既而法事将了，又见前使。云：'奉天

---

① 《大正藏》50 卷，第 628 页中。
② 杨衒之撰，周祖谟校释：《洛阳伽蓝记校释》，北京：中华书局，1963 年，第 75 - 78 页。
③ 《法苑珠林校注》第二册，第 754 页。

帝命，故来下迎。'意乃含笑熙怡，告众辞诀，奄然卒于法座。都讲等僧，亦同时殒。魏境闻见，无不嗟美。"① 又北魏僧意圆寂前，传言有天帝请其讲经，"意便洗浴烧香，端坐静室，候待时至。及期，果有天来入寺及房，冠服羽从，伟丽殊特。众僧初见，但谓：'是何世贵，入山参谒'，不生惊异。及意尔日，无疾而逝，方知灵感。其都讲住在光州，自余香火呗匿，散在他邑，后试检勘，皆同日而终焉。"② 勒那摩提，汉译"宝意"，恐即僧意。从上述引文中，我们可以得知，召开讲经法会，除了主讲僧人，都讲、香火、维那、梵呗等僧，亦须分别邀请，讲经法会的仪式化内容日趋复杂。

随着讲经中仪式部分不断加强，也突出了对讲法者威仪的要求，梁代高僧法云，年少时"曾观长乐寺法调讲论，出而顾曰：震旦天子之都，衣冠之富，动静威仪，勿易为也。前后法师，或有词无义，或有义无词，或俱有词义而过无威仪。今日法坐，俱已阙矣。皆由习学不优，未应讲也。"③ 到了唐初，《法苑珠林》引用《增一阿含经》将主讲法师的品评进一步系统化，"世间亦有四人，当共观知。云何为四？一、或有比丘颜貌端正，威仪成就，然不能有所讽诵诸法初中后善。是谓此人形好声不好。二、或有人声好而形丑，出入行来威仪不成，而好广说，精进持戒，初中后善，义理深邃。是谓此人声好而形丑。三、或有人声丑形亦丑，谓有人犯戒不精进，复不多闻，所闻便失。是谓此人声丑形亦丑。四、或有人声好形亦好，谓比丘颜貌端正，威仪具足，然复精进修行善法，多闻不忘，初中后善，善能讽诵。是谓此人声好形亦好也。"④ "是四种云，而像世间四种人。一、云何比丘雷而不雨？或有比丘高声诵习十二部经，讽诵不失其义，然不广与人说法。是谓雷而不雨。二、云何雨而不雷？或有比丘颜貌端正，威仪皆具，然不多闻高声诵习十二部经，复从他受，亦不忘失，好与善知识相随，亦好与他人说法。是谓雨而不雷。三、云何不雨不雷？或有人颜色不端，威仪不具，不修善法，亦不多闻，复不与他人说法。是

---

① 《大正藏》50 卷，第 429 页上。
② 《大正藏》50 卷，第 674 页上。
③ 《大正藏》50 卷，第 463 页下 – 464 页上。
④ 《法苑珠林校注》第二册，第 754 页。

谓此人不雨不雷。四、云何亦雨亦雷？或有人颜色端正，威仪皆具，好喜学问，亦好与他法说，劝进他人，令便承受。是谓此人亦雨亦雷。"① 此两段经文，虽出自《增一阿汉经》，但被佛教类书专门提举出来，亦见对其重视，从中可知魏晋南北朝以来，对主讲法师的威仪要求，是与义理、口才并重的。

若讲经说法时出错，有损威仪，则要受罚。如慧韶领众诵讲《涅槃经》、《大品般若》，"如有谬忘，及讲听眠失者，皆代受罚，对众谢曰：'斯则训导不明耳。'故身令奖物，其勤至若此。"② 即便没有明显过失，也有主讲者讲授完毕后，例行忏悔，以示谨慎的，如北周僧妙，"每讲下座，必合掌忏悔云：'佛意难知，岂凡夫所测，今所说者传受先师，未敢专辄，乞大众于斯法义，若是若非，布施欢喜。'"③ 由此可知，南北朝时，讲经的宗教仪式气氛浓厚，绝非单纯的知识传授。唐初释道世在《法苑珠林》中说："是以一象既亏，则六爻斯坠；一言有失，则累劫受殃。故知传法不易，受听极难。良由去圣日久，微言渐昧。而一说一受，固亦难行。恐名利关心，垢情难净也。"④ 并非虚言。

当时信众，在听法时，多有期待出现祥瑞的宗教心理，如《续高僧传》北齐僧范传载，"尝有胶州刺史杜弼，于邺显义寺请范冬讲，至华严六地，忽有一雁飞下，从浮图东顺行入堂，正对高座，伏地听法，讲散徐出，还顺塔西，尔乃翔游。又于此寺夏讲，雀来在座西南伏听，终于九旬。又曾处济州，亦有一鹑飞来入听，讫讲便去。斯诸祥感众矣。自非道洽冥符，何能致此。"⑤ 再如，僧安"齐文宣时，在王屋山，聚徒二十许人讲《涅槃》，始发题，有雌雉来座侧伏听。僧若食时，出外饮啄，日晚上讲，依时赴集。三卷未了，遂绝不至。众咸怪之。安曰：'雉今生人道，不须怪也。'武平四年，安领徒至越州行头陀，忽云：'往年雌雉，应生在此。'径至一家，遥唤雌雉，一女走出，如旧相识，礼拜歌喜。女父母异之，引

① 《法苑珠林校注》第二册，第 754－755 页。
② 《大正藏》50 卷，第 471 页上。
③ 《大正藏》50 卷，第 486 页上。
④ 《法苑珠林校注》第二册，第 747 页。
⑤ 《大正藏》50 卷，第 483 页下。

入设食。安曰：'此女何故名雌雉耶？'答曰：'见其初生，发如雉毛，既是女故，名雌雉也。'安大笑为述本缘，女闻涕泣，苦求出家，二亲欣然许之。为讲《涅槃》，闻便领解，一无遗漏，至后三卷，茫然不解。"① 此类传说，为当时的讲经法会，增添了很多神秘色彩。

魏晋南北朝中后期，讲经法会，随着宗教气氛日渐浓郁，也日益奢华，如陈时名僧兴皇法朗"法衣千领，积散恒结。每一上座，辄易一衣。阐前经论，各二十余遍，二十五载，流润不绝。"② 讲堂构建，更为宏伟，陈代慧勇"住大禅众寺十有八载。及造讲堂也，门人听侣，经营不日，接溜飞轩，制置弘敞，题曰般若之堂也。"③

从《广弘明集》、《国清百录》等中所存原始资料来看，讲经法会，发起时要有道俗的《请讲疏》、《发讲疏》，结束时要有《解讲疏》，讲经法会多安排在僧侣安居期间，即农历四月十五至七月十五，如沈约《南齐皇太子解讲疏》："皇太子以建元四年四月十五日，集大乘望僧于玄圃园，安居宝池禁苑，皆充供具，珍台绮树，施佛及僧……九旬而功就，暨七月既望，乃敬舍宝躯，爰及舆冕，自缨以降，凡九十九物，愿以此力普被幽明。帝室有嵩华之固，苍黔享仁寿之福。若有沦形苦海，得随理悟，坠体翔涂，不远斯复。十方三世，咸证伊言，兹誓或塞，无取正觉。"④ 此讲经法会是建元四年（482年）农历四月十五日开始至七月望，历时九旬；皇太子为讲经法会广为布施，祈求国泰民安，幽冥普被。另外，当时一般认为农历二月初八是佛陀成道日，也常于此时讲经，如沈约《齐竟陵王发讲疏（并颂）》："乃以永明元年二月八日，置讲席于上邸，集名僧于帝畿，皆深辨真俗，洞测名相，分微靡滞，临疑若晓，同集于邸内之法云精庐。演玄音于六宵，启法门于千载，济济乎实旷代之盛事也。自法主以降，暨于听僧，条载如左，以记其事焉。"⑤ 这次法会是永明元年（484年）农历二月初八开始，"演玄音于六宵"，《发讲疏》中还记录了法主、听僧的名

---

① 《大正藏》50卷，第657页上。
② 《大正藏》50卷，第477页中－477页下。
③ 《大正藏》50卷，第478页中。
④ 《大正藏》52卷，第232页上－232页中。
⑤ 《大正藏》52卷，第232页中。

字，可见不仅讲者、施主，参加讲经法会的听僧，亦有功德。

讲经法会开始，座次排定也有严格的规定，即我们前文提到的"定座"。我们先看一则史料，梁武帝为推行僧侣断肉食，令当时的名僧法云讲《大涅槃经·四相品》："二十三日旦，光宅寺法云，于华林殿前登东向高座为法师。瓦官寺慧明，登西向高座为都讲，唱《大涅槃经·四相品四分之一》，陈食肉者，断大慈种义。法云解释。舆驾亲御，地铺席位于高座之北。僧尼二众，各以次列坐。讲毕，着阇寺道澄，又登西向高座，唱此断肉之文，次唱所传之语。唱竟，又礼拜忏悔。普设中食竟出。"从中我们可以得知，讲经法会中，主讲法师登东向高座，都讲登西向高座，皇帝出席讲经法会，并不登"高座"，而是"地铺席位于高座之北"。刘宋时谢灵运《山居赋》自注中说："南倡者都讲，北居者法师"①。总之，主讲人和都讲应对坐"高座"，听众下席；主讲法师南向或东向，居尊位，定座后，先由一位都讲转读经文，陈说大义，而后主讲法师再解释，正式开始讲经；主讲法师讲经结束后，另一都讲再唱说经文大意，礼拜忏悔，讲法结束。故僧传等史料中，常见一主讲法师，两位都讲的记载。

法师、都讲上座及落座后，亦有诸多要求，《法苑珠林》曾引《三千威仪》、《十住毗婆沙论》等佛教经典，予以规范："如《三千威仪》云：上高座读经有五事：一、当先礼佛，二、当礼经法上座，三、当先一足蹑阿僧提上正住座，四、当还向上座，五、先手按座乃却座已。座有五事：一、当正法衣安座；二、捷稚声绝，当先赞偈呗；三、当随因缘读；四、若有不可意人，不得于座上瞋恚；五、若有持物施者，当排下着前。又问经有五事：一、当如法下床问；二、不得共座问；三、有解不得直当问；四、不得持意念外因缘；五、设解头面着地作礼，反向出户。"②"又《十住毗婆沙论》云：法师处师子座有四种法。何等为四？一者，欲升高座，先应恭敬礼拜大众，然后升座。二者，众有女人，应观不净。三者，威仪视瞻，有大人相。敷演法音，颜色和悦，人皆信受，不说外道经书，心无怯畏。四者，于恶言问难，当行忍辱。复有四法：一、于诸众生作饶益

① 汤用彤先生对此段史料有征引和分析，参见《汉魏两晋南北朝佛教史》上册，第83页。
② 《法苑珠林校注》第二册，第750页。

想。二、于诸众生不生我想。三、于诸文字不生法想。四、愿诸众生从我闻法，于阿耨菩提而不退转。复有四法：一、不自轻身，二、不轻听者，三、不轻所说，四、不为利养。"①

魏晋南北朝讲经日趋仪式化，逐渐成为一种盛大的宗教仪式，这与讲经法会日益承载祈祷国家风调雨顺、国泰民安的宗教功能有关，讲经祈雨等应验故事，也屡见僧传，这些需求都突出了对讲经法会的威仪和程式化要求。另外，讲经法会也日益担负起为寺院僧侣吸引信众、谋求布施的任务，这也是促使魏晋南北朝佛教讲经法会日益繁复庄严，乃至奢华的内在原因之一。各地寺院间潜在的竞争关系，也是促使讲经法会不断改进程式、吸引听众的重要因素。南朝佛教繁盛时，不仅首都建康"刹寺如林，义筵如市"，甚至"于时成都法席恒并置三四，法鼓齐振，竞敞玄门。"②不过大体来讲，与斋讲多于村邑举行不同，讲经多在都会举行，如梁代梓橦涪人释植相"往益听讲，以生在边鄙，玄颇涉俗，虽遭轻诮，亡怀在道，都不忤意。"③ 释植相生在当时较为闭塞之地，往益州听讲，故遭人嘲笑，但他不以为意，潜心问道，终成一代名僧。不同地域的僧徒参与都会的讲经法会，对于佛教义理的交流传播，无疑是有极大的推动作用的。

第五节　总结：僧讲、尼讲、俗讲

魏晋南北朝讲经法会，大体可分为僧讲、尼讲、俗讲（或称"斋讲"）：

（1）俗讲（斋讲），针对普通世俗信众，或僧或俗的导师（"唱导"）在斋会上用说唱形式讲法，我们前文已经讨论过了。虽然一般的僧讲、尼讲中也多有俗人参加，但本章所谓的俗讲与之有两点不同，一是若是僧侣组织俗讲，多在斋会中举行，故本章也称之为"斋讲"，而非专门的讲经法会。僧侣俗讲，多要依托或自己组织俗人信会，斋讲布施较多，有时组织斋讲还有募捐造像功德等宗教目的，如兴皇法朗，"泊朗来仪创会，公

---

① 《法苑珠林校注》第二册，第750－751页。
② 《大正藏》50卷，第471页上。
③ 《大正藏》50卷，第464页上。

私斋讲，又盛符焉"①；再如北魏法贞与僧建齐名，"贞乃与建，为义会之友，道俗斯附，听众千人，随得噉施，造像千躯，分布供养。"②

另一个不同点是，俗讲主要是用说唱形式，演绎佛理，并非具体讲授某部佛经的文句。我们在前文讨论"唱导"时已经对此有所涉及，这里再举一例：北齐名僧释真玉，"生而无目"，幼年时，其母"教弹琵琶，以为穷乏之计。而天情俊悟，聆察若经，不盈旬日，便洞音曲。"有了一定音乐基础的释真玉，"后乡邑大集，盛兴斋讲，母携玉赴会，一闻欣领，曰：'若恒预听，终作法师，不忧匮馁矣。'母闻之，欲成斯大业也，乃弃其家务，专将赴讲，无问风雨艰关，必期相续。玉包略词旨，气摄当锋，年将壮室，振名海岱。"③由此可知，北朝斋讲盛行时，在斋讲中唱导主讲，已经相当职业化，可以养家糊口，"不忧匮馁矣"；而斋讲的内容曲目套路，应已成型，需要专门研习，所以释真玉才需要"恒预听"，必须风雨无阻，"必期相续"。释真玉后得皇帝礼遇，成为一代名僧，由此可见斋讲在社会上的影响力之大。尤须注意的是，由于盲目，释真玉始终不能阅读经典，"常令侍者读经，玉必跪坐，合掌而听"④，故其不可能详细讲解佛经文句，此亦可见唱导斋讲与真正意义上的僧侣讲经之区别。

再如陈代以唱导闻名的僧人慧明，"其利口奇辩，锋涌难加，摛体风云，铭目时事，吐言惊世，闻皆讽之。后乃听采经论，傍寻书史，捃摭大旨，不存文句。陈文御世，多营斋福，民百风从，其例遂广。众以明骋衔唇吻，机变不思，诸有唱导，莫不推指。明亦自顾才力有余，随闻即举，牵引古今，包括大致，能使听者欣欣，恐其休也。"⑤从中我们可以看出，好的"唱导"，博通古今，旁涉文史、时事，说唱内容"捃摭大旨，不存文句"，唱导时不假思索，随机应变，对听众具有极大的吸引力，"能使听者欣欣，恐其休也"。另外，有时僧人俗讲时，还会利用画像等进行辅助，

① 《大正藏》50卷，第477页下。
② 《大正藏》50卷，第474页中。北朝以俗人为主的佛经社团法邑，中外学者专门研究甚多，本文不再赘述，然此是南北朝"唱导"斋讲的社会基础，读者须留意。
③ 《大正藏》50卷，第475页中。
④ 《大正藏》50卷，第475页下。
⑤ 《大正藏》50卷，第700页下-701页上。

图文并茂，增加感染力。① 总之，魏晋南北朝时，无论城市、乡村，唱导都为信众喜闻乐见。

俗讲的出现和流行，与魏晋南北朝邑义、斋会林立的社会环境密不可分。魏晋南北朝，特别是北朝，社会动荡，邑义、斋会在地方社会中承担了很多政治经济、慈善救济等社会功能，广大宗教徒也积极参与其中。汉末五斗米道即有"义舍"、"义米肉"，但刘淑芬教授认为："汉末以后道教徒似乎不见有以置义舍、义米肉方式传教的活动，中世纪道教徒也没有救济式的供养。基本上，佛教徒的社会救济是修行的方法之一，因此它和汉末五斗米道德义米肉似乎没有直接的关联，而和先前存在于中国社会中的社会救济有关。"② 刘教授此观点尚有可商榷之处，就笔者所见，汉末以来，至少四川部分地区是存在民间"道会"的，《续高僧传》益州释宝琼传，还记载有佛教僧侣与道会的交涉和改造利用。"本邑连比，什邡诸县，并是道民，尤不奉佛。僧有投寄，无容施者。致使老幼之徒，于沙门像，不识者众。琼虽桑梓，习俗难改，徒有开悟，莫之能受。李氏诸族，正作道会，邀琼赴之，来既后至，不礼而坐。金谓：'不礼天尊，非法也。'琼曰：'邪正道殊，所事各异，天尚不礼，何况老君。'众议纭纭，颇相凌侮。琼曰：'吾礼非所礼，恐贻辱也。'遂礼一拜，道像并座，动摇不安。又礼一拜，连座返倒，摧残在地。道民相视，谓是风鼓，竞来周正。琼曰：'斯吾所为，勿妄怨也。'初未之信，既安，又礼，如前崩倒。合众惊惧，举掌礼琼，一时回信，从受戒法。傍县道党，相将叹讶，咸复奉法。时既创开释化，皆授菩萨戒焉。"③ 益州释宝琼将什邡诸县的许多道会，变为佛教邑义，"率励坊郭，邑义为先，每结一邑，必三十人，合诵《大品》，人别一卷。月营斋集，各依次诵。如此义邑，乃盈千计。"虽然这些义会的信仰取向发生变化，但其经济基础、社会功能当不会发生太大改变。总而

---

① 参见刘淑芬："五至六世纪华北乡村的佛教信仰"，林富士主编《礼俗与宗教》，北京：中国大百科全书出版社，2005 年，第 233－235 页。（该文原刊于《中央研究院历史语言研究所集刊》第 63 本第 3 分，1993 年。）

② 刘淑芬："北齐标异乡义慈惠石柱：中古佛教社会救济的个案研究"，梁庚尧、刘淑芬主编：《城市与乡村》，北京：中国大百科全书出版社，2005 年，第 70 页。（该文原刊于《新史学》5 卷 4 期，1994 年。）

③ 《大正藏》50 卷，第 688 页上－688 页中。

言之，魏晋南北朝以来，广泛存在的民间社会义会组织，是各宗教斋会存在的社会基础，也是俗讲繁荣的必备条件。

（2）尼讲，传统上认为始于东晋比丘尼道馨。① 从现存文献来看，魏晋南北朝尼讲实例较多。梁宝唱《比丘尼传》妙智尼传载，"齐武皇帝敕请妙智讲《胜鬘》、《净名》，开题及讲，帝数亲临，诏问无方，智连环剖析，初无遗滞，帝屡称善，四众雅服。"② 由此可见，尼讲中"开题"，及后讲解、论难，其程式与一般僧侣讲经大体相同。尼讲的听众，男女四众皆有，有时人数不少，前文提到，俗名"雌雉"的女子，传其前世听僧安讲《涅槃》，后出家，"于时始年十四，便就讲说，远近咸听，叹其宿习，因斯躬劝，从学者众矣。"③ 再如德乐尼"岁建大讲，僧尼不限，平等资供"④，净行尼"齐竟陵文宣王萧子良，厚加资给；僧宗、宝亮二师，雅相赏异，及请讲说，听众数百人。官第尼寺，法事连续，当时先达，无能屈者。"⑤

有时尼讲，也会招人猜忌，如《续高僧传》僧朗传载，"有比丘尼，为鬼所著，超悟玄解，统辩经文，居宗讲导，听采云合，皆不测也，莫不赞其聪悟。朗闻曰：'此邪鬼所加，何有正理，须后捡挍。'他日清旦，猴犬前行，径至尼寺，朗随往到，礼佛遶塔，至讲堂前。尼犹讲说，朗乃厉声呵曰：'小婢，吾今既来，何不下座。'此尼承声崩下，走出堂前，立对于朗，从卯至申，卓不移处，通汗流地，默无言说。问其慧解，奄若聋痴，百日已后，方服本性。"⑥ 由此亦可见，魏晋南北朝时，虽屡有尼僧讲法，但毕竟存在阻力，社会影响力有限。

（3）僧讲，无疑最为重要，不仅在社会上是弘法的重要方式，而且对于义僧培养、佛教思想史演变，都有举足轻重的作用。

---

① 汤用彤先生在《康复札记四则》对此有异议，认为道馨是"诵经"而非"讲经"，王孺童对此有辨正，见释宝唱著，王孺童校注：《比丘尼传校注》，北京：中华书局，2006 年，前言第 23 – 24 页。

② 《比丘尼传校注》，第 131 页。

③ 《大正藏》50 卷，第 657 页上。

④ 《比丘尼传校注》，第 160 页。

⑤ 《比丘尼传校注》，第 199 页。

⑥ 《大正藏》50 卷，第 560 页下 – 561 页上。

学僧听讲经，热情很高，人数众多，甚至出现讲堂空间不足的情况，梁"天监末年，下敕于庄严寺，建八座法轮，讲者五僧，以年腊相次，旻（僧旻）最处后，众徒弥盛。庄严讲堂，宋世祖所立，栾栌增映，延袤遐远，至于是日，不容听众。执事启闻，有敕听停讲五日，悉移窗户，四出檐溜。又进给床五十张，犹为迫迮。桄桯摧折，日有十数。得人之盛，皆此类焉。旻因舍什物嚫施，拟立大堂，虑未周用，付库生长，传付后僧。"①

寺院组织高僧讲经，按惯例要求学僧必须抄写经论；而学僧则可自由选择听经，甚至还有"试听"。前文多次提到的梁僧慧韶"十二厌世出家，具戒便游京杨。听庄严旻公讲释《成论》，才得两遍，记注略尽。谓同学慧峰曰：'吾沐道日少，便知旨趣，斯何故耶？将非所闻义浅，为是善教使然乎。'乃试听开善藏法师讲，遂觉理与言玄，便尽心钻仰。当夕感梦，往开善寺采得李子数斛，撮欲噉之，先得枝叶。觉而悟曰：'吾正应从学，必践深极矣。'寻尔藏公迁化，有龙光寺绰公，继踵传业，便回听焉。既阙论本，制不许住。惟有一帔，又属严冬，便撤之用充写论。忍寒连噤，方得预听文义。"② 学僧听讲，也会对主讲有所议论评判，慧韶试听，认为"理与言玄，便尽心钻仰"；但有时也有负面评价存在，"听沙门法珍《成论》，至灭谛初，闻三心灭无先后，超（释道超）曰：'斯之言悟，非吾师也。'"③ 这种学术评判机制，对于佛学发展，无疑是有益的。

学僧听法时的笔记，也成为许多流传注疏的底本，如陈代名僧宝琼早年听南涧仙师讲法，"仙尝览琼私记，三复嗟赏，后于高座普劝写之，自尔门徒传写此疏。"④ 而讲经的需要也推动了僧侣创作注疏，如北周释宝彖，"武陵王问师，大集摩诃堂，令讲《请观音》。初未缀心，本无文疏，始役情慧，抽帖句理，词义洞合，听者盈席，私记其言，因成疏本，广行于世。"⑤

---

① 《大正藏》50 卷，第 462 页下 -463 页上。
② 《大正藏》50 卷，第 470 页下。
③ 《大正藏》50 卷，第 472 页中。
④ 《大正藏》50 卷，第 478 页下。
⑤ 《大正藏》50 卷，第 486 页下。

学僧对主讲师可以选择品评，而主讲人对于学僧有时也会有所选择，如北齐林法师，"在邺盛讲《胜鬘》，并制文义，每讲人聚，乃选通三部经者，得七百人，预在其席。"① 因此，有些主讲僧人，追随其听经的学僧（"常徒"），人数相对固定，"并是常随门学"；有些僧人讲法，则需收取学费，如北齐释明琛讲法，"故来学者，先办泉帛"，但此次收费讲学并不长久，"馀有获者，不能隐秘，故琛声望，少歇于前"。② 收学费的做法在名僧讲法中罕见记载，名僧一般供养丰厚，不必如此，收费者一般为中下层僧侣。敦煌变文《庐山远公话》中提到晋文皇帝敕令"若要听道安讲者，每人纳绢一疋，方得听一日"，后又涨价为："要听道安讲者，每人纳钱一百贯文，方得听讲一日"③；应都是后世演绎。此文后又提到，当朝崔宰相"相同每日朝下，常在福光寺内听道安讲经，纳钱一百贯文"④ 云云，都是俗人捐资，并非缴纳学费，而更似施主照例布施。

较大型的讲经法会都会有大施主，或者有众多信众布施，如沈约《南齐禅林寺尼净秀行状》记载净秀尼"请辉律师讲，内自思惟，但有直一千，心中忧虑事不办。夜即梦见鸦鹊鸲鹆雀子，各乘车，车并安轩。车之大小，还称可鸟形。同声唱言：'我助某甲尼讲去。'既寤欢喜，知事当成。及至就讲，乃得七十檀越设供，果食皆精。"⑤ 净秀尼请师讲经，只有钱一千，后得七十檀越布施，讲经法会顺利进行。

有些主讲僧人对听法弟子的教学是十分耐心细致的，有固定的教学方法，如北周静蔼法师讲《大智度论》、《中论》、《百论》、《十二门论》等四论，"其说法之规，尊而乃演，必令学侣，袒立合掌，殷懃郑重，经时方遂，乃敕取绳床，周绕安设，致敬坐讫。蔼徐取论文，手自指摘，一偈一句，披释取悟。顾问听者，所解云何，令其得意，方进后偈。旁有未喻者，更重述之，每日垂讲，此法无怠。"⑥

---

① 《大正藏》50 卷，第 552 页中。

② 《大正藏》50 卷，第 656 页上。

③ 刘坚、蒋绍愚主编：《近代汉语语法资料汇编（唐五代卷）》，北京：商务印书馆，1990 年，第 257 页。

④ 《近代汉语语法资料汇编（唐五代卷）》，第 264 页。

⑤ 《大正藏》52 卷，第 270 页下。

⑥ 《大正藏》50 卷，第 626 页上–626 页中。

在比较特殊的情况下，还会对学僧进行考试，如陈代"宣帝下诏：国内初受戒者，夏未满五，皆参律肆，可于都邑大寺广置听场，仍敕瑗（释昙瑗）总知监检，明示科举，有司准给衣食，勿使经营形累，致亏功绩。瑗既蒙恩诏，通诲国僧，四远被征，万里相属，时即搜擢明解词义者二十余人，一时敷训，众齐三百。于斯时也，京邑屯闹，行诵相諠，国供丰华，学人无弊，不踰数载，道器大增。其有学成，将还本邑，瑗皆聚徒，对问理事，无疑者方乃遣之。"[1] 陈宣帝命令受戒未满五年者，必须在由国家出资、释昙瑗组织的讲肆中听律，听讲结束后，昙瑗还要集中问话，能够准确无疑回答问题者才能放回。此次讲说后进行考试，是由于朝廷出资要求新戒听律。

除了讲律，南北朝政府也曾资助讲法。如北魏孝文帝时，通过门下省向中央僧官机构昭玄寺下诏，动用"僧祇粟"资助各州僧人安居时讲经，事见《帝令诸州众僧安居讲说诏》："门下：凭玄归妙，固资真风；餐慧习慈，实钟果智。故三炎检摄，道之恒规；九夏温诠，法之嘉猷。可敕诸州，令此夏安居清众，大州三百人，中州二百人，小州一百人，任其数处讲说，皆僧祇粟供备。若粟赵徒寡不充此数者，可令昭玄量减还闻。其各钦旌贤匠，良推叡德，勿致滥浊，惰兹后进。"[2] 魏晋南北朝时，"官寺"的供养十分丰厚，"既住官寺，厚供难舍"，除饮食还有寒衣，如释圆通在高齐武平四年（573 年）于邺都大庄严寺坐夏安居，听《涅槃经》，"夏中讲下"后，照顾一生病客僧，该僧人病好后要离寺，圆通劝其："今授衣将逼，官寺例得衣赐，可待三五日间，当赠一袭寒服。"[3] 官寺僧侣，受四时供养，这是其能够安心听经的经济基础。当然，并非所有僧人都有资格居于官寺，"凡受官请，为报不浅，依如僧法，不得两处生名"，即每位有资格进入官寺的僧侣，都需登名造册，若要改换寺庙，则需"今且还去，

---

① 《大正藏》50 卷，第 609 页上。

② 《大正藏》52 卷，第 272 页下。

③ 《大正藏》50 卷，第 648 页上。北齐被北周灭后，此项福利取消，但寺院僧侣亦可得到民间布施供养。"暨周武平齐，例无僧服。邺东夏坊，有给事郭弥者，谢病归家，养素闾巷，洽闻内外，慈济在怀，先废老僧，悉通收养。"（《大正藏》50 卷，第 648 页下 - 649 上。原文"僧服"误为"别服"）

第三编 魏晋南北朝佛教制度与政策举隅

除官名讫，来必相容。"① 而僧人出家，也会分配寺院，若寺院僧侣多寡过于悬殊，也会进行调配，"至明年（武平五年）夏初，以石窟山寺僧往者希，遂减庄严、定国、兴圣、总持等官寺百余僧为一番，通时尔夏，预居石窟。"② 圆通在武平四年住邺都大庄严寺，后因石窟寺僧侣稀少，故将庄严、定国、兴圣、总持等官寺僧侣调往石窟寺，故第二年，圆通即住石窟寺。唐代有非常完善的僧侣新出家的"配名"制度和僧侣寺院间迁移的"移隶"制度，③ 而其雏形则在南北朝已经孕育。官寺供养，虽然只能覆盖部分僧侣，但其却成为南北朝都市讲经法会兴隆的重要物质保障。

由于在都市官寺中，学僧生活学习均有保障，故主讲法师常常是桃李满天下，僧传中经常记载，主讲僧人比较满意的弟子，可以担任"分讲"。此类分讲，师徒传承比较明确，开始具有学派的形态。"分讲"常有主讲者衣钵传人的意味，甚至常伴有神话传说。如陈僧智文，"学士分讲者，则宝定、慧峤、慧巘、智升、慧觉等。惟道志、法成，双美竹箭，拥徒建业。文昔梦泛舟海钓，获二大鱼，心甚异之。及于东安寺讲，麈尾才振，两峰俱落，深怪其事。以询建初琼上人，乃曰：斯告之先见，必有二龙传公讲者。其言果矣。"④

高僧举行讲经法会，传习经论，改变了受玄学清谈影响，魏晋"六家七宗"僧人自由辩论的风气，有利于南北朝出现专尊一经或一论的经师、论师出现，为南北朝佛教学派出现创造了条件。讲经制度也潜移默化地影响了当时佛教思想的发展，魏晋南北朝中后期，经论注疏，汗牛充栋，高僧长于演绎经题，科判经文，也与讲经制度中的"开题"、"上讲"有密切关系。而讲经法会，也便于高僧自由演出自己的独到见解，甚至出现讲经时"分剖文句，皆临机约截，遍遍皆异。"⑤ 这些都为创宗立说创造了条件；同时讲经法会更是其传播思想、培养僧徒，乃至日后开宗立派的舞台。

---

① 《大正藏》50 卷，第 648 页中。
② 《大正藏》50 卷，第 648 页上。
③ 参见周奇：《唐代宗教管理研究》，上海：复旦大学博士论文，2005 年，第 102－106 页。
④ 《大正藏》50 卷，第 609 页下。
⑤ 《大正藏》50 卷，第 486 页中。

第四编 魏晋南北朝民间佛教探析

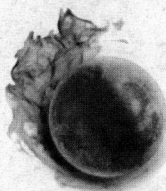

第一章　佛学义理研究与佛教信仰研究

第一节　像法与末法：从北魏昙谟最谈起

昙谟最是六世纪初北魏末年佛教界的重要代表人物，后人对其褒贬不一。昙谟最代表佛教界与道士姜斌辩论，提出佛陀生于老子数百年前，卒于西周穆王时，彻底改变了中国人由"老子化胡说"带来的对佛陀生卒年的认识，大大提早了佛陀入灭的年代，对后世佛教产生了重要影响。在此之前，中国民众信仰、各类疑伪经都强调"像法千年"；而在此后，中国人开始普遍认为自己处于"末法"时代，出现了大量此类的疑伪经，净土念佛、三阶教也都以末法时代作为自己重要的理论基础。六世纪之前的"像法"信仰与之后的"末法"信仰，是中国佛教末世信仰的不同阶段，在佛教信仰发展史上表现出了各自不同的特点，或许我们能以此为标志，为部分疑伪经等一些年代不清的南北朝宗教现象，划定大体的年代。

一、褒贬不一的原始史料

昙谟最，又称昙无最，是北魏末年的著名僧人，关于他的记述，最广为人知的主要是以下三类事迹，我们按照时间顺序依次讲述：

（1）菩提流支十分推崇昙谟最，称其为"东方菩萨"。

据《洛阳伽蓝记》卷四"融觉寺"条可知：

> 比丘昙谟最善于禅学，讲《涅槃》、《华严》，僧徒千人。天竺国胡沙门菩提留支见而礼之，号为"菩萨"。流支解佛义，知名西土，诸夷号为"罗汉"，晓魏言及隶书，翻《十地》、《楞伽》及诸经论二十三部。虽石室之写金言，草堂之传真教，不能过也。流支读昙谟最《大乘义章》，每弹指赞叹，唱言微妙，即为胡书写之，传之于西域。

沙门常东向遥礼之，号昙谟最为"东方圣人"。

道宣《续高僧传·昙无最传》记叙与此相同。据《续高僧传·菩提流支传》记载，菩提流支于北魏永平之初年（约508年），携大量梵本，经葱岭来洛阳，得到了北魏宣武帝的礼遇。故菩提流支礼赞昙谟最应该发生在此后。

（2）正光元年（520年）与道士姜斌辩论佛道先后。

《广弘明集》卷一载：

> 正光元年，明帝加朝服，大赦天下。召佛道二宗门人殿前，斋讫，侍中刘腾宣勒："请法师等与道士论议，以释弟子疑网。"时清通观道士姜斌，与融觉寺僧昙谟最对论。帝曰："佛与老子同时不？"斌曰："老子西入化胡，佛时以充侍者，明是同时。"最曰："何以知之？"斌曰："案《老子开天经》，是以得知。"最曰："老子当周何王几年而生？周何王几年西入？"斌曰："当周定王即位三年乙卯之岁，于楚国陈郡苦县厉乡曲仁里，九月十四日夜子时生。至周简王四年丁丑岁，事周为守藏吏。简王十三年迁为太史，至敬王元年庚辰岁，年八十五见周德陵迟，与散关令尹喜西入化胡，斯足明矣。"最曰："佛以周昭王二十四年四月八日生，穆王五十二年二月十五日灭度。计入涅槃后经三百四十五年，始到定王三年，老子方生，生已年八十五。至敬王元年，凡经四百二十五年，始与尹喜西遁。据此年载悬殊，无乃谬乎！"斌曰："若佛生周昭之时，有何文记？"最曰："《周书异记》、《汉法本内传》，并有明文。"……侍中尚书令元义宣勒语："道士姜斌，论无宗旨，宜下席。"又问："《开天经》何处得来？是谁所说？"即遣中书侍郎魏收、尚书郎祖莹等，就观取经。帝令议之，太尉丹阳王萧综、太傅李寔、卫尉许伯桃、吏部尚书邢栾、散骑常侍温子升等一百七十人，读讫奏云："老子止著五千文，更无言说，臣等所议，姜斌罪当惑众。"帝加斌极刑，三藏法师菩提流支苦谏乃止，配徒马邑。[①]

---

① 《大正藏》第52卷，第100页中。

《续高僧传·昙无最传》记叙与此相同。昙谟最引用《周书异记》、《汉法本内传》，论证佛陀是周昭王二十四年四月八日生，穆王五十三年二月十五日灭度。此说法在后世颇为流行，北齐地论师、大僧统法上在回答高丽国王询问时，也是持此说。隋末唐初的沙门法琳（572—640年）力挺此说，后世遂成定论。

（3）昙谟最死后，洛阳佛教界盛传其下地狱。

《洛阳伽蓝记》卷二载：

> 崇真寺比丘慧嶷，死一七日还活，经阎罗王检阅，以错召放免。惠凝具说过去之时，有五比丘同阅。一比丘云是宝明寺智圣，以坐禅苦行得升天堂。有一比丘是般若寺道品，以诵四十卷《涅槃》，亦升天堂。有一比丘云是融觉寺昙谟最，讲《涅槃》、《华严》，领众千人。阎罗王曰："讲经者心怀彼我，以骄凌物，比丘中第一粗行。今唯试坐禅、诵经，不问讲经。"其昙谟最曰："贫道立身以来，唯好讲经，实不闇诵。"阎罗王敕付司，即有青衣十人送昙谟最向西北门，屋舍皆黑，似非好处。有一比丘云是禅林寺道弘，自云教化四辈檀越，造一切经，人中金像十躯。阎罗王曰："沙门之体，必须摄心守道，志在禅诵，不干世事，不作有为。虽造作经象，正欲得他人财物，既得财物，贪心即起，既怀贪心，便是三毒不除，具足烦恼。"亦付司，仍与昙谟最同入黑门。有一比丘云是灵觉寺宝真，自云出家之前尝作陇西太守，造灵觉寺。寺成，即弃官入道。虽不禅诵，礼拜不阙。阎罗王曰："卿作太守之日，曲理枉法，劫夺民财，假作此寺，非卿之力，何劳说此！"亦付司，青衣送入黑门。时太后闻之，遣黄门侍郎徐纥依慧嶷所说，即访宝明等寺。城东有宝明寺，城内有般若寺，城西有融觉、禅林、灵觉等三寺，问智圣、道品、昙谟最、道弘、宝真等，皆实有之。议曰："人死有罪福。"即请坐禅僧一百人，常在殿内供养之。诏不听持经像沿路乞索。若私有财物，造经像者，任意。慧嶷亦入白鹿山，隐居修道。自此以后，京邑比丘悉皆禅诵，不复以讲

经为意。①

崇真寺比丘慧嶷暂死七日后还阳，在地狱中见阎罗王云："讲经者心怀彼我，以骄凌物，比丘中第一粗行。今唯试坐禅、诵经，不问讲经。"昙谟最因生前只会讲经而不会禅诵，被罚入"黑门"。这一灵验故事传播开来后，洛阳佛教界风气大变，"自此以后，京邑比丘悉皆禅诵，不复以讲经为意。"《续高僧传·昙无最》所谓"后不测其终"，②恐即盛传昙谟最入地狱的隐晦说法。

现存史料未发现有对昙谟最去世时间的确切记载，关于崇真寺比丘慧嶷的这段传说，也未记发生在何时，但当时胡太后尚在世。北魏胡太后在正光元年（520 年）被元叉（即前引《广弘明集》中的侍中尚书令元义）、刘腾囚禁；正光四年（523 年）六镇起义爆发；孝昌元年（525 年）胡太后杀元叉，再度临朝摄政；武泰元年（528 年）胡太后谋杀十九岁即将成年的孝明帝，立年仅三岁的临洮王子元钊为帝，天下哗然，引发尔朱荣之乱。同年尔朱荣在河阴溺死胡太后及幼主，并杀王公大臣两千余人，北魏政权统治精英消耗殆尽。由于 520 年昙谟最尚在世与道士姜斌辩论，而此后数年胡太后一度失势；由此推测，关于比丘慧嶷的这段传说，应该发生在 525—528 年胡太后再度摄政期间。也就是说，昙谟最在与道士姜斌辩论后数年内即去世，而在胡太后再度摄政期间（525—528 年）即有传闻说他已下地狱。

据《续高僧传》的记载，昙谟最是河南武安人，早年在邯郸崇尊寺弘律，"常随门学"有上千人；"后敕住洛都融觉寺"，其与菩提流支交往即在此寺。从《洛阳伽蓝记》卷二的记载来看，昙谟最死后声望急剧下降，应与主张禅诵的僧团势力上升、而讲求义理经论的僧团失势有密切关系。胡太后再度摄政时期，与昙谟最交好的菩提流支正在洛阳翻译佛典③，他甚为敬重的昙谟最被盛传死后已下地狱，应该说这对菩提留支的译经宣讲活动甚为不利。昙谟最擅长讲授《华严经》，我国最早的大部头《华严经》注释书——灵辨（477—522 年）的百卷本《华严经论》，完成于神龟三年

---

① 《洛阳伽蓝记校释》，第 59 – 62 页。
② 《高僧传二集》四册之三，第 819 页。
③ 菩提流支大约在 534 年东西魏分裂、迁都邺前后，才离开洛阳的。

（519 年）。① 根据相关资料的记载，灵辨在 522 年于融觉寺去世，与昙谟最去世几乎是同时、同地。与昙谟最身后的命运类似，灵辨的《华严经论》问世后即在北朝长期埋没，直到一百多年后唐初才再度引起华严宗祖师的重视。由此可见，在尔朱荣之乱前，北魏时局尚未动荡时，北魏译师、学僧很可能已经被当时的社会和佛教界边缘化，这可能也是造成北魏末年译师、学僧生平事迹晦暗不清的重要原因。

在北魏末年的佛教中心洛阳，讲求义理经论的僧团势力与主张禅诵的僧团，两者势力的此消彼长，应与当时的时局有一定关系。在 520 年昙谟最与道士姜斌辩论时，昙谟最显然得到了元叉支持，而元叉是胡太后的政敌，胡太后再度执政后打击以昙谟最为代表的洛阳城西融觉寺一系讲经义理僧，亦好理解。

二、昙谟最与末法信仰

就《续高僧传·昙无最传》来看，昙谟最：

> 灵悟洞微，餐寝玄秘，少禀道化，名垂朝野，为三宝之良将，即像法之金汤。讽诵经论，坚持律部，偏爱禅那，心虚静谧，时行汲引，咸所推宗，兼博贯玄儒，尤明论道。故使七众望尘，奄有繁闹，最厌世情。重将捐四部，行施奖诲，多以戒禁为先，巫动物机，信用云布。②

昙谟最不仅精通佛教义理，还在戒律、禅定等多方面皆有成就，是北魏末年佛教界的领军人物。当然，昙谟最的最主要成就还是在华严经学方面，他晚年所居洛阳崇融觉寺是当时北方的华严学中心，灵辨即在此地最终完成了百卷本的《华严经论》；北魏末年勒那摩提、菩提流支等译僧入华，引入了《十地经论》，用唯识思想来解释《华严经》，而菩提流支等外

---

① 因《华严经论》残卷相继在日韩发现，海外学者对此多有关注。我国学者张文良近年来一直关注灵辨《华严经论》的研究，读者可参看他所撰写的"《楞伽经》与灵辨的《华严经论》"，《佛学研究》，2009 年刊；"华严经论"中的一乘思想，《南昌航空大学学报（社会科学版）》2011 年 03 期；"北魏灵辨的禅定思想"，河北邢台：第二届河北禅宗文化论坛，2012 年 5 月。

② 《高僧传二集》四册之三，第818 页。

来僧侣亦对昙谟最崇敬有加，甚至誉为"东方菩萨"。

但昙谟最这一系华严经学在胡太后再度执政时期遭到打击，灵辨百卷本的《华严经论》长期埋没，早期地论师历史也晦暗不清，直到北魏东西分类后才逐渐彰显。昙谟最这一系华严学在北魏末年的衰落，当然有政治原因，但亦与社会风尚的好恶有直接关系。笔者以为：北魏末年义学不受重视，而禅诵大兴，与当时佛教末世信仰的发展有直接关系。

从表面上看，昙谟最本人似乎与末法信仰并没有太大瓜葛，甚至可以说正是由于末法信仰的流行，讲经被视为无用——他去世后被人批判，可以说是末法信仰流行造成的后果之一。但笔者认为，昙谟最作为北魏末年的佛教界重要代表人物，在与道教辩论时，提出"佛以周昭王二十四年四月八日生，穆王五十二年二月十五日灭度"，成为此后中国末法信仰的一个重要支点。

佛教内容正法、像法、末法说法不一，一般来说，都是正法 500 年，像法 1000 年，末法 10000 年。昙谟最将佛灭年代提早到西周穆王时期，本意是在佛道争先，即佛陀出生早于老子；由于北魏末年佛教势力已经大大超过道教，昙谟最此说虽非其首先提出，而是援引儒家伪书，但经他这样一位佛教领袖公开宣讲，并得到朝廷支持，佛陀生于西周之世，遂得到当时和后世的广泛认可。尽管此后的各种说法还稍有差异，但大都将佛陀卒年定于公元前十世纪我国西周时期。[1] 以往由于"老子化胡说"的影响，老子大约是春秋末年的历史人物，卒年被认为在公元前五世纪，因而佛陀一般也被认为大约是生活在这一时期的历史人物。从春秋末期到魏晋南北朝前期，大约已有一千年的历史，所以时人认为自己已经处于佛灭千年之后的"像法"时代，大量疑伪经，乃至学僧的著述都持此观点，例如凉州释道朗在昙无谶译《大涅槃经》的序言中说：

> 佛涅槃后，初四十年，此经于阎浮提宣通流布，大明于世。四十年后，隐没于地。至正法欲灭，馀八十年，乃得行世，雨大法雨。自是已后，寻复隐没。至于千载，像教之末，虽有此经，人情薄淡，无

---

① 参见张总："末法与佛历关系初探"（《法源》第十七期，1999 年），以及"末法与佛历关联再探"（《法源》第二十一期，2003 年）。

心敬信。遂使群邪竞辩，旷塞玄路，当知遗法将灭之相。①

由于昙谟最否定了佛陀入灭年代在春秋末期的说法，而将其提早到西周穆王时期，如此一来佛陀入灭时代被大大提前，那么公元六世纪的北魏就不再是以往认为的处于"像法"时代，而是进入"末法"时代了！这个结果可能是昙谟最在最初佛道论衡中没有预见到的，但却对中国佛教信仰的历史发展，产生了重要的影响。

在六世纪之前，无论是北方的北凉、北魏中前期，还是南方的东晋、刘宋，社会上流行的佛教末世观念，主要是"像法千年"，即正法时代已经结束，像法千年来临，佛教即败坏。北凉时期像法观念十分流行，②影响到北魏，如《提谓波利经》等大量疑伪经都主张佛灭千年后像法来临、佛教衰败之说；而在南方，最为典型的代表就是刘宋时期出现的《大灌顶经》，根据伍小劼博士后的研究，《大灌顶经》中没有出现"末法"一词，但多次出现"正法"、"像法"。③

但进入六世纪后，情况发生了巨大的变化，正法、像法、末法得到普遍接受，"末法"信仰流行，中国人开始普遍相信自己处于"末法"时代，而非"像法"。六世纪开始在中国广泛流行的净土、三阶教也公开以末法时代经教不行来为自己念佛、普拜做论证。利用"末法"的这一论证方式在五世纪时是很难想象的。

一般认为末法信仰的流行与北朝几次大规模灭佛有关；但是发生从"像法"到"末法"信仰转变的五世纪末、六世纪初，恰是北魏武帝灭佛和北周武帝灭佛的间歇阶段，不仅佛教没有遇到严重的外部威胁，反而是佛教高速发展的时代，特别是在北方，北魏中后期的几十年内僧侣数目从十余万一下跃升到二三百万的规模（事见《魏书·释老志》）。北魏末年僧侣数目的暴增，与北魏末年均田制破坏，大量人口隐匿在寺院田庄之中有直接关系。北魏中期，武帝灭佛后，开始推行佛图户和僧祇户制度，实际

① 《出三藏记集》，北京：中华书局，1995年，第315页。
② 参见杜斗城：《北凉佛教研究》。
③ 参见伍小劼：《道教终末论与中国佛教疑伪经之发展：以〈大灌顶经〉为中心》，北京：中国人民大学博士后出站报告，2012年，第15页。

第四编 魏晋南北朝民间佛教探析

上就是一个官方认可的寺院隐蔽人口的公开制度，北魏末年虽然佛图户和僧祇户制度逐渐废除，但已经很难阻止大量人口为逃避官方的赋税徭役而进入寺院田庄。

如果抛开灭佛威胁这一传统视角，我们该如何理解六世纪在佛教颇为鼎盛的时代开始大规模流行的"末法"信仰的意义呢？首先，末法信仰对佛教有警醒的意义，大量流民进入佛教，戒律松弛，末法信仰既是对这种现象的警示，也是在提醒僧侣要努力精进，使佛法久住，如现存最早汉地僧侣所写关于末法信仰的传世文献，慧思在北齐天保九年（558 年）所作《立誓愿文》：

> 我今誓愿，持令不灭，教化众生，至弥勒佛出。佛从癸酉年入涅槃后，至未来贤劫初弥勒成佛时，有五十六亿万岁。我从末法初，始立大誓愿，修习苦行，如是过五十六亿万岁，必愿具足佛道功德，见弥勒佛。如愿中说入道之由，莫不行愿，早修禅业，少习弘经，中间障难，事缘非一，略记本源，兼发誓愿，及造金字二部经典。①

其次，末法信仰认为在末法时代，佛法渐亡，这实际上为中国佛教徒在传统的经教义理之外，引入更多的宗教信仰元素，开启了方便之门。在末法时代，不仅儒、道信仰元素可以被引入，大量疑伪经中还出现了数量惊人的鬼神巫术。六世纪上半叶北魏昙鸾受菩提流支影响，弘扬口称念佛，六世纪后期三阶教团的兴起，都与末法信仰的背景有着密切的关系。

昙谟最在《续高僧传》被称为"像法之金汤"，《洛阳伽蓝记》中与昙谟最同在地府中的还有禅林寺道弘、灵觉寺宝真，这两人生前都是致力于建寺造像。"像法"时代的佛教实践活动虽非仅仅是建寺造像，但从北凉开始，建造石窟、寺院、塔像就是让佛法在"像法"时代不灭的一种重要方式。例如收录于《出三藏记集》中、最迟六世纪初之前已经流行的疑伪经《佛说决罪福经》，便借佛之口宣扬造像之好处，并批评不虔诚的造像：

---

① 《慧思大师文集》，第 4 页。

佛言："末世时人民富，各各竞起塔寺，但求名闻，不求久长大福……私作塔者，不住沙门，但为白衣舍，不得大富，非为无福也。后末世时人多卖福，云何卖福？尔时人民父母起起（第二"起"为衍字）私寺庙，子孙（缺一"不"字）肖，或多穷乏而卖伏图，则为卖福……"慧法白佛言："买福者有罪无也？""若知情者有罪。"①

《佛说决罪福经》在六世纪初之前业已产生，这段经文中使用的是"末世"而没有出现"末法"。这段话是对以私人自住为目的的建筑塔院、以赢利为目的的买卖佛教图像等现象的批评，认为没有福报；但总体上《佛说决罪福经》还是强调虔诚造像的功德，"作佛精舍图列形像，令四辈礼拜，劝动人心，其福弘大"。②"像法"时代亦属末世，但虔诚造像，尚有功德；但在"末法"时代，建设塔院佛像功利心重，受到越来越多的批评，这也成为北周武帝灭佛时铲除寺院塔像的重要借口之一。③

从五世纪到六世纪，从"像法"到"末法"，民众佛教信仰的这一变化是十分明显的，昙谟最在这一历史过程中，应该说发挥了重要的促进作用，虽然他本人可能无意于此，甚至可以说：由他所论证和弘扬的佛陀卒于西周的说法导致末法观念的普遍认可，反而给他所弘扬的华严学带来负面影响，自己最终成了自己的"掘墓人"。

南岳慧思是六世纪中叶末法信仰的重要践行者，按照传统说法，慧思"九师相承"，其中慧思的一位老师"最师"，有学者认为就是昙谟最，按照《智顗传》的说法："智者受业思师，思师从道就师，就师受法最师"，慧思即是昙谟最的再传弟子。④但慧思出生于北魏延昌四年（515 年），昙谟最去世时，慧思最多十岁，且按照《续高僧传·慧思传》的说法，慧思是随慧文学习禅定，有所成就，"后往鉴、最等师，述己所证，皆蒙随喜。"故此可以判定，慧思的"最师"与昙谟最年代不合，不应为一人。虽然慧思在《立誓愿文》中对末法纪年的看法近似于昙谟最；但后者以华严学见

---

① 《大正藏》第 85 卷，第 1131 页下－1132 页上。

② 《大正藏》第 85 卷，第 1132 页中。

③ 参见《余嘉锡文史论集》，第 225 页。净影寺慧远对此做过反驳，事见《续高僧传·慧远传》。

④ 参见刘朝霞："南岳慧思师承考辨"，《宗教学研究》，2008 年第 2 期。

长，而前者是尊《法华经》的天台宗先驱，两者在思想理路上也未必有继承关系。

总之，从现存史料来看，无法证明昙谟最本人具有末法信仰，但就其对佛陀灭度年代的论证和弘扬上，应该说他对中国佛教末世信仰，从"像法"进入"末法"有重要的促进作用。

三、余论：昙谟最是否可以成为佛教史分野的一个时代标杆

民众佛教信仰，可以说是属于"长时段"的历史，常常很难确定具体的时间年代。这也直接造成了大量疑伪经断代的困难。直接从经文内容入手，"内证"的手法往往争议较大；现在通行的做法还是以"外证"为主，惯用的办法是以各代经录为核心，哪部经录收入了该疑伪经，则这部经录的成书年代就是该疑伪经的成立下限；另外，敦煌写经年代、考古发现疑伪经碑刻记录等，也可以佐证年代下限。不过单纯的外证法，局限颇多，特别是如果经录失收，则疑伪经很难判断年代；而且无法判断早期经录是否失收——疑伪经出现后未必能够立即得到主流佛教界关注，以及南北方佛教文献流通的地域差异等原因，很可能出现经录收录疑伪经迟滞的情况发生。若单凭经录加以判定疑伪经的出现年代，可能会往往将年代定得较迟，影响在宗教史、思想史中对民众佛教信仰原创意义的判别。

青木隆等学者，在考察敦煌遗书中地论文献时，使用"四缘集说"等地论师特有的术语、理论进行判断，并以"四缘集说"形成过程中各阶段的特点，来区别时代先后次序，笔者以为这种做法是有借鉴意义的。[①] 南北朝疑伪经等大量民众佛教文献，都涉及末世信仰，而且许多年代不清，如果以宣扬"像法"还是宣扬"末法"来进行梳理，进而判断是六世纪之前的作品，还是六世纪之后的作品，无疑会极大地提高我们对疑伪经年代判断的精确度。比如《像法决疑经》，首见于隋初的《法经录》，《出三藏记集》未收，以往我们只能断定其是六世纪中后期的作品，但若从其宣扬

---

① 参见青木隆著，杨小平、宋之光译："地论宗的融即论与缘起说"，中国人民大学佛教与宗教学理论研究所主办：《宗教研究》，2011 年刊。石井公成："敦煌发现的地论宗文献研究现状"，中国人民大学佛教与宗教学理论研究所主办：《宗教研究》，2011 年刊。以及青木隆等整理：《藏外地论宗文献集成》，韩国伦山市：金刚大学校佛教文化研究所，2012 年。

"像法"来看，佛陀所谓"我灭度已千年后，恶法渐兴"，这类提法很可能是六世纪初"末法"意识渐强之前的作品，这样几乎可以将其产生年代提早一个世纪，在五世纪至六世纪初的佛教背景下对其进行考察。诸如此类的例子甚多。

当然这样做是存在一定风险的，还需要更多的证据来论证是否中国南北朝时期确实存在像法信仰与末法信仰的前后区别，是否五世纪末六世纪初是像法信仰与末法信仰的分野。但总之，这是一个值得尝试的学术课题。

第二节　"猫鬼"与神佛杂居：汉魏两晋南北朝佛教生存的民间信仰环境

五世纪初，北魏灭北凉，北凉大量僧侣进入北魏，北魏的佛教受到北凉的影响极大。北凉以昙无谶为首的僧人，翻译了大量的佛经，其中许多佛教经典宣扬了末世思想，加之北凉当时已经处在亡国边缘，这种思想颇为流行，北凉开凿了大量的石窟，就是想以此作为"像教"不灭的标志。北魏灭北凉不久，北魏武帝就开始灭佛，北凉流行的末世思想也在北魏佛教界得到广泛的认同。北凉昙无谶翻译的《大集经》，介绍了种类繁多、数量惊人的鬼神系统，鬼神无所不在，控制一切，除了皈依佛教（依靠"陀罗尼"），已经完全没有自己修行的余地了。[1]

按照《续高僧传》的记载，昙鸾（476—542 年）为北魏时人，出身"高族"，家近五台山，14 岁入山出家。昙鸾出家后，学习"四论"（《中论》、《百论》、《十二门论》、《大智度论》），后阅读《大集经》，着手注解。昙鸾注解《大集经》时得了气疾，觉得若不获长生，很难完成自己的佛教研究，于是决定去南朝向道士陶弘景学习仙术。51 岁时，昙鸾南下，见到了梁武帝，在茅山从陶弘景得到《仙经》十卷。从南朝返回北魏途中，在洛阳遇到菩提流支，得授《观无量寿经》。昙鸾遂焚《仙经》，从此专心净土修行。

对日后中日净土佛教影响甚大的北魏僧人昙鸾，其转入净土信仰，

第四编　魏晋南北朝民间佛教探析

---

① 参见杜斗城：《北凉佛教研究》。

《大集经》起到了相当大的作用。特别是《大集经》对大量神鬼系统的描述，对陀罗尼的推重，使得他转入经咒信仰，而最终导向净土念佛。应该说西北流行的各种鬼怪信仰，结合末法时代的信念，使得部分中国佛教信徒从崇尚自力而转入他力信仰。

那么当时我国西北民间信仰，各种鬼怪崇拜的具体情形是怎样的呢？本节仅举"猫鬼"一例加以说明。①

猫鬼神在我国陕西、甘肃、青海很多地方都有信仰者，信徒不仅包括汉族，还有藏族、土族等许多少数民族群众。② 猫鬼神的信仰铺盖范围十分广泛，历史也十分悠久。开皇十九年（599 年）："延州刺史孤独陀好左道，以奉猫鬼事，除名为民，乃诏畜猫鬼蛊毒厌媚野道之家，并投诸四裔。"（《资治通鉴》卷一七八，《隋书》卷七十九"外戚传"，《隋书·地理志》）关于古代猫鬼神的记载，《隋书》，《北史》与《太平广记》卷361，也有相应记载：

> 隋独孤陀，字黎邪，文帝时，为延州刺史，性好左道。其外家（"家"原作"甥"，据明抄本改。）高氏，先事猫鬼，已杀其舅郭沙罗，因转入其家。帝微闻之而不信。其姊为皇后，与杨素妻郑氏俱有疾。召医视之，皆曰："此猫鬼疾。"帝以陀后之异母弟，陀妻乃杨素之异母妹也，由是疑陀所为。阴令其兄穆以情喻之，上又遣左右讽陀。言无有，上不悦，左迁陀，陀遂出怨言。上令左仆射高颖、纳言苏威、大理杨远、皇甫孝绪杂按之。而陀婢徐阿尼供言，本从陀母家来，常事猫鬼，每以子日夜祀之。言子者，鼠也。猫鬼每杀人，被杀者家财遂潜移于畜猫鬼家。帝乃以事问公卿，奇章公牛弘曰："妖由人兴，杀其人，可以绝矣。"上令犊车载陀夫妻，将死，弟诣阙哀求，于是免死除名，以其妻杨氏为尼。先是，有人诉其母为猫鬼杀者，上以为妖妄，怒而遣之。及是，乃诏赦诉行猫鬼家焉。陀亦未几而卒。（出《北史》）

---

① 陈怀宇：《动物与中古政治宗教秩序》（上海：上海古籍出版社，2012 年）是一本立意十分新颖的研究，然未涉及猫鬼问题。

② 猫鬼神当代田野研究，可参考梁艳："半神半鬼'猫鬼神'"，《中国宗教与社会高峰论坛：暨第五届宗教社会科学国际研讨会》（中文论文集）下册，北京：北京大学中国宗教与社会研究中心，2008 年，第 190 – 196 页。

又《太平广记》卷139"猫鬼"条："隋大业之季，猫鬼事起。家养老猫为厌魅，颇有神灵，递相诬告。京都及郡县被诛戮者，数千余家。蜀王秀皆坐之。隋室既亡，其事亦寝。（出《朝野佥载》）"

由"京都及郡县被诛戮者，数千余家"来看，当时猫鬼信仰的规模应该是很大的，是一个尚未引起当今学者注意的古代宗教现象。而且隋亡后，猫鬼神信仰并没有消失，唐高宗时期由长孙无忌等撰述的《大唐疏议》第262条："蓄造猫鬼及教导猫鬼之法者，皆绞；家人或知而不报者，皆流三千里。"从侍奉猫鬼成为一个专门的罪名看，应该信仰者还是颇多的，朝廷对此打击亦甚为严厉。

延州、京都及周边郡县，在今天的陕西西安一带，正是现今猫鬼神信仰流行的区域。笔者推测，这种猫鬼神信仰，很可能是在后汉至南北朝时由西域传入汉地，后长期在我国西北广大地区传播。由于史料缺乏，古代猫鬼神信仰的具体形态，已经很难得知了。

在汉魏两晋南北朝，无论在中国的北方，还是南方，类似猫鬼这类鬼怪信仰，可以说无处不在，但由于史料缺乏，我们对它们知之甚少。但是如果我们对这类民间宗教一无所知，则很难理解当时神佛杂居的宗教信仰状况，进而也不能深入把握真实的佛教历史。

神佛杂居，民间宗教信仰与佛教并存的局面，无论南北，都是非常普遍的现象。《出三藏记集》和梁《高僧传》都记载了关于东吴康僧会的一个传说：

> 至孙皓昏虐，欲燔塔庙。群臣佥谏，以为佛之威力不同馀神。康会感瑞，大皇创寺，今若轻毁，恐贻后悔。皓悟，遣张昱诣寺诘会。昱雅有才辩，难问纵横，会应机骋辞，文理锋出。自旦至夕，昱不能屈。既退，会送于门。时寺侧有淫祀者，昱曰："玄化既孚，此辈何故近而不革？"会曰："雷霆破山，聋者不闻，非音之细。苟在理通，则万里悬应；如其阻塞，则肝胆楚越。"昱还，叹会才明，非臣所测，愿天鉴察之。①

---

① 《出三藏记集》，第513－514页。参见《高僧传》，第16－17页。

在僧传和应验记、笔记小说中，佛教与中国固有民俗信仰杂陈的例子很多，坊间一些著述常将其视为佛道关系加以论述，其实六朝正统道教反对血食，标榜"神不饮食，师不受钱"，被高僧度化不再血食的神明，大都为民间信仰的对象。最为著名的一例是安世高点化宫亭湖神：

> 世高游化中国，宣经事毕，值灵帝之末，关洛扰乱，乃杖锡江南。云："我当过庐山度昔同学。"行达宫亭湖庙。此庙旧有灵验，商旅祈祷，乃分风上下，各无留滞。尝有乞神竹者，未许辄取，舫即覆没，竹还本处。自是舟人敬惮，莫不慑影。世高同旅三十馀船，奉牲请福。神乃隆祝曰："舫有沙门，可便呼上。"客咸共惊愕，请世高入庙。神告世高曰："吾昔在外国，与子俱出家学道，好行布施，而性多瞋怒。今为宫亭湖神，周回千里，并吾所统。以布施故，珍玩无数；以瞋恚故，堕此神中。今见同学，悲欣可言！寿尽旦夕，而丑形长大，若于此舍命，秽污江湖，当度山西空泽中也。此身灭，恐堕地狱，吾有绢千匹，并杂宝物，可为我立塔营法，使生善处也。"世高曰："故来相度，何不现形？"神曰："形甚丑异，众人必惧。"世高曰："但出，众不怪也。"神从床後出头，乃是大蟒蛇，至世高膝边，泪落如雨，不知尾之长短。世高向之胡语，傍人莫解，蟒便还隐。世高即取绢物，辞别而去。舟侣飏帆，神复出蟒身，登山顶而望。众人举手，然後乃灭。倏忽之顷，便达豫章，即以庙物造立东寺。世高去後，神即命过。暮有一少年上船，长跪世高前，受其咒愿，忽然不见。世高谓船人曰："向之少年，即宫亭庙神，得离恶形矣。"于是庙神歇没，无复灵验。后人于西山泽中见一死蟒，头尾相去数里，今寻阳郡蛇村是其处也。[①]

宫亭湖神庙是庐山南麓的一座山神庙，地处赣江与长江的交通要道，信仰原型是蛇，又有镇护风浪的作用，受神仙传说的影响，汉代已被称为

---

① 《出三藏记集》，第 509－511 页。参见《高僧传》，第 5－6 页。

庐君，后又与佛、道教发生交涉。① 其后信仰仍长期存在，并未被安世高"点化"后而为佛教收编。

上引安世高、康僧会两例，绝非史实的记录，梁《高僧传》的作者慧皎也意识到这个问题。康僧会传记中记录其事迹忽而孙权时、忽而孙皓时，慧皎亦难以确定：

> 有记云，孙皓打试舍利，谓非其权时。余案皓将坏寺，诸臣咸答："康会感瑞，大皇创寺。"是知初感舍利，必也权时。故数家传记咸言孙权感舍利于吴宫，其后更试神验，或将皓也。②

而安世高的传记，则更为混乱，甚至慧皎也难以自圆其说：

> 按释道安《经录》云："安世高以汉桓帝建和二年（公元一四八年）至灵帝建宁中，二十余年，译出三十余部经。"又《别传》云："晋太康（公元二八〇至二八九年）末，有安侯道人来至桑垣，出经竟，封一函于寺云：'后四年可开之。'吴末行至杨州，使人货一箱物，以买一奴，名福善，云：'是我善知识'，仍将奴适豫章，度宫亭庙神。为立寺竟，福善以刀刺安侯胁，于是而终。桑垣人乃发其所封函，财理自成字云：'尊吾道者，居士陈慧；传禅经者，比丘僧会。'是日正四年也。"又庾仲雍《荆州记》云："晋初有沙门安世高，度宫亭庙神，得财物立白马寺于荆城东南隅。"宋临川康王《宣验记》云："蟒死于吴末。"昙宗《塔寺记》云："丹阳瓦官寺，晋哀帝时沙门慧力所立。后有沙门安世高，以宫亭庙余物治之。"然道安法师，既校阅群经，诠录传译，必不应谬。从汉桓建和二年至晋太康末，凡经一百四十余年，若高公长寿，或能如此。而事不应然。何者？案如康僧会注《安般守意经序》云："此经世高所出，久之沉翳。会有南阳韩林、颍川文业、会稽陈慧，此三贤者，信道笃密，会共请受，乃陈慧义，余助斟酌。"寻僧会以晋太康元年（公元二八〇年）乃死，而已

---

① 参见魏斌："宫亭庙传说：中古早期庐山的信仰空间"，《历史研究》，2010年第2期，第46–64页。

② 《高僧传》，第19页。

云："此经出后，久之沈翳。"又世高封函之字云："尊吾道者，居士陈慧；传禅经者，比丘僧会。"然《安般》所明，盛说禅业，是知封函之记，信非虚作。既云二人方传吾道，岂容与共同世？且《别传》自云："传禅经者，比丘僧会。"会已太康初死，何容太康之末，方有安侯道人？首尾之言，自为矛盾。正当随有一书谬指晋初，于是后诸作者，或道太康，或言吴末，雷同奔竞，无以校焉。既晋初之说，尚已难安，而昙宗记云："晋哀帝时，世高方复治寺。"其为谬说，过乃悬矣。①

康僧会的传说，实则是要引出康僧会在吴王面前表现神迹，受到宠信而得以修建"建初寺"；而安世高度化宫亭湖神的诸多说法，最终都是导向得宫亭湖神庙财产若干而创立（不同的）佛寺。因此安世高传记中"晋初之说"可能并非无心之误，而是有意为之，透露了建寺的时间。由此可见，僧传中的高僧彰显神通、度化俗神的传说，大都起于后期，与后世彰显寺院神异有一定关系。这对于神佛杂陈，在佛教与大量民间信仰杂处的环境中，佛教自彰其教，吸引信徒，无疑是有现实利益考量的。

可见，不了解当时佛教所处的民间宗教信仰环境，不仅不能了解当时民众佛教信仰形态，甚至对佛教僧传基本史实也难以判定。例如，鸠摩罗什去世年代，《高僧传》载有弘始七年（405 年）、八年（406 年）和十一年（409 年）等数种说法，然据大量经录记叙，僧肇与刘遗民的书信，以及鸠摩罗什与佛驮跋陀罗的交往看，至少鸠摩罗什在 411 年尚在世。那么，为何在僧传中会出现鸠摩罗什死于 405 年、406 年、409 年等几种说法呢？这应该跟一则与鸠摩罗什有关的谶纬预言有关：

> 时什母将什至月氏北山，有一罗汉见而异之，谓其母曰："常当守护此沙弥，若至三十五不破戒者，当大兴佛法，度无数人，与优波掘多无异。若戒不全，无能为也，正可才明俊义法师而已。"②

按照僧传记载，鸠摩罗什是被吕光所逼，娶龟兹王女而破戒。吕光是

---

① 《高僧传》，第 7–8 页。
② 《高僧传》，第 46 页。

在太元九年（384 年）攻占龟兹城。鸠摩罗什若死于 409 年，世寿六十岁，则 384 年恰好 35 岁。将鸠摩罗什的卒年定在 409 年或之前数年，恐意在迎合月氏北山罗汉的谶语。再如据《续高僧传·慧思传》，南岳慧思"陈光大二年六月二十二日"到南岳，自言："吾寄此山，正当十载，过此已后，必事远游"；而僧传记其卒年"即陈大建九年六月二十二日也"，亦意在符合此前的这条谶语，"取验十年，宛同符矣。"

即便在僧传记载中，也应随时注意谶纬应验等民间信仰因素，不应不加甄别地全部采用为信史，同时也须深入挖掘其民众信仰的用意。如果我们能够从佛教民众信仰的角度切入汉魏两晋南北朝这个时代的佛教历史，相信还是会大有所获的，这也是本编选题的一个初衷。

第二章　南朝民众的佛教地狱信仰研究

本章主要以现存南朝各种应验记为材料，探讨在南朝民众佛教信徒中广泛存在的地狱信仰。正是这种民众地狱信仰，在中国传统中潜移默化地注入了因果报应、六道轮回等佛教信仰。生前作恶，死后在地狱中受苦，受苦赎罪完毕，亡者可以升天转世，这是南朝地狱信仰的基本模式。而为了尽早结束地狱之苦，斋醮诵经、经像崇拜等各种佛教元素纷纷加入地狱信仰之中，这也迫切要求最终出现一位佛教的度人师，总管恶鬼超拔。总之，南朝佛教的地狱信仰，几乎能够整合当时中国人所有的佛教信仰实践，并催生了许多新的中国佛教信仰元素。

海外中国佛教史研究专家陈观胜教授，在其久负盛名的《中国佛教》一书中，将魏晋南北朝佛教史概括为南朝的士大夫佛教（Gentry Buddhism）与北朝的国家佛教（State Buddhism），[①] 后来华裔学者黎惠伦教授通过研究在北朝佛教邑社中影响甚广的伪经《提谓波利经》，进一步提出在南方的士大夫佛教和北方的国家佛教之外，于稍后的五世纪中国北方还出现了民众佛教（Plebeian Buddhism）。[②] 中国大陆佛教专家方广锠教授，依据敦煌佛教文献，提出魏晋南北朝之世，在义理佛教之外，尚有信仰型佛教存在，"义理佛教与信仰型佛教都出现了自己的领导人物——释道安与刘萨诃"，后者即"在北方信仰性佛教中占据重要地位的刘萨诃（刘

---

① See Kenneth Ch'en, *Buddhism in China*, pp. 121 – 183. 另一位研究中国佛教史的著名海外学者许理和教授在其名著《佛教征服中国》中也曾提出类似的一对概念："王室佛教"（court Buddhism）与"士大夫佛教"（gentry Buddhism），参见该书中译本《佛教征服中国：佛教在中国中古早期的传播与适应》。

② Whalen W. Lai, "*The Earliest Folk Buddhist Religion in China: Ti – Wei Po – li Ching and Its Historical Significance*" eds. David W. Chappell, *Buddhist and Taoist Practice in Medieval Chinese Society*, Honolulu: Hawaii University Press, 1987, p. 11.

师佛）"。①

民众佛教（或民众信仰型佛教）在魏晋南北朝佛教史中的地位，逐渐受到学者重视，在学术研究上开始与士大夫佛教研究、国家佛教（或王室佛教）研究鼎足而三。但是现有魏晋南北朝民众佛教研究大都局限在中国北方，主要利用北方石窟碑刻、敦煌遗书等材料进行研究；而实际上，中国南方的民众佛教也十分发达，现存各类佛教应验记（"释氏辅教之书"）也不少，像在北方影响巨大的"刘萨诃"也多次出现在南朝佛教应验故事之中，甚至故事铺陈更加丰富。南朝佛教史研究大都集中于南朝发达的佛教义理，而南朝民众佛教研究则遭遇了不应有的忽视。有鉴于此，笔者即以佛教应验记为主要材料，通过对地狱信仰的研究，管窥南朝的民众佛教信仰，以求教于方家。

第一节　晋宋时民众接受的地狱信仰

描述地狱的各类译经，已有学者进行了梳理。② 但有一个现象值得我们注意，那就是魏晋南北朝时，各类佛经关于地狱的说法很不统一，经文分歧很大：

随着佛经的传译，佛家的地狱思想便间接地被带入中国。而有关地狱的经论，译述的也早，远在东汉桓、灵帝之世，安世高便译有《佛说十八泥犁经》、《佛说罪业应报教化地狱经》等。稍后灵、献之时，支娄迦谶所译《道行般若经》中有"泥犁品"，康巨译有《问地狱事经》……虽然佛家的地狱说传入得早；有关地狱的文字，译著得多；但由所传入的佛家经论看来，在六朝之世，佛家对地狱的说法仍极分歧。不仅对地狱的名称、数目诸经说法不同，甚至连地狱在何处也有异说。这种分歧的情形，严重到几乎难得找到几本经论的说法是完全相同的。而地狱说源自印度，由此也可看出印度初期的地狱说，

①　方广锠："敦煌遗书与佛教研究"，麻天祥主编：《佛学百年》，武汉：武汉大学出版社，2008 年，第 373 - 374 页。

②　可参阅"佛家诸经论所言地狱异说表"，萧登福：《汉魏六朝佛道两教之天堂地狱说》，台北：台湾学生书局，1989 年，第 175 - 203 页。

本是纷杂不统一的。①

本节并非要从译经史的角度来探讨地狱观念的传入，或追述印度本土的地狱观念；而是关心如此纷杂的地狱说法，通过各类译经、外国僧侣传入中国后，哪些地狱观念产生了较大的影响，中国人是如何接受这些地狱观念，又是如何将其进行整合的。下面我们将主要从晋宋时流行的"地府游记"对此问题进行探讨：

晋赵泰，字文和，清河贝丘人也。祖父京兆太守。泰，郡举孝廉；公府辟，不就。精思典籍，有誉乡里。当晚乃膺仕，终于中散大夫。泰年三十五时，尝卒心痛，须臾而死。下尸于地，心暖不已，屈伸随人。留尸十日，平旦，喉中有声如雨。俄而苏活。说初死之时，梦有一人，来近心下。复有二人，乘黄马，从者二人，夹扶泰腋，径将东行，不知可几里，至一大城，崔嵬高峻，城色青黑，状锡。将泰向城门入，经两重门，有瓦屋可数千间；男女大小，亦数千人，行列而立。吏着皂衣，有五六人条疏姓字，云当以科呈府君。泰名在三十。须臾，将泰与数千人男女，一时俱进。府君西向坐，简视名簿讫，复遣泰南入黑门。有人着绛衣，坐大屋下，以次呼名，问生时所事："作何孽罪，行何福善？谛汝等辞，以实言也。此恒遣六部使者，常在人间，疏记善恶，具有条状。不可得虚。"泰答："父兄仕宦，皆二千石。我少在家，修学而已，无所事也，亦不犯恶。"乃遣泰为水官监作使，将二千余人，运沙裨岸，昼夜勤苦。后转泰水官都督，知诸狱事，给泰马兵，令案行地狱。所至诸狱，楚毒各殊。或针贯其舌，流血竟体；或被头露发，裸形徒跣，相率而行，有持大杖，从后催促。铁床铜柱，烧之洞然，驱迫此人，抱卧其上，赴即焦烂，寻复还生。或炎炉巨镬，焚煮罪人，身首碎堕，随沸翻转。有鬼持叉，倚于其侧。有三四百人，立于一面，次当入镬，相抱悲泣。或剑树高广，不知限量，根茎枝叶，皆剑为之。人众相誓，自登自攀，若有欣意。而身首割截，尺寸离断。泰见祖父母及二弟，在此狱中，相见涕

---

① 萧登福：《汉魏六朝佛道两教之天堂地狱说》，第 65 页。

泣。泰出狱门，见有二人赍文书来，语狱吏，言有三人，其家为其于塔寺中县幡烧香，救解其罪，可出福舍。俄见三人，自狱而出；已有自然衣服，完整在身。南诣一门，云名"开光大舍"，有三重门，朱采照发。见此三人，即入舍中。泰亦随入。前有大殿，珍宝周饰，精光耀目。金玉为床。见一神人，姿容伟异，殊好非常，坐此座上。边有沙门，立侍甚众。见府君来，恭敬作礼。泰问："此是何人，府君致敬。"吏曰："号名世尊，度人之师，有愿令恶道中人皆出听经。"时云有百万九千人，皆出地狱，入百里城，在此到者，奉法众生也。行虽亏殆，尚当得度，故开经法。七日之中，随本城作善恶多少，差次免脱。泰未出之顷，已见十人，升虚而去。出此舍，复见一城，方二百余里，名为"受变形城"。地狱考治已毕者，当于此城，更受变报。泰入其城，见有土瓦屋数千区，各有坊巷。正中有瓦屋高壮，阑槛采饰，有数百局吏，对校文书，云：杀生者当作蜉蝣，朝生暮死；劫盗者当作猪羊，受人屠割；淫泆者作鹤鹜獐麇，两舌者作鸱枭鸺鹠，捍债者为驴骡牛马。泰案行毕，还水官处。主者语泰，"卿是长者子，以何罪过，而来在此？"泰答："祖父兄弟，皆二千石。我举孝廉；公府辟，不行。修志念善，不染众恶。"主者曰："卿无罪过，故相使为水官都督。不尔，与地狱中人无以异也。"泰问主者曰："人有何行，死得乐报？"主者唯言："奉法弟子，精进持戒，得乐报，无有谪罚也。"泰复问曰："人未事法时，所行罪过，事法之后，得以除不？"答曰："皆除也。"语毕，主者开縢箧，检泰年纪，尚有余算三十年在，乃遣泰还。临别，主者曰："已见地狱罪报如是，当告世人，皆令作善。善恶随人，其犹影响，可不慎乎？"时亲表内外候视泰者，五六十人，同闻泰说。泰自书记，以示时人。时晋太始五年七月十三日也。乃为祖父母二弟延请僧众，大设福会。皆命子孙改意奉法，课劝精进。时人闻泰死而复生，多见罪福，互来访问。时有太中大夫武城孙丰，关内侯常山郝伯平等十人，同集泰舍，款曲寻问，莫不惧然，皆即奉法也。（《法苑珠林》七。《太平广记》三百七十七）①

第四编　魏晋南北朝民间佛教探析

---

① 《古小说钩沉》，第278-281页。

这个故事,《幽明录》中也有收入,[①] 个别细节略有不同,《幽明录》记载赵泰三十五岁去世时的时间是宋太始五年七月十三日夜半;自西门从两重城门入阴间后见到的是"数十梁瓦屋,男女当五六十",而不是上面引文说的"数千间","数千人";在"开光大舍"中的见闻,《幽明录》记叙与上述引文略有差异:赵泰"见大殿珍宝耀日,堂前两师子并伏象,一金玉床,云名师子之座。见一大人,身可长丈余,资颜金色,项有日光,坐此床上,沙门立侍甚众,四座名真人菩萨,见泰山府君来作礼,(赵)泰问吏:'何人?'吏曰:'此名佛,天上天下,度人之师。'便闻佛言:'今欲度此恶道中及诸地狱人。'皆令出应,时云有万九千人,一时得出地狱,实时见呼十人,当上生天,有车马迎之,升虚空而去";另外,《幽明录》中提到悬幡烧香时,都提到了"转《法华经》"。其他地方,两书记录基本相同。

从上面这个故事,我们可以看出:人死后,被一队吏卒押解来到地府,地府是一座有城门围墙的大城;新死到地府的各亡灵,要登记"条疏姓字",并以此名单呈报地狱的主管"府君"。由府君再审判亡灵,先询问亡灵生前的善恶行为,而且在审判时,府君已经事先掌握了该亡灵生前善恶行为的档案记录。如果生前表现好,则可以在地府任职,如赵泰被任命为"水官监作使",后由于表现良好,又升任"水官都督";如果生前作恶,当入各种地狱受苦。地狱中针扎棒打,痛苦不堪,主要的地狱酷刑有三类,一是让亡魂抱卧用火烧热的铜柱铁床,受炮烙之苦后,皮肤恢复,循环往复地受苦不尽;二是将亡魂叉入沸水大锅之中,"身首碎堕,随沸翻转";三是攀爬剑树,有些类似后世常说的上刀山,"身首割截,尺寸离断"。

家人如果为亡者做佛教法事,如"其家为其于塔寺中县(悬)幡烧香",则可出地狱而"开光大舍",其大殿中有众沙门簇拥的"神人","号名世尊,度人之师,有愿令恶道中人皆出听经",亡魂听经后得到超度,可以"升虚而去"。若未得超度,亡魂在地狱中受苦已尽,就会进入一座方圆二百余里的大城"受变形城",亡魂在此轮回转世,若生前作恶

---

① 《古小说钩沉》,第 198—201 页。

过多，则下一世托生之身也不会太好，"杀生者当作蜉蝣，朝生暮死；劫盗者当作猪羊，受人屠割；淫泆者作鹤鹜獐麋，两舌者作鸩枭鸺鹠，捍债者为驴骡牛马。"只有生前信奉佛法的人，死后才会有乐报，而且只要信奉佛法，未信佛法之前的恶业也会得以消除。

从以上对地狱的描述，从下图来看，就比较清楚了。

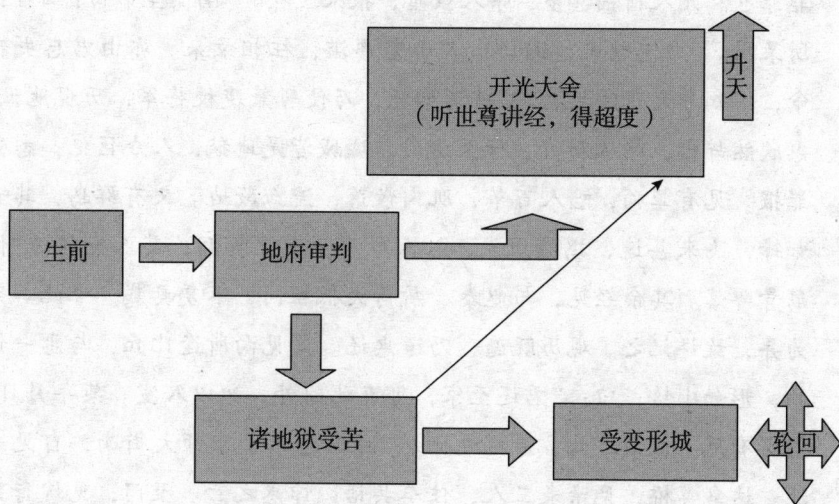

从上图我们可以看出，当时人们的佛教地狱观念，大体来说是二元的，即经过地府的审判，好人或者说信奉佛法的人，入开光大舍，听世尊（度人师）讲经即得超度而升天；坏人或者说不信奉佛法的人，依其生前罪孽入各种地狱受苦，受苦折抵罪责后，入变形城轮回转世。不过在各地狱受苦时，若家人做佛事活动，亡灵也有可能从其所受苦的地狱中直接进入开光大舍得到超度。

下面，我们再补充一条《冥祥记》中关于地狱的记录：

> 晋程道惠，字文和，武昌人也。世奉五斗米道，不信有佛。常云："古来正道，莫逾李老，何乃信惑胡言，以为胜教！"太元十五年，病死。心下尚暖，家不殡殓，数日得苏。说初死时，见十许人缚录将去。逢一比丘，云此人宿福，未可缚也。乃解其缚，散驱而去。道路修平，而两边棘刺森然，略不容足。驱诸罪人，驰走其中。肉随着刺，号呻聒耳。见惠行在平路，皆叹美曰："佛弟子行路，复胜人

也!"惠曰:"我不奉法。"其人笑曰:"君忘之耳。"惠因自忆先身奉
佛,已经五生五死,忘失本志。今生在世,幼遇恶人,未达邪正,乃
惑邪道。既至大城,径进听事。见一人,年可四五十,南面而坐。见
惠,惊问曰:"君不应来。"有一人着单衣帻,持簿书对曰:"此人伐
社,杀人,罪应来此。"向所逢比丘亦随惠入,申理甚至,云:"伐社
非罪也。此人宿福甚多,杀人虽重,报未至也。"南面坐者曰:"可罚
所录人。"命惠就坐,谢曰:"小鬼谬滥,枉相录来。亦由君忘失宿
命,不知奉大正法教也。"将遣惠还,乃使暂兼覆校将军,历观地狱。
惠欣然辞出,导从而行。行至诸城,城城皆是地狱,人众巨亿,悉受
罪报。见有掣狗,啮人百节,肌肉散落,流血蔽地。又有群鸟,其喙
如锋,飞来甚速,鸠然血至,入人口中,表里贯洞;其人宛转呼叫,
筋骨碎落。其余经见,与赵泰、屑荷大抵粗同,不复具载。唯此二条
为异,故详记之。观历既遍,乃遣惠还。复见向所逢比丘,与惠一铜
物,形如小铃,曰:"君还至家,可弃此门外,勿以入室。某年月日,
君当有厄。诚慎过此,寿延九十。"时道惠家于京师大街南,自见来
还。达皂荚桥,见亲表三人,住车共语,悼惠之亡。至门,见婢行哭
而市。彼人及婢,咸弗见也。惠将入门,置向铜物门外树上,光明舒
散,流飞属天,良久还小,奄尔而灭。至户,闻尸臭,惆怅恶之。时
宾亲奔吊,突惠者多,不得徘徊,因进入尸,忽然而苏。说所逢车人
及市婢,咸皆符同。惠后为廷尉,预西堂听讼,未及就列,欻然烦
闷,不识人,半日乃愈。计其时日,即道人所戒之期。顷之,迁为广
州刺史。元嘉六年卒,六十九矣。(《珠林》五十五)①

引文中说"其余经见,与赵泰、屑荷大抵粗同,不复具载。唯此二条
为异,故详记之。"因为《冥祥记》全书已佚,"屑荷"条已不可得见,而
"赵泰"条即是本节所引第一个故事,故此处所引"程道惠"可以看做是
"赵泰"条的补充。引文中强调的两点,在我们前述三大类地狱之外,又
增加了恶狗扑食的地狱,"啮人百节,肌肉散落,流血蔽地";以及群鸟啄

---

① 《古小说钩沉》,第 300 - 301 页。

食的地狱，群鸟"其喙如锋"，让地狱中受苦的亡灵"筋骨碎落"。

另外上述"程道惠"引文中还有两点值得注意，第一，如果前世信奉，而此生不信佛，甚至信奉五斗米道，也会因前世信佛而在地狱中得到优待；第二，人死后，在前往地府的途中，道路十分崎岖难行，"两边棘刺森然，略不容足"，行走其上"肉随着刺，号呻聒耳"，而佛教徒死后得到优待，可以走平坦的好路。这一点在很多条笔记小说中都有提到，如《冥祥记》"石长和"条中亦提到，去往地府之路，"道之两边，棘刺森然，皆如鹰爪，见人甚众，群走棘中，身体伤裂，地皆流血。见（石长）和独行平道，俱叹息曰：'佛子独行大道中。'"①

此外，笔记小说中提到的地狱酷刑还有不少，除了上面提到的炮烙、汤煮、爬剑树，以及狗咬、鸟啄之外，常见的还有铁轮，如晋初沙门支法衡在地府时，"俄见有铁轮，轮上有铁爪，从西转来，无持引者，而转驶如风。有一吏呼罪人当轮立，轮转来轹之，翻还如此，数人碎烂。"此类地狱酷刑甚多，文繁不详引。

在民众接受的佛教信仰中，地狱酷刑甚多，首先固然是佛教相关经文的传入；其次也是中国本土信仰对死后世界恐惧的一种反映。秦汉以来，中国人对死后生活是存在一种恐惧心理的，如东汉王充《论衡·薄葬》："是以世俗内持狐疑之议，外闻杜伯之类；又见病且终者，墓中死人来与相见，故遂信是，谓死如生。闵死独葬，魂狐无副，丘墓闭藏，谷物乏匮，故作偶人以侍尸柩，多藏食物，以歆精魂。积浸流至，或破家尽业以充死棺，杀人以殉葬，以快生意……以为死人有知，与生人无以异。"② 秦汉时中国人普遍认为，人在死后与生时一样，仍有知觉，仍会遇到各种恐怖事物；佛教的地狱观念，恰好迎合并加强了上述观念。最后，地狱中的酷刑在当时现实生活中也已司空见惯，人们耳濡目染，易于接受。在《冥祥记》记录的当时人们的生活中，这类惨绝人寰的酷刑多有所见，例如"晋沙门释开达，隆安二年，登垄采甘草，为羌所执。时年大饥，羌胡相啖。乃至达栅中，将食之。先在栅者，有十余人；羌日夕亨俎，唯达尚

---

① 《古小说钩沉》，第 308 页。

② 王充：《论衡》，上海：上海人民出版社，1974 年，第 252 页。

存。"再如"晋张崇，京兆杜陵人也。少奉法。晋太元中，符坚既败，长安百姓有千余家，南走归晋，为镇戍所拘，谓为游寇，杀其男丁，虏其子女。崇与同等五人，手脚共械，衔身掘坑，埋筑至腰，各相去二十步。明日将驰马射之，以为娱乐。"无论异族还是汉人，烹煮食人、荼毒取乐，这类事件的发生和传闻，已为晋宋时人所熟悉，而且应该对当时人们有巨大的心理阴影。

面对天下大坏，许多人主张严刑峻法，"肉刑除复之议"辩论激烈。[1]是否恢复肉刑的议论，直到隋唐时新刑法体系的确立才告终，恢复肉刑的想法一直没有得以实行，但在汉末至南北朝，历代都有主张恢复肉刑的议论，应该说恢复肉刑的观点是有市场的。其主要理由不外乎两点，一则给犯罪者以切肤之痛的教训，并警示他人；二则让犯罪者苟全性命，留有出路且利于人口繁衍。而这两点在佛教地狱中，都有很好的体现。一方面，在地狱中，犯罪者在肉体上得到切实的惩罚，既惩罚其恶行，也宣扬了因果报应思想，警示世人；另一方面，犯罪者在地狱中受刑，肢体离散后立即复合，虽不断受苦，但刑满之后还可轮回转世，并非赶尽杀绝。应该说，民众信仰中的这种地狱观念，是符合当时人们的思想潮流的。

晋宋上层僧侣，也在理论上探讨了亡灵在地狱中，肉体是否真的受苦，得到惩罚的问题。因为佛教主张"无我"（早期译经翻译为"非身"），人体由"四大"即地、水、火、风四种元素构成，人死形散，亡魂如何在地狱中切实感受到身体上的受刑罚，就是一个在理论上必须探讨的问题。晋宋之际重要的僧团领袖庐山慧远（334—416 年）在《明报应论》中，详细讨论了这个问题。

庐山慧远在《明报应论》中首先要回答的问题就是："问曰：佛经以杀生罪重，地狱斯罚，冥科幽司，应若影响。余有疑焉。何者？夫四大之体，即地水火风耳，结而成身，以为神宅，寄生栖照，津畅明识，虽托之以存，而其理天绝。岂唯精粗之间，固亦无受伤之地，灭之既无害于神，亦由灭天地间水火耳。"[2] 人体由地水火风等元素构成，它不过是人的灵魂

---

[1] 参见蒲坚：《中国古代法制丛钞》第一卷，北京：光明日报出版社，2001 年，第 579 - 584 页。

[2] 《中国佛教思想资料选编》第一卷，第 89 页。

（"神"）暂时寄居的房子。地狱刑罚，折磨肉体，就像兴灭天地间水火等元素，对人的灵魂又有什么损害呢？

慧远对此的回答是："请寻来问之要，而验之于实。难旨全许地水火风结而成身，以为神宅，此即宅有主矣。问主之居宅，有情耶？无情耶？若云无情，则四大之结，非主宅之所感。若以感不由主，故处不以情，则神之居宅无情、无痛痒之知。神既无知，宅又无痛痒以接物，具是伐卉翦林之喻，无明于义。若果有情，四大之结，是主之所感也。若以感由于主，故处必以情，则神之居宅，不得无痛痒之知。神既有知，宅又受痛痒以接物，固不得同天地间水火风明矣。"① 慧远指出，如果将"形"视为"神"所居的屋子，那么这个屋子的主人，其性质如何？显然这个屋子的主人不是像草木一样的无情物，否则在身体上实施刑法就如同修剪花木一样，而没有痛感。人体由四大所结成，但它对于神是有感应的，因此解除外物是有痛痒的，故此构成人体的四大，与体外无关痛痒的四大是不同的。

慧远的这番解释，并不源深，但解决了一个重要的问题，即亡魂是在地狱中切切实实受苦的。那么亡魂为何要在地狱受苦，触犯了哪些佛教的禁忌，这些痛苦又将如何得到解脱，这一系列的问题，可以说将当时几乎所有的佛教信仰的要素与地狱观念整合到了一起。

第二节　地狱观念与佛教其他教理的整合

周一良先生在《〈宋书〉札记》中提到魏晋南北朝"久丧不葬"的情况："东晋南朝营墓须临时烧砖，颇为劳费。家贫者甚至须乡里'出夫力助作砖'……以贫而不得葬，其原因盖多在于无力烧制墓砖。据北魏墓志所记死亡及埋葬年月，亦每每相隔数月以至经年，原因当亦由于烧砖需时也。……南朝是否亦如北魏之比例，一匹绢当砖二百，不可知。从元澄传所载，推断南朝砖价似亦殊不少也。卷九一郭平原传，'本性智巧，既学构冢，尤善其事。每至吉岁，求者盈门'。知必待吉岁始葬亦是久丧不葬

---

① 《中国佛教思想资料选编》第一卷，第90页。

之一因。"①

南朝久丧不葬，"此风可能汉代已然"，故为医学上假死者提供了"复活"的机会，久丧不葬当是"释氏辅教之书"中亡者死而复活，言地狱见闻的社会习俗基础。这种死而复活的叙事，有秦汉以来中国传统模式的影响，如在慧达（刘萨荷）的故事中，慧达在地狱中"见一姬乘车，与荷一卷书。荷受之。西至一家，馆宇华整。有姬坐于户外，口中虎牙。屋内床帐光丽，竹席青几。""口中虎牙"之姬，显然是汉代墓画中常见的西王母形象。另外，人死而复活，演讲阴间见闻，这种叙事模式，秦汉时已见端倪，如严可均《全上古三代文》卷十五辑录《古文周书》（西晋初年汲冢出土，原书已散佚）一则故事（《文选》卷十五《思玄赋》注引）：

> 周穆王姜后，昼寝而孕，越姬嬖，窃而育之，毙以玄鸟二七，涂以麑血，置诸姜后，遽以告王。王恐，发书而占之，曰："蜉蝣之羽，飞集于户。鸿之戾止，弟弗克理。重灵降诛，尚复其所。"问左史氏，史豹曰："虫飞集户，是曰失所。惟彼小人，弗克以育君子。"史良曰："是谓关亲，将其留身，归于母氏，而后获宁。册而藏之，厥休将振。"王与令尹册而藏之于椟。居三月，越姬死，七日而复，言其情曰："先君怒予甚，曰：'尔夷隶也，胡窃君之子，不归母氏？将置而大戮，及王子于治。'"

该则故事主要是说，越姬用"涂以麑血"的玄鸟换了姜后所生王子，三个月后，越姬暴毙，死后七日复活，讲述自己的行为在阴间遭到周代先王的怒斥。

再如1986年甘肃省天水市北道区党川乡放马滩一号秦墓出土了四百余枚简牍，其中七枚被称为《墓主记》的简文，讲述了一位叫"丹"的人，死而复活，并告知世人鬼的多项喜恶，以及后人祭祀的注意事项，如"丹言：祠墓者毋敢殹（唾，吐口水）。殹，鬼去敬走"等。尤其值得注意的是，这则轶事是地方官以公文形式正式向上级御史汇报的："卅八年八月

---

① 周一良：《周一良集》第二卷，沈阳：辽宁教育出版社，1998年，第297-298页。

己巳，邸丞赤敢谒御史。"①

"丹"的言论，主要是祭祀的注意事项，而没有六朝"释氏辅教之书"中宣扬的因果善恶报应的痕迹。越姬在阴间是受到"先君"也就是其家族长辈的训斥。汉代人们观念中死后世界的生活，大约与其生前的生活相似，对于普通百姓来说，比较关心的是在阴间的赋税和劳役，如镇墓文中会提到向"地吏"交"地下税"："黄豆瓜子，死人持给地下赋"；用铅人代服劳役："铅人，持代死人"。② 这与我们在上节讨论的，人死后将在地狱中受苦，是截然不同的观念。汉代人们普遍认为，死后世界与现实世界类似，人生前的贵贱贫富大体也可以映射到死后，那么对死后人们的祭祀而保证其在阴间较好的生存条件，就是人们非常关心的事情。而佛教观念的引入，使人们在死后的状态将主要由其生前的善恶业报所决定，那么因果报应和佛教各种超度即成为人们关心的重点。这种死后关心重点的转移，对于中国人的信仰生活，是一件大事；佛教也以此为契机，其因果报应思想，以及很多重要观念，都以可超度亡魂的实际效果，而被普通民众逐渐接受。关于"丹"的故事，李学勤先生认为："与后世众多志怪小说一样，这个故事可能出于虚构，也可能实有其人，逃亡至秦，捏造出这个故事，借以从事与巫鬼迷信有关的营生"。③ 同样道理，"释氏辅教之书"也通过具有佛教色彩的地狱游记，在宣扬其所重点突出的教理和行为实践，乃至仪式法事活动。

魏晋南北朝笔记小说中的地府游记，一般采取的模式都是鬼卒误抓不应死之人，后者因此有机会在地府巡游，后被放回阳界，将地狱中见闻讲出。可见，在当时人们看来，鬼卒误抓的事情并不罕见。在《冥祥记》中刘宋沙门僧规被误收入阴间，还遭到地狱主管的责备：

① 参见何双全："天水放马滩秦简综述"，《文物》，1989 年第 2 期；李学勤："放马滩简中的志怪故事"，《文物》，1990 年第 4 期；倪晋波："近出秦简牍文献之文学观照"，《淡江人文社会学刊》第四十一期，2010 年 3 月。另，该简年代，现有秦昭王八年（前 299 年）和秦昭王三十八年（前 269 年）两说。

② 池田温："中国历代募卷略考"，《东洋文化研究所纪要》86，1981 年，第 273 页；参见蒲慕州：《追寻一己之福：中国古代的信仰世界》，上海：上海古籍出版社，2007 年，第 188 页以下。

③ 李学勤："放马滩简中的志怪故事"。

帝曰："汝是沙门，何不勤业，而为小鬼横收捕也？"（僧）规稽首诸佛，祈恩请福。帝曰："汝命未尽，今当还生；宜勤精进，勿屡游白衣家！杀鬼取人，亦多枉滥，如汝比也。"规曰："横滥之厄，当以何方而济免之？"帝曰："广设福业，最为善也；若不办，尔可作八关斋；生免横祸，死离地狱，亦其次也。"①

虽然"杀鬼取人，亦多枉滥"，但亡灵在地府中接受正式的审判，则不会出现差错，即如僧规在接受审判时：

> 有一人衣帻并赤，语规曰："汝生世时，有何罪福？依实说之，勿妄言也。"规惶怖未答，赤衣人如局吏云："可开簿检其罪福也。"有顷，吏至长木下，提一匮土，县铁梁上称之，如觉低昂。吏谓规曰："此种量罪福之秤也。汝福少罪多，应先受罚。"俄有一人，衣冠长者，谓规曰："汝沙门也，何不念佛？我闻悔过，可度八难。"规于是一心称佛，衣冠人谓吏曰："可更为此人称之，既是佛弟子，幸可度脱。"吏乃复上匮称之，称乃正平。②

上文中提到了"量罪福之秤"来保证审判的公正性，另外常见的还有让证人作证。笔记小说中经常提到让阳间之人暂死到阴间作证，甚至还有让动物作证，如僧人慧达（刘萨荷）在阴曹受审"有人执笔，北面而立，谓荷曰：'在襄阳时，何故杀鹿？'跪答曰：'他人射鹿，我加创耳。又不啖肉，何缘受报？'时即见襄阳杀鹿之地，草树山涧，忽然满目。所乘黑马，并皆能言，悉证荷杀鹿年月时日。荷惧然无对。"③

这种审判的公正性，以及审判标准的有章可循，让人们开始关心哪些事情是不可以做的，哪些事情、仪式功德是值得做的。下面我们就以僧人慧达在地府的见闻故事为例，来探讨一下当时佛教通过地府见闻这类传说，向民众传达了什么样的信息，从中我们便可以窥见当时佛教大量信仰观念涌入中土，哪些信仰观念是被突出强调的。

---

① 《古小说钩沉》，第313页。
② 《古小说钩沉》，第313页。
③ 《古小说钩沉》，第303页。

慧达，即刘萨诃（荷），是活动于东晋末到南北朝初期的一位稽胡族僧人，稽胡族主要生活在陕西、山西交界黄河两岸的山地，是由当地人、匈奴和西域胡人组合而成的"杂胡"。南齐王琰《冥祥记》，梁代慧皎《高僧传》，唐代道宣的《续高僧传》、《集神州三宝感通录》，都对他有专门的记录。二十世纪，在敦煌又发现了敦煌本《刘萨诃因缘记》和莫高窟的相关壁画，特别是上世纪70年代陈祚龙先生发表了《刘萨诃研究：敦煌佛教文献解析之一》[①] 一文，从此开启了刘萨诃研究的热潮，众多学术名家都从敦煌学切入对刘萨诃的研究。[②]

刘萨诃出家后，曾游化南方，梁《高僧传》提到他出家后，"晋宁康中（373—375年）至京师"，《续高僧传》："曾往吴越，备如前传。至元魏太武大延元年（435年），流化将讫，便事西返。"《集神州三宝感通录》的记述大体相同。如此，慧达（345—436年）至少在374年至435年间在南方游历，可见慧达生活在晋宋之际，大半生在南朝度过。本节并非要对慧达（刘萨诃）本人进行研究，而比较关注的是，慧达作为一位北方"杂胡"僧人，其传说事迹在南朝发生影响，特别是在有关他的广泛传播的故事中，反映出哪些佛教信仰元素。[③] 我们先来看《冥祥记》中的记述：

> 晋沙门慧达，姓刘名萨荷，西河离石人也。未出家时，长于军旅，不闻佛法；尚气武，好畋猎。年三十一，暴病而死。体尚温柔，家未殓。至七日而苏。说云：将尽之时，见有两人执缚将去，向西北行。行路转高，稍得平衢，两边列树。见有一人，执弓带剑，当衢而立。指语两人，将荷西行。见屋舍甚多，白壁赤柱。荷入一家，有女子美容服。荷就乞食，空中声言，勿与之也。有人从地踊出，执铁杵，将欲击之。荷遽走，历入十许家皆然，遂无所得。复西北行，见一妪乘车，与荷一卷书。荷受之。西至一家，馆宇华整。有妪坐于户

[①] 陈祚龙："刘萨诃研究"，《华冈佛学学报》第三卷，1973年5月，第33-56页。

[②] 参见尚丽新："刘萨诃研究综述"，《敦煌学辑刊》，2009年第1期，第135-143页。

[③] 本节主要依据的材料是《冥祥记》中的慧达故事（鲁迅《古小说钩沉》本），并附以《高僧传·慧达传》（汤用彤点校本），《刘萨诃因缘记》（陈祚龙点校本），以及《续高僧传·慧达传》（大正藏本）、《集神州三宝感通录》（大正藏本），并参考《法苑珠林》（周叔迦点校本）的引文。

外，口中虎牙。屋内床帐光丽，竹席青几，复有女子处之。问荷："得书来不？"荷以书卷与之，女取余书，比之。俄见两沙门，谓荷："汝识我不？"荷答："不识。"沙门曰："今宜归命释迦文佛。"荷如言发念，因随沙门俱行。遥见一城，类长安城，而色甚黑，盖铁城也。见人身甚长大，肤黑如漆，头发曳地。沙门曰："此狱中鬼也。"其处甚寒，有冰如席，飞散着人，着头头断，着脚脚断。二沙门云："此寒冰狱也。"荷便识宿命，知两沙门往维卫佛时，并其师也。作沙弥时，以犯俗罪，不得受戒。世虽有佛，竟不得见从。再得人身，一生羌中，今生晋中。又见从伯，在此狱里，谓荷曰："昔在邺时，不知事佛。见人灌像，聊试学之，而不肯还直，今故受罪。犹有灌福，幸得生天。"次见刀山地狱。次第经历，观见甚多。狱狱异城，不相杂厕。人数如沙，不可称计。楚毒科法，略与经说相符。自荷履践地狱，示有光景。俄而忽见金色，晖明皎然。见人长二丈许，相好严华，体黄金色。左右并曰："观世大士也。"皆起迎礼。有二沙门，形质相类，并行而东。荷作礼毕，菩萨具为说法，可千余言，末云："凡为亡人设福，若父母兄弟，爰至七世姻媾亲戚，朋友路人，或在精舍，或在家中，亡者受苦，即得免脱。七月望日，沙门受腊，此时设供，弥为胜也。若制器物，以充供养，器器摽题，言为某人亲奉上三宝，福施弥多，其庆逾速。沙门白衣，见身为过，及宿世之罪，种种恶业，能于众中尽自发露，不失事条，勤诚忏悔者，罪即消灭。如其弱颜羞惭，耻于大众露其过者，可在屏处，默自记说，不失事者，罪亦除灭。若有所遗漏，非故隐蔽，虽不获免，受报稍轻。若不能悔，无惭愧心，此名执过不反，命终之后，克坠地狱。又他造塔及与堂殿，虽复一土一木，若染若碧，率诚供助，获福甚多。若见塔殿，或有草秽，不加耘除，蹈之而行，礼拜功德，随即尽矣。"又曰："经者尊典，化导之津。《波罗蜜经》功德最胜，《首楞严》亦其次也。若有善人，读诵经处，其地皆为金刚，但肉眼众生，不能见耳。能勤讽持，不坠地狱。《般若》定本，及如来钵，后当东至汉地。能立一善，于此经钵，受报生天，倍得功德。"所说甚广，略要载之。荷临辞去，谓曰："汝应历劫，备受罪报；以尝闻经法，生欢喜心，今当见受轻报，一过便免。汝得济活，可作沙门。洛阳、临淄、建业、鄮阴、成都五处，并有阿育王塔。又吴中两石像，育王所使鬼神造也，颇得真相。能往礼拜者，不堕地狱。"语已东行。荷作礼而别，出南大道，广百余步，道上行者，不可称计。道边有高座，高数十丈，有沙门坐之。左右僧众，列倚甚多。有人执笔，北面而立，谓荷曰："在襄阳时，何故杀鹿？"跪答曰："他人射鹿，我加创耳。又不啖肉，何缘受报？"时即见襄阳杀鹿之地，草树山涧，忽然满目。所乘黑马，并皆能言。悉证荷杀鹿年月时日。荷惧然无对。须臾，有人以叉叉之，投镬汤中。自视四体，溃然烂碎。有风吹身，聚小岸边，忽然不觉，还复全角。执笔者复问："汝又射雉，亦尝杀雁。"言已，又投镬汤，如前烂法。受此报已，乃遣荷去。入一大城，有人居焉，谓荷曰："汝受轻罪，又得还生，是福力所扶。而今以后，复作罪不？"乃遣人送荷。遥见故身，意不欲还，送人推引，久久乃附形，而得苏活。奉法精勤，遂即出家，字曰慧达。太元末，尚在京师。后往许昌，不知所终。(《珠林》八十六)①

而从现存文献来看，慧达（刘萨诃或刘萨荷）的最早文献是产生于南齐的《冥祥记》和梁《高僧传》。慧达（刘萨诃）的传记在梁《高僧传》中的"兴福篇"首位，在《续高僧传》中列在"感通篇"第三位。从内容上看，《冥祥记》只叙述了刘萨诃死后游历阴间的情景，复活后即便出家，出家后的情景只记叙了一句"太元末，尚在京师。后往许昌，不知所终"，可见《冥祥记》中刘萨诃故事的形成和流传是在南朝，刘萨诃在太元（376—396 年）末年离开建康（南京）以后的情况就不甚了解了。而《高僧传》和《续高僧传》则重点讲述刘萨诃出家以后经像崇拜和感应的情况。对其出家前的情况，《高僧传》卷十三仅提到："少好田猎。年三十一，忽如暂死，经日还苏，备见地狱苦报。见一道人云是其前世师，为其说法训诲，令出家。"②《续高僧传》也只提到："后因酒会遇疾，命终备睹地狱众苦之相，广有别传，具详圣迹。（慧）达后出家。"《集神州三宝

---

① 《古小说钩沉》，第 301 – 304 页。
② 《高僧传》，第 477 页。

感通录》也跟僧传类似，重点是记述刘萨诃出家后的经像感应。因此，在传世的文献中，刘萨诃的资料可以分为两大类，A 类是《冥祥记》的记述，主要讲地府游记；B 类是僧传和《感通录》的记述，主要讲经像感应。

而敦煌本《刘萨诃因缘记》三份抄卷的编号是：P. 2680（甲本），P. 3570（乙本），P. 3727（丙本），内容基本相同。陈祚龙先生认为："这种'因缘记'的制作年代，最早也只是在初唐，而且它的'蓝本'，谅必仍是释道宣的《续高僧传》"。[①] 但从《因缘记》的内容来看，主要由两部分组成，第一部分主要讲述刘萨诃出家前在地狱的游记，第二部分则是讲述刘萨诃出家后的经像感应，应该是上述 A、B 两类材料的汇编。本节重点讨论 A 类材料。《因缘记》中的地府游记，相对《冥祥记》简略，但也有所不同，其相关部分引用如下：

> 和尚俗姓刘氏，字萨河，丹州定阳人也。性好游猎，多曾杀鹿。后忽卒亡，乃被鬼使擒捉，领至阎罗王所。问萨河：汝曾杀鹿已否？萨河因即抵毁。须臾怨家竞来相证，即便招承。闻空中唱声："萨河为鹿。"当即身变成鹿，遂被箭射肚下，迷闷无所觉知。实时又复人身。

> 唯见诸地狱中，罪人无数，受诸苦毒。和尚遍历诸地狱。忽见友人王叔谈，在兹受罪，乃嘱和尚曰："若却至人间，请达音耗。谓我妻男，设斋造像，以济幽冥。"更有无数罪人，皆来相嘱。

> 又见亡过伯父，在王左右，逍遥无事。和尚问伯父，何得免其罪苦。伯父报云："我平生之日，曾与家人腊月八日，共相浴佛，兼许施粟六石。承此福力，虽处三涂，且免诸苦。然吾当发心，舍粟六石，三石已还，三石未付。倏忽之间，吾身已逝。今若施粟福尽，即受不还粟三石妄语之罪。汝可令家人，速为填纳。即得生处，免历幽冥也。"

> 又见观世音菩萨，处处救诸罪人。语萨河言："汝今却活，可能

---

① 陈祚龙：《刘萨诃研究》，第 53 页。

便作沙门以否？和尚依然已为广利群品之心。"言讫而堕高山。豁然醒悟，即便出家。①

将《冥祥记》和《因缘记》对比，可列下表：

表1

刘萨诃在地府遭遇的事件	《冥祥记》的记叙	《因缘记》的记叙
乞食十余家不得	"有人从地踊出，执铁杵，将欲击之。荷遽走，历入十许家皆然，遂无所得。"	无
见老妪授书	"见一妪乘车，与荷一卷书。"	无
见二沙门	劝刘萨荷（诃）"归命释迦文佛"	无
见地狱诸苦	叙述详细	叙述简略
见王叔谈	无	委托捎信家人，"设斋造像，以济幽冥"
见伯父	"昔在邺时，不知事佛。见人灌像，聊试学之；而不肯还直。今故受罪。犹有灌福，幸得生天。"	叙述更详
见观世音菩萨	观世音菩萨说法教化，篇幅甚长	叙述简略
杀鹿受报	投镬汤中	变鹿被射
杀雁受报	投镬汤中	无

从上述地狱见闻中，我们可以看出其所宣扬的内容大体可以分为三类：

333

① 《因缘记》完整录文，除陈祚龙点校本外，还可参考杨宝玉：《敦煌本佛教灵验记校注并研究》，兰州：甘肃人民出版社，2009 年，第 263–268 页。

第四编　魏晋南北朝民间佛教探析

（一）善恶因果，业报轮回

在诸恶事中，杀生罪重，像上述故事中，刘萨诃生前喜田猎，遂受恶报。这类故事在六朝笔记小说中最多，如《冥祥记》记录晋湘东太守庾绍之，死后：

> 义熙中，忽见形诣协，形貌衣服，具如平生，而两脚着械。既至，脱械置地而坐。协问："何由得顾？"答云："暂蒙假归，与卿亲好，故相过也。"协问鬼神之事，绍辄漫略，不甚谐对，唯云："宜勤精进，不可杀生；若不能都断，可勿宰牛，食肉之时，无啖物心。"协云："五脏与肉，乃复异耶？"答曰："心者，善神之宅也，其罪尤重。"①

上面这则东晋的灵验故事，有一些本土信仰的因素，如尤其反对吃动物的心脏；但其用地狱观念来劝阻威慑人们减少杀业，宣扬因果报应思想还是非常明显的。此类内容在地狱信仰中很多，甚至包括许多古代和当时的名人死后受报的例子，如《幽明录》记载：

> 东莱王明儿居在江西，死经一年，忽形见还家。经日，命招亲好叙平生，云天曹许以暂归，言及将离，语便流涕，问讯乡里，备有情焉。敕儿曰："吾去人间，便已一周，思睹桑梓。"命儿同观乡闾。行经邓艾庙，令烧之。儿大惊曰："艾生时为征东将军，没而有灵，百姓祠以祈福，奈何焚之？"怒曰："艾今在尚方摩铠，十指垂掘，岂其有神？"因云："王大将军亦作牛，驱驰殆毙，桓温为卒，同在地狱。此等并困剧理尽，安能为人损益？汝欲求多福者，正当恭顺，尽忠孝，无恚怒，便善流无极。"又令可录指爪甲，死后可以赎罪。又使高作户限，鬼来入人室，记人罪过，越限拔脚，则忘事矣。（《广记》三百二十）②

在这段引文中，原本赫赫有名、受人祭祀的邓艾，死后"暂归"的人

---

① 《古小说钩沉》，第306页。
② 《古小说钩沉》，第191页。

认为"今在尚方摩铠，十指垂掘，岂其有神"，而"王大将军亦作牛，驱驰殆毙，桓温为卒，同在地狱"。这类宣扬因果报应的应验记录，有改变人们价值评价体系的作用，其对中国人世界观、人生观的影响应该是十分巨大的，同时有打击中国本土信仰的效果，值得我们注意。

（二）经像崇拜

慧达（刘萨荷）在地狱中的见闻，宣讲了设斋造像济拔幽冥、浴佛（灌像）祈福死后生天的信仰，这些都可以归之为经像崇拜。崇拜经像，通过僧人转经拜像等宗教仪式活动，死者可以减少或免除地狱之苦，早日得以升天。佛像崇拜大家都比较熟悉，本章重点谈一下佛经崇拜。

> 晋史世光者，襄阳人也。咸和八年，于武昌死。七日，沙门支法山转《小品》，疲而微卧，闻灵座上，如有人声。史家有婢，字张信，见世光在灵上……语信云："我本应堕龙中（《广记》引作狱中），支和尚为我转经，昙护、昙竖迎我上第七梵天快乐处矣。"护、竖并是山之沙弥，已亡者也。后支法山复往为转《大品》，又来在坐，以二幡供养。时在寺中，乃呼张信："持幡送我。"信曰："诺。"便绝死……见世光入一黑门，有顷来出（《广记》引作寻即出来），谓信曰："舅在此，日见榜挞，楚痛难胜。省视还也。舅生犯杀罪，故受此报。可告舅母：会僧转经，当稍免脱。"舅即轻车将军报终也。（《珠林》五，《广记》一百十二）①

晋时，人死后找僧人念大小品般若经，可以帮助死者早日脱离地狱之苦，超生天上，这可以看做是东晋般若学勃兴的一个信仰基础。当时僧人斋会诵读般若经者很多，"晋周珰者，会稽剡人也，家世奉法……正月长斋竟，延僧设受八关斋。至乡市寺，请其师竺僧密及支法阶、竺佛密，令持《小品》，斋日转读。至日，三僧赴斋，忘持《小品》。至中食毕，欲读经，方忆，意甚惘怅。珰家在阪怡村，去寺三十里，无人遣取。至人定烧香讫，举家恨不得经。"② 若在斋会中忘记持经诵读，则意甚惘怅，也从反

---

① 《古小说钩沉》，第289页。
② 《古小说钩沉》，第291页。

面说明了般若经信仰的深入人心。除了大小品般若，当时常见的还有《楞严经》信仰，如"晋董吉者，于潜人也……恒斋戒诵《首楞严经》。村中有病，辄请吉读经，所救多愈。"① 再如撰写过《观世音应验》（一卷十余事）的晋代著名隐士谢庆续，② 也是《楞严经》的信仰者，曾"手写《首楞严经》"，谢死后，元嘉八年，此经遇火不焚，"一城叹异，相率敬信"。③

《般若经》和《楞严经》信仰的盛行，从慧达在地狱中所遇观世音大士的言论中，也可以得到印证："经者尊典，化导之津。波罗蜜经，功德最胜。首楞严亦其次也。若有善人，读诵经处，其地皆为金刚，但肉眼众生，不能见耳。能勤讽持，不坠地狱。般若定本，及如来钵，后当东至汉地。能立一善，于此经钵，受报生天，倍得功德"④ 其他经典，如《法华经》等，在地狱应验故事中也有提及，不再多举。

从上面的讨论中，我们看到，经籍的转读念诵对助人解脱地狱之苦，上生天界，有着十分重要的作用。我们在上一节讨论关于赵泰的应验记时，指出《幽明录》和《冥祥记》在记录中的一些差异。在《幽明录》中，作为"度人之师"的佛，只说了一句："今欲度此恶道中及地狱人。"号令一出，即"有万九千人，一时得出地狱"，并有十人升天；而《冥祥记》中作为"度人之师"的世尊，是大开经法，"令恶道中人皆出听经"，通过讲经来度脱恶道众生。《幽明录》是刘宋临川康王义庆编，早于大约在齐梁间成书的王琰《冥祥记》，由此可以推测，南朝佛教信仰中，佛经在解脱恶道中的作用是不断被加强的。

在南朝地狱信仰中，地狱实际上是一个升天（或轮回）之前的中转站，中国人最初接受的地狱观念，实际上是一种类似"炼狱"模式的地狱。例如《冥祥记》中一则刘宋时期的故事，提到一位僧人"逢新寺难公"，因生前饮酒一次，死后须在地府住破屋三年，方可升天：

> 宋蒋小德，江陵人也，为兵州刺史。朱循时为听事监师，少而信

---

① 《古小说钩沉》，第290页。
② 参见《〈观世音应验三种〉译注》，第1页。
③ 《古小说钩沉》，第297页。
④ 《古小说钩沉》，第303页。

向，勤谨过人。循大喜之，每有法事，辄令典知其务。大明末年，得病而死。夜三更，将殓，便苏活。言有使者，称王命召之，小德随去。既至，王曰："君精勤小心，虔奉大法，帝教精旨，以君专至，宜速生善地；而君箅犹长，故令吾特相召也。君今日将受天中快乐欣然。"小德嘉诺。王曰："君可且还家，所欲属寄及作功德，可速之，七日复来也。"小德受言而归。路由一处，有小屋殊陋弊，逢新寺难公于此屋前。既素识，具相问讯。难云："贫道自出家来，未尝饮酒，旦就兰公，兰公苦见劝逼，饮一升许，被王召，用此故也。贫道若不坐此，当得生天，今乃居此弊宇，三年之后，方得上耳。"小德至家，欲验其言，即夕，遽遣人参讯难公，果以此日于兰公处睡卧，至夕而亡。小德既愈，七日内大设福供，至期奋然而卒。朱循即免家兵户。兰、难二僧并居新寺，难道行大精，不同余僧。（《珠林》九十四）[1]

人们生前犯各种罪过，特别是杀业，死后在地狱中经受各种酷刑，而受苦的剧烈程度和时间长短，则依生前业报而定，生前罪咎赎完便可上升天堂或转世为人等；若生前、甚至前世信佛，或在地狱中蒙佛菩萨拯救，或家人做八关斋等法事，亡灵都可以在地狱中被优待、得到超拔。这样，这种"炼狱"模式的地狱观念，一方面融合了因果报应、轮回转世的佛教信仰。另一方面又突出了佛菩萨救苦救难、佛教信仰和法事活动的巨大功效。可以说，这种炼狱观念，将普通中国人接触到的各种佛教信息、观念进行了初步的整合，是晋宋佛教信仰极为重要的内容。这种观念在当时各类笔记小说中记录的篇幅最长，比例也非常高，值得我们充分重视和深入研究。南朝民众佛教中这种炼狱式地狱信仰，当与六朝道教认为人死后在地府经受各种锻炼最终成就仙品的信仰观念有关。

（三）佛菩萨等度人师崇拜

为慧达说法千余言的菩萨"观世大士"，是应验记中地狱里"度人之师"这一角色。至迟到东汉晚期，中国人死后世界已经科层官僚化，[2] 而魏晋南北朝出现的"度人之师"，游离于地府科层官阶外，显然是一个新

---

① 《古小说钩沉》，第 332 页。

② 参见《追寻一己之福：中国古代的信仰世界》，第 178 - 184 页。

鲜事物。

本章所讨论的南朝佛教中的地狱信仰形态，与道教的灵宝度人信仰，以及炼度等仪式，有许多可以深入探讨的地方。单就佛教内部而言，在地狱中设立一个度人之师的角色（无论是观音还是世尊），已经可以看到日后地藏信仰的基本形态，日后地藏即逐步取代观音在地狱中的位置。尹富博士认为："八世纪初之前，在现世苦难的救赎故事中，观音菩萨已扮演了相当重要的角色，地藏菩萨与观音菩萨在救济功能上有很多重合之处，但在隋及唐初才兴起、在高宗武后时期获得快速发展的地藏信仰显然不可能代替、排挤掉观音信仰，那么，它的发展路向也就可能指向其他途径，这一途径便是尚未有佛菩萨以专门救赎者的面目出现的幽冥世界。"[①]

地藏菩萨成为中国佛教地狱救主的原因十分复杂，本章不详细讨论，这里只是要指出，正是南朝佛教地狱信仰的兴盛，"度人之师"的出现，才使得在中国传统地狱官僚机构之外，需要一位佛教的地狱救主，这一地狱信仰模式是南朝时在中国信徒心中逐渐奠定的。

综上所述，本章主要以各种应验记材料，探讨了在南朝佛教信徒中广泛存在的地狱信仰。正是通过这种地狱信仰，在中国传统地府模式，如泰山夫君、西王母、水官等元素之外，潜移默化地融入了佛教的因果报应、六道轮回信仰。南朝佛教的地狱信仰，几乎能够整合当时中国人所有的佛教信仰实践，并产生了许多新的中国佛教信仰元素，其极大地推动了佛教信仰在民众中的广泛传播，与六朝精英的义理佛教一样，民众佛教同样需要佛教史研究者高度重视。

---

① 尹富：《中国地藏信仰研究》，成都：巴蜀书社，2009年，第176－177页。此外，尹博士还列举了其他原因，如地藏原本是印度神话中的地神转化，《须弥藏经》、《十轮经》的影响，地藏的沙门形象与幽冥救助的僧侣身份符合等，文繁不详引。

第三章 末法信仰与北朝僧侣数目暴增的吊诡

第一节 均田制的破坏与末法信仰

五世纪末到六世纪初的几十年间，是北朝佛教发展一个十分值得关注的时期，《魏书·释老志》记载，北魏太和元年（476年）"京城内寺，新旧且百所，僧尼两千余人，四方诸寺，六千四百七十八人，僧尼七万七千二百五十八人。"而到了北魏正光年间（520—525年）之后，"正光以后，天下多虞，王役尤甚，于是所在编户相与入道，假慕沙门，实避役调，猥滥之极，自中国之有佛法，未之有也。略而计之，僧尼大众二百万矣，其寺三万有余。"短短半个世纪的时间，北朝的僧侣数目就从不到八万人一跃而二百万人，占据了政府编户人口的十五分之一。而且数百万僧侣的数目在北朝中后期一直得以保持，北周武帝灭佛之前据说至少有三百万僧徒，"时僧尼反服者，三百余万。"[1] 如此来看，可以说五世纪末至六世纪初，北朝僧侣数目暴增，僧侣数目保持高位直到北朝末年，应是不争的事实。

法国学者谢和耐教授抛开了中国史籍的记录，他认为僧尼名籍受政治影响过大，并不可靠，而是从农业社会是否能够承担这一新视角探讨古代僧尼人数的问题，提出中国古代僧尼数目一直稳定在低于总人口数1%的

---

[1] 《佛祖统纪》卷三十八。该数目是否有夸大，今已不能详考，但综合各家史料记载，北朝僧人数之多无疑是十分惊人的：《魏书·释老志》、《洛阳伽蓝记》、《历代三宝记》记载北魏末年僧尼人数近二百万；《大唐内典录》、《历代三宝纪》记载北齐僧尼人数近二百万；《历代三宝纪》、《辨正论·十代奉佛篇》记载北周僧尼人数近一百万。（以上数据可参见王仲荦：《魏晋南北朝史》下册"十六国与北朝僧尼人数、寺院数目、译经部数表"，北京：中华书局，2007年，第863－864页）

水平的结论。① 谢和耐教授的研究视角不无启发性，但他的研究有一个潜在的前提，即僧侣脱离农业生产，而这显然不符合事实，北朝广大流民涌入佛门，就是依附寺院经济，与依附豪强类似，同样从事农业生产。因此各史籍中关于北朝僧侣数目二三百万的记载，并不能轻易否定。

佛教僧侣人数快速发展的时候，恰是北朝社会政治生活极其动荡的时候。五世纪末、六世纪初僧侣人数的暴增，与北魏均田制度崩溃有着直接的关系。485 年北魏孝文帝颁布均田法，但不到三十年的时间，均田制度就接近崩溃了。在均田制度下获得土地的自耕农，必须承担繁重的徭役，特别是由于北魏末年战争频繁，兵役成为自耕农破产的重要原因，正如著名历史学家王仲荦先生指出："由于'兵士苦役'，均田农民甚至自己抛弃了土地，所谓'竞弃本生，飘藏他土。或诡名托养，散没人间；或亡命山薮，渔猎为命；或投杖强豪，寄命衣食'（《北史·孙绍传》）。到此农民不是亡命山泽，便是庇护到世家豪族大地主那里去作佃客部曲；此外便是'绝户而为沙门'"。②

从太和五年（481 年）沙门法秀在平城招结奴隶策划起义算起，太和十四年（490 年）沙门司马惠卿、永平二年（509 年）泾州沙门刘慧、永平三年（510 年）秦州沙门刘光秀、延昌三年（514 年）幽州沙门刘僧绍、延昌四年（515 年）冀州沙门法庆，共有六次由僧侣领导的起义暴动，几乎占了北魏末年重要的农民起义半数。可见流民亡命山泽、隐匿释门问题之严重。北魏灭亡之后，北朝僧侣数目依旧稳定在二三百万的规模，是因为均田制崩溃所产生的流民问题，一直没有得到真正的解决。

西魏北周，据西北地区，均田制的恢复与发展的情况相对较好；而东魏北周，地居中原，最为富庶，土地兼并严重，均田制破坏的更为严重，北齐的流民逃禅的情况也尤其突出。"在东魏初年，高欢还能派使者搜括无籍户口。及至北齐后期，'暴君慢吏，赋重役勤。人不堪命，多依豪室'（《通典·食货典·丁中》）。至于'假慕沙门，实避调役'的壮丁，更发展到二百余万人之多，约占北齐全国人口（北齐亡国时，有口二千万六千

---

① 参见谢和耐著，耿昇译：《中国 5—10 世纪的寺院经济》，兰州：甘肃人民出版社，1987 年，第 13 - 30 页。

② 王仲荦：《魏晋南北朝史》下册，第 560 页。

八百八十人）总数的十分之一（如五口有一丁的话，约占全国丁人数的二分之一），造成了国内'户口调租，十亡六七'（《隋书·食货志》）的严重现象；到这时候，连'括户'也不胜其括了。"①

明白了北朝中后期僧侣数目暴增的社会原因是均田制崩溃、流民问题的产物，我们就可以相对容易明白北朝僧侣数目暴增，貌似佛教大发展、大繁荣的时代，为何同时对于末法时代来临的忧虑与信仰又如此流行，这一看似吊诡的现象。北朝僧侣数目的暴增，实即"假慕沙门，实避调役"，与"竞弃本生，飘藏他土"、"诡名托养，散没人间"并无本质区别。很大程度上这并非佛教繁荣的产物，而多为人生困苦无奈的选择，广大下层僧侣尤其如此。由此，北朝中后期佛教界弥漫着末世的悲情气氛，加之灭佛法难的压力，对自身前途的不确定性预期，都促进了末世信仰在北朝的弥漫。

佛陀灭度之后的时代，被分为正法、像法、末法三个时期，佛教经典对这三个时期的年限说法不一。末世信仰传入中国较早，特别是在北魏灭北凉之前，于北凉盛极一时，北凉大量投入石窟造像，力图让佛教在"像法"时代亦不会灭亡。在传世文献中，北朝中后期，智𫖮的老师、被后世推举为天台宗祖师之一的慧思，是倡导末法信仰非常重要的一位僧人，他于558年撰写了《立誓愿文》，《立誓愿文》依据《悲门三昧观众生品本起经》，认为"释迦牟尼说法住世八十余年，导利众生，化缘既讫，便取灭度。灭度之后，正法住世逄五百岁。正法灭已，像法住世逄一千岁。像法灭已，末法住世逄一万年".② 文中慧思大师对于自己的生平，全部以末法纪年，而未用南北朝当时任何一位帝王的年号。

近年来实地考察发现了北朝中后期，特别是北齐境内，有多处以佛灭纪年的摩崖石刻。如山东省东平县洪顶山1995年发现的摩崖刻经之中有题记数行，后经辨识："释迦双林后一千六百廿三年……大沙门僧安道壹书刊大空王佛七……"③。此外，洪顶山的摩崖刻经中，尚不止这一处佛灭纪

---

① 王仲荦：《魏晋南北朝史》下册，第597页。

② 南岳佛教协会编：《慧思大师文集》，长沙：岳麓书社，2011年，第5页。（《大正藏》第46卷，第787页上）

③ 赖非主编：《中国书法全集·北朝摩崖刻经卷》，北京：荣宝斋出版社，2000年，图7。

年，《安公之碑》署刻："双林后千六百廿年"①；《僧安道一题名记》后所署文末："林后一千……"② 洪顶山刻经之中，有北齐河清三年（564 年）中天竺释法洪的题记，足证其时在北齐。③

近代著名历史学家陈寅恪先生对慧思《南岳思大禅师立誓愿文》评价很高："天台宗创造者慧思作《誓愿文》，取本人一生事迹，依年岁编列。其书不独研求中古思想史者，应视为重要资料，实亦古人自著年谱最早者之一。故与吾国史学之发展，殊有关系。"④ 陈寅恪先生认为《立誓愿文》绝非伪作，其记载可靠，并可纠正道宣《续高僧传》之不足。陈先生对《誓愿文》的考证，主要是依据《誓愿文》记录的史实，而新近发现的诸多北齐摩崖题记以佛灭纪年，亦旁证慧思《誓愿文》为当时历史情况的真实记录。

慧思的末法思想，并非其独创新发，而是弥漫于北朝中后期末法信仰的反映。以末法、佛灭纪年尤其值得注意，盖在儒家传统中，纪年对于国家政治有着极其重要的意义，"春王正月"，大一统也。不用王朝帝号纪年，而以末法、佛灭纪年，在一定程度上反映了当时佛教信仰者的人心向背，不得不说是体现了北朝均田制度崩溃之后、脱离于编户齐民的"化外之人"的心态。

我们在前文已经提到，北凉面临北魏威胁时，已经有明显的末法意识，《文选》李善注引《头陀寺碑文》："昙无谶云：释迦佛正法五百年，像法（像者似也）一千年，末法一万年"。目前学术界已知的十四座北凉时期的微型塔"北凉石塔"，即已反映出明显的末法信仰内容。这些北凉石塔的塔基都为八角形，每面龛中浮雕七佛与弥勒菩萨（未来佛），这七佛一菩萨又与中国的八卦相配，以《说卦》顺序排列，第一佛维卫

---

① 赖非主编：《中国书法全集·北朝摩崖刻经卷》，北京：荣宝斋出版社，2000 年，图 9。

② 赖非主编：《中国书法全集·北朝摩崖刻经卷》，北京：荣宝斋出版社，2000 年，图 8。

③ 以上参见张总："末法与佛历关系初探"（《法源》中国佛学院学报第十七期，1999 年刊）、"末法与佛历关联再探"（《法源》中国佛学院学报第二十一期，2003 年刊）。张总在"再探"一文中还指出：山东省东平县洪顶山近年发现北齐摩崖刻石"题铭有北齐河清三年（564）的纪年。假定依此河清纪年为准而上推，则佛陀双林入灭约应在公元前 1059 年。此与慧思大师誓愿所说极为接近，因而很可能同出一源。而且石刻雕铭，并不能定在河清三年一年，完全可以在此前后延续数年。亦有可能提早八年，如此则佛灭为前 1067 年，与慧思之说相合"。

④ 陈寅恪："南岳大师《立誓愿文》跋"，陈寅恪：《金明馆丛稿二编》，第 240 页。

佛配东方的震卦，即《说卦》"帝出乎震"，象征一年正春肇始，太阳东方初生：

> 以次循环至第七释迦牟尼佛，均与北方的坎卦一个方位。象征圣人的现在佛释迦牟尼，坐在北方，面对南方（阎浮提）而治天下，同时在这一方位已是太阳完全沉没的黑暗之时，也是一年之中的万物归息时期，说明现在佛已经过去，正面临或处于末法无佛的黑暗时期。
>
> 第八身的弥勒均位于东北方的艮卦。以该卦在冬末春初之际，一日的黎明之时，象征弥勒菩萨，预示着弥勒将作为未来佛出世；也说明第八佛弥勒既可以说是第一身，亦可看做末尾一身，既是始，也是终，周而复始，循环往复。①

六朝佛教与易学的关系，我们在后文有专章讨论（第五编第一章）；汉代易学流行卦气说，用卦爻变化说明一年四季各节气的阴阳消长。七佛加弥勒菩萨（未来佛）拟配八卦，对于我们理解 4 世纪初中国佛教"佛身"观念与"法身"观念的发展，颇有启发意义；同时，现在佛释迦牟尼佛处于坎卦位上，说明现在进入黑暗时期，末法时代；但中国的卦气说是循环往复的，不同于线性的末世论。现在虽处于末法时代，但并非毫无希望，这是中国末法信仰非常重要的一个特点；这对于后世影响深远，不论是农民起义以未来佛弥勒信仰为旗号，还是历代统治者，如齐文宣帝、隋文帝、武则天以月光童子②、弥勒等佛教救世主自居。

中国末法思想中，这种循环往复的观念，同样也说明佛教在北朝的作用绝非总是破坏性的，亦有建设性的一面。民间广大义邑、法社，经济势力强劲的佛教庄园，在招抚流民、稳定社会方面起到了巨大的作用，否则也不会有那么多人口能够依附于佛教。末法时代带来的也并不总是悲观的气氛，最典型的一个代表就是 5 世纪出现的疑伪经《佛说法灭尽经》，在描述末法时，特别强调"时有菩萨、辟支、罗汉，众魔驱逐，不预众会。

343

第四编　魏晋南北朝民间佛教探析

---

① 杜斗城等著：《河西佛教史》，北京：中国社会科学出版社，2009 年，第 191 页。

② 参见古正美："齐文宣与隋文帝的月光童子信仰与形象"，《从天王传统到佛王传统——中国中世佛教治国意识形态研究》，第 155 – 222 页。

三乘入山，福德之地，恬怕自守，以为欣快，寿命延长，诸天卫护。月光出世，得相遭值，共兴吾道。""自此之后难可数说，如是之后数千万岁，弥勒当下世间作佛，天下泰平，毒气消除，雨润和适，五谷滋茂，树木长大，人长八丈，皆寿八万四千岁，众生得度，不可称计。"① 指出月光童子（菩萨）、弥勒菩萨（未来佛）的救世作用。

六世纪上半叶出现的伪经《像法决疑经》，② 以"常施菩萨"问、佛答的形式，指出佛灭千年后，佛法衰微，僧侣应该加强戒律，尤其要布施救济孤苦。正像天师道衰微之后，道教"新出"很多经典要改革天师道；《像法决疑经》也是在佛教腐化堕落之时，强调通过改革而振兴佛教。因此，它对稍后新兴的佛教教团三阶教产生了重要的影响，也吸引了天台宗师智者大师、三论宗师嘉祥吉藏大师的注意；而其强调对贫困者慈善布施，也顺应了北朝均田制崩溃后产生大量流民的社会现实，这也是《像法决疑经》在北朝中后期产生的时代背景。

六世纪另一部疑伪经《普贤菩萨说证明经》："尔时尊者问空王：何人为圣主？何人作明王？空王佛言：释迦涅槃后七百年，天地大震动，天呼地呼，一月三怪，苦困百姓。疗除秽恶，分简五种，专行疫病，平治罪人。有法尽生，无法尽灭。却后九十九年，七百年以过，三千大千世界，六种震动，七日日闇。却后数日，天出明王，地出圣主，二圣并治，并在神州，善哉治化，广兴佛法，慈愍一切，救度生死，得出火宅，得见大乘。引导生死，来诣化城，明王圣主，俱在化城。"在《普贤菩萨说证明经》中，"化城"是末法时代普贤菩萨请弥勒所造、释迦牟尼成道的地方，亦是信徒理想的天堂圣境，与净土信仰关系密切。《普贤菩萨说证明经》还特别强调法明王信仰，是否与摩尼教有关，还有进一步探讨的余地。总之末法救世信仰融合了当时印度、中亚、中国多重信仰因素，内容十分丰富。

---

① 《大正藏》第 12 卷，第 1119 页上 – 中。
② 牧田谛亮："佛说像法疑经について"（见《结城教授颂寿记念：仏教思想史論集》）文末附《像法决疑经》本文校注。

北朝疑伪经《首罗比丘经》也体现出了同样的价值取向，① 特别是敦煌藏本《首罗比丘经》后还附有《五百仙人在太宁山中并见月光童子经》一卷（与《首罗比丘经》同时略晚），对《首罗比丘经》进行了阐发，特别批判了上层僧侣的腐败堕落，被认为是后世三阶教普敬、普拜，认罪忏悔的源头之一，体现了改革佛教的志趣。

北朝末法信仰，常与佛教改革，乃至期盼佛教救世主的信仰纠葛在一起，这是北朝末法信仰的一大特点。《首罗比丘经》就是依月光童子受记，末法时于脂那国做大王、护持佛法的预言为根据的。北朝末年至隋，月光童子的佛教救世主形象非常流行。费长房《历代三宝纪》卷十二："《德护长者经》二卷（开皇三年六月出，沙门慧琨笔受，一名《尸利崛多长者经》，与《申日兜本经》、《月光童子经》体大同。译名异）。""《护德护长者经》如来记云：月光童子于当来世佛法末时于阎浮提脂那国内作大国王，名为大行。彼王能令脂那国内一切众生住于佛法，种诸善根……"署名竺法护所译《申日经》，"脂那国"（中国）明确为十六国的"秦国"："佛告阿难：我般涅槃千岁已后，经法且欲断绝，月光童子当出于秦国作圣君，持我经法兴隆道法。秦土及诸边国鄯善、乌长、归兹、疏勒、大宛、于阗，及诸羌虏夷狄，皆当奉佛尊法。"而《护德护长者经》则将"秦"换为"隋"，并添加了佛钵信仰的内容，② 更加明确大隋国王是正法的护持者。③ 由此可见，末法与救世主不仅为民间佛教、农民起义所利用，也是王朝统治者论证自身政权合法性的依据。在这双重作用下，北朝末法与救世信仰广为流行。

---

① "《首罗比丘经》的全称是《首罗比丘见五百仙人并见月光童子经》，历代经录皆列入伪经目录中。宋代以后，该经佚失。敦煌石室藏钞本若干，日本辑《大正藏》时，依据伦敦所藏斯2697 号残卷录文，刊入该藏第85 卷中。1988 年，北京大学白化文先生参稽知见诸卷，录成足本，遂使该经全貌面世。"（温玉成："《首罗比丘经》若干问题探索"，《佛学研究》，1999 年刊）。并参见白化文："《首罗比丘见五百仙人并见月光童子经》校录"，台北《敦煌学》第十六辑，1990 年，第 47－59 页。

② 就笔者所见，月光童子与佛钵信仰联系起来的年代可能颇早，东晋时习凿齿在给道安的一封信中已经提到："所谓月光将出，灵钵应降。"（《高僧传》，第 180 页。）

③ 参见李静杰："佛钵信仰与传法思想及其图像"，中国人民大学复印报刊资料《宗教》，2011 年第 5 期，第 56－57 页。月光童子信仰与北朝政教关系，本书前文已经提到许里和、古正美等相关研究，不再赘述。

第二节　南北朝时期的"禅"

佛教传入中国，魏晋南北朝的佛学风向，后人总结为"南义北禅"。其实北方并非只讲禅修，而不讲义理，但之所以给人造成禅修盛行的印象，是有其社会根源的。相对来说，南朝局势比较稳定，而北朝战乱频仍，造成了大量流民，北朝统治者安抚流民的办法主要是以土地为号召，均田、授田，成为编户齐民，或者编入军籍。当时南方为新开发地区，门阀士族、寺院领主经济吸纳流民的能力较强，社会局势也相对稳定；而北方，由于赋役沉重，战争频繁，加之政权朝暮更迭，编户或入军籍，对于很多流民来说，都不是一个长期有效的选择。而出家为僧，相对来说则是流民的一个出路。北朝动辄二三百万的僧侣，是以北方流民为基础的，他们"游止民间"、"游涉村落"，甚至朝不保夕，不可能像寺院高级僧侣那样有物质基础，可以进行佛学理论探讨，他们的主要宗教实践活动只能是个人禅修，而禅修神通也是他们获得个人宗教声望，在民间社会谋生的重要手段。

当时上层僧侣在寺院体制和上流社会中讲经说法、钻研教理，而底层僧侣则主要在民间禅修诵经，有时两者之间的矛盾还是比较尖锐的。我们现在仍能看到不少当时的应验故事，说"坐禅苦修，得升天堂"，长年诵经"亦生天堂"；而造作经像者，夺民财物要下地狱，讲经者"心怀彼我，以骄凌物"，是比丘中第一粗行，也要下地狱。甚至一些下层僧侣参加的起义，大杀寺院僧侣，例如著名的北魏冀州沙门法庆谋反，宣称"新佛出世，除去旧魔"，起义所经之处"屠灭寺舍，斩戮僧尼，焚烧经像"。简言之，不是宗教义理研究，而是禅修，才是广大下层僧侣最重要的宗教实践活动之一。

禅，梵文最早见于印度《吠陀》以及其后的《奥义书》，是瑜伽修行的组成部分。禅，音译"禅那"，意译为"思维修"、"静虑"、"摄念"等。中国佛教一般禅、定并称。定，音译为三摩地，又称三昧，指心系一境而不散乱，"定"的范畴比"禅"广泛。中国本有"禅"字，主要有两种意思，一是帝王祭地，如"封禅"，二是代替，如"禅让"，都与坐禅无关，可见佛教的"禅"，是佛教从印度传入后中国人才有的观念。

禅宗，是唐代中叶以后，逐渐形成的最具中国特色的佛教流派，并不能等同于印度禅法在中国的直接传承。中国的禅宗甚至反对禅修，"开元中有沙门名（马祖）道一，在衡岳山常习坐禅。师（南岳怀让）知是法器，往问曰：大德坐禅图什么？一曰：图作佛。师乃取一砖，于彼庵前石上磨。一曰：磨作什么？师曰：磨作镜。一曰：磨砖岂能成镜耶？师曰：磨砖既不成镜，坐禅岂得成佛？"

有西方学者在总结二十世纪日本学者对中国早期禅史的研究时，甚至说：早期禅史中最可怪者，就是它和从唐代禅师马祖、石头等传下的五家七宗，全无关系。的确，从敦煌文献发现以来，胡适开创的中国禅宗研究，揭露了以往传统灯录禅史中许多捏造历史，强求正宗的"伪法统"；但是，南宗禅五家七宗也并非无中生有，也有其社会及思想渊源。道宣在《续高僧传》中评论七世纪初中国禅宗勃兴前夕的禅修状况时说：

> 复有相迷同好，聚结山门，持犯蒙然，动挂形网，运斤运刃，无避种生，炊爨饮噉，宁惭宿触。或有立性刚猛，志尚下流，善友莫寻，正经罕读，瞥闻一句，即谓司南，唱言五住久倾，十地将满，法性早现，佛智已明。此并约境住心，妄言澄静。还缘心住，附相转心，不觉心移，故怀虚托。生心念净，岂得会真？故经陈心相，飘鼓不停，蛇舌灯焰，住山流水，念念生灭，变变常新。不识乱念，翻怀见网，相命禅宗，未闲禅字。如斯般辈，其量甚多，致使讲徒，例轻此类。故世谚云：无知之叟，义指禅师；乱识之夫，共归明德。返迷皆有大照，随妄普翳真科。不思此言，互谈名实。①

"聚结山门"、"正经罕读"、"瞥闻一句，即谓司南"、"相命禅宗，未闲禅字"，这些关于不立文字、顿悟成佛等一般认为是东山法门之后、六祖南宗的特征，其实在唐初，甚至更早的时候，已经显示出端倪；南宗宗风的风行绝非空穴来风。如果我们抛开晚出的禅宗灯史语录，利用时代较早，由律师编写的《高僧传》、《续高僧传》"习禅篇"中的材料，还是可以勾勒出早期禅史情况及其与禅宗的关系，冉云华等前辈学者在这方面做

① 《大正藏》第50卷，第597页中。

了重要的开拓工作,① 以下就据前人研究成果,进行简单的史实勾勒。

在禅宗形成之前的 2～7 世纪的五百年中,大体可以分为两个阶段。

(一) 印度禅法的传习阶段

在第一阶段中,禅法从印度传入中国,外国禅师翻译禅经、传授禅法。

(1) 安世高—竺法护时代。二世纪安世高传译了《大安般守意经》等小乘禅法,"安般"即"安那般那"的简称,为入息、出息(呼吸)的意思,守意后世一般翻译为"持念"。安世高再传弟子康僧会将这种禅法总结为"其事有六(数息、相随、止、观、还、净),以治六情"(《安般守意经序》)。"数息"是通过从一至十,反复数入出息,达到身心寂静的目的;"相随"是将意念随顺集中在入出息上;"止"是注意鼻头,不受外物侵扰,达到心思寂寞,志无邪欲的目的;"观"是从头至足,观身体毛发,内体污露、鼻涕脓血,即"不净观"。以上四禅做到"众冥皆明"之后,即可达到"摄心还念,诸阴皆灭"("还")、"秽欲寂尽,其心无想"("净")的境界。三世纪竺法护翻译了《修习道地经》等禅经,该经将上述六事中止观合为一,还净合为一,变六事为四事;特别值得注意的是该经以"菩萨品"结尾,"菩萨积功累德,欲度一切","菩萨解慧,入深微妙,不从次第",反映了大乘禅法的特色。现在学界一般都认为支谶翻译《般舟三昧》、《首楞严三昧》等大乘禅经,是大乘禅法在中国的最早传播者,但僧传习禅篇中对支谶只字不提,冉云华先生认为:"主要的原因是支谶所译的那部大乘禅法典籍,当时还没有人依经修习,付诸实践"(冉云华《〈高僧传·习禅篇〉的一个问题》),这一看法是有道理的。

(2) 佛驮跋陀罗(觉贤)时代。佛驮跋陀罗翻译了《达摩多罗禅经》(又名修行道地),主要还是小乘禅法,佛驮跋陀罗信奉说一切有部,当时京师长安,鸠摩罗什大弘般若,佛驮跋陀罗被赶出长安,与慧观等四十余人南下,受到庐山慧远僧团礼遇。佛驮跋陀罗这一系特别注重师徒传承,在中土流行近百年,出了不少名僧。僧传中说其禅法"神用为显,属在神通",也

① 冉云华:《中国禅学研究论集》,台北:东初出版社,1990 年。宣方老师对冉云华先生的一些观点多有纠正,参见宣方:《汉魏两晋禅学研究》(《法藏文库》第 1 辑第 3 册),台北:佛光山文教基金会出版,2001 年。

是可信的，当年佛驮跋陀罗被赶出长安，借口也是其妄言神通，蛊惑人心，违反戒律。与佛驮跋陀罗同时代的鸠摩罗什，虽然翻译了许多大乘禅经，但因其并无禅法传承，且主要以义理见长，故在僧传习禅篇中隐而不显。

（二）五世纪中后期之后，禅法在中国各地流行，形成了不同流派

中原一带流行的僧稠系"念处"禅法；江、洛一带流行的达摩系"壁观"禅法；盛行江南的天台止观①；晋、赵一带流行的慧瓒系头陀行。在这四系中，僧稠系得到北齐、北周历代统治者的支持，影响最大，直到唐初，实是禅学正宗。道宣称赞"（僧）稠怀念处，清范可崇"，其禅法主要是身、受、心、法"四念处"，即将身、受、心、法作为分析观想对象，体会"自身不净，所受为苦，心实无常，诸法无我"。除四念处外，僧稠系还有"五停心"和"十六特胜法"等。"五停心"指不净观、慈悲观、缘起观、界分别观、数息观；"十六特胜法"都是关于数息的，"特胜"是指该禅法胜于不净观，"数息长则知，息短亦知，息动身则知，息和释即知，遭喜悦则知，遇安则知，心所趣即知，心柔顺则知，心所觉即知，心欢喜则知，心伏即知，心解脱即知，见无常则知，若无欲则知，观寂然即知，见道趣即知，是为数息十六特胜。"（《修行道地经》卷五）一般将这十六法四个一组，分为四类，首先是体会呼吸中长短动静，出入周遍等最易察知的内容；然后是通过呼吸体会喜乐安逸等情绪；再者调服身心、安乐平稳；最后无欲解脱，证得佛教真谛。这些禅法基本上都是印度小乘禅法，"可崇则情事易显"，在当时受到许多称赞，但在后世看来不免落入小乘"自了"，这一系的禅师常常"五停四念将尽此生矣"。而后世独尊的达摩系，主要是面壁安心，让心思坚固不散乱。当时佛教界内部对达摩系批评颇多，认为其见识偏浅，"朝入禅门，夕弘其术"，妄自尊大，"神道冥昧"，鱼龙混杂，良莠不齐。

唐初以来，小乘"念处"禅和头陀行逐渐衰落，而天台渐以教理见长，只有达摩系，经道行、弘忍，东山法门大兴，逐渐一统禅门天下。纵观"禅宗"产生之前的数百年禅史，从以定发慧到定慧不分，从重戒修净到禅统诸学，禅史发展直到禅宗创立，还是有迹可循的。

①　宋代以后，天台列入"教门"，但在唐初天台高僧还是被列入僧传"习禅"篇中，直到《宋高僧传》才转入"义解"。

第四章　略论南朝的神僧大士

南朝门第观念极重，义学高僧亦多出自名门，然在南朝民间却有很多影响颇大的神僧大士。他们混迹乡间，宣扬各种佛教信仰实践，对民众有一定的号召力。南朝初年，这类民间僧神大士，尚未引起帝王重视，至齐梁以后，部分民间神僧大士开始受到统治者的关注。南朝的神僧大士，对于民众佛教信仰形态，乃至整个佛教的信仰风尚和思想走向，都有一定影响，本章选取杯度、刘萨诃（慧达）、宝志、傅大士，将南朝分为前后两期，进行探讨。

第一节　引言：魏晋南北朝的神僧类型

魏晋南北朝时期的出名的神僧很多，他们在信徒中的影响力很大，甚至成为膜拜的对象。他们的事迹在敦煌莫高窟的壁画中也有体现，如初唐323窟北壁东侧上部和中部，分别描绘了魏晋时名僧康僧会、佛图澄的神异故事。日本青山庆示还收藏有敦煌写卷《佛图澄所化经》[①]，其内容为灾难预警的劝谕传帖。全经大体分为三个部分，第一部分是记述在和平四年（357年）正月初一河内郡温县刘起之等十五人入山砍柴，遇大风迷路，天晴后从空中飞来一鸿鹄，落地化为一老人，自称佛图澄。第二部分是佛图澄向人们预言灾难：泰山东门崩，鬼卒将抓大批男女去修理东门，此后还将流行瘟疫，十死九亡。第三部分是众人听从佛图澄的指导避灾：第一是要做龙虎蛇饼（将面食做成龙虎等形状），人各持七枚食之，并一日一夜转经行道；第二是要抄写传帖，用布包在肘后，鬼不敢近。"见者写取，其身受福，见者不写，身受长病，写不转者，死灭门。见者急急通读，如

---

① 录文见邰惠莉："敦煌写本《佛图澄所化经》初探"，《敦煌研究》，1998年第4期，第96 – 97页。

律令令。"按照僧传记载，佛图澄深得后赵政权统治者崇信，神异颇多。在《佛图澄所化经》中可以看到民间信徒对他的崇拜，其中亦掺杂了许多中国本土信仰，如引文中提到的泰山，在中国民间信仰中是死后之鬼的居所，其东门崩坏，当有大灾，而佛图澄则为"末世论"信仰模式中的度人救主形象，"如律令（令）"亦为中国本土信仰文书常见用语。

魏晋南北朝时，神异僧大都混有中国本土信仰元素，据现有僧传记载，大约有如下几类：

（1）类似家巫，跟随帝王或武将左右，甚至跻身军旅，谶纬预言，名动华戎，最著名的如佛图澄，原在石勒大将郭黑略家，"每知行军吉凶"，[①]后深得石勒、石虎宠信。此类神僧北方较多，多与胡人将领参与军机；佛图澄的原型亦属此类，而后在民间信仰中逐渐泛化。

（2）类似隐仙。《续高僧传》载：释僧照"性虚放喜追奇，每闻灵迹谲诡，无不登践。承瀑布之下多诸洞穴，仙圣攸止。"后于魏普泰年间在荣山飞流下发现洞穴，遇一神僧："自云：我同学三人来此避世，一人外行未返；一人死来极久，似入灭定，今在西屋内，汝见之未？今日何姓为主？答是魏家。僧云：魏家享国已久，不姓曹耶？照云姓元。僧曰：我不知。"[②]此类神僧，不知有汉，无论魏晋，类似隐仙。东晋南朝时候，很多名僧"性好山泉，多处岩壑"；[③]到南朝，虞羲《庐山香炉峰寺景法师行状》记录僧景在庐山隐居的颇多传奇，"久之复随险幽，寻造石梁石室，灵山秘地，百神之所遨游也。法师说戒行香，神皆头面礼足。昔神人吴猛，得入此游观，自兹厥后，唯法师复至焉。羲皇以来，二人而已矣。"[④]社会上也有僧人隐逸山林的传闻，如《冥祥记》载："晋庐山七岭，同会于东，共成峰崿，其崖穷绝，莫有升者。晋太元中，豫章太守范宁，将起学馆，遣人伐材其山。见人著沙门服，凌虚直上。既至，则回身踞其峰；良久，乃兴云气，俱灭。时有采药数人，皆共瞻睹。能文之士，咸为之兴。沙

---

① 《高僧传》，第345－346页。并参《晋书》佛图澄传、石勒载记，并《魏书》释老志。
② 参见《高僧传二集》四册之四，第910－911页。
③ 《高僧传》，第166页。
④ 《广弘明集》二十三卷，《大正藏》第52册，第270页上。

门释昙谛庐山赋曰：'应真凌云以踞峰，眇翳景而入冥'者也。(《珠林》十九)"① 由于此类隐仙式神僧很多，可能为与道教区别，佛教亦在教理上给予说明，《续高僧传》释圆通传："《入大乘论》：尊者宾头卢、罗睺罗等十六诸大声闻，散在诸山渚中。又于余经亦说：九十九亿大阿罗汉，皆于佛前取筹住寿于世，并在三方诸山海中，守护正法。今石窟寺僧，每闻异钟呗响洞发山林，故知神宫仙寺不无其实。"②

（3）伏虎降魔。佛教传入江南，佛教与土著信仰发生冲突，佛教为地方神明受戒，教史记载颇不乏见，特别是佛教高僧降服以蛇精为代表的民间崇拜，从安世高收服宫亭湖庙神③的传说开始，历代不绝。④ 除了降服地方俗神土巫外，僧人居住乡间村落，深山老林，消除虎患，亦是神异的常见话题。

以上三类神异僧，第一类，南朝虽有僧人以谶纬符应见闻帝王，但多于改朝换代之时，平素此类僧人，并不多见；第二类，过于缥缈，主要是时人一种文化理想的构建；而第三类神异僧人，出现的历史环境是佛教初传，甚至是移民新至，方有虎狼之害。因此，以上三类皆非本章研究重点，因为第一类南朝并不显著；第二、第三类，对于稳定时期的佛教也并不特别重要，如《续高僧传》所言邺西北鼓山，原本神异僧传说不少，但"自神武迁邺之后，因山上下并建伽蓝。或樵采陵夷，工匠穷凿。神人厌其誼扰，捐舍者多。故近代登临罕逢灵迹。"⑤ 本章重点讨论的是第四类神异僧，即民间大士。

（4）民间大士。"誌公、傅大士、王梵志之类"⑥，此类神异僧，起于民间，多有异能，在民众中拥有很多信仰者，南朝中晚期逐渐得到上层统治者的认可。这是本章讨论的重点。

我们知道，东晋时候，名僧多近于名士，与世族关系密切。南朝以来，

---

① 《古小说钩沉》，第 298－299 页。

② 《高僧传二集》四册之四，第 916－917 页。

③ 宫亭庙中民间信仰崇拜，安世高之后，实一直延续，参见魏斌："宫亭庙传说：中古早期庐山的信仰空间"，《历史研究》，2010 年第 2 期。

④ 参见吴真："降蛇：佛道相争的叙事策略"，《文化研究》，2006 年第 1 期。

⑤ 《高僧传二集》四册之四，第 917 页。

⑥ 宗密：《禅源诸诠集都序》，《大正藏》48 册，第 412 页下。

门阀士族社会开始发生动摇，正如唐长孺先生指出："晋、宋之间，士庶区别日益严格，宋、齐时已经达到僵化的程度。赵翼《陔馀丛考》卷十七《六朝重氏族》条所录士大夫拒绝和寒人相接的史实大抵发生在宋、齐时……士庶区别的严格化发生在此时正因为士庶有混淆的危险，所以这里并不表示门阀势力的强大，相反的倒是由于他们害怕这种新形势足以削弱甚至消除他们长期以来因为自傲的优越地位……从宋代开始国家颁布了一种硬性规定以后，士族标准有定，士族的称号却反而易于获得。《南齐书》卷三四《虞玩之传》，建元二年（482 年）玩之上表云：元嘉二十七年（450 年）八条取人，孝建元年（454 年）书籍，众巧之所始也；《南史》卷五九《王僧孺传》称尚书令沈约云：宋元嘉二十七年始以七条征发，既立此科，人奸互起，伪状巧籍，岁月滋广。"①

佛教情况也与此类似，南朝名僧多出身士族，如梁代三大士，根据《续高僧传》的记载，都出身或至少被认为出身名门："释僧旻，姓孙氏，家于吴郡之富春，有吴开国大皇帝其先也"；"释法云，姓周氏，宜兴阳羡人，晋平西将军处之七世也"；"释智藏，姓顾氏，本名净藏，吴郡吴人，吴少傅曜之八世也。高祖彭年司农卿，曾祖淳钱唐令，祖瑶之员外郎，父映奉朝请。"② 但也是在南朝中后期，起于下层民间的僧人，由于神异，也有得到上流社会认可的可能，并有制度性保障，"逮于梁祖，广辟定门，搜扬寓内有心学者，总集扬都，校量身前，自为部类。又于钟阳上下，双建定林，使复息心之侣，栖闲综业。"③ 如傅大士，本为下层佣人，甚至卖妻鬻子，并一度因妖言惑众，被陷入狱，后多次上表自陈，方得到梁武帝认可宠信。南朝初期，尚难见到这种情况，如当时著名的神僧刘萨诃（慧达）、杯度，都未得到帝王宠信；而稍后的宝志（保誌）、傅大士在梁、陈间都得到了帝王尊崇。从南朝的神僧大士，我们亦可窥见佛教，乃至南朝社会文化的变迁。

---

① 参见唐长孺："南朝寒人的兴起"，《唐长孺文存》，上海：上海古籍出版社，2006 年，第 305－306 页。

② 《高僧传二集》四册之一，第 148、第 156、第 164 页。南朝以来义学高僧门第出身，可参见侯外庐主编：《中国思想通史》第四卷上册，北京：人民出版社，1980 年，第 143－146 页。

③ 《高僧传二集》四册之三，第 738 页。

第二节　南朝初年的神异僧

南朝初年的神僧，比较有名望的，如杯度和刘萨诃。因为香港佛教一般将其源头追溯到杯度，[①] 因此近代以来杯度也颇受研究者瞩目；而因为敦煌文献《刘萨诃因缘记》的发现，近几十年来，也掀起了不小的刘萨诃研究热潮，本节也以这两位僧人为代表谈一下南朝初年的神异僧。

杯度常常能同时身在数处，"分身他土"，死后"乃共开棺，唯见靴履"，这些都是秦汉中土固有方士的常见神异，比较值得注意的是杯度虽有僧人身份，但游行民间。按照《高僧传》记载，杯度从北方南渡建康，"达于京师，见时可年四十许，带索褴缕，殆不蔽身。"[②] 我们知道，若是北方官寺中僧，朝廷会按时颁发僧衣，[③] "既住官寺，厚供难舍"，"凡受官请，为报不浅"，正规寺院的条件一般是很好的，但寺院管理也比较严格，"依如僧法，不得两处生名"。[④] 杯度常常"分身他土"，显然与官寺僧侣差异很大，他在南方都是住在俗人家中，如李家、白衣黄欣家、朱文殊家、陈家、齐家等，并不住寺，且"不甚持斋，饮酒啖肉，至于辛鲙，与俗不殊。百姓奉上，或受不受。"[⑤] 杯度的供养也并不稳定，是典型的底层僧侣，甚至可以说一直穷困潦倒，初来江南就衣不蔽体，临终前居李家"欲得一袈裟，中时令办。李即经营，至中未成。度云暂出，至冥不反……乃见在北岩下，铺败袈裟于地，卧之而死。"[⑥]

由此可见，杯度是游行民间、居无定所的下层僧人，与寺院僧人差异较大，在北朝这类僧人领导法邑，学术界的相关研究较多，[⑦] 而南方这类

---

① 《高僧传》记载杯度隐没之前，于元嘉五年（428年）三月八日在齐谐家对众人说："贫道当向交广之间，不复来也"（《高僧传》，第384页），香港佛教一般将其源头追述到杯度，当地还有杯度寺，参见萧国健：《香港之三大古刹》，香港：显朝书室，1977年。

② 《高僧传》，第379页。

③ 如《续高僧传》载："今授衣将逼，官寺例得衣赐，可待三五日间，当赠一袭寒服。"（《高僧传二集》，第914页）

④ 《高僧传二集》四册之四，第915、第916页。

⑤ 《高僧传》，第379页。

⑥ 《高僧传》，第379页。

⑦ 如刘淑芬《中古的佛教与社会》，侯旭东《五六世纪北方民众佛教信仰：以造像记为中心的考察》，尚永琪《3—6世纪佛教传播背景下的北方社会群体研究》。

民间僧人具体情形如何，主要向信众提供怎样的服务，宣传什么样的教理，发挥什么功能，是我们值得研究的问题。从现存杯度的材料来看，他主要是短期或长期居住在某位俗人家中，会参加八关斋等宗教仪式，这些宗教仪式，有些具有治病延寿功能，如"齐谐妻胡母氏病，众治不愈，后请僧设斋，斋坐有僧聪道人，劝迎杯度，度既至一咒，病者即愈"。① 但杯度所传教义，材料太少，尚不明确。

　　我们在本编第二章已经讨论过的刘萨诃也是在南朝传播地狱信仰的一位著名的神异僧，甚至被称为"刘师佛"，在佛教科仪中扮演重要的角色。② 刘萨诃地府游记，以《冥祥记》记载最为详细，我们在本编第二章已经详细引述，现再进行简单的归纳总结。根据《冥祥记》的记载，刘萨诃的传记涉及当时的宗教实践活动很多：①浴佛：浴佛者死后可升天，浴佛需向寺院缴纳费用，否则要下地狱。敦煌本《因缘记》此处记录更为详细："伯父报云。我平生之日，曾与家人腊月八日，共相浴佛，兼许施粟六石。承此福力，虽处三涂，且免诸苦。然吾当发心，舍粟六石，三石已还。三石未付，倏忽之间，吾身已逝。今若施粟福尽，即受不还粟三石妄语之罪。汝可令家人，速为填纳，即得生处，免历幽冥也。"③ 由此可见，浴佛的时间是腊八④，浴佛的费用并不低，甚至允许分期付款。②"为亡人设福"，可以在寺院中举行，也可以在俗人家中举行，这种法事活动可以惠及七世父母，亲朋好友，乃至路人。③七月十五，即现在的盂兰盆节（民间的鬼节），这一日僧人受腊，忏悔灭罪；俗人供养布施，得福最多，在所布施的物品上还贴上布施者或受益者的名字。④塔殿崇拜，建筑和维持佛殿、佛塔，要尽量供助，一草一木都要恭敬，礼拜殿塔，还要勤于打扫。⑤经像圣物崇拜，文中特别强调了《波罗蜜经》（般若经）和《首楞严经》（首楞严三昧经）。⑥阿育王塔崇拜，特别指出洛阳、临淄、建业、鄮阴、成都五处阿育王塔，以及吴中两座阿育王所立石像，礼拜有特别功

---

① 《高僧传》，第383页。

② 方广錩："《刘师礼文》及其后代变种"，见中国人民大学佛教与宗教学理论研究所主办：《宗教研究》，2009年刊。

③ 引自陈祚龙校本，《华冈佛学学报》，1973年5月第三卷，第53页。

④ 关于浴佛时间的讨论，参见林子青："浴佛"，中国佛教协会编：《中国佛教》二，北京：知识出版社，1982年，第371－373页。

德，不堕地狱。《高僧传》还记叙，刘萨诃在阴间见一僧人"令出家，往丹阳、会稽、吴郡觅阿育王塔像，礼拜悔过，以忏先罪。既醒，即出家学道，改名慧达。"① 阿育王塔像崇拜，《高僧传·慧达传》对此记叙十分详尽。⑦观音大士崇拜，以上诸多条，皆为观音所说，在魏晋南北朝最为信仰观音，各类应验故事极多。②

刘萨诃（慧达），出家后在江南所宣讲，在民间产生较大影响的应主要是以上宗教信仰活动，进行以上实践，其具体指向，都是指向不堕地狱，或尽早离开地狱之苦，升入天堂福地。南朝初年，以上宣传活动主要是在民间产生影响，这类民间神异僧尚未引起统治者的重视，南朝统治者关注的主要还是以义解擅长的上层寺院僧侣。

第三节　梁陈间的神僧大士

起于民间的僧神大士，在南朝最早得到帝王重视的，当属盛名远播的宝志（保誌），"保志分身圆户，帝王以之加信。光虽和而弗污其体，尘虽同而弗渝其真"。③ 由于相传很多佛教仪式如梁皇忏、水陆法会等都与宝志有关，因此从佛教仪式和密教角度切入宝志研究的中外学者不少，但由于宝志帮助梁武帝制定各种佛教仪轨，多属传说性质，④ 因此南朝佛教史研究者反倒较少提及宝志。⑤ 与此类似，梁陈之际的傅大士，虽然在日后中、日禅宗中都影响很大，也一直受到教内重视，如民国年间净土宗名僧印光法师还专门编辑过傅大士文集行世。但由于现存傅大士的主要文献材料《善慧大士录》，早年日本学者忽滑谷快天、境野黄洋等人，以及汤用彤先生都认为"均晚出之说"，因此傅大士长期没有得到魏晋南北朝佛教史研究者的充分重视。不过经张勇博士详细的文献学考订，指出："《录》中大

---

① 《高僧传》，第 477 页。

② 参见董志翘《〈观世音应验记三种〉译注》。较早的校注版本还有：牧田谛亮《六朝古逸观世音应验记の研究》；孙昌武《观世音应验记三种》。

③ 《高僧传》，第 399 页。

④ 如牧田谛亮："水陆法会小考"，杨曾文、方广锠：《佛教与历史文化》，北京：宗教文化出版社，2001 年，第 350 - 361 页。该文否定了宋代杨锷《灵迹记》关于梁武帝与宝志谈及阿难遇面然鬼王，并建立平等斛食等说法。

⑤ 对宝志进行过比较专门的研究，当推日本学者牧田谛亮教授的《宝誌和尚传考》，见牧田谛亮著，索文林译：《中国近世佛教史研究》，台北：华宇出版社，1984 年，第 33 - 88 页。

致体现梁陈史实的卷一法瑏等人请立碑之前的化迹、卷二的大士法语、卷三的《率题二章》等诗偈，基本属于陈代结集故毋庸置疑，而经楼颖编次进的徐陵碑文、诸人传记，亦为极可珍视的南朝文献。"① 本节即以宝志和傅大士为例，来探讨南朝梁陈时期的神僧大士。

宝志和尚后世传说甚多，② 比较能够反映南朝佛教情况的史料，主要是陆倕（470—526 年）的《誌法师墓志铭》（见《艺文类聚》卷七十七），《高僧传·神异》中的梁京师释保誌传，并可参考《南史》卷七十六"隐逸"中的沙门释宝志传。宝志在天监十三年（514 年）冬去世，此前已经名扬天下数十年，"志知名显奇四十余载，士女恭事者数不可称"。③ 宝志的出身不详，④ 当无门第，南朝初年在建康一代的钟山活动，⑤ 在齐代开始逐渐引人注意，"居止无定，饮食无时。发长数寸，常跣行街巷。执一锡杖，杖头挂剪刀及镜，或挂一两匹帛。齐建元中，稍见异迹。数日不食，亦无饥容。与人言语，始若难晓，后皆效验。时或赋诗，言如谶记。京土士庶，皆共事之。"⑥ 齐武帝曾谓其惑众，将其下狱，由于齐文慧太子、竟陵王子良等人的支持，宝志不久被放出，并由于建康令吕文显的推荐，齐武帝将其迎入华林寺。不久萧梁代齐，相传宝志于天监元年向梁武帝献上"一麈尾扇，及铁锡杖"⑦，而梁武帝更加尊崇宝志，"先是齐时多禁志出入，今上即位下诏曰：志公迹拘尘垢，神游冥寂，水火不能燋濡，蛇虎不能侵惧。语其佛理，则声闻以上；谈其隐伦，则遁仙高者。岂得以俗士常

---

① 张勇：《傅大士研究》，成都：巴蜀书社，2000 年，第 105 页。
② 宝志及其后世传说（十一面观音化身）的研究，可参见于君方著，陈怀宇等译：《观音：菩萨中国化的演变》，台北：法鼓文化，2009 年，第 227－240 页。
③ 《高僧传》，第 397 页。
④ 陆倕《誌法师墓志铭》："其生缘桑梓，莫能知之"，《南史》谓："时有沙门释宝志者，不知何许人"。
⑤ 陆倕《誌法师墓志铭》："齐故特进吴人张绪，兴皇寺僧释法义，并见法师于宋太始初，出入钟山，往来都邑，年可五六十岁，未知其异也。"
⑥ 《高僧传》，第 394－395 页。《誌法师墓志铭》、《南史·隐逸》记载略同。
⑦ 萧子显《御讲金字摩诃般若波罗蜜经序》："先是保志法师者，神通不测，灵迹甚多，自有别传。天监元年，上始光有天下，方留心礼乐，未遑汾阳之寄。法师以其年九月，自持一麈尾扇，及铁锡杖奉上，而口无所言。上亦未取其意。于今三十余年矣。其扇柄系以小绳，常所绾楔，指迹之处，宛然具存。至是，御乃鸣锡升堂，执扇讲说，故知震大千而吼法者，抑有冥符。"（《广弘明集》十九卷，《大正藏》第 52 册，第 237 页上。）

情空相拘制？何其鄙狭一至于此。自今行道来往，随意出入，勿得复禁。"① 在梁代宝志似以禅法闻名教内，《高僧传》载，畺良耶舍"初止钟山道林精舍，沙门宝誌崇其禅法"②；兴皇法朗亦从宝志学禅，《续高僧传》载，法朗在"梁大通二年二月二日，于青州入道，游学杨都，就大明寺宝誌禅师受诸禅法。"③ 同时宝志也与梁代著名义学僧人法云交好。④

宝志本出于底层民间，所显神奇，多为谶纬预言，分身不食，祈雨灵验，然能吸引大批王公文士，⑤ 虽一度入狱，但最终见信于帝王。宝志稍后的傅大士情况也与此近似，依据徐陵《东阳双林寺傅大士碑》，⑥ 傅大士生于东阳郡乌伤县⑦，早年间为人作佣，甚至还"货贸妻儿"。跟宝志一样，傅大士也因妖言惑众，被陷入狱，后因在狱中能够多日不食，被放出："自修禅远堑，绝粒长斋，非服流霞，若餐朝沆。太守王烋言其诡诈，乃使邦佐，幽诸后曹。迄至兼旬，曾无段食，于是州乡媿伏，远迩归依，逃迹山林，肆行兰若。"⑧ 后来追随傅大士的弟子日多，不断向地方官联名推荐傅大士，但都没有获准，"大通元年，县中长宿傅普通等一百人，诣县令范胥。连名荐述。又以中大通四年，县中豪杰傅德宣等道俗三百人，诣县令萧诩，具陈德业。夫以连城之宝，照庑之珍，野老怪而相捐，工人迷而不识。"直到"大通六年正月二十八日，遣弟子傅暀出都，致书高祖"，傅暀为了引起当朝注意，甚至焚烧左手，最后通过太乐令何昌、同泰寺僧皓法师，得以上达，傅大士最终得到梁武帝认可："暀至都，投太

---

① 《高僧传》，第396页。

② 《高僧传》，第128页。

③ 《高僧传二集》四册之一，第215页。

④ "有保志神僧，道超方外，罕有得其情者。与云互相敬爱，呼为大林法师。每来云所，辄停住信宿。尝言：欲解师子吼。请法师为说。即为剖析，志便弹指赞曰：善哉，微妙微妙矣！"（《高僧传二集》四册之一，第161页）

⑤ 如南朝著名文学家徐陵：年数岁，家人携以候沙门释宝志，宝志摩其顶曰："天上石麒麟也。"（《南史·徐陵传》）

⑥ 傅大士生平传说很多，比较而言徐陵《东阳双林寺傅大士碑》，撰写于573年，距傅大士去世（569年）不久，较为可信。《艺文类聚》卷七六所收碑文删节较多，而《卍续藏经》本基本保留全文，文本取后者。碑文版本考证详见《傅大士研究》，第3–10页。

⑦ 乌伤得名于该地的颜乌葬父而死的孝子事迹。南朝时，该地似寺院佛法不兴，如《续高僧传》记载慧约"南阳乌场（伤）人也"，"所居僻左，不尝见寺，世崇黄老，未闻佛法。"（《高僧传二集》四册之一，第176–177页）

⑧ 《善慧大士语录》卷三，见《卍续藏经》第69册，第121页下。

乐令何昌，并有弘誓，誓在御路，烧其左手。以此因缘，希当闻达。昌以此书呈同泰寺僧皓法师，师众所知识，名称普闻，见书随喜，劝以呈奏。皇心欢悦，遽遣招迎，来谒宸围，亟论经典。同泰寺前临北阙，密迩南宫，仍请安居，备诸资给。后徙居钟山之下定林寺，游岩倚树，宴坐经行。京洛名僧，学徒云聚，莫不提函负袟。"① 傅大士虽然并没有正式僧侣的身份，但得到梁武帝认可后，便入住同泰寺，"备诸资给"；不久迁入下定林寺。我们在前文已经提到，钟山上、下定林寺，是梁武帝收拢禅修高僧之地。

傅大士自称"补处菩萨，仰嗣释迦法王真子，是号弥勒……但分身世界，济度群生"②，其弟子亦常有宗教的狂热自焚、自残行为，这些直到唐代都常被统治者猜忌，视为异端，③ 傅大士本人亦曾下狱。梁代虽然崇佛，但无论是政界还是教界，对异端都施行监管和排查，例如"梁天监九年，郢州投陀道人妙光，戒岁七腊，矫以胜相，诸尼妪人，金称圣道。彼州僧正议欲驱摈，遂潜下都，住普弘寺，造作此经。又写在屏风，红纱映覆，香花供养，云集四部，䞴供烟塞。事源显发，敕付建康辩覈疑状。云抄略诸经，多有私意妄造，借书人路琰属辞润色。狱牒：妙光巧诈，事应斩刑，路琰同谋，十岁谪戍。即以其年四月二十一日，敕僧正慧超，令唤京师能讲大法师、宿德，如僧祐、昙准等二十人，共至建康前辩妙光事。超即奉旨，与昙准、僧祐、法宠、慧令、慧集、智藏、僧旻、法云等二十人，于县辩问。妙光伏罪，事事如牒。众僧详议，依律摈治。天恩免死，恐于偏地复为惑乱，长系东治。即收拾此经，得二十余本，及屏风，于县烧除。然犹有零散，恐乱后生，故复略记（萨婆若陀长者，是妙光父名。妙光弟名金刚德体，弟子名师子）。"④ 相对妙光这类被"依律摈治"、"长系东治"的民间神僧大士，傅大士最终得到政界和教界的肯定，是比较幸

---

① 《卍续藏经》第 69 册，第 122 页上。

② 《卍续藏经》第 69 册，第 122 页中。

③ 《唐大诏令集》卷一一三，禁断妖讹等敕："比有白衣长发，假托弥勒下生，因为妖讹，广集徒侣，称解禅观，妄说灾祥……自今已后，宜严加捉搦。"诫励僧尼敕：佛教异端"无益于人，有蠹于俗，或出入州县，假托权威，或巡历村乡，恣行教化。因其聚会，便有宿宵，左道不常，异端斯起"。

④ 《出三藏记集》，第 231 页。

运，也是影响力很大的一位。

傅大士在民间号召力非常大，甚至很多人受其感召，"或截耳而刊鼻，或焚臂而烧手"，那么傅大士传播的理念主要是什么呢？现存傅大士诗文多有后人掺入，仅就徐陵《东阳双林寺傅大士碑》来看，傅大士给梁武帝上书："双林树下当来解脱善慧大士白国主救世菩萨，今条上、中、下善，希能受持。其上善，以虚怀为本，不著为宗，妄想为因，涅槃为果。其中善，以治身为本，治国为宗，天上人间，果报安乐。其下善，以护养众生，胜残去杀，普令百姓俱禀六斋。夫以四海之君，万邦之主，预居王土，莫不祗肃。"① 傅大士上书口气之大，"京都道俗莫不嗟疑"；不过傅大士称梁武帝为"国主救世菩萨"以及其所奏言，恰与梁武帝治国的理念② 相合，故得见信。"其上善，以虚怀为本，不著为宗；妄想为因，涅槃为果"应该最能体现傅大士最推重的佛教理念，但其具体内容，各文献记载有异。道宣（596—667 年）《续高僧传》："其上善者，略以虚怀为本，不著为宗；亡相为因，涅槃为果。"③ 其中《碑》文所记"妄想为因，涅槃为果"是为"亡相为因，涅槃为果"，妄想与亡相，虽然音近，但意思迥异。初唐法琳（572—640 年）《辩正论》卷三引文为："其上善，略以虚怀为本，不着为宗；忘相为因，涅槃为果。"④ 忘相与亡相，意思相近，由此可见，"妄想为因，涅槃为果"恐为后代篡改或误写，且《碑》中最后铭文部分也说傅大士"妙辩无相，深言不生"⑤，可见当以"无相"为是。南朝傅大士并非专门提倡烦恼即菩提的观念，而是强调无相，以此作为涅槃之因。

傅大士"安禅合掌，说偈论经，滴海未尽其书，悬河不穷其义，前后讲《维摩》、《思益经》等"⑥，可见他是比较重视《维摩》和《思益经》的。鸠摩罗什译《思益梵天所问经》卷第一："涅槃名为除灭诸相，远离

---

① 《卍续藏经》第 69 册，第 122 页上。
② 参见颜尚文：《梁武帝》，特别是第五章："皇帝菩萨"地位的建立与"佛教国家"的政治改革，第 173－225 页。
③ 《高僧传二集》四册之四，第 924 页。
④ 《大正藏》52 册，第 506 页中。
⑤ 《卍续藏经》第 69 册，第 122 页上。
⑥ 《卍续藏经》第 69 册，第 122 页下。

一切动念戏论。"① 在《维摩经》不可思议品中，维摩诘曾开导舍利弗"法名无为，若行有为，是求有为，非求法也"。可见傅大士提倡的"以虚怀为本，不著为宗，忘相为因，涅槃为果"都是有经典依据的，而且与当时教界对涅槃的看法有相通之处。

梁代宝亮在《大般涅槃经集解》卷第三十三中说："大乘缘中忘相，故实；小乘执相，故不实。"② 另在卷第三十五，解释五时教时说："宝亮曰：佛如牛也，五味譬五时教也。佛初出世，十二年中，小乘三藏，别相说法轮，置出世之教，始当十二部之名也。从十二年后。通教门中，辨空有，明真俗二谛，理既深广，如从乳出酪。二谛是空解之主，亦是万解之本，所以当修多罗名也。但自通教之前，直明因果义，不辨二谛。忘相故不与本之称。从修多罗出《方等经》者，自通教说后，述《维摩》、《思益》，进声闻行，令舍执得解，故以《方等经》，譬如从酪出生苏也。从《方等》出《般若波罗蜜》者，般若言智慧，从说《维摩》，后明《法花》，辨一因一果，智慧开明，以譬般若，喻之熟苏也。既说《法花经》竟，涅槃教与明理具足，犹若醍醐也。"③

宝亮是齐梁间高僧，与宝志曾有往来。④ 宝亮注疏和集解《涅槃经》，都是受梁武帝敕令，代表了梁代佛教的主流看法。在宝亮看来，大小乘的区别就在于是忘相还是执相。佛说小乘经（修多罗）只谈因果，不辨真俗二谛；而从小乘经出《方等》等大乘经的关键，就在于"妄相"、"令舍执得解"。

南朝末年宝志、傅大士等僧神大士，在社会上影响甚大，其言多缥缈，似与般若性空相合，然皆以涅槃佛性为旨归，被世人视为"但资禅悦"，虽然不可完全以后世禅宗人物视之，但其一些主张似与三论、牛头，乃至天台有涉，多开风气，值得我们今后深入探讨。

---

① 《大正藏》第15卷，第36页下。
② 《大正藏》第37卷，第490页中。
③ 《大正藏》第37卷，第493页中。
④ "志常盛冬袒行，沙门宝亮欲以衲衣遗之，未及发言，志忽来引纳而去。"（《高僧传》，第395页）

第五章　地府与净土：中国人死后世界信仰的重新构建

本章从三教关系出发，探讨汉唐时期中国人死后世界信仰的确立和发展变化。中国原本儒家"事死如事生"的死后世界观念，在普通民众中逐渐形成了高度官僚化的地府形态，逐级被佛道教提倡的修行功德、超拔度人的宗教思想实践打破。佛、道的修行者不应属地府官僚体制束缚管辖，那又该身处何方呢？汉魏以来，佛教净土信仰的传入，无疑为解决这一难题创造了条件；中国人以"地仙"模式来理解死后不归地府，而往生他方净土。道教逍遥自在的地仙信仰与佛教的十方净土观念相互影响，逐渐在死后世界"体制外"建立起一块"飞地"——西方极乐世界，为中国人死后的"去向"提供了更多的选择。佛道教地府超拔与净土的逐渐成熟，成为儒教正统生死观的重要补充，在民间尤其有着广泛的影响。

第一节　引言：原始反终，知生死之说

《论语·先进》中子路问死后的问题，孔子说："未知生，焉知死。"但这并不能说明传统儒教对死亡问题漠不关心，而是强调儒家是将生死、始终问题，通盘考虑的，《易传》即言："原始反终，知生死之说"。

中国人信仰中的死后世界，大体包括天上、人间、地下三类。先秦以降，死后世界逐渐以地下世界为主导，汉代人死后的地下世界日益官僚化，汉代人死后的生活在形式上基本"复制"了其生前生活的样态，"人多半的时候总是从已知想象未知。我们看到，汉人所想象的死后世界具有与此生相类的政治与社会组织，那么死者在此世界中的生活情景大约亦不外生前的翻版。"①

---

① 蒲慕州：《追寻一己之福：中国古代的信仰世界》，台北：允晨文化，1995年，第216页。

中国人这种"事死如事生"的死后世界信仰模式，在汉代发生了一次重要的转变，亦引发中国宗教信仰的重大变革。佛教在汉代传入中国，加强了中国人对生前世界与死后世界的区分。佛教中超度的观念，对中国传统地府的官僚制造成了一定程度的破坏，进一步动摇了死后世界不过是生前世界翻版的朴素信仰观念，为加入佛、道教各种宗教信仰元素创造了空间。中国人固有死后世界观的动摇，使得佛教的因果报应、轮回转世，道教的尸解仙，地下主得补仙官等佛、道教元素在六朝时纷纷加入到中国人原本的地府观念之中；而儒家的伦理观念，也通过佛教的果报思想、道教的积功累德等观念，潜移默化地进入中国人死后世界信仰之中。

佛教对中国人死后世界的另一项重要的影响，便是净土观念的引入。汉代高度官僚化的地府，为崇尚逍遥的魏晋士人所不喜，佛教他方净土的观念与道教隐逸地仙的观念相互发明，最终使得"家家阿弥陀，户户观世音"，净土信仰在中国蔚为大观。

万志英（Richard Von Glahn）教授认为，中华帝国的宗教转型有两个非常重要的时期，一是汉代，出现了死亡和死后生活的新观念，并在其后成为佛教与道教的试金石；二是宋代，其时的宗教生活经历了信仰观念、文本、仪式实践的通俗化，而通俗化后的宋代信仰体系成为至今中国宗教的基础。① 本章主要探讨汉唐之间，儒释道三教如何相互影响，最终构建起地府与净土这两项最为重要的中国人死后世界的信仰。

第二节 三教兼容的"炼狱"式地府信仰

汉魏两晋南北朝时，各种汉译佛教典籍关于地狱的说法很不统一，经文分歧很大。② 如此纷杂的地狱说法传入中国后，哪些地狱观念产生了较大的影响，中国人是如何接受佛教这些地狱观念，又进行了怎样的选择，是如何将其进行整合而成为"有中国特色"的地狱观念，就是一个十分值得研究的话题。探究六朝时中国人实际持有的佛教地狱信仰观念，显然不

---

① 参见 Von Glahn, Richard, *The Sinister Way: The Divine and the Demonic in Chinese Religious Culture*, Berkeley: University of California Press, 2004.

② 描述地狱的各类译经，已有学者进行了梳理，读者可参阅"佛家诸经论所言地狱异说表"，见《汉魏六朝佛道两教之天堂地狱说》，第 175－203 页。

能仅从海外传来的佛教译经入手，而鲁迅先生所谓的"释氏辅教之书"，无疑是最有价值的材料。本节即主要以六朝佛教应验记为主要材料，探究三教共同影响下的地府信仰的形成与发展。

（一）六朝地府中的"度人之师"

在六朝佛教应验故事中，经常出现类似泰山府君、西王母、水官这类中国本土信仰常见的角色，在这些六朝佛教应验故事中，尤其值得注意的是"度人之师"这一角色的出现。上面这则佛教应验故事中的"度人之师"，很容易让人联想起，四五世纪之交道教大量兴起的灵宝度人经。正如已故法国学者索安指出：

> 五世纪的早期灵宝经，特别是未经删除且占了敦煌抄本之主体的那一部分，表明其大量借用了大乘佛教的术语、文体和概念，以至于我们几乎可称其为"佛道混融"。其新颖之处在于普遍的宇宙—政治拯救观念，它取代了独自寻求不死的思想（被诬蔑为"小乘"道教）。古代仪式和天子所扮演的仪礼和巫术角色与慈悲度人的菩萨形象混同起来。灵宝派道士视他们的宗教为"大乘"，它超越了个人对不死的追求。这种较早时期的目标是防止形体消灭，它被人死后通过阴间"太阴"炼形术加以净化和复原的信仰所取代。灵宝派虽然和上清派一样源出于南方贵族，却变成了更有群众性的宗教，发展为更具体制性的教团：道德准则、集体仪式、国家典礼、教会组织和等级制度取代了个人存想、长生实践与炼丹。[1]

六朝佛教传说故事中，在地府中设立一个度人之师的角色已很常见，如赵泰的故事中度人之师是世尊（佛），而在敦煌出土的《刘萨诃因缘记》等文献中更为常见的则是观音菩萨——这些佛教地府中"度人之师"的角色，已经可以看到日后地藏信仰的基本形态。而日后地藏逐步取代观音在地狱中的位置，专门以救赎者的面目出现在幽冥世界中。如前文所述，地藏菩萨成为中国佛教地狱救主的原因十分复杂，尤其值得关注的是，这一地狱信仰模式是南朝时在中国佛教徒心中逐渐奠定的，而这其中道教因素

---

[1] 《西方道教研究编年史》，第25页。

的影响是显而易见的。

东晋末年到南朝初年，正是道教"灵宝度人经"诞生并开始流行的时期，当时道教中的度人之师，多与灾劫有关，度人之师帮助信教"种民"度过即将到来的大灾难，而非超度死后由因果报应而产生的炼狱之苦的佛教度人模式。可见佛、道教的度人师模式，一在现世，一在地狱，是有所不同的。但不可否认，这两种度人模式是有相互影响的。如《冥祥记》记载：刘宋时，广陵人李旦，死而复活，言说地狱等诸事，"又云：'甲申年当行病疠，杀诸恶人，佛家弟子，作八关斋，心修善行，可得免也。'旦本作道家祭酒，即欲弃箓本法，道民谏制，故遂两事，而常劝化，作八关斋。"。① 《太平经钞·甲部》已经提到"甲申大水"等灾异，佛教疑伪经《佛钵记》、《甲申年洪灾大水经》等均有此说。菊地章太等日本学者认为甲申大水恐与刘宋代晋制造谶纬理论有关。② 佛教应验记《冥祥记》中宣扬"甲申年当行病疠"，用八关斋度人的模式，可能是受到道教影响，李旦本人即是天师道祭酒。此亦可反证道教度人常见的度人信仰模式是大灾将至，度人灾劫，而与佛教常见的超拔因果报应之苦（即后世流行的地藏信仰）是有区别的，但在实际信仰中又可看出两者的相互影响。

（二）佛教地狱的"炼狱"模式及其道教影响

六朝释氏辅教之书，篇幅最多的是地府游记故事，宣扬的是：人生前犯各种罪过，特别是杀业，死后在地狱中经受各种酷刑，而受苦的剧烈程度和时间长短，则依生前业报而定，生前罪业赎完便可上升天堂或转世为人等，例如《冥祥记》中提到刘宋时期一位僧人"逢新寺难公"，因生前饮酒一次，死后须在地府住破屋三年之后，方可升天。③ 若生前、甚至前世信佛，或在地狱中蒙佛菩萨拯救，或家人做八关斋等法事，亡灵都可以在地狱中被优待、得到超拔。六朝时佛教的地狱观念颇似"炼狱"模式，即在地狱中受各种惩罚磨炼，将生前的罪恶赎尽，便可转世乃至成仙。由此可见，这类地狱并非永久的居所，而是一个中转站。

---

① 《古小说钩沉》，第 317－318 页。
② 参见曹凌编著：《中国佛教疑伪经综录》，上海：上海古籍出版社，2011 年，第 34－36 页。
③ 《古小说钩沉》，第 332 页。

当时人们的佛教地狱观念，大体来说是二元的，即经过地府的审判，好人或者说信奉佛法的人，入开光大舍，听世尊讲经即得超度而升天；坏人或者说不信奉佛法的人，依其生前罪孽入各种地狱受苦，受苦折抵罪责后，入变形城轮回转世。当然这二元之间也有转换，例如在各种地狱受苦时，若家人做佛事活动，亡灵也有可能从其所受苦的地狱中直接进入开光大舍得到超度。

这里的"开光大舍"，颇似南朝道教所谓的"朱火宫"，南朝道教认为地府之人，若有升迁补受仙官的机遇，可以入朱火宫（南宫）炼形升仙。如《真诰》卷十五载，南朝著名佛教居士何充，"始从北帝内禁御史，得还朱火宫受化，以其多施惠之功故也（……按如此旨，鬼职杂位非四明公，而犹得受化朱宫，升居仙品者，此当是深功厚德之所致也。）"[1] 按照《真诰》记载，儒教圣人周文王、周武王尚于地府之中，未登仙位，陶弘景对此的解释是"此父子并得称圣德，而不免官鬼，虽为煞戮之过，亦当是不学仙道故也。"[2] 可见六朝道教认为修仙是免除地狱之苦，最为重要的条件。其次，生前多积功德也颇为重要，何充虽然信仰的是佛教，但按照佛教生活实践，亦获道教认可，故可入南宫炼化。而当时佛教徒的地府观念，入"光明大舍"超度升天，或于"受变形城"轮回转世，大体也吸纳了道教地府的信仰逻辑。

佛教地府中这种二元模式，根源在于有些人能够解脱升天，有些人不能解脱升天这一两分法，在"人人皆有佛性"这一观点被佛教界普遍接受之前，六朝普通佛教徒中这种两分法的信仰模式，显然与道教传统上认为人是否具有仙品这一二元划分是一致的。道教中人是否有仙品的二元划分，直接影响到地府中二元模式，即一部分原本具有仙品的人去世后，在地府还将继续修炼成仙，正如陶弘景所言："所以隶仙官者，以为天下人不尽皆死，其中应得真仙，则非北帝所诠。或有虽死而神化反质者，如此皆在真仙家简录，故司命之职，应而统之也。"[3] 道教中这一信仰模式，成

---

① 《真诰校注》，第476页。
② 《真诰校注》，第473页。
③ 《真诰校注》，第471页。该段文字原属《真诰》卷十三"稽神枢第三"，《真诰校注》编著者认为有错简，移入卷十五"阐幽微第一"中，参见该书第406页校1。

为稍后在南朝广泛流行的"炼狱式"佛教地狱的范版——即对于不少死者来说,地狱就成为成仙前炼养的一个中转站。下面我们就以《真诰》中专门讲述道教地府的"阐幽微"为例,对此加以说明。

最早的释氏辅教之书,大都出自南朝宋齐之际,而《真诰》正文则为东晋中后期诸真的降授,故《真诰》正文记录的时代在先是没有疑义的。[①]《真诰》"阐幽微"中明确指出,在地府中"其中宿运先世有阴德惠救者,乃时有径补仙官。或入南宫受化,不拘职位也。在世之罪福多少,乃为称量处分耳。大都行阴德,多恤穷厄,例皆速诣南宫为仙。(在世行阴功密德,好道信仙者,既有浅深轻重,故其受报亦不得皆同。有即身地仙不死者,有托形尸解去者,有既终得入洞宫受学者,有先诣朱火宫炼形者,有先为地下主者乃进品者,有先经鬼官乃迁化者,有身不得去、功及子孙、令学道乃拔度者。诸如此例,高下数十品,不可以一概求之)"[②]

人死后在地府经受各种锻炼,最终成就仙品,道教这一观念,无疑深刻地影响了佛教地狱观念。在六朝释氏辅教之书中,这类观念十分常见。甚至南朝时有的佛教应验记,将地府描述成类似太学的地方,人们在此学成后,上升天界:

> 晋孙稚,字法晖,齐国般阳县人,父祚,晋太中大夫。稚幼而奉法。年十八,以咸康元年八月病亡。祚后移居武昌。至三年四月八日,沙门于法阶行尊像,经家门。夫妻大小出观,见稚亦在人众之中,随侍像行……其年七月十五日,复归,跪拜问讯,悉如生时……稚兄容,字思渊,时在其侧。稚谓曰:"虽离故形,在优乐处,但读书无他作,愿兄勿复忧也。但勤精进,系念修善,福自随人矣。我二年学成,当生国王家。同辈五百人,今在福堂,学成,皆当上生第六天上。我本亦应上生,但以解救先人,因缘缠缚,故独生王家耳!"[③]

这则故事中,在地府"福堂"中学成,可以上升到佛教的"第六天

---

① 南朝陶弘景只是对这些诸真降受进行收集整理,并加以注释。
② 《真诰校注》,第492页。
③ 《古小说钩沉》,第292页。

上"，这种叙述模式颇似《真诰》中提及的道教信仰中"易迁馆"、"童初府"之类的地方："易迁、童初二府，入晏东华上台，受学化形，濯景易气。十二年气摄神魂，十五年神束藏魄，三十年棺中骨还附神气，四十年平复如生人，还游人间，五十年位补仙官，六十年得游广寒，百年得入昆盈之宫，此即主者之上者，仙人之从容矣。"①

从上面的比较中，我们可以看出，佛道教两者对待地府的"炼狱"功能是近似的，不过佛教在修学年限上大大简化了，而道教则动辄要求数十年，甚至更长："夫至忠至孝之人，既终皆受书为地下主者，一百四十年，乃得受下仙之教，授以大道。从此渐进，得补仙官。一百四十年，听一试进也。""夫有上圣之德，既终，皆受三官书为地下主者，一千年，乃转补三官之五帝，或为东西南北明公，以治鬼神。复一千四百年，乃得游行太清，为九宫之中仙也。""夫有萧邈之才，有绝众之望，养其浩然，不营荣贵者，既终，受三官书为善爽之鬼。四百年，乃得为地下主者。从此以进，以三百年为一阶。""夫有至贞至廉之才者，既终，受书为三官清鬼。二百八十年，乃得为地下主者。从此以渐，得进补仙官，以二百八十年为一阶耳。"等②。从上面引文可知，道教地府中的炼度成仙的时间是十分漫长的，这也应是中国佛教徒最终放弃了地府炼狱升天的解脱模式，而相对简易的往生净土解脱模式得以广泛流行的重要原因之一。

第三节　从地府到净土：儒释道三教对死后世界"地仙"信仰模式的构建

现存六朝佛教笔记小说中，有大量佛教徒、佛教僧侣在阴间受到种种礼遇的入冥类应验故事。但汉魏以来流行的神仙三品说，无论天仙、地仙、尸解仙，都不在地府管辖之列。在佛教徒看来，神仙尚且如此，佛教修行者更不应属地府管辖。随着佛教信仰在中国的发展，佛教修行者等同于神仙，死后不应属地府管辖的观念，逐渐深入人心。佛教修行者死后不再神游地府，其后应处何方呢？汉魏以来，佛教净土信仰的传入，无疑为

---

① 《真诰校注》，第404页。易迁馆等是女性死后修炼成仙的地方。
② 《真诰校注》，第507—508页。

解决这一难题创造了条件；中国人以"地仙"模式来理解死后不归地府，而往生他方净土。本节以晋唐间佛教传说中神秘的"竹林寺"为例，探讨佛教式的隐仙、游仙信仰与西方净土的潜在关联。

（一）佛教修行者不属地府管辖的观念

六朝大量应验记表明，虽然僧侣、佛教居士死后在地府受到优待，但毕竟死后须到地府报到，经阎罗王（平等王）甄别后，才可受到礼遇。从现存史料来看，直到六朝末年，佛教徒死后须前往地府的观念还是存在的。《洛阳伽蓝记》卷二载"崇真寺比丘慧嶷死一七日还活，经阎罗王检阅，以错召放免。惠嶷具说过去之时，有五比丘同阅"云云①，即僧人死后，依其生前所作佛教功课，受到阎王的高下评判。这则故事发生的时间是六世纪初，至六世纪末，类似的信仰观念仍然存在，如道宣《集神州三宝感通录》卷上记载："隋开皇初，有扬州僧忘其名，诵通《涅槃》，自矜为业。岐州东山下村中沙弥诵《观音经》，二俱暴死，心下俱暖。同至阎王所，乃处沙弥金高座，甚恭敬之；处涅槃僧银高座，敬心不重。事讫勘问，二僧余寿皆放还。"② 这则发生在六世纪末的故事，与近百年前崇真寺比丘慧嶷游地府的故事，情节结构十分类似，这反映出南北朝始终存在着佛教徒死后归于地府，须受到阎王的审判的情况。

当然，阎王的审判标准，在六朝佛教应验记中必然是佛教式的，甚至在一些故事中，地府中还有"经藏所"，以备勘验。敦煌遗书《持诵金刚经灵验功德记》："开皇十一年，太府寺丞赵文昌身死……至阎罗王〔所〕，〔王〕问昌曰：'从生已来，作何福业？'昌曰：'更无余功德，唯常诵持《金刚般若经》。'王……即语执人曰：'汝更勘案，勿错将来不？其人实错将来不？'闻即语昌曰：'可向经藏中取《金刚般若经》来。'令一人引昌西南下至经藏所，见大舍数十余间，甚精丽，其中经满，并金轴宝袟，广严妙好，华芳不复可言……昌怕惧此非《般若》，求其使人请换。不肯，昌即开看，乃是《金刚般若》。将至王所，令执人在西，昌在东立，诵《金刚般若经》一遍，并得通利。王即放还，约束昌受持此经，实莫

① 《洛阳伽蓝记校释》，第75页。
② 《大正藏》第52册，第427页下。

废忘。"①

地府中藏有佛经，乃至有菩萨（最著名的是地藏菩萨）超度众生，并不稀奇，但地府中所关押的，乃至须被地府中菩萨解救的众生，应是生前犯有罪业之人，而生前修习佛法之人，是不该到地府的，如上面这则故事，阎罗王一听说赵文昌能诵《金刚般若经》，便立即问"执人"有没有抓错人，在勘验其确实能够诵经后，就下令"放还"了。再如同书记载，唐初贞观元年，遂州有人死后到地府，见一僧说会诵《金刚般若经》，阎罗"王闻即起，合掌讚言：'善哉！既是受持《金刚般若波罗蜜经》，当得升天，何因错将来至此？'王言未迄，引师上天去也。"②

汉魏以来流行的神仙三品说，无论天仙、地仙、尸解仙，都不在地府管辖之列，神仙尚且如此，在佛教徒看来，佛教修行者更不应属地府管辖，故在佛教应验故事结构中，僧侣、居士只能由于错抓这一原因，才会出现在地府之中。在六朝应验记中，佛教修行者开始被逐渐等同于神仙，不受地府冥官的辖制，这一观念在唐代得到进一步发展。《宋高僧传》卷二十四载："释雄俊，俗姓周，成都人也……大历中，暴亡入冥。见王者诃责毕，引入狱去。俊抗声大呼曰：'雄俊傥入地狱，三世诸佛即成妄语矣。曾读《观经》，下品下生者造五逆罪，尚得往生。俊虽造罪，不犯五逆，若论念佛，莫知其数。佛语若有可信，暴死却合得回。'与雄俊传语云：'若见城中道俗告之，我已得往生西方。'言毕承宝台直西而去。"③ 这则故事旨在宣传临终十念往生净土，但从中我们可以看出，佛教修行者死后不应属地府管辖的观念，已经深入人心，甚至可以在阎王面前，据理力争。

（二）地仙与佛教的净土

佛教修行者等同于神仙，死后不应属地府管辖，其后应处何方呢？汉魏以来，佛教净土信仰的传入，无疑为解决这一难题创造了条件。

六朝佛教流行的入冥故事，都是神游地府，但随着净土信仰的发达，佛教徒死后神游净土的应验故事也开始出现。《法苑珠林》卷十五引《冥

---

① 《敦煌本佛教灵验记校注并研究》，第 246－247 页。
② 《敦煌本佛教灵验记校注并研究》，第 248 页。
③ 赞宁撰，范祥雍点校：《宋高僧传》，北京：中华书局，1987 年，第 621 页。

祥记》:"宋魏世子者,梁郡人也。奉法精进,儿子遵修,唯妇迷闭,不信释教。元嘉初,女年十四,病死。七日而甦,云可安施高坐,并《无量寿经》。世子即为具设经座。女先虽斋戒礼拜,而未尝看经。即升座转读,声句清利。下启父言:儿死便往无量寿国,见父兄及己三人,池中已有芙蓉大华,后当化生其中。唯母独无,不胜其苦,乃心故归启报。语竟复绝。母于是乃敬法云云。"① 传统的入冥故事,出现了新的题材,成为入净土的应验故事。从上面引文中,我们可以看到,以化生莲花的方式进入净土的观点,已经为信众接受。"化生"是印度佛教传入的概念;但魏晋时尸解成仙观念已经普遍被中国人接受,人的形体化为宝剑、竹杖等物件,乃至于火解、兵解,而神灵成仙。六朝道教尸解,人体通过超常变异而成仙;而佛教徒通过化生莲花而达西方净土,都是一种"非常"的变化。② 当时希求往生净土的佛教徒,修行方式尚未定型于称名念佛,故梁《高僧传》关于西方净土信仰的记载,散见于习禅、明律、亡身、诵经、义解诸篇之中。③

　　生前依各种佛法修行,死后往生净土,与得道成仙,在六朝人眼中,有颇多近似之处。《法苑珠林》卷十五引《冥祥记》:刘宋时人"葛济之,句容人,稚川后也。妻同郡纪氏,体貌闲雅,甚有妇德。济之世事仙学,纪氏亦同,而心乐佛法,常存诚不替。元嘉十三年,方在机织,忽觉云日开朗,空中清明。因投释筐梭,仰望四表,见西方有如来真形及宝盖幡幢,蔽映天汉。心独喜曰:经说无量寿佛,即此者耶!便头面作礼。济之敬其如此,仍起就之。纪授济手,指示佛所。济亦登见半身及诸幡盖。俄而隐没。于是云日鲜彩,五色烛曜。乡比亲族,颇亦睹见。两三食顷,方稍除歇。自是村间多归法者。"④

① 《法苑珠林校注》,第 520 页。
② 道教方面关于"非常"的讨论,可参见李丰楙的《神化与变异:一个"常与非常"的文化思维》(北京:中华书局,2010 年)。六朝佛教亦有此方面的材料,如庐山慧远著名的《沙门不敬王者论》提出"不顺化以求宗"。当然,道教的尸解,是讲身体化为宝剑、竹杖等,留于此世;而佛教往生极乐,是在净土中化生莲花,两者是有明显差别的。
③ 读者可以参见圣凯在《晋唐弥陀净土的思想与信仰》中所列的相关表格(北京:中国社会科学出版社,2009 年,第 4—6 页。)。
④ 《法苑珠林校注》第二册,第 518—519 页。

从上面这则故事，我们可以看出，在南朝求仙之人看来，西方无量寿佛（阿弥陀佛），与其向往的神仙，似无二致。魏晋南北朝，庄园发达，隐逸思想盛行，也影响到人们的信仰世界，在汉魏以来流行的神仙三品说中，天界仙官已不再具有特别的吸引力，而隐逸地仙的逍遥成为人们追求的目标。故葛洪借白石先生之口说："天上复能乐比人间乎？但莫使老死耳。天上多至尊，相奉事更苦于人间"；"以其不汲汲于升天为仙官，亦犹不求闻达者也。""按《抱朴子·微旨篇》的说法，当时流传的天上宫府观念已发展为三官九府百二十曹的官僚结构，所以白石先生也不愿为仙官，宁为地仙而逍遥于天下名山。"① 东晋名僧支道林对此也感同身受，故其在《阿弥陀佛像赞并序》（《广弘明集》卷十五）中强调："佛经记西方有国，国名安养……其佛号阿弥陀，晋言无量寿，国无王制班爵之序"。②

地仙信仰，与道教原本的海岛仙山、福地洞天思想、中国传统的山岳崇拜、汉代纬书，都有着密切的关系。在魏晋南北朝，对于许多人来说，地仙显然比天仙有吸引力，当时流行着大量诸如《十洲记》、《洞仙传》之类地仙典籍。而中国佛教十方诸佛净土的信仰、死后往生净土的追求，对于熟悉地仙信仰的中国人来说，是十分易于理解和接受的。

道教的地仙"游于名山"、"栖集昆仑"，可以自由往来于诸海岛仙山之间。而南北朝时，十方诸佛净土，也为佛教徒提供了诸多选择，《续高僧传》载：北齐名僧释真玉，"忽闻东方有净莲华佛国，庄严世界，与彼不殊。乃深惟曰：'诸佛净土，岂限方隅，人并西奔，一无东慕，用此执心，难成回向。'便愿生莲华佛国，晓夕勤到，誓不久留，身无疹瘵，便行后事。"③ 此与后世净土信仰，强调西方净土的殊胜，阿弥陀佛的接引对于往生西方的决定性作用，有很大的不同。④

---

① 参见李丰楙：《仙境与游历：神仙世界的想象》，北京：中华书局，2010 年，第 31 – 32 页。

② 《中国佛教思想资料选编》第一卷，第 68 页。

③ 《大正藏》50 卷，第 475 页下。

④ 侯旭东教授通过对北朝石刻的研究，甚至认为，崇奉无量寿佛（或阿弥陀佛）与祈愿西方净土，在北朝佛教信徒中是两种互不相干的观念（参见《五、六世纪北方民众佛教信仰》，第 99 页以下）。侯教授主要论证了佐藤智水《北朝造像铭考》（《史学杂志》86 卷 10 期，1977 年，第 23 页）的观点。

（三）佛教的"隐仙"与"游仙窟"故事

我们在上文讨论了佛教的净土信仰与道教地仙信仰有许多类似之处，后文将对此作进一步的展开。特别就六朝佛教中与道教地仙信仰近似的隐逸、游仙进行探讨，并进一步指出其与净土信仰的潜在关系。

南齐陆杲《系观世音应验记》载：释道冏"以姚兴弘始十八年（416年）——晋义熙之十二年也——为师道懿往河南霍山采钟乳，与同学道朗等四人，把炬探山穴。入洞三里许，有深水，横木过之。道冏最先渡，无他。后伴悉落水死。"① 钟乳是中药材，六朝时僧人服食者，僧传多有记录。释道冏因师病，② 入洞穴采钟乳。六朝佛教僧侣，由于修禅、采药等原因，常出入于山谷、洞穴等人迹罕至之地，由此亦产生许多故老传言。陶弘景说："世界采药往往误入诸洞中，皆如此，不便疑异之……然得入者虽出，亦恐不肯复说之耳"③。道教情况如此，佛教亦然，仙山石洞中常有精舍神僧栖身的传说。如梁《高僧传》载东晋僧人竺昙猷坐禅的"赤城岩与天台瀑布、灵溪四明并相连属。而天台悬崖峻峙，峰岭切天。古老相传云：上有佳精舍，得道者居之。虽有石桥跨涧，而横石断人，且莓苔青滑，自终古以来，无得至者。猷行至桥所，闻空中声曰：'知君诚笃，今未得度。却后十年，自当来也。'猷心怅然，夕留中宿，闻行道唱萨之声。旦复欲前，见一人须眉皓白，问猷所之，猷具答意。公曰：'君生死身，何可得去？吾是山神，故相告耳。'猷乃退还……猷每恨不得度石桥，后洁斋累日，复欲更往，见横石洞开。度桥少许，睹精舍神僧，果如前所说。因共烧香中食，食毕，神僧谓猷曰：'却后十年，自当来此，今未得住。'于是而返。顾看横石，还合如初。"④

这则故事与汉唐道教流行的诸多游仙窟故事，情节结构有类似之处，在凡人难以企及之处，"古老相传云：上有佳精舍，得道者居之。"后机缘巧合，禅僧竺昙猷得以"睹精舍神僧，果如前所说"。而且值得注意的是，按照山神的说法，"君生死身，何可得去"，只有得道之人，才能进入隐秘

① 《"观世音应验记三种"译注》，第185页。
② 《高僧传》，第462页。
③ 《真诰校注》，第357页。
④ 《高僧传》，第404页。

的神妙寺院,与神僧共居;竺昙猷虽然修禅颇有成就,但仍须"却后十年",才得共住。这里隐含的意思是,只有佛法修行有所成就之人,才能得见神秘的寺院,与神僧共住;这与凡人修行到一定程度才能得见神仙洞府、居地仙之位是类似的,亦与依佛法修行到一定成就,而得见净土、往生极乐的六朝净土信仰相通。

在六朝僧传、应验记中,佛教徒由于种种机遇,得入神妙精舍、得遇神僧的记载并不罕见,其中尤以禅僧居多。而六朝口耳相传,最为隐蔽而神秘的寺院,当属"竹林寺"。[①] 南北朝时,"竹林寺"是非常著名的佛教隐秘寺院,神妙莫测,传说甚多。竹林寺并非实有此寺,"乃流俗之恒传耳",亦常有僧人或明或暗地以竹林寺僧人自居,而常被人视为"诈圣"[②]。但社会上此类"游仙窟"式的佛教徒入竹林寺的奇遇,屡被提及,《续高僧传·释圆通传》[③] 即是较为著名的一例,其与道教游仙故事有所差异,如一般游仙故事常有与神女的艳遇,品味种种奇珍异果等,佛教此类故事,碍于戒律,绝无男女之事,饮食也须持午("中食"),"食如邺中常味"。但无意间闯入仙境,在仙境中遇到得道高人、欣赏珍奇景物,最终得而复失,这一模式大体也适用于此类故事。

"竹林寺"显然是南北朝最为著名的佛教式"隐仙"、"地仙"的居所,我们在下文将详细讨论其与净土信仰的关系。

(四)竹林寺与净土信仰

道宣在《续高僧传》中,对释圆通游竹林寺这一经历,进行了评点:"前者举镢驱僧,假为神怪,令通独进,示现有缘耳。言大和上者,将不是宾头卢耶?《入大乘论》:尊者宾头卢罗睺罗等十六诸大声闻,散在诸山诸中。又于余经亦说:九十九亿大阿罗汉,皆于佛前取筹,住寿于世,并在三方诸山海中,守护正法。今石窟寺僧,每闻异钟呗响,洞发山林,故

---

① 项裕荣:"竹林寺传说的演变——文言小说史中佛教传说的儒道化现象研究",《学术研究》,2009年第12期,对竹林寺传说材料进行了初步的梳理,可以参考,然该文收集史料标准较宽,如其以《高僧传·杯度传》为材料认为有"海岛圣寺类"的"竹林寺",然《高僧传·杯度传》并无提及"竹林寺"之名。另外,在资料方面,金建锋:"三朝高僧传中的竹林寺",《宗教学研究》,2009年第1期,亦可参考。
② 《大正藏》50卷,第649页上。
③ 《大正藏》50卷,第648页上-648页下。

知神宫仙寺，不无其实……自神武迁邺之后，因山上下并建伽蓝，或樵采陵夷，工匠穷凿，神人厌其喧扰，捐舍者多。故近代登临，罕逢灵迹。而传说竹林，往往殊异。良由业有精浮，故感见多矣。"①

在道宣看来，神宫仙寺，讨厌喧闹，故常隐匿，人们难以找寻。而竹林寺传说众多且各异，实由各人因缘感应不同。佛教隐秘的"地仙"，道宣用佛教义理解释为长久住世的阿罗汉；凡人向往的神宫仙寺则是这些"地仙"阿罗汉们的神秘处所。

在中国佛教中，阿罗汉被视为小乘佛教的最高果位，唐初道宣将"竹林寺"这类佛教"隐仙"、"地仙"的居所，视为阿罗汉所居，在标榜大乘的晋唐佛教中地位并不算高。而净土是诸佛菩萨所居，地位尊崇。在唐代，"竹林寺"进一步与净土信仰挂上了钩，佛教"地仙"的地位进一步抬升。唐代净土宗祖师法照所感应的"大圣竹林寺"，是由文殊与普贤二位菩萨（而非罗汉）住持，文殊菩萨还告诫法照：念阿弥陀佛决定往生。现存《宋高僧传》、北宋沙门戒珠《净土往生传记》（卷下）等传世文献，及敦煌卷子，均提到法照感竹林寺瑞相，在五台寺建大圣竹林寺。中唐时代的僧人法照，生前有关于竹林寺的宗教体验，并依此在五台山建有竹林寺，当是事实。

北宋延一《广清凉传》卷中略引了竹林寺碑："德宗皇帝贞元年……刻石记纪颂，其词略曰：弥陀居西国，照师宗焉。帝尧在位，邻公辅焉。是知佛宝国宝，殊躅而同体也。竹林精刹，应现施工，已立西方教主。大师法照，自南岳悟达真要，振金锡之清凉，根瑞相以徘徊，蹑云衢而直进，跻灵山入化寺，周历而□□□百二十院，所睹异光奇迹，具纪于大师实录，□□□播，故略而不书。兹乃净土教主东流也，故治地□□寺焉。文多不能具载。"② 碑文中，将竹林寺称为"化寺"，视为西方净土的化现，法照入竹林寺等诸多宗教体验，已经记于《实录》之中，事迹远播，故碑文略而不书。总之，净土名僧法照感应竹林寺，在唐代已远近咸知。

晚唐日僧圆仁《入唐求法巡礼行记》卷二提到，竹林寺"有般舟道

第四编　魏晋南北朝民间佛教探析

---

① 《大正藏》50 卷，第 648 页下。
② 《大正藏》51 卷，第 1116 页上。

场，曾有法照和尚于此堂念佛，有敕谥为大悟和上，迁化来二年，今造影安置堂里。"① 竹林寺在唐代已是净土信仰的一处圣地，当无异议。前引《净土往生传记》卷下，关于法照得梵僧预示"汝之净土，华台生矣，后三年华开"，用三年建成竹林寺而后圆寂等传说，亦在突出竹林寺与法照、与净土信仰的关系。

不可否认，中国净土信仰是印度、中亚佛教传入的产物，历代中土僧侣的义学论争亦对其有至关重要的影响；但中国民众接受净土思想的信仰心理，同样至为重要。本章即从"地仙"信仰模式这一中国人的视角来考察净土思想在中国的发展情况。由于民众信仰心理的古代文献稀少，这方面的研究受到很大的局限，幸而相关文献中，保留了"竹林寺"这一佛教传说。从这一传说的演变发展，我们可以窥见中国传统隐仙（地仙）、游仙传统与西方净土信仰的直接关联，是西方净土在中国得以广泛传播的助因之一。

---

① 释圆仁著，白化文、李鼎霞、许德楠校注：《入唐求法巡礼记校注》，石家庄：花山文艺出版社，2007年，第262页。

第五编　南北朝佛学思想：以三教关系为主要视角

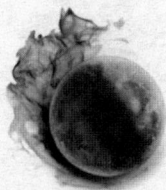

第一章　魏晋南北朝易学与
佛学比较研究论纲

　　龚鹏程教授在对孔颖达《周易正义》的研究中发现，佛教般若学，特别是六家七宗，对孔颖达的疏文有一定的影响。本无宗的影响，如《周易正义·复卦》卦辞疏："天地以本为心者，本谓静也。静非对动者也。寂然至无，是其本矣"；心无宗的影响，如《周易正义·乾卦·文言》疏："天地运化，自然而尔，因无而生有也，无为而自为，天本无心"、《复卦·象辞》疏："凡以无为心，则物我齐致，亲殊一等，则不害异类，彼此获宁。若其以有为心，则我之自我，不能普赖于我"；识含宗的影响，如《周易正义·乾卦·象辞》疏："无识无情，今据有识而言，故称曰情也。"①

　　易学史是我国思想史中极其重要的组成部分，佛教入华以来，佛学与易学相互发明，是一个十分值得关注的思想史话题。唐初李通玄所作《华严经论》是现存最早、明确而系统的援易入佛的著作，此后以易学解说《华严经》便自成一流，影响深远。宋明理学家多受此影响，"程伊川说过：'看《华严经》，不如看一艮卦'。他认为只要看到艮卦的卦辞，就可以掌握《华严》思想。为什么呢？'象曰，艮，止也，时止则止，时行则行，动静不失其时，其道光明。艮其止，止其所也。'这种说法，把'止'字解释得非常明确。禅师理解的《华严》着重于性起，即顺性而起，故曰'起而不起'，是本性即如此。以海印三昧来讲，看森罗万象的事物都是自然地显现。这同艮卦的卦辞相类似，而禅家讲《华严》也就与《易经》这些说法作比"②。以易解华严之风，直到近现代仍有不少追随者，如潘雨廷

---

　　① 龚鹏程：《佛学新解》，北京：北京大学出版社，2009 年，第 12 - 30 页。
　　② 《中国佛学源流略讲》，第 261 - 262 页。按："看《华严经》，不如看一艮卦"是周濂溪对伊川所说，非伊川本人之言论。这句话后世影响很大，明末高僧云栖祩宏在《竹窗随笔》"华严不如艮卦"中有过反驳。

先生于 1966 年 "文革" 爆发之际（"丙午夏"），撰成《〈易〉与〈华严〉》。[1] 除华严宗与易学的关系外，禅宗与易学的关系，因晚明佛教四大师之一藕益智旭的名著《周易禅解》，也颇受学者重视，著名哲学史家朱伯崑先生在《易学哲学史》中从 "明代心学的易学哲学" 角度，对明代 "禅宗的易说" 进行了分析。[2]《四库总目提要》评宋王宗传《童溪易传》时说："以禅言易，起于南宋之初"，明中后期受陆王心学影响，此风大盛，尤以真可与智旭为代表，特别是智旭的《周易禅解》影响甚大，学界这方面的研究颇丰。[3]

除了几部通论性质的易学与佛学著作，[4] 较为深入的易学与佛学论著，主要集中在唐宋（易与华严）和明代（易与禅），而对魏晋南北朝易学与佛学关系较少深入的论述。魏晋南北朝《易》与《老》、《庄》并称 "三玄"，而东晋佛教义学勃兴，与玄学关系密切，易学对当时中国佛学的发展走向，有诸多深入的影响，本章便以 "魏晋南北朝易学与佛学比较研究论纲" 为题，挂一漏万，求教于方家。

第一节 数与象

从《高僧传》、《续高僧传》来看，魏晋南北朝时僧人多通 "外书"。[5] 高僧精通易学者不胜枚举，而当时无论南朝还是北朝的易学大家，亦多涉佛道。如南朝易学大师周弘正与僧侣交往密切，其弟子张讥 "性恬静……讲《周易》、《老》、《庄》而教授焉……一乘寺沙门法才、法云寺沙门慧休、至真观道士姚绥，皆传其业。"[6] 易学家陆瑜亦 "学《成实论》于僧

---

① 见潘雨廷：《易与佛教易与老庄》，上海：上海古籍出版社，2005 年，第 1 – 38 页。
② 朱伯崑：《易学哲学史》第三卷，北京：昆仑出版社，2009 年，第 277 – 300 页。
③ 例如黄馨仪《释智旭援佛解易思想研究》（台湾国立中兴大学中国文学系硕士论文，2002 年）、谢金良《〈周易禅解〉研究》（成都：巴蜀书社，2006 年）、曾其海《〈周易禅解〉疏论》（上海：上海古籍出版社，2006 年）、吕纪立《论〈周易禅解〉的佛易会通思想》（苏州大学硕士论文，2009 年）、张韶宇《智旭佛学哲学研究》（山东大学博士论文，2011 年）等。
④ 例如夏金华《佛学与易学》（台北：新文丰出版公司，1997 年）、王仲尧《易学与佛教》（北京：中国书店，2001 年）等。
⑤ 汉唐沙门兼通世俗学问，可参见曹仕邦《中国沙门外学的研究：汉末至五代》。
⑥《陈书》，北京：中华书局，1972 年，第 444 – 445 页。

滔法师，并通大旨"①。再如北魏易学家卢景裕，更是一位虔诚的佛教徒，"景裕虽不聚徒教授，所注《易》大行于世。又好释氏，通其大义。天竺胡沙门道悕每论诸经论，辄讬景裕为之序。景裕之败也，系晋阳狱，至心诵经，枷锁自脱。是时又有人负罪当死，梦沙门教讲经，觉时如所梦，默诵千遍，临刑刀折，主者以闻，赦之。此经遂行于世，号曰《高王观世音》"（《魏书·卢景裕传》）②。本章非对魏晋南北朝易学、佛学人物关系史进行详细爬梳考证，主要从义理入手，对魏晋南北朝易学与佛学关系进行剖析。中国易学当然与印度佛学差异很大，本章主要就魏晋南北朝时期，中国人对佛学与易学在术语运用、义理思路诸多相近之处进行对比研究。

象数是汉易最为核心的概念之一，佛教入华以来，"数"这一术语也频频出现于佛学之中。《高僧传·竺法雅传》中用"以经中事数，拟配外书"来解释格义，③ 格义是魏晋南北朝佛教史的研究重点，故"事数"这一概念，很早就受到学者的重视。汤用彤先生认为"事数"即"法数（Dharma－numbers）"。④《世说新语·文学》："殷中军被废，徙东阳，大读佛经，皆精解。惟至'事数'处不解。"刘孝标注："事数：谓若五阴、十二入、四谛、十二因缘，五根、五力、七觉之属。"⑤

"事数"连用，实则不仅重视概念性的一面（"数"），也强调了概念的变通或灵活运用（"事"）。周易《系辞》："极数知来之谓占，通变之谓事，阴阳不测之谓神"，万事背后皆有"数"理，掌握这种规律可以占卜未来，穷尽蓍草数目变化可以获得占卜卦象；同时这种数理也可变通或灵活运用，如爻卦象皆有变数，纷纭复杂而成"事"，这种变化莫测则谓"神"。支谦译《佛说维摩诘经》弟子品："佛身无数，众行已除"，鸠摩

---

① 《南史》，北京：中华书局，1975年，第1203页。
② 《魏书》，北京：中华书局，1974年，第1860页。据笔记小说《旌异志》等材料，《高王观世音》是魏天平年间，孙敬德传出，"承相高欢表请其事，遂得免死。敕写此经传之，今所谓《高王观世音》是也。"（《古小说钩沉》，第348页。）
③ 《高僧传》，第152页。
④ 汤用彤："论格义"，《汤用彤选集》，第412页。
⑤ 《世说新语笺疏》上册，第284页。

罗什《维摩诘所说经》对应的译文是："佛身无为，不堕诸数"。① 掌握基本的"数"理，在"事"上灵活运用，早在安世高弟子严浮调《沙弥十慧章句序》中就提出了："物非数不定。"② 这种思维方式在南北朝佛教中并不罕见，如元魏沙门昙靖所撰伪经《提谓波利经》："提谓波利等问佛：何不为我说四、六戒？佛答：五者，天下之大数：在天为五星，在地为五岳，在人为五脏，在阴阳为五行，在王为五帝，在世为五德，在色为五色，在法为五戒。"（智顗《仁王护国般若波罗蜜经疏》卷二引）。③

除"事数"外，"禅数"亦是初期中国佛教一个非常重要的概念，汉末来华的著名译经家安世高，即专弘"禅数"，汤用彤先生对此有过详细的分析："释道安云：'其所宣敷，专务禅观'（《阴持入经序》，《祐录》六）又曰：'博学稽古，特专《阿毗昙》学。其所出经，禅数最悉。'（《安般序》，《祐录》六）又曰：'安世高善开禅数'（《十二门经序》，《祐录》六）。数者即指《阿毗达磨》之事数。印度佛徒对佛之教法综合解释，合诸门分析，或法数分类，如《长阿含经》中之《众集》、《十上》、《增一》诸经已具后来对法藏之形式。其后敷宣佛法，为听者方便，分门记数，以相发明。安公谓世高似撰《四谛》、《十四意》、《九十八结》诸经，已见其对汉人说经即依法数。严浮调曰：'物非数不定。'又曰'唯《沙弥十慧》，未闻深说'（《祐录》十）。是则安侯讲经，以数为纲，但《十慧》则未详释也。而依此形式以讲说，则所讲者必多《阿毗达磨》。（《祐录》二，安世高译有《阿毗昙五法经》，《阿毗昙九十八结经》。凡法数之经，均冠以'阿毗昙'三字，则似说法数之契经或可作如是称）故安公曰'世高特专《阿毗昙》学'也。而因其于《阿毗昙》中，特说禅定法数，故曰'善开禅数'也。"④

---

① 玄奘在《说无垢称经》中翻译为"是无为，身离诸有为，出过众数，诸数永寂"。1999年在布达拉宫新发现的梵本《维摩诘经》对应经文汉译为"如来身是无为，离一切数"。参见常泽平：《〈维摩诘所说经·弟子品〉梵汉对勘及其初步研究》，中国人民大学硕士论文，2012年，第104页。

② 《出三藏记集》，第369页。

③ 《大正藏》第33卷，第260页下。敦煌文献中，伯希和3732、斯坦因2051，均有对应的文字。

④ 《汉魏两晋南北朝佛教史》上册，第44－45页。

道安曾称赞安世高"专务禅观，醇玄道数"①，禅数应是禅观和道数的简称。由此可见，在中国早期佛教史中，"数"（道数、法数）主要是指阿毗昙中诸多概念。阿毗昙的教学是汉魏以来讲经的重要内容，甚至产生了"格义"这种专门为中国人讲授毗昙概念的教学方法。我们知道，毗昙概念（"数"）并非仅仅是名言，而是构成人身、乃至宇宙的各种物质性与精神性的元素或说基质、原理。在这一点上，与易学中的"数"有相似之处，而用"数"这个名词来翻译指代毗昙概念，也促进了中国人"格义"式的理解。

"数"这个概念进入易学讨论，历史很早，往往象、数并举，加以讨论。《左传》僖公十五年，韩简曰："龟，象也；筮，数也。物生而后有象，象而后有滋，滋而后有数。"② 有物则有象，有象后纷繁有数。汉代易纬《乾坤凿度》即承此说："易起无，从无入有，有理若形，形及于变而象，象而后有数"，"圣人凿开虚无，畎流大道，万物滋溢，阴阳成数"。③而易学另一种观点则认为是先有数，而后有象。大约成书于战国的《说卦》："参天两地而倚数，观变化于阴阳而立卦"，《系辞》说："参伍以变，错综其数。通其变，遂成天下之文。极其数，遂定天下之象。非天下之至变，其孰能与于此。"认为宇宙万事不仅有象，而且有数，先有奇偶之数，而后有阴阳之象。由数生象，还是由象生数，在易学中历来有不同的看法，但在汉易中"把数的法则作为《周易》原理之一，以筮法中的数解释卦气，这是共同的。"④

在汉易的世界观中，宇宙起源于非有非无的"（太）易"，而"数"则可以说明从无到有的宇宙发生过程。《乾凿度》："夫有形生于无形，乾坤安从生？故曰有太易，有太初，有太始，有太素也。太易者未见气也，太初者气之始也，太始者形之始也，太素者质之始也……易无形畔，易变而为一，一变而为七，七变而为九，九者气变之究也，乃复变而为一。一

---

① 释道安："阴持入经序"，《出三藏记集》，第248页。
② 杨伯峻编著：《春秋左传注》（修订本）第一册，北京：中华书局，1990年，第365页。
③ 安居香山、中村璋八辑：《纬书集成》上册，石家庄：河北人民出版社，1994年，第86 - 87页。
④ 《易学哲学史》第一卷，第207页。

者形变之始，清轻上为天，浊重下为地，物有始有壮有究，故三画而成乾，乾坤相并俱生，物有阴阳，因而重之，故六画而成卦。"①

汉易这套宇宙观，早期佛教徒一般都是认可的，如《牟子理惑论》："佛经前说亿载之事，却道万世之要，太素未起，太始未生，乾坤肇兴，其微不可握，其纤不可入。"② 再如《竺道爽檄太山文》（《弘明集》卷十四）："盖元玄创判，二仪始分，上置璇玑，则助之以三光；下设后土，则镇之以五岳，阴阳布化于八方，万物诞生于其中。"③ 对于宇宙论的认识大体与汉易成说类似。而佛教观念的传入，也对易学宇宙观有所影响，如梁武帝时易学大师周正弘"特善玄言，兼明释典，虽硕学名僧，莫不请质疑滞。"（《陈书·周正弘传》）④ 以生、养、成、终释"元亨利贞"四德，"元，始也……言万物始生"，"发育长养，亨通也"，"利者，义也，于时配秋，秋以成实"，"贞者，正也，于时配冬，冬以物之终"。（史征《周易口诀义》引）⑤ 如此解释，应取自佛教成、住、坏、空之轮回劫运说。

此外，佛教认为构成人生的"五蕴"，早期翻译为"五阴"，恐与汉易的宇宙观有一定关系。我们知道"蕴"为聚集之意，译为"阴"从表面上看颇令人费解。⑥ 后世多谓"阴魔"，如《大智度论》卷五："魔有四种：一

---

① 《纬书集成》上册，第 10－13 页。郑玄注："太易无也，太极有也。太易从无入有。圣人和太易有理未形，故曰太易。"

② 《中国佛教思想资料选编》第一卷，第 4 页。

③ 《大正藏》第 52 卷，第 91 页中。

④ 《陈书》，第 309 页。

⑤ 徐芹庭撰：《周易口诀义疏证》，北京：中国书店，2009 年，第 21 页。

⑥ "五阴"之"阴"在汉代佛典翻译之初，就是取其聚集的含义，而非荫蔽覆盖（阴魔）之义；荫蔽覆盖之意是南朝末年中国佛学家"发挥"出来的，唐代为避免歧义，遂用与"阴"音意相近的"蕴"代之，以示区别。笔者曾与天津社科院李会富先生讨论过此事，就其观点，现略论之：

汉代许慎《说文解字》："阴，闇也，水之南，山之北也。从阜，会声。于今切。"南朝梁顾野王《玉篇》："阴，于今切，默也，影也，水南山北也，闇也。营天功、明万物谓之阳，幽无形、深难测谓之阴。""阴"的基本含义是"阴阳"之"阴"，但其引申义有"瘞藏"、"掩藏"、"聚藏"的含义。尤其是经过汉代以后，"阴"就有了"聚积"的意思。按照董仲舒的说法，天地自然的变化由阴阳两方面的消长来决定，阳尊阴卑，阳主生发长养，阴主蓄积收藏；春夏阳气胜，所以万物生长，而秋冬阴气胜，所以万物收藏聚积。他在《春秋繁露·阳尊阴卑》中说："阴犹沉也。"由此，"阴"就具有沉积、收藏、聚积的含义。

者，烦恼魔；二者，五阴魔；三者，死魔；四者，他化自天子魔。是诸菩萨得菩萨道故，破'烦恼魔'。得法身故，破'阴魔'。得道，得法性身故，破'死魔'。当一心故，一切虚心不著故，入不动三昧故，破'他化自天子魔'……复次，除诸法实相，余残一切法尽名为'魔'。如诸烦恼、结、使、欲、缚、取、缠；阴、界、入；魔王、魔民、魔人——如是等，尽名为'魔'。"①

但汤用彤先生据《大正藏》卷五十六收入的日本僧人中算《妙华莲华经释文》所引《止观驰决》：古译经论魔字从石，自梁武帝以后，改从鬼，②证"魔"字晚出——若此说成立，则现通行本《大智度论》"魔"字当为

<hr>

Skandha 翻译成"五阴"，是早期翻译佛典的做法，深受汉代的这种阴阳观念的影响。这里，"五阴"之"阴"既有"收藏"、"聚积"、"沉积"的含义，表示色受想行识是五种聚积，又还附带有"阴"所具有的隐晦不显、潜藏的含义，表示相对于这个整体显现的世界而言，"五阴"是五种相对潜藏的构成要素。可见，古人将其翻译为"五阴"应该是经过深思熟虑的。

五阴的"阴"本意为聚集，直到魏晋，汉译佛典及其注疏也皆取此意。符秦罽宾僧伽跋澄等译《僧伽罗刹所集经》："此世无有照明，为五阴盖所覆。"《大般涅槃经集解》卷三十二有云："僧亮曰：生灭聚积名阴。"北齐居士万天懿译《尊胜菩萨所问一切诸法入无量门陀罗尼经》："若可聚集，假名为阴。若不聚集，云何名阴？"

可见隋代以前，绝大多数人都是使用"阴"来表示"聚积"的含义。支谦译《佛开解梵志阿颰经》说："何谓五阴？一色、二痛、三想、四行、五识。此五覆人，令不见道。"这里的五阴"覆"人，只是说"五阴"会覆盖人，但并没有说"阴"这字就是"覆盖"的意思。笔者以为最早的用"覆盖"之义解释"五阴"的是吉藏《中观论疏》："通称阴者，谓阴盖为义。有此五阴盖于众生不得解脱，如雀在瓶，物覆其口，故云阴。又云阴者，阴杀也，其义主杀。以此五法能害慧命，是故经中喻旃陀罗。罗什后翻名为'五众'，以此五法共聚成人，目之为众。又此五法各有众多，如色有无量色，余四亦尔。故名众也。"天台智者大师《摩诃止观》卷五（上）则用覆盖、聚积两种意思去解释"阴"："阴者阴盖善法，此就因得名。又阴是积聚生死重沓，此就果得名。"作为荫蔽、覆盖的意义，应该是中国佛学家按照中文理解演绎发挥出来的结果，并不完全符合印度佛学概念的原意，不过这种中国式"格义"的理解方法在南北朝非常普遍。不过关于"阴"的这一发挥似不成功，"阴"字逐渐被诠释者敷衍出两种意思，容易带来对佛学基本概念的误解和混乱，故唐代以来的译经者为避免误导读者，便开始用与"阴"音近的"蕴"这个词去代替它。《玉篇》对"蕴"字的解释是"积也，聚也，蓄也，聚草以熟火也。"用"蕴"字代替"阴"字。这就更加突出了 Skandha 一词的"聚积"、"聚合"的基本含义，以消除歧义。

① 《大正藏》25 卷，第 99 页中。

② 汤用彤："谈一点佛书的《音义》"，《汤用彤选集》，第 229 – 330 页。湛然《止观辅行传弘诀》卷五亦同此说："古译经论'魔'字从石，自梁武来谓'磨'能恼人者，宜从'鬼'。"（《大正藏》46 卷，第 284 页上。）

第五编　南北朝佛学思想：以三教关系为主要视角

后人所改。[①] 早期佛经将构成人生的五蕴译为五阴，其文化心理，恐与时人的坤（阴）作成物观念有一定关系。"《易》以道阴阳"（《庄子·天下》）的观念，自战国后期至两汉，已深入人心。"阴阳于人，不翅于父母"（《庄子·大宗师》），人由阴阳二气和合而成。《系辞》在解说乾坤两卦时说："乾道成男，坤道成女。乾知大始，坤作成物。""乾，阳物也；坤，阴物也"，易在乾坤阴阳之先，乾（阳）为万物的发端，而坤（阴）则为事物的完成，阴阳合德，方生人、生物。故"阴"有生成、长养人身之意。早期佛经中将色、受、想、行、识等五种构成人生的元素称为五"阴"，是符合当时中国人的思维习惯的。

当然在佛教中，"阴"这一概念也被加以改造，"五阴"、"阴人"显然带有负面色彩，道安在《阴持入经序》中说："阴持入者，世之深病也。""阴入之弊，人莫知苦，是故先圣照以止观，阴结日损，成泥洹品。"[②] 佛教提倡无我，五阴炽盛是苦之根源，无我学说唯佛教独有，中国本土所无，故"阴入之弊，人莫知苦"，在传统易学中"阴"本无负面意义，而在佛教中则认为"阴持入者，世之深病也"，安世高以来所传禅数，修炼止观，"阴结日损"，而达到泥洹（涅槃）的境界品类。如前引《乾凿度》，太易从无入有，阴阳成数而生物，后又"乃复变而为一"，复归"形变之始"的"一"，这是讲宇宙论；而佛教早期禅观，则专讲人生论，"阴结日损"亦复归于阴阳未判的"泥洹"状态。后世道教内丹，认为人身是阴中生阴，因形造形，真正重要的是一点元阳，崇尚修成纯阳之体，得道成仙（吕洞宾即被尊为"纯阳"），亦是此一思路的进一步发展。

汉易这套有形生于无形的世界观，是研究魏晋南北朝思想史的一个重要背景。我们知道，有无之辨是魏晋玄学以及东晋佛教"六家七宗"般若学探讨的一个重要问题，而该问题在汉易中实则已多有涉及。京房《京氏易传》："夫作《易》所以垂教，教之所被，本被于有无……从无入有，见灾于星辰也。从有入无，见象于阴阳也。"有无，指有形、无形，即有形

---

① 东晋至晚唐《大智度论》的古代写本留存甚多，现通行本《大智度论》文字与古代写本多有不同，参见刘显：《敦煌写本〈大智度论〉研究》，北京：中国社会科学出版社，2011年。"磨"字改为"魔"字，加入"鬼"的概念，应也有道教的影响。

② 《出三藏记集》，第248页。

象的天象灾异、人事吉凶，以及无形象的阴阳、吉凶变化之理。余敦康先生认为："这种有与无的关系实际上也就是哲学史上反复讨论的本质与现象的关系，本质隐而无形，现象显而可见，魏晋时期王弼、韩康伯的义理派的易学站在本体论的高度讨论这个问题，而首先运用有无这一对范畴来阐发易义的人应该归功于京房。"①

当然，汉易与魏晋玄学，还是有很大区别的。正如汤用彤先生指出，汉学是复杂而具体之学问，一事一理，不重抽象；玄学则是简单抽象之学问，以为找到一最高原则即可解释诸事。②汉易中的有无，只是有形、无形，而魏晋玄学和佛教般若学的有无之辨，已经是在本体论意义上的哲学讨论。魏晋南北朝易学，也呈现出义理派与象数派新旧学说的差异。例如北朝名僧昙迁，出家前随舅父齐中散大夫国子祭酒博士权会学习《周易》。据《续高僧传》载："曾有一妪失物，就（权）会决之，得于兑卦。会告（昙）迁曰：'汝试辩之。'应声答曰：'若如卦判，定失金钗。'妪惊喜曰：'实如所辩'。迁曰：'兑是金位，字脚两垂似于钗象耳。'舅曰：'更依卦审悉盗者为谁?'对曰：'失者西家白色女子，奉口总角可年十四五者将去，寻可得之。'后如言果获。有问其故，迁曰：'兑是西方少女之位，五色分方，为白也。兑字上点表总角之象，内有尖形表奉口之相。推而测知，非有异术。'舅乃释策而叹曰：'吾于卜筮颇工，至于取断，依俙而已，岂如汝之明耶! 老舅实顾多惭，方验宣尼之言：后生可畏也。'"③昙迁的这段判词，即从象数出发。孔颖达《周易正义序》："唯魏世王辅嗣（王弼）之注独冠古今，所以江左诸儒，并传其学，河北学者，罕能及之。其江南义疏十有余家，皆辞尚玄虚，义多浮诞。"④魏晋南北朝时"河北学者"多主郑玄易学，昙迁的舅父权会即前文提到的卢景裕弟子，《北史·儒林传序》："自魏末，大儒徐遵明门下讲郑玄所注《周易》。遵明以传卢景裕及清河崔瑾。景裕传权会、郭茂。权会早入邺都，郭茂恒在门下"。⑤

---

① 余敦康：《汉宋易学解读》，北京：华夏出版社，2006年，第24页。
② 《汤用彤魏晋玄学讲义》，第84页。
③ 《大正藏》第50卷，第571页中－571页下。
④ 《周易正义》，北京：中华书局（珍仿宋版印），第9页。
⑤ 《北史》，北京：中华书局，1999年，第1794页。

昙迁从权会受北朝官方易学，故尚郑学象数。

而自王弼以来，魏晋玄学崇尚义理，此风黄河以南最盛。《世说新语·文学》："褚季野语孙安国云：'北人学问，渊综广博。'孙答曰：'南人学问，清通简要。'支道林闻之曰：'圣贤所忘言。自中人以还，北人看书，如显处视月；南人学问，如牖中窥日。'"刘孝标注："支所言，但譬成孙、褚之理也。然则学问广则难周，难周则识闇，故如显处视月；学寡则易核，易核则智明，故如牖中窥日。"余嘉锡笺疏："《北史·儒林传序》曰：'南人约简，得其英华；北学深芜，穷其枝叶。'语即本此。实则道林之言，特为清谈名理而发……嘉锡又案：此言北人博而不精，南人精而不博。"① 唐长孺先生认为："褚褒所谓'北人学问渊综广博'乃指大河以北流行的汉儒经学传注；孙盛所谓'南人学问清通简要'乃指大河以南流行的玄学。"② 孙盛对王弼易学并不认同，其"南人学问，清通简要"恐非全为赞词，故支道林闻此言即说"圣贤所忘言"，而将褚、孙二人对南北学风的评论指为"中人以还"，其意还在高扬玄风。此风侵染，东晋南朝易学多从义理出发，般若学僧亦受影响，如东晋道安新野分徒时言："今遭凶年，不依国主，则法事难立"，③ 理与王弼解屯卦暗合："屯难之世，弱者不能自济，必依于强，民思其主之时也。故阴爻皆先求阳，不召自往；马虽班如，而犹不废；不得其主，无所凭也。"④

从上面两例对兑、屯二卦的不同理解，可以看出象数派与义理派风格明显不同：象数派主要从象数出发加以比附连类，而义理派则强调抓住一卦之宗旨，基于此而发挥。汉学杂芜，重师徒传授，家学渊源；而魏晋玄学，则开始强调学问宗旨，观其大略。这一变化深远地影响了魏晋南北朝以来的思想史，也直接影响了佛教义学流派的发展。魏晋般若学各家说法不一，东晋时只称为某某"家"、"六家"，与先秦至秦汉"儒家"、"法家"等说法一致；但至迟到刘宋庄严寺释昙济作《六家七宗论》，便出现

---

① 《世说新语笺疏》上册，第 255 页。
② 唐长孺："读《抱朴子》推论南北学风的异同"，《唐长孺社会文化史论丛》，武汉：武汉大学出版社，2001 年，第 68 页。
③ 《高僧传》，第 178 页。
④ 王弼："周易略例"，《王弼集校释》下册，第 618 页。

某某"宗"，由"六家"而演为"七宗"。① 宗，即宗旨之意，此后南北朝至隋唐，"宗"逐渐成为佛教流派之定名，而罕言"家"。隋唐时有一佛教流派，便有一独特之宗旨、独特之判教。

汉末安世高传入小乘佛教之禅数，毗昙名相，类似一事一理的汉学象数；而同时略晚支娄迦谶传入大乘般若学，注重空理，与魏晋玄学相互发明。王弼"扫象"，在哲学史上是一件大事："触类可为其象，合义可为其征。义苟在健，何必马乎；类苟在顺，何必牛乎。爻苟合顺，何必坤乃为牛；义苟应健，何必乾乃为马。而或者定马于乾，案文责卦，有马无乾，则伪说滋漫，难可纪矣。互体不足，遂及卦变；变又不足，推致五行。一失其原，巧喻弥甚。从复或值，而义无所取。盖存象忘义之由也。忘象以求其意，义斯见矣。"② 汉末安世高即已将毗昙学传入中国，东晋以来，特别是鸠摩罗什的译经，使得般若学大兴，但不久提婆小乘毗昙学取代大乘般若思想，最终涅槃学又将小乘毗昙取而代之。魏晋南北朝前期佛学发展纷纭复杂，貌似没有任何规律可循，用《范伯伦与生、观二法师书》（《弘明集》卷十二）中的话说是"无主于内，有闻辄变"。③ 但从宏观来看，毗昙小乘之学最终没有成为中国佛学主流，与汉学、玄学的学术更替大趋势实有着密切的关系。

王弼"扫象"，魏晋以来，自干宝、郭璞以下，有不少反对者。《南齐书·陆澄传》载，至永明元年（483 年），时国学置郑、王《易》，尚有争论，陆澄与王俭书论之曰："《易》近取诸身，远取诸物，弥天地之道，通万物之情。其间五传。年未为远，无讹杂之失；秦所不焚，无崩坏之弊。虽有异家之学，同以象数为宗。数百年后，乃有王弼。王济云弼所悟者多，何必能顿废前儒。若谓《易》道尽于王弼，方须大论，意者无乃仁智殊见。且《易》道无体，不可以一体求，屡迁不可以一迁执也。"陆澄对易学的发展史的描述，仿印度佛教史"自商瞿至田何，其间五传"，如去圣未远，和合一味，虽经秦火，汉易各家"同以象数为宗"，后如佛教部

---

① 这一历史转变时间很长，司马谈《论六家要旨》便已开始用每一学派需有一宗旨来重新塑造各"家"，不过从这一现象亦可反证，秦汉以前，各"家"并无一明显的宗旨。

② 《王弼集校释》下册，第 609 页。

③ 《大正藏》第 52 卷，第 78 页中，

派分裂，"数百年后，乃有王弼"，遂打破"同以象数为宗"的局面。而陆澄认为易学不可以王弼之说定为一统，"顿废前儒"。王俭对此表示了高度赞同，答曰："《易》体微远，实贯群籍，施（西汉施雠）、孟（孟喜）异闻，周（田何后学周霸）、韩（汉初《韩诗外传》作者韩婴）殊旨，岂可专据小王（王弼），便为该备？依旧存郑（郑玄），高同来说。"① 王俭是助萧道成夺取政权的最重要谋臣，地位尊崇，其尊郑贬王，对官学是有很大影响的。易学上郑、王之争，主要体现在象数与义理之争上，贯穿了整个魏晋南北朝的易学史。

前文提到，说"南人学问，清通简要"的东晋孙盛，曾与殷浩等人辩论，提出《易象妙于见形论》。孙盛认为："（王）弼以附会之辨，而欲笼统玄旨者乎？故其叙浮义则丽辞溢目，造阴阳则妙赜无间。至于六爻变化，群象所效，日时岁月，五气相推，弼皆摈落，多所不关。虽有可观者焉，恐将泥夫大道。"（《三国志·钟会传》注引）② 孙盛之所以反对王弼"摈落"象数，因为在他看来，易之神妙皆体现在有形的卦爻与取物体象之中，"圣人知观器不足以达变，故表圆应于蓍龟。圆应不可为典要，故寄妙迹于六爻。六爻周流，唯化所适。故虽一画，而吉凶并彰，微一则失之矣。拟器托象，而庆咎交著，系器则失之矣。故设八卦者，盖缘化之影迹也。天下者，寄见之一形也，圆影备未备之象，一形兼未形之形，故尽二仪之道，不与乾坤齐妙，风雨之变，不与巽坎同体矣。"（《世说新语·文学》注引）③

朱伯崑先生对孙盛的观点有过分析："王弼派的易学，区分形而上的道和形而下的器。如韩伯，以卦爻象为形而下的形器之物，从而贵道而贱

---

① 《南齐书》，北京：中华书局，1973 年，第 464 页。
② 卢弼著：《三国志集解》第十册，上海：古籍出版社，1957 年，第 63 页。
③ 《世说新语笺疏》，第 281 页。此段注文，在正文"殷与孙共论易象妙于见形"之后，马国翰认为属于孙盛《易象妙于见形》；严可均认为是殷浩《易象论》（对孙说的反驳言论），朱伯崑先生亦持此说。然，依刘孝标注文惯例，以及《晋书·孙盛传》记载："（孙）盛又著医卜及《易象妙于见形论》，浩等竟无以难之，由是遂知名"，可知孙盛确实著有《易象妙于见形论》，而殷浩无以难，故不可能有反驳孙盛性质的所谓《易象论》流传，且《易象妙于见形论》颇为知名，刘孝标取此《论》加以注释正文，亦合情理。故《世说新语》所注当属孙盛无疑。认为不是孙盛之说的理由，是此段注文"不赞成取象说，以卦爻象为影迹，同玄学家的贵道贱器说相合。"（《易学哲学史》第一卷，第 376 页）实则，在魏晋玄风大盛之后，象数派也潜移默化地受此影响。孙盛本人也非一味迷信汉学，他本人即反对汉董仲舒以来盛行的符瑞迷信，斥老年的孙权"伪设符命"，是"国将亡，听于神"，与传统的汉学思想有一定的差异。

器。孙盛则认为，《周易》所讲的变化之道和阴阳不测之神，即存于卦爻象和所取的物象之中；卦爻象是有形的，穷神知化不能脱离有形之物，此即'易象妙于见形'。"① 朱先生的分析是有道理的，但还须进一步分疏，因为在孙盛这里，"象"并非形而下的"器"，圣人是"拟器托象"而非"系器"，"象"同具体的"器"相比，具有更高的抽象性，"圆影备未备之象，一形兼未形之形"。《系辞》说："圣人有以见天下之赜，而拟诸其形容，象其物宜，是故谓之象。"侯外庐先生的分析是有道理的："所谓'象'不是自然一般的现象，乃是圣人（不是常人）拟诸天而立的特定形容，以达到所谓'兆见曰象'（韩康伯注，引王弼之说，或言兆端），从而'引而申之'。"② "象"字本义为大象，后有样貌、迹象之意。先秦典籍，特别是易传中，象常为动词，是取象之意。东晋韩康伯（殷浩的外甥）《周易注》："夫非忘象者，则无以制象；非遗数者，无以极数。至精者，无筹策而不可乱；至变者，体一而无不周；至神者，寂然而无不应。斯盖功用之母，象数所由立，故曰非至精、至变、至神，则不得与于斯也。"③经过魏晋玄学的洗礼，易学的象数绝非定象、定数，固定僵化。再如与佛教徒颇有论辩的南齐道士顾欢，认为"数"可以"数神"，借"数"方以显"神"，与孙盛"易象妙于见形"理近："立此五十数以数神，神虽非数，因数以显，故虚其一数，以明不可言之义。"（《周易正义》"其用四十有九"注引）④ 顾欢虽然强调"数"，但也承认神非数，有不可言说之理，这些都是受玄学影响之后的产物，顾欢本人亦续注王弼《周易注》⑤。魏晋易学的发展变化，象数派与义理派并非泾渭分明，"象"、"数"概念也日益抽象、变通，此后各类诗话等中国文论作品中气韵生动的"兴象"、

---

① 《易学哲学史》第一卷，第372–373页。
② 《中国思想通史》第三卷，第117页。
③ 见《王弼集校释》下册，第550页。
④ 《周易正义》，第380页。
⑤ "《经典释文·叙录》略云：'王注上下经六卷，系辞以下不注。相承以韩康伯注续之。'是王注只及上下经。系辞以下韩注续，乃'相承'已久之事（《南史·顾欢传》云：'顾注王弼《周易》二系。'此当系谓其亦续注王书也）。"（《魏晋玄学论稿》，上海：上海古籍出版社，2001年，第81页。）

"意象"即属此类。① 象数概念的玄学化改变，无疑为中国佛学理解色、空、性、相关系，提供了很好的借鉴。

鸠摩罗什所译《金刚经》："佛告须菩提：凡所有相，皆是虚妄。若见诸相非相，则见如来。"佛教中惯常使用"相"。相为会意字，以目观木，本为动词观察之意，后引申为相貌，如《荀子·非相》："术正而心顺之，则形相虽恶而心术善，无害为君子也。"这里的"相"为人的长相；《金刚经》中的"相"，也是指如来的"身相"。"相"，其意与"象"有诸多类似之处，而佛教徒用"相"区别于"象"，则强调表相之意。在易学中，"象"毕竟是圣人所作，多少带有实体性涵义；而佛教中的"相"，更强调外貌，如水的流相，火的焰相，这些只是事物表面呈现的样态，不具有本质意义。相以据外，览而可别，用"相"更符合大乘佛教的空义（人我空与法我空），"凡所有相，皆是虚妄"与王弼注《老子》"大象无形"："故象而形者，非大象"② 理近，而且可以说魏晋佛教般若性空之学，是更为彻底的"扫象"。

第二节　圆而神

与道安同时的般若学义僧竺僧敷针对当时学僧流行的"心神有形，但妙于万物"的观点，"乃著《神无形论》，以有形便有数，有数便有尽，神既无尽，故知无形矣。"③ 王弼以来的易学义理派，认为易理超越于象数之外，那么如何去认识这个易理呢？韩康伯提出了"体神"。"体神而明之，

---

① 与佛教关系颇为密切的南朝文论大家刘勰在《文心雕龙·神思》中首先提出"意象"说："然后使玄解之宰，寻声律而定墨；独照之匠，窥意象而运斤。此盖驭文之首术，谋篇之大端。"（范文澜著：《文心雕龙注》，北京：人民文学出版社，1962 年，第 493 页）刘勰推崇《易经》，《文心雕龙》五十篇，除了后记性质的《序志》，正文四十九篇"位理定名，彰乎大易之数，其为文用，四十九篇而已。"（《文心雕龙注》，第 727 页）对于魏晋玄学、般若学的有无之辨，刘勰是有其独到见解的："然滞有者，全系于形用；贵无者，专守于寂寥；徒锐偏解，莫旨正理；动极神源，其般若之绝境乎……原夫论之为体，所以辩正然否；穷于有数，追于无形，乃百虑之筌蹄，万事之权衡也。故其义贵圆通，辞忌枝碎，必使心与理合，弥缝莫见其隙"。（《文心雕龙注》，第 327-328 页）刘勰所谓的"意象"，便不滞于有无，而尚圆通；"意象"并非"观物取象"，对客观事物的模拟象征，而是由优秀的作者（类易学中制象之圣人）在动笔（"运斤"成物）之前，在头脑心思中造作而成的，下笔成文，不过是"申而引之"而已。中国古代文论中的"意象"是主体之"意"与客体之"象"不分的。

② 《王弼集校释》上册，第 113 页。

③ 《高僧传》，第 197 页。

不假于象，故存乎其人"；"几者，去无入有，理而无形，不可以名寻，不可以形睹者也。唯神也不疾而速，感而遂通，故能朗然玄昭，鉴于未形也。"① 体神之说，涉及魏晋南北朝思想史上顿、渐之争，下详论之。

谢灵运《辨宗论》（《广弘明集》卷十八）："释氏之论，圣道虽远，积学能至，累尽鉴生，方应渐悟。孔氏之论，圣道既妙，虽颜殆庶，体无鉴周，理归一极。有新论道士（竺道生）以为，寂鉴微妙，不容阶级，积学无限，何为自绝？今去释氏之渐悟，而取其能至。去孔氏之殆庶，而取其一极。一极异渐悟，能至非殆庶。故理之所去，虽合各取，然其离孔释矣。余谓，二谈救物之言，道家之唱，得意之说，敢以折中自许，窃谓新论为然。"② 谢灵运认为佛教是积学渐悟，儒教是顿悟一极，这种观点在南北朝具有一定的代表性，《颜氏家训·归心》："内外两教，本为一体，渐极为异，深浅不同"，③ 亦认为佛教为渐，儒教为顿。

南北朝时人为何认为儒教是"一极"呢？"虽颜殆庶"是汉晋世人的普遍看法。晋人李轨④注扬雄《法言·问神》："或问'神'。曰：'心。'……天地，神明而不测者也。心之潜也，犹将测之……'敢问潜心于圣。'曰：'昔乎，仲尼潜心于文王矣，达之。（注：达，通。）颜渊亦潜心于仲尼矣，未达一间耳。（注：其殆庶几。）神在所潜而已矣。'（注：神道不远，潜心则是。）"。⑤ 圣人孔子潜心于周文王，通达之；而颜回于孔子则未达，"庶几"而已。近人汪荣宝谓：《法言·问神》"此篇多阐发经义。自'或问

---

① 见《王弼集校释》下册，第555、563页。

② 《中国佛教思想资料选编》第一卷，第220页。

③ 王利器撰：《颜氏家训集解（增补本）》，北京：中华书局，1996年，第368页。

④ 《隋书·经籍志》："《扬子法言》十五卷、解一卷（扬雄撰，李轨注。梁有《扬子法言》六卷，侯苞注。亡。）"东晋有经师李轨："李轨，史书无传，生卒年及生平不详。陆德明《经典释文序》中说：'李轨，字弘范，江夏人（今湖北云梦），东晋祠部郎中，都亭侯。'"吴承仕在《经籍旧音辨证》中考证："刘注《世说》引《中兴书》曰：字弘范，江夏人，仕至尚书郎。刘氏之甥。'按《隋志·咸和起居注》李轨撰，《咸康起居注》无撰人，而《旧唐书》亦题'李轨撰'，则轨为咸康以后人。（据《世说》记卫江州事并刘《注》推之，疑充、轨年辈相等。）'按《经典释文》把李轨列于孔衍之后，刘昌宗、徐邈之前，李轨当为东晋中期人，江夏应该是其祖籍，李轨应是东渡以后出生，侨居于江左。"（吴萍：《东晋李轨音切研究》，贵州大学硕士论文，2006年，第1-2页。）

⑤ 汪荣宝撰，陈仲夫点校：《法言义疏》上册，北京：中华书局，1987年，第137页。

神'至'圣人不以手为圣人',皆论《易》道。"① 确如汪说,《法言·问神》取《系辞》"阴阳不测之谓神",并进一步发挥,认为神明通达天地,此神明亦圣人之心,亦通达无碍。孔子为圣人,故可通达周文王,而颜回庶几,则"未达一间耳"。《周易》乾卦,或飞或潜,"龙以不制为龙"②,圣人亦如此,通达无碍。

上节所引韩康伯《周易注》:"至变者,体一而无不周;至神者,寂然而无不应。"其中"体一而无不周"实即谢灵运所谓"体无鉴周,理归一极",在魏晋玄学的背景下,根本之"一"被理解为"无","体无鉴周"即魏晋般若学之"本无"、"即色游玄"。

《世说新语·文学》注引东晋即色义代表人物支道林的《逍遥论》:"夫逍遥者,明至人之心也。庄生建言大道,而寄指鹏鷃。鹏以营生之路旷,故失适于体外。鷃以在近而笑远,有矜伐于心内。至人乘天正而高兴,游无穷于放浪,物物而不物于物,则遥然不我得。玄感不为,不疾而速,则逍然靡不适。此所以逍遥也。若夫有欲当其所足,快然有似天真,犹饥者一饱,渴者一盈,岂忘烝尝于糗粮,绝觞爵于醪醴哉?苟非至足,岂所以逍遥乎?"③ 成玄英《庄子疏序》中的引文与此略异:"第二支道林云:物物而不物于物,故逍然不我待;玄感不疾而速,故遥然靡所不为。以斯而游天下,故曰逍遥游。"④ 成玄英疏文与支道林注文,对"逍"、"遥"两字的解释颠倒,当有一误,但并不影响对文意理解。鹏"失适于体外",鷃"有矜伐于心内",只有"体外"与"内心"具得,方为至人。支道林对逍遥的理解是一方面从主体对外境的"无待"入手,"物物而不

---

① 《法言义疏》上册,第137页。"圣人不测,则何为乎羑里?"曰:"龙以不制为龙,圣人不以手为圣人",刘师培在《扬子法言校补》和《法言补释》中均对"圣人不以手为圣人"有所讨论,且观点不同,今录其后说:"李注云:手者,桎梏之属。"俞氏樾云:"手,'午'之误字。午,牾也。按:二说均非。古文'手'字作'又',《说文》云:'又,手也,象形。'而'又'字复通作'有'……且古文'囿'字亦作'有'……此文'手'当作'囿'。盖'囿'字古文作'有',有、又二字古通,复由又字误为手字也。不囿与不制义符,言龙无所制,圣人亦无所囿。与前文'圣人不制'相应。"(《法言义疏》下册,第616页。)

② 《法言义疏》上册,第142页。

③ 《世说新语笺疏》上册,第260页。

④ 见〔清〕郭庆藩撰,王孝鱼点校:《庄子集释》第一册,北京:中华书局,1961年,第7页。

物于物"、"不我待"或"不我得";另一方面是外境对主体的感应,"玄感不为,不疾而速"、"靡所不为"。支道林在《阿弥陀佛像赞并序》(《广弘明集》卷十五)中说:"佛经记西方有国,国名安养,回辽迥邈,路逾恒沙。非无待者,不能游其疆;非不疾者,焉能致其速?"① 也是将"不疾"与"无待"对举,不可偏废一端。道安则用"神"与"妙"对举,表达过类似的看法:舍家开士"成泥洹品"后,"其为行也,唯神矣,故不言而成;唯妙矣,故不行而至。统斯行者,则明白四达,立根得眼,成十力子,绍胄法王,奋泽大千。"② 支道林、道安等东晋僧人的这一思想,即韩康伯所谓:"至变者,体一而无不周;至神者,寂然而无不应。"

韩康伯在解释《系辞》"蓍之德,圆而神;卦之德,方以知"时说:"圆者,运而不穷;方者,止而有分。言蓍以圆象神,卦以方象知也。唯变所适,无数不周,故曰'圆'。卦列爻分,各有其体,故曰'方'也。"③ 佛教小乘禅数"积学能至,累尽鉴生,方应渐悟",而易学追求"圆而神"之境界。魏晋之际的佛学家,已经不满足于一事一理,烦琐哲学,而追求逍遥的境界,尤其向往《系辞》中所谓圣人的境界:"夫《易》,圣人之所以极深而研几也。唯深也,故能通天下之志;唯几也,故能成天下之务;唯神也,故不疾而速,不行而至。"庐山慧远即是用"不疾而速"来破心无义。④

当时人们对涅槃的理解,一方面是庄子的无待于万物,另一方面更为重要的是周易的"不疾而速",感通万物。庐山慧远提出"《易》以感为体",⑤ 其俗家弟子宗炳在《明佛论》(《弘明集》卷三)中说:"神也者,妙万物而为言矣……夫精神四达,并流无极,上际于天,下盘于地,圣之穷机,贤之研微";

---

① 《中国佛教思想资料选编》第一卷,68页。

② 《出三藏记集》,第249页。道安这里所谓的"妙"当属于后世智顗所谓的"绝待妙",绝待妙是与"相待妙"相对的概念,绝待妙方是圆教,而相待妙仍为"粗"(参见《法华玄义》卷五,《大正藏》第33卷,第743页上)。

③ 《王弼集校释》下册,第551页。

④ 《高僧传》,第192-193页。

⑤ 《世说新语笺疏》上册,第285页。

"称无为而无不为者,与夫法身无形,普入一切者,岂不同致哉。"① 按照宗炳的理解,涅槃是人"损之又损",修炼到无"形"而唯"神","神"以万物任运,此即法身。而要达到这种境界,小乘佛教传统的"积学能至,累尽鉴生"的渐悟方法就难以企及,而魏晋易学中以神明理的"体神"方法,则是很好的借鉴。故刘宋名僧道生"孤明先发",取儒门"体无鉴周,理归一极"之法,以理为佛性,倡顿悟成佛之说。慧达《肇论疏》引道生言,理不可分,悟岂容二,必为顿悟:"夫称顿者,明理不可分,悟语极照。以不二之悟,符不二之理,理智悉释,谓之顿悟。"② 道生在《妙法莲花经疏》中从理不可分出发,反对三乘佛教,唯有一乘佛教:"佛种从缘起,佛缘理生,理既无二,岂容有三,是故一乘耳。"③ 以理为佛性,此佛理必然要"体无鉴周",遍及一切黎庶,乃至"精神四达,并流无极"充盈宇宙,故道生虽然受到重重阻力,仍坚持"人人皆可成佛"的观点,终获中国佛教界认可。

庐山慧远提出"《易》以感为体",再被追问"铜山西崩,灵钟东应,便是《易》耶?"则笑而不答了。④ 慧远之后,南北朝时的佛学家对感应问题进行了更加深入的讨论,南朝末年天台宗创始人智顗对"机"、"应"(机感与佛应)问题进行过详细论证,提出了三十六种对应情况,"上辨机感相关,而妙理难显,应须神通发动,现于瑞相,密表乎理。世人以蜘蛛挂则喜事来,鹊鹊鸣则行人至,小尚有征,大焉无瑞?以近表远,亦应如是。"(《法华玄义》卷六)⑤ 从而对"感应"进行了诠释。

魏晋之后,南北朝佛教鼎盛,不再依附儒、道,罕见儒佛并举。至隋初,《周易》在智顗眼中不过是"《易》测阴阳,防妄语"(《摩诃止观》卷六)⑥ 而已。然文辞上的严守家法,并不妨碍世界观上的相互激荡发明,"彼(佛)一乘是实,此(儒)乃易道是神。今欲观其会通,要在求其统类。若

---

① 《中国佛教思想资料选编》第一卷,第230、235页。宗炳这两段话皆与老庄比附。"精神四达"等句,大约取《庄子·刻意》:"精神四达并流,无所不极,上际于天,下蟠于地,化育万物,不可为象,其名为同帝。"
② 《卍续藏经》第150册,第425页上。
③ 《卍续藏经》第27册,第5页中。
④ 《世说新语笺疏》上册,第285页。
⑤ 《大正藏》第33卷,第750页上。
⑥ 《大正藏》第46卷,第77页中。

定以儒摄佛，亦听以佛摄儒。须以本迹二门辨其同异。"① 时贤对易与华严发明颇多，实则佛教天台思想与易学"圆而神"的精神亦多有契同。南朝末年佛学大师智𫖮反对独立于性空、假有之外的"但中"，提倡"圆中"，是对《周易》"时中"说（"蒙"卦《彖》："以亨行，时中也。"）的哲学升华。智𫖮所创立的天台宗，尊"圆教"为最高深之佛法。圆教以"性具实相"、"三谛圆融"为教理，以"一心三观"为观法，圆顿而非渐次，圆满而无缺失，圆妙而不可思议。其境界追求与神无方而易无体之周易"圆而神"的精神实质相同，"言著以圆象神……唯变所适，无数不周，故曰'圆'。"

现代新儒教多用圆教解易，牟宗三受熊十力影响，② 开始从自然哲学转向道德形而上学来理解周易，认为："解易之道，不外形下形上二途。形下自图象入，胡煦可为津梁也；形上自神化入，圆教其宗极也。""易之宗极，的在穷神知化，而要归于天命之谓性。图象之拟议亦要必会归于此也。"③ 唐君毅大体也是持这种"易为圆教"的观点。④

"方以知"、"圆而神"，大体而言，牟宗三以图象入易学是自然哲学，而其最终也要汇入道德形而上学的"圆教"。受阳明心学影响甚深的现代新儒教，讲求实践功夫，其"圆教"与魏晋南北朝时佛易论衡，差异很大，而本章由"数、象（相）"与"圆而神"两大部分构成，并非说此一旧学（汉学）、一新学（玄学），象数派必劣于义理派，或小乘毗昙一开始便要向大乘过渡。而只是想强调，在魏晋南北朝新旧学术激变、相互发明的大背景下，易学与佛学交互影响，亦参与了这一思想史大潮。而象数、

---

① 马一浮：《蠲戏斋文选·与蒋再唐论儒佛义》，《马一浮集》，杭州：浙江古籍出版社，浙江教育出版社，1996 年，第 669 页。

② 除牟宗三本人对此的论述（如牟宗三：《五十自述》，《牟宗三先生全集》卷 32，台北：联经出版事业股份有限公司，2003 年，第 77 页），熊十力也提到："向与牟生宗三言：东土哲人破知见或反知等话说，实非不要知识之谓，他只不遗知识而更有超知之一境。因俗学陷于知见中，不知有向上一层，故不得已而破之，而反之，其实，非屏斥理智或知识也。"（熊十力：《新唯识论》，北京：中华书局，1985 年，第 674 页。）

③ 牟宗三："代熊十力答敖英贤《与熊十力先生书》"，《牟宗三先生全集》卷 25，第 612、615 页。

④ 参见史怀刚：《现代新儒家易学思想研究》，中国人民大学博士论文，2008 年，第 161 - 163 页。

义理也并非泾渭分明，鸠摩罗什就想创立"大乘阿毗昙"①，而前文提到的南朝易学大家周正弘"借用佛教典籍中的词汇，将六十四卦分为'六门'即六类。"② 这已近似于唐代易解华严的思路，用图象说明法相圆融无碍，此后宋明以易说禅，用卦象解释曹洞宗的洞山五位，皆是这一思路，即调和象数、义理两家，以象数表达义理，以义理论证象数。

唐代李鼎祚《周易集解序》："郑（玄）学参天象，王（弼）乃全释人事。且易之为道，岂偏滞于天人哉。"③ 唐代一些易学家开始努力融合象数派与义理派，而佛教法相唯识宗、华严宗的相继崛起，与天台宗"三千互具"教理一样，亦等于建立起调和事数法相与性空之理的"大乘毗昙"。

魏晋南北朝时期，形成了影响至今的义理派与象数派两大易学传统，佛学也是这一时期真正在中国发扬光大，并与易学两大传统都发生了深刻的相互影响。

---

① "什雅好大乘，志在敷广，尝叹曰：'吾若著笔作大乘阿毗昙，非迦旃子比也。'"（《出三藏记集》，第534页。）

② 《易学哲学史》第一卷，第388页。

③ 张文智著：《〈周易集释〉导读》，济南：齐鲁书社，2005年，第84页。汉易卦气说，用卦象爻为宇宙天文运行建立起一套符号模型，如果天象气候的实际运行与这一模型不相符合，每到一个节气，当寒不寒，当热不热，气候反常，就是卦气失效，阴阳不调，古人由此认为天下当有动乱，这便是所谓的以天象来查究人事。而汉代的宰相最大的任务就要调理阴阳，中国制度史研究者常引《汉书·丙吉传》中"丙吉问牛喘"的典故（宰相丙吉不理殴伤人命，而关心牛喘气）来说明汉代宰相的任务是"调理阴阳"；而从《贞观政要》等材料看，唐代宰相则降为"股肱之臣"。笔者以为，这一变化，实际上与易学发展、国人宇宙观念发生变化有关。《汉书》中记载"魏相丙吉……少学《易》"，用周易卦气说来看"方今少阳用事，犹未太热，牛喘出舌，恐阴阳失序"，因此是关系风调雨顺、国泰民安的大事，故需要特别留意。而魏晋以来，易学"全释人事"逐渐深入人心，故宰相"调理阴阳"的职责发生变化。这里的"阴阳"是"参天象"，而"人事"则一般称为"吉凶"，"阴阳"与"吉凶"不存在必然的联系，这一看法春秋时代即有，如僖公十六年春，宋国降下五颗陨石，"六鹢退飞"，宋襄公问："是何祥也？吉凶焉在？"周内史叔兴私下与人议论："君失问。是阴阳之事，非吉凶所生也。吉凶由人。"（《春秋左传注》，第369页）。但这种观点得到普遍认可，须是汉学谶纬数术衰落之后的事情，义理派将周易视为哲学伦理。

第二章　涅槃与仙化：南朝释道二教论衡

从现有史料来看，东晋时佛道二教论争的情况尚不多见；但自南朝起，佛道论衡日趋激烈，究其原因，与佛道二教在南朝的长足发展关系密切。本章主要梳理南朝释道二教论衡的主要争论焦点，探讨其思想史意义，兼及其对当时佛道教信仰发展的影响。

第一节　引言：南朝日趋激烈的佛道论衡

《晋书》王羲之传："羲之雅好服食养性，不乐在京师，初渡浙江，便有终焉之志。会稽有佳山水，名士多居之，谢安未仕时亦居焉。孙绰、李充、许询、支遁等，皆以文义冠世，并筑室东土，与羲之同好。"东晋时，信奉五斗米道的王羲之，尚可与名僧支道林（支遁）、佛教徒孙绰等人友善。然到南朝，时过境迁，释道二教逐渐形成水火不容之势，几不可调和。南齐张融，"吾门世恭佛，舅氏奉道"，与佛道二教都颇有渊源，《南齐书》本传谓其临终遗嘱"左手执《孝经》、《老子》，右手执《小品》、《法华经》"，但张融这类人在南朝属于少数；他生前"见道士与道人战儒墨，道人与道士辨是非"[1]，作《门

---

[1] 此处道人、道士分别指佛教僧侣与道教道士。读者可参考周一良："耆婆与道士"条："钱大昕《十架斋养新录》十九'道人道士之别'条及《廿二史考异》二二谓六朝称僧为道士……敦煌卷子北魏永平、延昌时写经（斯 1427 号、0341 号、2067 号、伯 2179 号），卷末写经人名后，皆有'校经道人'字样。然早期所译佛经中，菩萨修行尚未得道时，亦称道士，如吴康僧会译《六度集经》五眒菩萨章及《摩天罗王经》等，皆称信佛修行者为道士。东晋桓玄与慧远书中称沙门为道士，见《弘明集》一一。六朝僧人亦自称贫道。北周之释道安《二教论》言：'自于上代，爰至苻姚，皆呼众僧以为道士。至寇谦之始窃道士之号。（见《广弘明集》八）'"（周一良：《魏晋南北朝史札记》，第 118－119 页）周一良先生此说大体不差，但从《弘明集》卷八释玄光《辩惑论（并序）》中一条注文来看："又道士、蚁贼、制酒、米贼，此是世人之所目也。"（《大正藏》52 册，第 49 页上）道士这一称呼，在南朝似为民间通行叫法，而非某人推行才叫开的。又《幽明录》载晋代"俗人谓巫师为道人"（鲁迅校录：《古小说钩沉》，济南：齐鲁书社，1997 年，第 161 页。《珠林》六二，《御览》三百七十五，《广记》二百八十三，有引），故"道人"一词原本亦可指民间巫觋。

律》①欲调和释道二教，旋即遭到众人非难。可见东晋、南朝，二教关系发生了很大的变化。

东晋以前佛道二教尚能和谐共处，②晋宋之际，谢灵运《辨宗论》、慧琳《白黑论》（均善论），以及《弘明集》所录东晋道恒《释驳论（并序）》，都属儒佛论衡。北魏武帝崇道灭佛，与此同时，刘宋中后期以来，释道二教也是论争不断，势同水火。从梁释僧祐汇集《弘明集》，唐道宣《广弘明集》、《集古今佛道论衡》等资料，亦可得见当时南朝释道二教论辩的激烈程度。

魏晋佛教以般若为宗，清谈老庄者尚多；然晋宋之际般若学向涅槃学转向，学风为之大变。虽然南朝般若学者代不乏人，但经过涅槃佛性洗礼过的般若学，已不可跟魏晋时同日而语，对般若空义颇有研究的周顒尝言："言道家者，岂不以二篇为主；言佛教者，亦应以般若为宗。二篇所贵，义极虚无。般若所观，照穷法性。"③道教之虚无、佛教之法性，在佛教徒看来已有天渊之别。《涅槃经》圣行品，以牛、乳、生酥、熟酥、醍醐比喻佛经从十二部经到《涅槃》的演进，直接刺激了中国佛教判教的产生，参与《涅槃经》南本改定的慧观，在刘宋时提出顿、渐与五时判教，教理高下判摄日趋分明，教外思想自是等而下之。晋宋亦是道教发展的重要时期，不少道教学者都将刘宋视为经教道教诞生时期。三皇、灵宝、上清，三类道经也在这一时期逐渐发展完善，刘宋陆修静在太始七年（471 年）最终献上奉敕编纂的《三洞经书目录》，以三洞为主体的道藏体系开始确立。

随着佛道两教在晋宋时期的长足发展，从南朝开始，两教之争亦愈演愈烈。在南朝，最先在思想界引发佛道教激烈辩论的是刘宋时人顾欢。陈国符先生辑佚陈代马枢《道学传》卷八，记顾欢符箓驱鬼治病之事数条。④

---

① 《南齐书》、四部丛刊本《弘明集》卷六等作"门论"，今中国哲学史、佛教史资料选编，多用"门论"。然无论是四部丛刊本还是大正藏本，其内都有张融自谓："所以制是《门律》，以律其门，非佛与道，门将何律"，又《广弘明集》卷五所记"梁《弘明集》辩惑篇目录"中亦载"张融《门律》周顒难"，可见当以"门律"为是。

② 《集古今佛道论衡》卷甲载后汉明帝感梦金人，"腾兰入洛，道士等请求角试事"事乃晚出。老子化胡遭到佛教徒激烈反对，亦是南朝事。

③ 《弘明集》卷六，《大正藏》52 册，第 39 页下。参考四部丛刊本，即上海商务印书馆缩印明刊本（下同）。

④ 《道藏源流考》下册，第 469 页。

《正统道藏》收录的《道德真经注疏》和《道德真经取善集》中各有顾欢注轶文三十余条。敦煌文献 S.4430 残卷存《老子》经文与注文 132 行（从第 70 章至 80 章），一般认为是《新唐书·艺文志》著录的顾欢《老子义疏治纲》残本。① 由现在有限的文献，我们可以得知，顾欢擅长道术，同时研习《老子》。《南史》本传载，"初，欢以佛道二家教异，学者互相非毁，乃著《夷夏论》……欢虽同二法，而意党道教。宋司徒袁粲托爲道人通公驳之。"《南史》录顾欢《夷夏论》，并节略收录袁粲驳文，顾欢答文，以及明僧绍《正二教论》、司徒从事中郎张融《门律》，太子仆周顒难张融文。《弘明集》卷六收录的明僧绍《正二教论》、张融《门律》、周顒《难张长史门律（并问答三首）》、张融《答周顒书》、周顒《重答张长史书》、谢镇之《与顾道士书》、《重与顾道士书（并颂）》，以及卷七收录的朱昭之《难顾道士夷夏论（并书）》、朱广之《咨顾道士夷夏论（并书）》、释慧通《驳顾道士夷夏论（并书）》、释僧愍《戎华论折顾道士夷夏论》。后又有"道士假称张融"② 作《三破论》，《弘明集》卷八收入刘勰《灭惑论》、释僧顺《释三破论》（答道士假称张融三破论十九条），反驳《三破论》。

此后，虽还有一些佛道辩难，如陶弘景难沈约《均圣论》③ 等，但因梁武帝舍道入佛，而使南朝释道二教论衡，暂时告一段落。南朝末年至唐初，道教受佛学刺激，重玄学勃兴，道体、道性理论成熟，实为释道二教交涉的一大硕果。④

第二节　泥洹与仙化

上文提到张融调和释道二教，认为"道也与佛，逗极无二。寂然不动，致本则同。感而遂通，逢迹成异"，二教本无二致，如同一大鸿鸟，

---

① 参见《敦煌道教文献研究》，第 172 – 173 页。
② 《大正藏》52 册，第 51 页下。
③ 见《广弘明集》卷五"《均圣论》，齐常侍沈约（陶隐居难并解）"，《大正藏》52 册，第 121 页中 – 123 页上。相传梁代孟智周道士亦与法云有过交手，《三洞珠囊》卷二《敕追召道士品》引《道学传》卷一二："梁静惠王抚临神枝，请智周讲。光宅寺僧法云来赴，发讲，法云渊解独步，甚相凌忽，及交往复，盛其辞辩。智周敷释焕然，僧众叹伏之也。"（《道藏源流考》下册，第 477 页。）
④ 参见陈弱水："隋代唐初道性思想的特色与历史意义"，《唐代文士与中国思想的转型》，桂林：广西师范大学出版社，2009 年，第 141 – 163 页。

"越人以为凫，楚人以为乙（鳬）。人自楚越耳，鸿常一鸿乎！夫澄本虽一，吾自俱宗其本；鸿迹既分，吾已翔其所集。汝可专尊于佛迹，而无侮于道本。"① 张融此说，遭到周颙反驳："论云：'致本则同'。请问：何义是其所谓本乎？言道家者，岂不以二篇为主，言佛教者，亦应以般若为宗。二篇所贵义极虚无，般若所观照穷法性。虚无、法性，其寂虽同位；寂之方，其旨则别论。所谓'逗极无二'者，为逗极于虚无，当无二于法性耶？将二涂之外，更有异本？傥虚无法性，其趣不殊乎？若有异本，思告异本之情；如其不殊，愿闻不殊之说。"②

虚无、法性，在周颙看来，两者并不能同日而语，然两者差别在何处呢？张融恰认为两者并无本质差别，"答彼周曰：法性虽以即色图空，虚无诚乃有外张义。然环会其所中，足下当加以半思也。至夫游无荡思，心尘自拂。思以无荡，一举形上。是虽忘有，老如骞释；然而有忘，释不伐老。"③ 汤用彤先生认为张融"意谓佛家法性即色是空，体用一如"，而"谓老氏未明言体用不离，似于有外另张无之宗极也。"台湾学者纪志昌将汤公所言理解为"'有'外别张之'无'义。"④ 即将张融原文理解为"老子诚于'有'外别张'无'义。"⑤ 然观张融本意，实言佛老本无二致。如按"'有'外别张'无'义"理解，虚无本是"有"，可以外推出"无"义——虚无是有，殊难让人理解；此说恐大意为从末推本。

但笔者以为张融原文似应理解为：虚无"有'外张'义"，即从本体或内在虚无，可以外推出外有，这个"外张"之义是外张出有，而不是无。正因为如此，张融才说"是虽忘有，老如骞释；然而有忘，释不伐老"，即在究竟意义上说，老子总说虚无而不言假有，似与佛教不同；但佛教也不执著于有，在这一点上佛教并不反对老子的虚无。所以张融引《庄子·齐物论》"得其环中"的典故，让周颙深思体会佛道二教中心观念

① 《弘明集》卷六，《大正藏》52 册，第 38 页下。

② 《大正藏》52 册，第 39 页上。

③ 《大正藏》52 册，第 39 页下。

④ 纪志昌："南齐张融的道佛交涉思维试释：以《门律·通源》中与周颙的对话为主"，《中国文哲研究集刊》第三十五期，2009 年 9 月，第 62 页。

⑤ 参见《汉魏两晋南北朝佛教史》下册，第十八章：南朝《成实论》之流行与般若三论之复兴，"三宗论"部分。

相同。总之，张融认为：佛教的法性可以"即色图空"，道教的"虚无"也可以"外张"，都是体用一如，汇通有无的。从道之本"无"外张出"有"意，即是从无生有，道藏即色，实已有后世道体说的意蕴。

而周颙认为，道教并没有达到这种境界，"夫有之为有，物知其有；无之为无，人识其无。老氏之署有题无，无出斯域。是吾三宗鄙论，所谓取舍驱驰，未有能越其度者也。"① 周颙的《三宗论》现已亡佚，然当时颇有盛名。② 不过从当时的佛学思想水平来看，张融"是虽忘有，老如骞释；然而有忘，释不伐老"，实际上还是偏于无的，思想水平并不算高，故周颙说："诸法真性，老无其旨"③，就与张融的辩论脉络来看，"二篇所贵，义极虚无"的看法是有一定道理的。

纵观当时的释道二教争衡，双方对圣人契合有无的最高境界，认识基本上是相同的，分歧就在于老子、佛陀，及其主张，谁最终能够到达这一境界。这一点，从以上讨论的张融与周颙的争论已经看得比较明显了。其实顾欢早就指出："道教执本以领末，佛教救末以存本"，从佛道教追求的最终目标来看，"泥洹、仙化，各是一术。佛号正真，道称正一，一归无死，真会无生。在名则反，在实则合。"（《南史》卷七十五）但在具体操作上，站在道教立场，会认为仙化优胜；而站在佛教立场上，则认为道教主张的仙化不及泥洹（涅槃）。明僧绍在《正二教》中针对顾欢的言论，提出："佛明其宗，老全其生，守生者蔽，明宗者通"。④ 而道家之所以强调守生长寿，因为他们没有三世观念，而只有一生，"夫佛开三世，故圆应无穷。老止生形，则教极浇淳。"⑤ 明僧绍的这一观点，被当时很多佛教徒所接受，如周颙认为佛陀成道，多世度众，而老子只一生，高下判然，"前白所谓黄老实雄者也，何旧说皆云：'老不及圣'？……夫大士应世，

---

① 《大正藏》52 册，第 40 页中。

② 《南齐书》本传：周颙"著《三宗论》，立空假名，立不空假名。设不空假名难空假名，设空假名难不空假名。假名空难二宗，又立假名空"。西凉州智林道人遗颙书曰："始是真实行道第一功德。"语见《南齐书》卷四十一，参见《高僧传》，第 310 页。吉藏《中观论疏》卷二末（《大正藏》卷 42）、《二谛章》卷下（《卍续藏经》卷 97）曾征引周颙《三宗论》的核心内容。

③ 《大正藏》52 册，第 41 页上。

④ 《大正藏》52 册，第 38 页中。

⑤ 《大正藏》52 册，第 37 页下。

其体无方，或为儒林之宗，或为国师道士，斯经教之成说也。乃至宰官长者，咸托身相。何为老生，独非一迹？但未知涉观浅深，品位高下耳。此皆大明未启，权接一方。"①

三世轮回观念，不仅是学者思辨，从现存六朝应验记等小说故事来看，至少晋宋以来已深入人心，民间亦常有奉道者，因不识业报轮回，而死后陷入地狱受苦的故事，如《冥祥记》载："晋程道惠，字文和，武昌人也。世奉五升米道，不信有佛。常云：'古来正道，莫逾李老。何乃信惑胡言，以为胜教。'太元十五年，病死"，死后在地狱中，"惠因自忆先身奉佛，已经五生五死。忘失本志。今生在世，幼遇恶人，未达邪正，乃惑邪道。既至大城，迳进听事。"②

面对道教不知三世的指责，道教对此亦有反驳。如宋明帝太始三年诏请陆修静出山，明帝至华林馆与其会晤，有王公质问："都不闻道家说二世。"陆修静答："经（《道德经》）云：吾不知谁之子，象帝之先。既已有先，居然有后。既有先后，居然有中。《庄子》云：方生方死。此并明三世。但言约理玄，世未能悟耳！"③南朝道教已接受三世观念，这样道教的仙化，也发生了一定程度的改变，所以明僧绍说："今之道家所教，唯以长生为宗，不死为主。其练映金丹，飡霞饵玉，灵升羽蜕，尸解形化，是其托术。验之，而竟无睹其然也。又称其不登仙，死则为鬼，或召补天曹，随其本福。虽大乖老庄立言本理，然犹可无违世教。"④道教仙化，本以金丹服食为主，或尸解成仙；受佛教天堂地狱业报轮回观念影响，因生前善恶报应，死后随其本福，可召补天曹、成为仙官的观念也大行其道。

死后因生前功德或僧人法事功德而升天，本是六朝佛教常见话题，如《冥祥记》载：晋史世光死后，头七之时沙门支法山为其诵《小品般若经》。有人见史世光显灵，自云："我本应堕龙中，支和尚为我转经，昙护、昙坚迎我上第七梵天快乐处矣。"⑤此类升天模式，在道教题材的神异

---

① 《大正藏》52 册，第 40 页下。
② 《古小说钩沉》，第 300 页。
③ 马枢《道学传》卷七，《道藏源流考》下册，第 467 页。
④ 《大正藏》52 册，第 38 页上。
⑤ 《古小说钩沉》，第 289 页。

故事中，也可发现类似题材，如宋刘义庆《幽明录》载："许攸梦乌衣吏奉漆案，案上有六封文书。拜跪曰：'府君当为北斗君，明年七月。'复有一案，四封文书，云：'陈康为主簿。'觉后陈康至，曰：'今来当谒。'攸闻益惧，问康曰：'我作道师，死不过作社公。今日得北斗、主簿，余为忝矣！'明年七月，二人同日而死。"① 从这段引文来看，作为道师，死后成为社公，似已成定制；而若优异者，亦可升天为仙官，则为优厚特例。

佛道二教论衡，对道教的理论和信仰是有影响和推动的，同样，在刘宋以后，佛教涅槃学大盛，亦有道教仙化的刺激；而佛教流行往生天界，应有道教升仙的信仰心理基础，甚至往生净土的佛典亦被称为"大仙方"。② 不过在理论论辩上，佛道双方各自是非。在当时的佛教徒看来，佛道两教的终极追求是有根本性差别的，《谢镇之书与顾道士》："佛法以有形为空幻，故忘身以济众。道法以吾我为真实，故服食以养生。且生而可养，则及日可与千松比霜，朝菌可与万椿齐雪耶？必不可也！若深体三界为长夜之宅，有生为大梦之主，则思觉寤之道，何贵于形骸。假使形之可练，生而不死，此则宗本异，非佛理所同。何以言之？夫神之寓形，犹于逆旅，苟趣舍有宜，何恋恋于檐宇哉！夫有知之知，可形之形，非圣之体。虽复尧孔之生，寿不盈百。大圣泥洹，同于知命。是以永劫以来，澄练神明。神明既澄，照绝有无，名超四句。此则正真，终始不易之道也。又刻船者，祈心于金质，守株者，期情于羽化。故封有而行六度，凝滞而茹灵芝。有封虽乖六度之体，为之或能济物，凝滞必不羽化，即事何足兼人。"③

从佛教的角度看，仙化是执著于有我④。道教执著于有我、有身，则与佛教有根本性分歧。佛教认为生死交谢，身体是无常的，周孔圣人生年亦不满百，求长生无异于刻舟求剑。佛教涅槃（泥洹），是"照绝有无，名超四句"，而道教追求的只是"无死"，且长生不死也难真的到达，所以刘宋司徒袁粲说："仙化以变形为上，泥洹以陶神为先。变形者白首还缁，

---

① 《古小说钩沉》，第188页。
② 相传净土高僧昙鸾曾从南朝陶弘景处得《仙经》十卷，后遇菩提流支，传《无量寿经》，"此大仙方。依之修行，当得解脱生死"（《续高僧传·昙鸾传》）。
③ 《大正藏》52册，第42页上。
④ 早期译经，常将"我"翻译成"吾我"，"无我"翻译成"无吾我"，译词选择恐受庄子"吾丧我"的影响。

而未能无死；陶神者使尘惑日损，湛然常存。泥洹之道，无死之地，乖诡若此，何谓其同？"（《南史》卷七十五）不过，这种仙佛混同的思维模式，不论在当时还是后世，在中国信徒中一直有着很深的影响力。①

第三节　夷夏与二谛

《南史·顾欢传》提到：齐代"文惠太子、竟陵王子良并好释法，吴兴孟景翼爲道士，太子召入玄圃，众僧大会。子良使景翼礼佛，景翼不肯。子良送《十地经》与之，景翼造《正一论》，大略曰：《宝积》云，'佛以一音广说法'。老子云，'圣人抱一以爲天下式'。一之爲妙，空玄绝于有境，神化赡于无穷。为万物而无为，处一数而无数。莫之能名，强号为一。在佛曰'实相'，在道曰'玄牝'。道之大象，即佛之法身。以不守之守守法身，以不执之执执大象。但物有八万四千行，说有八万四千法。法乃至于无数，行亦达于无央，等级随缘，须导归一。归一曰回向，向正即无邪。邪观既遣，亿善日新。三五四六，随用而施，独立不改，绝学无忧。旷劫诸圣，共遵斯一。老、释未始于尝分，迷者分之而未合。亿善遍修，修遍成圣，虽十号千称，终不能尽。终不能尽，岂可思议。"

如上节所言，南朝释道二教争论，在圣人境界体用一如，契合有无上本无分别，但对于佛陀、老子及其教法，谁能达到这一最高境界，是最重要的争议焦点。站在道教立场上，则认为"道则佛也，佛则道也。其圣则符，其迹则反"。在上面引文中，道士孟景翼②认为，佛教的实相就是道教

---

① 例如，晚至明末高僧莲池祩宏在《正讹集》"泥洹"条还提到："'泥洹'出自佛经，有以顶门泥丸宫而一之。此讹也。梵语'泥洹'，此云'无为'，即无上涅槃之大道。彼泥丸宫者，色身之顶，纵能运气冲透，不过轻身延年之术而已，安得与无为涅槃之道同日而语？"（莲池著述，孔宏点校：《明清四大高僧文集·竹窗随笔》，北京：北京图书馆出版社，2005 年，第 195 页。）

② 孟景翼，是南朝著名道士，《道学传》卷七载梁武帝天监二年置大小道正，孟景翼为大道正，"屡为国讲说"（《道藏源流考》下册，第 469 页）。有学者怀疑孟景翼即是确立以"四辅"佐"三洞"道经体系的重道教著作《玉纬七部经书目》的作者"孟法师"（孟法师是刘宋陆修静之后，梁陶弘景之前的人物）；不过也有不少人持反对意见（参见李养正、卢国龙："《玉纬七部经书目》作者考"，《中国道教》第 16 期，1985 年 3 月；王承文："南朝天师道七部经书分类体制考释"，《文史》，2008 年第 1 期。）"七部者，三洞四辅也。四辅者，太玄辅洞真，太平辅洞玄，太清辅洞神，正一通贯，总成七部。"（《云笈七签》卷三《道教本始部道教三洞宗元》），观现存孟景翼的正一论，强调"归一"，确与"正一通贯，总成七部"的三洞四辅道经体系有相合之处。

的玄牝，佛教的法身就是道教的大象，"空玄绝于有境，神化赡于无穷"，即便（佛陀）累世修行，旷劫诸圣，最终都是要归于（道教的这个）"一"，这便是正一论要强调的内容。

当时道教徒一般认为，从究竟境界上说，佛道本无原则差异；但就具体教导化迹上，则有夷夏之别，这便牵扯到当时佛道二教争论的另一大焦点问题，即夷夏问题。"虚无、法性，其寂虽同位；寂之方，其旨则别论"，大家争论的就是具体的这个"方"。① 佛教开的方子是外来的"洋方子"，这是当时道教学者攻击佛教的一个重点，"虽舟车均于致远，而有川陆之节，佛道齐乎达化，而有夷夏之别。若谓其致既均，其法可换者，而车可涉川，舟可行陆乎？今以中夏之性，效西戎之法，既不全同，又不全异。下弃妻孥，上绝宗祀。嗜欲之物，皆以礼伸，孝敬之典，独以法屈。悖礼犯顺，曾莫之觉，弱丧忘归，孰识其旧。且理之可贵者道也，事之可贱者俗也，舍华效夷，义将安取？"（顾欢《夷夏论》，引自《南史》卷七十五）

面对这些指责，佛教学者一方面强调指出，化迹风俗是次要的，如谢镇之《重书与顾道士》："夫道者一也，形者二也。道者真也，形者俗也。真既犹一，俗亦犹二。尽二得一，宜一其法。灭俗归真，必其违俗。是以如来制轨，玄劫同风。"② 即无形之道是第一性的，有形之迹是第二性的，故强调风俗不同是无关宏旨的，因为修道的最终目的是"灭俗归真"，故"必其违俗"。华夷之别，都是"俗礼之小异耳"，且反俗（反华夏风俗）亦有好处，"修淳道者，务在反俗。俗既可反，道则可淳。反俗之难，故宜祛其甚泰。祛其甚泰，必先堕冠削发，方衣去食。堕冠则无世饰之费，削发则无笄栉之烦，方衣则不假工于裁制，去食则绝想嗜味。此则为道者日损，岂夷俗之所制！"在谢镇之看来，有助于去奢除欲，是为道日损的表现，与是否"夷俗"无涉。

另一方面，有些佛教学者也指出道教许多固有斋醮仪式，也是伤风败

---

① 这种辩论方法，到韩愈"仁与义是定名，道与德是虚位"还有这样的印迹。"虚位"上佛老或许讲得不差，但在"定名"上儒家则更好。大体来看，在南朝，道教一般倾向于佛道双方在"体"上是一样，但在"用"上道教更适合中国人；而佛教在"用"上（夷夏问题）没有优势，所以常常在"体"上做文章，认为佛法真空妙有更高明一些。

② 《大正藏》52 册，第 42 页下。四部丛刊本，"必其违俗"为"必反其俗"，意思是一样的。

俗的。如广陵释僧敏《戎华论折顾道士夷夏论》中，指责道士"首冠黄巾者，卑鄙之相也。皮革苦顶者，真非华风也。贩符卖箓者，天下邪俗也。搏颊扣齿者，倒惑之至也。反缚伏地者，地狱之貌也。符章合气者，奸狡之穷也。斯则明闇已显，真伪已彰。"① 释玄光《辨惑论》主要针对传统五斗米道，指斥其有三逆、六极，指斥道教与中国固有传统礼教背道而驰，如"涂炭斋者，事起张鲁，氐夷难化，故制斯法。乃驴辗泥中，黄卤泥面，摘头悬柳，埏埴使熟。此法指在边陲，不施华夏。至义熙初，有王公贪宝惮苦，窃省打拍。吴陆修静，甚知源僻，犹泥搪额，悬縻而已。痴僻之极，幸勿言道。"②

南朝僧侣道士，为维护各自利益，相互攻击。除却人身攻击，其中也可以发现一些宗教史、思想史意义。如道教从以夷变华角度对佛教的攻击，对佛教的本土化实亦是一大助缘；而佛教对道家伤风败俗的攻击，也对道家斋醮仪式改革有促进作用，如涂炭斋和过度仪在道教斋醮仪式的淡出，有学者认为与佛教的攻击有关。③

而从思想史的角度来看，"灭俗归真，必其违俗"，虽可反驳对佛教以夷变华的指责，但实有割裂有无、斩断本末，不合"中道"的嫌疑。有无关系一直是魏晋南北朝佛学的热点问题，大家都力图不坏假名而说实相，夷夏风俗不同，本属世俗谛，因此亦可放到真俗二谛的模式中去探讨。应该说到南朝末期，吉藏从理论上比较好地解决了这一问题。他在《二谛义》卷中说："今明：世与俗是横竖之名。何者？ 俗名则横，世名则竖。俗横者，俗是风俗义，处处皆有风俗之法。故云：君子行礼，不求变俗。

① 《大正藏》52 册，第 47 页下。

② 《大正藏》52 册，第 49 页上。此段疑有阙文，引用时略作整理。

③ 参见葛兆光："从'六天'到'三天'：六朝到隋唐道教斋醮仪式的再研究"，《中国学术》第十四辑，北京：商务印书馆，2003 年，第 97 – 102 页。如前引"搏颊扣齿"、"反缚伏地"即指涂炭斋；佛教对过度仪这类道教仪式的攻击更是不遗余力，如释玄光在《辨惑论》"合气释罪是其三逆"指出："夫灭情去欲，则道心明真。群斯班姓，妄造黄书，咒癞无端，以伏轻销。(咒曰：天道毕三五成日月明出窈窈入冥冥，气入真气通神气布道气行奸邪鬼贼皆消亡，视我者盲，听我者聋，敢有谋图我者，反系其殃，我吉而彼凶。至甲子诏为醮录，男女媾合，尊卑不别，吴陆修静复勤行此)。乃开命门，抱真人婴儿，回戏龙虎，作如此之势，用消灾散祸。其可然乎！其可然乎！汉时仪君行此为道，魁魅乱俗，被斥炖煌。后至孙恩，侠荡滋甚，士女涸漫，不异禽兽。夫色尘易染，爱结难消。况交气丹田，延命仙穴。肆兵过玉门之禁，变态穷龙虎之势，生无忠贞之节，死有青庭之苦。诚愿明天捡镜斯辈，物我端清，莫负冥诏。"(《大正藏》52 册，第 48 页中 – 48 页下。)

一切国土，各有风俗，故俗名即横也。世名竖者，世是代谢隔别，三世迁异，岂非是竖？内外具明，经云生生世世。书云三十年为一世。虽然，终以代谢隔别为世，故世是竖名也。然此二名，并是当体。俗当体是浮虚，世当体代谢。不有世而已有世，即是代别；不有俗而已有俗，即是浮虚。当体是浮虚代谢，岂有褒贬于其间哉！故不可也。次望真释之。论云：世俗谛者，一切法性空，世间颠倒虚妄谓有，诸贤圣真知性空；俗谛既颠倒虚妄谓有，当知俗谛虚妄颠倒。俗既然，世亦尔。此则望圣，世与俗，皆虚妄颠倒。就颠倒中，自有俗有世，有横有竖也，此有差别、无差别义。以圣望之，同是颠倒，故无差别；而不无世俗横竖，故有差别也。"①

吉藏创造性地将二谛中俗谛的"俗"理解成风俗的"俗"。在吉藏看来，风俗有横、竖两种差别，即风俗有地域差别，中外不同；也有时间差别，古今不同。风俗属世俗谛，虽然千差万别，当体即空，夷夏实无本质区别可言；然俗谛并非完全虚无，它还是假有，故一切国土各有风俗，"君子行礼，不求变俗"。因此就经教来说，各地风俗不同，本无所谓，都是虚无假有，但就戒律而言，却不能变异，这样才能佛法久住："浮虚释俗，约经也；风俗释，就律者，明律中不得道，诸法浮虚无所有，不得道人是浮虚草木浮虚。何以故？为制戒令佛法久住故。所以不得明物浮虚无所有，但明国土风俗不同也。"②

二谛学说，在东晋南朝具有重要意义，就释道二教之争来看，说真谛而不废有，故可以说佛性胜于道教虚无；说俗谛而不离真，故可以解决夷夏之辨。相对来说，南朝释道二教论衡，佛教一方具有相当的理论造诣，这在一定程度上也刺激了道教哲学的发展，应该说到唐初道教重玄学的建立，其理论也日臻完善了。夷夏风俗不同，故应实行不同教化。道教原本是有一系统的论述，例如南期刘宋天师道士徐氏撰《三天内解经》云："中国阳气纯正，使奉无为大道。外胡国八十一域，阴气强盛，使奉佛道，禁诫甚严，以抑阴气。楚越阴阳气薄，使奉清约大道。"中原地区"阳气纯正"，所以实行"无为大道"；西域外国"阴气强盛"，所以流行佛道；南方楚越地区"阴阳气

---

① 《大正藏》45 册，第 96 页中 – 96 页下。
② 《大正藏》45 册，第 95 页上。

薄"，所以奉行清约大道。这段话的目的虽然是想在南朝推行"神不饮食，师不受钱"的天师道改革，但也反映出当时人们对夷夏的看法。夷狄属阴，是魏晋时人的常识，如《晋书·索𬣙传》："（索）充后梦见一虏，脱上衣来诣充。𬣙曰：'虏（虜）去上中，下半男字，夷狄阴类，君妇当生男。'终如其言。"若"夷狄阴类"有争议，索𬣙是不会以此占梦的。

我们在本编第一节讨论五蕴最初被翻译为"五阴"时，已经涉及过时人对佛教属"阴"的观念，从最早期佛教的翻译来看，当时佛教也不忌讳用"阴"这个概念。但从刘宋以后的《三天内解经》来看，夷狄属阴，已有贬低佛教的意味：

> 盖三道同根而异支者，无为大道、清约大道、佛道，此三道同是太上老君之法，而教化不同，大归于真道。老子主生化，释迦主死化。故老子剖左腋而生，主左，左为阳气，主青宫生录。释迦剖右腋而生，主右，右为阴气，主黑簿死录。是以老子、释迦教化，左右法异。左化则随左官生气，使举形飞仙。右化则随右宫死气，使灭度更生。法服悉黑，使着黑衣以法阴气，入于黑簿也。太上作此三道教化，法虽殊涂，终归道真，无有异也。但人受元气以得成形，方复经坏，受阴化轮转，自为难耳。右化虽不及左宫速易，轮转归真，亦为善乎。所以言右不如左者，《经》言：真道好生而恶杀。长生者，道也，死坏者，非道也。死王乃不如生鼠。故圣人教化，使民慈心于众生，生可贵也。夫有心者，可熟案《五千文》。此经皆使守道长存，不有生死。道之宗本，在乎斯经也。①

南朝以后，"五阴"的译法逐渐被佛教抛弃，而本节所讨论的吉藏对于"俗谛"的创造性诠释，应该说在理论上也回应了道教的指责。不过，佛教主死、道教主生，和尚作"白事"、道士作"红事"的宗教仪式分工，后世中国长期存在，民众信仰心理，并不因个别高深的理论论述就可以彻底改变。

---

① 《道书集成》第四册，第 293 页下 – 294 页上。

第三章　与儒学的一次交锋：神不灭辩论的佛学意义

南朝著名无神论者范缜在南齐永明年间撰写了名动一时的《神灭论》，引起了当时齐竟陵王萧子良的不满，并组织高僧、文士与其辩论。而对范缜《神灭论》更大规模的"围剿"，则是 507 年梁武帝《敕答臣下神灭论》，《弘明集》现存 62 位王公大臣的回应文字。"问题是，为什么梁武帝在登基五年之后，突然对范缜一篇写于二十年前的文章发动了这样一番'大批判'呢？"[①] 田晓菲教授认为，505 年范缜因为对梁武帝"大不敬"的王亮鸣不平，而被流放广州，507 年范缜被召回京师任中书郎；范缜一回到京师，梁武帝即展开了对他的批判。田晓菲教授所言，应为梁武帝选择在 507 年组织批判范缜的导火索；而儒、佛的进一步交锋，在笔者看来，则可能是更深层次的原因，这也是梁武帝要求各主要王公大臣必须在此问题上表态的直接原因。

关于范缜《神灭论》的研究，自近代以来可谓汗牛充栋；不过以往大陆学者对范缜的评价有过分拔高之嫌。日本学者蜂屋邦夫认为："范缜的立场从一方面来说是站在人民一边的，但是，从根本上看，他并未跨出保守的儒家这一局限，继承了贵族的'口辨'的传统"，[②] 笔者认为是大体得当的。范缜基于包括唯物论与神秘主义的中国固有思想，主张自因论和偶因论的自然观，除了非常大胆的"神灭论"结论外，其思维方式和水准，在思想史上很难说有独特的创新。但神灭论在当时产生了巨大的社会影响，对佛教产生了巨大冲击，成为南朝佛教界不得不认真面对的问题，其中原委却是值得我们认真思考的。南北朝时期，是佛教的上升期，最终形成三教鼎

① 田晓菲：《烽火与流星》，北京：中华书局，2010 年，第 35 页。
② 蜂屋邦夫："范缜《神灭论》研究"，蜂屋邦夫著，隽雪艳、陈捷等译：《道家思想与佛教》，沈阳：辽宁教育出版社，2000 年，第 344 页。

足之势。儒教面对佛教的挑战，必须表明立场，其神灭论的主张，是对汉代谶纬神学的进一步扬弃，而单方面强调儒家的入世传统，一方面是对佛教的打击，另一方面实则亦是将出世的精神领域让渡给佛教处理。佛教也借助神不灭的讨论，进一步整合其思想，将其对世界观的关注进一步集中于心性问题，既顺应了业已展开的佛性讨论，又肇始了唯识思潮。

东晋佛教般若学勃兴，南朝初年刘宋时，涅槃佛性大盛；尔后南朝佛学主要从外"境"与内"智"两个角度来统合佛教理论。前者使"二谛"一直为南朝佛学的讨论重点；① 而后者，使神智不灭成为南朝佛学辩论的热点，梁武帝提出神明无明为正因佛性，后传入中土的唯识学说也加入这一问题的讨论，而《大乘起信论》"一心二门"相对圆满地解决了这一问题，并影响到日后华严宗理论的构建。本章主要讨论南朝神不灭辩论及其对当时佛教理论发展的影响。

第一节　南朝神不灭的争论

《牟子理惑论》在论证"人死当复更生"时，即已经明确提出神不灭："魂神固不灭矣，但身自朽烂耳。身譬如五谷之根叶，魂神如五谷之种实；根叶生必当死，种实岂有终亡。得道身灭耳。"② 而对神不灭进行比较系统化理论论证的，首推晋宋之际的宗炳。宗炳是庐山慧远的弟子，著《明佛论》以"明佛治道"，提出"精神不灭"之论。

在南朝影响最大的神不灭争论，无疑是范缜。范缜主要的活动年代是齐梁间，他著《神灭论》先是在南齐引起轩然大波，齐竟陵王萧子良组织人与范缜进行过辩论；而后到梁代，梁武帝《敕答臣下神灭论》更是引起对范缜《神灭论》大规模的围攻。范缜被评价为继王充之后，中国另一位伟大的"无神论者"，一直是我国学术界研究的重点。以往学者认为神不灭论是佛教因果报应的理论基石，从唯物主义与唯心主义的斗争角度，对此问题进行过充分的讨论。不过南朝神不灭理论，不仅仅是为了论证因果

---

① 先时《成实论》在南朝大兴，汇通有无，后《中论》崛起，开四重二谛；南朝末年，三论宗认为二谛是教，非是理，天台宗从一心三观、三智一心出发，提出三谛圆融，最终将外"境"与内"智"打成一片。

② 《大正藏》第52册，第3页中。

轮回，而是涉及佛性等当时诸多佛教重要问题，是一种具有较高思辨性的哲学理论，故本章从此方面入手，对以往神不灭研究中较少涉及的内容，进行一些补充讨论。

范缜的《神灭论》，《梁书》、《南史》和《弘明集》都有收入，但文句彼此有差异。《梁书》或有节略，但主要内容都有呈现，《中国哲学史教学资料汇编》以《梁书》为底本，参校《弘明集》，对《神灭论》的文字进行过勘定，[①] 本章采用此校本。我们先来看一段引文：

> 问曰："形即是神者，手等亦是神邪？"答曰："皆是神之分也。"
>
> 问曰："若皆是神之分，神既能虑，手等亦应能虑也？"答曰："手等亦应能有痛痒之知，而无是非之虑。"
>
> 问曰："知之与虑，为一为异？"答曰："知即是虑，浅则为知，深则为虑。"
>
> 问曰："若尔，应有二虑。虑既有二，神有二乎？"答曰："人体惟一，神何得二。"
>
> 问曰："若不得二，安有痛痒之知，复有是非之虑？"答曰："如手足虽异，总为一人；是非痛痒虽复有异，亦总为一神矣。"
>
> 问曰："是非之虑，不关手足，当关何处？"答曰："是非之虑，心器所主。"
>
> 问曰："心器是五藏之主，非邪？"答曰："是也。"
>
> 问曰："五藏有何殊别，而心独有是非之虑乎？"答曰："七窍亦复何殊，而司用不均。"
>
> 问曰："虑思无方，何以知是心器所主？"答曰："心病则思乖，是以知心为虑本。"
>
> 问曰："何不寄在眼等分中邪？"答曰："若虑可寄于眼分，眼何故不寄于耳分邪？"
>
> 问曰："虑体无本，故可寄之于眼分；眼自有本，不假寄于他分也。"答曰："眼何故有本而虑无本；苟无本于我形，而可遍寄于异

---

① 《中国哲学史教学资料汇编（魏晋南北朝部分）》下，北京：中华书局，1964 年，第 480 - 487 页。

地，亦可张甲之情，寄王乙之躯，李丙之性，托赵丁之体。然乎哉？不然也。”

问曰："圣人形犹凡人之形，而有凡圣之殊，故知形神异矣。"答曰："不然。金之精者能照，秽者不能照，有能照之精金，宁有不照之秽质。又岂有圣人之神而寄凡人之器，亦无凡人之神而托圣人之体。是以八采、重瞳，勋、华之容；龙颜、马口，轩、皞之状，此形表之异也。比干之心，七窍列角；伯约之胆，其大若拳，此心器之殊也。是知圣人定分，每绝常区，非惟道革群生，乃亦形超万有。凡圣均体，所未敢安。"①

形神关系无疑是《神灭论》中讨论的焦点。范缜主张形即神，那么手脚等就是"神之分"，手脚也有"知"，但比较"浅"，只是痛痒之知；而比较"深"的"是非之虑"是"心器"所主。② 随着问题的展开，论辩双方的分歧比较明显了，主张神不灭的一方认为"虑思无方"、"虑体无本"，故反对思虑为心脏器官所主，换言之神智是不拘泥于形的，由此可推理出形尽而神不灭；而范缜用了几个反例来论证思虑为心所主，一则"心病则思乖，是以知心为虑本"，二来"苟无本于我形，而可遍寄于异地"，就会出现"张甲之情，寄王乙之躯，李丙之性，托赵丁之体"这样不可能发生的事情。

一般佛教徒都相信"宿命通"和"他心通"，未必会对范缜所举"张王李赵"、"甲乙丙丁"这类反例过于吃惊。但范缜这个例子对于理解佛教的"无我"，很有帮助，故下面稍微展开讨论。本章不涉及"我"在印度佛教中的本来含义，但在中国人理解中，"我"比较明显地从"我形"转变为"神我"。

"吾我"是汉译早期佛教经典中一个比较常见的词汇，具体意思略相

---

① 《中国哲学史教学资料汇编（魏晋南北朝部分）》下，第481—483页。
② 在这里范缜回避了人身体上头发、指甲等没有痛痒感觉的部分，这部分其实很难被认为是"神之分"，范缜的这一说法实有漏洞。早在刘宋时郑道子《神不灭论》实际上已经提到了这个问题，"一体所资，肌骨则痛痒所知，爪发则知之所绝，其何故哉？岂非肌骨所以为生，爪发非生之本耶？生在本，则知存。生在末，则知灭。一形之用，犹以本末为兴废。况神为生本，其源至妙，岂得与七尺同枯户牖俱尽者哉！推此理也，则神之不灭，居可知矣。"（《弘明集》卷五，《大正藏》第52册，第28页上。）

当于后来中国佛教常说的"我"，有灵魂的意思，佛教主张"无我"，所以"吾我"一直作为一个负面的词汇存在，直到《六祖坛经》中也是如此，例如《六祖坛经》批评梁武帝没有达到无相布施的境界，执著于布施所得的功德，谓："为吾我自大，常轻一切"，"吾我不断，即自无功，自性虚妄不实，即自无德"。人执著"吾我"，容易妄自尊大，汉译早期经典都是主张"无吾我"的。

"吾我"这两个第一人称连用，在语法现象上比较奇特，并不太符合一般人的语言习惯，因此逐渐被后来佛经翻译所淘汰。"吾"、"我"的区别，在近代语言学上有不少讨论，比较著名的是瑞典汉学家高本汉和我国学者胡适，他们的观点大体相近，认为"吾"是主格，"我"是目的格；不过近年来也有不少语言学者对他们的结论提出异议。不过这场语言学上的争论，并没有涉及"吾我"的连用问题。《论语》中有"毋我"的提法，《庄子》里出现过"吾丧我"的说法，早期佛经翻译者，或许受此启发，提出"无吾我"的翻译方法，来表达佛教无我的主张。

汉译佛经翻译，无我另一个早期常见的译法是"非身"。"非身"这个翻译方法，我们不应该把它简单视为早期翻译不准确的产物，而是反映了对无我观点上认识的差异性。我们先来看《杂譬喻经》① 中的一则故事：

> 昔有一人，受使远行，独宿空舍。中夜有一鬼，担死人来着其前。后有一鬼，逐来瞋骂前鬼："是死人是我许，汝何以担来？"二鬼各捉一手诤之。前鬼言："此有人，可问是死人是谁担来？"是人思惟："此二鬼力大，若实语亦当死，若妄语亦当死，二俱不免，何为妄语。"语言："前鬼担来。"后鬼大瞋，捉手拔出着地。前鬼取死人一臂补之，即着如是。两脚头胁皆被拔出，以死人身安之如故。于是二鬼共食所易人身，拭口而去。其人思惟："我父母生我身，眼见二鬼食尽。今我此身尽是他身肉，我今定有身耶，为无身耶？若以有者，尽是他身。若无者，今现身如是。思惟已，其心迷闷，譬如狂人。明旦寻路而去，到前国者，见有佛塔众僧，不可问余事，但问己

① 《比丘道略集》，鸠摩罗什译：《杂譬喻经》卷上。此经五种版本，支谶等译本未见该段故事。

身为有为无。诸比丘问："汝是何人?"答言："亦不自知是人非人。"即为众僧广说上事。诸比丘言："此人自知无我,易可得度。"而语之言："汝身从本已来,恒自无我,非适今也。但此四大合故,计为我身。"即度为道,断诸烦恼即得罗汉道。是为能计无我虚,得道不远。

这段经文,宣讲的是不要将自己的身体执著成为"我"的道理。在这里"无我"显然是"无身"的意思。

鸠摩罗什在其所编译的《大智度论》①卷十二也载有完全相同的故事,以此说明"有时于他身生我","有时他身亦计为我,不可以有彼此故,谓有神。"如《论》云:"问曰:何以说无我?一切人各各自身中生计我,不于他身中生我;若自身中无我,而妄见为我者,他身无我,亦应于他身而妄见为我。"鸠摩罗什实际上将上述经文故事作为反例,若自身中无我而偏要执著一个"我",那么为何不在同样没有"我"的他身中也执著一个我呢?鸠摩罗什的解读应该说是有所发挥的。如此一来,在"吾我"之外还应该有个"他我",这两者(吾他二身的我)都是不存在的。——"他我"是原文没有的术语,笔者提出这个说法,便于我们理解鸠摩罗什的意思,也方便我们更好的理解"吾我"。

范缜所举"张王李赵"这个反例与《杂譬喻经》中这个故事相似,但用意却与《大智度论》不同;范缜坚持"我形",用不可能"于他身生我"来论证形神不可分;而《大智度论》则也从"于他身生我"这样的悖谬出发,要类推出于我身中生我同样荒谬,即主张"无我"的佛教理念。

如此一来,主张神不灭,看似违背无我的佛教基本教义,那么南朝佛教徒为何纷纷主张神不灭吗?是为了给轮回找一个主体吗?其实庐山慧远主张"不顺化以求宗"已经解决了轮回的问题,凡夫执我,在大化轮回中受苦;而圣人无我,故不顺化,跳出六道轮回而解脱。但南朝涅槃学大盛之后,谁成佛,成佛的根据是什么,又成为人们关注的焦点,而南朝神不

---

① 《大智度论》传统上认为是龙树菩萨所造,但近代学术界对此颇有怀疑(参见魏查理:"*Kumarajiva's Explanatory Discourse about Abhidharmic Literature*", Journal of the International College for Postgraduate Buddhist Studies 12, 2008. pp. 38 – 83),许多学者提出《大智度论》是鸠摩罗什本人的作品。即便是按照佛教传统的说法,《大智度论》梵文有上千卷,鸠摩罗什汉译为百卷,也不仅仅是翻译问题了,至少可以说鸠摩罗什是汉文《大智度论》的删削编订者。

灭主张主要是要讨论这一问题。

而在这一问题上，范缜认为成圣不至于神我，而在于我形，强调圣人天生异禀，"岂有圣人之神而寄凡人之器"，这样实际上否定了圣人神仙可学而致，否定了神我的陶冶之功，在理论和社会思想意义上都有倒退。而当时南朝主流思想界对此是不能接受的，下面我们从梁武帝《立神明成佛记》入手，开展此问题的讨论。

第二节　无明神明与一心二门

刘宋初年，宗炳在《明佛论》中对神不灭的讨论，虽然主要是针对轮回问题，但也已涉及成佛问题。由于神不灭，"自恐往劫之桀纣，皆可徐成将来之汤武。况今风情之伦少，而泛心于清流者乎。由此观之，人可作佛，其亦明矣。""识能澄不灭之本，禀日损之学。损之又损，必至无为无欲。欲情唯神独映，则无当于生矣。无生则无身，无身而有神，法身之谓也。""伪有累神，成精粗之识。识附于神，故虽死不灭，渐之以空。必将习渐至尽，而穷本神矣，泥洹之谓也。"①

而到梁武帝《立神明成佛记》，神不灭与佛性的关系更加密切，思辨水平也更高。该文不长，我们将正文引在下面：

> 夫涉行本乎立信，信立由乎正解，解正则外邪莫扰，信立则内识无疑。然信解所依，其宗有在。何者？源神明以不断为精，精神必归妙果。妙果体极常住，精神不免无常。无常者，前灭后生，刹那不住者也。若心用心于攀缘，前识必异后者，斯则与境俱往，谁成佛乎？经云：心为正因，终成佛果。又言：若无明转，则变成明。案此经意，理如可求。何者？夫心为用本，本一而用殊，殊用自有兴废，一本之性不移。一本者，即无明神明也。寻无明之称，非太虚之目。土石无情，岂无明之谓？故知：识虑应明，体不免惑，惑虑不知，故曰无明。而无明体上，有生有灭，生灭是其异用，无明心义不改。将恐见其用异，便谓心随境灭，故继无明名下，加以住地之目。此显无明，即是神明，神明

---

① 《中国佛教思想资料选编》第一卷，第231、232页。

性不迁也。何以知然？如前心作无间重恶，后识起非想妙善，善恶之理大悬，而前后相去甚迥，斯用果无一本，安得如此相续？是知前恶自灭，惑识不移，后善虽生，暗心莫改。故经言：若与烦恼诸结俱者，名为无明；若与一切善法俱者，名之为明。岂非心识性一随缘异乎？故知生灭迁变，酬于往因；善恶交谢，生乎现境。而心为其本，未曾异矣。以其用本不断，故成佛之理皎然；随境迁谢，故生死可尽明矣！①

梁武帝认为心是正因佛性②，心之本是"无明神明"。这里说的"无明"并非土石死物，而是有情生物"识虑应明"，但因受惑不明，所以才叫无明。也就是说"无明"是当明而不明，即无明是依止（神）明的。无明体上是有生有灭的，这是其不同的"用"，但不能因为其有不同的"用"，就说"心随境灭"；相反，体上生灭的无明，所依止的神明却是"不迁"的。至此，梁武帝就论证了"本一而用殊"、"无明神明"之心，"以其用本不断，故成佛之理皎然；随境迁谢，故生死可尽明矣"。

梁武帝所提出的"无明神明"概念，有佛教义理的根据，昙无谶译《大涅槃经·如来性品》有类似的表示："若言无明，因缘诸行，凡夫之人，闻已分别生二法想，明与无明；智者了达，其性无二，无二之性，即是实性。"③ 同时我们也应该看到，梁武帝的这种论证方式，颇似中国传统哲学太极阴阳的模式；不过，梁武帝时代已经完全可以用佛教术语进行阐述，而较早时宗炳表达这层意思，尚保留有连类的痕迹，"今称'一阴一阳谓道'，'阴阳不测之谓神'者。盖谓至无为道，阴阳两浑，故曰：一阴一阳也。自道而降，便入精神，常有于阴阳之表，非二仪所究，故曰：阴阳不测耳。君平之说'一生二'，谓神明是也。若此二句，皆以明无，则以何明精神乎？然群生之神，其极虽齐，而随缘迁流，成粗妙之识，而与本不灭矣。"④ 宗炳

① 《中国佛教思想资料选编》第一卷，第299－300页。
② 在梁武帝这里，佛性分为正因佛性和缘因佛性，梁代沈绩随文注解中说："略语佛因，其义有二，一曰缘因，二曰正因。缘者，万善是也；正者，神识是也。万善有助发之功，故曰缘因；神识是其正本，故曰正因。"（《中国佛教思想资料选编》第一卷，第299页。）
③ 《大正藏》第12册，410页下。
④ 《中国佛教思想资料选编》第一卷，第230页。《大正藏》本"若此二句，皆以明无"中，"明无"为"无明"，从上下文意，当以"明无"为是。"二句"指的是"一阴一阳谓道"，"阴阳不测之谓神"。

的意思是，这两句并非只言无，而是说无说有，阴阳不测之神即是有，众生之神虽然精粗有别，随缘流转，但与道同在，"与本不灭矣"。

梁武帝实际上将道与阴阳的关系，转化为神明与无明的关系。为了表达两者相即不离，故创造了一个独特的术语"无明神明"，以此作为"心"之本。而这一理论在《大乘起信论》中，得到进一步的完善和解决。

《大乘起信论》的来源问题，学界多有争议，姑且不论。本章关心的问题是南朝后期逐渐流行的《大乘起信论》解决了当时什么样的佛学问题，而受到人们的重视。林彦明在《起信论的新研究》（千本山乘运寺，昭和二十年）中认为："余原则同意，唐惠均之说，《起信论》乃北地人师之伪作。然而其伪造的目的与动机何在？余和一般学者思考有异。余以为，梁陈时，北地学者为避法难到南方，接触新学说时，猛然警醒于梁武帝钦定神魂不灭论，无法与新学说附和共鸣，因此捏造一种神魂不灭论的起信对应。"① 此说正确与否，尚待进一步史料证明；但《大乘起信论》是否解决了南朝神不灭争论这一热点问题，是我们应当加以探究的。

《大乘起信论》提出"一心二门"，"显示正义者：依一心法，有二种门。云何为二？一者心真如门；二者心生灭门。是二种门，皆各总摄一切法。此义云何？以是二门不相离故。"而"所谓不生不灭与生灭和合，非一非异，名为阿黎耶识。"② 这里的"阿黎耶识"，颇似梁武帝所谓的"无明神明"，它是不生不灭与生灭的和合，而其最终依止的是心，《大乘起信论》中又称之为"众生心"。梁武帝使用的"无明神明"这个概念比较啰唆，在"无明"名下还需要"加以住地之目"（神明），而《起信论》使用"阿黎耶识"既简洁，又方便引入唯识学理论加以详细讨论。后世周敦颐《太极图说》："无极而太极"，③ 真如（众生心、如来藏）相当于无极，阿黎耶识相当于太极，太极动而造就万物，背后则依止不动的无极；《周易·系辞》的"易有太极，是生两仪"原本强调的是变异，变动（太极）

---

① 转引自镰田茂雄著，关世谦译：《中国佛教通史》第四卷，高雄：佛光出版社，1986年，第81页。

② 高振农校释：《大乘起信论校释》，北京：中华书局，1992年，第16、25页。

③ 周敦颐的《太极图说》有多种版本，有版本是"无极而生太极"，但朱熹认可的通行本是"无极而太极"，并不认为无极与太极之间是简单的派生关系。

前加一其所依止的无极，这一思维模式应该说是中古佛教奠定的。

另外，《起信论》中的"心"被强调为"众生心"（真如）也是值得重视的，梁武帝《立神明成佛记》关心的主要是神识内智，成佛的问题；而没有太多涉及"境"的问题，若人人都有神明，则一人一心，每人的神明都可显出各自不同的外境，众人各自变现外境的相对统一性就会成为问题。《起信论》的"众生心"（真如）则相对较好地解决了这个问题。后来唐代唯识宗也面临相同的问题，如《成唯识论》卷二讨论"虽诸有情，所变各别，而相相似，处所无异，如众灯明，各遍似一。"① 这一问题的全面展开，应该说是到华严宗"月映万川"的圆融思想体系成熟之时。

---

① 《大正藏》第 31 册，第 10 页中。

第四章　南朝中后期的佛教新思潮

南朝佛教至梁代达到鼎盛，当时成实师势力最大。南朝后期佛学再度活跃，三论、天台等重要思想流派出现。本章主要就南朝中后期佛学的变化及其所引发自由创新的学理基础进行探讨，特别是从"智"、"境"角度，重新审视二谛等当时佛学的核心问题。

梁陈之际，南朝佛学发生了很大的变化，出现了很多新思潮，①首先是摄山僧团的兴起，至吉藏时集大成而成三论宗；②以智者大师为首的天台宗的勃兴；③真谛在岭南翻译传播唯识古学，[①] 形成"摄论师"。三论宗至唐初，一直是中国佛学史上一个影响很大的思想流派，天台宗更是影响深远；真谛所传，南朝时的影响远不及三论、天台，甚至在陈代遭到排挤，被认为是"言乖治术，有蔽国风"，然亦是当时佛学新思潮的一大伏流，后《摄论》由昙迁等人在北方弘扬，影响日大，与北方地论师，共同促进了唐代唯识宗的诞生。

梁陈佛学新思潮的涌现，一方面是佛学思想自身发展的结果，另一方面也有外在社会因素的影响。当时主要影响南朝佛教的事件有二：一是梁代末年发生了侯景之乱，对鼎盛的南朝寺院佛教打击很大，为新思潮的出现开辟了空间；二是北朝灭佛，一批北僧南渡，南北佛教交流，刺激了南朝佛教新思潮的出现。南北方佛教的交流，对于日后三论与天台思想体系的形成，有重要意义；而南方摄论师，也是在与北方地论师不断论辩当中发展完善的。

---

① 参见蒂安娜·保尔著，秦瑜、庞玮译：《中国六世纪的心识哲学：真谛的〈转识论〉》（上海：上海古籍出版社，2011 年）第一章"真谛的生平和所处时代"与第二章"真谛思想的传播"。船山彻："真谛的活动与著作的基本的特征"，船山彻主编：《真谛三藏研究论集》，京都：京都大学人文科学研究所，2012 年，第 1 – 86 页。

第一节　南朝后期佛学的再度活跃

　　齐、梁间，南朝佛教达到鼎盛，学问僧，百科全书式的佛学家很多，单是梁代所编撰的众多大型佛教类书，就非常惊人。仅《续高僧传·宝唱传》载，宝唱"天监四年，便还都下，乃敕为新安寺主。帝以时会云雷，远近清晏，风雨调畅，百谷年登，岂非上资三宝，中赖四天，下藉神龙，幽灵协赞，方乃福被黔黎，歆兹厚德。但文散群部，难可备寻，下敕令唱总撰《集录》，以拟时要。或建福禳灾，或礼忏除障，或飨接神鬼，或祭祀龙王，部类区分，近将百卷。八部神名，以为三卷。包括幽奥，详略古今。故诸所祈求，帝必亲览，指事祠祷，多感威灵。所以五十许年，江表无事，兆民荷赖，缘斯力也。天监七年，帝以法海浩汗，浅识难寻，敕庄严僧旻，于定林上寺，缵《众经要抄》八十八卷。又敕开善智藏，缵众经理义，号曰《义林》，八十卷。又敕建元僧朗，注《大般涅槃经》七十二卷，并唱奉别敕，兼赞其功，纶综终始，缉成部帙。及简文之在春坊，尤耽内教，撰《法宝联璧》二百余卷。别令宝唱缀比，区别其类遍略之流。帝以佛法冲奥，近识难通，自非才学，无由造极，又敕唱自大教东流，道门俗士，有叙佛理，著作弘义，并通鸠聚，号曰《续法轮论》，合七十余卷，使夫迷悟之宾，见便归信，深助道法，无以加焉。又撰《法集》一百四十卷，并唱独断专虑，缵结成部，既上亲览，流通内外。十四年，敕安乐寺僧绍，撰《华林佛殿经目》，虽复勒成，未惬帝旨，又敕唱重撰。乃因绍前录，注述合离，甚有科据，一帙四卷，雅惬时望。遂敕掌华林园，宝云经藏，搜求遗逸，皆令具足。备造三本，以用供上。缘是又敕撰《经律异相》五十五卷，《饭圣僧法》

五卷。帝又《注大品经》五十卷，于时佛教隆盛，无德称焉。"①

这些佛教大型丛书，卷帙浩繁，大都是集体编撰、历时较长的成果，如《众经要抄》，梁武帝天监六年（507年）开始奉敕编撰，十多年后大体完成，据《续高僧传》僧旻传载，当时"选才学道俗，释僧智、僧晃、临川王记室东莞刘勰等三十人，同集上定林寺，抄一切经论，以类相从，凡八十卷，皆令取衷于旻。"② 上述这些编撰，钟山上定林寺是一个值得特别重视的地方，台湾学者颜尚文在春日礼智、大内文雄等日本学者研究的基础上，指出："钟山上定林寺创建于宋元嘉十二年（435年），宋齐时代成为研究《成实论》的佛教中心，尤其僧柔驻锡于此更教导出法云、僧旻、智藏等梁代著名的三大成实论师。齐永明十年（492年），释僧祐搜集佛教经籍，于定林上寺造立经藏。僧祐在刘勰等人协助下，根据这部经藏撰成《出三藏记集》、《法苑记》、《世界记》、《释迦谱》及《弘明集》等

---

① 《高僧传二集》四册之一，第4—6页。依日本学者安腾丹秀的研究，梁武帝下令编撰的大型佛教文献有（见镰田茂雄著，关世谦译：《中国佛教通史》第三卷，高雄：佛光出版社，1986年，第218—219页）：

书名	卷数	编辑者	年代
众经要抄	八十八卷	僧旻	天监七年
华林佛殿众经目录	四卷	僧绍	天监十四年
众经目录	四卷	宝唱	天监十五年
经律异相	五十五卷	宝唱	同上
名僧传并序	三十一卷	宝唱	同上
众经饭供圣僧法	五卷	宝唱	同上
众经护国高神名录	三卷	宝唱	同上
众经诸佛名	三卷	宝唱	天监十六年
般若抄	十二卷	慧令	同上
大般涅槃子注经	七十二卷	僧朗	天监年初
义林	八十卷	智藏等	大通年间
众经忏悔灭罪方	三卷	宝唱	年代不明
出要律仪	二十卷	宝唱	同上
法集	百四十卷	宝唱	同上
续法轮论	七十余卷	宝唱	同上
大涅槃经讲疏	百一卷	不明	同上
大集经讲疏	十六卷	不明	同上

② 《高僧传二集》四册之一，第152页。《历代三宝记》卷一一，记《众经要抄》八十八卷。恐为正文八十卷，目录八卷；如现存宝唱编撰的《经律异相》正文五十卷，目录五卷。

八大部佛教典籍。由于上定林寺有这部经藏，也就成为梁武帝整理、分类、校订、编纂佛教经论等书的中心。"①

总之，齐梁间佛学大家，僧祐、宝唱、僧旻，大都博闻强识，是百科全书式的佛教学者。梁代僧侣撰述以知识积累见长，但对于佛教内部高下判摄、批判性研究，略显不足，例如"梁僧祐《出三藏记集》虽在保留资料方面功不可没，在疑伪经的鉴别方法与标准方面颇为创新，但在佛典分类方面却退回到道安《综理众经目录》的水平，没有丝毫建树。"②《续高僧传》记载梁代名僧僧旻尝言："宋世贵道生，顿悟以通经；齐时重僧柔，影毗昙以讲论。贫道谨依经文，文玄则玄，文儒则儒耳。"③ 这些佛教学者的学风，以依文解意、博采众长为主。而南朝中后期，梁陈间兴起的佛教新思潮代表三论与天台，学风都与僧旻等人"但据文句所向耳"有很大的差别。

三论出于摄山（栖霞山）一系。辽东僧朗在刘宋末年南渡，依止摄山，到其弟子僧诠时，摄山系依然默默无闻，僧诠去世后，他的几位重要弟子法朗、慧勇、智辩都奉敕出山，在金陵与当地流行的成实师等各家学说进行了激烈的辩论，"斥外道，批毗昙，破成实，诃大乘"。摄山系的这一作风，引起了部分僧侣的不满，大心暠法师著《无诤论》，提到"比有弘三论者，雷同诽诃，恣言罪状，历毁诸师，非斥众学，论中道而执偏心，语忘怀而竞独胜，方与数论，更为仇敌。""摄山大师诱进化导，则不如此……何必排拂异家，生其恚怒者乎？若以中道之心行于《成实》，亦能不诤；若以偏著之心说于《中论》，亦得有诤。固知诤与不诤，偏在一法。"（《陈书》卷三十傅绛传）当时论辩的重点，是摄山系推崇《中论》而诽毁《成实》。摄山系好辩之风，也被法朗的弟子吉藏直接继承。摄山系三论一宗的兴起，使得南朝中后期佛教思想界论争不已，激发了原本佛学格局的改变。

天台一系，构建了庞大的佛学思想体系，然天台系讲经，不是照本宣科，并非"但据文句所向"，其佛学体系构建也绝非简单的知识积累叠加，而是在解经时有很多创造性的发挥，可以说是重组重构固有的庞杂佛学经

① 颜尚文：《梁武帝》，第133页。
② 《中国写本大藏经》，第16页。
③ 《高僧传二集》四册之一，第151页。

教。智顗本人甚至说:"如此解释,本于观心,实非读经安置次比。为避人嫌疑,为增长信,幸与修多罗(经),合,故引为证耳。"①

三论、天台这样做,并非完全是为了标新立异,攻击旧有主流佛学观点;从思想史角度来看,三论、天台是有其理论依据和论证的。在三论师看来,一切经论,都是言教,目的都是为了指向实相无得,因此一切经论都是对治的,并无高下之分。因此,佛经所说无不究竟,只是有"正明"、"傍明"之分,一般人释经只能看到"正明",即佛经明确要表达的含义,而没有看到"傍明",佛经傍及的其他诸意。也就是说佛经无不是圆满的,只是一般人看不到"傍明"而已。实际上,"正明"、"傍明"之分,就为三论师跳出依文解意的窠臼,依据三论宗义任意发挥,提供了理论依据。

天台宗判教,一般被总结为五时八教。但正如张风雷教授指出,五时判教只具有相对的意义。"智顗又用'增数明教'的方法来论述'五时'判教的相对性。所谓'增数明教',是说不仅可以用'五法'如'五时'、'五味'来判教,也可以约着'一法'、'二法'、'三法'乃至'无量法'来判教。"② 这样"增数明教"就十分方便天台宗人依据自身宗义,而对佛教经教进行划分处理。与此类似,南朝也曾流行"五时般若"的说法,③ 并认为"般若波罗蜜,是诸佛母,三世如来,皆由是生,无相大法,非可戏论,岂得限以次第,局以五时",④ 这也为三论师用般若思想贯穿整个佛教经论始终,创造了条件。"五时般若"引申自《仁王护国般若经》,当于《涅槃》五时说法流行之后的南朝出现,"古旧相传,有五时般若,穷检经论,未见其说。唯有《仁王般若》,题列卷后,具有其文:第一佛在王舍城说《大品般若》,第二佛在舍卫国祇洹林中说《金刚般若》,第三佛在舍卫国祇

---

① 《摩诃止观》卷三上,《大正藏》第46册,第26页中。

② 张风雷:《智顗佛经哲学述评》(法藏文库"中国佛教学术论典",第一辑第五册),高雄:佛光出版社,2001年,第118页。智顗《法华玄义》卷十下:"夫教本逗机,机既不一,教迹众多,何但半满五时?当知无量种数。"(《大正藏》第33册,第810页下)

③ 萧子显:《御讲金字摩诃般若波罗蜜经序》,《大正藏》第52册,第238页上-238页中。

④ "初成道日,乃至涅槃夜,常说《般若波罗蜜经》。般若波罗蜜,是诸佛母,三世如来,皆由是生,无相大法,非可戏论。岂得限以次第,局以五时。根性不同,宜闻非一。亦复不但止有五时。往年令庄严僧旻法师,与诸学士共相研核,检其根性,应所宜闻,凡有三百八十人,是则时教,甚为众多。一人出世,多人得利益。岂容止为一根性人,次第五时,转大法轮。"(《大正藏》第52册,第238页下-239页上)

洹林说《天王般若》，第四佛在王舍城说《光赞般若》，第五佛在王舍城说《仁王般若》。"① 般若五时，梁武帝也多次提到，② 在南朝应颇流行。

另外，智顗对佛陀讲经形式也进行了创造性的发挥，以往南朝佛教一般将佛陀讲经形式分为顿、渐和不定，而智顗加入"秘密教"。由此不定教也称为"显露不定"，即"同听异闻，彼彼相知"；而秘密教则称为"秘密不定"，即"同听异闻，互不相知"。天台宗人上述划分，和三论宗的"正明"、"傍明"之分一样，为其能够"发前人所未发"，提供了理论依据。

不可否认，三论、天台上述理论有中国固有思想的影响。得意忘言的玄学言意之辩，对三论宗追求"忘言虑绝"的影响是十分明显的；而中国固有的谶纬术数思想，对于天台宗人重视用三、五、十等数字，以形式化的方式构建其庞大的思想体系，应有启发作用。如智顗对"十如是"的三转读。转读在南朝解释谶纬时也可见到，如《宋书·志第十七符瑞上》："史臣谨按，冀州道人法称所云玉璧三十二枚，宋氏卜世之数者，盖卜年之数也。谓卜世者，谬其言耳。三十二者，二三十，则六十矣。宋氏受命至于禅齐，凡六十年云。"此处将"三十二"转读为"二三十"。沙门法称言刘宋当传三十二世，刘宋早亡，故时人将刘宋传国"三十二"代，转读为"二三十"年（公元60年）。谶纬思维模式，在南朝佛教中并不罕见，如吉藏《三论玄义》中记载，"马鸣、龙树，佛有诚记，尚复生疑；法胜、诃梨，无经所印，云何辄受？问：'法胜乃未见诚文，诃梨亦有明据。阿含经云："实"名四谛。是故比丘，当成四谛。佛垂此敕，悬鉴有在，逮兹像末，允属诃梨，为成是法，故造斯论。绂宗若斯，岂虚构哉？'

----

① 萧子显：《御讲金字摩诃般若波罗蜜经序》，《大正藏》第52册，第238页上-238页中。《仁王般若》序品中称"世尊，前已为我等大众，二十九年说《摩诃般若波罗蜜》、《金刚般若波罗蜜》、《天王问般若波罗蜜》、《光赞般若波罗蜜》，今日如来放大光明，斯作何事？"即为舍卫国主波斯匿王说《仁王般若》。般若五时，当从此段中引申出。智顗也曾多次讲《仁王般若》，他认为"此经部属般若教通衍门，是熟酥味经"（智顗：《仁王护国般若经疏》卷一，《大正藏》第33册，第255页中）。

② 梁武帝《摩诃波若忏文》："般若之说，唯有五时，而智能之旨，终归一趣。"《金刚波若忏文》："如来以四十年中，所说般若，本末次第，略有五时。《大品》、《小品》枝条分散，《仁王》、《天王》宗源流别，《金刚》、《道行》随义制名。须真法身，以人标题。虽复前说后说，应现不同，至理至言，其归一揆。"（《广弘明集》卷28，《大正藏》第52册，第332页中。）

答：'盖是通指像末，岂别主诃梨，故非所据也。'"① 吉藏认为龙树在小乘《摩耶经》和大乘《楞伽经》中都有授记，而成实师认为《增一阿含经》中："如是比丘，有此四谛，实有不虚"是玄记诃梨摩跋作《成实论》，这种说法颇类中国的谶语，而吉藏不承认这一"谶语"，认为是通说而非特指。

但三论、天台等新思想在南朝中后期的兴起，更为重要的是佛学内部发展的重要成果，下一节我们将主要从佛教思想史发展的角度，来探讨梁陈间三论、天台等新思想潮的兴起。

第二节　智境与二谛、三谛

《成实论》在齐梁间非常兴盛，周颙作《三宗论》欲批评成实师，宣扬什肇宗义，竟恐"立异当时，干犯学众"，二次中辍；僧诠在摄山传三论学，屡言"此法精妙，识者能行，无使出房，辄有开宗"。然批评《成实》、褒扬《般若》在南朝一直不绝如缕，如齐代文宣王萧子良，认为《成实论》"文广义繁"影响学习大乘典籍的"正务"，故组织五百多僧侣将《成实论》删减而成《略本》。② 梁代摄山系入都，《中论》与《成实》扛鼎，《般若》经典也被追捧。《续高僧传》载：梁代著名成实师智藏，原本寿数只有三十一岁，"由《般若经》力，得倍寿矣"，"于是江左道俗，竞诵此经，多有征应，乃至于今日有光大，感通屡结"。③ 此传说出现当在智藏晚年长寿之后。《高僧传》卷八载释道慧传有才华，然只"春秋三十有一"，④ 临终颇似清谈

---

① 《大乘起信论校释》，第 124 页。

② 周颙《抄成实论序》云："《成实》既有功于正篆，事不可阙，学者又遂流于所赴，此患宜裁。今欲内全成实之功，外蠲学士之虑，故铨引论才，备详切缓，刊文在约，降为九卷。删赊探要，取效本根。则方等之助无亏，学者之烦半遣。得使功归至典，其道弥传，《波若》诸经无坠于地矣。"（《出三藏记集》，第 406 页。）

③ "有野姥者，工相人也。为记吉凶，百不失一。谓藏曰：法师聪辩盖世，天下流名，但恨年命不长，可至三十一矣。时年二十有九，闻斯促报，讲解顿息，竭精修道，发大誓愿，足不出门。遂探经藏，得《金刚般若》。受持读诵，毕命奉之。至所危暮年，香汤洗浴，净室诵经，以待死至。俄而闻空中声曰：善男子，汝往年三十一者，是报尽期，由《般若经》力得倍寿矣。藏后出山，试过前相者，乃大惊起曰：何因尚在世也。前见短寿之相，今了一无，沙门诚不可相046。藏问：今得至几？答云：色相骨法，年六十余。藏曰：五十为命，已不为夭，况复过也。乃以由缘告之，相者欣服，竟以毕年辞世，终如相言。于是江左道俗，竞诵此经，多有征应，乃至于今日有光大，感通屡结。"（《高僧传二集》四册之一，第 66 页。）

④ 《高僧传》，第 305 页。

领袖王濛，"如此人，曾不得四十！"① 而梁代智藏因诵《金刚般若》延寿的传说，既说明佛法高妙灵验，不再与玄学故事为伍，更重要的是谓成实师亦以般若延寿，意在以神通宣扬《般若》，彰显后起三论本宗。宣扬某种经典影响，为该经典学说张目，此在南朝佛教史上属常见之事。②

佛经东晋初兴，以般若学为盛；刘宋以来涅槃佛性兴起，风气为之一变。《成实论》在南朝被认为贯通大小乘，故备受重视，梁太子萧纲在《庄严旻法师成实论义疏序》中甚至说："若夫龙树马鸣止筌大教，旃延法胜萦缚小乘，兼而总之，无踰此说。"③ 在南朝，真俗二谛有无问题，一直是佛教的核心问题。三论宗吉藏撰有《二谛义》，阐述该问题。在吉藏看来，二谛只有假名，而无实体，现在一般三论宗研究者都认为这是三论师与以往成实师最大的区别；但智顗在《法华玄义》卷二下概括了梁陈间成实师和中论师（三论师）关于二谛的争论，谓："梁世《成实》，执世谛不同，或言世谛名、用、体皆有，或但名、用而无于体，或但有名而无体用云云。陈世《中论》，破立不同，或破古来二十三家明二谛义，自立二谛义；或破他竟，约四假明二谛。古今异执，各引证据，自保一文，不信余说。"④ 若按智顗的说法，成实师中已经有人主张过二谛"但有名而无体用"。

实际上，成实师的很多主张与三论师相似，并非三论师独有，吉藏对此的解释是三论本就源自什肇山门义，且梁武帝曾遣僧正智寂等十人入摄山就学，大抵是说成实师剽窃三论宗义，然"虽得言语，不得究竟义"，"既不亲承，作义乖僻"。⑤ 抛开派系之争，三论与成师的根本区别在哪里呢？

保存在《广弘明集》卷二一中的昭明太子萧统《解二谛义令旨（并问

---

① 《世说新语笺疏》中册，第 755 页。

② 刘宋《涅槃经》初兴，灵验故事极多；南朝末年，《摄论》始兴，亦伴以灵验故事，如昙迁携《摄论》北归，"登石头岸，入舟动楫，忽风浪腾涌，众人无计。迁独正想不移，捧持《摄论》，告江神曰：今欲以大法，开彼未悟，若北土无运，命也如何；必应闻大教，请停风浪，冀传法之功，冥寄有属。言讫，须臾恬静，安流达岸。时人以为此论译于南国，护之神，不许他境。事同迦延之出罽宾，为罗刹之稽留也。……《摄论》北土创开，自此为始也。"（《高僧传二集》四册之三，第 604 页。）

③ 《广弘明集》二十卷，《大正藏》第 52 册，第 244 页中。

④ 《大正藏》第 33 册，第 702 页中。

⑤ "梁武大敬信佛法，本学《成论》。闻法师在山，仍遣僧正智寂等十人往山学。虽得语言，不精究其意。所以梁武晚义，异诸法师，称为制旨义也。开善尔时虽不入山，亦闻此义，故用中道为二谛体，既不亲承音旨，故作义乖僻。"吉藏《二谛义》卷下，《大正藏》第 45 册，第 108 页中。

答）》，记录了萧统与当时包括梁代成实三大师在内众多高僧关于二谛的讨论，是现存反映梁代关于二谛义的重要文献。《解二谛义令旨（并问答）》开篇言："二谛理实深玄，自非虚怀，无以通其弘远。明道之方，其由非一；举要论之，不出境、智。或时以境明义，或时以智显行。至于二谛，即是就境明义。"① 萧统认为明道之方，主要就是境、智二端，而二谛是"就境明义"；萧统的这一说法，在后来的讨论中，也无人提出异议。从境、智出发来解释二谛，可以视为是当时通行的一种做法。在阐发二谛义时，有时也引入言教。如梁陈间慧达②注解《不真空论》时，已经分为"境界章门"和"言教章门"。在他那里，智、境、经教构成一组概念，"以境智，证色之性空，非色败空者；依经，证色境即空，次……以至人智，证即空之义。""波若玄鉴之妙趣者，此乃举智释境，与玄一体，即自照谓之玄鉴也"；"然则道远乎哉？触事而真；圣远乎哉？体之即神"被认为是"就境智以劝学者也"。③

但三论师认为二谛非是境而只是教。吉藏在《二谛义》卷下提到，"大师旧语云：禀教得悟，发生二智，教转名境。"④ 吉藏认为法朗此言是针对"由来云：真、俗是天然之境"而发的，"若是智从修习生，境即常有；智即始生，未有智时，前已有境，境智非因缘义。今对此明：真、俗是教，悟教生智，教转名境。由智故境，由境故智。境能为智所，智能为境所；境所为智能，智所为境能。境智因缘，不二而二也。"⑤

二谛是教，非是理。佛为教化众生，而说真、俗二谛言教。相对于二谛言教，而有"于二谛"。"于"是相对之意，俗谛于俗是真，于圣为妄；真谛于圣是真，于俗为妄。用"于谛"解说佛法，则是"教谛"。借用《法华经》的三车之喻来说，"二谛非理，乃是方便教门。如三车门外，门

---

① 《中国佛教思想资料选编》第一卷，第 328－329 页。
② 《卍续藏经》记为"晋惠达"，误。元康《肇论疏》提到："小招提达法师者，闰州江宁县，旧是丹阳郡……慧达法师是陈时人，小昭提寺僧也。"《肇论集解令模钞》收有慧达的《肇论序》提到"达，留连讲肆二十余年"；净源云：慧达"本江宁人，少而聪敏，博览古今，为梁武帝门师。帝问内外教，答犹响应，时人以神异称之"。（伊藤隆寿、林鸣宇：《肇论集解令模钞校释》，上海：上海古籍出版社，2008 年，第 23、6 页。）
③ 惠（慧）达：《肇论疏》，《卍续藏经》第 54 册，第 59 页下、58 页下、60 页下。
④ 《大正藏》第 45 册，第 86 页上。
⑤ 《大正藏》第 45 册，第 87 页下。

外实无三车，方便说三，令悟不三。今亦尔，实无二谛，方便说二，令悟不二，故二谛是教门也。"① 显然三论宗人不再是"就境明义"，反对有"天然之境"、"天然之智"的存在；而是从言教出发，"识教悟理，悟理即生权实二智，生二智时，空有之教，即转名境。"②

在南朝涅槃佛性兴起之后，般若思想已经不再从存有论单纯讨论二谛有无问题，即"境"的问题，而是涉及认识论、价值论，深入到"智"以及智、境关系上，讨论二谛。天台宗在此也表现得十分突出。原本慧思在北地传扬的是由定发慧的路子，"三乘一切智慧皆从禅生"，尚未形成三谛圆融的思想。③ 而智顗则将"三观"与《大品般若》和《大智度论》中的"三智"（一切智、道种智、一切种智）结合起来，以"一心三观"认识"圆融三谛"，达到"三智一心"的境界。至此，我们也可以明白，智顗在二谛之后，开出三谛，即在"空"、"假"之后，提出"中"亦为一谛，实则是三谛与三观、三智配合。其实，早在庄严寺僧旻与昭明太子萧统讨论二谛问题时，就提到"若能照之智，非真非俗；亦应所照之境，非真非俗。若是非真非俗，则有三谛。"当时萧统的回答是："所照之境，既即无生，无生是真，岂有三谛。"④ 这还是"就境明义"的思路；而执著外境在三论、天台眼中都属小乘。

天台宗人实则是从观、智来探讨谛。而若从"一心三观"、"三智一心"出发，有"三观"、"三智"，必然有"三谛"。而且既然一心同时三观，三智同时一心，无有次第；那么三谛也必然是圆融无碍的，因此中谛与空、假二谛的地位也必然是平等的，而不是高于空、假的综合，或正、反之后的"合"。在这点上，天台宗就区别于只讲二谛的三论宗。三论宗走的是教→智→境的路子，认为二谛言教之后，最终还有一个"忘言虑绝"。天台宗既然没有一个综合二谛、万法的绝对真理，那么也不可能从

---

① 《大正藏》第45册，第88页下。

② 《大正藏》第45册，第94页上。这就好比上帝从无中创世，只能用"言"来创世，若用工具或其他原料，都会引起在上帝创世之前即已有物存在的矛盾；同样，二谛的来源只能是言教，否则便难以避免"天然之智"、"天然之境"的矛盾，有堕入小乘执有的危险。

③ 参见张风雷："天台先驱慧思佛学思想初探"，黄心川主编：《光山净居寺与天台宗研究》，香港：天马图书有限公司，2001年。

④ 《中国佛教思想资料选编》第一卷，第334页。

这个绝对真理中派生出二谛、万法（"性起"）；那么三谛圆融，乃至一念三千必然是"性具"的，这也符合佛教传统上"无生"的教义。在天台宗看来，心也是一法，就像中道谛与空假二谛完全平等圆融一样，心与三千法也是完全平等圆融的，不单唯心，"若圆说者，亦得唯色、唯声、唯香、唯味、唯触、唯识；若合论，一一法皆具足法界。"① 天台主张三谛圆融，性具三千，万法都是互具的。

吉藏在《三论玄义》中也明确说，二谛不仅是用于"化他"的言教，而且依二谛可以生二智，"自行"而最终成佛："二谛是佛法根本，如来自行化他，皆由二谛。自行由二谛者，如《璎珞经·佛母品》，明二谛能生佛故。二谛是佛母，盖取二智为佛，二谛能生二智，故以二谛为母，即是如来自德圆满，由于二谛。"三论宗实以二谛为宗，即是以中道为宗，二谛是言教，讲说即是"论"，实行即是"观"，"《中论》以二谛为宗，《百论》用二智为宗，即欲明谛智，互相成也。"而《十二门论》"亦以二谛为宗，但今欲示三论不同，宜以境智为宗。所言境智者，论云：'大分深义，所谓空也。若通达是义，即通达大乘，具足六波罗蜜无所障碍。'大分深义，谓实相之境。由实相境，发生般若。由般若故，万行得成。即是境智之义，故用境智为宗也。"由此，智、境实无内外，已打成一片，"以中对观，是境智之名。以观对论，为行说之称。因中发观故，以中为境，以观为智。如说而行为观，如行而说为论。"② 虽然三论宗还是强调"中"的特殊地位，但实际上所悟之理、因理发观、由观宣论，智、境都已圆融。

三论师认为只要能认识到中道的正智（般若）就有通向成佛的可能性；天台宗人也以认识三谛圆融的诸法实相为佛性。此后，摄论、地论的兴起，中国唯识学将从境、谛上讲佛性转到了由心识讲佛性。总之，在南朝中后期，由于三论、天台的活跃，般若与佛性的关系，从智、境等方面得以多角度展开，带动了佛学思想创新的再度活跃，为隋唐宗派的诞生创造了条件。

---

① 智顗：《四念处》卷四，《大正藏》第 46 册，第 578 页下。
② 吉藏著，韩廷杰注：《三论玄义校释》，北京：中华书局，1987 年，第 208、218、220、247 页。

第五章　术与道：教相判释与学派体系的不断创建

第一节　中国古代学术的分野与大、小乘

后汉以降，魏晋南北朝思想发展变化十分迅猛，在急速发展变化过程中，甚至可以说到处充满着断裂。在道教中，力图改革天师道而"新出老君"，授正一威盟；旋即江南上清派天真降授成为最热门的话题；但不久之后，与上清仙真毫无关系的"元始天尊"似乎一时又成为道教信仰中的主角。六朝佛教思想的发展状况似乎也不比道教更有章法，在当时一部分人眼中，简直是外国传来什么就信仰什么，"譬之于射，后破夺先"，毫无定法。东汉先有安世高的小乘禅数，后有支娄迦谶的大乘般若；东晋以来，阿毗达磨与龙树中观交相辉映；北凉佛教似乎是大乘佛教一统天下，但昙无谶去世后，北凉王朝又开始大规模组织翻译毗昙典籍。到南朝"提婆始来，义观之徒，莫不沐浴钻仰。此盖小乘法耳，便谓理之所极，谓无生方等之经，皆是魔书。提婆末后说经，乃不登高座。法显后至，泥洹始唱，便谓常住之言，众理之最，般若宗极，皆出其下。以此推之，便是无主于内，有闻辄变。"[1] 南北朝中后期，更是毗昙师、涅槃师、成实师、三论师、地论师、楞伽师、地持师、摄论师，你方唱罢我登场。在这样纷繁复杂的汉魏两晋南北朝佛教思想发展变化中，是否有大的脉络可以找寻呢？

李零教授在《中国方术正考》新版前言中提到：

> 方术，于《汉志》六类，本来是属于它的后三类。它的前三类是六艺、诸子、诗赋，属于人文，后三类是兵书、数术、方技，属于技

---

[1] 《大正藏》第52卷，第78页中。

术。方术就是数术、方技的统称。技术在当时还是学术之半，有一定的地位。但隋唐以来，按传统的四部分类，数术、方技只是子部底下的一个小分支，地位就不行了。①

这是中国古代学术分野的一大问题。笔者以为，佛教入华，由汉魏时期重方技的"佛道"，到以义理见长的东晋南北朝的"佛玄"，大体也经历了同样的嬗变；在魏晋南北朝时期，以思辨义理见长的三论、天台，地论（华严）、摄论（唯识）等所谓的"大乘"佛教，逐渐取代了强调"事数"的毗昙、成实等"小乘"佛教，也与中国学术演变是同步的。

我们在前文讨论过的佛教初传汉明帝梦佛的故事，在梦占的视角下考察（《高僧传》所谓"以占所梦"），即属于一种方术。魏晋南北朝许多高僧都从事占梦活动，如求那跋陀罗传载"元嘉将末，谯王屡有怪梦，跋陀答以京都将有祸乱，未及一年而二凶构逆。"② 僧传中涉梦情节更是数不胜数。我们在前文的探讨中已经指出，秦汉之后梦占在官方体制中已经淡出，但在晋唐间依旧盛行。刘文英教授认为："在两汉史书中，占梦者的活动，星星点点，始终未见其名，可能影响不大。但从魏晋以至隋唐，其间有一批世俗的占梦家，在历史舞台上相当活跃。其中周宣和索紞最为著名，《魏志》和《晋书》都有他们的传记。"③ 其中索紞尤其值得注意，他是敦煌人，尤其擅长以字解义，如《晋书·索紞传》："宋桶梦内中有一人著赤衣，桶手把两杖，极打之。紞曰：'内中有人，肉字也。肉色，赤也。两杖，箸象也。极打之，饱肉食也。'俄而亦验焉。"④ 这类解字法，在魏晋僧人中也常见，如东晋道安传中记载："安与弟子慧远等五百余人度河，夜行值雷雨，乘电光而进。前得人家，见门里有一双马柳。柳间悬一马筦，可容一斛。安便呼林伯升。主人惊出，果姓林，名伯升。谓是神人，

---

① 《中国方术正考》，新版前言第 2 页。
② 《出三藏记集》，第 548 页。
③ 《梦的迷信与梦的探索》，第 46 页。
④ 林悟殊教授认为富冈谦藏氏藏敦煌景教文献《一神论》为"精抄赝品"，其中一个理由是肉字唐人流行写作"宍"，而《一神论》写本"宍"、"肉"两存（林悟殊：《唐代景教再研究》北京：中国社会科学出版社，2003 年，第 206－207 页）。但从《晋书·索紞传》来看，敦煌地区早已有"肉"的写法。

厚相赏接。既而弟子问何以知其姓字？安曰：两木为林，笕容伯升也。"①

汉魏两晋南北朝僧传中有大量关于僧侣涉及医相星卜、谶纬阴阳的例子，② 以往研究者多认为这是佛教初传，佛教依附道教或中国本土信仰"佛道"时期的特殊产物；但实际上即便到了南北朝后期，这类方技、术数式的影响还是存在的，有时候甚至还左右了佛教义学体系的创建。一个最典型的例子就是天台宗实际创始人智顗对"十如是"的三转读法。

《法华经·方便品》中的"十如是"："佛所成就第一希有难解之法，唯佛与佛，乃能究尽诸法实相，所谓诸法如是相、如是性、如是体、如是力、如是作、如是因、如是缘、如是果、如是报、如是本末究竟等。"智顗在《法华玄义》中"依义读文，凡有三转"，用空、假、中三谛模式加以解读，认为"如"指诸法空；性、相、体、力等指诸法假义；"是"彰显即中即假之"中"。以如是相为例，"如是相"是假，转读作"是相如"则指空，再转读作"相如是"则显示中意。③ 智顗的转读显然是受到他的老师南岳慧思的影响，而有所发展，"南岳师读此文，皆云'如'，故呼为'十如'。"④ 即慧思已经将"如是相"转读为"是相如"，即强调其空义，但尚未出现"相如是"的读法。

后世天台宗人尊龙树为天台初祖，北齐慧文为二祖，南岳慧思为三祖。(《摩诃止观》卷一上，灌顶"缘起")智顗与南岳慧思确有师徒关系，但慧思佛学思想的基本特征是"因定发慧"，在以定为本的基础上倡导"定慧双开"，并以《大品般若》会通《法华》，故特重空谛。因此在慧思那里，实际上并没有形成"三谛圆融"的观念，只有到了智顗才真正确立了"止观双修"的佛教修行原则，构建起以三谛圆融和一心三观为核心的天台教理。⑤ 由此可见，三转读法在天台教理发展上的学术地位。

但单就形式上看，智顗"十如是"的"三转读文"，在谶纬中是常见

---

① 《出三藏记集》，第 562 页。

② 参见曹仕邦：《中国沙门外学的研究：汉末至五代》，台北：东初出版社，1994 年，第 435 – 457 页。

③ 参见《大正藏》第 33 卷，第 693 页中。

④ 《大正藏》第 33 卷，第 693 页中。

⑤ 参见张风雷："天台先驱慧思佛学思想初探：关于早期天台宗思想的几个问题"，《世界宗教研究》，2001 年第 2 期。

的一种解读文本方式，南朝时依然盛行，例如《宋书·志第十七·符瑞上》："史臣谨按，冀州道人法称所云玉璧三十二枚，宋氏卜世之数者，盖卜年之数也。谓卜世者，谬其言耳。三十二者，二三十，则六十矣。宋氏受命至于禅齐，凡六十年云。"此处将"三十二"转读为"二三十"。沙门法称言刘宋当传三十二世，刘宋早亡，故时人将"三十二"代，转读为"二三十"年（两个30即60年）。在六朝佛教中也可以找到类似的例子，如鸠摩罗什传中也采用过这种解读方式。吕纂"与什博戏，杀棋曰：'斫胡奴头。'什辄答曰：'不能斫胡奴头。胡奴将斫人头。'此言有旨，纂终不悟。后纂从弟超，小字胡奴，果杀纂斩首。其预觌微兆，皆此类也。"[1]也是将"斫胡奴头"转读为"胡奴斫头"。

由此可见，即便是到了南北朝中国佛教大乘义学高度发达时，谶纬方术之类的小乘"佛道"内容，仍然发挥着相当大的作用。[2] 笔者这里所谓的"大乘"、"小乘"并非完全等同于坊间佛教概论性著作，用"人空法有"还是"人法具空"来判断小乘和大乘。大乘的兴起是印度佛教史研究的一个十分重要但又一直未能完全取得共识的话题。[3] 汉魏以来，中国佛

---

① 《出三藏记集》，第533页。
② 参见安居香山："漢魏六朝時代に於ける圖讖と佛教"，《塚本博士頌壽紀念佛教史學論集》，京都：塚本博士頌壽紀念会，1961年，第855－868页。
③ 印度孔雀王朝灭亡后的数世纪（公元前2世纪到公元后2世纪），婆罗门教将印度各地方信仰纳入到《吠陀》权威之下，制定了《摩奴法典》，在旧有的梵天信仰之外，毗湿奴信仰与湿婆信仰相互影响而发展，梵文也在这一时期成熟通行。与此同时，佛教发展也出现了新动向，大乘佛教开始兴起。佛教界内部，一般认为大乘始自马鸣菩萨，马鸣菩萨大约在色腻色迦王朝，与说一切有部《大毗婆沙论》成书年代同时。而近代学术研究，大乘起源最著名的观点，当属日本著名印度佛教研究者平川彰先生，提出大乘佛教起源于（主要是）在家俗人的"佛塔崇拜说"。平川彰先生认为大乘起源主要有三个源头：①部派佛教。特别是大众部与大乘佛教渊源较深，但说一切有部、化地部、法藏部等观点也被大乘佛教吸收。大乘佛教出现后，各部派并未消失，所以说不是（某一或某几个）部派佛教转变为大乘佛教，而是说部派佛教对大乘佛教有很重要的影响。②佛教文学，特别"赞佛乘"。佛传文学的兴起鼓动了大乘佛教的兴起。③佛塔崇拜。最早的大乘佛教徒，以不属于任何部派的佛塔为根据地，进行各种传法活动。在上述三个源头中，第三点佛塔崇拜最受学术界关注，也最为重要，因为依平川彰先生的论述，前两个源头对大乘佛教兴起产生了影响，而佛塔崇拜才真正聚集了初期大乘佛教徒的实体。（参见平川彰《印度佛教史》）
平川彰先生关于大乘起源的俗人"佛塔崇拜说"，曾经遭到中国僧界的抨击，如印顺法师认为："果真这样，初期的大乘教团，倒与现代日本式的佛教相近。这一说，大概会受到日本佛教界欢迎的，也许这就是构想者的意识来源！"印顺法师主要站在出家僧侣角度进行驳斥，但并未提出太多有力证据。近年来"佛塔崇拜说"也受到了许多欧美学者的批评，如本书已经讨论过的

教本无明确的大、小乘观念，直到四世纪末、五世纪初，鸠摩罗什来华才开始引入比较明确的大、小乘观念，如他在《大乘大义章》即明确说："有二种论：一者大乘论，说二种空，众生空、法空；二者小乘论，说众生空。"① 但这种观念是否完全等同于六朝历史上中国人普遍接受的大小乘观念，是必须加以探讨的。在《大乘大义章》中，我们可以明显地感觉到，鸠摩罗什带来的大、小乘观念对于中国佛教是十分陌生的，庐山慧远在与鸠摩罗什的不断探讨中，虽然已经倾向于接受鸠摩罗什的看法，但还

（接上页）萧邦，利用印度新近的考古发现，认为以往学界仅以巴利语佛教典籍为依据，过分美化了僧团的戒律持守，进而误认为印度僧人皆不储蓄财物，不可能有布施等行为，但实际上当时的印度僧人有些是很富有的，同样可以供养布施佛塔，而且从金石铭文来看，回向等观念在所谓的"小乘"佛教中也早已存在。因此他认为大乘佛教是僧侣而非俗人的运动。近年来萧邦的观点在国际学术界得到了越来越多的认同（*Bones，Stones，and Buddhist Monks*）。日本学者下田正弘对平川彰的观点也提出了异议，其主要理由是，历史上并不存在一个独立于僧团之外的所谓在家佛塔崇拜群体；佛塔崇拜早在原始佛教时期就已出现，并且广泛流行于在家居士和出家僧侣中间。下田正弘认为：大乘思想提出自于原始佛教时期就存在的林居者集团。他们与僧院住者在生活方式、价值观和追求目标上的不同，使他们在传统的口传佛教之外，以书写的方式创造出了大量多元化的大乘经典，在所谓的追求自我解脱的声闻乘之外，开创了以利益他者为最高追求的菩萨乘。（下田正弘：《涅槃経の研究——大乗経典研究方法試論》，东京：春秋社，1997）

关于在家菩萨和出家菩萨的讨论，通过对初期大乘佛典《郁伽所问经》汉代译本的研究，有学者认为，大乘兴起于一批自称菩萨的修行团体，他们以追求佛智为目标。这些自称菩萨的人们，有俗人也有僧人。而僧人应该既有在阿兰若（森林、荒野）修行的，也有人间（城市、村落）者。有些西方学者（如 Ray，Reginald A. *Buddhist Saints in India：A Study in Buddhist Values and Orientations*，New York：Oxford University Press，1994 等），也提出有些早期大乘经典是在阿兰若修行中形成的。而日本学者辛岛静志则提出相反的例证，《妙法莲华经》卷九劝持品第十三："或有阿练若，纳衣在空闲，自谓行真道，轻贱人间者。贪著利养故，与白衣说法，为世所恭敬，如六通罗汉。是人怀恶心，常念世俗事，假名阿练若，好出我等过，而作如是言：此诸比丘等，为贪利养故，说外道论议，自作此经典，诳惑世间人，为求名闻故，分别于是经。常在大众中，欲毁我等故，向国王大臣，婆罗门居士，及余比丘众，诽谤说我恶，谓是邪见人，说外道论议。我等敬佛故，悉忍是诸恶。"《妙法莲华经》这段偈文显然是站在居住在城市、村落的"人间者"立场上，反对"假名阿练若"。这些"假名阿练若"在国王、婆罗门、比丘、居士中诽谤人间者："为贪利养故，说外道论议，自作此经典，诳惑世间人。"可见有些大乘经典应该是"人间者"造作的，而被保守的阿兰若修行者反对。（2009 年 11 月 2 日辛岛静志在中国人民大学佛教与宗教学理论研究所发表《佛教文献学与佛教思想史研究：试谈几部初期大乘佛经的起源问题》学术报告。）

① 《大正藏》第 45 卷，第 136 页下。

是更愿意强调小乘与大乘之间修行的连续性。①

即便在鸠摩罗什那里，也不总是排斥小乘，甚至认为"大小之称，根有利钝，观有深浅，悟有难易，始终为异，非实有别。"② 当时及稍后讨论的一乘、三乘问题，也是如此，成书于五世纪上半叶的《涅槃无名论》："经曰：三箭中的，三兽渡河，中渡无异而有浅深之殊者，为力不同故也。三乘众生俱济缘起之津，同鉴四谛之的，绝伪即真，同升无为。然其所乘不一者，亦以智力不同故也。"③ 本书前文对此问题也有所讨论，作为小乘的声闻、缘觉，固然与大乘有利钝深浅的不同，但作为解脱的津梁，所达彼岸的功能是一致的，以此调和一乘与三乘的关系。《涅槃无名论》"三箭中的，三兽渡河"在符秦时僧伽跋澄所译《鞞婆沙论》中即已出现。④ 而《名僧传抄》慧观传记有"《论》曰"：

> 问"三乘渐解实相"曰："经云：三乘同悟实相而得道，为实相理有三耶？以悟三而果三耶？实相唯空而已，何应有三？若实相理一，以悟一而果三者，悟一则不应成三。"答曰："实相乃无一可得，而有三缘，行者悟空有浅深，因行者而有三。"⑤

慧观持渐悟学说，亦强调三乘并无截然区别，所觉之理实一。

由此可见，鸠摩罗什传入的大、小乘截然二分的观念在当时并未立刻接受。《高僧传》载："什尝作颂赠沙门法和云：'心山育明德，流薰万由延。哀鸾孤桐上，清音彻九天。'凡为十偈，辞喻皆尔。什雅好大乘，志存敷广，常叹曰：'吾若著笔作大乘阿毗昙，非迦旃延子比也。今在秦地

---

① 参见史经鹏："论鸠摩罗什与庐山慧远的大、小乘观：以《大乘大义章》为中心"，《锲而不舍，金石可镂：方立天教授从教50周年学术研讨会论文集》（上），北京：中国人民大学，2011年9月，第269–295页；以及其博士论文：《从法身至佛性：庐山慧远与道生思想研究》，中国人民大学博士学位论文，2012年，第47–74页。

② 《大正藏》第45卷，第139页上–中。

③ 《中国佛教思想资料选编》第一卷，第164页。

④ 如"作譬喻三兽渡河，兔、马、香象。兔者浮而渡河，马者少多触沙而渡，香象者尽底蹋沙而渡，如是三乘渡缘起河，佛、辟支佛、声闻。如兔浮渡河，如是当观声闻缘起智；如马少多触沙而渡，如是当观辟支佛缘起智；如香象尽底蹋沙而渡，如是当观佛世尊缘起智，是故说谓得尽甚深缘起底，非如一切声闻、辟支佛。"（《大正藏》第28卷，第445页下）

⑤ 《卍续藏经》第77册，第353页。

深识者寡，折翻于此，将何所论。'乃凄然而止。"① 似曲高和寡，颇不得志。文中的法和，恐是与僧伽提婆在洛阳交好而后入关的"冀州沙门法和"②，亦是研习阿毗昙的学僧。塚本善隆等日本学者早已指出鸠摩罗什在姚秦皇室的支持下，重新翻译在中国已经影响很大的般若类经典；但鸠摩罗什热心的龙树"三论"的翻译，并未受到世人的普遍重视；甚至鸠摩罗什一度计划回国，庐山慧远风闻此消息后，去信解劝："去月法识道人至，闻君欲还本国，情以怅然。"③

就现有史料记载，秦主姚兴并未对鸠摩罗什言听计从，如佛陀耶舍到姑藏后，鸠摩罗什"劝姚兴迎之，兴未纳"，④ 而太子姚泓似乎对鸠摩罗什眼中的小乘毗昙更感兴趣，鸠摩罗什与佛驮跋陀罗著名的辩论就是在姚泓面前进行的。在鸠摩罗什晚年，太子姚泓已经开始支持昙摩耶舍等人翻译《舍利弗阿毗昙》，《高僧传·昙摩耶舍传》载："至义熙中来入长安，时姚兴僭号，甚崇佛法，耶舍既至，深加礼异。会有天竺沙门昙摩掘多，来入关中，同气相求，宛然若旧，因共耶舍译《舍利弗阿毗昙》，以伪秦弘始九年初书梵书文，至十六年翻译方竟，凡二十二卷。伪太子姚泓亲管理味，沙门道标为之作序。"⑤ 昙摩耶舍即是后来著名的"小乘"僧人法度的老师，"度初为耶舍弟子，承受经法，耶舍既还外国，度便独执矫异，规以摄物，乃言专学小乘，禁读方等。唯礼释迦，无十方佛。"⑥ 昙摩耶舍弟子"专学小乘，禁读方等"，不可能完全与佛陀耶舍的教导无关，由此可见虽然佛驮跋陀罗被赶走，但昙摩耶舍等人依然与鸠摩罗什观点不和，且受到太子支持，鸠摩罗什晚年不得志，曾感叹"秦地深识者寡，折翻于此"；而其曰："吾若著笔作大乘阿毗昙，非迦旃延子比也"，迦旃延子是毗昙的祖师，鸠摩罗什此言，亦表达出他对小乘毗昙的不满与不屑。

---

① 《高僧传》，第53页。《出三藏记集》记为："心山育德薰，流芳万由旬。哀鸾鸣孤桐，清响彻九天。"
② 《高僧传》，第37页。
③ 《高僧传》，第217页。
④ 《高僧传》，第66页。
⑤ 《高僧传》，第42页。
⑥ 《高僧传》，第43页，并参见《出三藏记集》"小乘迷学竺法度造异仪记"，第232－233页。

除了法度，《小乘迷学竺法度造异仪记》还提到："昔慧导拘滞，疑惑《大品》；昙乐偏执，非拨《法华》"，"彭城僧渊，诽谤《涅槃》"。① 说明在晋宋之际，中国佛教界的认识并未统一，尚无统一的大乘的局面。就笔者检阅僧传所得，鸠摩罗什去世后，其遗下的长安僧团，主要为成实师。418 年长安陷落，后由赫连勃勃引发战乱，长安僧侣大批出逃，大体可以分为两支：一支以僧导为首，前往寿春；另一支以僧嵩为首，前往彭城。后由于北魏武帝灭佛，以及刘宋孝武帝登基（453 年）等原因，这两大僧团都有重量级人物入南朝首都建康，到京后均居中兴寺（460 年更名为天安寺），不过寿春、彭城仍为其最重要的根据地。比较值得注意的是彭城这一系成实师，僧渊"从僧嵩受《成实论》、《毗昙》"，僧渊弟子昙度等人受北魏孝文帝礼重，昙度撰《成实论大义疏》八卷"盛传北土"，直到北齐高帝时，道盛方接替昙度成为僧主。② 僧嵩、僧渊这一系僧人，多不认同涅槃学，被后世批判为小乘学僧，被认为罪孽深重：中兴寺僧嵩"亦兼明数论，末年偏执，谓佛不应常住。临终之日，舌本先烂焉"；③ 僧嵩的弟子"彭城僧渊，诽谤《涅槃》，舌根销烂，现表厥殃，大乘难诬，亦可验也。"④ 由此可见南朝齐梁之后，流行的大小乘划分标准为是否遵信涅槃学，是否赞同法身常住；鸠摩罗什传入的人空、法空的大小乘划分标准已被取代，甚至其在彭城的部分坚持法空而否定法身常住的鸠摩罗什后学亦被认定为小乘。

东晋末年，法显游历西域天竺，所著《佛国记》（又名《法显传》）记录所到之地"小乘学"、"大乘学"或"兼大小乘学"、"杂大小乘学"处甚多。当时法显应该有一套明确的划分大小乘的标准，但从《佛国记》的行文来看，法显多次提及大小乘时，皆未言及教义；笔者认为可以从另外的角度来认识法显的大小乘区分，在法显的记叙中：学小乘法者，大都"遇客甚薄"，外来沙门"不预其僧例"，最好的情况不过是"若有客比丘到，悉供养三日，三日过已，乃令自求所安"。而凡有大乘法之地，"作四

① 《出三藏记集》，第 232－233 页。
② 《高僧传》，第 303、304、307 页。
③ 《高僧传》，第 289 页。
④ 《出三藏记集》，第 233 页。

方僧房，供给客僧及余所须"，都有较好接待，"是大乘寺，三千僧共揵椎食。入食堂时，威仪齐肃，次第而坐，一切寂然，器钵无声。净人益食，不得相唤，但以手指麾"。大小乘杂处者亦有较好待遇，"兼大小乘学，见秦道人往，乃大怜愍"，"多大乘学，皆有众食"。① 由此笔者推测，当时"大乘"、"小乘"的区分，应与中国佛教日后所说的挂单制度有密切关系，② 能够广为接待外来客僧的是普度众生的"大乘"，而不能接待他方僧侣的则是自了的"小乘"，这可能是法显所说的大小乘的原始含义，这也是作为游行僧人多记录大小乘的一个重要原因。③

除大乘外，法显还数次提到"摩诃衍"，"众僧住处作舍利弗塔、目连、阿难塔，并阿毗昙、律、经塔……诸比丘尼多供养阿难塔，以阿难请世尊听女人出家故。诸沙弥，多供养罗云。阿毗昙师者，供养阿毗昙。律师者，供养律。年年一供养，各自有日。摩诃衍人则供养般若波罗蜜、文殊师利、观世音等。"④ 若"摩诃衍人"是指大乘修行者的话，则大乘修行者"摩诃衍人则供养般若波罗蜜、文殊师利、观世音等"是其标志，而收留客僧是其一个重要的特点；可能摩诃衍人崇拜诸多菩萨造型，被小乘人指责混滥于婆罗门教，如《喻疑论》中记录西域小乘沙门指责大乘的《般若经》是"婆罗门书"，将大乘等同于婆罗门教。

大小乘教理辨别比较复杂，法显作为新到的外国僧侣，能够对大小乘颇为留意，且能马上做出辨别——因为大小乘有明显的标志（供养对象不同），且与能否接待他方僧有关。当然，西域大、小乘供养"般若波罗蜜"还是"阿毗昙"的差别，也说明了两者在学理上的不同；本书前文讨论

---

① 《法显传校注》，第 7 – 14、33、52、55 页。

② 法显对印度的挂单制度，也有比较详细的记录，如中天竺"自佛般泥洹后，诸国王、长者、居士，为众僧起精舍，供给田宅、园圃、民户、牛犊，铁券书录，后王王相传，无敢废者，至今不绝。众僧住止，房舍、床蓐、饮食、衣服，都无阙乏，处处皆尔。众僧常以作功德为业，及诵经、坐禅。客僧往到，旧僧迎逆，代担衣钵，给洗足水，涂足油，与非时浆。须臾，息已，复问其腊数，次第得房舍、卧具，种种如法"。（《法显传校注》，第 54 – 55 页）

③ 法显之后，玄奘、义净都关于大小乘的记录，中外学界特别对玄奘所所谓的"大乘上座部"有专门的讨论，季羡林先生认为大乘是指佛学而言，上座部依戒律而言（参见季羡林："关于大乘上座部的问题"，《中国社会科学》，1981 年第 5 期）；吕澂先生则认为"大乘上座"是方广与上座在斯里兰卡无畏山寺调和的产物（参见《印度佛学源流略讲》，第 2033 页）。

④ 《法显传校注》，第 54 – 55 页。

《道行般若经》时也涉及当时印度西域佛法大小乘观念的差异，又《出三藏记集》中收录的长安睿法师《喻疑》提到：

> 昔朱士行既禀真式，以大法为己任，于雒中讲《小品》，亦往往不通。乃出流沙，寻求《大品》。既至于阗，果得真本，既遣疵子十人，送至雒阳，出为晋音。未发之间，彼土小乘学者乃以闻王，云："汉地沙门，乃以婆罗门书惑乱真言。王为地主，若不折之，断绝大法，聋盲汉地，王之咎也！"王即不听。时朱士行乃求烧经为证。王亦从其所求，积薪十车于殿阶下，以火焚之。士行临阶而发诚誓："若汉地大化应流布者，经当不烧；若其不应，命也如何！"言已投之，火即为灭，不损一字。遂得有此《法华》正本于于阗大国，辉光重壤，踊出空中，而得流此。[①]

朱士行求大品般若经，引文末言《法华》[②] 当误。此传说恐取材自刘宋时的《冥祥记》，不排除有后世演绎成分，但亦可窥测汉晋以来西域大小乘的斗争已经日趋激烈；而引文中记录的神话，则意在用神通赞叹大乘，讥讽小乘，说明般若学流行中土之东晋以后，大乘观念开始得到佛教信徒的高度认同，大小乘的关系，不断被演绎。经过中国佛教义学的发展，以及这类信仰神话的传播，晋宋之际大、小乘观一度混乱的局面逐渐结束。严格区分大小乘，系统论述大乘观念的著作不断涌现，例如道辩《小乘义章》六卷、《大乘义》五十章，慧光《大乘义》，法上《大乘义章》六卷，净影寺慧远《大乘义章》十四卷，灵裕《大乘义章》四卷，灵裕《大小乘同异论》，昙无最《大乘义章》，昙显等《菩萨藏众经要》，道基《大乘章抄》八卷，宝琼《大乘义》十卷，智脱《释二乘名教》四卷。[③]

南朝以降，大、小乘的观念普遍被中国人接受，但它们并非是严格的

---

① 《出三藏记集》，235－236 页。

② 应为《放光般若》，原本写在皮牒之上，《高僧传》记载"皮牒故本，今在豫章"。（参见《高僧传》，第 145－146 页）

③ 参见圣凯："中国佛教大乘意识的萌芽与树立"，《中国哲学史》，2011 年第 2 期。

佛学派别的划分，也与佛教制度有一定关系①，而且成为正邪好坏的代名词，我们从当时的道教文献的"折射"中，亦可以清楚地看到这一现象。南朝刘宋天师道士徐氏撰《三天内解经》卷下：

> 学有数品，大乘之学，当怡心恬寂，思真注玄，外若空虚，内若金城，香以通气，口以忘言，慈心众生，先念度人，后自度身，悉在升仙，不念财钱，回心礼谢，不劳身神，求真于内，然后通玄，念与道合，自无多陈，可谓呼吸六合，历览未闻。

> 夫小乘之学，其则不然。唯以多辞为善，多事为勤，头频相叩，损伤身神，口辞争竞，内思不专，三指撮香，所陈亿千，则求神仙度世，飞行上清；又欲仕宦高迁，五马同辕；又欲世世昌炽，千子万孙，又欲钱财丰积，奴婢成行；又欲延年度厄，大小休康；又欲治生估作，万道开通；又欲心开意悟，耳目聪明；又欲使百鬼远逃，疫不过门；又欲父慈子孝，夫爱妇贞；又欲彻视万里，洞见天源；又欲使遗财于念，朋友欢欣；又欲思真念道，玉女降房。所求者多，所尚者烦，不合老子守一之源。口则疲于所请之辞，形则弊于屈折之苦，心则困于多欲，神则劳于往来。《经》云：久劳伤神，久语伤气，久行伤筋，久视伤眼，负重伤骨，食多致病，虑事伤命，不合修身养性之法。可谓多则惑，少则得，此之谓也。小乘之学，叩齿冥而求灵应，此自是教化之道，使人修善除罪改过，非是治身延年益寿求飞升之法，故曰小乘之学也。

> 夫沙门道人小乘学者，则静坐而自数其气，满十更始，从年竟岁，不暂时忘之。佛法不使存思身神，故数气为务，以断外想。道士大乘学者，则常思身中真神形象，衣服彩色，导引往来，如对神君，无暂时有报，则外想不入，神真来降，心无多事。小乘学者，则有百

---

① 例如，不食肉在南朝梁武帝、北朝齐文宣帝之后，成为大乘的一个标志，并影响到后世。敦煌藏经洞发现的新罗僧人慧超的《往五天竺国传》即以此作为判断大小乘的标志之一，如"疏勒，外国自呼名伽师祇离国……有寺有僧，行小乘法，吃肉及葱韭等"、"此龟兹国，足寺足僧，行小乘法，吃肉及葱韭等也，汉僧行大乘法"、"且于安西，有两所汉僧住持，行大乘法，不食肉也"等（参见荣新江："慧超所记唐代西域的汉化佛寺"，《冉云华先生八秩华诞寿庆论文集》，台北：法光出版社，2003 年，第 399－407 页）。

事相牵，或有忧愁万虑，外念所缠。大乘、小乘，其路不同，了不相似也。小乘学则须辩口辞，可为世师。大乘之学受气守一，宝为身资。《经》云：善计者不用筹算，所营在一。能知所营在一者，则万事毕，故不须筹算也。①

在上面的引文中，"大乘"是对大道的追求，而"小乘"则被视为热衷于雕虫小技、各种方术。道与术，大乘与小乘之间，隐然建立起一种对应关系。南朝道教除了大小乘，也讲"三乘"，分上中下而高低立判。用大乘来代替小乘，几乎可以说是南朝佛、道教的共识，但是同时我们还要注意到，小乘、方技依旧在中国长期存在，在南北朝思想史、佛教史上，依旧具有十分重要的地位，不可忽视。

简言之，从宏观上看，魏晋南北朝小乘、大乘佛教的范式转换，用鸠摩罗什的话说，就是建立"大乘阿毗昙"，在南北朝历史佛学发展上，曾经存在两大进路：①即通过从成实到般若这一中间关系，使小乘毗昙过渡到大乘中观的进路，可惜在中国这条进路并没有走通，或者说成实师没有完成这一历史任务，而是三论宗、天台宗最终作为大乘的代表，占据了中国佛教的历史舞台。三论宗直接以龙树著作为经典依据，构建了什肇山门义，确立了自己的大乘佛教地位；而天台宗本身比较复杂，在南北朝基本上都是以禅师的形象出现，但该宗本身也长于理论，从慧思到智顗，即从空观发展到三谛圆融（本节后文对此略有阐述），对印度大乘空宗有创造性发展。②即以地论、摄论到法相、华严为中间环节，使从小乘毗昙过渡到大乘唯识的进路，这条道路在一定意义上说是走通了。传《摄大乘论》的真谛，同时也是《阿毗达磨俱舍论》的译者，可以说是兼具毗昙师的身份；而真谛在一定意义上说又是唐代法相唯识宗的先驱。

东晋般若学兴起，汉魏"佛道"转变为"佛玄"是中国佛教第一次巨变；晋宋之际，般若学向涅槃学转变，是中国佛教的第二次巨变。然南朝涅槃佛性，本身并不排斥般若性空；以（空）境诠智，未若唯识理

第五编　南北朝佛学思想：以三教关系为主要视角

---

① 《道书集成》第四册，第295页上－中。

论在心性论上单刀直入，摄论、地论实则肇始了新的学术风气。石峻先生尝言："隋唐三论宗中衰，玄奘回国实有大关系也。后三论宗之根本义转入禅宗，亦思想史之递变。"在唐代中后期南宗禅兴起之前，唐代佛学的主要问题是心性与法相，"唐代佛学几皆受玄奘之影响"，"华严为变相的相宗"，"天台亦受相宗的影响"。[1] 石峻先生的上述论断是有其道理的。相宗的建立，实即大乘毗昙。从般若学的外境空到涅槃学的佛性有，从心性唯识到法相世界的建立——从外转内，再由内及外，晋唐间的佛学发展仿佛在兜圈子。而在不断反复的过程中，我们可以体会到晋唐佛教对两个向度的追求，都不愿完全抛舍；这亦是在求"道"时不愿完全舍弃"术"的表现。毕竟作为一种宗教，不能光有高深的教义，还要有切实的修行实践，"对道的追求与对术的可望"就成为创立一个理想的佛教体系的必然要求。

第二节　佛教的理想体系：对道的追求与对术的可望

《隋书·天文志》："逮梁武帝于长春殿讲义，别拟天体，全同《周髀》之文，盖立新意，以排浑天之论而已。"一般认为这是在天文学史上开倒车："浑天说比起盖天说来，是一个巨大的进步。但是，在科学史上，常常会有开倒车的人。迷信佛教的梁武帝萧衍，于公元 525 年左右在长春殿纠集了一伙人，讨论宇宙理论，这批人加上萧衍本人，竟全部反对浑天说赞成盖天说。"[2] 而梁武帝为何要标新立异，宣扬盖天说呢？陈寅恪先生认为是受印度天文学影响，[3] 但问题是，既是受印度天文学影响，为何《隋书》会认定梁武帝之说"全同《周髀》之文"呢？天文史专家江晓原教授对此给出了较好的解释，他指出《周髀算经》的宇宙模式是来自佛教的毗昙部经典。[4] 从上面的这个例子，我们可以发现印度文化，佛教毗昙部经典在天文术数层面，对我国影响之深。日本学者山田庆儿也指出同泰

---

① 参见石峻："慧远、三论、梁武帝等"，《石峻文存》，第 89 - 93 页。

② 中国天文学史整理研究小组：《中国天文学史》，北京：科学出版社，1981 年，第 164 页。

③ 陈寅恪："崔浩与寇谦之"，《金明馆丛稿初稿》，第 118 页。

④ 参见江晓原："天文史上的梁武帝"，《江晓原自选集》，桂林：广西师范大学出版社，2001 年，特别是第 231 - 233 页，以及该文注解 14 中提到的江氏关于该问题所发表的大量学术论文和专著。

寺的构造模拟了佛教的宇宙，① 这为我们解读梁武帝多次舍身同泰寺提供了新的视角。

佛教入华，实则是一整套印度、中亚文化的输入中国，印度、中亚文明各方面成果的全面传入。不仅有高深的佛教义理，更有各方面"实用"的技能。带有方技巫术色彩的佛教，不仅在汉代存在，在沙门义学兴起后也并没有消失。甚至，佛教般若学的各种哲学术语，还成为降妖除魔的工具：如在元魏懿法师《破魔露布文》中，道安法师为"高座大将军南阎浮提道绥抚大使佛尚书安法师"；般若为"拟使持节仪同三司领十二住大将军唯识道行军元帅上柱国晋国公臣般若"；心为"广缘将军流荡校尉都督六根诸军事新除恶建善王"；六度（施、戒、忍、进、禅、智）分别为"赈惠将军善散子都督广济诸军事监军"、"缮性将军克欲界都督摄志诸军事司马"、"平忿将军荡恚侯都督洪裕诸军事司空公"、"勇猛将军勤习伯都督六度诸军事行台"、"安静将军志念都尉都观累诸军事摄散侯"、"博通将军周物大夫都督调达诸军事监照王"。各种佛教名相、诸佛菩萨名号，多有官制；舍利弗之类的还是"黄门"。他们共同伐魔，大获全胜。

这类文书，②《弘明集》、《广弘明集》中都有收录，且《广弘明集》卷二十九，谓"晋宋已来，诸集数百余家"，当时数量相当不少。从其内容来看，如《弘明集》卷十四所收竺道爽《檄太山文》等，确实原为法事降魔文告。后来这类法事文书有固定格式，得以广为流通成为"露布文"，③ 不仅为法事所用，也有一般佛教宣传品的作用。这类檄魔文，并非皆出自无名之辈手笔，像祖述道生的龙光寺宝林"余以讲业之暇，聊复永日寓言假事，庶明大道冀好径之流不远而复。经云：涅槃无生而无不生，至智无照而无不照，其唯如来乎？战胜不以干戈之功，略地不以兵强天下，皇王非处一之尊，霸臣非桓文之贵，丘旦之教于斯远矣，聃周之言似而非当。故知宗极存乎俗见之表，至尊王于真鉴之里，中人跼踖于无有之

---

① 参见山田庆儿："梁武帝的盖天说与世界庭园"，《古代东亚哲学与科技文化》，沈阳：辽宁教育出版社，1996年。

② 此类文书的研究，参见刘淑芬："中古僧人的伐魔文书"，蒲慕州编：《鬼魅神魔：中国通俗文化侧写》，台北：麦田出版社，2005年，第135－173页。

③ 《文心雕龙·檄移篇》：露布者，盖露板不封，布诸视听。露布也是一种实用文体，如唐代王维的名篇《兵部起请露布文》。

间，下愚惊笑于常迷之境。今庶览者，舍河伯秋水之自多，远游于海若之渊门，不束情于近教，而骇神于荒唐之说也。"①

历代以来，佛教中巫术的层面，总是难登大雅之堂，但却因为"凡夫"（既有百姓也有帝王）的"喜闻乐见"，民间佛教的香花和尚、瑜伽僧等仪式专家，于今不绝。"杂密"或许是传统社会对此类佛教的最高评价，处于"非佛教与非非佛教"之间的尴尬地位。但它毕竟是佛教历史在我国发展中一种实实在在的独特存在方式，不仅存在于宗教实践之中，也存在于各类佛教典籍之中。日益庞杂的佛教典籍，如何编目分类就成为日后判教的雏形之一。

方广錩等前辈学人曾经整理过唐代智升《开元释教录》之前的各经录的分类结构，② 今取唐前各录结构列于下：

一、佚名《众经别录》：1. 大乘经录第一；2. 三乘通教经录第二；3. 三乘中大乘录第三；4. 小乘经录第四；5. 缺；6. 大小乘不判录第六；7. 疑经录第七；8. 律录第八；9. 数录第九；10. 论录第十。

二、元魏李廓《众经目录》：1. 大乘经目录一；2. 大乘论目录二；3. 大乘经子注目录三；4. 大乘未译经论目录四；5. 小乘经律目录五；6. 小乘论目录六；7. 有目未得经目录第七；8. 非真经目录八；9. 非真论目录九；10. 全非经愚人妄作目录十。

三、梁宝唱《众经目录》：1. 大乘有译人多卷；2. 大乘无译人多卷；3. 大乘有译人一卷；4. 大乘无译人一卷；5. 小乘有译人多卷；6. 小乘无译人多卷；7. 小乘有译人一卷；8. 小乘无译人一卷；9. 先异译经；10. 禅经；11. 戒经；12. 疑经；13. 注经；14. 数论；15. 义记；16. 随事别名；17. 随事共名；18. 譬喻；19. 佛名；20. 神咒。

四、梁阮孝绪《七录·佛法》：1. 戒律部；2. 禅定部；3. 智慧部；4. 疑似部；5. 论记部。

五、北齐法上《众经目录》：1. 杂藏录一；2. 修多罗录二；3. 毗尼录三；4. 阿毗昙录四；5. 别录五；6. 众经抄录六；7. 集录七；

---

① 《大正藏》第52卷，第94页下—95页上。
② 参见《中国写本大藏经研究》，第45—70页。

8. 人作录八。

六、隋法经《众经目录》：1. 大乘修多罗藏录一，1.1 一译分、1.2 异译分、1.3 失译分、1.4 别生分、1.5 疑惑分、1.6 伪妄分；2. 小乘修多罗藏录二，2.1 一译分、2.2 异译分、2.3 失译分、2.4 别生分、2.5 疑惑分、2.6 伪妄分；3. 大乘毗尼藏录三，3.1 一译分、3.2 异译分、3.3 失译分、3.4 别生分、3.5 疑惑分、3.6 伪妄分；4. 小乘毗尼藏录四，4.1 一译分、4.2 异译分、4.3 失译分、4.4 别生分、4.5 疑惑分、4.6 伪妄分；5. 大乘阿毗昙藏录五，5.1 一译分、5.2 异译分、5.3 失译分、5.4 别生分、5.5 疑惑分、5.6 伪妄分；6. 小乘阿毗昙藏录六，6.1 一译分、6.2 异译分、6.3 失译分、6.4 别生分、6.5 疑惑分、6.6 伪妄分；7. 佛灭度后抄集录七，7.1 西域圣贤分、7.2 此方诸德分；8. 佛灭度后传记录八，8.1 西域圣贤分、8.2 此方诸德分；9. 佛灭度后著述录九，9.1 西域圣贤分、9.2 此方诸德分。

七、隋费长房《历代三宝记·入藏录》：1. 大乘录，1.1 修多罗有译一、1.2 修多罗失译二、1.3 毗尼有译三、1.4 毗尼失译四、1.5 阿毗昙有译五、1.6 阿毗昙失译六；2. 小乘录，2.1 修多罗有译一、2.2 修多罗失译二、2.3 毗尼有译三、2.4 毗尼失译四、2.5 阿毗昙有译五、2.6 阿毗昙失译六。

八、隋彦悰《众经目录》（仁寿录）：1. 单本，1.1 大乘经单本、1.2 大乘律单本、1.3 大乘论单本、1.4 小乘经单本、1.5 小乘律单本、1.6 小乘论单本；2. 重翻，2.1 大乘经重翻、2.2 大乘律重翻、2.3 大乘论重翻、2.4 小乘经重翻；3. 贤圣集传；4. 别生；5. 疑伪；6. 阙本。

九、隋智果：1. 大乘经；2. 小乘经；3. 杂经；4. 疑经；5. 大乘律；6. 小乘律；7. 杂律；8. 大乘论；9. 小乘论；10. 杂论；11. 记。
（据《隋书·经籍志》）

佚名的《众经别录》等较早的经录，[1] 尚有"三乘通教经录"、"三乘

---

[1] 费长房《历代三宝记》认为《众经别录》"似宋时述"；也有日本学者认为是齐末梁初的作品（内藤龙雄："关于敦煌残卷《众经别录》"，《印度学佛教学研究》，第 15 卷 2 号，1967 年 3 月）。该经录文，参见白化文："敦煌写本《众经别录》残卷校释"，《敦煌学辑刊》1987 年第 1 期。

中大乘录"、"大小乘不判录"等名目。目录学家姚名达先生对《众经目录》有高度评价："其书既从教义上分大乘、小乘、不判乘；又从体质上分存、疑、阙；佛经之外，又首创律、论、数三类。其分类法之原则盖有教义、体质、文裁三项，俾经、律、数、论，各有定居，真、伪、完、阙，不从含混。而专习一乘者，自可即类求书；初学佛经者，不为疑伪所误。其类例之善，实为空前所未有。非独为道安、僧祐所不及，即后来隋唐诸录亦无不仰为圭臬，亦步亦趋，不敢稍失规矩也。"①

但从我们上面所列南北朝各经录的实际情况看，并没有亦步亦趋地延续《众经别录》的做法，特别是在"教义"方面，除了保留大、小乘与疑伪外，很少再涉及佛教文献的义理内容；只是在有无译者、卷数多寡、经律论体例等这些姚先生所谓"体质"、"文裁"的方面有所发展。一套经录若很少涉及文献的教义内容，只在体例等方面下工夫，难免有"书衣"之讥。而南北朝经录原本与判教可以相互发明，但最终没有在这方面进一步发展，反而有所倒退。这一方面是由于日益庞杂的佛教文献已经很难让编目者按照一套一以贯之的逻辑体系进行分类；另一方面，随着判教学说的发展，特别是"圆教"观念的完善，到南北朝中后期，判教也不再以典籍最为基础，某一具体的判教等级已经不再完全对应某部或某类具体的典籍。例如净影寺慧远的判教，已经从提倡某部或某类具体经典中解脱出来，所有大乘经典都可能同时拥有其判教中第三宗（不真宗）和第四宗（真宗）；② 天台智顗、三论吉藏的判教也有这方面的意蕴。这对于打破尊一经一论的南北朝论师传统有着十分重要的意义。本书最后，就简单谈一谈南北朝末期的判教对隋唐宗派形成的意义，以及笔者对中国佛教宗派的一点看法。

沙门义学兴起后，佛学发展呈现繁荣局面，经典的传译也呈多元化趋势，形成了不同的观点。为了解决众说纷纭的局面，中国佛教界内部出现了判教，力图建立起一种对各种佛教典籍和佛学观点，进行整体价值评价的体系。教相判释肇始于 5 世纪上半叶，直至唐中后期为尾声，延续数百

---

① 姚名达：《中国目录学史》，上海：上海书店影印本，1984 年，第 241 页。
② 参见吉津宜英："净影寺慧远的判教论"，《驹泽大学佛教学部研究纪要》35，1977 年。

年，是中国佛学体系化的最重要方式。天台智顗《法华玄义》卷一："教者，圣人被下之言也；相者，分别同异也。"简单地说，教相判释就是对佛教的不同表现状况进行剖析分别，评判解释。

①《涅槃经》的翻译，直接刺激了当时人们以佛陀说法由浅入深的前后顺序来判别经典。各种判教的说法有所差异，大体的看法是佛陀说法：先说《阿含》（小乘），再说方等般若类经典（大乘），其次《维摩》、《法华》（大小通说或抑小扬大），最后说《涅槃》（究竟）。由于各种理论为突出自己的独特地位，一般会将自己所尊经典，列于佛陀最后究竟之说中（如天台宗即将《法华》列于第五时）；或置于突出位置，如"华严时"取日出先照高山之喻，将其列为佛陀首说经典。②按佛陀说法次第判教有时过于刻板，实际上很难达到历史与逻辑的完满统一，故各种理论也常常以佛教说法的方式，如圆、通、别，或顿、渐、显、密等判教，这样就灵活得多，便于发挥。上述两类判教方法，对中国佛学的体系化，形式上的贡献居多；在实质内容上，则必须处理小乘毗昙，特别是因缘学说，与大乘般若的空性之间的理论差异，同时也须顾及涅槃佛性等唯识心性问题。

即便把东晋般若学"六家七宗"排除在外，当时及后世对南北朝至隋唐中国佛教宗派的称谓也特别纷繁，较为常见的就有：禅宗、律宗、天台宗、华严宗（贤首宗）、净土宗、密宗、三论宗、唯识宗（慈恩宗）、涅槃宗、地论宗、摄论宗、俱舍宗、毗昙宗、成实宗，若再加近代日本学者考证出来的唐代三阶教，则大约有十五宗。学术界对此一般的分类方法，是将南北朝的各家师说，列为学派，大体上包括涅槃、毗昙、成实、三论（师）、楞伽、地论、摄论、俱舍等；而隋唐则演进为宗派、教派，大体上包括天台、三论（宗）、唯识、华严、禅、密、净、律及三阶教等。

对中国隋唐佛教宗派的综合论述，①中土资料，最早出自南宋天台宗僧人宗鉴的《释门正统》和志磐的《佛祖统纪》，以天台为正宗，论及禅宗、贤首、慈恩、律宗、密宗，兼及净土莲社，合为七宗。②日本方面，早前流行八宗之说，三论、天台、华严、法相、律、真言为六本宗，成实、俱舍分别依附三论、法相为寓宗，日本又有净土宗和临济宗的建立，这十个日本宗派皆以中国宗派为其源头，逆推则中国也当有这十个宗派的流传。日本僧人凝然作《八宗纲要》（1268年，书后已附禅、净，即前叙之十宗），近代杨文会据此作《十宗略说》，凝然之说遂在中国产生重要影响。

由于时代和地域的差异，直接引用上述两类史料来讨论南北朝师说与隋唐佛教宗派，是有问题的。而且日本也有相反的材料说明唐代中国没有宗派意识，如日本入唐求法僧圆珍在回国（859 年）后所作《佛说观普贤菩萨行法经记文句合记》卷下中说："天竺已东，日本以西，一切佛子悉皆判入邪见之徒，若不改途，争消笃信，若学惭愧，如常不轻，着法之众，勉哉勉哉！于己于他，随缘所学，勿生执见，切可怖畏，伤佛慧命，自是非他，渴饮咸水，恶毒之本，莫过于斯。相见怒心，结旷劫怨，于中甚者，不如日域。唐无诸宗，绝恶执论，若同得理，即便休止；我国论议，自是毁他，更无比类。"① 即认为"唐无诸宗"，没有日本那种党同伐异的宗派意识。

汤用彤先生晚年发表《论中国佛教无"十宗"》、《中国佛教宗派补论》，已经开始反思中国佛教宗派问题。台湾学者颜尚文在此基础上有进一步的推进，他认为："在佛教发展中，经某些教徒根据佛教主要教法，创造出独特的宗义和修行方法，并且透过讲著者师承，使此种独特宗义留传数代而形成的独立思想体系或教团。它的两项不可分离之基本因素是宗义与师承。在宗义师承关系发展中，又产生专宗寺院，组织制度等重要因素。而派别意识则由隐而显地贯穿在宗派的独立体系或教团中，并且产生宗祖、道统等强烈的争执。因此，宗派依其发展程度之不同，可区分为两种形式：一为学派式宗派，仅有宗义与师承关系及细微难查的派别意识之教义体系。一为教派式宗派，包含宗义、师承体系、专宗寺院、组织制度与强烈的派别、宗祖、道统意识等因素之教团。"②

颜尚文以宗义、师承为宗派最核心的内容，辅之以宗规和专宗寺院，南北朝各家师说只具前者，而隋唐宗派两者兼具。汤用彤先生大体也持此种观点，只是他更严格一些，认为两者兼具，方为宗派。不过，南北朝学派与隋唐宗派的区分并非完全没有问题，①从学理上看，南北朝论师与隋唐主要宗派，所面临的主要佛学问题是近似的，时间上也有很大的重叠，不少南北朝师说（如摄论师、地论师等）延续到隋唐，俱舍师更是在玄奘

① 南条文雄编：《大日本佛教全书》第 26 册，东京：名著普及会，1978 年，第 478 页。
② 颜尚文：《隋唐佛教宗派研究》，台北：国立台湾师范大学历史研究所，1980 年，第 9 页。

重译《俱舍论》后得到进一步的发展。②从寺院经济基础上看，晋唐间中国烦琐的经院哲学，都是以庞大的寺院领主经济为基础，在唐末"两税法"推行之前，中国的经济格局并未发生重大变化。南北朝各家师说，不少也有比较明确的师承关系和专属寺院，有些派别间的相互攻击、门户之见也很深。而现在公认的隋唐宗派，学术思想传承与寺院组织管理继承，有相关性但也不能完全等同。各宗派祖师，主要是思想体系的创建者，并没有在教团组织管理延续上，有制度性的创建。

笔者以为，这类区分实无太大必要，①若以宗义和传承来说，一些南北朝师说可能反倒观点鲜明、更为明确，也具备一定的传承（颜尚文分别为毗昙、俱舍、摄论、地论、成实、涅槃各家列出了比较详尽的"师资传承系谱"和"宗义师承关系录表"）；隋唐宗派却往往由于体系过于庞杂，观点屡变，很难完整的延续，三论、唯识公认为昙花一现；天台若无中唐湛然，命运恐与三论相当；华严自法藏后更是观点屡变。而且更为重要的是，所谓隋唐宗派的出现，并没有取代各家师说，李映辉先生据《续高僧传》和《宋高僧传》统计，唐代前期（主要是安史之乱以前）弘扬佛教经律论的高僧120家，涉及主要典籍有15类，"1.《大涅槃经》，弘扬者有36家。2.《摄大乘论》26家。3.《四分律》25家。4.《法华经》18家。5.《华严经》17家。6. 三论（含《中论》、《十二门论》、《百论》）15家。7. 般若类经典（含《仁王》、《金刚》、《大品》等）12家。8.《十地经论》10家。9.《维摩经》7家。10.《胜鬘经》6家。11.《大智度论》6家。12.《成实论》6家。13.《大乘起信论》5家。14.《俱舍论》5家。15. 毗昙学（含《杂心论》等）5家。其他均在5家以下。"①可见，隋唐并没有出现几大宗派垄断的局面。②若以宗规和专宗寺院看，严格算来，隋唐不仅无十宗，甚至一宗也无。智顗得到隋代帝王的重视，玄奘门下与唐太宗李氏有良好的关系，武则天喜贤首大师，至唐玄宗则尚密教。各宗创始人，虽然风光一时，若说有持续的教团组织、一批专宗寺院，则实无凭据。太建七年（575年）陈宣帝为初到天台山的智顗"割始

---

① 李映辉：《唐代佛教地理研究》，长沙：湖南大学出版社，2004年，第163页。唐代后期，义学衰落，弘讲者高僧36人，"《四分律》13家，《大涅槃经》9家，《法华经》6家，《华严经》5家，《俱舍论》5家。其余均在5家以下。"（第176页）

丰县调（户税），以充众费，蠲两户民，用给薪水，于是众复来集"（《续高僧传·智顗传》），这是南北朝常见的现象，并非创始天台"宗"的特例，凡有名望的僧侣寺院，都有可能得到这种封赐，不必非得开宗立派。智者大师本人似无意"领众"，三论与天台门下多有相互学习，教派意识很淡。其实，隋唐时期兼学的情况并不罕见，如一般被称为律宗祖师的鉴真，也曾兼学天台（其师恒景为灌顶门下）；宗密更是被后世认为身兼华严、禅宗两宗大师。湛然虽被后世认为是天台中兴之祖，但无权管理寺院事务。王颂的博士论文更是认为，贤首宗作为实际宗派，北宋方确立。[①]台湾学者蓝日昌也认为唐代中后期佛教宗派意识日强，到宋代佛教宗教方有定论，当时公认有六宗（天台、华严、律教、慈恩、禅宗、密教）。[②]

传统看法，一般认为南北朝佛教"南义北禅"，到隋唐天下一统，宗派始出。这种看法，为汤用彤先生力倡，"南方偏尚玄学义理，上承魏晋以来之系统。北方重在宗教行为，下接隋唐以后之宗派。"其《汉魏两晋南北朝佛教史》遂有第十三、十四两章，"佛教之南统"、"佛教之北统"。然晋唐佛教界尚无此种看法普遍流行，汤公所举神清《北山录》卷四："宋人魏人，南北两都。宋风尚华，魏风犹淳。"[③]观上下文，主要为"去圣逾远，道德降矣"发感慨。当时佛教南北之分，主要指学说差异，皆就"义"而言，不涉及"禅"的问题，如前引玄奘言论主要指地论与摄论（或地论南北道）之别；再如湛然时亦是如此，《法华玄义释签》卷十九："初中言南三北七者，南谓南朝，即京江之南，北谓北朝，河北也。自宋朝已来，三论相承，其师非一，并禀罗什。但年代淹久，文殊零落。至齐

---

① "笔者主张中国的华严教团产生于北宋而并非盛唐，根本的理由是：独立的教团名称——贤首宗（这既是他们的自称也是他宗对他们的通称，并非我们通常所说的华严宗）；完整而独特的，强调自身优越地位的教义——'贤首宗教'或'贤首祖教'（这些教义与法藏等人学说的本质差别在于突出强调贤首宗相对于其他教派的优越性）；传法系统即祖师和传承谱系——由其实际创建者净源提出而流传至今的五祖说或七祖说；宗派典籍的入藏——即教团的教义获得官方承认；师徒相承的传法制度——至南宋时开始定型的贤首五山制和十方荐选制；独立的由自己宗派控制的寺院——贤首教院。这些条件，宋代的贤首教团都具备了，而唐代的所谓华严宗却不具备。"（参见王颂："从日本华严宗的两大派别反观中国华严思想史"，《世界宗教研究》，2005 年第 4 期。）

② 参见蓝日昌：《佛教宗派观念发展的研究》，台北：新文丰，2010 年。

③ 《北山录》传本极少，民国初年始发现两种残本，大正藏收之；汤氏印证常喜用当时新见材料，用《宝林传》证《四十二章经》之历代篡改，亦是一例。

朝已来，玄纲殆绝。江南盛弘《成实》，河北偏尚《毗昙》。于时高丽朗公，至齐建武，来至江南，难成实师，结舌无对。因兹朗公，自弘《三论》……故知南宗初弘成实，后尚三论。近代相传，以天台义指为南宗者，非也。"《北山录》注文"晋宋之代，多修禅观，得道者多。隋唐已降，慧学者多，艺解美矣，得道者少"，此说出自宋人之手，似是禅宗兴起推举达摩后的看法，且与南北朝"南义北禅"的判设矛盾。

一般认为五胡乱华，晋室南迁，中华文物进入南朝，故南朝文化水准高而尚玄学清谈，佛教以义理为尚；而北方为胡人统治，文化低下，故只可进行坐禅修行，无法进行高水平的理论探讨。应该说这种看法多少带有一种民族"偏见"，我们在前文已经论及，在华"胡人"在中国佛教传播发展中起到了重要作用，而就魏晋南北朝全国的政治文化形式来谈，陈寅恪先生在《隋唐制度渊源略论稿》中的一段议论是很有启发性的：

> 隋唐之制度虽极广博纷复，然究析其因素，不出三源：一曰（北）魏、（北）齐，二曰梁、陈，三曰（西）魏、周。所谓（北）魏、（北）齐之源者，凡江左承袭汉、魏、西晋之礼乐政刑典章文物，自东晋至南齐其间所发展变迁，而为北魏孝文帝及其子孙模仿采用，传至北齐成一大结集者是也。其在旧史往往"汉魏"制度目之，实则其流变所及，不止限于汉魏，而东晋南朝前半期具包括在内。旧史又或以"山东"目之者，则山东之地指北齐言，凡北齐承袭元魏所采用东晋南朝前半期之文物制度皆属于此范围也。又西晋永嘉之乱，中原魏晋以降之文化转移保存于凉州一隅，至北魏取凉州，而河西文化输入于魏，其后北魏孝文、宣武两代所袭定之典章制度遂深受其影响，故此（北）魏、（北）齐之源其中亦有河西之一支派，斯则前人所未深措意，而今日不可不详论者也。所谓梁陈之源者，凡梁代继承创作陈氏因袭无改之制度，迨杨隋统一中国吸收采用，而传之于李唐者，易言之，即南朝后半期内其文物制度之变迁发展乃王肃等输入之所不及，故魏孝文帝及其子孙未能采用，而北齐之一大结集中遂无此因素者也，旧史所称之"梁制"实可兼该陈制，盖陈之继梁其典章制度多因仍不改，其事旧史言之详矣。所谓（西）魏周之源者，凡西魏北周

之创作有异于山东及江左之旧制，或阴为六镇鲜卑之野俗，或远承魏（西）晋之遗风，若就地域言之，乃关陇区内保存之旧时汉族文化，以适应鲜卑六镇势力之环境，而产生之混合品，所有旧史中关陇之新创设及依托周官诸制度皆属此类，其影响及于隋唐制度者，实较微末，故在三源之中此（西）魏周之源远不如其他二源之重要，然后世史家以隋唐继承（西）魏周之遗业，遂不能辨析名实真伪，往往于李唐之法制误认为（西）魏周之遗物，如府兵制即其一例也。①

五胡入化，中原丧乱，南朝与北凉同为汉人避难之所，北凉文物制度水准诚如陈寅恪先生说言是比较高的，我们在前文也论述了北凉佛教在南北朝时期的重要地位。王肃北奔，魏孝文帝改革，南北方制度上的差异应没有以往想象的那么大。佛教也是如此，仅就僧人的修行来说，南北差异也不是十分明显，江南禅法也颇为流行，习禅是普遍的修行方式，前述南方也有《伐魔文》的流行，即用般若来抵御坐禅时的魔扰；从经典上说，般若学向涅槃学转变之后，无论南北《涅槃经》都最为流行，被称为"大经"；除此之外，《法华经》在南北朝也都普遍盛行，北朝末年《华严经》地位提高，但无论讲何种经典的僧侣，一般都共尊《涅槃》。陈寅恪先生在《隋唐制度渊源略论稿》卷二礼仪中曾有这样一段议论："牛弘诋斥王俭，而其所修隋朝仪礼，仍不能不采俭书，盖俭之所撰集乃南朝前期制度之总和，既经王肃输入北朝，蔚成太和文治之盛，所以弘虽由政治及地域观点立论，谓'后魏及齐，风牛本隔'，然终于'遥相师祖，故山东之人，浸以成俗'也。又史言弘'撰仪礼百卷，采用东齐仪注以为准'，而奇章反讥前人之取法江左，可谓数典忘祖，无乃南北之见有所蔽耶？或让其实而讳其名耶？"除南朝末期真谛在南方传译，鸠摩罗什、昙无谶等重要译经、教理多自北来，甚至到了隋代三论宗吉藏将大乘空义推向登峰造极，亦传的是关河旧说。若说北方无佛教义理，似乎与说南方无礼仪典章制度一样，"无乃南北之见有所蔽耶？或让其实而讳其名耶？"

汤用彤先生所引《北山录》的说法，恐是袭自《隋书》儒林传序对南

---

① 《隋唐制度渊源略论稿》，第1—2页。

北朝经学的一个概括评价："大抵南人约简，得其英华，北学深芜，穷其枝叶。"汤公佛教南统、北统之论，盖受南北朝儒学风气不同的启发。北朝经学，"致用力行，乃又北方佛子所奉之圭臬也"；南朝尚正始之音，"由是而玄学佛义，和光同流，郁而为南朝主要之思想。"要之，汤公主要从中国学术发展来看佛教，汉代儒学南北朝分为玄学、经学两大宗，佛教也从"佛道"时代进为"南义北禅"，"故在全体文化上，此一大事因缘，实甚可注意也。"抛开汤公讨论"南义北禅"的动机，就事论事，"南义北禅"此一概括确实反映出南北朝佛教发展的许多特点，不可完全否定，但也不可简单化。隋唐天下一统，确实如常人所论，佛教也应该一统，但未必一定要统一出"诸多"隋唐宗派。而且就唐代完善后的僧侣出家管理办法来看，也很难出现宗派林立的情况。

在唐代，出家需先经过父母同意、寺院的接受，即入寺为童行，居于寺内修学。寺院为童行指定依止师长，师长为之起法名，并向官府申报。童行经由试经考试取得正度资格（特恩度僧，要有教内耆宿的具状推荐申请，并需获得批准），接受由官方交付的度牒，并通报得度者的师父，这样他才能为得度者举行剃度仪式，正式出家。出家后，还需等到诸方开坛受戒，受具足戒获得戒牒后，才完具比丘的身份。受戒完毕还要按照官府的分配到某一寺观修行。这些过程都是在官府监管之下完成的，具体执行归州府负责。但度牒则由中央政府祠部统一发放（地方政府负责将通过经试得度者的法名及乡贯等详细的资料申报祠部）。可见，从中央到地方，形成了对僧道出家管理的严密体系①，有统一的佛学考试要求，甚至成为比丘后，到哪一寺院修行，都须按照官府的分配。在这种情况下，各大寺院，特别是官寺，在管理制度上很难形成特色，更不要说建立独立的教派

---

① 这种管理模式是合于在政府统治下的寺院领主经济的，且与帝王利用佛教统治国家的许多理念相合。南北朝以来，帝王开始尝试利用佛教统治国家，将自己比拟为佛王、法王与转轮王的合一。北魏"永宁寺"的设置，刘宋帝利用佛教为统治服务的言论（《宋书》中，不少东南亚属国奏表中都称刘宋帝为佛王、法王）早已引起学界关注。古正美指出，贵霜王朝中央设立"阿育王僧伽蓝"，地方普遍建立"如来神庙"，成为政府派出机构辅助地方统治管理与税收。隋文帝"大兴善寺"，武则天"万象神宫"，属于前者；隋文帝各地建立的"大兴寺"，武则天各地建立的"大云寺"，属于后者。晋唐，佛教作为政府的教化工具，政府举行大型法事活动安抚民心，特别是在重大天灾人祸之后，政府出面举行大型法会已成惯例，寺院也有义务在人力财力上予以配合，形同缴税徭役。后世流行的一些重要大型法事活动，多源自于这一时期。

系统了。这种局面直到中晚唐禅林在全国各地的兴起才被打破。

故此，我认为隋唐宗派并非完全意义上的教派，将其认定为被后世所尊的学统、道统最为适宜。隋唐宗派之所以成为中国佛教史上的丰碑，原因也在于此；是否领众，实为细事。信徒众多的三阶教后世默默无闻，即为一反例。我认为可以将成实、地论、摄论等视为学派，而将天台宗、三论宗、慈恩宗、贤首宗等视为学统或道统，两者的区别在于后者形成了公认的、比较成系统的佛学思想体系，将后者称"宗"也意指智顗、吉藏、玄奘与窥基、法藏等佛学大师建立的佛学思想是体系相对完满的。无论学派，还是道统，都可能有各自的门户之见，但也都可以有相对自由发挥的空间。至于学派与学统，都可以与某些教团、寺院经济产生比较密切的联系，但并不能将其视为一物。律、净、密，以及早期的禅宗，情况也与此类似，它们虽然不完全以佛学义理讨论见长，而是传承比较专业性的知识技能（戒律、念佛方法、密教仪轨、禅定方法等），但由于对戒律的理解不同、念佛方法的差异等，它们各自在传承上也可分为不同派别，这些派别往往也有门户之见，与某些教团、寺院有比较固定的联系，但同样不宜将两者完全等同起来。

在这个意义上，我们可以说，中国佛教的各大宗派，实际上是广大佛教徒构建起来的不同种类的信仰理想类型，其中既有对道（教理佛法）的追求，也有对术（修行法门）的渴望。

参考文献

一、原始资料

［1］大正藏［M］．石家庄：河北省佛教协会印行，2005.

［2］卍续藏经［M］．石家庄：河北省佛教协会印行，2006.

［3］南条文雄．大日本佛教全书［M］．东京：名著普及会，1978.

［4］汤一介．道书集成［M］．北京：九洲图书出版社，1999.

［5］二十四史［M］．中华书局标点本.

［6］释宝唱．比丘尼传［M］．北京：中华书局，2006.

［7］释僧祐．出三藏记集［M］．北京：中华书局，1995.

［8］杨伯峻．春秋左传注［M］．北京：中华书局，1990.

［9］高振农．大乘起信论校释［M］．北京：中华书局，1992.

［10］法显传［M］．章巽，校注．上海：上海古籍出版社，1985.

［11］汪荣宝．法言［M］．北京：中华书局，1987.

［12］释道世．法苑珠林［M］．北京：中华书局，2003.

［13］释慧皎．高僧传［M］．北京：中华书局，2004.

［14］释道宣．高僧传二集（续高僧传）［M］．台北：佛陀教育基金会，2003.

［15］牧田谛亮．观世音应验记［M］．京都：平樂书店印行，1970.

［16］孙昌武．观世音应验记三种［M］．北京：中华书局，1994.

［17］董志翘．观世音应验记三种译注［M］．南昌：江西古籍出版社，2002.

［18］弘明集、广弘明集［M］．上海：上海古籍出版社，1994.

［19］张溥．汉魏六朝百三家集［M］．长春：吉林出版社集团，2005.

［20］袁宏．后汉纪［M］．天津：天津古籍出版社，1987.

［21］董志翘．经律异相［M］．成都：巴蜀书社，2011.

［22］老子道德经河上公章句［M］．王卡，点校．北京：中华书局，1997.

［23］邱鹤亭．列仙传今译·神仙传今译［M］．北京：中国社会科学出版社，1996.

［24］王充．论衡［M］．上海：上海人民出版社，1974.

［25］杨衒之．洛阳伽蓝记［M］．北京：中华书局，1963.

［26］王邦维．南海寄归内法传校注［M］．北京：中华书局，1995.

［27］郭象．南华真经注疏［M］．北京：中华书局，1998.

［28］欧阳修全集［M］．李逸安，点校．北京：中华书局，2001.

［29］卢弼．三国志集解［M］．上海：古籍出版社，1957.

［30］吉藏．三论玄义［M］．北京：中华书局，1987.

［31］严可均．全上古三代秦汉三国六朝文［M］．上海：上海古籍出版社，2009.

［32］释圆仁．入唐求法巡礼记［M］．石家庄：花山文艺出版社，2007.

［33］刘义庆．世说新语［M］．北京：中华书局，2007.

［34］刘知几．史通［M］．贵阳：贵州人民出版社，1997.

［35］拾遗记［M］．齐治平，校注．北京：中华书局，1981.

［36］许慎．说文解字［M］．北京：中华书局，1979.

［37］赞宁．宋高僧传［M］．北京：中华书局，1987.

［38］搜神后记［M］．汪绍楹，校注．北京：中华书局，1981.

［39］程毅中．谈薮［M］．北京：中华书局，1996.

［40］楼宇烈．王弼集校释［M］．北京：中华书局，2009.

［41］李翊灼．维摩诘经集注［M］．台北：新文丰出版公司，1979.

［42］六朝隋唐时代的佛道论证研究班．《笑道论》译注［J］．东方学报，1998（60）．

［43］王利器．颜氏家训集解（增补本）［M］．北京：中华书局，1996.

［44］异苑［M］．范宁，校点．北京：中华书局，1996.

［45］罗国威. 冤魂志校注［M］. 成都：巴蜀书社，2001.

［46］伊藤隆寿. 肇论集解令模抄校释［M］. 上海：上海古籍出版社，2008.

［47］张春波. 肇论校释［M］. 北京：中华书局，2010.

［48］陶弘景. 真诰［M］. 北京：中国社会科学出版社，2006.

二、研究性论著

［1］安居香山. 漢魏六朝时代に於ける圖讖と佛教［C］//塚本博士頌壽紀念佛教史學論集. 京都：塚本博士颂寿纪念会，1961.

［2］安居香山. 纬书集成［M］. 石家庄：河北人民出版社，1994.

［3］白化文. 敦煌写本《众经别录》残卷校释［J］. 敦煌学辑刊，1987（1）.

［4］白化文.《首罗比丘见五百仙人并见月光童子经》校录［J］. 敦煌学：第16辑，1990.

［5］北京大学哲学系中国哲学教研室. 中国哲学史［M］. 北京：北京大学出版社，2002.

［6］本杰明·史华兹. 寻求富强：严复与西方［M］. 叶凤美，译. 南京：江苏人民出版社，1995.

［7］BOKENKAMP STEPHEN R. "Stages of Transcendence：The Bhūmi Concept in Taoist Scriptures"［M］//Chinese Buddhist Apocrypha. Honolulu：Hawaii University Press，1990.

［8］曹道衡. 论王淡和他的《冥祥记》［J］. 文学遗产，1992（1）.

［9］曹虹. 慧远评传［M］. 南京：南京大学出版社，2002.

［10］曹凌. 中国佛教疑伪经综录［M］. 上海：上海古籍出版社，2011.

［11］曹仕邦. 中国佛教译经史论集［M］. 台北：东初出版社，1992.

［12］曹仕邦. 中国沙门外学的研究：汉末至五代［M］. 台北：东初出版社，1994.

［13］CHEN KENNETH K. S. Buddhism in China：A Historical Survey

[M]. Princeton: Princeton University Press, 1972.

[14] 常泽平.《维摩诘所说经·弟子品》梵汉对勘及其初步研究 [D]. 北京: 中国人民大学, 2012.

[15] 陈国符. 道藏源流考 [M]. 北京: 中华书局, 1992.

[16] 陈怀宇. 动物与中古政治宗教秩序 [M]. 上海: 上海古籍出版社, 2012.

[17] 陈弱水. 隋代唐初道性思想的特色与历史意义 [M]//唐代文士与中国思想的转型. 桂林: 广西师范大学出版社, 2009.

[18] 陈寅恪. 书世说新语文学类钟会撰四本论始毕后条 [J]. 中山大学学报, 1956 (3).

[19] 陈寅恪. 隋唐制度渊源略论稿 [M]. 北京: 中华书局, 1963.

[20] 陈寅恪. 金明馆丛稿二编 [M]. 上海: 上海古籍出版社.1980; 北京: 三联书店, 2001.

[21] 陈寅恪. 魏晋南北朝史演讲录 [M]. 合肥: 黄山书社, 1987.

[22] 陈寅恪. 金明馆丛稿初编 [M]. 北京: 三联书店, 2001.

[23] 陈寅恪. 讲义及杂稿 [M]. 北京: 三联书店, 2002.

[24] 陈祚龙. 刘萨诃研究 [J]. 华冈佛学学报, 1973 (3).

[25] 程乐松. 即神即心: 真人之诰与陶弘景的信仰世界 [M]. 北京: 中国人民大学出版社, 2010.

[26] 池田温. 中国历代募卷略考 [J]. 东洋文化研究所纪要, 1981: 86.

[27] 船山彻. 真谛三藏研究论集 [M]. 京都: 京都大学人文科学研究所, 2012.

[28] COMPANY ROBERT F. Strange Writing: Anomaly Accounts in Early Medieval China [M]. Albany: State University of New York Press, 1996.

[29] 戴燕. 魏晋南北朝史研究入门 [M]. 上海: 复旦大学出版社, 2009.

[30] DAVIS EDWARD L. Society and Supernatural in Song China [M]. Honolulu: Hawaii University Press, 2000.

[31] 蒂安娜·保尔. 中国六世纪的心识哲学: 真谛的《转识论》

［M］．秦瑜，庞玮，译．上海：上海古籍出版社，2011．

［32］丁钢．中国佛教教育：儒佛道教育比较研究［M］．成都：四川教育出版社，1988．

［33］董志翘．敦煌写本《启颜录》笺注（选）［J］．西南民族大学学报：人文社会科学版，2012（3）．

［34］杜斗城．北凉佛教研究［M］．台北：新文丰出版股份有限公司，1998．

［35］杜斗城．正史佛教资料类编［M］．兰州：甘肃文化出版社，2006．

［36］杜斗城．河西佛教史［M］．北京：中国社会科学出版社，2009．

［37］多罗那它．印度佛教史［M］．成都：四川民族出版社，1988．

［38］范宁．关于《搜神记》［J］．文学评论，1964（1）．

［39］范文澜．文心雕龙注［M］．北京：人民文学出版社，1962．

［40］方广锠．中国写本大藏经研究［M］．上海：上海古籍出版社，2006．

［41］方广锠．敦煌遗书与佛教研究［M］//麻天祥．佛学百年．武汉：武汉大学出版社，2008．

［42］方广锠．《刘师礼文》及其后代变种［J］．宗教研究，2009．

［43］方立天．读《汉—唐中国佛教思想论集》［J］．哲学研究，1964（2）．

［44］方立天．中国古代著名哲学家评传（"僧肇"部分）［M］．济南：齐鲁书社，1980．

［45］方立天．魏晋南北朝佛教论丛［M］．北京：中华书局，1982．

［46］方立天．慧远及其佛学［M］．北京：中国人民大学出版社，1984．

［47］方立天．中国佛教哲学要义［M］．北京：中国人民大学出版社，2002．

［48］方立天．魏晋南北朝佛教［M］．北京：中国人民大学出版社，2006．

［49］蜂屋邦夫．道家思想与佛教［M］．沈阳：辽宁教育出版

社，2000.

[50] 蜂屋邦夫．中国佛教的思考：儒教·佛教·老庄的世界 [M]．东京：讲谈社，2001.

[51] 佛尔．正统性的意欲 [M]．上海：上海古籍出版社，2010.

[52] 福井文雅．唐代俗讲仪式的成立及相关问题 [J]．大正大学研究纪要：第54辑．

[53] 福井文雅．汉字文化圈的思想与宗教 [M]．徐水生，张谷，译．武汉：武汉大学出版社，2010.

[54] 甘怀真．皇权、礼仪与经典诠释：中国古代政治史研究 [M]．台北：喜马拉雅基金会，2003.

[55] FORTE ANTONINO. Chinese State Monasteries in the Seventh and Eighth Centuries [C] //桑山正进．慧超往五天竺国传研究．京都：京都大学人文科学研究所研究报告，1992.

[56] 干春松，孟彦弘．王国维学术经典集 [M]．南昌：江西人民出版社，1997.

[57] 葛兆光．从"六天"到"三天"：六朝到隋唐道教斋醮仪式的再研究 [M] //中国学术：第14辑．北京：商务印书馆，2003.

[58] 龚隽．禅史钩沉：以问题为中心的思想史论述 [M]．北京：三联书店，2006.

[59] 龚鹏程．佛学新解 [M]．北京：北京大学出版社，2009.

[60] 龚育之．毛泽东的读书生活 [M]．北京：三联书店，1986.

[61] 谷川道雄．中国中世社会与共同体 [M]．马彪，译．北京：中华书局，2002.

[62] 古胜隆一．中国中古の学术 [M]．东京：研文出版社，2006.

[63] 古正美．贵霜佛教政治传统与大乘佛教 [J]．允晨丛刊，1993.

[64] 古正美．从天王传统到佛王传统：中国中世佛教治国意识形态研究 [M]．台北：商周出版，2003.

[65] 古正美．从《大慈如来告疏》说起：北魏孝文帝的云冈弥勒佛王造像 [C] //2005年云冈国际学术研讨会论文集：研究卷，2005.

[66] 葛晓音．谢灵运研究论集 [M]．桂林：广西师范大学出版

社，2001.

[67] 韩森．变迁之神：南宋时期的民间信仰 [M]．包伟民，译．杭州：浙江人民出版社，1999.

[68] 何方耀．晋唐时期南海求法高僧群体研究 [M]．北京：宗教文化出版社，2008.

[69] 何双全．天水放马滩秦简综述 [J]．文物，1989（2）.

[70] 侯冲．汉地佛教的论义：以敦煌遗书为中心 [J]．世界宗教研究，2012（1）.

[71] 侯外庐，等．中国思想史：第三卷 [M]．北京：人民出版社，1957.

[72] 侯外庐．中国思想通史：第四卷上册 [M]．北京：人民出版社，1980.

[73] 侯旭东．五六世纪北方民众佛教信仰：以造像记为中心的考察 [M]．北京：中国社会科学出版社，1998.

[74] 胡大雷．玄言诗研究 [M]．北京：中华书局，2007.

[75] 黄崑威．敦煌本《太玄真一本际经》思想研究 [M]．成都：巴蜀书局，2011.

[76] 吉川忠夫．六朝精神史研究 [M]．王启发，译．南京：江苏人民出版社，2010.

[77] 吉津宜英．净影寺慧远的判教论 [J]．驹泽大学佛教学部研究纪要，1977：35.

[78] 季羡林．关于大乘上座部的问题 [J]．中国社会科学，1981（5）.

[79] 季羡林．佛教与中印文化交流 [M]．南昌：江西人民出版社，1990.

[80] 季羡林．季羡林文集：第七卷 [M]．南昌：江西教育出版社，1998.

[81] 纪志昌．南齐张融的道佛交涉思维试释：以《门律·通源》中与周颙的对话为主 [J]．中国文哲研究集刊，2009，35.

[82] 纪志昌．谢灵运《辨宗论》"顿悟"义"折衷孔释"的玄学诠

释初探［J］．台大中文学报，2010，32．

［83］菅野博史．中国法華思想の研究［M］．东京：春秋社，1994．

［84］菅野博史．中国佛教早期经典注释书的性格［J］．杨曾文，译．世界宗教研究，2004增刊．

［85］江晓原．天文史上的梁武帝［M］//江晓原自选集．桂林：广西师范大学出版社，2001．

［86］金建锋．三朝高僧传中的竹林寺［J］．宗教学研究，2009（1）．

［87］肯尼斯．中国净土思想的黎明：净影慧远的《观经义疏》［M］．上海：上海古籍出版社，2008．

［88］KICSCHNICK JOHN H. The Eminent Monk：Buddhist Ideals in Medieval Chinese Hagiography［M］．Honolulu：Hawaii University Press，1997．

［89］赖非．中国书法全集·北朝摩崖刻经卷［M］．北京：荣宝斋出版社，2000．

［90］LAI WHALEN W. Limits and Failure of Ko – I（Concept – Matching）Buddhism［J］．History of Religions，1979，18（3）．

［91］李剑国．唐前志怪小说辑释［M］．台北：文史哲出版社，1987．

［92］LAI WHALEN W. 再论道生之顿悟论［M］．龚隽，译//格里高瑞．顿与渐：中国思想中通往觉悟的不同法门．上海：上海古籍出版社，2010．

［93］蓝日昌．佛教宗派观念发展的研究［M］．台北：新文丰，2010．

［94］雷玉华．成都地区南朝佛教造像研究［M］//少林文化研究论文集．北京：宗教文化出版社，2001．

［95］李丰楙．魏晋南北朝文士与道教之关系［D］．台北：国立政治大学，1978．

［96］李丰楙．神化与变异：一个"常与非常"的文化思维［M］．北京：中华书局，2010．

［97］李丰楙．仙境与游历：神仙世界的想象［M］．北京：中华书局，2010．

［98］李剑国．唐前志怪小说史［M］．天津：天津教育出版社，2005．

［99］李静杰．佛钵信仰与传法思想及其图像［J］．中国人民大学复印报刊资料"宗教"，2011（5）．（原刊于敦煌研究，2011（3））

［100］李零．中国方术正考［M］．北京：中华书局，2006．

［101］李润生．僧肇［M］．台北：东大图书公司，1988．

［102］李炜．早期汉译佛经的来源与翻译方法初探［M］．北京：中华书局，2011．

［103］李映辉．唐代佛教地理研究［M］．长沙：湖南大学出版社，2004．

［104］镰田茂雄．中国佛教通史［M］．关世谦，译．高雄：佛光出版社，1986．

［105］梁启超．清代学术概论［M］．上海：复旦大学出版社，1998．

［106］梁晓虹，等．佛经音义与汉语词汇研究［M］．北京：商务印书馆，2005．

［107］梁艳．半神半鬼"猫鬼神"［C］//中国宗教与社会高峰论坛：暨第五届宗教社会科学国际研讨会（中文论文集）下册．北京：北京大学中国宗教与社会研究中心，2008．

［108］林悟珠．摩尼教及其东渐［M］．北京：中华书局，1987．

［109］林子青．"浴佛"［M］//中国佛教协会．中国佛教（二）．北京：知识出版社，1982．

［110］刘钝．从"老子化胡"到"西学中源"［M］//法国汉学：第6辑．北京：商务印书馆，2002．

［111］刘坚，蒋绍愚．近代汉语语法资料汇编：唐五代卷［M］．北京：商务印书馆，1990．

［112］刘林魁．赫连勃勃诛焚佛法说证伪［J］．宁夏社会科学，2010（6）．

［113］刘淑芬．五至六世纪华北乡村的佛教信仰［M］//林富士．礼俗与宗教．北京：中国大百科全书出版社，2005．（原刊于中央研究院历史语言研究所集刊：第63本第3分，1993）

［114］刘淑芬．北齐标异乡义慈惠石柱：中古佛教社会救济的个案研究［M］//梁庚尧，刘淑芬．城市与乡村．北京：中国大百科全书出版社，

2005.（原刊于新史学，1994，4（5））

[115] 刘淑芬．中古僧人的伐魔文书［M］//蒲慕州．鬼魅神魔：中国通俗文化侧写．台北：麦田出版社，2005.

[116] 刘淑芬．中古的佛教与社会［M］．上海：上海古籍出版社，2008.

[117] 刘文英．梦的迷信与梦的探索［M］．北京：中国社会科学出版社，2000.

[118] 刘笑敢．"反向格义"与中国哲学研究的困境：以老子之道的诠释为例［J］．南京大学学报，2006（2）.

[119] 刘显．敦煌写本《大智度论》研究［M］．北京：中国社会科学出版社，2011.

[120] 刘咸炘．道教征略［M］．上海：上海科学技术文献出版社，2010.

[121] 刘泳斯，张雪松．魏晋南北朝佛教史研究范式：略论方立天先生在中国佛学研究中的学术贡献［J］．中国人民大学复印报刊资料·宗教，2011（5）.

[122] 刘苑如．重绘生命地图：圣僧刘萨荷形象的多重书写［J］．中国文哲研究集刊，2009，34.

[123] 刘跃进．中古文学文献学［M］．南京：江苏古籍出版社，2000.

[124] 刘屹．敬天与崇道：中古经教道教形成的思想史背景［M］．北京：中华书局，2005.

[125] 刘朝霞．南岳慧思师承考辨［J］．宗教学研究，2008（2）.

[126] 柳田圣山．胡适禅学案［M］．台北：正中书局，1975.

[127] 卢向前．敦煌吐鲁番文书论稿［M］．南昌：江西人民出版社，1992.

[128] 鲁迅．中国小说史略［M］．北京：东方出版社，1996.

[129] 鲁迅．鲁迅全集：第八卷［M］．北京：人民文学出版社，1973.

[130] 鲁迅．鲁迅辑校石刻手稿：2 函 5 册［M］．上海：上海书画

出版社，1987.

[131] 逯耀东. 魏晋史学的思想与社会基础 [M]. 北京：中华书局，2006.

[132] 陆扬. 解读《鸠摩罗什传》：兼谈中国中古早期的佛教文化与史学 [M] //中国学术：第23辑，北京：商务印书馆，2006.

[133] 陆扬. 中国佛教文学中祖师形象的演变：以道安、慧能和孙悟空为中心 [J]. 文史，2009（4）.

[134] 吕澂. 中国佛学源流略讲 [M]. 北京：中华书局，1979.

[135] 吕澂. 吕澂佛学论著选集 [M]. 济南：齐鲁书社，1991.

[136] 吕叔湘. 南北朝人名与佛教 [J]. 中国语文，1988（4）.

[137] 林悟珠. 唐代景教再研究 [M]. 北京：中国社会科学出版社，2003.

[138] 牟宗三. 牟宗三先生全集 [M]. 台北：联经出版事业股份有限公司，2003.

[139] 牧田谛亮. 佛說像法決疑經について [M] //結城教授頌寿記念：仏教思想史論集. 東京：大藏出版株式会社，1964.

[140] 牧田谛亮. 中国近世佛教史研究 [M]. 索文林，译. 台北：华宇出版社，1984.

[141] 牧田谛亮. 水陆法会小考 [M] //杨曾文、方广锠. 佛教与历史文化. 北京：宗教文化出版社，2001.

[142] 牧田谛亮. 关于慧远著作的流传 [J]. 曹虹，译. 古典文献研究，2002.

[143] T. R. V. MURTI. 中观哲学 [M]. 郭忠生，译. 台北：华宇出版社，1984.

[144] 南岳佛教协会编. 慧思大师文集 [M]. 长沙：岳麓书社，2011.

[145] 内藤龙雄. 关于敦煌残卷"众经别录" [J]. 印度学佛教学研究，1967（15）.

[146] 马一浮. 马一浮集 [M]. 杭州：浙江古籍出版社，浙江教育出版社，1996.

［147］倪晋波．近出秦简牍文献之文学观照［J］．淡江人文社会学刊，2010，41．

［148］聂顺新．影子官寺：长安兴唐寺与唐玄宗开元官寺制度中的都城运作［J］．人大复印报刊资料·宗教，2012（1）．（原刊于史林，2011（4））

［149］宁稼雨．魏晋风度：中古文人生活行为的文化意蕴［M］．北京：东方出版社，1992．

［150］潘雨廷．易与佛教·易与老庄［M］．上海：上海古籍出版社，2005．

［151］彭永捷．关于中国哲学史学科的几点思考［J］．中国社会科学院院报，2003（6）．

［152］平川彰．印度佛教史［M］．庄崑木，译．台北：商周出版社，2002．

［153］平井俊荣．中国般若思想史研究：吉藏と三论学派［M］．东京：春秋社，1976．

［154］蒲坚．中国古代法制丛钞：第一卷［M］．北京：光明日报出版社，2001．

［155］蒲慕州．追寻一己之福：中国古代的信仰世界［M］．台北：允晨文化，1995；上海：上海古籍出版社，2007．

［156］青木隆．地论宗的融即论与缘起说［J］．杨小平，宋之光，译．宗教研究，2011．

［157］青木隆，方广锠，池田将则，等．藏外地论宗文献集成[M]．伦山：金刚大学校佛教文化研究所，2012．

［158］冉云华．中国禅学研究论集［M］．台北：东初出版社，1990．

［159］饶宗颐．论僧祐［J］．中国文化研究所学报，1997，6．

［160］RAY REGINALD A. Buddhist Saints in India：A Study in Buddhist Values and Orientations［M］．New York：Oxford University Press，1994．

［161］任博克．善与恶：天台佛教思想中的遍中整体论、交互主体性与价值吊诡［M］．吴伟忠，译．上海：上海古籍出版社，2006．

［162］任继愈．汉唐佛教思想论集［M］．北京：人民出版社，1981．

[163] 任继愈.中国佛教史:第二卷［M］.中国社会科学出版社,1985.

[164] 任继愈.中国哲学史:第二册［M］.北京:人民出版社,1996.

[165] 荣新江.慧超所记唐代西域的汉化佛寺［M］//冉云华先生八秩华诞寿庆论文集.台北:法光出版社,2003.

[166] 桑塔亚那.诗与哲学:三位哲学诗人卢克莱修、但丁及歌德［M］.华明,译.桂林:广西师范大学出版社,2002.

[167] 桑原骘藏.桑原骘藏全集:第一卷［M］.东京:岩波书店,1976.

[168] SCHOPEN GREGORY. Bones, Stones, and Buddhist Monks［M］. Honolulu:Hawaii University Press, 1997.

[168] 山田庆儿.梁武帝的盖天说与世界庭园［M］//古代东亚哲学与科技文化.沈阳:辽宁教育出版社.1996.

[170] 尚丽新.刘萨诃研究综述［J］.敦煌学辑刊,2009(1).

[171] 尚永琪.3—6世纪佛教传播背景下的北方社会群体研究［M］.北京:科学出版社,2008.

[172] SHARF ROBERT. Coming to Terms with Chinese Buddhism［M］. Honolulu:Hawaii Universty Press, 2001.(罗伯·特沙夫.走进中国佛教:《宝性论》解读［M］.夏志前,夏少伟,译.上海:上海古籍出版社,2009)

[173] 圣凯.晋唐弥陀净土的思想与信仰［M］.北京:中国社会科学出版社,2009.

[174] 史怀刚.现代新儒家易学思想研究［D］.北京:中国人民大学,2008.

[175] 史经鹏.论鸠摩罗什与庐山慧远的大、小乘观:以《大乘大义章》为中心［C］//锲而不舍,金石可镂:方立天教授从教50周年学术研讨会论文集(上).北京:中国人民大学,2011.

[176] 史经鹏.从法身至佛性:庐山慧远与道生思想研究［D］.北京:中国人民大学,2012.

469

　　[177] 释恒清. 佛教思想的传承与发展: 印顺导师九秩华诞祝寿文集 [M]. 台北: 东大图书, 1995.

　　[178] 石井公成. 敦煌发现的地论宗文献研究现状 [J]. 宗教研究, 2011.

　　[179] 石峻. 石峻文存 [M]. 北京: 华夏出版社, 2006.

　　[180] 索安. 西方道教研究编年史 [M]. 吕鹏志, 陈平, 等译. 北京: 中华书局, 2002.

　　[181] 苏军. 道生法师传 [M]. 北京: 宗教文化出版社, 2000.

　　[182] 孙楷第. 俗讲、说话与白话小说 [M]. 北京: 作家出版社, 1956.

　　[183] 邰惠莉. 敦煌写本《佛图澄所化经》初探 [J]. 敦煌研究, 1998 (4).

　　[184] 泰伦斯·霍克斯. 隐喻 [M]. 穆南, 译. 太原: 北岳文艺出版社, 1990.

　　[185] 太田悌藏. 梁武帝の捨道奉仏について疑う [M] //結城教授頌寿記念: 仏教思想史論集. 东京: 大藏出版株式会社, 1964.

　　[186] 谭洁. 梁武帝天监三年发菩提心"舍道"真伪考辨 [J]. 世界宗教研究, 2010 (3).

　　[187] 谭世保. 汉唐佛史探真 [M]. 广州: 中山大学出版社, 1991.

　　[188] 汤一介. 汤用彤选集 [M]. 天津: 天津人民出版社, 1995.

　　[189] 汤用彤. 论中国佛教无"十宗" [J]. 哲学研究, 1962 (3).

　　[190] 汤用彤. 中国佛教宗派补论 [J]. 北京大学学报, 1963 (5).

　　[191] 汤用彤. 魏晋南北朝佛教史 [M]. 北京: 中华书局. 1983; 北京: 北京大学出版社, 1998.

　　[192] 汤用彤. 理学·佛学·玄学 [M]. 北京: 北京大学出版社, 1991.

　　[193] 汤用彤. 魏晋玄学论稿 [M]. 上海: 上海古籍出版社, 2001.

　　[194] 汤用彤. 隋唐佛教史稿 [M]. 南京: 江苏教育出版社, 2007.

　　[195] 汤用彤. 汤用彤魏晋玄学讲义 [M]. 天津: 天津古籍出版

社，2009.

[196] 唐长孺. 魏晋南北朝史论丛 [M]. 北京：三联书店，1955.

[197] 唐长孺. 魏晋南北朝隋唐史三论：中国封建社会的形成和前期的变化 [M]. 武汉：武汉大学出版社，1992.

[198] 唐长孺. 唐长孺社会文化史论丛 [M]. 武汉：武汉大学出版社，2001.

[199] 唐长孺. 唐长孺文存 [M]. 上海：上海古籍出版社，2006.

[200] 唐嘉. 东晋宋齐梁陈比丘尼研究 [M]. 济南：齐鲁书社，2012.

[201] 唐秀连. 僧肇的佛学理解与格义佛教 [M]. 北京：宗教文化出版社，2010.

[202] 唐翼明. 魏晋清谈 [M]. 北京：人民文学出版社，2002.

[203] 田晓菲. 烽火与流星 [M]. 北京：中华书局，2010.

[204] 田余庆. 东晋门阀政治 [M]. 北京：北京大学出版社，2000.

[205] 涂艳秋. 论道安从格义到寻章察句的转变 [J]. 台大中文学报，2010，32.

[206] VON GLAHN RICHARD. The Sinister Way：The Divine and the Demonic in Chinese Religious Culture [M]. Berkeley：University of California Press，2004.

[207] 王葆玹.《谷梁传疏》所引王弼《周易大演论》考释 [J]. 中国哲学史研究，1983（4）.

[208] 王卡. 敦煌道教文献研究 [M]. 北京：中国社会科学出版社，2004.

[209] 王国良. 搜神后记研究 [M]. 台北：文史哲出版社，1978.

[210] 王国良. 续齐谐记研究 [M]. 台北：文史哲出版社，1987.

[211] 王国良. 六朝志怪小说考篇 [M]. 台北：文史哲出版社，1988.

[212] 王国良. 颜之推冤魂志研究 [M]. 台北：文史哲出版社，1995.

[213] 王国良. 冥祥记研究 [M]. 台北：文史哲出版社，1999.

参
考
文
献

[214] 王惠民．北魏佛教传帖原件《大慈如来告疏》研究［J］．敦煌研究，1998（1）．

[215] 王利川．从摩尼教到明教［M］．台北：新文丰出版公司，1992.

[216] 王利器．中国笑话书七十一种［M］．台北：世界书局，1961.（1956年大陆版名为历代笑话集）

[217] 王玫．六朝山水诗史［M］．天津：天津人民出版社，1996.

[218] 王青．魏晋南北朝时期的佛教信仰与神话［M］．北京：中国社会科学出版社，2001.

[219] 王士元．白马非马：一个俗语源的考察［J］．上海佛教，2002（6）．

[220] 王颂．从日本华严宗的两大派别反观中国华严思想史［J］．世界宗教研究，2005（4）．

[221] 王维诚．老子化胡说考证［J］．国学季刊，1934（4）．

[222] 王志宏（释道修）．梁《高僧传》福慧观之分析与省思：《兴福篇》"论"之研究［D］．台湾：玄奘人文社会学院宗教学研究所，2000.

[223] 庄宏谊．立志为帝王师：寇谦之的宗教理想与实践［J］．辅仁宗教研究：秋季号，2010，21.

[224] 王仲荦．魏晋南北朝史［M］．北京：中华书局，2007.

[225] 王仲尧．易学与佛教［M］．北京：中国书店，2001.

[226] 魏斌．宫亭庙传说：中古早期庐山的信仰空间［J］．历史研究，2010（2）．

[227] 魏查理．Kumarajiva's Explanatory Discourse about Abhidharmic Literature［J］．Journal of the International College for Postgraduate Buddhist Studies，2008，12.

[228] 温玉成．《首罗比丘经》若干问题探索［J］．佛学研究，1999.

[229] 温玉成．《大慈如来告疏》研究［J］．佛学研究，2003.

[230] 渥德尔．印度佛教史［M］．王世安，译．北京：商务印书

馆, 1987.

[231] 芮沃寿. 中国历史中的佛教 [M]. 常蕾, 译. 北京: 北京大学出版社, 2009.

[232] 吴文治. 中国古代文学理论名著题解 [M]. 合肥: 黄山书社, 1987.

[233] 吴萍. 东晋李轨音切研究 [D]. 贵阳: 贵州大学, 2006.

[234] 吴相洲. 永明体的产生与佛经转读关系再探讨 [J]. 文艺研究, 2005 (3).

[235] 吴真. 降蛇: 佛道相争的叙事策略 [J]. 文化研究, 2006 (1).

[236] 伍小劼. 道教终末论与中国佛教疑伪经之发展: 以《大灌顶经》为中心 [D]. 北京: 中国人民大学, 2012.

[237] 夏金华. 佛学与易学 [M]. 台北: 新文丰出版公司, 1997.

[238] 下田正弘. 涅槃经の研究: 大乘经典研究方法試論 [M]. 东京: 春秋社, 1997.

[239] 夏毅辉. 北朝皇后与佛教 [J]. 学术月刊, 1994 (11).

[240] 项裕荣. 竹林寺传说的演变: 文言小说史中佛教传说的儒道化现象研究 [J]. 学术研究, 2009 (12).

[241] 小南一郎. 六朝隋唐小说史的展开和佛教信仰 [M] // 福永光司. 中国中世的宗教与文化. 京都: 京都大学人文科学研究所, 1982.

[242] 萧驰. 佛法与诗境 [M]. 北京: 中华书局, 2005.

[243] 萧登福. 汉魏六朝佛道两教之天堂地狱说 [M]. 台北: 台湾学生书局, 1989.

[244] 萧国健. 香港之三大古刹 [M]. 香港: 显朝书室, 1977.

[245] 谢重光. 汉唐佛教社会史论 [M]. 台北: 国际文化事业有限公司, 1990.

[246] 谢和耐. 中国 5—10 世纪的寺院经济 [M]. 耿昇, 译. 兰州: 甘肃人民出版社, 1987.

[247] 谢世维. 圣典与传译: 六朝道教经典中的 "翻译" [J]. 中国文哲研究集刊, 2007, 31.

［248］兴膳宏.《文心雕龙》与《出三藏集记》［M］//彭恩华. 兴膳宏《文心雕龙》论文集. 济南：齐鲁书社，1984.

［249］兴膳宏，川合康三. 隋书经籍志详考［C］. 东京：汲古书院，1995.

［250］熊清元. 梁武帝天监三年"舍事李老道法"事证伪［J］. 黄冈师专学报，1998（2）.

［251］熊十力. 新唯识论［M］. 北京：中华书局，1985.

［252］许抗生. 僧肇评传［M］. 南京：南京大学出版社，1998.

［253］佐藤智水. 北朝造像铭考［J］. 史学杂志，1977，86（10）.

［254］E. ZÜRCHER. Prince Moonlight：Messianism and Eschatology in Early Medieval Chinese Buddhism［J］. T'oung Pao，1982，68.

［255］许理和. 佛教征服中国：佛教在中国中古早期的传播与适应［M］. 李四龙，等译. 南京：江苏人民出版社，1998.

［256］徐芹庭. 周易口诀义疏证［M］. 北京：中国书店，2009.

［257］徐清祥. 东晋士族与佛教［D］. 北京：中国人民大学，2004.（正式出版时更名为《门阀信仰：东晋士族与佛经》. 北京：中国社会科学出版社，2010.）

［258］许淑芬. "搜神记"之故事类型探讨［D］. 台南：国立台南大学语文教育学系，2005.

［259］宣方. 汉魏两晋禅学研究［M］. 台北：佛光山文教基金会出版，2001.

［260］宣方. 支遁：禅学史肖像的重塑［M］//方立天，学愚. 佛教传统与当代文化. 北京：中华书局，2006.

［261］薛惠琪. 六朝佛教志怪小说研究［M］. 台北：文津出版社，1995.

［262］颜尚文. 隋唐佛教宗派研究［M］. 台北：国立台湾师范大学历史研究所，1980.

［263］颜尚文. 梁武帝受菩萨戒及舍身同泰寺与"皇帝菩萨"地位的建立［J］. 东方宗教研究，1990，1.

［264］颜尚文. 梁武帝［M］. 台北：东大图书公司，1999.

[265] 严耕望・魏晋南北朝佛教地理稿 [M]. 李启文，整理. 上海：上海古籍出版社，2007.

[266] 杨宝玉. 敦煌本佛教灵验记校注并研究 [M]. 兰州：甘肃人民出版社，2009.

[267] 杨鉴生. 王弼注《易》若干佚文考论 [J]. 中华文化论坛，2010 (4).

[268] 杨明照. 文心雕龙校注拾遗 [M]. 上海：上海古籍出版社，1982.

[269] 杨维中. 六家七宗新论 [J]. 人大复印报刊资料・宗教，2002 (3). （原刊于陕西师范大学学报：哲社版，2002 (1)）

[270] 姚名达. 中国目录学史 [M]. 上海：上海书店影印本，1984.

[271] 叶朗. 中国美学史大纲 [M]. 上海：上海人民出版社，1985.

[272] 伊吹敦. 墓志铭所见之初期禅宗 [J]. 王征，译. 宗教研究，2011.

[273] 伊藤隆寿. 佛教中国化的批判性研究[M]. 萧平，杨金萍，译. 香港：经世文化出版有限公司，2004.

[274] 尹富. 中国地藏信仰研究 [M]. 成都：巴蜀书社，2009.

[275] 游国恩. 莲社成立年月考 [M] //游国恩学术论文集. 北京：中华书局，1989.

[276] 余嘉锡. 余嘉锡文史论集 [M]. 长沙：岳麓书社，1997.

[277] 余嘉锡. 目录学发微（含《古书通例》）[M]. 北京：中国人民大学出版社，2004.

[278] 余敦康. 汉宋易学解读 [M]. 北京：华夏出版社，2006.

[279] 于君方. 观音：菩萨中国化的演变 [M]. 陈怀宇，等译. 台北：法鼓文化，2009.

[280] 湛如. 敦煌佛教律仪制度研究 [M]. 北京：中华书局，2003.

[281] 曾其海. 《周易禅解》疏论 [M]. 上海：上海古籍出版社，2006.

[282] 张溥. 汉魏六朝百三家集题辞注 [M]. 殷孟伦，注. 北京：中华书局，2007.

参考文献

［283］张春波．论发现《肇论集解令模钞》的意义［J］．哲学研究，1980（3）．

［284］张风雷．智顗佛经哲学述评［M］．高雄：佛光出版社，2001．

［285］张风雷．天台先驱慧思佛学思想初探：关于早期天台宗思想的几个问题［J］．世界宗教研究，2001（2）．

［286］张风雷．天台先驱慧思佛学思想初探［M］//黄心川．光山净居寺与天台宗研究．香港：天马图书有限公司，2001．

［287］张风雷．天台智者大师对"生法论"的批判［J］．宗教研究，2008．

［288］张风雷．慧远、鸠摩罗什之争与晋宋之际中国佛学思潮的转向［C］//第三届中日佛学会议论文集．北京：中国人民大学佛教与宗教理论研究所，2008．

［289］张风雷．论"格义"之广狭二义及其在佛教中国化进程中的历史地位［M］//李四龙．佛学与国学：楼宇烈教授七秩晋五颂寿文集．北京：九州出版社，2009．

［290］张敬川．庐山慧远与毗昙学［D］．北京：北京师范大学，2011．

［291］张庆民．魏晋南北朝志怪小说通论［M］．北京：首都师范大学出版社，2000．

［292］张瑞龙．书信往来与清代学术：以清中叶学者书信往来为中心的考察［J］．九州学林，2009，7（2）．

［293］张文良．《楞伽经》与灵辨的《华严经论》［J］．佛学研究，2009．

［294］张文良．《华严经论》中的一乘思想［J］．南昌航空大学学报：社会科学版，2011（3）．

［295］张文良．北魏灵辨的禅定思想［C］．邢台：第二届河北禅宗文化论坛，2012．

［296］张文智．《周易集释》导读［M］．济南：齐鲁书社，2005．

［297］张雪松．东晋"六家七宗"刍议［J］．哲学家，2009．

［298］张雪松．对般若思想的再认识：以早期汉译经典《道行》为中心的考察［J］．佛学研究，2010．

［299］张雪松．六朝佛教书信研究［J］．宗教研究，2010．

［300］张雪松．不顺化以求宗：从《沙门不敬王者论》看三教关系［J］．哲学家，2010—2011．

［301］张雪松．论东晋南朝的僧人学风［J］．中国佛学，2011，30．

［302］张雪松．浅析晋宋之际般若学向涅槃学发展的多元化径路．［J］．宗教研究，2011．

［303］张雪松．南朝民众的佛教地狱信仰研究［J］．辅仁宗教研究，2012，24．

［304］张雪松．佛教"庐山莲社"与"岁星纪年"［J］．中国国家天文，2012（4）．

［305］张雪松．从三教关系看中国人关于死后世界信仰的构建［J］．中国文化研究，2012（3）．

［306］张雪松．对"格义"的再认识：以三教关系为视角的考察［J］．中国哲学史，2012（3）．

［307］张雪松．魏晋南北朝佛教讲经仪轨制度研究［J］．辅仁宗教研究，2012，25．

［308］张勇．傅大士研究［M］．成都：巴蜀书社，2000．

［309］张总．末法与佛历关系初探［J］．法源，1999，17．

［310］张总．末法与佛历关联再探［J］．法源，2003，21．

［311］赵超．新编续补历代高僧传［M］．北京：社会科学文献出版社，2011．

［312］赵绍祖．读书偶记［M］．北京：中华书局，1997．

［313］郑诚，江晓原．何承天问佛国历术故事的源流及影响［J］．中国文化，2007．

［314］赵毅衡．意象派与中国古典诗歌［J］．外国文学研究，1979（4）．

［315］郑勇．《冥祥记》补辑［J］．文献，2007（3）．

［316］郑郁卿．高僧传研究［M］．台北：文津出版社，1987．

［317］中国天文学史整理研究小组．中国天文学史［M］．北京：科学出版社，1981．

　　[318] 北京大学哲学系中国哲学史教研室．中国哲学史教学资料汇编：魏晋南北朝部分下［M］．北京：中华书局，1964．

　　[319] 塚本善隆．肇论研究［M］．京都：法藏馆，1955．

　　[320] 钟泰．中国哲学史［M］．沈阳：辽宁教育出版社，1998．

　　[321] 朱伯崑．易学哲学史［M］．北京：昆仑出版社，2009．

　　[322] 朱东润．八代传叙文学论述［M］．上海：复旦大学出版社，2006．

　　[323] 周次吉．六朝志怪小说研究［M］．台北：文津出版社，1986．

　　[324] 周奇．唐代宗教管理研究［D］．上海：复旦大学，2005．

　　[325] 周一良．魏晋南北朝史论集［M］．北京：中华书局，1963．

　　[326] 周一良．周一良集：第二卷［M］．沈阳：辽宁教育出版社，1998．

　　[327] 周一良．魏晋南北朝读史札记［M］．北京：中华书局，2007．

　　[328] 祝总斌．两汉魏晋南北朝宰相制度研究［M］．北京：中国社会科学出版社，1998．

跋

　　兹书所收，皆非定论，故以"稿"名。所谓"唐前"，即佛教自汉代传入，讫于杨隋。笔者于佛教、于中国史地，皆所知甚少，鲁鱼亥豕，百无一当，补苴是正，俟诸来日。亟亟付梓于此，不过抛砖引玉，求教方家，希望就唐前佛史诸问题，能够引起学术界的进一步关注和讨论。本书诸多内容原为教育部人文社会科学重点研究基地中国人民大学佛教与宗教学理论研究所宗教学系列教材课题的阶段性成果，承蒙张风雷教授详细校阅，深表感谢！本书在内容体例等各方面的疏谬，概由笔者负责，亦请广大读者赐教。

张雪松

2013 年 1 月

跋